해방이후 재일한인 외교문서 해제집

┃제7권┃

(1975~1979)

동의대학교 동아시아연구소 편저

이경규 임상민 이수경 소명선 박희영
엄기권 이행화 이재훈 김선영 공저

박문사

머리말

　본 해제집은 동의대학교 동아시아연구소 인문사회연구소 지원사업(2020년 선정, 과제명 「해방이후 재일조선인 관련 외교문서의 수집 해제 및 DB구축」)의 4차년도 성과물이며, 해방이후 재일한인에 관련된 대표적인 사건을 이해하는데 중요하다고 생각되는 외교문서를 선별하여 해제한 것이다. 본 해제집 『재일한인 관련 외교문서 해제집』은 1975년부터 1979년까지 한국정부 생산 재일한인 관련 외교문서를 대상으로, 한국정부의 재일한인 정책을 비판적이고 상대적인 관점에서 통합적인 연구를 추진하는 것을 목적으로 간행된 것이다. 제7권에서는 「한국인 원폭 피해자 구호」, 「재일한인의 법적지위 및 복지향상 문제」, 「재일본 한국인 모국 방문」 등에 관련된 외교문서를 다루었다.

　현재, 재일한인 사회는 탈식민과 분단의 재일 70년을 지나면서 한일 관계사의 핵으로 남아 있으며, 그만큼 한일과 남북 관계에서 이들 재일한인 사회가 갖는 의미는 강력하다고 할 수 있다. 바꾸어 말하면, 재일한인 사회를 한국과 일본 사이에 낀 지점에서 정치적이고 민족적인 이데올로기를 주입하여 부정적인 이미지로 읽어온 관점은 더 이상 유효하지 않다. 재일한인 사회는 한국과 일본을 상대화시키며 복합적인 의미망을 만들어내고 있기 때문에 오히려 한국과 일본, 그리고 남북 분단의 문제를 새롭게 재조명할 수 있는 위치로 자리매김할 필요가 있다. 특히, 현재 동아시아의 지형도가 급속도로 변화하고 있다는 점에서 남북의 역사적 관계사를 통합적으로 상대화할 수 있는 이른바 중간자로서의 재일한인 연구는 반드시 필요하다. 이에 본 연구팀은 재일한인 사회와 문화가 갖는 차이와 공존의 역학이 한국과 일본, 그리고 북한을 둘러싼 역동적인 관계망 속에서 어떠한 기제로 작동하고 있는지, 한일 양국의 외교문서를 통해서 살펴보고자 하는 것이다.

지금까지 재일한인 관련 외교문서에 대한 선행연구는 한일회담 관련 외교문서를 연구하는 과정 속에서 일부 재일한인의 북한송환사업 및 법적지위협정 문제를 다루고 있을 뿐, 해방이후부터 현재까지의 전체상을 파악할 수 있는 연구는 전무한 상태이다. 특히, 한국인 연구자는 재일한인 연구를 통해 일본의 내셔널리즘을 점검·수정하는 것에 집중한 나머지, 재일한인 사회와 문화에 한국이 어떠한 형태로 개입해 왔는지에 대해서는 그다지 관심을 두지 않았다. 따라서 본 연구팀에서는 한국정부의 재일한인 정책을 비판적이고 상대적인 관점에서 통합적 연구를 추진하기 위해, 한국정부의 재일한인 관련 외교문서는 물론이고 민단을 비롯한 재일한인단체가 발행한 자료를 수집하여 심화연구의 기초적인 자료로 활용할 계획이다. 이를 통해, 재일한인을 연구하는 한국인 연구자의 중립적인 포지션을 비판적으로 사유하고, 한국인의 내셔널리즘까지 포괄적으로 점검·수정할 수 있는 획기적인 토대자료 구축 및 새로운 연구방법론을 모색·제시하고자 한다.

　　본 해제집 제7권에서 다루게 될 외교문서에 대해서 간략히 소개한다. 1960년대 후반부터 〈한국인원폭피해자원호협회〉가 본격적인 구호활동을 시작하면서 민간 차원의 구호운동이 전개되기 시작하게 된다. 「한국인 원폭피해자 구호」 관련 문서는 한일외교의 주요 현안이었음에도 한국 정부는 민간 차원의 구호활동을 관망했을 뿐, 원폭피해자들에 대한 실태 파악도 제대로 이루어지지 않았는데 당시의 이러한 상황을 알 수 있는 자료이다.

　　그리고 「재일한인의 법적지위 및 복지향상 문제」에 관련한 문서는 협정영주권 문제와 함께 법적지위협정 시행기간 동안에 제대로 협의가 이루어지지 못한 재일한인들의 복지관련 문제, 특히 국민연금법, 아동부양수당법, 주택금융공고법, 공영주택법 문제에 대해 한국 정부가 일본 정부와 교섭해가는 일련의 과정을 상세히 확인할 수 있는 귀중한 자료이다.

　　「재일본 한국인 모국 방문」에 관련한 문서는 닉슨 독트린으로 인한 대북 정책의 변화에 따라 1975년부터 재일한인 모국방문이 이루어지기 시작하는데 재일한인의 모국 방문에 대한 당시의 실상을 이해할 수 있는 자료이다. 재일한인의 모국 방문 사업이 남북이산가족찾기운동, 새마을운동, 조총련계와는 어떠한 관계가 있었는지를 확인할 수 있는 자료가 될 것이다.

　　본 해제 작업은 1년이라는 짧은 기간 동안에 1975년 8월부터 1979년 12월 사이에 한국정부 생산 재일한인 외교문서를 수집하여 DB를 구축하는 작업을 거쳤다.

이 시기에는 상태가 양호하지 못한 문서들이 많았다는 점에서 해제 작업 수행에 어려움이 많았던 것도 사실이다. 그럼에도 불구하고, 동아시아연구소의 인문사회 연구소 지원사업 연구팀 연구진은 방대한 분량의 자료들을 조사·수집했고, 정기 적인 회의 및 세미나를 통해서 서로의 분담 내용들을 공유·체크하면서 해제집 내용의 완성도를 높이는데 심혈을 기울였다.

마지막으로, 관련 자료 수집에 적극적으로 협조해주신 외교부 외교사료관 담당 자 선생님들께 진심으로 감사드리며, 방대한 분량의 자료수집과 해제작업의 악전 고투를 마다하지 않고 적극적으로 집필에 임해준 인문사회연구소지원사업 연구팀 선생님들께도 이 자리를 빌려 다시 한번 깊이 감사드린다. 그리고 이번 해제집 출판에 아낌없는 후원을 해주신 도서출판 박문사에 감사를 드리는 바이다.

2024년 6월
동의대학교 동아시아연구소

소장 이경규

목차

제3부

재일본 한국인 모국 방문

해제집 이해를 위한 부가 설명

    본 해제집은 해방 이후인 1975년부터 1979년까지 생산된 대한민국 외교문서 중 공개된 재일코리안 관련 사안들을 모아 해제한 것이다. 외무부 파일은 시기와 주제에 따라 분류되어 있으므로 본 해제집에 수록된 파일들도 그 기준에 의해 정리하였다. 본 해제집은 아래와 같은 기준에 의해 작성되었다.

1. 각 해제문은 제목, 해제, 본문, 이하 관련 문서를 수록하였다.

2. 관련 문서는 동일 내용의 중복, 재타자본, 문서상태 불량으로 인한 판독 불가, 여러 사안을 모은 문서철 안에서 상호 맥락이 연결되지 않거나 상대적으로 중요도가 덜한 부분, 개인정보가 담긴 부분은 채택하지 않았다.

3. 관련 문서는 생산 연도순으로 일련번호를 매겼고, 각 문서철의 기능명칭, 분류번호, 등록번호, 생산과, 생산 연도, 필름 번호, 파일 번호(사안에 따라서는 존재하지 않는 것도 있음), 프레임 번호 등 외교부의 분류 기준을 그대로 사용하였다.

4. 문서의 제목은 생산문서의 원문대로 인용하였으나 제목이 작성되지 않은 경우는 임의로 작성하였다.

5. 문서번호는 전술한 이유로 인해 미채택 문서가 있으므로 편집진의 기준대로 일련번호를 부여하였다.

6. 발신처, 수신처, 작성자, 작성일은 편집부의 형식을 따라 재배치하였다.

7. 인쇄 번짐, 원본 필름의 촬영불량, 판독 불가의 경우 □의 형태로 처리하였으나, 원문에서 판독하기 어렵더라도 동일 사안에서 여러 차례 반복된 단체, 지명, 인명 등은 표기가 명백한 부분을 기준으로 통일성을 기하였다.

8. 원문의 오기가 있더라도 표기를 그대로 따르는 것을 원칙으로 하였으나, 경우에 따라 임의로 띄어쓰기를 한 곳도 있다.

9. 개인정보 보호를 위해 외교사료관에서 검게 마킹한 부분이 있는데, 여기에 덧붙여 편집부에서 민감한 정보라 생각되는 부분은 ****로 처리하였다.

10. 본문의 한자는 원문과 관계없이 한국어 문서일 때는 정자로, 일본어문서일 때는 약자로 표기하였으나, 문서의 특성에 따라 이를 혼용한 곳도 있다.

제1부

한국인 원폭피해자 구호

해방이후 재일한인 외교문서 해제집

┃第7권┃ (1975~1979)

1945년 8월, 히로시마와 나가사키에서 피폭한 약 7만 명의 한국인 피해자 가운데 생존자 3만 명 중, 현재 생존 원폭피해자 수는 2023년 4월말 기준으로 1,834명이고, 평균 연령은 83.3세에 이르렀다.[1] 1974년 〈한국원폭피해자원호협회〉에 등록된 9,362명의 원폭피해자 1세의 수는 해가 거듭할수록 감소하고 있고 초고령화 상태이다. 그리고 피폭 1세들의 문제는 그들의 2세, 3세의 문제로 이어지고 있다.

강제징용으로 끌려가 히로시마와 나가사키에서 피폭한 그들이 식민지 해방의 기쁨을 안고 조국의 품으로 돌아왔지만, 원인도 모른 채 서서히 드러나기 시작하는 각종 질환과 병마, 그리고 이로 인한 생활고에 시달리면서 치료도 받지 못한 채 기본적인 생존권을 위협받고 있었다. 그러나 우리 정부는 물론 피폭국인 일본 정부도, 원자폭탄을 투하한 미국도 한국인 원폭피해자들에게는 무관심했다. 1967년 1월에 발족해 7월에 사단법인 허가를 받으면서 스스로 구호운동에 나선 〈한국인원폭피해자원호협회〉가 본격적인 활동을 시작하면서 한국인 원폭피해자 구호문제가 우리사회에도 알려지기 시작했고, 민간 차원의 구호운동도 전개되기 시작했다.

2019년 4월 30일, 〈한국인 원자폭탄 피해자 지원을 위한 특별법(약칭:원폭피해자법)〉이 제정, 8월 1일부터 시행되면서 한국인 원폭피해자의 오랜 염원이 실현되었다. 이 법률에 의거하여 보건복지부장관 소속의 〈한국인원자폭탄피해자지원위원회〉가 설치·운영되고 있고, 피해자 실태조사, 피해자 등록, 의료지원 등의 사안이 정부 책임하에 이루어지게 된 것이다. 〈한국원폭피해자원호협회〉가 처음으로 청와대와 국회에 원폭피해자에 대한 긴급구호대책을 요구하는 탄원서와 원폭 피해자를 위한 특별법 제정을 청원한 것은 1967년 10월이었다. 국내의 원폭피해자를 위한 특별법이 제정되기까지 무려 반세기가 넘는 시간이 소요되었고, 피폭 시점에서 보자면 71년만에 입법화된 것이다.

문서철 『한국인 원폭피해자 구호』는 한국인 원폭피해자 구호문제가 국내에서 제기되기 시작한 1968년부터 생산되고 있고, 생산된 기간과 문서의 양적인 측면에서 볼 때 활발한 교섭이 이루어져왔음을 알 수 있다. 현재 우리 정부가 공개한 문서는 1968년에서 1988년까지 20년간의 문서로, 이 20년간의 문서는 문제 해결을 위한 우리 정부의 교섭 상황뿐 아니라 한국인 원폭피해자들의 생존권 투쟁의 발자취를 그대로 담고 있다.

이 글은 1976년부터 1978년까지 생산된 문서를 대상으로 한 해제이다. 한국인 원폭피해자 구호문제가 제기되고 10년의 세월이 지난 시기의 문서들로, 원폭피해자들

---

[1] 대한적십자사 https://www.redcross.or.kr/business/atomicbomb_support.do 검색일자: 2024/2/15

의 10년간의 투쟁의 결과가 서서히 나타나기 시작하는 것을 확인할 수 있다.

1968년에서 1975년까지의 외교문서

이 시기의 문서에 대한 해제에 앞서 1968년부터 1975년에 이르기까지 생산된 문서를 살펴보면, 1967년 10월, 〈한국원폭피해자구호협회〉(1971년 9월 28일에 한국원폭피해자협회로 개칭)가 청와대, 국회, 보건사회부, 대한적십자를 향해 구호를 호소하고, 11월에는 일본대사관 앞에서 일본정부를 상대로 배상을 요구하는 시위를 벌이자, 한국인 원폭피해자 구호문제가 외교현안으로 부상하게 된다. 1968년 3월부터 생산되기 시작한 문서는 원폭피해자들에 대한 국내 동향과 일본의 구호 상황을 파악하는 단계에서 출발하고 있다. 10월에는 히로시마에서 피폭한 손귀달 여성이 원폭병 치료를 위해 밀항했다가 체포되는 사건이 발생하는데, 단순한 밀항사건이 아니라 원폭피해자의 치료 목적의 밀항이었다는 점에서 그녀의 석방과 치료에 협력하려는 시민단체가 나타났다. 우리 정부는 손귀달 여성의 신변 보호에 노력하면서도 좌익계의 인사와 단체의 접근을 경계하는 태도를 보였다. 손귀달 여성의 밀항사건을 계기로 〈핵병기금지평화건설국민회의(약칭:핵금회의)〉로부터 원조 제의가 들어왔고, 일본인들의 기부금이 전달되기도 했다. 1969년도에 생산된 문서는 핵금회의의 원조를 기반으로 원폭피해자센터 건립 계획과 사업 개요와 관련된 것이 많고, 관련 문서는 1970년까지 이어진다. 원폭피해자센터 건립을 위해 원폭피해자 실태 조사를 위한 방한 관련 문서와 핵금회의가 조사한 보고서가 첨부되어 있다. 그리고 1971년에는 한국인 피폭자를 위한 의사단 파한 문제가 중심이 되고 있다.

그런데 1970년과 1971년에 생산된 문서에는 손귀달과 같은 목적으로 밀항했다가 체포된 손진두에 관한 문서는 발견할 수 없다. 1970년 12월 3일, 원폭병 치료를 위해 사가현에 밀입국하여 체포된 손진두 사건은 일본내에서의 반향이 컸고, 이 사건을 계기로 〈손진두의 일본체류와 치료를 요구하는 전국시민의 모임〉이 결성되었고, 이후 손진두의 '피폭자건강수첩' 교부를 위한 법정투쟁을 돕는 등 구원활동을 펼친다.

1972년에 생산된 문서는 〈한국원폭피해자원호협회〉의 신영수 회장의 국내외에서의 활동을 주시하는 문서와 관련 자료가 다수를 차지하고 있다. 1970년 8월, 일본에서 개최되는 원폭희생자 위령제에 초청된 신영수는 이듬해인 1971년 8월에도 위령제에 참석한다. 이 기회를 이용해 신영수는 한국인 원폭피해자의 실정을 호소하고 구호를 요청하는 활동을 펼친다. 사토(佐藤)수상과 미대통령, 그리고 국무총리실에 메시지를 전달하고 일본의 보도진을 향해서도 목소리를 냈다. 이러한 2차 도일 시의 신영수의 적극적인 활동으로 한국으로의 의사단 파한이 실현되어 125명의 피폭자가 진료를 받았고, 야마구치현(山口県) 도쿠야마시(德山市) 라이온스클럽으로부터 국내 원폭병원 설립을 위한 기금을 모금운동을 통해 마련하겠다는 제의도 받으면서 한국인 원폭피해자 구호운동은 탄력을 받기 시작하는 것처럼 보였다. 그러나 양국 정부가 주도적으로 움직여주지 않는 한, 민간 차원의 구호활동에는 한계가 있었기 때문에 1972년의 3차 도일 시에는 양국 정부를 향한 구체적인 요망 사항을 전달한다. 박정희 대통령에게 원폭피해자 보상문제를 일본정부에 요구해 달라는 요청을 비롯하여 8가지 사항을, 다나카(田中) 총리에게는 일본정부의 피해보상을 포함하여 5가지 사항을 요구했다. 이러한 신영수의 활동과 맞물려 손진두의 수첩재판이 진행되고 있었던 시기였던 만큼, 일본 국회에서는 한국인 원폭피해자문제를 주요 안건의 하나로 채택하는 변화가 나타나기도 했다.

그러나 〈한국인원폭피해자원호협회〉가 박대통령 앞으로 보낸 8월 9일자 진정서는 보건사회부로 이송되었고, 다시 대한적십자사로 이송된 후 대한적십자가 협회로 발송한 9월 15일자 문서에는 한일간의 국교정상화 후에는 대한적십자가 다루지 않는 사안이라는 답변뿐이었다. 이후에도 협회는 우리 정부를 향해 원폭피해자 보상문제를 한일각료회의에서 다루어주길 요청했고(9월 4일자 문서), 12월 14일에는 보건사회부에 원폭피해자 실태조사를 위한 경제적 지원을 요청하는 문서를 발송하고 있으나 이에 대한 정부의 답변은 찾아볼 수 없다. 이에 반해 11월 8일자 문서를 보면 일본정부는 주일대사를 통해 인도적 견지에서 구제 의사가 있음을 밝혀왔다. 1973년에 생산된 문서는 일본정부의 원호를 받아들이기로 하고 구체적인 교섭에 들어가는 모습을 확인할 수 있다. 그러나 국내의 치료시설 건립에 대한 원조를 둘러싸고 일본측은 현재 진행 중에 있는 한·일경제협력사업의 일환으로 처리하고자 했고, 우리정부는 그것과는 별도로 진행되어야 한다는 의견이었으며, 우리정부 내에서도 보건사회부와 외무부 사이에 의견 상충을 보이고 있다. 치료센터 건립을 경제협력비 중의 무상원조사업으로 진행하기를 원하는 보건사회부에 대해 외무부는 우리정부가 요청 중인 다른 무상원조사업과 경합하게 만드는 결과를 초래하기 때문에 양국간의 경제협력사업에 포함시켜서는 안 된다는 입장이었다. 이와 같이 우리정부 내에서 불협화음이 발생하다 보니 치료센터 건립에 대한 구체적인 사업계획서는 착수도 하지 못한 채 해를 넘기게 된다. 그런 와중에 1972년 10월에는 오히라(大平) 외상이 외국인 피폭자 구제에 대한 특별입법을 약속했고, 12월 15일에는 핵금회의의 기부금으로 경남 합천군에 피폭자 진료센터가 건설되었다.

1974년에는 일본측에서 요구하는 치료센터 건립을 위한 구체적인 사업계획서와 관련된 문서와 3월 30일에 손진두의 수첩재판이 승소함으로써 손진두의 피폭자건강수첩 교부와 관련된 문서와 보도자료가 중심이 되고 있다. 손진두의 1심 재판에서의 승소는 일본의 원폭의료법은 국가보상적 성격의 법률이고, 국적조항이 없기 때문에 체류자격과 상관없이 건강수첩은 교부되어야 한다는 원고측 주장이 받아들여진 것이기 때문에 한국인 원폭피해자에게 희망을 안겨주었으나, 후쿠오카현이 판결에 불복하고 항소함으로써 2심과 3심의 결과를 지켜보아야 하는 상황이었다. 그러나 1975년 7월 7일의 항소심과 1978년 3월 30일의 최종심 모두 승소했고, 4월 3일에는 건강수첩을 교부받게 된다. 1978년에 생산된 문서는 손진두의 최종심 승소와 관련된 문서가 주로 다루어지고 있다.

1976년

1976년에는 생산된 문서가 많지 않다. 이것은 곧 원폭피해자 구호문제에 별다른 진척이 없었다는 것을 의미한다. 정부 차원에서는 문제 해결을 위해 다나카 마사미(田中正巳) 후생성 대신을 초청하려는 시도를 하지만 성사되지 못한 것으로 확인되었고, 민간차원의 구호운동의 경우, 한국인 피폭자를 위한 치료 시설 건립을 위해 모금운동을 전개하겠다던 단체가 사적인 이익만 채우고 있었다는 사실이 드러남으로써 〈한국원폭피해자원호협회〉 측에 실의를 안겨주는 정황도 포착된다.

그러나 이 문서철에는 희망적인 소식도 담고 있다. 재일교포 실업가 김두일(金斗一)과 야마구치현 호후시(防府市)에 위치한 미타지리병원(三田尻病院)의 도움으로 원폭피해자의 초청 진료가 실현된 사실을, 문서에 첨부된 국내 보도자료를 통해 확인할 수 있다(『경향신문』 1976.01.08.자, 『서울신문』 1976.02.12.자). 2월 12일자 『서울신문』에서는 1976년 1월부터 매월 3명씩 초청해서 총 36명의 환자를 치료받을 수 있도록 한다는 소식 외에 금후 의사와 간호사들도 초청해서 의료기술을 익힐 수 있도록 하겠다는 김두일의 계획도 전하고 있다.

한편, 이러한 재일교포의 원조 소식과는 달리, 2월 23일에 〈한국원폭피해자원호협회〉 회장(조판석)이 일본의 민간단체 〈한국원폭피해자원호국제협회〉에 절연장을 보낸 사실을 보도하는 기사도 첨부되어 있다. 「피폭한인 구제 핑계 일인이 사리에 이용」이라는 제목의 2월 25일자 『한국신문』의 보도 기사에 이어 재일한국인이 발행하는 신문 『동양경제일보(東洋経済日報)』에서도 「'원폭병원' 핑계로 모금(「原爆病院」ダシに募金)」(2월 27일자)이라는 제목으로 보도하고 있다. 『동양경제일보』에서는 협회 회장의 절연 소식과 함께 절연하게 된 이유를 상세히 보도하고 있는데, 1974년 10월과 1975년 1월, 2차례 한국인 원폭피해자를 원조하기 위한 기금을 모으기 위한 행사라며 볼링대회를 개최하여 3백만엔 내지는 수백만엔의 수익금을 얻고도 한국의 협회측에는 아무런 연락이 없으며, 〈한국원폭피해자원호국제협회〉가 제시한 계획

대로라면 1년 전에 원폭병원 건설 공사가 착공되어야 하지만, 지금도 원폭병원 건립을 구실로 모금활동만 하고 있다는 사실이 절연의 배경이 되고 있다.

이 외 〈한국원폭피해자를 구원하는 시민회〉 히로시마 지부장의 내한(4월 21일)을 앞두고 외무부의 협조를 구하는 협회 측이 발신한 문서가 수록되어 있다. 당해연도에 우리정부가 생산한 문서는 다나카 후생대신 초청과 관련한 3건의 문서가 전부이다.

1977년

1976년에 이어 1977년도에도 생산된 문서는 많지 않고, 첨부된 자료가 대부분을 차지하고 있다. 이 해에 생산된 첫 문서는 9월 22일자 보건사회부가 외무부에 보낸 문서이다. 〈한국의 원폭피해자를 구호하는 시민회〉로부터 한국의 원폭피해자에 대한 실태 조사 요청을 받고 실태조사표를 작성한 보건사회부가 이 단체의 성격에 대한 조사를 주일대사를 통해 확인해 달라는 내용이다. 이에 대한 주오사카 총영사의 회신은 11월 7일에 발송되는데, 당해연도에 생산된 문서는 이것이 전부이다.

총영사가 발송한 「사실조사 회보」라는 제목의 11월 7일자 회신에는 "민단, 한국인 기독교 및 한국인 문화연구소장 등을 통하여 동단체의 성분을 조사해 본 바, 회원들의 구성은 모두 교인들이고 지식층, 실업인 및 법조계의 변호사 등도 포함되어 있으나 모두 친한파의 성격이며, 아직 불순 단체와의 연계사실, 발견할 수 없음"[2]이라고 보고하고 있다. 그리고 1971년에 결성된 이 단체는 1972년부터 기금을 조성하여 〈한국원폭피해자원호협회〉에 매월 10만엔에서 20만엔씩 송금했으나 1977년 초부터 송금을 중단하고 있는 사실과 함께 총 7, 8백만엔을 보냈으나 "모두 인건비 및 사무비 등에 소모하고 동피해자들의 의료비 등에 크게 사용된 점을 찾을 수 없어"[3] 송금을 중단하고, 협회 측에 원폭피해자들의 실태조사표를 요청하게 된 경위도 전하고 있다.

그리고 오사카 총영사가 발신한 문서에는 〈한국의 원폭피해자를 구호하는 시민회〉가 발행하고 있는 회보지 『물망초(忘れな草)』의 1977년 4월호(64호)와 8월호(65호), 그리고 이 단체의 기관지 『빨리, 원호를!(早く、援護を！)』(20호, 1977.07.20.)이 첨부되어 있다. 『빨리, 원호를!』에는 〈한국의 원폭피해자를 구호하는 시민회〉에서 한국의 원폭피해자를 직접 찾아 실태조사를 한 결과를 보고하는 글과 방송작가 박수복(朴秀馥)의 르포 「한국 피폭자·평택 지부의 어제와 오늘(상)(韓国被爆者·平

---

2) 문서철 『한국인 원폭피해자 구호 1977』 12쪽
3) 문서철 『한국인 원폭피해자 구호 1977』 13쪽

沢支部の昨日と今日(上))」, 그리고 〈손진두 씨를 지키는 도쿄시민회(孫振斗さんを 守る東京市民の会)〉의 호소문이 담겨 있다.

〈한국의 원폭피해자를 구호하는 시민회〉가 지원금을 중단한 정확한 시기는 알 수 없으나, 편집 후기란에서 공개하고 있는 1977년 1월부터 5월까지의 회계 보고 내역을 보면 협회 측에 총 82,863엔을 송금한 것으로 되어 있다. 그리고 지원금 지출 내역을 통해 협회 외에도 부산복음병원, 미쓰비시운동 지원, 손진두 소송지원이라는 명목의 지출도 이루어져왔음을 알 수 있으며, 지원금 규모로는 부산복음병원이 221,798엔으로 가장 큰 비중을 차지하고 있다.

〈한국의 원폭피해자를 구호하는 시민회〉가 원호협회 측에 실태조사를 요청한 것 은, 4월 18일부터 26일까지 시민회를 대표한 일행이 한국의 원폭피해자의 실태를 둘러보고 돌아간 후이다. 서울에 도착한 일행은 그후 평택, 김천, 대구, 합천 등지를 돌면서 원폭피해자들을 만났고, 빠듯한 일정 때문인지 귀국은 합천과 가까운 부산항 을 이용하고 있다. 직접 피폭자를 만나본 시민회 측은 자신들이 송금한 지원금이 피폭자들의 의료비에 사용되지 않고 있다고 판단하고, 협회 측에 실태조사표를 요청 한 것으로 보인다.

〈손진두 씨를 지키는 도쿄시민회〉의 글에서는 "최고재판소에 대해, 손진두씨에 대한 수첩 교부를 바로 인정하도록, 상고 기각 요구를 들이대는 운동"[4]에 참가해 줄 것을, 그리고 최고재판소에 직접 엽서를 써서 요구해 줄 것을 호소하고 있다.

1978년

1978년도 문서는 크게 2가지 내용을 중심으로 생산되고 있다. 하나는 손진두의 수첩재판에 대한 승소 판결을 둘러싼 국내외의 반향과 이후의 추이와 관련된 사항이 고, 다른 하나는 국내 원폭치료시설 건립을 위한 실무자 회의가 열리고, 국내 원폭병 원 건설 계획이 보다 구체화되어가는 과정을 확인할 수 있다. 그러나 한국인 원폭피 해자 구호문제가 한일 양국의 외교문제로 부상하기 시작한 시기부터 우리 정부의 좌익계의 정치적 공작을 우려하는 모습이 포착되었던 것처럼 1978년도에도 민감한 반응을 보이고 있다.

먼저, 1978년 1월 20일자 『아사히저널(朝日ジャーナル)』지에는 히라오카 다카시 (平岡 敬)의 「이중 고통에 허덕이는 재한원폭피해자들-일본인에 책임은 없는 건가 (二重の痛苦にあえぐ在韓原爆被爆者たち-日本人に責任はないのか)」란 글과 〈한국

---

4) 孫振斗さんを守る東京市民の会「後頭弁論・判決ちかづく　最高裁へ『上告棄却』のはがきを！」
　　『早く、援護を！』(No.20, 1977.07, p.7)→문서철『한국인 원폭피해자 구호 1977』27쪽

교회여성연합회)가 작성한 「한국 원폭피해 실태조사 보고서(韓国原爆被害実態調査報告書(資料))」가 게재되어 있다. 이 사실을 인지한 정부는 주일대사에게 이러한 글이 저널지에 게재된 경위를 조사해서 조속히 보고하라는 문서를 발송하고 있다(1월 26일자 공문).

이 건에 대해 주일대사의 회신이 외무부를 거쳐 외무부에서 보건사회부로 발송한 1월 31일자 문서는 아래와 같은 내용을 담고 있다.

1. 아국인 원폭피해자 구호를 위한 치료시설 설치 사업계획과 관련하여, 당부는 73.1 주일대사가 일측에 치료시설 설치를 요청한 이래 동 사업추진을 위하여 귀부와 기히 협의하여 온 바 있습니다.

2. 동 사업의 추진이 구체적 사업계획 미작성 등으로 지연되어온 가운데 국내 및 일본내의 각종 민간단체 등에서 피해자 구호를 위하여 정부레벨에서의 노력이 있기를 진정하여 온 것은 주지의 사실이며, 최근 78.1.20.자 "아사히 저널"지에는 별첨 사본과 같이 일본 평론가 "히라오카 타까시(平岡敬)가 정평한 "이중고통에 괴로워하는 재한 원폭피해자들" 및 "한국교회 여성연합회"(회장 孔德貴, 윤보선씨의 부인)가 동 지에 제공한 자료 "한국 원폭 피해자 실태조사 보고서"가 게재된 바 있습니다.

3. 상기 "한국교회 여성연합회"의 동 보고서는 과거 반정부 활동의 주동인물이던 몇몇 인사들이 조사 작성한 것이라는 바, 이와 같이 원폭피해자 구호문제는 국내외의 반정부 혹은 반한인사들이 정치적으로 악용할 우려가 없지 않을 것으로 사료됩니다.

4. 따라서 동 문제의 상기한 측면에서뿐만 아니라 인도적 측면에서 피해자의 구호대책을 조속 강구함이 필요할 것으로 사료되오니, 동 대책방안 중 치료시설 건립 등 일측의 협력이 필요한 사업 및 이를 위하여 일정부와 교섭을 요하는 사항은 구체적인 계획서를 작성, 조속 당부로 회보하여 주시기 바랍니다.

5. 본건 검토에 참고코저 하니 재한 원폭피해자의 실태와 구호현황을 아울러 당부로 회부하여 주시기 바랍니다.

우리 정부가 주목하고 있는 히라오카 다카시는 한국의 원폭피해자 구호활동과 한일 양국의 시민연대 형성에 선구적 역할을 한 인물로, 이후 피폭지 히로시마의 시장을 연임한(32대와 33대) 반핵평화운동가이다. 주고쿠신문사(中国新聞社)의 기자였던 히라오카가 한국인 원폭피해자를 취재하기 시작한 것은 1965년부터이고, 〈한국원폭피해자원호협회〉가 결성되어 구호활동을 시작하던 1968년 2월에는 한국에 와서 원폭피해자를 만나 실태를 조사하고, 협회 측과는 일본인 전문의 파견을 논의했으며, 일본대사관에 성의있는 조치를 촉구하는 등의 활동을 하고 돌아갔다. 1970년 12월 원폭치료를 위해 밀입국한 손진두의 사연을 접했을 때는 시민단체를 결성하고 구호활동에 나섰고 재판과정에서도 적극적인 도움을 주었다. 우리 정부가 언급하고 있는 『아사히저널』지의 글뿐 아니라, 이미 1960년대부터 주로 『세카이(世界)』지를 통해 한국의 원폭피해자에 관한 글을 지속적으로 발표해 왔다.[5] 이러한 히라오카가 〈한국교회여성연합회〉로부터 한국 원폭피해자의 실태 보고 자료를 입수해서 발표했다는 사실에 민감한 반응을 보인 이유는 당시 연합회의 회장이 박정희 정권에 비판적이었던 윤보선 전대통령의 부인으로, 그녀는 "국내외의 반정부 혹은 반한인사들"로 분류되어지고 있었기 때문이다.

한편, 1978년 문서철에서 핵심이 되고 있는 것은 손진두의 수첩재판의 승소판결과 재판의 결과가 가져온 변화이다. 3월 31일자 주일대사 발신의 문서는 손진두의 수첩재판의 판결 내용에 관해 관련 신문기사를 첨부하여 보고하고 있다. 전날인 30일의 2심 판결은 건강수첩 교부를 거부한 후쿠오카현에 대해 원폭의료법은 "피폭자가 일본국내에 있는 한 사유 여하를 불문하고 동법의 적용을 인정하는 것이 법의 취지에 부합하"[6]기 때문에 위법이라는 것이었다. 후쿠오카현은 상고에 기각 판결을 내림으로써 한국뿐 아니라 해외 거주 피폭자들에게도 희망을 안겨주었다. 이러한 판결에 대한 일본의 반응은 첨부된 보도자료를 통해 잘 드러나고 있다.

『아사히신문』은 이 사실을 대대적으로 보도하고 있다. 「외국인에 대한 피폭자수첩 최고위도 교부지지 손씨의 승소 확정 '의료법에 국가보상성'(外国人への被爆者手帳　最高裁も交付支持　孫さんの勝訴確定　「医療法に国家補償性」)」, 「피폭 구제에 국경 없음 깨진 행정의 벽 후생성, 재검토 요구되다(破られた行政のカベ　厚生省、再検討迫られる)」, 그리고 지면을 달리하여 「외국인 피폭자 수첩 소송의 판결 이유 (外人被爆者手帳訴訟の判決理由)」 요지 전문[7]을 보도하고 있으며, 3월 31일자 사설

---

5) 예를 들어 『世界』지에 발표한 글로서는 「韓国の原爆被災者を訪ねて」(1966.04), 「黙殺との戦い―被爆朝鮮人・孫振斗さんの訴え」(1974.08), 「地底からの告発―被爆朝鮮人の提起するもの」(1975.11), 「復権への連帯―韓国の被爆者調査をめぐって」(1977.10), 「国家と被爆者―氏勝訴の意味」(1978.06) 등이 있고, 이외에도 『偏見と差別 : ヒロシマそして被爆朝鮮人』(未来社, 1972.01), 『無援の海峡 : ヒロシマの声、被爆朝鮮人の声』(影書房, 1983.01) 등의 단행본을 통해 한국인 원폭피해자의 실상을 일본사회에 알리는데 큰 역할을 했다.

6) 『한국 원폭피해자 구호문제 1978』 p.23

7) 손진두의 피폭자 건강수첩 소송의 판결 이유를 보면 먼저, 일본의 원폭의료법은 "특수한 전쟁피해에 대해 전쟁수행 주체였던 국가가 스스로의 책임으로 그 구제를 도모하는 것이고, 그 점에서는 실질적으로 국가보상적 배려가 제도의 근저에 있는 것"이라고 한다. 원폭의료법은 "피폭자가 놓여 있는 특별한 건강상태에 착목해 이것을 구제한다고 하는 인도적 목적의 입법이고, 그 3조 1항에는 우리나라에 거주지를 갖지 않는 피폭자도 적용대상자로서 예정한 규정이 있는 점 등을 고려하면, 피폭자이고 우리 국내에 현재하는 자인 한은, 그 현재하는 이유 여하를 묻지 않고, 널리 동법의 적용을 인정하여 구제를 도모하는 것이, 동법이 가지는 국가배상의 취지에도 적합한 것이라 해야 한다." 그러나 손진두의 경우, 불법입국자라는 점이 문제가 될 수도 있으나, "불법입국자의 단속과 그 자에 대한 원폭의료법의 적용 유무와는 별개의 문제로 생각해야 하는 것으로, 동법을 외

에서는 「원폭피폭자 대책을 전환하라(原爆被爆者対策を転換せよ)」는 제목으로 한국인 원폭피해자의 실태를 전하며 내외국인을 막론하고 피폭자 대책에 적극적으로 임하고, 피폭자 원호 강화에 힘써주길 당부하고 있다.

3월 30일자 『요미우리신문(読売新聞)』에서도 손진두의 수첩재판 결과를 전하는 기사를 비롯하여 「피폭자 구제는 국적을 넘어서(被爆者救済は国籍を超えて)」란 제목의 사설, 피폭자수첩에 관한 칼럼 기사를 싣고 있다. 이외에도 동일 일자의 『산케이신문(産経新聞)』 기사(「밀입국 한국인 피폭자 인도상, 수첩교부가 당연 최고재 후쿠오카현, 상고 기각(密入国の韓国人被爆者 人道上、手帳交付が当然 最高裁 福岡県、国の上告棄却)」가 첨부되어 있다. 국내에서도 3월 31일자 『한국일보』의 「原爆희생 한국인 密入國者 "日서 치료받을 권리"」(『한국일보』1978.03.31)와 「"密入國 외국인에도 原爆피해 無料진료" 日최고재판소 孫振斗씨에게 勝訴판결」(『경향신문』1978.03.31.)과 같은 반응을 보이고 있다.

손진두의 수첩재판의 판결과 관련하여 일본의 신문매체들은 4월에 접어들어서도 이어지고 있는데, 4월 1일자 『마이니치신문(毎日新聞)』의 경우 「피폭자 구제의 행정 자세를 고쳐라(被爆者救済の行政姿勢を正せ)」라는 사설과 함께 손진두의 수첩재판 승소가 또다른 해외 거주 피폭자들에게 미친 영향을 소개하고 있다. 「일계 피폭자 겨우 구제로 미의회가 공청회 열다(日系被爆者やっと救済へ 米議会が公聴会開く)」라는 제목의 기사에서는 미국 거주 원폭피해자 구제를 둘러싼 첫 공청회가 31일에 개최되었고, 피폭자 대표들의 원호를 호소하는 목소리에 미국에서도 '피폭자 원호법안' 심의가 본격화될 것을 예고하고 있다. 4월 2일자 신문에서는 전날인 1일에 〈한국원폭피해자원호협회〉가 성명문을 발표한 소식과 한국내의 피폭자 실태를 비롯하여 여전히 일본정부의 대응 자세에 불만을 제기하는 협회장의 목소리도 전하고 있다. 『아사히신문』에서도 4월 1일자 칼럼에서 피폭자 건강수첩의 교부 조건의 변화와 피폭자들의 급부 종류를 소개하고 있다. 이러한 여론을 통해 확인되는 공통점은 단순한 판결 내용의 전달에 머무르지 않고, 한국인 원폭피해자가 일본의 구호를 받을 수 있도록 일본정부의 적극적 대처를, 그리고 한국측에는 한국인 피폭자들의 정확한 실태 조사에 착수해야 한다는 목소리와 함께 양국 정부의 주도하에 피폭자들의 구제가 이루어져야 한다는 것이었다.

그러나 이러한 국내외의 반향과는 달리, 4월 4일자 주일대사가 발송한 문서에 의하면, 4월 1일에 개최된 참의원 예산위원회에서 사회당 소속 의원의 재한피폭자 대

국인 피폭자에게 적용함에 있어 불법입국자를 특별히 제외해야 한다는 특단의 실질적·합리적 이유는 없고, 그 적용을 인정하는 것이 같은 법의 취지·목적에 부합함은 전술한 바와 같으므로, 동법은 불법입국한 피폭자에 대해서도 적용되는 것"이라고 밝히고 있다.

책에 대한 질의에 대해 후생성 대신은 손진두의 경우 인도적 견지에서 밀입국자라 해도 일본에 체재 중이기 때문에 원폭의료법의 적용을 받을 수 있지만, 외국 거주자들에 대한 적용은 인정하지 않는다고 답변했다는 보고를 하고 있다. 이와 관련하여 주일대사관의 서기관이 4월 7일에 후생성 공중위생국 기획과장을 면담했고, 그 결과를 보고하는 8일자 문서에는 일본정부가 우리정부에 전달하는 두 가지 사항이 확인된다. 먼저, 3년 전인 1975년 8월에 히로시마 시장으로부터 단기체제 외국인 피폭자에 대한 피폭자 건강수첩 교부에 관한 문의가 있어 1975년 9월 1일자 후생성 지시로 입국 목적과는 상관없이 "적법하게 입국"해 "1개월 이상 체재하는 자"에 대해서는 수첩을 교부하라는 조치를 내렸으나, 이번에는 "일본국에 현재 있는 한 그 이유 등을 불문하고 원폭의료법을 적용"하도록 하는 후생성 통지를 하달했다고 한다.[8] 그리고 외국 거주 피폭자들에 대해서는 "각국이 외교경로를 통하여 정식 제기해오면 대응할 방침"이기 때문에 한국측이 이에 대해 제안을 한다면 서두르는 편이 좋을 것이라는 사견까지 덧붙였다고 전하고 있다.[9]

이와 같이 손진두 수첩재판의 결과가 가져다 준 변화에 우리정부도 적극적으로 문제해결을 위해 움직이는 듯한 정황이 포착된다. 1978년 4월 25일, 외무부, 경제기획원, 보건사회부, 과학기술처, 중앙정보부 관계관이 참석한 가운데, 외무부 회의실에서 실무자 회의가 개최된다. 그런데 주최측인 외무부에서 작성한 것으로 보이는 회의자료 「한국인 원폭피해자 구호문제」의 첫 페이지에는 아래와 같은 문장이 기재되어 있다.

1. 問題 提起의 動機

最近 日本內의 所謂 進步勢力에 依하여 이 問題가 日本國에서 提起되고(78.1.20. 아사히 저널 等) 本案의 我國內 資料 情報源에 反政府 人士(孔德貴 女史) 等이 介在하는 等, 이 問題가 反韓活動에 利用될 憂慮가 있어, 政府로서도 本件 解決을 爲한 根本的인 對策을 時急히 樹立해야 할 必要性이 있음.

2. 問題의 基本性格

原爆被害者는 日本의 戰爭行爲로 因한 犧牲者로서 一般的인 戰爭 被害者와는 달리 原爆 投下라는 特殊한 狀況에 依하여 健康上 難治 또는 不治의 被害를 받아, 本人들의 健康뿐 아니라

---

8) 문서철에 첨부된 4월 4일자 위생성 "통지"에는 "우리나라에 현재하는 자인 한 그 현재하는 이유 등의 여하를 불문하고 원자폭탄피해자의 의료 등에 관한 법률(1957년 법률 제41호)을 적용"하는 것으로 되었고, 단기체재 외국인 피폭자에 대해서는 "적법하게 입국해 있는 외국인에 대해서는 피폭자 건강수첩 교부에 대해서는, 반드시 입국목적을 묻는 것이 아니다"로 되어있다.(『한국 원폭피해자 구호 1978』 p.61)
9) 『한국 원폭피해자 구호 1978』 p.52

2世까지도 影響을 받고 있으며 生活面에서도 어려움을 겪는 等 이들의 救護問題는 人導的인 配慮가 緊要함.10)

실무자 회의를 개최하게 된 배경이 되는 첫 번째 항목 "문제 제기의 동기"에는 한국인 원폭피해자 구호문제가 "일본내의 소위 진보세력"에 의해 제기되었고, 여기에는 국내의 "반정부 인사"가 개입되어 있으며, 본 문제가 "반한활동에 이용될 우려가 있어, 정부로서도 본건 해결을 위한 근본적인 대책을 시급히 수립해야 할 필요성"이 제기되었다고 말하고 있다. 실무자 회의를 개최하게 된 근본적인 이유가 10년 전부터 끊임없이 제기되어온 문제에 대해 민간 차원에서의 구호가 이루어지는 모습을 지켜보고만 있던 정부로서 더 이상은 한국인 원폭피해자들의 처참한 상황을 좌시할 수만은 없다는 사실이 아닌 것이다. 회의의 목적은 당연히 원폭피해자 구호를 위한 근본적인 대책 마련이겠으나, 상기에서 밝힌 회의 개최 동기는 마치 그러한 정황이 포착되지 않았다면, 계속해서 민간 구호활동에만 맡기고 있었을지도 모른다는 의구심이 들게 하는 대목이다.

회의록을 보면 보건사회부를 중심으로 원폭피해자의 실태조사의 필요성과 치료방안이 제시되고, 국내에 치료시설을 건립하기 위해 요구되는 사항과 일본의 무상원조 요청을 전제로 금후 추진해야 할 각 부처간의 역할 등에 관한 논의가 이루어지고 있다. 그런데 회의자료에는 우리정부가 문제해결에 나서고자 함에 따라 그 구호대책이 미흡할 경우 발생할 수 있는 문제점으로 3가지 사항이 제시되고 있다. (1) "재일 반한세력이 정치적으로 악용"할 우려, (2) 국내 반정부 인사들(한국교회여성연합회 간부 등)이 우리정부의 실패를 외지에 발표함으로써 우리정부의 대외적 인상에 악영향을 줄 수 있으며, (3) "원폭피해자 구호문제는 인도적 문제일뿐만 아니라 전후 미처리 문제의 하나"이므로 일본정부로서도 가능한 협력을 제공한다는 입장이나 우리정부의 수용 태세가 미비하다는 점을 들고 있다. 그리고 이에 대한 대책으로 들고 있는 3가지 사항은 (1) "관계부서로 하여금 원폭피해자 구호 및 선도문제를 적극 재검토토록 요청", (2) 일본정부에 협력을 요청할 사항은 외무부가 일본측과 적극 교섭, (3) "국내 반정부단체나 재일 반한세력이 본건을 정치적으로 악용치 않도록 경계 및 대비책 강구"이다.11) 본 회의자료와 회의록을 통해서는 실무자 회의를 개최한 목적이 원폭피해자에 대한 시급한 구호책 수립과 시행이 주요 현안이라기보다 원폭피해자 문제가 반정부세력에 악의적으로 이용되어 국위 손상을 초래할 지도 모른다는 우려에서 비롯된 것처럼 해석된다.

10)『한국인 원폭피해자 구호 1978』 p.68
11)『한국인 원폭피해자 구호 1978』 p.91

그러나 실무자 회의가 진행된 후에도 큰 진척은 보이지 않는다. 6월 15일 외무부는 세부 계획이 아닌 사업안의 개요를 주일대사를 통해 후생성에 전달했고, 후생성은 외교루트를 통해 정식으로 제기할 것을 요구했다. 10월 4일자 주일대사 발송 문서에서는 9월 3일에는 한일각료회담이 개최되었고, 일본정부는 6월에 비공식으로 제시한 개요에 대해서도 긍정적으로 검토하고 있으니 한국측의 구체적인 제안을 촉구하고 있음을 전달하고 있다. 또한 손진두의 수첩재판 승소 이후 법무성에서도 치료 목적의 입국을 인정하기로 했기 때문에 방일치료와 의료진 연수를 포함하여 한국측의 제안을 기다린다는 입장을 전하고 있다. 10월 14일에는 "예산 규모 등에 구애됨이 없이 한국측이 먼저 구체적인 제안을 해오면 이를 토대로 검토"할 것이며, "가급적 한국측 요구에 부응"[12]할 것이라는 후생성의 의사를 전달하고 있다. 이와 같은 일본측의 적극적인 태도에 비해 우리정부는 여전히 구체적인 계획안을 제시하지 못하고 있었고, 12월 13일, "후생성 측으로부터 한국인 원폭자에 대한 한국정부 제안이 언제쯤 있을 것인지에 관한 문의와 아울러 가급적 빠른 시일내에 제의하여 줄 것을 촉구하여 왔음"을 보고하는 주일대사의 문서를 접수하고 있다. 문서철에 첨부된 8월 10일자 『통일일보』는 보건사회부가 한국 원폭피해자에 대한 실태조사를 8월 20일부터 10월말까지 실시할 예정이라는 소식을 전하고 있으나, 결국 1978년 단계에서는 실태조사도 마무리짓지 못하고 해를 넘기게 된다.

우리정부가 준비하는 원폭피해자를 위한 종합 대책 중 가장 큰 예산이 소요될 것으로 예상되는 치료시설 건립건에 관해서는 양국 실무자가 비공식 회합을 가진 적이 있는 사안이다. 1972년 11월에 외무성이 인도적 구원조치를 하겠다는 의향을 밝혀옴으로써 우리정부는 1973년 1월에 치료시설 설치를 요청한 바 있고, 이를 위해 2월에는 양국 실무자 회의가 있었으며, 재원 마련에 있어서 양국간의 입장 차이는 있었으나, 한국측이 사업계획서를 작성해서 제시하는 것으로 합의가 되었다. 그러나 보건사회부가 병원설립 계획서를 작성한 것은 1975년이고, 이에 대해 일본측으로부터는 계획서 내용이 구체적이지 못하다는 반응이 돌아옴으로써 병원 설립 계획은 그대로 무산되고 말았다. 원폭피해자를 위한 치료시설을 건립하기 위해서는 원폭피해자의 실태 파악이 급선무이고 조사결과를 토대로 계획안이 작성되어야 할 것이나, 1978년 8월부터 시작된 실태조사도 속도를 내지 못하고, 1979년 1월 18일에 소집되는 두 번째 실무자 회의에서 실태조사가 마무리 단계임을 전하고 있다. 손진두의 수첩재판 후 한국인 원폭피해자 구호문제는 급물살을 타고 빠르게 해결될 것 같은 분위기였다. 그러나 1968년부터 한일외교의 주요 현안 중 하나로 교섭이 지속되어

---

12) 『한국인 원폭피해자 구호 1978』 p.172

온 이 문제에 대해 우리정부는 민간차원에서의 구호활동을 지켜보기만 했을 뿐, 10년의 세월이 흐르는 동안에도 원폭피해자들에 대한 실태 파악조차 하지 않았고, 이로 인해 문제 해결은 더욱 지체되었다고 할 수 있다.

┃관련 문서┃

① 한국인 원폭피해자 구호, 1976
② 한국인 원폭피해자 구호, 1977
③ 한국인 원폭피해자 구호, 1978

① 한국인 원폭피해자 구호, 1976

◦ ◦ ◦

기능명칭: 한국인 원폭피해자 구호, 1976

분류번호: 722.6

등록번호: 9169(25495)

생산과: 동북아1과

생산연도: 1976-1976

필름번호: C-06-0097

파일번호: 13

프레임 번호: 0001-0012

1. 외무부 공문(발신전보)-후생대신 초청장 관련 보고

외무부
번호 WJA-0127
일시 061415
발신 장관
수신 주일대사

　　대: JAW-12521
　　연: 북일 700-90.
　　　1. 보사부 장관의 일본 후생대신 앞 방한 초청장은 1.6. 발송 파우치편으로
송부하였음.
　　　2. 후생대신의 방한 일정에 관해서 후생성 관계국장이 보사부 보건국장에게
전화로 통보한 바에 의하면, 후생성 사정으로, 1.20. 이후에 방한이 가능하다고
하는 바, 상기 초청장 전달시 방한 일자, 체한기간 (이한 일자), 희망사항 등
확인 보고바람. (북일-　　)

2. 외무부 공문(착신전보)-후생대신 방한일정 관련 보고

외무부
번호 JAW-00085
일시 081121
수신시간 76.1.8. 15:54
발신 주일대사
수신 장관
참조(사본) 보건사회부 장관

　　대: WJA-0127
　　보건사회부 장관의 일 후생대신 앞 방한 초청장을 1.7. 17:00 다나까 마사미
후생대신에게 직접 전달하고 방한일정, 체한기간(이한일자) 및 요망사항 등을
확인한 바 오는 1.21 일부터의 자민당 대회, 1.23일부터의 국회개회 등으로 방한

예정이 다소 지연될 것이라 하며 한편 방한에 따르는 제반 문제에 재검토와 준비 등도 있어 일정이 결정되는 대로 늦어도 출발 2주일 전에 대사관측에 통지하겠다고 하였으므로 위 일정 통보받는 즉시 회보 위계임.

(일정, 노무-북일, 보사부)

3. 신문기사

76.1.8. 경향⑦ 韓國原爆 피해자 無料 진료_在日교포· 日人의사 私財 털어

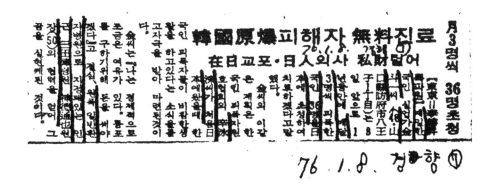

4. 보건사회부 공문—일본 후생성 대신 방찬 초청(회신)

보건사회부
번호 보건1430-1781
일시 1976.2.5.
발신 보건사회부 장관
수신 외무부 장관
제목 일본 후생성대신 방한 초청

　　1. 보건1430-19508('75.12.24)와 관련입니다.
　　2. 일본국 후생성대신으로부터 당부 장관의 초청에 대한 회신이 있어, 동

사본을 송부하오니, 업무에 참고하시기 바랍니다.
첨부 공한사본 1부. 끝.

4-1. 첨부-공한 사본

76年1月29日

保健社會部長官
申鉉碻 閣下

謹啓
　　時下 嚴寒之節에 閣下의 日益尊體淸安하심을 仰祝하나이다.
　　就仰白 今般, 宮澤外務大臣으로부터 本使 앞으로, 田中厚生大臣께서 閣下에
게 보내신 書簡을 送達하여 왔음으로 이에 謹送하옵니다.
　　閣下의 一層健勝하심을 祈願하여 마지 않습니다.

敬具

在大韓民國
日本國特命全權大使
西山 昭

4-1-1. 첨부-다나카 후생대신 서간 송부

MINISTRY OF HEALTH AND WELFARE
1-2-2, Kasumigaseki, Chiyoda-ku, Tokyo
100 JAPAN
Cable Address: KOSEISHO TOKYO

January 21st 1976

His Excellency Mr. Shin, Hyon Hwack
Minister for Health and Social Affairs
Ministry of Health and Social Affairs

Republic of Korea
Seoul, Korea

Excellency,

I would like to express my heartfelt thanks for your kind invitation for my visit to the Republic of Korea which was extended by Your Excellency's kind letter dated December 26, 1975.

It could be my great pleasure to have a chance to meet you in Seoul, but, to my regret, the current Diet session does not seem to allow me to make a definite schedule to visit your country for the time being. I would further try to explore a possible time of my visit, and shall be communicating to Your Excellency on this subject at a later date.

With my best personal regards and good wishes, I remain,

Sincerely yours,

Masami Tanaka

Minister for Health and Welfare

5. 신문기사

76.2.12. 서울⑥ 原爆 피해자 도와 7년_在日교포 실업가 金斗一씨
매달 韓國人 3명씩 초청_日각계에 호소, 무료 治療_專門醫 초청 훈련 계획도

76.2.25 한국② 日 被爆者 구호協에 絶緣狀_한국援護協 "실제內容없는 이름뿐인 團體"

76.2.25 한국③ 被爆人 救濟 핑예+日人이 利用에 이용

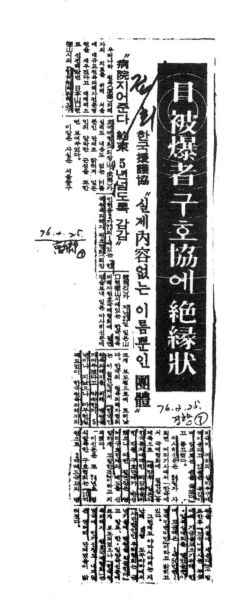

76.2.27. 동양경제일보 「原爆病院」ダシに募金＿＿韓国原爆被害者援護協会 民間団体(日本)と絶縁

동양경제일보

1976. 2. 27.

「原爆病院」ダシに募金

韓国原爆被害者援護協会 民間団体(日本)と絶縁

6. 한국원폭피해자원호협회 공문-업무지원 요청 의뢰

서울特別市中區仁峴洞2街73의1號 農田商街3層가列358號
社團法人 韓國原爆被害者援護協會
KOREA ATOMIC BOMB GASUALTY RELIEF ASSOCIATION
電話 26 4023番
NO.73-1:2KA INHYENDONG, CHOONG KU, SEOUL, KOREA TEL:26-4023

번호 原協 제36호
발신 회장
수신 외무부 장관
참조 아주과
제목 日本三菱重工業 被徵用者 및 遺族에 對한 被害補償業務支援要請依賴

　　　韓國原爆被害者를 救援하는 市民會廣島支部長이 來韓하여 懸案을 協議次
貴部를 訪問爲計이오니 善處하여 주시기 바랍니다
　　　　　　　　　　　다음
1. 訪問者名單
　　日本側 韓國原爆被害者를 救援하는 市民會 廣島支部長
　　　　　前畠雅俊(1921年3月8日生)
　　協會側 徐錫佑(本協會側會長)
　　　　　鄭昌喜(三菱同志會々長)
　　　　　盧長壽(遺族會長)
2. 日時 76年4月21日(時間相互協議)

서울特別市中區仁峴洞2街73의1號 農田商街3層 가列358號
社團法人 韓國原爆被害者援護協會(電話26-4023)
會長 趙判奇

7. 한국교회여성연합회 서간

한국교회여성연합회
KOREA CHURCH WOMEN UNITED

서울특별시 중구 필동 2가 17-2 안정빌딩 501호
17-2 2Ka Pil-Dong Choong-Ku Seoul, Korea
Tel. 27 7502

1976.4.13.

우문기 과장님 귀하

　　새싹이 돋아나고 개나리 진달래가 난발한 4월입니다.
　　하나님의 은총이 귀하와 귀회에 함께하시기를 빕니다.
　　제2차 세계대전이 끝난지 이미 30년이 지났읍니다. 그 동안 우리나라는 전쟁의
흔적을 찾아 볼 수 없게 발전했읍니다. 그러나 그 당시 나가사끼와 히로시마에서
원자폭탄을 맞은 5만여명의 우리 동족이 3만여명은 이미 세상을 떠났고 2만여명이
지금도 생존해 있읍니다. 이들의 대부분이 원폭의 후유증으로 자신들은 물론 2세까
지도 병마와 가난 속에서 고난의 나날을 보내고 있읍니다.
　　본회에서는 이들을 위해 일본당국에 건의문과 호소문을 보내는 등 피폭자들의
보상문제를 위해서 노력해 왔읍니다.
여기에 동봉한 "원폭피해자실태보고서"는 본회에서 인쇄한 책으로 전국교회에 보낸
바 있읍니다. 또 함께 동봉하는 "소리도 없다 이름도 없다"라는 책은 문화방송 논픽
션드라마 "절망은 없다" 제작가이신 박수복씨가 원폭피해자들의 생활을 그대로 엮은
생생한 기록입니다. 이 책을 읽어 주시고, 이들을 위해 같이 기도해 주시며, 이들이
일본 정부에 □는 보상운동에 적극 협조해 주시고, 모금운동도 해 주셔서 소외된
것 같던 이들의 가슴에 소망의 빛을 안겨 주시기 바랍니다.
　　하나님의 사랑이 귀하와 함께 하시기를 빕니다.

회장 이후경
인권위원장 공덕귀

② 한국인 원폭피해자 구호, 1977

○ ○ ○

기능명칭: 한국인 원폭피해자 구호, 1977

분류번호: 722.6

등록번호: 10343(17747)

생산과: 동북아1과

생산연도: 1977-1977

필름번호: 2007-12

파일번호: 12

프레임 번호: 0001-0043

1. 신문기사

통일 77.7.29. "日本で治療が必要" NGO□□委員に 在韓被爆者が訴える

日本で治療が必要

NGO推進委員に 在韓被爆者が訴える

国際非政府組織（NGO）主催の韓国原爆被爆者援護合同委員会の崔元さん（六〇）から福岡県飯塚市の近藤の被爆問題国際シンポで、在韓被爆者問題がクローズ・アップされようとしているが、さる二十六日、（四二）NGO福岡県推進委員＝の

大九州工学部、本原茂恭 助教授

下に、在韓被爆者一般詞合計二十九人分が届いた。

二十九人の在韓被爆者たちは、二十六人までが一年中、なんらかの病気に苦しみ、二十一人は治療費がなく医者にもかかれない、という。日本が治療に積極的な手だて考講じるべきと訴えている。

2. 한국인원폭 희생자 추도식 팜플렛

第10回
韓國人原爆犧牲者追悼式
때: '77.8.6. 下午2時
곳: 韓國YWCA聯合會 서울支部 講堂
서울特別市中区明洞1가 1의 3

主催: 第10回 韓國人原爆犧牲者追悼式執行委員會
主管: 韓國原爆被害者協會

協贊:　　保健社會部　　　　　　韓國勞働組合總聯盟
　　　　韓國宗敎協議會　　　　　日本大使館
　　　　大韓YWCA聯合會　　　　日本人商工會
　　　　韓國敎會女性聯合會　　　日本人會
　　　　各日刊新聞社 및 放送局　※ 交捗順

案內말씀

人類史上 가장 큰 慘劇을 빚어낸 日本廣島, 長崎 上空에서 번쩍인 閃光은 日帝의

殘虐한 侵略戰爭에 無慘히 짓밟힌 우리 同胞는 7萬이 떼죽음을 당했고 3萬餘의 生存者들은 32年 동안 原子爆彈의 後遺障害로 因하여 수없이 죽어갔으며 2萬餘名이 아직도 病苦와 極貧과 社會冷待속에 서 呻吟하고 있습니다.

그로부터 어느덧 '32年, 그들의 怨恨어린 犧牲도. 보람없이 殘忍無道한 日帝의 侵略主義와 搾取主義의 殘滓가 남아있음인지 强大國들은 核武器의 開發擴張에 狂奔할뿐 그들이 저지른 罪科에 對해서는 조금도 反省贖罪는 커녕 責任과 義務마저 버리고 있습니다.

어찌 傍觀하고만 있으리요. 그러나 이 怨魂들이 하느님과 더불어 우리들을 지켜보시고 있는 限 平和는 期必코 오고야 말 것입니다.

이에 우리는 해마다 敬謹한 마음으로 嚴肅히 過去를 回想하고 現實을 直視하면서 억울한 犧牲을 當하신 怨魂을 위하여 慰靈하는 典禮를 지내왔습니다. 今年에도 32年前을 回想하면서 그토록 悽絶했던 不幸을 되풀이 않고 核禁平和를 다짐하면서 살아 남아있는 原爆被害者와 그 遺族, 그리고 平和를 喝求하시는 有志諸賢을 모시고 慰靈典禮를 擧行하오니 公私多忙하실 줄 아오나 부디 參席하시여 억울한 魂靈을 慰勞해 주시면 幽冥을 달리한 怨魂과 遺族 및 生存被害者들에게 慰勞가 되겠사옵기 삼가 案內말씀을 올리나이다.

1977. 8.
第10回 韓國人原爆犧牲者 追悼式執行委員會

第10回 韓國人原爆犧牲者追悼式
委員名單

顧問	郭尙勳	金東里	孔德貴	我明俊
	係仁買	安浩相	李仁	鄭寬
	鄭東虎	陳東航	韓燦	
指導委員	姜金聲	郭泰榮	金龍熙	金培鈺
	朴金淳	白楲鉉	安允店	安相股
	李光善	李外淵	尹淙	宋泰善
	鮮字鎖	趙東業	趙昇鎬	崔秉濟
	韓甲洙	韓悌翊	黃眞球	洪順喆

會長	趙 繁韓			
執行委員長	係楽山			
副委員長	趙判仃	金錫原		
總務委員	郭貴勳	姜壽元	白光欽	徐錫佑
	辛泳洙			
財務委員	金元均	徐成龍	鄭昌喜	專廣涼
儀典委員	郭貴勳	崔碁昌	林慶澤	片大全
涉外外委員	鄭尚華	權東鶴	中漢圭	金大幅

韓國人原爆犧牲者追悼式

式順

1. 開禮
2. 國民儀禮
3. 經過報告 ·····································原爆協會事務局長
4. 祈禱
5. 開禮辭 ···執行委員長
6. 聖經奉讀 ···전학석 목사
7. 特別讚頌 ···이무자 先生
8. 말씀 ···전학석 목사
9. 讚頌 ···429장
10. 追悼辭 ·············原爆協會長(前國會議長 郭尙勳, 宗敎界代表)
11. 焚香 ···來賓, 遺族代表
12. 慰靈歌 ···合唱團
13. 禮辭 ···族代表
14. 祝禱
15. 閉禮

3. 보건사회부 공문-사실 조회

보건사회부
번호 의이1427-13235
일시 1977.9.22.
발신 보건사회부 장관
수신 외무부 장관
제목 사실조회

　　　1. 당부산하 사단법인 한국원폭 피해자협회(서울 중구 인현동 2가 73-1)에서
일본국소재 다음 단체의 요청에 의하여 우리나라의 원폭피해자 실태조사표(사
본별첨)를 작성하여 그 부본 1부를 제출코자 하는 바, 동 단체의 성격과 성분
및 사업내용을 조회하오니 현지공관에 조회, 회보하여 주시기 바랍니다.
　　　단체명: 한국의 원폭피해자를 구호하는 시민회
　　　소재지: 大阪府 吹田市 桃小台 3町目 □36番地5
　　　회장: 関勝仁志
　　　사무국장: 松井義子
　　　첨부: 실태조사표(서식) 1매. 끝.

4. 의무부 공문-사실 조회

외무부
번호 북일700-
일시 1977.9.30.
발신 외무부 장관
수신 주오사까 총영사
제목 사실 조회

　　　보건사회부 산하 사단법인 한국원폭피해자협회(서울중구 인현동 소재)에서
는 일본국 소재 다음 단체의 요청에 의하여 아국의 원폭피해자 실태조사표를
작성, 그 부본 1부를 제공코자 하는 바, 동 단체의 성격과 성분 및 사업내용을

조사 확보하여 주시기 바랍니다.

-다음-

1. 단체명: 한국의 원폭피해자를 구호하는 시민회
2. 소재지: 大阪府吹田市桃小台3町目36-5.
3. 회장: 関勝仁志
4. 사무국장: 松井義子

-끝-

5. 외무부 공문(착신 전보)—공문 누락 사항 보고 지시

외무부
번호 JAW-1141
일시 081350
발신 주일대사
수신 장관

대: WJA-10453
1. 대호에 언급된 북일700-20776(77.9.30) 공문 (원폭 피해자 구호 시민회 건)이 당관에 접수되지 않은 바(파우치 리스트에도 기재되어있지 않음) 송부일자 재확인 회시바람.
2. 등 공문 내용을 타전바람. (일정-북일)

6. 외무부 공문(발신전보)—조사 내용 결과 보고 재촉

외무부
번호 WOS-1112
일시 101640
발신 장관
수신 주오사까 총영사

연: 북일700-20776(77.9.30.)

연호 "한국의 원폭피해자를 구호하는 시민회"에 관한 귀관의 사실조사 결과 조속 회보 바람. (북일-   )

7. 주오오사카 총영사관 공문–사실조사 회보

주오오사카 총영사관

번호 오오사카(영)700-5042

일시 1977.11.7.

발신 주오오사카 총영사

수신 장관

참조 아주국장

제목 사실조사 회보

　　　대: 북일700- 20776(77.9.30)

　　　　대호로 사실조회한 한국의 원폭피해자를 구원하는 시민회에 대한 동단체의 성격과 성분 및 사업내용을 조사, 다음과 같이 회보합니다.

-다음-

1. 동단체의 성격과 성분

　가. 성격

　　　　일본 기독교인들의 원폭피해를 입은 일본인들을 돕기 위해 1971년 12월경에 동회를 조직(회장:山本義則)하여 기금조성의 방법으로 일화 250엥을 1구좌로하여 매월 1인당 1구좌 이상 5구좌씩 모금, 1천만엥을 모금하였다 함. 동 단체는 폭을 넓혀 한국에 있는 동피해자들을 돕기위해 동 운동을 전개, 약 5년전부터 한국의 원폭피해자 협회에 매월 10만엥 내지 20만엥을 원조해 주기로 결의 계속송금 77년초까지 약 7, 8백만엥 정도 송금하였다 함

　나. 성분

　　　　민단, 한국인 기독교 및 한국인 문화연구소장 등을 통하여 동단체의 성분을 조사해 본 바, 회원들의 구성은 모두 교인들이고 지식층, 실업인 및 법조계의 변호사 등도 포함되어 있으나 모두 친한파의 성격이며, 아직 불순단체와의 연계사실, 발견할수 없음

2. 사업내용

　　창립: 1971. 12성

　　구성원: 종교인(기독교) 약 600명

　　소재지: 吹田市 桃山台 3-36-5

　　전화: 06-871-3446

　　현회장: 関藤仁志(マナ書房經營)

　　사무국장: 松井昌次 변호사

　　동직무대리: 同人의妻 松井義子

　　위 송금한 금원 약 7, 8백만엥에 대한 사업내용을 파악하고저 松井義子씨는 77.4월경 방한, 조사하였든 바, 위금원이 모두 인건비 및 사무비등에 소모하고 동피해자들의 의료비등에 크게 사용된 점을 찾을 수 없어 77년초부터 송금을 중단하고 진실로 원폭피해자를 위해 동금원이 사용될수 있는 동피해자의 실태조사표를 요청하였다고 하며, 동실태조사에서 동피해자들에게 균일한 해택을 받을 수있다고 인정될 때는 계속 송금이 가능하다고 함.

　　첨부: 국장명함 사본 1부

　　　　동회의 물망초(4, 7, 8. 월분) 각1부

7-1. 첨부: 물망초(忘れな草)

忘れな草	台所の聖書から…1
	天国名簿…1
	わたしのイェス様を…2
	お坊さんとロック…3
1977年8月	恩惠不感症…4
No. 65	などか人のみ…5
	破れを知るために…6
	桃山台だより…7

≪台所の聖書から≫
天国名簿

松井義子

私の住所録には天国名簿かある。私が信仰にみちびかれたのは、刀根山病院の

重症病棟であった上に、ペンフレンドとして紹介された友人が皆、重い結核療養者であったから、文通をつゞけているうちに相次いで天に帰ってゆかれたために出来たものだ。はじめて出会ったクリスチャンは、同じ病院で療養中の祈の友のグループでも最も熱心な中堅会員の一人井上久男兄だったが、初対面後数カ月で、私の「天国名簿」の章頭になられた。あれから二十数年、50名近い名簿となった。

　私が、人にいやがられる病気、家族に大きな重荷を負わせる病気、若い日の夢も希望も容赦なく奪われて、自分の人生設計など描きようもなく、たゞ一ずに天井をみつめて臥しつゞける病気を通して、実に得がたい学びと体験をさせられたと思って喜んでいるのは、この天国名簿による。日々の生活の中で、ふととらわれる孤独感、無力感、人間不信のかげがよぎるとき、私はこの名簿を開く。

　あゝ、そこに相次いで浮かぶなつかしい慕わしい友の面影、敬愛する先輩師友のひたすらに「信じ、愛し、生きた」人生遍歴の一つ一つが目前に映し出されて私を励ます。

　　　これらの人はみな、信仰をいだいて死んだ。まだ約束のものは受けていな
　　　かったが、はるかにそれを望み見て喜び、そして地上では旅人であり寄留者
　　　であることを、自ら言いあらわした。(ヘブル人への手紙一一・18)

　この名簿を通して、私は天国を実感する。そこが夢でも幻でもなく、何より確かなところ、私のすべてをかけて求めるべき実在の地がまさにそこだと疑わず思う。死は決して逃避ではない。死にあこがれてこの世を軽んじてはならない。そのことを身をもって示めして下さった人々がそこにある。生ある限り、その最後の一呼吸まで真実に生き抜いた人々がそこにある。

　　　主の聖徒の死はそのみ前において尊い。(詩篇二六・15)

　この師友らとの再会を思うとき、胸か高鳴り、弱っていた心も強められ、うなだれていた心に張りが与えられる。

　だが、日々の急流のような生活の中で、この天国名簿を忘れていると、この世のこと、自分のことにかゝわる「肉の思い」(ロマ八・6)にとっぷりつかっていることが実に多い。神に喜ばれるより自分を喜ばせることをねがい、自分のことは棚に上げて人を責めたり裁いたりしている。事ごとに自己中心的現世的な自分の姿を見出してがっかりする。T先生は、お住まいの近くのお墓をたずねることをたのしみにされるのは、そこで自分の帰りゆくべきところを確認することが出来るからといわれているが、私の人生も、天よりの立体的交友関係によって保たれているとは確かで、天よりの祈りの支えがあるからこそ、こんな人間でもついてゆけるのだとしみじみ思う。

この地上には永遠の都はない。きたらんとする都こそ、わたしたちの求めて
いるものである。(ヘブル一三・14)

「天国名簿」をかたわらに、「きたらんとする都」を心に描きつゝ、なお生かされ
ている一日々々をいとおしんでゆとう。

わたしのイエス様を

多くの友人たちに協力して頂いている「韓国の原爆被害者を救援する市民の会」
の重い責任のために、駆け足で四月一八日から二三日まで韓国ソウルとその近郊に
旅した。申訳ないと思いながらも信仰の友との交流はたゞ一箇所だけで、専ら果た
さねばならぬことに集中させて頂いた。思わぬ寒さに見舞われたり、夏のような暑
い日があって汗まみれ埃まみれになったり、久しぶりに? ノミシラミに出会った
りしたが、たえず私の心を満たしていた平安があった。それは、たのしい、めぐま
れた、よく整えられた信仰の友らとの交わりでなく、三十余年前の一発の原爆のた
めにその人生をめちゃくちゃにされた人々、生地獄という言葉を身をもって体験さ
せられてきた人々との交わりの中で、近々とわたしのイエス様の息づかいに触れて
いたからであろうか。

今更日本人に来て貰ってもどうしょうもない、これまで何度も何度も呼び集め
られ、話をさせられ、写真をとられたが、何も起らなかった。もう日本人なんか
来て貰いたくない……と、初対面で固い表情だったある支部の責任者の一人と心の
通り固い握手を交わすことが出来たことはうれしかったが、なかでも二日間行動を
共にして下さった小柄なNさんとの語らいは、私の脳裏に強く焼きついて離れな
い。でこぼこ道をバスに揺られながら、波乱に満ちた半生を一生けんめい語って下
さったNさんの顔のしわは深く、手は固く、節くれだっていたが、自ら被爆の烙印
を受けながらも、同じ仲間たちのために身を粉にして働きつゞけているその笑顔は
実にきよらかだ。今のNさんの生活はどん底に呻いている仲間の会員たちを見捨て
られずに、全力投球しているという、朴訥で誠実のかたまりみたいなNさんだ。

世の富を持っていながら、兄弟が困っているのを見て、あわれみの心を閉じ
る者には、どうして神の愛が、彼のうちにあろうか。(ヨハネ(一)三・17)

聖書を知らないNさんが、いきいきと聖書の心に生きている姿を前にして、中途
半端なわたしの在り方が鏡のように写し出された。家内には苦労のかけ通し、息子
にも何もしてやれないと悲痛な面持で告げながら、

これが私の運命なんですよ。もうこゝから逃げ出すことは出来ません。

といゝきるNさん——徴用、被爆、遭難という追いうちをかけられた働き手を失った家族たちが辿らねばならぬ残酷な運命を、Nさんはこれからも一しょに担い抜こうとしている。

　　　自分の十字架をとってわたしに従ってこない者はわたしにふさわしくない。
　（マタイ一〇・38）

わたしのイェス様のきびしい中にもあわれみのこもったみ声が、Nさんを包んでいるようだ。

何のてらいもなく、「泣く者と共に泣く」（ローマ一二・15）人生を黙々と歩むわが友Nさんの温和な表情に見とれながら、

　　　すべて重荷を負うて苦労している者は、わたしのもとにきなさい。あなたがたを休ませてあげよう。わたしは柔和で心のへりくだった者であるから、わたしのくびきを負うて、わたしに学びなさい。そうすれば、あなたがたの魂に休みが与えられるであろう。わたしのくびきは負いやすく、わたしの荷は軽いからである。（マタイ一二・28~30）

と、わたしのイェス様が呼びかけていて下さるそのみ声を伝えたいと心から思った。Nさんとは、おそらく生涯の友としてこれからつゞく韓国被爆者のための狭いけわしい長い道を共に辿ることであろう。わたしはNさんの友として、わたしのイェス様を紹介することが出来れば本望と思う。いつかそんな日のくることを夢に見ながら、Nさんの真実に背かない友でありたいと思う。

お坊さんとロック

朝のひととき、夫のための玄米弁当を作りながら習慣的に聞くNHK「日本列島北南」——偶然のようだが別々に二人の若い住職が、ロックの演奏や鑑賞のためにお寺を開放している話があった。杓子定規な考え方からすれば、「時流にこびる僧侶」といわれるかも知れないが、どちらもその語る声の澄んだひゞきと一ずな布教の意欲に感動した。

　　　坊さんいるかい？

といってそれまで近づかなかった若者たちが気軽にやってくる。そこで膝をまじえてステレオを聞いたり、よもやま話の相手になりながら、若者の心に触れるきっかけをつくる。そのうち、住職の法話にも耳を傾けるようになる。読経に和しながら、そのリズム感に溶け込んでゆく。この若者たちとの交流を通して、「葬式以外に用はない」とされがちだったお寺が、混沌の世に働きかけるバイブ役をして

いる事実はさわやかだ。現代という砂ばくの中で、若い思いに余る悩みや積もる不安をどこに訴えようもないまゝ、無軌道に走ったり、絶望したり、あきらめや妥協に流されてゆくいたましさを思うにつけても、この二人の若い住職にあふれている若い魂への愛といたわり、自分を低くしてその中に飛び込んでゆこうとする姿勢に教えられた。

　　　わたしは、すべての人に対して自由であるが、できるだけ多くの人を得るために、自ら進んですべての人の奴隷になった。……弱い人には弱い者になった。弱い人を得るためである。すべての人に対しては、すべての人のようになった。なんとかして幾人かを救うためである。(コリント㈠九・19～22)

あのバウロの五体にあふれていた隣人への愛と燃えるような伝道意欲に通じるものがある。「イエス・キリストを信じる」「聖書を読んでいる」と称して、結局は自分が「清く正しく」あることしか願わない「クリスチャン」は、この若い僧侶の前に頭が上がらない。話し合いのきっかけを作るために、相手の心をつかむためには、「自ら進んですべての人の奴隷にな」る他はない。相手のところまで出かけてゆき、同じ地盤の上に身を置こうとすることだ。

　　　福音のために、わたしはどんな事でもする。わたしも共に福音にあずかるためである。(同2)

イエスは、進んで取税人や罪人や病人の中には入ってゆかれて飲食を共にされた。人々から軽蔑されていたザアカイの家の客となられた。一人でも多くの失われた魂を探し求めて歩かれた。このイエスにならって生涯を走り通したバウロのように、私たちもまた、接するかぎりの隣人の立場に自分を置く訓練にはげみたい。若いお坊さんの姿に促された朝から新たな意欲が湧いて、心はずむ一日だった。

恩恵不感症

かって、らい園の友が、
　　　感謝の増し加わるところに恵みもいや増す。
と書いておられるのを、今しみじみ思い出す。バウロは、
　　　罪の増し加わったところには、恵みもますます満ちあふれた。(ローマ五・20)
と告白しているが、かっての暗い時代をらいの縄目に取巻かれて、一度は自殺を考えずにはいられない悲惨な境地を通り過ぎた姉妹が、「感謝」を口にするだけでも驚くべきことなのに、「増し加わるところ」と強調しているその心の柔軟さ豊かさ

に目をみはらずにはいられない。

　不治の病に冒され、地につける自分にかゝわる一さいの望みを奪われ、この世に何も頼れるものを持たないものとされたギリギリのところで、キリストの愛に触れ、信仰の命に生かされている人だ。キリストの愛に抱かれて、「生ける水」を与えられ、

　　　わたしが与える水を飲む者は、いつまでも、かわくことがないばかりか、わたしが与える水は、その人のうちで泉となり、永遠の命に至る水が、わきあがるであろう(ヨハネ四・14)

との呼びかけにうるおされている人だ。希望とは、喜びとは、感謝とは、人間の力の燃えつきたところから芽生えるものなのであろうか。

　施しをこう足なえの男に向かって

　　　金銀はわたしには無い。しかし、わたしにあるものをあげよう。ナザレ人イエス・キリストの名によって歩きなさい。(使徒行伝三・6)

と確信にみちて云いきったベテロの姿――。四十日四十夜の荒野の断食の後、

　　　人はパンだけで生きるものではなく、神の口から出る一つ一つの言で生きるものである。(マタイ四・4)

と悪魔の誘惑をみごと撃退されたイエス様のお心――。

　人は、何を持っていても、その内にイエス・キリストを持っていないならば、神の言に生きていないならば、与えられている恩恵のすばらしさを感じることは出来ない。それどころか、足りない所を探し出してはなげいている。クリスチャンとは、自分の外側はいかにもあれ、どんな小さなことにも神のめぐみを発見して感謝のできる人ではなかろうか。家庭ももたず、富にも健康にもめぐまれないどころか、同胞から貴められ背かれ痛めつけられながら、

　　　言いつくせない賜物のゆえに神に感謝する。(コリント(二)九・15)

と高らかにうたったバウロは、イエス・キリストを賜物として下さった父なる神への感謝が、その全身にみちあふれていたのであろう。その感謝が、隣人の救いへの熱情となって燃えたち、

　　　たとい、あなたがたの信仰の供え物をささげる祭壇に、わたしの血をそゝぐことがあっても、わたしは喜ぼう。あなたがた一同と共に喜ぼう。(ピリピ二・17)

と云わしめたのであろう

　聖書の先人たちを思い、先の逆境の友を思うとき、私たちは余りに現世的恩恵に浴し過ぎているために「恩恵不感症」に毒されたのであろうか。それとも「恩恵の

増し加わるところに罪もいや増し」ているのが現代人の特色なのであろうか。

　　　失ったものをなげかず、残されているものを喜びなさい。

　といって、体の欠けを励ました医師の言葉を思う。

　　　キリストのゆえに、わたしはすべてを失ったが、それらのものを、ふん土の
　　　ように思っている。(ピリピ三・8)

　とその主を誇っているバウロを思う。さらに、

　　　きつねには穴があり、空の鳥には巣がある。しかし、人の子にはまくらする
　　　所がない。(ルカ九・58)

　　　おのれをむなしうして僕のかたちをとり、おのれを低くして、死に至るま
　　　で、しかも十字架の死に至るまで従順であられた。(ピリピ二・7〜8)

　私たちの主を思う。私たちは誰が主でいますお方よりも低い生活をしているだ
ろうか、おのれをむなしくして従順に生きているだろうか。

　「恩恵不感症」とは、罪まみれの「怒りの子」なるおのれを知らない現代人の、い
やクリスチャンと称しなから、私たちのしばしばかゝる「業病」であり、まるで神も
キリストもいまさぬかのように、天国がないかのように、気づかずして冒されてい
る「慢性病」である。

などか人のみ

エネルギーのかたまりみたいに
燃える真夏日の下、
むくげ、紅あおい、玉すだれ、おいらんそう、松葉ぼたん、コスモス…
とりどりに、与えられた生のまゝに花開く、
短いときの間を
たゞ無心に咲きつゞける花たち——
濃い緑の木々をめぐって
雀、きじ鳩、きびたき、ひばり、
それぞれのうたを声張り上げてうたう
創り主への讃美、
今生きている喜びを
小さなその身にみなぎらせて
たゞひたむきにうたう小鳥たち——
天も地も

なんと活力に満ち、

生の歓喜にあふれていることか！

　「めぐみの露は草木にすら

　ゆたかにかかり　天つさかえ野にも山にもみちわたる……」

（さんびか二一四－2）

だが、

かって幸せになるようにと与えられたスイートホームが、

いまは針のむしろとなった。

愛し愛される間柄が

憎みうらみ合うばかりで、

生きることが重荷となった。

この地上の命のつきる日がないかのように、

裁き合い責め合い憎み合っている。

人からしてもらうことしか考えない

いつも不満があるだけの暮らし。

病気相談、家庭騒動、職業問題……

ひきも切らずに打ち寄せる潮のように、つゞく人の世の悲哀──。

あゝ

「などか人のみ　罪に染みし」

（さんびか二一四－2）

破れを知るために

　第二回教職アシュラムに思いがけなく参加をゆるされ、心に残るよきものを多く与えられた。なかでも、このアシュラム運動に命をかけておられる榎本保郎先生の全身全霊をこめての語りかけの一つ一つに、私の胸は高鳴り、同じ主イエスに従う者としての深い共感と新たな決意に包まれた二泊三日であった。

　多くの人々に、ざっくばらんで真実な一人の伝道者の歩みの記緑として愛読されている「ちいろば」(聖燈社発行)の著者として、スタンレー・ジョーンズ博士のアシュラム運動の流れを受けつがれた榎本先生が、「イエスは主なり」の信仰を生活の中に本当に生かすために自分自身を訓練する場として、これで各地でアシュラムのつどいを持たれていることを知りながら、参加のチャンスを逃がしていた私のところへ、「第二回教職アシュラム」の案内状が舞い込んで一瞬まごついた。これは教会

の牧師先生方の集まりだと思って……。でも何か抗しきれない大きな力に引き出されているように感じてすぐ榎本先生にハガキでおたずねをした。何もわからないが、これに参加させて頂いてもいゝのでしょうか、と。すると早速榎本先生より親しみあふれた飾り気のないお話ぶりで、

　　　どうもありがとう。たのしみにお待ちしていますから……。

というお電話をいたゞいて、私のためらいは消え、ほのぼのとした思いにみたされていった。

　六月十五日から三日間、「カトリック黙想の家」という理想的な環境で四十八名が四つのフアミリにわかれて祈り、黙して一時間聖書のみを読み、聖書に問われて語るということもはじめての体験だったが、榎本先生が、病床で「向う岸へ渡ろう！」(マルコ四・35)との主イエスのみ声を聞き、二年間考え、ついに暗たんたる思いで「行く先を知らないで出て行った」(ヘブル一一・8)とざっくばらんに語られる姿に、文字通りアシュラム運動は神がはじめられたわざであり、神がみちびかれる運動であることを知った。今年だけでも二十数ヶ所で持たれ、最後の目標は、一つ一つの教会で年中必要であるという。そこにいたる道は遠くけわしい。医者にあと二年の命といわれて三年すぎたといわれる榎本先生のすべてを神にまかせきった姿に、

　　　もしわたしたちが、気が狂っているのなら、それは神のためであり、気が確
　　　かであるなら、それはあなたがたのためである。なぜなら、キリストの愛が
　　　わたしたちに強く迫っているからである。(コリント(二)五・13〜14)

というバウロの姿が重なって見える。特に聖書に密着した教会形成──牧師も信徒も共に神の言にうたれ、みちびかれる姿勢を強調されたが、これはもともと「無教会」のめざす所ではなかったか？　いつかこの目標から大きく外れてしまっている「無教会」の重い病患に目を向けさせられたような気がした。

　この教職アシュラムは、

　　　破れているのは私だけではないことを、実感するため。本気で祈りの生活を
　　　してみると自分の破れが出てくる。新聞、テレビ、人の声……さまざまなこ
　　　の世の声にさえぎられ、何やかやと理屈をつけて祈ることを止めてしま
　　　う……自分自身との格斗なしには祈れない。讃美歌に「しずけき祈りのとき
　　　はいとたのし」とあるが、祈りはたのしいというものではない、たたかい
　　　だ。神が働いて下さるのを待つ姿勢で、潮が満ちてくるように働かせられる
　　　ために、たえず祈りつゞけるのだ。

と教えられて、私自身いかに本気で祈っていないか、たゝかいとしてまで祈り

を求めていないか、サタンとの決戦場である祈りをいい加減にしているか、をきびしく問われてくる。アシュラムとは、まさに「神と私との関係」に立ちきり、人のことを問題にするのでなく、「私自身を問題にする」場であり、そこから本当に隣人へ働きかけてゆく歩みがはじまることを知った。「自分が問題にならないのが問題」といわれたが、私どもの周囲に起る人間関係のトラブルは信仰の有無にかゝわりなく、そのほとんどが自分のことは棚上げして、相手のことばかりを問題にしているのではなかろうか。たゞ一人神の前に立たされ、神のみ心を仰ぐところからはじめなければ、何も変らないし、はじまらないことを改めて思う。

こゝにきて、うわべはつじつまがあっているようでその実、破れだらけの私自身をはっきり見せつけられ、神へのおそれと申訳なさと共に、静かに湧きあがる喜びと、はてしなくひろがる希望にみたされ、榎本先生を通してこの恵みを与えて頂いた感謝で一ぱいだ。

桃山台だより
中高生講座感想文集

この春第十一回の集まりを終えて、いつものようにその場で短い時間に書きとゞめた中高生たちの感想文をみて、その成長の跡がありありと感じられたので、この辺で記録としてまとめ、より深く皆様に祈って頂く手がかりになればと考えて印刷にしました。「二泊三日は短かすぎる、五泊六日にしてほしい」「もっと聖書のことを教えて！」「すゝめられてしぶしぶ来たけれど、友だちも出来たしイエス様のことも少しずつわかってきて本当によかった。夏はもっと長くしてほしい」。"私は小さい時から聖書を読んでいるから、イエス様に出会っているだろう"という優越感があったが、本当に私はィエス様と会ったことがあったか?」「今度の会は、何かもやもやがはれつしたようでよかった」……。ときにはニヤニヤしながら、ときにはハッとさせられながら、率直で真剣な感想の一つ一つを、私も中高生になった気持で味読させられました。少し余分に刷りましたので、ご希望の方にお送りいたします。実費送料共一五〇円(切手可)松井まで。

ちょっと韓国へ

いつもいつも皆様のあたゝかいお励ましを頂いてつゞけさせられています「韓国の原爆被害者を救援する市民の金」ののっぴきならぬ用件のため、とりあえず四月半ばに韓国へ旅しました。本文にも少し書きましたが、機関誌「早く援護を！」二〇

号にその報告が出ていますので、お読み頂けたら幸いです。実費送料共一〇〇円(切手可)

友の墓標

五月十五日、松尾道晏さんの一年目——福岡の小高い山の中腹に出来上がった墓標には、十字架と、

> ほめよ　ほめよ　教主のみ名をほめよ

と黒地に白くくっきりと刻まれてありました。結核の重症の床で、同じ病を癒やされた達子夫人と結ばれて六年、ついに同じ屋根の下に暮らすことなく召されてゆかれた夫君の記念会のために、かいがいしく動きまわる達子さんは、

> いつも一週間目にあれこれ揃えて病院の主人をたずねていたのだから、今度はその間が少しのびただけと思えばいいんです。

と、深いかなしみを秘めたがらも明るく告げて下さいました。

盛夏の台湾研修

七月一三日〜二〇日、高橋三郎先生のおみちびきで台湾行の仲間に加えて頂きました。バナナ、パイナップル、パパイヤなど果物の宝庫で、酷暑を体験しながら、はじめての山地教会の方々との交わりを通して実に多くのことを学びました。同時にその深刻な問題にも触れる機会となって、今後のために祈る課題を与えられました。この記録はやがて写真入りで出版される予定です。乞ご期待！

受身で

小誌前号の最後で、「いつまでか?」としてこれをどうするか迷っているという弱音を吐いたら、相次いであたゝかいお励ましのおたよりが寄せられています。「いつまでも！」「使命は聖なる受身であります」……こうした友人たちの一言々々から、改めて小誌は、私自身の計画や努力からでなく、見えぬ力に迫られてつゞけさせられていることを痛感しました。たゞ従えばいゝのだ、示めされるままに喜んで従えばいゝのだとわかり、心が軽くなりました。どうぞこの私のと□めても祈ってやって下さいね。

※　訪米途上出血されてロスアンゼルスの病院で治療中の榎本保郎先生が、本日午後四時半、召天されたという、お知らせを受けました。

七月二十七日夕

発行　〒565　大阪府吹田市　桃山台三丁目三六番五号

松井義子

電話・〇六(大阪局)八七一・三四四六

振替　大阪　六九八〇

一部　五〇円

7-2. 첨부: 忘れな草

1977年7月20日発行　第20号

韓国の原爆被害者を救援する市民の会　機関紙

早く援護を！

大阪事務局　松井義子　￥５０

〒565　吹田市桃山台8丁目86番5号

TEL　06(871)3446

振替口座　大阪28307番

七七年度　実態調査協力・支援成る！

　昨年末より、韓国原爆被害者協会との間で、被爆者実態調査協力・支援について協議されてきましたが、今年四月、市民の会より松井事務局長の訪韓、五月、協会徐副会長の来日を経て、今年度の協力、支援が成立しました。また、すでに終えている五三一枚の調査票についても、市民の会に送られることが決まりました。(詳細は次号にて)

広がる自立への歩み
協会－支部駆けある記～

訪韓　松井義子

報告　田中　裕

　去る四月十八日より、約一過間にわたり、市民の会を代表して訪韓し、協会はじめ多くの被爆者、関係団体の人々との話し合いを終え帰国した、松井、田中両世

話人の報告を掲載します。

　四月十八日、再び当会の重責を担って一路ソウルへ——今回は事務局の田中さんと同道なので私の肩の荷は半減されるはずなのだが、事はそれだけ重く切迫していたといえようか、緊張感から機内食も余り進まなかった。ともかくも五年間つゞいた韓国原爆彼害者協会への支援態勢がきびしく問いたゞされている中で、どうしてもこの際両者が膝つき合わせて現状打開の道を探り合わねばならないのだが、言語に絶する因難をかゝえて苦斗している協会幹部の心中を思えば私たちの心も重い。その日の午后、早速協会事務所で、徐副会長、金事務局長、三菱同志会の崔基昌(チェ・キチャン)さんと鄭基世さん、少し遅れて理事の郭貴勲(クヮク・キュフン)さんと語り合う。協会運営費支援の中止について徐さんより「長い間本当にありがとうどざいました。市民の会のおかげでこゝまで辿りつくことが出来たのです。これからは苦しいがなんとかがんばります」といわれて、一つの山を越えた思いがした。「市民の会にお願いしたいのは、私らに出来ない日本政府への働きかけをして頂くことです」といわれ、改めて私たちの方向を確認する。郭さんの実態調査に寄せる熱意のほどに、今後の取組みへの意欲をかき立てられた。その夜のソウルは、うらゝかな大阪の空とはうって変って零度近い寒さに見舞われていた。

　一日置いて二十日、再び協会事務所で、主に中央支部の皆さん方十数名との話し合いの場をもった。訪韓の理由、市民の会の現状、これまでと違った、しかしより緊密な協力関係へのねがいなどを交々のべ、その後、同席の馬山支部長金さんの発言もあって今後の実態調査の間題点について突込んだ意見が出された。「今まで何回集まって話をさせられたか……何の効果もない。支部長たちが自腹を切って救援策をしてきたが、もうこれ以上希望が持てない。」という平沢副支部長金さんの意見の背後にある現実が、どっしりと目前に据えられたようだ。

×　　　　　×　　　　　×

　午后は、かねてより日本YWCAとのかゝわりの中で意欲的な被爆者救援の歩みをつゞけておられる韓国教会女性連合会を訪問——多忙な中から時を割いて下さった孔德貴(コン・ドッキ)さんとの率直な話し合いは、NGOシンポジウムの調査票に関することと、"早く援護を！"前号の巻頭にある「セブランス病院に韓国で初めて『原子病科』(仮称)没置を」との記事に関連してであった。会談の終り近くに李愚貞(イ・ウジョン)さんも加わられて、費用の裏付けも必要だが実現までにはなお多くの間題が残されていることを確認し合い、ともかくセブランス病院をおたずねした上でということで李文陶(リ・ムンウ)さんにご案内頂く。延世大学校医科大学附属セブランス病院の明るく清潔な一室でお会い出来た陳東樋(チン・トン　)院長は、当

会のめざすところに共感を寄せながら、さし出された"被爆韓国人"を手に「私もこれから被爆者問題の勉強をはじめたい」と語られた。まず当事者間の理解と信頼が土台となって、そこから着実な一歩が踏み出されるのだとの思いを深めつゝ夕ぐれ近い病院を後にした

〈寒村にたどる自立への道　結束固い平沢支部〉

　翌二十一日は念願の平沢行——昨年六月に支部が誕生したばかりだが、全員三菱同志会の仲間として以前から助け合いがなされており、「二日後の入市で死体処理に当った私は直接被爆の会員たちに申訳ないという気持で一生けんめい会員のために働く」という孔支部長さんの言葉にそのふんい気がしのばれる。高速バスから乗りついだデコボコ道のバスも、その先の道なき道をゆく自動車も苦にならなかったのは、同道された朴秀馥さん("被爆韓国人"の編著者)と同志会、遺族会のこと、被爆二世のことなど話題がつきず、「ひん死の病人を余りに長くベッドの上に置きすぎた」となげきながらも、小さな手がかりを大切にして「遅すぎた治療」に取組んでゆこうとされるその姿勢に力づけられたからか。平沢で支部長の孔慶弼(コン・ギョンピル)さん、副支部長の金敏経(キム・ミンギョン)さん、同志会副会長の李啓春(イ・ケチュン)さん、遺族会の盧長寿さん、李相文(イ・サンムン)さんに迎えられて、まず大安里のひなびた農家の一隅に李唐福(イ・タンポク)さんを見舞う。被爆の後遺症に加え精神異常をきたした李さんは、古びた韓服を着て虚ろな視線を突然の来訪者に向けながらうずくまっていた。こんな不便な農村の隅々にまでかっての日本軍国主義の魔手が及んでいたことを知る。その後牙山(アサン)湾の人工湖のほとりでローソクの灯を囲み、支部長さん心づくしの魚料理に一同舌鼓をうちながら、支部自立のための計画を伺う。幹部の皆さんの田畑を担保にして着々と進められている釣場を含めた遊園地建設計画に、どんな形でもいゝから(たとえば掲示板の一つでも、ボート一台でも)市民の会が加わって頂けたらうれしいともいわれた。韓国YWCAからの月五万ウオンの支援は、病院治療費に当てられていたが、都合で今年一月より中断の由で、さきの李さんはソウルのセブランス病院へゆくほかはない。病院が欲しい、せめて治療代でも……とこゝでも切実な願いを抱いたまゝ去らねばならなかった。

　帰りのバスがなくなり、一行が安仲里の宿にたどりついたのは夜も更けていたが、遅くまで秀馥さんと狭い一室で語り合ったことは、やはり韓国被爆者のたどるこれからのけわしい道程のこと、立上がらねばたらない責任ある一人々々が負って

いる重い課題のことだった。ようやく取材で旅慣れた秀馥さんにいたわられながら横になり、活発な虫たち(ノミ、シラミ?)の跳梁を慮激しながらも記念すべき一夜をぐっすり眠り込んだようだった。

×　　　　　×　　　　　×

二十二日の朝、この平沢で松井事務局長をはじめ、支部の皆さん、ソウルから同行していたゞいた方々と別れ、盧長寿・李相文両氏と共に、バス・鉄道を乗りついで、盧さんの自宅のある金泉(キムチョン)へ向かう。車中では、平沢での話し合いのことをふり返って、私達の訪韓で、はからずも遺族会・同志会一緒の集まりがもてたことがよかったこと、同志会々長の鄭さんがソウルのセブランス病院に入院中のため、参加できなかったことが残念であったことを話した。

<遺族会・同志企の協力こそが私達を救う…> 盧長寿さんは語る

金泉は田舎の小さな町たった。駅前で乗降客相手の雑貨を商う盧さんの店に寄ったあと、私達は早速、遺族会の現状などを中心に話し合った。遺族の名簿と会計帳簿を前にして、盧さんは昨年夏の渡日、その際受けた支援金の使途などを詳細に述べる。九遺族に二万円ずつの見舞金を渡し、その時の様子は一々写真におさめて、広島の支援の会に送りました、と……。のぞきこんだ、子供が使う「小遣帳」のように小さな帳簿には、わずかな支援の入金が、こまかく記入されていた。盧さんは、とり残された遺族の苦しい生活を「働き手のいる遺族はまだいいんです。しかし、小さな子供を何人もかかえ、行商して歩いている人などは、もし病気ででも倒れたら、もうどうしょうもないんです……私達には……」と、とぎれて「せめて牛の一頭でも買える金があったら遺族はほとんどが農家ですから、牛を飼って子牛をふやしていけば、それが収入になって自立につながるんですが……」と語る。かたわらから李さんが、遺族の一人(教用工の息子)が自殺したことを、盧さんにつげるように話す。李さんとの間で、口論が始まって、盧さんは「なぜ早く言わんのか……」をくり返した。遺族会全体のことでとびあるいていた盧さんには、名簿に登録されていた名前が、いつの間にかその自殺した息子の嫁に変っていたのに気付かなかったと云う。

いつまでも、自分達を支援してくれる日本の人達に無理をかけず、遺族同士が助け合って少しずつ自立できるようにしたい、三菱に責任をとらせるまでは、歯をくいしばってでも、とはなした後、そのためにも同志会の人達との協力がたいせつです。あの人達の訴えにも耳をかしてほしい、ぜひ応えてほしい、と結んだ。

二十三日の昼前、これからソウルへ向かうという李相文さんと金泉の駅頭で別

れ、盧んの同行で大邱(テェグ)を経て陝川(ハプチョン)へ出発した。

＜私達を忘れないでほしい　通う病院もない慶北支部＞

　大邱にある北支部には、電話であいさつするだけですませるつもりだった。ぜひ寄ってくれという強い申し出で、予定を変更して、支部へ向かうと、支部長の李碩図(イ・ソクト)さん宅には、七〜八名の支部長が待っておられた。李乙甲(イ・ウルカプ)副支部長をはじめどの人の口からも一度に「この慶尚北道にも多くの被爆者がいることを忘れないでほしい」という言葉がくり返され、それを引きつぐように李支部長は「ソウル・釜山にベッドがあり陝川に診療所はあっても、ここからは遠い。せめて月一万円ほどの金があれば、大邱の市内にある病院に患者を通院させることもできるのだが……」と話す。今のところ、月に一度、こうして支部長宅に集まって互いの体の具合を確め合うだけだ、と言う。短かい時間に話はつきなかった。

　ソウルから、よりそうように私の道案内してくれた盧さんとここで別れて、今度は、李乙甲氏の世話で、夕方のバスにゆられ、山道を陝川に向かった。

　陝川でお会いした趙会長は、風邪をひかれているとのことで、あいさつも早々に、ソウルの協会での話を報告して、あとは白副会長との話に移って、お別れした。翌朝は、ふりしきる雨の中を副会長に見送られながら、陝川を後にして、いったん大邱にもどり、李副支部長の案内で市内を歩き、夕方の汽車で、最後の訪問地、釜山に向かった。

＜着実な支部活動　ベッド確保・実態調査も・釜山支部Ⅴ＞

　釜山は二度目。着いた夜に、早速朴且点(パク・チャジョム)副支部長に連絡したところかけつけてこられた。ソウルの話、実態調査、福音病院と話はつぎつぎと続く。つきぬ話を打ち切って、翌日は、黄応八(ファン・ウンパル)支部長を囲んで、話し合う。特に、被爆者実態調査については、前の訪釜の時同様、釜山支部での進みぐあい、すすめるにあたっての改善点など、いろいろと貴重な意見を聞くことができた。ソウルでの郭貴勲氏の調査票の内容についての指摘と共に、よく考えてみたいと思いながら聞く。途中で、孫貴達(ソン・キタル)さんが来る。兄さんの振斗氏の近況なども伝えて、この日も夜遅くまで話は続いた。二十六日は、支部長等と共に、福音病院へ出むく。釜山支部の大きな支部活動の一つである、この福音病院でのベッド確保・運営も黄・朴氏ら支部役員の努力で軌道に乗ってきたようだ。ちょうど、五月分の請求書ができたところとのことで、それを預かって、支部

員の皆さんの見送りの中を、夕方の関釜フエリーで、釜山をはなれた。「兄さんに
よろしく伝えて下さい」の言葉が、少しむくんで苦しそうな、貴達さんの口から何
度も出た。

　ソウル・ピョンテク・キムチョン・テエグ・プサンと、韓国被爆者と支部を訪
ねてあるいてみた。そのかけ足の訪問に、みてとることのできたものは、わずかで
あったにちがいないが、とぼしく、貧しい条件と状況の中で、さまざまな様子をみ
せながら、支部被爆者の、自から立つ意志は堅い、と思えた。

≪ルポ≫　韓国被爆者・平沢支部の昨日と今日(上)
朴秀馥(パク・スボク)=放送作家・『被爆韓国人』編著者
=韓国YWCA機関誌76年7・8月号掲載

　31年の長い歳月を苦痛の内に生きてきた原爆被害者達が集まり暮らしている平
沢郡梧城面三井里。薬代と治療費はもちろん、毎日毎日の生活が難しく苦労してい
る人たちではあるが、社会は無関心と冷遇でもって彼らの存在を忘れ去っている。
まるで他人事のように……

　YMCAは遅まきながら「被爆者と共に愛を分かち合う」運動を展開することと
し、これを契機に彼らの生活を知るためのルポを準備した。

　特にこのルポを引き受けて執筆してくれた朴秀馥さんは、文化放送のプロ
デューサーを務めながら原爆被害者問題を扱ってきたが、いまやプロデューサー業
もやめて彼らの実態を伝える仕事に積極的に取り組み、その仕事が筆者の生活の一
部分のようになっている。原爆波害者達の記録を編んだ『声もなく名もなく』をも発
刊した。(原著編集者)

　▼無責任な歳月をだれが断ち得るか。

　「お父さんの死をどう考えますか」

　「……」

　「お母さんの思い出は?」

　「生まれた時は父なし子になっていた私を育て上げようと、苦労ばかりして七年
前に亡くなったんですよ。一生を一日のように、いや一生の間、日ごと増す苦労の
重荷を負って、最期に身を横たえるわずかな場所も用意できずに、行商に出たまま
旅先で亡くなった母に、私はいまもって何といっていいのか……」。

　京畿道平沢郡梧城面三井里に住む李鐘和(イ・ジョンファ=30歳)さんは、両親
についての質問にいまだ釈然とせぬ口惜しさをすすぐことができないのだろう、母
親の鄭さんの最後の足跡を次のようにつけ加えた。

——母が息を引きとったのは全羅南道の光州付近だったようです。どこかの気持のやさしい未亡人が、かわいそうに思って柩をひとつあつらえて、生前母が肌身離さずにいた故郷の住所にあてて、遺体を遺体と示さずに便送したのです。ところが、途中で発覚したのか、中間駅で下ろされてしまったので、平沢駅に着くまで七日間かかったことですよ。七〇年の春です。母は四十四歳でした。

　他ならぬ李さんの父親李範成(イ・ポムソン＝一九二三年生れ)さんは、三十一年前、第二次大戦の終戦の年に倭政の強制徴用により、日本・広島の三菱重工業機械製作所で作業中、原子爆弾をうけて帰らざる怨霊となった。それは二十一歳の時だった。その妻鄭さんは実に十八歳の若さで遺児を産み、ひとり耐え忍んで生きたのだった。

　平沢郡内には、現在全くこれと同じように遺児をもうけて長い歳月を耐え抜いている二人の妻——李完浩さんと李英憲さんの未亡人がいる。

　彼女らだけだろうか。三十一年間を耐え忍んできた人は数多い。三十一年。その事実を問いかけてくる人は彼らの中にだれもいなかったが、彼らがうけた傷あとからは、なまなましい血と痛みがとくとくとうずき流れている。

　六月二十二日。平沢部内は田植えの真っ最中だった。玄徳面居住の金ヨンチョル(一九二三年十二月二十日生れ)は、不自由な体をおして田に入り、条植えのなわを任されていたが、訪ねてきた客を迎えてくれた。右手足のマヒに言語障害、視力異常充血で、いわゆる高血圧症などに苦しむ金さんは、やせ細った体をやっとこさ運ぶようにして、三家族が一緒に暮らす共同宿所である自分の家に私を案内した。子ども六人のうち一人が稼いだだけなのに、家の中にだれもいないわけを問うと、その日がちょうど、妻が不治の病(三年来の下半身マヒ)だという宣告をうけてソウルの聖母病院から家に帰ってくる途中だからという事情を、金さんはどもりどもりつぶやくようにしゃべった。

　七年前の六九年春、金さんは野良仕事をしていたところ突然倒れて呼吸不能になった。水原道立病院に入院し、一週間後になって高血圧という診断をうけた。大腸からの出血は肛門から水がめ三杯分ほども流れ出たという。命はとりとめたが、その日以後、現在の半身不随となり、その上生活基盤も失って、小米の粒を持ち寄ってくれる村人たちの温情にすがって生き延びてきたのだ。ひょっとして妻の病気は自分のせいでないだろうかという金さんは疲れ果てた挙句だろうか、他人話を聞かせるかのように、時々ぼーっと筆者の方をながめながめした。

　——爆弾が落ちた時私は海辺へ避難したんですが、しばらく経って憲兵が現われました。鉄道の通っている方へ行き、死体の片づけをしました。命じられるまま

に。三日間ぶっ通しでしましたよ。四日目に私も体が痛くなってきました。痛みはあの時、日本にいた時も……。

▽我らは苦痛の"同窓生"

平沢郡の十の面から、終戦のさし迫った一九四四年八月に強制徴用された適齢(満二十歳)徴用工は二百名。広島三菱機械製作所に配置された人員は百八十名。原爆投下当時の死亡者は十三名。現在(七六年六月)平沢支部の登録人員は百二十名だ。

四方平均十八㎞の平沢郡は昔も今も農村である。おくての青春の夢をつぼみのまま抱いて、くりくり坊主、軍服姿のはたちの男たちは一緒に引っぱって行かれた。死の関門をくぐり抜けて、ばらばらに再び故国の土を踏んだ者たちだけが三十年ぶりに、七五年二月二十八日、ひとつ所に集まるようになったが、総務役としてその縁をとりもっている村昌煥(パク・チャンファン＝平沢邑碑前里)はこう語った。

——七五年の正月に、慶尚北道金泉から私達と同じように終戦当時、広島の三菱重工業に徴用されていた盧長寿(ノ・ヂャンス)さんが、当時の徴用犠牲者たちを、噂を頼りに捜すため平沢に来たのが発端でした。勿論その間私ら仲間の消息を風の便りに聞いていたのですが、大多数の会員が遠いところに散らばって毎日の農事に追われ、病苦と貧困のためひどく早く老けこんでしまったせいでしょかねえ。過ぎた日の出来事や結果についてはすっかり忘れていたんですよ。実際三十年の歳月は、忘れることが賢明なことだと、体験を通してはっきりと私達に刻みつけてくれました。どこのだれだって原爆被害者の苦痛に対しては、耳で聞いて知って、それだけで理解しようともせず拒絶するのですからね。

同じ民族でありながら、原爆被害者の苦痛はたゞ単に私達だけの苦しみにすぎない。土地を売って薬を買うことが、苦痛を訴える行動よりも賢いことだということぐらい、私達はすぐわかるようになりましたよ。

遅まきながら私達はひとかたまりに団結しました。異民族さながらの孤独感ゆえ、それまで私達は固く結び合うことができなくなっていたのです。私達の世代よりも、子や孫の世代のための団結です。——。地球上で、かってこれ程類いまれで不思議な同期生がいただろうか。戸籍上は一九二三年生まれ(実際の年齢は何歳かずつ若干減る)の集まりである。韓国原爆被害者援護協会平沢郡支部は、こうして七五年二月二二日、百七名の会員が登録をすませ、集まりに参席した中で三十年の歳月をとび越えて、いや、自らすすんで過ぎた日をたぐり寄せて、その日の悲劇を問い返すようになったのだ。≪次号につづく≫

口頭弁論・判決近づく
最高裁へ『上告棄却』のはがきを！

孫振斗さんを守る東京市民の会

　　孫振斗氏が被爆者健康手帳を求めて起こした訴訟が始まってから、すでに四年を越しました。

　　彼の要求にひるんだ日本政府は、今までの在韓被爆者に対するかたくなな態度の不合理性を認めざるを得ずに、何人かの被爆者に手帳を発給してきました。これは孫振斗氏が訴訟を起こした時点では考えられなかったことです。一方で在韓被爆者に対して、少しは前進したような態度をみせながら、しかし、政府は孫振斗氏の裁判では、一審、二審とも完全敗訴を喫したにもかかわらず、最高裁にいちるの希望を託して上告まで行ない、最後まで彼の要求の正当性を認めようとしません。

　　一審で敗けた政府(この訴訟の相手方は正式には、福岡県知事ということになっているが、実際には厚生省＝日本政府が行なっているのは明らかなことです)は、二審では、孫氏は「実は被爆していないのだ」という珍妙な主張まで作り出して争おうとしましたが、これらの主張は、二審判決においても、一蹴されました。新たな主張など何もないまま起こした最高裁への上告は、何が目的なのでしょうか？

　　≪目的は時間かせぎ、無責任を「恩恵」にすりかえ、広がる行政矛盾押え込む≫
　　在韓被爆者に対しての全てを「恩恵」としてのみ行なおうと目論むときに、正当な権利として手帳を要求してゆこうという裁判は、じゃまになるに違いありません。孫氏が手帳交付を拒否された時のその理由は、すでに政府自身によって反故(ほご)にされ、新たな体制を築くことなしには、行政上の矛盾は広がる一方です。これらの矛盾を必死で押し隠し、何とか政府の主導権でもってこの問題を処理しようと考えている彼らは、少しでも時間をかせぐために在韓被爆者に対し、少しずつ出しおしみしながら、その要求を認めてきています。

　　このような日本政府の期待に応えるかのように最高裁は、上告ののち、一年と九ヵ月もの間この上告をあたためてきておりました。上告の内容からして、これは、ただちに棄却されてもおかしくないものでした。ところが最高裁は、今度、孫振斗氏の代理人の弁護士のところに、口頭弁論を開くから出席するようにと、突然言ってきました。口頭弁論の日は最初六月三〇日と云ってきたのですが、また突如「延期」して、現在は未定です。

ところで、その最高裁の口頭弁論というのは、今回一回限りであり、その場でも相方が出した上告理由書と答弁書を確認しあうだけの形式的なものである可能性が強いというのです。またそのような形式的な口頭弁論をなぜ開くのかというと、下級審の判決(孫氏の場合、福岡地裁、高裁判決)をくつがえそうと最高裁が考えるときに、その形をつけるための場合が多いということです。

　これらの事情を考えると、今回の口頭弁論は、決して孫振斗氏にとって有利であるとは考えられません。私達はこの裁判において、相手方＝日本政府の主張は、論理的にも全く破たんをきたしていると考えています。それでもなお最高裁が、その主張の中に何らかの取り上げるべきものを見出そうとしているとすれば、その裏に、そして強く望む日本政府の意図が働いているとみなくてはなりません。最高裁が、その持前の頭の良さと強引さで「ないはずの理屈」を作り上げ、今後の日本政府の、在韓被爆者に対する態度に根拠を与えるべく動こうとしているとすれば、私達はそれを黙って見ているわけにはゆきません。

　読者の皆さんに訴えます。最高裁に対し、孫振斗さんへの手帳交付をすぐに認めるべく、上告棄却の要求をつきつける運動に参加して下さい。最高裁に直接、はがきを書いて要求して下さい。孫振斗さんをめぐる最高裁の動きに、耳をそばだてて、孫さん支援の声をあげて下さい。

一九七七年七月

孫振斗さ人を守る東京市民の会

≪注記≫

　私達「韓国の原爆被害者を救援する市民の会」は、現在に至るまで、原爆手帳を求め、日本政府を相手に、裁判で斗い続けてきた孫振斗(ソン・ジンドウ)さんの訴えを正当と考え、またその支授運動に対しても、ささやかながら協力してきました。今回、孫振斗さんを守る東京市民の会よりの訴えを掲載するにあたって、私達市民の会は、訴え文中にある最高裁判所宛の、「上告棄却」を求めるはがき運動に協力して、本号にはがき一枚を同封しました。事務局には、さらに追加のはがきが用意されていますので、希望者には実費一枚20円(但、郵送費は当会負担)でおわけします。また、同一文面(はがき)で、みなさんの手書きでも一向にかまいません。どんどん、最高裁判所に「上告棄却」＝手帳交付のはがきを出しましょう。[13]

---

13) 이하 편집 후기 (1장 분량) 생략

「三菱」徴用工・遺家族への支援を！
会員になろう！
機関紙「ミツビシ徴用工」を読もう！
カンパを送ろう！
連絡先広島県安芸郡熊野町貴船七七、五二の二〇四「三菱重工韓国人徴用工
原爆被爆者・沈没遺族を支援する会」
振替　広島一〇六六七番

〈台所の聖書から〉
防風林

松井義子

　関西での中高生聖書講座も、この春で第十一回となる。反人たち十数名と協力
して、交替で聖書研究や讃美歌指導など、中高生たちと寝食を共にして語り合い、
"よく遊びよく学ぶ"たのしい集いだが、一回ごとに初心に立ち、参加する若い魂へ
のいとおしさに迫られて全力投球してきた。
　今回、私に校長先生(兼用務員さん)役が廻ってきて、参加申込みを受けながら、
一人一人の参加者の背後にある祈りの層の厚みをひしひしと感じさせられている。
ある女子中学生は、もう十数年前にわが家の聖書集会へ、そのお祖母様に連れられ

てきて私に会ったことがある由で、その後も身内のクリスチャン方の熱い祈りの中に成長されてこの講座へはじめて参加申込みをして下さったのである。しかも教会の日曜学校に通いながら、一つの問題をかかえて、その解決を求めて真剣に参加をねがうお便りが添えられていて、今更のように、若い魂を対象とするこの集いの責任の重さを、ずっしりと感じさせられている。

　病弱な娘さんを中学から高校へ進ませるお母様の悩みのかずかずを聞かせて頂きながら、年に二回のこの集いにかけておられる期待の大きさに心おののき、非力を申訳なく思いながらも、共に祈り合ってゆくことが出来ればとねがわずにはおられない。

　中学生から高校生へ——動揺しやすく傷つきやすい年頃、親を離れて精神的自立へと移ってゆく中で、若い魂の背後に、その周りに祈りの支えがあることは、なんと幸いなことであろう。

　昨年の風水害で、田畑がずいぶんひどい被害を受けたことは記憶に新しいが、そのなかで防風林のある所は、50%少い被害にとゞまったという事実に考えさせられている。実社会の風雨にさらされる若い魂にとって、祈りの「防風林」の有無が、どれほどその健全な成育に影響することであろうかと。過保護ではない、世の悪の洪水に押し流されることのない基盤がうち建てられるべき「基礎工事」の期間にこそ、それはどうしても必要なものと思う。

　　　悪しき者のはかりごとに歩まず、

　　　罪びとの道に立たず、

　　　あざける者の座にすわらぬ人。(詩篇一・1)

として成長するために、祈りの「防風林」がぜひ欲しい。この祈りは、若い彼らの立場に立って共に悩み、共に考え、共に愛し、共に喜ぶことを通して深められてゆく。ときには、大人の価値観や、既成の人間観とずれるものも見られよう。そのようなときも、自分があたゝかく見守られている、受け入れられているという思いを抱くことが出来れば、困難を乗り越える意欲を燃やして、着実にその個性をのばしてゆくことだろう。祈りは、相手を生かしこそすれ、萎縮させたり、束縛するものではない。"防風林"としての役割の一端を、この講座が果たしてゆけたらとねがいながらその日に備えたい。

はじめての聖書

－韓国のSさんへ－

　Sさん、長いお便りありがとうどざいました。くり返し読ませて頂き、すぐにも

あなたのもとへ飛んでゆきたい思いで一ぱいでした。同じように韓国被爆者を愛し、そのことで心をいためているあなたと同年代を生き抜いてきた者として、何かしらその心のひだに触れることが出来るようです。一昨年秋、ソウルの一隅で、夜の更けるのも忘れて語り合いながら、あなたが女性ライターとして、世の荒波に抗しつゝ活躍されながら深く心傷つき、悩んでおられることを知ってから、私にいったい何が出来るかしらとおりにふれて考えてきましたが、今度のお手紙で、神を求めてあちこちのキリスト教の説教に耳を傾け、心を注ごうと努めながら、なかなか聖書そのものにたどりつけないと嘆いておられるあなたの求める心のひたむきさに本当に打たれました。"バイブルのみを学びたい"といわれるあなたに、二十数年前、私をはじめ聖書の世界にひき入れる案内役となったなつかしい詩篇のいくつかをお送りしましょう。

　詩篇は"聖書中の聖書"といわれて万人に愛誦されていますが、私もその一人——
　　たといわたしは死の陰の谷を歩むとも、わざわいを恐れません
　　あなたがわたしと共におられるからです。　二三篇
　　たとい父母がわたしを捨てても、
　　主がわたしを迎えられるでしょう。　二七篇
　　わが魂はもだしてたゞ神をまつ。
　　わが救は神から来る。　六二篇
　　もしも主がわたしを助けられなかったならば、
　　わが魂はとくに音なき所に住んだであろう。
　　しかし「わたしの足がすべる」と思ったとき、
　　主よ、あなたのいつくしみは
　　わたしをさゝえられました。　九四篇
　　主はあわれみに富み、めぐみふかく、
　　怒ること遅く、いつくしみ豊かでいらせられる。
　　主は常に責めることをせず、
　　また、とこしえに怒りをいだかれない。
　　主はわれらの罪にしたがってわれらをあしらわず、
　　われらの不義にしたがって報いられない。一〇三編
　　苦しみにあったことは、わたしに良い事です。
　　これによってわたしはあなたのおきてを学ぶことかできました。　一一九篇
　　あなたを守る者はまどろむことがない。　一二一篇
　まだまだありますが、なんと深いあたゝかいことばのかずかずでしょうか。神

様との人格的交流がいきいきと感じられますね。

　かって肉体の死と隣り合わせの日々、すべてにおいてどん底のとき、はじめて開いた聖書の一言々々に私はどれほど具体的に力づけられ、深く慰められたことでしょう。"ことば"というものにこんなに、確かな力があり、かゞやく光があったとは…。私自身よりも的確に私の内側を表現していることにおどろき、ぐんぐんと引き寄せられていったのです。まことに、この"ことば"には、神の息が通っていました。そのかぐわしい息吹に魅せられてたどってゆくうちに、"イエス・キリスト"こそ、神の"ことば"そのものであることに気づかせられたのです。新約聖書にあるナゾのようなことば、

> 初めに言があった。言は神と共にあった。言は神であった。この言は初めに神と共にあった。すべてのものはこれによってできた。できたもののうち、一つとしてこれによらないものはなかった。この言に命があった。そしてこの命は人の光であった。光はやみの中に輝いている。そして、やみはこれに勝たなかった。(ヨハネによる福音書一・1〜5)

この"言"を"イエス・キリスト"に、置き代えてみたらよくおわかりになりましょう。つゞけて、"人の光"のところも"イエス・キリスト"としてごらん下さいね。

> すべての人を照らすまことの光があって、世にきた。彼は世にいた。そして、世は彼によってできたのであるが、世は彼を知らずにいた。彼は自分のところにきたのに自分の民は彼を受けいれなかった。しかし、彼を受けいれた者、すなわち、その名を信じた人々には、彼は神の子となる力を与えたのである。それらの人は、血すじによらず、肉の欲によらず、また、人の欲にもよらず、たゞ神によって生れたのである。(同一・9〜13)

　Sさん、あなたもどうぞ詩篇が好きになって下さい。そして更に深く、バイブルを通してこのお方を発見して下さい。このお方に出会って、心をからめとられて下さい。このお方の真実の愛に縛られることの最高の幸福を味わって下さい。人に求めて得られない、真実の愛！　裏切られることなく、失望させられることなく、何ものにも、代えられぬ本物の愛の姿を、このお方から知って下さい。

> すべて求める者は得、捜す者は見いだし、門をたゝく者はあけてもらえる。
> (マタイ七・8)

のですから……。しかも、

> あなたがたの父なる神は、求めない先から、あなたがたに必要なものはご存じなのである。(同　六・8)

　愛するSさん、悩んでいるあなたのために私は何もできないことをもどかしく思

います。海を距てているばかりでなく、あなたのお国とこの国とのかゝわりの中
で、大きな壁があるようなのも悲しいことです。でも、もう私たちは、

　　　異国人でも宿り人でもなく聖徒たちと同じ国籍の者であり、神の家族(エペ
　　　ソ二・19)

とされました。おりにふれて、あなたの上に思いをはせ、祈りの中にはいつも
いて下さる人となりました。この幸いを下さった神様のことを、聖書のことを、顔
と顔を合わせて語りあえる日が今から待遠しい！　どうかその日まで、あまりお丈
夫でないお体を大切にして、おはげみ下さいね。勿論、私も無理をしないで、おっ
しゃるように、"健康第一"でまいりますから……。

"電池式"から"電源式 "へ

　先日、大阪YWCAのある方から、

　　　いわゆるこの世的に幸福な奥様方のグループでして、キリスト教のまわりを
　　　うろうろしていると申しましょうか。はっきりした信仰というのではなく
　　　て、なんとなくキリスト教から離れられないでいるんです。

と前置きをされて、そのグループの集会にお招きいたゞき、なんでも自由に
語って欲しいとすゝめられ、一瞬とまどいました。YWCAとの御縁は、もう十数年
前となりますが、働く女性の聖書研究会の応援を少しさせていたゞいたことからは
じまったのですが、このたび再び信仰についての話をを呼びかけられまして、めま
ぐるしい月日の流れの中で、それぞれに育てられてきたことを感一入深く思うもの
でどざいます。私一個のことを考えましても、この間の移り変りを痛感していま
す。それで、はじめに感じましたとまどいを、じっくりと胸の中であたゝめてみま
したら、実は私にも思い当たるふしがあったのです。

　今日は、私の信仰生活をふり返って、その移り変りのことを少しお話させてい
たゞこうと思います。

　私は、昭和二五年、大阪の刀根山病院で結核療養中、"十字架のメドを通って"の
著者樫葉史美さん(当時二三才)をペンフレンドとして紹介されました。それから文
通がはじまり、"祈の友"という結核のクリスチャングループに入会して次々に信仰
の先輩や友人を与えられ、聖書の言葉に接するようになってゆくうちに、いつか私
はクリスチャンになった、と思い込むようになりました。それは錯覚であったかも
知れません。自分が一かどのクリスチャンになったかのように思って、他をさば
き、責めていたのですから。これを"電池式信仰"と私は名付けています。電池から
流れる電力は、最初は勢いがいいのですが、次第に弱まりやがていつか消える時が

くるように、付焼刃の信仰は、やがて持ちこたえられないときがくるのです。

　　　わたしにむかって「主よ、主よ」と言う者が、みな天国にはいるのではなく、
　　　ただ天にいますわが父の御旨を行う者だけがはいるのである。(マタイ七・
　　　21)

とイエス様はおっしゃっています。電池式信仰で、口先で、"主よ、主よ"と呼ば
わりつつ、本気で、"父の御旨"に聞き従っていなかったのです。私が持ち合わせて
いた少しばかりの善意や愛と呼べるものも、電池式に使うだけではだめでした。結
局、私の中には、ごみ捨て場の悪臭が残るだけで、人前は取り繕えても、聖なる神
様の御前に頭の上がらないことを骨身にしみて知ったのです。

　　　わたしにつながっていなさい。そうすれば、わたしはあなたがたとつながっ
　　　ていよう。枝がぶどうの木につながっていなければ、自分だけでは実を結ぶ
　　　ことができないように、あなたがたもわたしにつながっていなければ実を結
　　　ぶことができない。(ヨハネ一五・4)

なんという適切なたとえでしょうか。実に自由自在にイエス様はたとえ話を駆
使されています。"電池式"とは、生命の木につながらないで、ひとりで実を結ぼう
としているようなものでした。祈りつつ聖書に聞き、砕かれて従う歩みをつづけて
いる間に、"ぶどうの木"なるイエス様につながってゆくことが出来るのです。

　　あれから二十数年、今ようやくこの木にながれている自分を見いだして、"電源
式"に切りかえられているように思います。拭っても拭っても拭い切れない内なる汚
れにもかかわらず、イエス様という生命の源泉なる電源に結びつけられるとき、そ
こから無限に注がれる愛、知恵、力に生かされうるおされることのうれしさよ！

　　それと共にイエス様と私とのかゝわり方も変ってきたようです。はじめは、

　　　悩み悲しみに沈めるときも
　　　祈りにこたえて慰めたまわん(讃美歌三一二・2)

とうたう"慰め主"でした。詩篇やコリント人への第二の手紙一章にうたわれてい
る"慰め主"でいらっしゃいました。悲しみを慰め、困っているときに助け、やさし
くいたわって下さるお方でした。ところが、このお方につながっているうちに、い
つか、"あがない主"としてのお姿が深く私の魂にしみ通るようになりました。世の
何者にも代えられぬ"あがない主"として受けとめるとき、たゞ自分一人の満足とか
幸福だけに安住出来ないものが私をゆり動かすのです。この"あがない主"にこの罪
の身のまゝ買い取っていただいたことへのいいつくせない感謝が、私の鈍い冷たい
心を溶かして、一歩でも半歩でも従ってゆきたいねがいを超こさせるのです。

　　贖罪とは、人に仕えること、人のために善をなすこと、他人のために尽すこ

と、すなわち自己を他人に与えることである。兄弟の負債に苦しむのを見て、これを自分に関係のないこととして見ないで、自ら進んで彼の負債の束縛より救わんとすることである(内村鑑三"続一日一生"一月十四日より)

　私たち人間の歴史というものは、実はこの贖罪の心に生きた人々によって綴られてきたともいえましょう。天然痘の魔手から人々を救うためにいのちがけで種痘ワクチンを開発したジェンナー、放置されていたレプラ患者のため貴重な生涯を使い果たしたリデル女史、その他人間の生存をおびやかすものに挑戦して、政治の及ばない所で着実に救いの道を開拓したのは、他人の苦しみを自分の苦しみとして自分の生命を注ぎ込むという、"あがない主"にならった人々でした。まさにこの社会は、あがなわれて□たれてきたといえましょう。二千年前の一回限りの出来事のように見られるイエス様の十字架の"あがない"——それが、イエス様につながって生きる人々を通して歴史を作り支えてきたのです。人のいやがる十字架、人にかえりみられない十字架によって現わされた神様の愛の深さが、人の目に隠された所でこの世を支えつゞけてきたのです。神の愛とは"あがない"の心だったのです。この神につながる"電源式信仰"は、私たちをこの"あがない主"に結びつけ、小なりといえども、"あがない"の心に生きるものとされるのです。決して頑張って力んで生きるのでなく、たゞつながって生かされるのです。

　私がこの数年来かゝわっています韓国の被害者救援の仕事も、その一つの現われでして、与えられた交わりの中で、なすべきことを示され、それに取組んでいるに過ぎません。皆様お一人お一人、置かれた場で、なすべきことが示されたなら、心をこめて従ってゆかれることでしょう。形は異なりましても、"電源式信仰"とされて、神様に喜ばれる歩みがなされますよう、祈ってゆきたいと思います。
(一九七七・一・二四大阪YWCA千里センターで語った中から)

大きな手の中で
　親しい友人から、小著"台所の聖書"の読後感として、
　　"ふしぎに思ったのは、ご主人のことが少しも出てきませんね"
　といわれ、はっと胸をつかれる思いがした。親友松波閑さんの著書"じゃがいもの歌"には、ふんだんに夫君が登場させられていてその率直さを実にうらやましく思いながらも、何か書こうとすると、"よせ、よせ。"と叱られそうで、はにかみ屋(?)の夫を困らせてはいけないと思ってペンを引っこめてしまうのだが、やはり一度は書かせてほしいと思っている一つのことを書いておきたい。それは"良妻"というイメージには程遠い私の日頃の行いの反省と、それにもかゝわらず大きな手の中

に包まれていることへの感謝を現わしたいからでもある。

　長男に"謙介"と名付けた夫は、私がまだ療養中、結婚の日などはるか彼方の夢のように思われていたときに、ねじり鉢巻をしてはっぴを着た小さいかわいいキューピーさんに"謙介"と名付けてマスコットにと持ってきてくれた。

　　"一介の謙そんな男"って、いい名前だね。

　と悦に入っていたが、やがで病癒やされてゴールイン——初産のとき男児とわかるとすかさず、

　　"謙介"だったね。

　といった。たわいないことだが、これは、夫が何よりも謙虚をねがい、それを理想としていることの一つの現われに他ならないと思っている。謙虚ということでは、いつも私の負けである。

　こうした刷り物をつゞけたりしていると、何やら私一人で勝手なことをやっているようだか、この夫あらばこそで、この人がなければ今の私はあり得なかったとしみじみ思う。かっての私は、道端に捨てられたボロくずのように、病み衰えた存在だった。刀根山病院に入ったのは、もうどこにも身の置き場のない重症の結核に侵されていたからだった。当時、法学部の学生だった夫は、大学の帰途にある病院の急坂を登ってきては、絶対安静中の私の雑用をこまごまと片附けて帰っていくという、"デート"を重ねていた。ゆきづまっていた私の病状が好転するきっかけとなったストレプト・マイシン——画期的治療薬として結核患者のあこがれの的だった新薬(私には高嶺の花だった)が、百人に一人位の率で医療券の患者にも当たるということで、その適応症だった私のために、彼は市役所へ日参した。使用許可をねがってせっせと通いつめたので、担当官がその熱意に動かされてついに許可されたという。"地獄で仏"とはこのことかと喜んで結婚のときは二人の感謝をこめて案内状をお送りした。

　　友人だからというのでは起きて与えないが、しきりに願うので、起き上がって必要なものを出してくれるであろう。……　すべて求める者は得、捜す者は見いだし、門をたゝく者はあけてもらえるであろう。(ルカ十一・8〜10)

　この聖句に出会うたびに思い出す、遠い日の夫の新薬獲得運動のこと——この一事だけでも私は夫に頭が上がらない。出会いから三十年、さまざまな出来事があり、内なる罪のゆえに敗北感にうちのめされたこともしばしばだが、"忘恩病"にとらわれがちなごうまんな私は、その大きな手に支えられていることをいつも忘れず、もう少しましな奥さんにならなければと切にねがっている。

中身に生きる

　-"杖の音"を読んで-

　最近、新教出版社から出された吉成稔著"杖の音"を著者夫人より贈られて一読した。"極限の中の愛"と副題にあるように、これは社会から隔絶されたらい療養所で、人間としてギリギリの状況に追いこまれた人の、死の渕をのぞくような暗い痛ましい絶望的な記録であり、徹底的にうちのされたところで噴出した魂の悲痛な叫びである。機度か息苦しくなって書を閉じながらも、信仰の友としての深いあたたかい交わりを与えられている良子夫人と今は亡き最愛の夫君とでたどられた足跡かと思えば中途で投げ出すことは出来なかった。まるで私自身が辱かしめられているかのような憤りと悲しみにみたされながら読み終えた。

　　　らい菌は、侵した人間を即座に自殺に追いこんで、殺してしまうようなことはしない。徐々に腐蝕作業をつづけるのです。そして一段ずつ転落せしめて、諦めを強要してほくそ笑むのです。(一一七頁)

　結婚生活に入る前には必ず断種手術を受けなければならないという島の掟、二組同居の夫婦舍、愛し合う夫婦を一歩々々暗黒の世界へとひきずりこむ病魔との血みどろな格斗――それは、この世界と無縁の世界に生きている者には想像もつかない、全く別世界の出来事のようである。しかもこの記録は、いわゆる信仰の証しではない。うっかりすると、これは、最も人権が無視され抑圧されていた頃のらい療養所の現実の描写ゆえに、興味本位な読物とされかねない。

　その後、歴史は大きく変えられて、患者の人権は重んじられ、私などが良子夫人を愛生園におたずねしても少しも他の社会と変らない明るさとの豊さが感じられるほどになっている。

　いまにして、この一書が出版されたということにはどんな意味があるのだろうか。読みながら、私はこのことを考えずにはいられなかった。

　それは、"あとがき"で日本キリスト教救癩協会伊藤信祐事務局長がいみじくものべておられる。

　　　それぞれが自分たちの居室で、プライバシーを守っております。生活も以前とは較べものにならないほどに向上してきております。それに効果的な治療薬も出現して、病状の悪化も食いとめられております。

　　　それでは、これらの変化によって、癩療養所は、明るくなったかと言いますと、それほど事は単純ではありません。確かに外面的には明るくなりました。しかし、外面的な明るさに反比例するように、人々の精神は、虚無への傾斜を深めて行っておるようであります。

そして、そのことは、何も癩療養所に限ることなく、社会一般の傾向で
　もあります。では、なぜそうなるのでしょうか……。
　という問いを、避けて通ることができない何かが、ここにはひそめられてい
る。著者が文字通り"死の陰の谷"を自殺寸前までゆきながら、
　　この自らの「たたかいの記録」を人生の土台として、信仰は次第に確立されて
　　行き、やがて「見える」(昭和三十八年十一月、キリスト新聞社発行、副題「癩
　　盲者の告白」)という、信仰の証言とも言うべき作品を生み出すに至って(あと
　　がき二二六頁)
　いる経過に照らしてこの書を読むとき、一人の魂が死から生へ、闇から光へ、
この世から神のもとへ立ちかえる道筋というものをありありと見せられる思いであ
る。
　　神は一人の魂をそのみ手にからめ取られるまで、おりおりに必要な助け手をそ
の周りに配置されるが、とりわけ良子夫人の献身的な生き様と内側の毅然たる姿勢
に、私は圧倒された。かって共産主義社会の実現の可能性を信じて、"死後の世界に
希望を持つことは無理だ"と主張していた吉成氏が、"今の苦しみは、私たちにとっ
て不合理だ"という良子夫人の言葉におどろき、はじめて人間の存在の意義というこ
とに真正面からぶつからざるを得なくなったのも、黙々と夫を愛し、夫に仕えなが
らその底に秘めた良子夫人の気魄を感じさせるものがある。
　　共に盲目となりながら、わずかに夫人の指先に残されている感覚が夫婦の生活
を支え、文筆活動に情熱を燃やす夫君の口述する文章を手さぐりで書き綴ったり、
(良子夫人が夫君を知るきっかけとなったのも、その創作を園の機関紙で読み、人
間的真実に感動を覚えたことによる。)他の不自用者にまであたたかい思いやりを
示す愛の深さに魅せられる。
　　良子の生命は、このおれを生かそうとすることによって、能動性を発揮して
　　いるのだ——という思いが、かってない新鮮さをもって、ひたひたと私の胸
　　に追って来ました。……私に対する良子の愛が能動性の源泉とするならば、
　　非能動的で虚無にのみ色目を使っている私は、良子を愛していないというこ
　　とか、そんな思いが、ふっと意識にひっかかって、なかなかとれませんでし
　　た。……・やがて夜明けの光が忍びよった頃、私の自己愛に氷結していた心
　　がとかされ、血液の流れがよみがえって来ておりました。つまり良子のよう
　　に、能動的愛に生きようと決意したのです。(一二〇～一二二頁)
　"能動的愛"は人を生かす。極限の世界にあってなお、生きつづけることを可能に
するばかりか、積極的建設的生へと人を生まれ代わらせる。良子夫人がこの愛の源

泉なるキリストに深く結ばれていたことこそ、この目をみはらされるような生き方を可能にした秘訣だったのである。全篇を通じて、人が一さいの虚飾を捨ててただ中身だけに生きることの美しさ、さわやかさが深く私の心に刻みつけられた。

それにくらべて人は、なんと外側にあくせくし、うわべに左右されることか。進学、就職、結婚など、人生の選択にあたり、さまざまな人間関係にあって、あまりにも外的条件にとらわれすぎてはいないか。追いつめられた境遇によるとはいえ、いつのときも、外側によらず内側を、うわべでなく中身をみつめて、ひたすら歩み抜かれた吉成夫妻の姿はまことに慕わしい。それはうわべを見給わぬ神に向う歩みだからである。

> わたしたちの心を見分ける神。(テサロニケⅠ二・4)
> 神の言は生きていて、力があり、もろ刃のつるぎよりも鋭くて、精神と霊魂と、関節と骨髄とを切り離すまでに刺しとおして、心の思いと志とを見分けることができる。(ヘブル四・12)
> 神はあなたがたの心をご存じである。人々の間で尊ばれるものは、神のみまえでは忌みきらわれる。(ルカ一六・15)

イエス・キリストの父なる神の特性がこゝにはっきり示めされている。他の神々は、あるいは供え物や見せかけの行為で左右されるかも知れないが、真の神は、あくまでもその心を追い求め給う。このことが本当に受けとめられていたなら、教派や教会や主義主張の違いなど問題にはならないはずではなかろうか。その心が、中身が何より問題にされなければならない。真の伝道は、心から心へ、中身のふれ合いを通してなされることをこの書はあざやかに示めしている。外側の条件を苛酷なまでに痛めつけられながらなお、内面にて美しく生きつづけようとする人間の心というもののしたたかさを教えている。この心を支え生かして居給う神を讃美せずにはいられない。

> たといわたしたちの外なる人は滅びても、内なる人は日ごとに新しくされてゆく。なぜなら、このしばらくの軽い患難は働いて、永遠の重い栄光を、あふれるばかりにわたしたちに得させるからである。(コリントⅠ四・16〜17)

これに反して、"外なる人は栄えても、内なる人は日毎に病み衰えてゆく"現代人の不幸——。中身を大切にしたい、うわべによらぬ歩みをしたい、"自分のからだを打ちたたいて服従させる"(コリントⅠ九・27)生き方をこそ求めたいというねがいを強くこの書によってかきたてられた。"人は神に出会うまで安らぐことは出来ない"ということを実感させる一書である。

出会い

　私たちが生きてゆく上で、誰に出会うかということがどんなに大きな出来事であるかは、多くの人が実感していることと思います。ある人との出会いが、あるときはその人の人生観を百八十度変えることになり、その生涯の方向を決めるきっかけともなるのですから……。

　誰でも、まず一番はじめには「お母さん」に出会いますね。

　こんにちは　赤ちゃん　私がママよ

と歌にもありますように、はじめて出会った「お母さん」から、どんなに大きな影響を受けることでしょうか。「親の顔が見たい」(川上源太郎著)という本で、人の気持を思いやることの出来ない、無責任で甘えん坊の若者を生み育てた母親がきびしく批判されていますが、私たちはこのいやおうなしに出会う肉親から、学校の先生、お友だち、近所の人、更に書物で出会う人まで、実に多くの出会いを体験するわけです。

　皆さんは、大半の人が、お父さんやお母さんからすゝめられてこゝに来られましたね。またお友だちに誘われてきた人もいます。皆さんがこの講座へ参加することも、一人々々が、そのような人々との出会いによって実現したわけですから、まことに人生は、出会いによって動いていることを感じます。

　その中で、最も大きなきっかけを与えて下さる方が、イエス様なのです。聖書に出てくるザアカイさんの物語はこのイエス様との出会いがどんなにめざましい転機となったかをいきいきと伝えています。

　　さて、イエスはエリコにはいって、その町をお通りになった。ところが、そこにザアカイという名の人がいた。この人は取税人のかしらで、金持であった。彼は、イエスがどんな人か見たいと思っていたが、背が低かったので、群衆にさえぎられて見ることができなかった。それでイエスを見るために、前の方に走って行って、いちじく桑の木に登った。そこを通られるところだったからである。イエスは、その場所にこられたとき、上を見上げて言われた、「ザアカイよ、急いで下りてきなさい。きょう、あなたの家に泊ることにしているから」。そこでザアカイは急いでおりてきて、よろこんでイエスを迎え入れた。人々はみな、これを見てつぶやき、「彼は罪人の家にはいって客となった」と言った。ザアカイは立って主に言った、「主よ、わたしは誓って自分の財産の半分を貧民に施します。また、もしだれかから不正な取立てをしていましたら、それを四倍にして返します。」イエスは彼に言われた、「きょう、救がこの家にきた。この人もアブラハムの子なのだから。

人の子がきたのは、失われたものを尋ね出し救うためである」(ルカ一九・1~10)

　「取税人のかしらで、金持」だったザアカイさんは、あくどい税金の取立てで、同国人からきらわれ、軽蔑されていたのでしょう。お金だけがたよりだという生活の中で、何か満たされない思いでいたところで、ある日、イエス様に出会ったのです。この出会いは、ザアカイさんの生き方を文字通り百八十度変えてしまいました。自分のことしか考えていなかった人が、貧しい人を思う人に、過去に積み重ねてきた罪を恥じて、せい一杯にそのつぐないをしたいというねがいを持つようにされました。イエス様は言われました。

　　人の子がきたのは、失われたものを尋ね出して救うためである。

　と──。そうです。私たちは皆、このイエス様との出会いを体験するまでは「失われたもの」なのです。私たちは何年間集会に通ったとか、どれだけたくさん聖書知識を持っているかとか、どれだけ立派な仕事をしたかで救われるのでなく、本当にイエス様に出会っているか、イエス様に出会って「失われたもの」が見出され、新しい歩みを歩みはじめているかどうかが問われるのです。

　私の娘は、この春二度目の大学受験に落ちました。親も子も深い心の痛手と悲しみを味わいました。今度こそ！　との期待もむなしくこのときを迎えてしまったのです。数日間の心のたゝかいのあと、娘は、これまで以上のファイトに燃えて次の目標に向ってあかるく歩みはじめました。この一つの出来事を通して、イエス様がいかに自分を見守っていて下さるかを彼女は実感したのです。めざす学問のけわしい道を思うとき、不十分な健康のこともよくご存知で、自分のために最善の方法をとらせて下さったのだということがわかったのです。このような心の転換はイエス様のお心が、彼女の心の深いところを支え励まして下さったからこそでした。「受験に失敗して自殺する人の気持が本当によくわかる。私は弱い人間だから、もしイエス様を知らなかったら……」としみじみ語ってくれました。

　この講座は、たゞお友だちとたのしくすごすだけの合宿ではありません。もちろん、お友だちに会えるたのしみも大きいのですが、何よりも大事なことは、こゝがイエス様に出会うところとなることです。二泊三日は、あっというまにすぎてしまいます。どうかこの与えられた貴重な時間を、プログラムの一つ一つを心をこめて過ごして下さいますように、お友だちや先輩との交わりを通して、「失われたものを尋ね出して救」って下さるイエス様を知る場所となりますように、私たちは心からねがっています(四月二日　第1回中高生聖書講座開講式で)

イエス様の涙

　開講式で、私たちは、こゝでイエス様に出会うことをねがいました。たしかに出会いは大切ですが、たゞ出会っただけで、エスカレーター式に教われるでしょうか。イエス様に出会うということは、そのお方の人格にふれて、私たちの人格がきよめられ、高められることだと思います。イエス様がどんなお方かということを聖書の言葉を通し、人との交わりを通して具体的に知って、私たちもそのような人に作りかえていたゞかなければ、出会いの意味がないのではないでしょうか。私の好きな聖句に、

　　　　イエスは涙を流された。(ヨハネ一一・85)

とあります。イエス様が泣かれた、神の子のイエス様、悪霊さえも退散させられる権威を持たれたイエス様が涙を流されたのです。愛する者の死を悲しまれて、泣かれたのです。罪にまみれている人間に必ず死が訪れるというきびしい現実を目前にして泣かれたのです。罪なき神の一人子が、罪の中に生まれ死んでゆく私たちを悲しんでいて下さるのです。なんとおやさしいイエス様でしょう。「人を憂える」と書くと「優しい」となります。イエス様は人のために悲しむ、涙を流す、そのようなやさしい人格の待ち主でいらっしゃるのです。

　　　　するとユダヤ人たちは言った、「あゝ、なんと彼を愛しておられたことか」。

　　　　(ヨハネ一一・86)

　病気で死んだラザロのためだけではないのです。私たち一人々々を愛していて下さるイエス様は、私たちの罪のために、人をゆるせないで冷たく裁いている姿を、小さな自分のからに閉じこもってあくせくしている姿を、隣人の痛みや悲しみに無関心でいる姿をどんなにか心を痛めてごらんになっていることでしょう。そのゆきつくところが「死」であることを思って涙を流していて下さることでしょう。このイエス様の涙を思わず、私たちはなんと自分本位な毎日を過ごしていることでしょうか。「イェス様が涙を流しておられる、この私のために……」ということに気づくとき、私は心の重荷から解き放たれ、心の霊が吹きはらわれるのです。そしてイエス様への申訳なさ、慕わしさがあふれてくるのです。

　昨夜は、高校生のSさんの体の調子が悪くなって一晩中一睡も出来ないで苦しみつゞけました。同室の協力者の方々は、ずっとつききりで看病をして下さいました。「出来ることなら、みんなでこの苦しみを替って上げたい!」ともどかしく思いながら皆で、夜の明けるのを待ちかねていました。自分たちの疲れを考える余裕もなく……。私は、今日の貴任のためにとの配慮をいたゞいで少し眠らせていたゞきましたが、Sさんのだめに心を痛めつゞけて看病している友人たちの姿を通して、

「イエス様の涙」が浮んできたのです。

　イエス様は、世の思いになやみ苦しむ私たちのかたわらで、このように心痛めて涙を流しつゝ見守っておられる、労しておられる、待っておられることを、まざまざど知らされたのです。

　私のために、皆さんお一人お一人のために、イエス様はいま、涙を流していて下さるのです。このイエス様にふれて、私たちもまた、人の痛みを思いやることの出来る人に、人のために悲しむことの出来るやさしい人にしていたゞきたいと心からねがいます。このやさしさこそが、人を本当に強くし、この地上に平和を作り出し、神の国のかおりをたゞよわせる原動力ともなることを確信して進んでゆきましょう。(四・四、早天礼拝で)

桃山合だより
中高生聖書請座によせて

　五年前の四月、第一回の集まりを持ってから早くもこの春、第十一回目を迎えて、いま私の心にあふれる思いは、「成長させて下さる神」(コリントⅠ・三・6)への限りない感謝と讃美の思いです。この五年間いろいろなことがありました。人間的な思い煩いに引き通されてくじけかゝったこともありましたが、育てゝ下さるお方のいつくしみが、この集まりをしっかり包んでいて下さって、私どもの知らないところで一人々々を成長させていて下さったのです。何の資格も持っていませんが、いさゝかなりともこれにかゝわらせて頂ける幸いを思いつゝ、私は、もっと深く学びたい、若い魂とともに、私自身が育てゝいたゞきたいねがいを一そう熱くさせられています。

"みぎちゃん、さようなら"

　三月末伊藤邦幸、聡美さん夫妻と五人の子供たちが、ネパールでの御用を終えて日本に帰ってこられました。たゞ一人、長女のみぎわちゃんだけが松井家にとゞまってこの三年間をすごしましたが、これで一家八人が一しょになれたのです。本当にごくろうさまでした！　第一期の三年に、その前後を入れると、みぎちゃんは大方家族と離れてくらしていたのですから、これからは家族の中でこれまでのさびしさをすっかり忘れてうんと明るくなってほしいと切に思います。わが家は、決してみぎちゃんにとって居心地のよいものでなかった。「おばちゃん、おばちゃん」とたよられながらも、私はいつも何かに追われてあわたゞしく過ごしていたし、家族らはそれぞれの生活のパターンが違っていて誰もみぎちゃんの話相手になるものがなく、いつも本にかじりついているか、学校の図書室にいるか、本屋の立ち読みに

ゆくかして時間をつぶしていたみぎちゃん、ごめんなさい。これで、ほっとしました。お父さんもお母さんも、それはご苦労をなさいました。その中から子供たちを育てるためにどんなに心を使われたことでしょう。この四月から中学生になるみぎちゃんだから、きっとお父さんたちのことも理解できることでしょう。これからの皆との毎日、どうか、みぎちゃんらしくたくましく、そしてやさしいお姉さんになって下さい。

いつまでか?

　　お母さん、「忘れな事」は、マンネリになってきているようだから思いきってやめたら？

　娘にいわれるまでもなく、その思いをあたためている昨今です。もうこの小誌の使命は終ったのではないか？

　　もっと身に合った方法でお従いすべきではないか？　ありのまゝの自分をみつめながら、道のしめされんことを祈っています。

発行　565　大阪府吹田市　桃山台三丁目三六番五号

松井義子

電話・〇六(大阪局)八七一・三四四六

振替　大阪　六九八〇

一部　五〇円

---

8. 기안(사실조회 회신)

분류기호 문서번호 북일100-
시행일자 1977.11.15.
기안책임자 이재석 동북아1과
경유수신참조 보건사회부 장관
제목 사실조회 회신

　　대: 의이1427-13235(77.9.22.)

대호 "한국의 원폭 피해자를 구호하는 시민회"에 관한 오사까 총영사의 사실 조사 결과를 별첨 송부합니다.
첨부: 주오사까총영사 공한(첨부를 포함) 사본 1부. 끝.

9. 외무부 공문–사실조회 회신

외무부
번호 북일700-
일시 1977.11.15.
발신 외무부 장관
수신 보건사회부 장관
제목 사실조회 회신

　　　대: 의이1427-13235(77.9.22.)
　　　대호 "한국의 원폭 피해자를 구호하는 시민회"에 관한 오사까 총영사의 사실 조사 결과를 별첨 송부합니다.
　　　첨부: 주오사까총영사 공한(첨부물포함)사본 1부. 끝.

③ 한국인 원폭피해자 구호, 1978

○ ○ ○

기능명칭: 한국인 원폭피해자 구호, 1978

분류번호: 722.6

등록번호: 11529(17745)

생산과: 일본담당관실

생산연도: 1978-1978

필름번호: 2008-15

파일번호: 14

프레임 번호: 0001-0220

1. 외무부 공문(발신전보)-아사히 저널 기사

외무부

번호 WJA-01306

일시 261600

발신 장관

수신 주일대사

귀지 발간 아사히저널 78.1.20.자에는 평론가 "히라오까 타까시"가 정평한 "이중고통에 괴로와 하는 원폭 피해자들" 및 "한국교회여성 연합회" (회장 공덕귀: 윤보선씨의 부인)에서 작성한 "한국 원폭피해자에 실태 조사보고서"가 기재된바, 상기 평론의 필자 히라오카씨의 성명 □ 로한 동 보고서가 아사히 저널지에 기재된 경위 등을 귀관에서 파악 가능한대로 조사, 조속 보고바람.

2. 외무부 공문-아국인 원폭피해자 구호 문제

외무부

번호 북일700-

일시 1978.1.31

발신 외무부 장관

수신 보건사회부 장관

참조 의정국장

제목 아국인 원폭피해자 구호문제

1. 아국인 원폭피해자 구호를 위한 치료시설 설치 사업계획과 관련하여, 당부는 73. 1. 주일대사가 일측에 치료시설 설치를 요청한 이래 동 사업추진을 위하여 귀부와 기히 협의하여 온바 있읍니다.

2. 동 사업의 추진이 구체적 사업계획 미작성 등으로 지연되어온 가운데 국내 및 일본내의 각종 민간단체 등에서 피해자 구호를 위하여 정부레벨에서의 노력이 있기를 진정하여 온 것은 주지의 사설이며, 최근 78. 1. 20. 자 "아사히 저널"지에는 별첨 사본과 같이 일본 평론가 "히라오카 타까시"(平岡敬)가 정평

한 "이중고통에 괴로워 하는 재한 원폭피해자들" 및 "한국교회 여성연합회" (회장 孔德貴, 윤보선씨의 부인)가 동지에 제공한 자료 "한국 원폭 피해자 실태조사 보고서"가 게재된 바 있습니다.

　　3. 상기 "한국교회 여성연합회"의 동 보고서는 과거 반정부 활동의 주동인물이던 몇몇 인사들이 조사 작성한 것이라는 바, 이와 같이 원폭피해자 구호문제는 국내외의 반정부 혹은 반한인사들이 정치적으로 악용할 우려가 없지 않을 것으로 사료됩니다.

　　4. 따라서 동 문제의 상기한 측면에서뿐만 아니라 인도적인 측면에서 피해자의 구호대책을 조속강구함이 필요할 것으로 사료되오니, 동 대책방안 중 치료시설 건립 등 일측의 협력이 필요한 사업 및 이를 위하여 일정부와 교섭을 요하는 사항은 구체적인 계획서를 작성, 조속 당부로 회보하여 주시기 바랍니다.

　　5. 본건 검토에 참고코저 하니 재한 원폭피해자의 실태와 구호현황을 아울러 당부로 회보하여 주시기 바랍니다.

첨부: 상기 평론 및 보고서 사본 1부. 끝.

3. 원폭 피해자 구호 대책 추진 방안

원폭피해자 구호 대책 추진 방안

1. 피해상황(한국인)

지역별	거주자수	사망자수	귀국자수	일본잔류등 불명
히로시마	81,863	35,000	20,000	26,863
나가사기	39,573	15,000	13,000	31,573
계	141,436	50,000	33,000	58,436

2. 구호 상황
　가. 구호실적
　　1) 일본내 거주자: 일본인과 동등한 의료 혜택 및 치료비 급부
　　2) 한국내 거주자: 국내치료 및 도일치료(41명)
　나. 구호관련기관
　　1) 한국 원폭 피해자 협회: 67년 설립
　　　　회원: 9,□62명

77년 예산: 5백만원

    2) 경남 합천 진료소: 일본 핵금협의회 지원

      (7천만원)으로 73년 건립

      77년 예산: 1천6백만원

  다. 관련사회단체: 교회여성연합회 등 6개 단체가 있으나 지원실적은 미미함.

  라. 피폭자 실태분석: 한국원폭협회 조사(77년말)

3. 현 문제점

  가. 국내피해자의 실태 미파악

  나. 종합적인 구호대책(의료, 제활동) 미수립

4. 대책 및 추진 방안

  가. 종합병원 건립

    규모: 300개 병상과 17개 진료과목

    위치: 경남 진주지역

    총건립비: 30억원(전액을 일본정부 부담)

  나. 의료시설 보강

    1) 전국 총 5개지역으로 구축하여 공립병원을 진료기간으로 지정함

    2) 의료장비보강: 예산 규모 약 10억원으로 일본 정부 부담.

  다. 의료요원 양성: 의료요원 일본파견 및 일본전문가의 파한(경비는 일정부 부담)

  라. 대상자 실태조사

    1) 기간: 78.7.1부터 □개월

    2) 조사후 확정된 대상자는 보사부 장관이 인정하여 등록조치하고 생활 정도
      에 따라 진료중 교부

5. 추진예정

  가. 피폭자 실태조사(보사부): 78.7-10월

  나. 일본국의 피해자 치료 겸 구호현황 파악(보사부): 78.7-8월

4. 외무부 공문(착신전보)–히라오카 타카시 관련 정보 보고

외무부

번호 JAW-02463

일시 241158

수신시간

발신 주일대사

수신 장관

    대: WJA-01306

    1. 대호 히라오카 타까시의 인적사항은 다음과 같음.

    소하2년생 51세

    와세대 문학부

    1978년후에 신문기자 생활

    현직: 히로시마현 지방신문인 "쥬우고꾸" 신문취재역 편집국장

    참고: 동 신문은 쥬우고꾸 지방□□ 일간지로서 발행 부수는 약70만부임.

    2. 동 쥬우고꾸 신문은 히로시마에 본사가 있는바 히로시마가 원폭피해지로서 원폭금지운동의 중심지라는 점에서 동 신문은 원폭금지 관계 사업의 중요한 소통처의 위치에 있다 함.(일정-북일)

5. 외무부 공문(발신전보)–히라오카 타카시 성향 조사 지시

외무부

번호 WJA-02417

일시 271510

발신 장관대리

수신 주일대사

      연: WJA-01306

      대: JAW-02463

      연호: "한국 교회 여성 연합회"의 한국 원폭피해자 실태 조사 보고서는 반정부 활동의 주동인물이던 몇몇 인사들이 조사 작성한 것이라는 바, 이러한 관련에서 평론가 "히라오까 다까시"의 성□과(반한적 혹은 혁신적 등) 여성연합회의 보고서가 아시아 저널지에 게재된 경위 등 가능한 한 상세히 조사, 보고 바람.(북일-)

6. 외무부 공문(착신전보)–최고재판소 판결 내용 및 관련 신문 기사 보고

외무부

번호 JAW-03637

일시 301735

수신시간 78.3.31. 16:08

발신 주일대사

수신 장관

1. 3.30. 주재국 최고재판소는 1970.12. 밀입국한 한국인 손진두(51세 남, 후쿠오카현 거주) 씨가 후쿠오카현 지사를 상대로 낸 "원폭 피폭자 수첩교부 소송" 상고심에서 "원폭 의료법"은 "피폭자가 일본국내에 있는 한 사유여하를 불문하고 동법의 적용을 인정하는 것이 법의 취지에 부합한다"는 판단하에 피폭자수첩교부를 거부하는 것은 위법이라는 2심 판결을 인정, 상고 기각 판결을 내렸음.

2. 당지 신문은 앞으로 후생성이 2만명 이상으로 추산되는 재한국 피폭자의 구제문제를 강구치 않을 수 없게 되었다고 보도하고, 후생성 공중위생국장은 정부가 최고재의 판결에 따르는 것이 당연하며 앞으로 해외 거주 피폭자들로부터 의료 희망이 많아질 것으로 생각되나, 이 문제는 국가간의 문제이기도 하므로 외교 루트를 통하여 이야기가 되면 이에 대응할 작정이라고 말하였다고 보도함.

(일본영 -교일, 영사, 북일)

7. 외무부 공문(발신전보)–손진두 관련 보고 지시

외무부

번호 WJA-0408

일시 011230

발신 장관

수신 주일대사

대: JAW-03637

대호 손진두에 대한 일본 최고재판소의 판결은 2만여 국내거주 피폭자의 구제문제와 직접 관련되는 일인 바, 동 판결의 상세한 내용 몇 동인의 현재의 체류상태(아직까지 오오무라 수용소에 수용되어 있는지 또는 가석방 상태에 있는지)에 관하여 우선 보고 하시고, 밀항자인 동인의 일본 재류 문제에 관한 일당국의 앞으로의 처리방침을 예의 주시 보고 바람.

8. 성명서

聲明書

1974年 日本으로 密航하여 그들의 國內法인 原爆醫療法의 通用을 받을 權利를 請求하기 爲하여 韓國人 孫振斗氏가 提訴한데 對하여 78年 3.30日字 日本最高裁의 勝訴判決은 當然한 일이라 하겠다

韓日兩國政府 「레벌」에서는 우리들의 被害補償問題를 이미 締結된 請求權 協定으로서 法的又는 條約上으로 完結된 問題라 할 수 있을지 모르나 그로서 決코 끝날수 없는 道義上, 良心上의 責任問題를 日本司法官들은 司法의 正義感에 呼訴하여 措置된 것으로 본다. 此際에 日本政府는 生存2萬餘 在韓國人被爆者의 對策을 講究할 것이며 補償問題에 들어가기 前에 앞서 于先 被害者들에게 日本內國人들과 같이 醫療施惠를 받도록 韓國에 綜合原爆病院建立保求와 在韓原爆被害者全員에게 手帖을 交付받을 수 있도록 할 것 等 滿足할 만한 解決策을 講究하라

우리는 이를 위하여 먼저 國民의 正當한 權利伸長, 保護하는 問題에 對한 우려 政府當局의 配慮로서 道義的次元에서 日本側과의 새로운 對話의 「채눌」을 열게 되기를 바라고 在韓被爆者는 喝望하며 아래와같이 聲名한다

1. 孫振斗原爆手帖裁判을 孫氏 個人의 問題에 그치지 않고 全體韓國被爆者와 日本政府와의 爭議였다
2. 이번 勝訴로 말미암아 日本政府가 지금까지 積極回避하려고 했든 韓國人 被爆者에 對한 "日本政府의 風家責任"이 確定된 것으로 본다.
3. 此際에 多年間 苦難을 무릅쓰고 法的鬪爭을 한 孫振斗氏와 그를 支援한 日本의 市民團體에 謝意를 表한다
4. 日本最高裁의 判決은 日本의 良心이 살아있다는 證據로서 敬意를 表한다
5. 日本政府는 外國人被爆者에 對한 特別法을 制定하여 모~든 黃任을 完遂하여야 한다

1978.□□.□□.

社團法人 韓國原爆被害者協會々員一同

9. 외무부 공문(발신전보)-일본 원폭 관련 법령 및 수혜내용 조사 지시

외무부

번호 WJA-0427

일시 031700

발신 장관

수신 주일대사

　　대: JAW-03637(78.3.30)

　　연: WJA-0408

　　대호, 손진두씨에 대한 일 최고재판소의 판결과 관련, 정부대책 수립에 참고
코자 하니, 일본 "원폭 의료법" 및 "원폭 특별조치법" 등 관련 법령과 동 법령에
의하여 가능한 피해자의 수혜내용(내국인 몇 외국인의 경우 각각)을 조사, 보고
바람. (북일-　　)

10. 외무부 공문(착신전보)-손진두 피폭자 수첩 교부 및 손진두 관련 기보고 사실 보고

외무부

번호 JAW-04071

일시 032109

수신시간 78.4.4. 9:58

발신 주일대사

수신 장관

　　대: WJA -0408

　　1. 후쿠오카현 관할 보건소는 손진두씨에 대하여 4.3. 피폭자수첩을 교부하였음.

2. 대호에 관하여는 4.3.자 당관 파편에 송부하였으니 양지 바람.

(일본영-교일)

11. 주일대사관 공문—아국인 원폭 피폭자(손진두) 소송

주일대사관
번호 일본(영)725-1769
일시 1978.4.3.
발신 주일대사
수신 장관
참조 영사교민국장
제목 아국인 원폭 피폭자(손진두)소송

　　대: WJA-0408

　　연: JAW -03637

　　연호 보고한 아국인 원폭 피폭자 "손진두"씨 소송에 관하여 우선 아래와 같
이 보고합니다.
1. 손진두씨는 불법입국자로서 강제퇴거령을 받고, "퇴거강제령서 발부 처분 무
   효확인 소송"을 후쿠오카 지방재판소에 제기, 패소하였으며 현재 2심에 계류
   중인 바, 공판은 78.6.26.로 예정되어 있으며 동인은 가방면되어 있음
2. 최고재판소의 현재 3.30. 자 판결이유 요지는 별첨(1)과 같으며, 동 판결에
   대한 당지 언론계 반응은 별첨(2)와 같음
   첨부: 상기 자료. 끝.

11-1. 첨부—판결이유 요지

外人被爆者手帳訴訟の判決理由(要旨)
　三十日、最高裁第一小法廷で言い渡された「被爆者手帳訴訟」の判決□□要旨は
次の通り。
　上告の論旨は、要するに、原告が、原子爆弾被爆者の医療等に関する法律(昭和

三十二年法律第四一号。以下、「原爆医療法」という)はわが国に不法に入国した外国人被爆者にも適用されるものであるとの見解のもとに、不法入国者である被上告人の被爆者健康手帳交付申請を却下した本件処分を違法としたのは、同法三案の解釈適用を誤ったものである、というにある。

　そこで検討するのに、原爆医療法は、被爆者の医療面に着目して公費により必要な医療の給付をすることを中心とするものであって、その点からみると、いわゆる社会保障法としての他の公的医療給付立法と同様の性格をもつものであるということができる。しかしながら、被爆者のみを対象として特にみぎ立法がされたゆえんを理解するについては、原子爆弾の被爆による健康上の障害がかつて例をみない特異かつ深刻なものであることと並んで、かかる障害が遡れば戦争という国の行為によってもたらされたものであり、しかも、被爆者の多くが今なお生活上一般の戦争被害者よりも不安定な状態に置かれているという事実を見逃すことはできない。原爆医療法は、このような特殊の戦争被害について戦争遂行主体であった国が自らの責任によりその救済をはかるという一面をも有するものであり、その点では実質的に国家補償的配慮が制度の根底にあることは、これを否定することができないのである。

　このような原爆医療法の複合的性格からすれば、一般の社会保障法についてこれを外国人に適用する場合には、そのよって立つ社会連帯と相互扶助の理念から、わが国内に適法な居住関係を有する外国人のみを対象者とすることが一応の原則であるとしても、原爆医療法について当然に同様の原則が前提とされているものと解すべき根拠はない。かえつて、同法が被爆者の置かれている特別の健康状態に着目してこれを救済するという人道的目的の立法であり、その三条一項にはわが国に居住地を有しない被爆者をも適用対象者として予定した規定があることなどから考えると、被爆者であってわが国内に現在する者である限りは、その現在する理由等のいかんを問うことなく、広く同法の適用を認めて救済をはかることが、同法のもつ国家補償の趣旨にも適合するものというべきである。

　これをわが国に不法入国した外国人被爆者の場合について更にふえんすれば、右の者がわが国の入国管理法令上国内に留まることを許されず、すみやかに退去強制の措置を受けるべきものであることは、いうまでもない。しかしながら、前述のような被爆者の救済という観点を重視するならば、不法入国した被爆者も現に救済を必要とする特別の健康状態に置かれている点では他の一般被爆者と変わるところがないのであって、不法入国者であるがゆえにこれをかえりみないことは、原爆医療法の人道的目的を没却するものといわなければならない。もっとも、不法入国し

た被爆者が同法の適用を受けることができないとしても、わが国において自費により必要な診察や治療を受けることまでができないわけではないが、その資力のない者にとっては、同法の適用を拒否されることが医療の機会そのものを失うことにつながりかねないのである。他方、不法入国した被爆者に同法の適用を認めた場合でも、その者に対し入国管理法令に基づく退去強制手続をとることはなんら妨げられるものではないから、右の適用を認めることが、外国人被爆者の不法入国を助長することになるとか、入国管理制度の適正な執行を阻害することになるとかを危惧することは、当たらないというべきであるし、また、右退去強制により、不法入国した被爆者が短期間しか同法の給付を受けられない場合がありうるとしても、そのことだけで、その間の給付が全く無益又は無意味であつたことに帰するものではない。更に、一般的には、わが国に不法入国した外国人が国民の税負担に依存する国の給付を権利として請求しうるとすることは、極めて異例であるというべきであるが、原爆医療法は、被爆者という限られた範囲の者のみを対象とした特別の立法であり、厳正な入国管理のもとでは少数である不法入国者を対象者に含ませたからといつて、そのことによる国の財政上の負担はやむをえないとしなければならない。

このようにみてくると、不法入国者の取締りとその者に対する原爆医療法の適用の有無とは別個の問題として考えるべきものであつて、同法を外国人被爆者に適用するにあたり、不法入国者を特に除外しなければならないとする特段の実質的・合理的理由はなく、その適用を認めることがより同法の趣旨・目的にそうものであることは前述のとおりであるから、同法は不法入国した被爆者についても適用されるものであると解するのが相当である。

12. 외무부 공문―아국인 원폭피해자 구호 문제

외무부
번호 북일700-
일시 1978.4.4.
발신 외무부 장관
수신 보건사회부 장관
제목 아국인 원폭피해자 구호 문제

연: 북일700-386□(78.1.31.)

1. 아국인 원폭 피해자 구호를 위한 정부의 대책수립과 관련하여는 연호로 기히 귀부의 의견을 문의한바 있습니다.

2. 동 원폭피해자 문제와 관련, 최근 일본 최고재판소는 1970.12. 일본에 밀입국한 아국인 손진두씨(51세, 남, 후꾸오까현 거주)가 후꾸오까현 지사를 상대로 낸 "원폭피해자 수첩교부 소송" 상고심에서 동인에게 원폭피해자 수첩을 교부하는 것이 "원폭의료법"의 취지에 부합한다는 판결을 내린바 있으며, 현지 언론보도에 의하면, 일 후생성 관계관은 정부가 동 판결에 따르는 것은 당연하며, 앞으로 해외거주 원폭피해자들의 희망에 의하여 동인들에 대한 구호대책을 마련하는 문제는 국가간의 문제이기도 하므로, 외교 루트를 통한 협의를 거쳐 동 대책이 추진될 수도 있다는 의견을 표명한 바 있다 합니다. (주일대사 보고 사본 참조. JAW-03637)

3. 따라서 아국인 원폭피해자 구호와 관련하여 일정부와 교섭을 요하는 사항이 있으면 당부로 회보하여 주시기 바랍니다.

4. 금번 일 최고재판소의 손진두씨의 소송 판결에 제한 주일대사 보고 및 일본 언론의 관련기사 사본을 별첨 송부하오니 귀 업무에 참고하시기 바랍니다.

첨부: (1) 관련 주일대사 보고사본 1부. (JAW-03637)

(2) 일본언론 보도 사본 4매. 끝.

13. 외무부 공문(착신전보)–참의원 예산위원회 중 후생대신 발언 보고

외무부
종별 지급
번호 JAW-04081
일시 041331
수신시간 78.4.4. 14:31
발신 주일대사
수신 장관

연: JAW -04071

1. 연호 최고재판소 판결과 관련 4.1 +오자와+ 후생 대신은 참원 예산위원회에

서 사회당 소속 +다께다. 시로오+ 의원이 재한피폭자 대책을 질의한데 대하여 +동 판결은 인도적 견지에서 밀입국자라 하드라도 일본에 있으면 인정해야 한다고 되어 있으나 외국에 있는 자들에 대한 적용은 인정하지 않고 있다+고 답변하였음.

2. 이와 같은 발언은 재한 피폭자들에 대한 일본정부 방침을 시사한 것으로서 주목됨. (일본영-교일)

14. 주일대사관 공문—원폭 피해자 관계 법령집 송부

주일대사관
번호 일본(영)725-1830
발신 주일대사
수신 장관
참조 아주국장
제목 원폭 피해자 관계 법령집 송부

　　대: WJA-0427
　　1. 원폭피해자에 대한 관계 법령은 아래와 같은바, 동 법령집을 별첨 송부합니다.
　　　　가. 원자폭탄 피폭자에 대한 특별조치에 관한 법률 및 시행령등(법령집 40-74페지)
　　　　나. 원자폭탄 피폭자의 의료 등에 관한 법률 및 시행령등(법령집 12-29페지)
　　2. 상기 제 법령에는 국적에 관한 규정이 없으며, 주요 수혜 내용은 의료의 급부, 특별수당, 건강관리수당, 보건수당, 개호수당, 장제료 등의 지급과, 제세공과 금지 및 호적사항의 무료증명등의 혜택이 부여되고 있읍니다.
첨부: 상기 법령집 1부. 끝.

15. 외무부 공문(발신전보)—외국 피폭자 관련 보고 지시

외무부

번호 WJA-0480
일시 061700
발신 장관
수신 주일대사

연: WJA-0427
피폭당시 아국을 포함한 10여개국의 외국인이 원폭 피해를 입었다는 바, 국가별 외국인 피폭자 현황, 동인들의 도일치료 사례(있는 경우) 등에 관하여 가능한대로 상세히 조사 보고바람.

16. 외무부 공문-피폭 외국인 및 부조 관련 보고

외무부
번호 JAW-04172
일시 071604
수신시간 78.4.7. 17:2□
발신 주일대사
수신 장관

대: WJA-0482
연: JAW-04133
1. 대호 건 후생성 당국(보호과)에 확인한 바, 1977.10 현재 전 외국인 피보호자 수는 33,796명이라 하며, 동 당국은 국적별 집계가 없어 정확한 재일한국인 수(조선적 포함)를 파악할수 없으나 이중 약 90푸로 추산된다 함.
2. 각종 부조에 관하여는 동경도의 경우 아래와 같음.
(이하 매월기준)
가. 최저 생활비: (남 35세, 여 30세, 남 9세□, 여 4세의 세대 경우)
일반생활비: 95,114엥
교육비: 1,190
주택비: 9,000
계: 105,304엥

나. 가사제도: (해당자에 대해 최저생활비에 가신 지급)

임신부: 4,930-7,410엥

모자: 12,600(부모중 일방 또는 양방 부재)

장해자: 9,700-14,600(별도로 개호인 28,000엥 이내)

장해자 개호: 5,000(상시 개호 필요 경우)

노령: 7,300-9,700

재택환자: 7,140

방사선 장해자: 6,750-13,500

다자양육: 5,000

다. 각종부조:

교육: 기준액: 1,190-2,400 교재급식 등: 6,800-13,500

주택: 기준액: 9,000이내, 특별기준: 24,900 의료: 수전, 약제, 치료, 간호 등 실비

출산: 기준액: 53,000 특별기준: 68,000

생업: 생업비: 30,000-50,000

기능습득: 25,000-50,000

취직지도: 20,000이내

3. 상기 각종 부조에 관한 상세는 4.10자 파편 송부할 것임.

17. 외무부 공문(착신전보)–후생성 공중 위생국 기획과장 면담 결과 보고

외무부
종별 긴급
번호 JAW-04182
일시 071855
수신시간 78.4.8. 8:04
발신 주일대사
수신 장관

대: WJA-0480

1. 당관 양세훈 서기관은 4.7. 다테야마 후생성 공중위생국 기획과장과 대호에 관하여 면담하였음.

2. 동 과장은 1975.8. 히로시마 시장으로부터 단기 체제 외국인 피폭자에 대한 피폭자 건강수첩 교부문제에 관한 질의가 있어 75.9.1.자 후생성 지시로 입국 목적에 불구하고 적법하게 입국후 1개월 이상 체제하는 자에 대해서는 수첩을 교부토록 조치하여 왔으나 금반 최고재판소 판결에 따라 일본국에 현재 있는 한 그 이유등을 불문하고 원폭의료법을 적용토록 78.4.4. 후생성 "통지"로써 하달하였다고 말하였음.

3. 양 서기관은 외국에 있는 피폭자들에 대한 일측 방침이 어떤 것인지를 문의한바 동 과장은 일본 국내 관계단체로부터 재한 피폭자들에 대해서 일 정부가 어떤 고려를 해야할 것이라는 요망이 있었다고 전하고 후생성으로서는 각국이 외교경로를 통하여 정식 제기해오면 대응할 방침으로 있다고 부언하였음.

4. 동 과장은 사적인 견해라고 전제하면서 만약 한국측이 어떤 제안을 고려하고 있다면 가능한한 빨리 제기하는 것이 좋을것이라는 견해를 피력하였음을 참고로 보고함.

5. 대호 국가별 외국인 피폭자 현황은 후생성으로서도 파악하지 않고 있으며 외국인에 대한 국적별 수첩교부 현황은 아래와 같음

1975년: 한국4명, 미국 5

1976년: 한국3, 미국 7, 서독1

1977년: 한국2, 미국7

6. 전기 2항 후생성 통지문은 파편 송부할것임.

(일본영 북일 교일)

18. 피폭자 손진두의 건강수장 교부소송의 승소와 국내 거주 피폭자문제

피폭자 손진두의 건강수장 교부소송의 승소와 국내 거주 피폭자 문제

1978. 4. 10.

교민1과

1. 소송경위

1945.8.6.   히로시마시에서 피폭

1951.   외국인등록법 위반으로 한국으로 강제송환

1970.12.   백혈구 감소증의 진단을 받고 치료차 일본(사가현)에 불법입국

1971.10.	후쿠오카 현지사에 대하여 피폭자 건강수장교부 신청
1972.7.	상기 신청 각하, 후꾸오카 지방재판소에 "견장수장 교부 소송" 제기
1974.3.	제1심 승소(후꾸오카 지재)
1975.7.	제2심 승소(〃 고재)
1978.3.30.	제3심 승소 (확정 판결)

2. 판결요지

　가. 연고측 주장: 피폭자 구제는 국가배상적 성격을 지님

　나. 피고측 주장:　　　〃　　　사회보장적 성격을 지님

　다. 판결요지

　　― 원폭의료법 몇 원폭특별조치법은 사회보장적 성격뿐만 아니라, 국가가 수행한 전쟁의 피해자에 대하여 국가가 책임을 져야한다는 국가배상적 성격을 지님

　　― 또한 동법의 인도적 목적에 비추어 피해자가 외국인이라 하더라도, 일본국내에 거주하고 있는 경우에는 불법입국 여부와 관계 없이 동 법의 적용을 인정함이 입법 취지에 적합함.

　　― 불법 입국으로 인한 강제퇴거문제는 본 소송과 별개의 사항임.

3. 피폭자 건강 수장

　가. 원폭 의료법에 의하여 교부, 피폭자에 대한 각종 급부 수혜의 전제가 됨.

　나. 교부 대상: 피폭자 및 피폭 당시의 태아

　다. 급부의 종류

　　특별수당, 건강관리수당, 보건수당, 의료수당, 개호수당, 장제료, 춘추의 정기 건강진단, 년 2회의 수시 검사.

4. 재외피폭자 문제와 손진두 소송의 영향

　가. 재외 피폭자

　　한국내 약 2만명 추산

　　미국내 약 1천명 추산

　나. 재외피폭자 구제문제(동 판결 이전)

　　○ 1975.9.1. 일본 후생성 공중위생국장의 통달

　　　손진두 소송의 2심 판결후인 1975.9.1. 일본 후생성은 "적법하게 입국하여 1개월 이상 체류함을 조건으로" 외국인에게도 수장 교부를 인정하라는 공중위생국장의 통달을 지방자치단체에 하달한바 있음.

　　○ 상기 공중위생국장의 통달에 따른 방법 이외에는 동 최종판결이 내려지기까지 아국내 약 2만명의 피폭자가 하등의 보호를 받지 못하고 방치되어

왔음.

다. 동 판결에 대한 반응과 재외피폭자 구제에 미치는 영향

   (1) 일본언론: 일 후생은 앞으로 약 2만명으로 추산되는 재한 피폭자 구제문
제를 강구치 않을 수 없게 되었다고 보도

   (2) 일 후생성 공중위생국장의 발언

     ○ 정부가 최고재판소의 판결에 따르는 것은 당연하며,

     ○ 앞으로 해외 거주 피폭자들로부터 의료 희망이 많아질 것으로 예상되
나, 이 문제는 국가 간의 문제이기도 하므로 외교 루트를 통하여 이야
기될 경우 이에 대응할 작정임.

   (3) 일 후생상의 발언(78.4.1. 참의원 예산위원회에서 사회당 다께다 시로오
의원의 재한 피폭자 대책에 관한 질의에 대한 답변)

   동 판결은 인도적 견지에서 밀입국자라 하더라도 일본에 거주할 경우에는
원폭 의료법의 적용을 인정한다고 되어 있으나 재외 피폭자에 대한 적용
은 인정치 않고 있음.

   (4) 78.4.4. 후생성 "통지" 하달

   동 판결에 따라 일본 후생성은 78.4.4. 각 지방자치 단체에 대하여 피폭자
가 일본 국내에 현재 거주하는 한 이유여하를 불문하고 원폭의료법을 적
용토록 하라는 "통지"를 하달함.

   (5) 일 후생성 공중위생국 기획과장의 발언(1978.4.7. 양세훈 서기관과의 면
담시, 재외피폭자에 대한 앞으로의 일정부 방침을 물은 양서기관의 문의
에 대한 답변)

     — 일본 국내 관계 단체로부터 재한 피폭자에 대해서 일정부가 어떤 고려
를 해야할 것이라는 요망이 있었다고 전하면서,

     — 후생성으로서는 해당국가에서 외교경로를 통하여 정식으로 문제를 제
기해오면 이에 대용할 것이라는 상기 (2)항의 공중위생국장의 발언을
재확인함.

     — 또한 한국측이 어떤 제안을 고려하고 있다면 가능한 한 빨리 제기하는
것이 좋으리라는 견해를 피력함 (단, 사견임을 전제로 하였음)

5. 손진두의 강제송한 문제

   손진두는 밀입국자로서 강제퇴거령서를 발부 받고(74차 강제송환 대상자 명부에
포함) 이에 불복, 퇴거강제령서 발부처분 무효확인 소송을 제기, 제1심인 후꾸오
카 지방재판소에서 패소, 현재 2심에 계류중인 바, 공판은 78.6.26. 로 예정되어
있음.

6. 의견

　가. 동 판결과 이에 따른 78.4.4. 일 후생성의 지방자치 단체에 대한 "통지"로서
　　　아국내 피폭자가 일본에 입국할 경우 치료를 받을 길은 열렸다고 볼수 있으
　　　나, 2만여 피폭자가 일본으로 입국한다는 것은 현실적으로 어려운 점이 많다
　　　고 사료되므로,

　나. 재한 2만 피폭자의 치료를 위한 현실적, 합리적 방안을 조속히 수립, 일측에
　　　제기해야할 것으로 사료됨.

　다. 손진두의 일본 체류 문제는 당분간 재판소의 판결을 관망함.

* 참고 사항외국인 피폭자에 대한 건강수장 교부 현황

1975:	한국	4	미국	5		
1976:	한국	3	미국	7	서독	1
1977:	한국	2	미국	7		

19. 외무부 공문(착신전보)-외국인 피폭자 수 보고

외무부

번호 JAW-04209

일시 101159

수신시간 78.4.10. 13:29

발신 주일대사

수신 장관

　연: JAW04182

　나가사끼시 소재 "재외 피폭자를 지원하는 회"가 정부기관, 피폭자 단체 등 각계
　로부터의 증언과 현지 조사를 실시하여 외국인 피폭자 수를 추계한 바, 그 내용
　은 아래와 같음.

	피폭자수	사망
총수	57만	21만
총수중 외국인	54,100	21,300
한국인	50,000	16,000-20,000

미국인(일본계 2세)	3,000	1,000
중국인	650	220
연합국포로(미, 영, 화란, 인니)	440	80-100
구미선교사 등	30	3

(일본영-북일, 교일)

20. 주일대사관 공문—원폭 피폭자

주일대사관
번호 일본(영)725-1858
일시 1978.4.7.
발신 주일대사
수신 장관
참조 아주국장
제목 원폭피해자

연: JAW-04182
연호 외국인 피폭자 수첩교부에 관한 후생성 지시분(사본)을 별첨 송부합니다.
첨부: 상기자료 1부. 끝.

20-1. 첨부—후생성 지시분

衛発第288号

昭和53年4月4日

各都道府県知事
広島市長・長崎市長　殿

厚生省公衆衛生局長

短期滞在外国人被爆者に対する被爆者健康手帳の交付について(通知)

短期滞在外国人被爆者に対する被爆者健康手帳の交付については，従来広島市長あて当職回答(別添)のとおり取扱いがなされていたところであるが、今般、わが国に現在する者である限りはその現在する理由等のいかんを問わず原子爆弾被爆者の医療等に関する法律(昭和32年法律第41号)を適用することとされたので、その取扱いについて遺憾なきを期されたい。

- -

(別添)

衛発第500号
昭和50年9月1日

広島市長　殿

厚生省公衛生局長

　　短期滞在外国人被爆者に対する被爆者健康手帳の交付に関する質疑について(回答)

　　昭和50年8月28日広原援第175号で照会のあつた標記の件について、下記のとおり回答する。

記

1．適法に入国している外国人に対する被爆者健康手帳の交付については、必ずしも入国目的を問わない。
2．適法な入國後おおむね1か月以上滞在するものであれば居住関係があるものと判断して差し支えない.

(照会文は省略)

21. 외무부 공문―한국인 원폭피해자 구호문제 실무자 회의

외무부
번호 북일700-

일시 1978.4.13.
발신 외무부 장관
수신 수신처 참조
제목 한국인 원폭피해자 구호문제 실무자 회의

　　　1. 한국인 원폭피해자 구호문제에 관한 제반사항을 검토, 구체적인 해결방안
을 모색하기 위하여 아래와 같이 관계 실무자 회의를 개최하고자 하니 귀부 실
무자로 하여금 참석토록 하여 주시기 바랍니다.
　　　2. 본건에 관해 당부가 작성한 자료를 별첨 송부하니 참고하시기 바랍니다.
　　　　　—아래—
　　　　　○ 일시: 78.4.25.(화) 14:00
　　　　　○ 장소: 외무부 회의실
　　　　　○ 참석범위:
　　　　　　　외무부, 경제기획원, 보건사회부, 과학기술처, 중앙정보부 관계관.
첨부: 상기자료 1부

　　　수신처: 경제기획원장관, 보건사회부 장관, 과학기술처장관, 중앙정보부장. 끝.

21-1. 별첨-한국인 원폭피해자 구호문제

```
韓國人 原爆被害者 救護問題


1978.4.14.



外務部 亞洲局
```

目次

韓國人 原爆被害者 救護問題

1. 問題 提起의 動機

　最近 日本內의 所謂 進步勢力에 依하여 이 問題가 日本國에서 提起되고(78.1.20. 아사히 저널 等) 本案의 我國內 資料 情報源에 反政府 人士(孔德貴 女史) 等이 介在하는 等, 이 問題가 反韓活動에 利用될 憂慮가 있어, 政府로서도 本件 解決을 爲한 根本的인 對策을 時急히 樹立해야 할 必要性이 있음.

2. 問題의 基本性格

　原爆被害者는 日本의 戰爭行爲로 因한 犧牲者로서 一般的인 戰爭 被害者와는 달리 原爆 投下라는 特殊한 狀況에 依하여 健康上 難治 또는 不治의 被害를 받아, 本人들의 健康뿐 아니라 2世까지도 影響을 받고 있으며 生活面에서도 어려움을 겪는 等 이들의 救護問題는 人導的인 配慮가 緊要함.

3. 韓國人 被爆者 現況

　　(1) 被爆當時 韓國人 被害者(韓國 原爆 被害者 援護協會 推算)

　　　　總數: 約10萬名(69.11.26.字 "아사히 저널" 誌는 9萬名으로 推算)

　　　　死亡: 5萬名

　　　　生存: 5萬名

(2) 現 生存者(推算)

我國內: 2萬 3千名(72.4. 現在 協會 登錄者 9,362名)

日本內: 3萬名(77.10. 現在 日 厚生省 推算)

(3) 救護 現況

○ 日本 滯留者: 被爆當時 日本 居住 我國人은 日本人과 差別없이 救護받고 있음.

○ 我國內 生存者에 對한 救護 現況

(가) 社團法人 韓國 原爆 被害者 援護協會를 通한 民間 救護活動

(편: 다음 페이지 원본 누락)

72.12.45	大平 外相, 外國人 被爆者에 對한 特別 立法意思 表明(報道)
73.1.26.	駐日大使, 本部 指示에 依據, 大平 外相에게 韓國人 被爆者 爲한 治療 施設 要請, 大平 外相은 檢討하겠다고 答辯
73.2.21.	韓日 實務者 間 非公式 會議(東京)
73.10.9.	大平 外相, 特別 立法意思 再次 表明(報道)
75.5.14.	日衆院 社合勞動委員會, 在韓 韓國人 原爆被害者에 對한 醫療協力 決議 採擇
75.9.15.	第8次 韓日定期關僚會議 外相 個別 會談時 日政府側 配慮 促求
76.1.8.	保社部長官 名義로 다나까 厚生大臣(田中正己) 訪韓 招請, 日國內 事情으로 實現되지 못함.
78.3.30.	被爆者 孫振斗에 對한 健康手帖 發給 訴訟, 日最高裁判所 勝訴 判決 (4.3. 手帖 發給)

5. 問題点 및 韓日 兩國政府 立場

(1) 請求權 協定과의 關聯

○ 我倒:

本 問題는 請求權 協定에 規定된 財産, 權利 및 利益에 該當되지 않는 特殊한 問題이며, 日政府는 被爆者를 救濟할 法的, 道義的, 人道的 責任을 짐.

○ 日側:

被爆者의 對日本政府 補償 請求權은 請求權 協定으로 이미 淸算되었으나, 本件 人道的 見地에서 韓國政府가 經濟協力의 一環으로 要請時 考慮한다는 態度.

參考

請求權 協定 2條 3項의 財産, 權利 및 利益은 物件, 責權, 證券에 對한 權利를 意味.

(1965年 10月 日衆院 韓日 特別委에서 推名外相이 請求權 協定 2條 施行 特別法案의 提案 說明 參照)

(2) 治療施設 設置問題(73年 非公式 實務者 會議時 論議)

○ 我側:

— 治療施設의 早期 建立

— 一般 無償援助 事業보다 優先的 推進

— 韓日間 旣存經協의 範圍에 包含시키지 말고, 別途의 財源으로 建立. (規模: 約550萬弗)

○ 日側:

— 對韓國 經濟協力費 中에서 考慮

— 事業 優先順位는 서울工大 施設援助 事業(74-76) 以後로 할 것.

— 韓國政府가 閣僚會議에서 韓日經協中 無償協力事業으로 提起 要望.

— 具體的 事業計劃書 提出 要望.

(3) 我國人 被爆者 日本入國時 健康手帖 發給 問題

○ 厚生省 立場(1975.9. 以後):

合法的으로 入國한 被爆者로서 1個月 以上 滯在하는 境遇, 手帖 發給. (被爆者로 認定받기 爲한 手續上 問題 있음)

○ 出入國 管理令 5條1項3과의 問題:

— 同 條項은 "國家 또는 地方 公共團體의 負擔이 될 憂慮가 있는 者"에 對해 入國 拒否.

— 治療自的 日本入國時 上記 條項 抵觸치 않는 形式으로 入國하는 問題. (日側의 融通性있는 法運用이 要望됨)

○ 密入國者에 對한 健康手帖 發給:

— 孫振斗에 對한 78.3.30.字 最高裁判所 判決은 密入國者라 해도 被爆者에게 健康 手帖 發給토록 判示. (治療目的 渡日 手續이 어려운 境遇, 我國人 被爆者 密航할 可能性)

— 上記 判決로 入國資格, 日本 滯在期間에 關係없이 日本에 滯在하고 있는 外國人 被爆者에게는 原爆 醫療法을 適用,健康 手帖 發給하도록 됨.

6. 對策 및 推進 方案

(1) 被爆者에 關한 組織的 實態 調査

保社部 主管下에 內務部, 協會, 其他 醫療機關 等의 協助를 通하여

— 被爆者의 全國的인 實態를 調査, 病症勢, 生活狀態 等 現況을 把握하고 記錄을 繼續 維持하여 對策樹立의 基礎資料로 삼도록 함.

— 被爆者 問題에 關한 啓蒙活動을 아울러 展開, 被爆者의 登錄忌避나 一般人의 偏見 拂拭等을 期하도록 함.

(2) 綜合 醫療施設 設置 推進

— 被爆者 治療를 爲한 綜合醫療施設 設置에 關하여 外交經路를 通한 對日本政府 交涉.

— 病院 建設資金, 醫療器資材, 技術支援 等은 日政府의 無償援助事業으로 充當.

— 關係部處와 協議하여 이 事業을 優先的으로 次期 閣僚會議에서 公式 提案토록 함.

(3) 醫療要員 交流等 推進

— 日政府 負擔으로 日人醫師 派韓 診療 및 我國人 醫師 訪日 硏修.

— 被爆者 治療에 關한 醫療 技術, 資料等 交流

— 我側, 被爆者 治療問題에 關한 專門 硏究所 設立 檢討.

(4) 被爆者의 個別的인 渡日治療 支援

— 健康手帖을 發給받기 爲해 被爆者가 日本에 密航하는 것을 防止하기 爲해 合法的으로 容易하게 日本入國할 수 있도록 支援함이 必要.

— 旅券發給 手續上 便宜 提供

(旅券法 施行規則 13條 2項 5는 國內治療가 不可能한 者로서 保社部 長官 推薦을 받도록 되어있는 바, 이들 被爆者에 關하여는 保社部 長官이 海外治療가 必要하다고 認定하는 者로 融通性있게 運用)

— 上記 旅券所持者에 對해 日政府가 迅速히 日本 入國査證 發給해 주도록 對日交涉. (査證 申請에 必要한 入院 許可書, 保證書 等은 病院 所在地의 民團側 協助)

— 被爆者가 健康手帖을 交付받는데 必要한 被爆者 證明은 我國 保社部長官의 被爆者 認定으로 가름토록 對日交涉.

(5) 推進 方案

(가) 關係部處間 實務者會議:

外務部(亞洲局, 領事僑民局, 國際經濟局), 保社部, 經濟企劃院, 科學技術處, 中央情報部.

(나) 對日交涉 指針 確定

(다) 韓日 實務者間 會議(7~8月)

　　我側: 外務部, 保社部

　　日側: 外務省, 厚生省, 法務省

22. 외무부 공문–한국인 원폭피해자 구호문제(회의록, 자료 송부)[1]

외무부
번호 아일700-
일시 1678.5.23.
발신 외무부 장관
수신 주일대사
제목 한국인 원폭피해자 구호문제

　　한국인 원폭피해자 구호문제에 관하여 78.4.25. 관계부처 실무자회의를 개최, 대책을 협의한 바, 동 실무자회의 기록 및 자료를 별첨 송부하니 업무에 참고하시기 바랍니다.
　　첨부: 동회의록 사본1부. 한국인 원폭피해자 구호문제(자료)1부. 끝.

22–1. 첨부–한국인 원폭피해자 구호문제–관계부처 실무자회의록

한국인 원폭피해자 구호문제-관계부처 실무자회의록
일시: 78.4.25. (화) 14:00-15:30
장소: 외무부 아주국장실
참석자:

　　　　외무부　　　　아주국장: 공로명

　　　　　　　　　　　동북아1과장: 박민

　　　　　　　　　　　경제협력1과장: 강신성

　　　　　　　　　　　경제조사과서기관: 박상규

---

1) 원문은 22-1, 22-2, 22의 순서로 되어 있는 것을 순서에 맞게 정정하였음

동북아1과서기관: 이동진(기록)

교민1과사무관: 이성주

보사부   의정2과장: 황홍석

경제기술처   보사예산과 사무관: 박동식

과학기술처   안전과장: 임석순

중정7국   이영교

회의요지

1. 합의사항

   (1) 보사부가 간사가 되어 본건 해결을 적극 추진함.

   (2) 보사부에서 종합적인 대책을 조속한 시일내에 작성, 관계부처와의 협의를 거쳐 정부방침을 확정토록 함.

   (3) 상기 정부방침 확정후 외무부에서 필요사항에 관한 대일교섭을 전개함.

   (4) 종합의료 시설 설치시 의료기자재 및 기술지원은 일측 무상원조로 충당하되, 동 프로젝트를 차기 각료회의에서 제안토록 함.

   (5) 외무부는 콜롬보 계획에 의해 전문가 2명을 파일하는 방안을 검토키로 함. (보사부에 전문가 파견 예산이 없기 때문임.)

2. 세부대책에 관한 각부처 의견

   (1) 피폭자 실태조사

   보사부: 조사비 예산지원이 필요.

   경기원: 조사계획서 제출시 검토

   (2) 종합 의료시설 설치

   보사부:

   ― 현재 진주도립병원 확충 계획이 있는바, 동 병원에 병설하여 병상50-100개 규모의 시설 설치

   ― 병상 50개 규모의 경우 건물 설치비 1억 5천만원, 의료기자재비 2억5천만원, 계4억원(80만블) 소요되며, 이를 일측 무상원조로 충당.

   외무부:

   ― 의료시설을 진주에 국한시키지 말고 지역별로 경남, 호남, 대전, 서울 등 3-4개소에 설치 필요. (보사부가 검토키로 함.)

— 건물 설치비는 내자 부담방안을 검토하고 의료기자재 및 기술지원만 일측 무상원조로 충당토록 함.

이 경우 일측에 제시할 무상원조 규모를 상기 보사부가 제시한 규모(80만 불)보다 확대시킴. (상기 외무부 의견에 중정, 과기처 동의)

경기원:

— 건물 설치비를 내자로 충당하는 방안은 예산상 곤란하나, 보사부의 종합대책이 작성 제출되면 검토.

(3) 의료요원 교류

보사부:

— 일정부 부담으로 일인의사 방한 및 아측전문가 파일 연수 필요.

외무부:

— 아측전문가 파일연수는 콜롬보 플랜으로 실시하는 방안 검토.

— 피폭자문제에 관한 전문연구소 설치로 검토 필요. (중정, 과기처 동의)

(4) 피폭자 개별 치료

보사부:

— 피폭자를 의료보호 환자로 지정, 국가재정(기금 75억원)으로 전국 지정병원(약2천개소)에서 무료치료 수혜토록 조치 방침, 우선 실태조사가 시급.

— 국내치료가 불가능한 중환자는 매년 수명씩 일정부 부담으로 도일 치료토록 하는 방안 검토.

외무부:

— 실태조사시 피폭자 증명을 발급하는 방안 검토 필요.

회의록

회의내용:

(인사교환후)

국장:

장기간의 현안인 본건에 관해 외무부가 금일 관계부서 실무자간 회의를 소집하게 된 배경을 망하자면,

첫째, 이 문제를 일본내 진보세력(좌경)이 아국내 반정부세력 및 산업선교회 계통들로부터 정보를 입수하여 일본언론에 보도시킴으로써 아국의 이미지 손상을 기도하려는데 이용할 우려가 있으며,

둘째, 의료문제가 정부시책으로서 중요시되고 있는 차제에 피폭자에 대해서

도 정부의 배려가 필요하다고 사료됨. 따라서 본건에 관해 관계부서 간에 의견을 교환, 해결방안을 모색하고자 함. 본건의 경위, 대책등에 관하여는 동북아1과장의 설명이 있겠음.

동북아1과장:

"한국인 원폭피해자 구호문제"(외무부 작성자료) 설명.

보사부:

외무부에서 설명한 대책에 대체로 동의함. 우선 실태조사에 관하여는 예비비 등으로 곧 실시가 가능하리라 생각하며, 의료시설 설치문제에 관하여는 현재 진주도립병원 확충시 원폭피해자 진료를 위해 50-100병상 정도 규모로 시설을 병설하는 방안을 검토하고 있음. 50병상의 경우 시설비 1억5천만원, 기자재비 2억5천만원, 계 4억원이 소요될 것인 바, 이를 일측의 무상원조로 충당하면 좋겠음.

의료요원 상호교류는 필요하다고 보며 진주도립병원 의료요원 1-2명을 도일 연수시킨다던가 일본인 의사들의 방한 등 방법이 있겠음.

또한 개별적으로 도일치료 받는 문제는 국내에서 치료가 불가능한 환자를 1년에 몇 명씩이라도 일정부 부담으로 도일 치료토록 함이 좋겠음.

그리고 국내치료의 경우, 원폭 피해자들은 모두 의료 보호환자로 지정해서 국가재정(기금 75억원)으로 무료치료 받도록 하는 방안도 있음.

이상은 보사부 장관도 승인한 내용임.

아주국장:

본건은 보사부에서 적극 추진해 주어야 할 것임.

현단계에서 일측에게 병원건물 건립까지 요청하는 것은 무리이겠으나, 진주도립병원 확대시 병설하는 방안이아면 의료기자재 도입 등에 관해 대일교섭이 가능하겠음.

경협1과장:

서울공대 사업도 작년9월에 종료되었으므로 무상원조에 관한 대일교섭에는 별 문제가 없겠음.

동북아1과장:

일측에 대해 무상원조를 요청한다고 할 때에는 규모를 미리 축소해서 요청할 필요는 없을 것임. 상기 4억원(약 80만불)규모보다 더 크게하는 방안의 검토가 있어야 할 것임.

아주국장:

병상 규모를 100병상으로 하는 것도 한 방법임. 그리고 환자가 전국에 산재해 있는데 치료시설을 한 군데만 한다는 것도 문제점이 있음.

지역별로 경남, 호남, 대전, 서울 등 서너군데에 설치하는 것이 어떤지?

중정:

환자는 서울에도 많이 있음.

병원을 1개 지역에만 한정시키면 전국의 환자가 이용하는데 큰 불편이 있음.

보사부:

피폭자를 의료보호 환자로 지정하면, 전국 지정 병원(2,000개소)에서 경미한 환자는 대부분 무료치료가 안 되는 환자를 진주에서 치료 받을수 있게 하자는 취지임.

아주국장:

합천의 병원은 어떤지?

보사부:

그것은 전문병원이 아니며, 보건소에 병설되어 보건소장이 운영하고 있음. 입원치료는 안 되고 약만 주는 정도임.

아주국장:

이번 기회에 그것을 보강할 필요는 없는지.

보사부:

필요하다고 생각지 않음. 사실 피폭자 치료에 관한 전문의사가 거의 없는 실정임.

중정:

피폭자 치료는 꼭 전문의가 있어야 하는 게 아니라, 일반 피부과 의사 등이 다룰 수 있다고 듣고 있음. 문제는 피폭자들이 합병증이 많아 치료가 어렵다는 것임.

경협1과장:

78년도 대일 경협 요청사업은 약1억6천만불인데 일측은 1억불 정도로 생각하고 있는것 같음.

병원 건물은 재정차관으로 무리이나 의료기자재는 무상으로 도입 가능할 것임.

경제 조사과:

일측의 무상원조 형태는 기자재 중심이며 건물건축은 일체 대상에서 제외하고 있음. 서울공대나 가톨릭의대 사업의 경우에도 건물에 대해서는 거절되었음.

일측은 무상원조를 위한 예산을 확보해 두고 있는 만큼, 정부사업이라는 점을 고려, 각 지역에 병원시설을 한다는 원칙하에 기자재 무상원조를 요청하되 규모를 3-5억엔정도로 하는것이 좋겠음.

보사:

수개 도립병원을 지정할 수도 있음. 기자재에 관하여는 어떤 것이 있는지 사실 파악이 안 되고 있음.

아주국장:

전문가를 일본에 특히 히로시마에 보내 조사시키는 것이 좋겠음.

보사부:

전문가 파견은 예산이 곤란함.

경제조사과:

콜롬보 계획으로 보내는 방안도 있음.

아주국장:

그 방안은 외무부가 검토해보도록 하는 것이 좋겠음.

과학기술처:

피폭자의 대부분은 생활능력이 없으니 이 문제는 조속히 해결되어야 그들에게 혜택이 돌아갈 수 있음.

아주국장:

이 문제는 72년도 제7차 각료회의에 앞서 그 전해에도 논의된 것으로서, 일측이 아국이 재정차관 사업으로 제기해 줄 것을 희망했으나 당시에는 경제건설에 우선 순위가 주어져 진전이 없었음.

동북아1과장:

2세의 유전 문제 등도 있음.

이 기회에 의료기자재뿐 아니라 연구소 시설 설치 문제도 검토, 금후 계속 연구해야 할 것임.

중정:

원자력 병원은 주로 암환자가 이용하고 피폭자가 이용하지 못하고 있음.

계속 연구하는 시설도 필요하다고 봄.

과학기술처:

동감임.

중정:

이문제는 교회여성 연합회가 자세히 피폭자 실태 특히 참상을 조사하여 일본, 서독등에 자료를 보내 이용하고 있음. 따라서 보사부가 적극적으로 해결책을 마련해야 할 것으로 생각함.

아주국장:

보사부에서 종합대책을 작성해서 관계부처와 협의, 추진하도록 함이 좋겠음.

병원건물은 내자로 충당한다는 문제에 있어서 기획원측의 예산지원은 어떤지?

경제기획원:

이 문제는 전에 도시산업 선교회 문제와 관련, 노동청에서 열린 관계 국장회의에서도 논의된 바 있음. 실무적으로 말하면 피폭자를 의료보험 대상자로 하여 시도립병원에서 무료 진료토록하고, 의료기자재만 보완하면 되므로, 별도로 예산지원은 필요치 않다는 입장임.

기자재의 설치비는 지원할 수 있음. 현재 합천 진료소 운영비중 인건비를 매년 국고에서 보조하고 있음. (77년 440만원, 78년 500만원)

보사부:

실태조사를 위한 조사비를 내년 예산에서 지원해 주어야 할 것임.

경제기획원:

조사계획서를 제출해주면 검토하겠음.

중정:

실태조사가 재일 중요하다고 생각함. 실태조사가 먼저 되어야만 의료보험 대상지정도 내년부터 실시될 수 있을 것임.

이 중요성을 기획원측에서도 인식해야 할 것임.

동북아1과장:

예산면에서는 기획원이 적극 지원해 주어야 할 것임. 실태조사를 해가면서 피폭자 증명서 발급하는 방안도 겸하는 것도 좋겠음.

아주국장:

본건에 관하여는 정부 입장이 조속히 확정되어야 함.

실태조사 문제뿐 아니라 이 문제의 근본적인 해결을 위해 보사부에서 간사가 되어 적극적으로 종합적인 대책을 입안, 기획원측과 실무적인 협의를 해야 할 것임.

외무부로서는 의료기자재 조사를 위해 의사 및 기자재 전문가 2명을 콜롬보 계획으로 파일하는 방안을 검토하겠음.

22-2. 첨부-한국인 원폭피해자 구호문제

한국 원폭피해자 구호문제

1. 한국인 원폭피해자 현황
   가. 피해자: 총7만 추산

나. 현존 생존자: 약3만

  (1) 귀국자: 약2만 3천

  (2) 일본 채류자: 약7천

다. 한국인 원폭피해자 구호협회에 등록된 수(78.1. 현재) 9,362명.

2. 추진 상황

가. 제6차 한일 각료회담시 비공식 제기

나. 72.11. 일 외무성은 인도적 구원조치를 취하고자 함을 시사.

다. 73.1. 주일대사, 오히라 외상에게 치료시설 설치 요청.

라. 73.2. 한일 실무자 비공식 회합. (일본 외무성)

  — 동 회합에서 치료시설 건립문제에 대한 한일 양측 입장이 아래와 같이 부각되었음.

	한국	일본
설립	인도적 견지에서 일본정부는 설립과 실효성있는 운용을 위해 협력 해야 한다.	프로젝트의 내용이 타당하면 인도적 견지에서 설립을 검토할 수 있다.
발의	73.1. 주일대사의 발의로 족함	한일 각료회의에서 발의하여 줄 것을 요청함
설립시기	가능한 조속히.	서울공대 설비지원 사업 종료후.
재원	현행 경제협력 태두리 밖의 신규 무상원조로 함.	현행 경제협력의 일환으로 함.

  — 또한 양측 실무자 간에는 한국측이 사업계획서를 작성, 제시키로 합의하였으며 이에 따라 보사부는 75년 피해자를 위한 병원설립 계획서를 작성하였으나, 그 내용이 빈약한 것으로 간주됨.

3. 문제점

가. 원폭피해자 구호대책이 미흡할 경우 원수금 통일실행 등 재일 반한세력이 정치적으로 악용 우려.

나. 국내 반정부 인사들(한국 교회여성 연합회 간부 등)이 원폭 피해자들에 대하여 각종 구호활동을 전개하고, 실태를 외지에 발표(아사히 저널 78.1.20.자)하므로서 아국정부의 대외적 인상에 악영향.

다. 원폭피해자 구호문제는 인도적인 문제일 뿐만 아니라 전후 미처리 문제의 하나이므로 일정부로서도 가능한 협력을 제공한다는 입장이나 아국정부의 수용태세 미비.

4. 대책

가. 관계부서로 하여금 원폭피해자 구호 및 선도문제를 적극 재검토토록 요청.

나. 일정부로부터 협력을 요청할 사항을 당부가 일측과 적극 교섭.

다. 국내 반정부단체나 재일 반한세력이 본건을 정치적으로 악용치 않도록 경계 및 대비책 강구.

* 참고 자료

(1) 피해자 구호를 위한 국내의 움직임(년표)

(2) 재한 피해자의 상황 및 구호현황(자료)

23. 외무부 공문(착신전보)–나가사키 평화문화 연구소 발표 한국인 피폭자 수 보고

외무부

번호 JAW-05682

일시 301446

수신시간 78.5.30. 15:51

발신 주일대사

수신 장관

연: JAW-04209

일본 나가사끼 평화문화 연구소는 한국인 피폭자수를 집계 발표한바 그 내역은 아래와 같음.

1. 1945.8.6 히로시마현 거주 한국인 8만 수천명 중 3만 2천-4만명이 피폭, 1만2천-2만명이 사망

2. 1945.8.9 나가사끼현 거주 한국인 약7만명 중 1만3천-1만 4천명이 피폭 3천-4천명이 사망(일본영-아일,교일)

24. 외무부 공문(착신전보)–후생성 공중위생국 기획과장 면담 결과 보고

외무부

종별 긴급

번호 JAW-06202
일시 101229
수신시간 78.6.12. 8:33
발신 주일대사
수신 장관

연: JAW-04182
1. 6.9. 다데야마 후생성 공중위생국 기획 과장은 당관 양세훈 서기관을 후생성
   으로 초치 연호 피폭자 건에 관하여 아래와 같이 말하였음.
   가. 외국인 피폭자에 대한 최고재판소 판결이 있은 후 각계로부터 문의가
       종종 있는 바 특히 지난 6.6. 참원 사회노동위원회에서 재외피폭자에 대
       한 대책에 관한 질의가 있어 후생대신이 해당국으로부터 요청이 있는 경
       우 검토하겠다고 답변한 바 있음.
   나. 후생성으로서는 75년 한국 측으로부터 병원 건축에 대한 지원 요청이
       있었던 것으로 기억되고 있는바, 금번에 어떤 요청이 새로히 있지 않을까
       생각하고 있음.
2. 이에 대하여 양 서기관은 본국 정부로부터 어떤 시사가 있는 것은 아니나
   종합적인 검토가 진행중에 있는것으로 않다고 말한 바, 동 과장은 만약 한국
   측이 일측에 어떤 요청을 해올 생각이라면 자기로서는 내년도 후생성 예산
   편성에 포함될수 있도록 가능한 한 조속히 해주기 바란다고 말하고 윤곽만
   이라도 사전에 알려준다면 좋겠다고 말하였음.
3. 동 과장에 의하면 후생성 예산은 현재 마무리 단계에 들어가 6.24. 경에는
   일단 편성이 되어 7월초에 제출될 것이라 하므로 참고로 보고함(일본영 아
   일 교일)

25. 보건사회부 공문—원폭피해자 관리대책 협조요청

보건사회부
번호 의이1427-46
일시 1978.6.13.
발신 보건사회부 장관

수신 외무부 장관
제목 원폭피해자 관리대책 협조요청

1. JAW-06202(78.6.12)와 관련입니다.
2. 우리나라에 거주하고 있는 원폭피해자에 대하여 당부에서는 다음과 같이 종합적인 의료지원대책을 계획하고 그 세부계획을 수립하고 있는 바, 이에 따라 일본정부측에서도 인도적인 면에서 필요한 지원이 조속히 강구되도록 협조하여 주시기 바랍니다.

—원폭피해자 의료지원대책개요—

가. 등록된 피폭자에 대하여는 의료보호 대상자에 포함하여 진료(진료비는 우리나라 국고에서 부담)
나. 피폭자 전문의료 기관운영
　　1) 전국의 시도립병원중 5개소를 지정하자 피폭자를 위한 전문의료기관으로 운영
　　　　○. 지정된 전문의료 기관(5개소)의 의료장비 보강(일본정부측 부담)
　　　　2억원×5개소=10억원($2,000,000)
　　2) 피폭자 특수전문의료기관의 신축운영
　　　　○. 신축비(일본정부측 부담)
　　　　5,000,000원($10,000)×300병상
　　　　　=1,500,000,000원($3,000,000)
　　　　○. 의료장비(일본정부측 부담)
　　　　5,000,000원($10,000)×300병상
　　　　　=1,500,000,000원($3,000,000)
　　　　○. 운영비는 우리나라 국고에서 부담.
다. 피폭자 전문의료요원 양성 및 기술지원(일본 정부측 부담)
　　○. 의료요원의 일본국 파견훈련(년간5-10명)
　　○ 일본측 전문의료요원의 파한진료(년간5-10명)
라. 난치환자의 도일치료지원(일본정부측_부담)(년간20-30). 끝.

26. 주일대사관 공문-자민당 정무 조사회 방문 결과 보고

주일대사관
번호 일본(정)700-3032
일시 78.6.10.
발신 주일대사
수신 장관
참조 아주국장
제목 한국인 원폭 피해자 구호

1. 자민당 정무 조사회측(지무라 사무국장)은 78.6.1. 당관 김이명 정무참사관을 방문, 한국인 원폭 피해자 구호 문제와 관련 다음 요지 말하였음.
　가. 한국인 원폭 피해자 문제에 관하여 부산소재 한국 성공회 부산 교구장으로부터 구호 요청 서한을 접수한 바 있었음.
　나. 동 서한 접수에 앞서 이미 자민당 내에서는 한국인 원폭 피피해자 구조를 위하여 협력 공여 방안을 동당 "하마다 니끼지"의원"(나가자기 출신으로 자민당의 대외외교협력 문제를 주관하고 있으며 국회의원□ 유일한 카토릭 신자)을 중심으로 검토하여 왔었음.
　다. 자민당은 구호 사업의 첫 단계 조치로서 한국성공회의 요청인 한국인 의사 1명 내지 2명을 일본에서 연수(기간 1년내지 2년)토록 추진키로 그 방침을 결정하였음. 동 사업 추진을 위하여 자민당내 대외 경제협력 공여 문제를 주관하고 있는 "노다 우이찌" 의원(기후 출신)과의 협의를 필하여 당 방침을 정한 것임.
　라. 자민당은 당 방침 시행을 위하여 외무성측과도 협의를 하였는 바, 외무성측은 동 사업을 추진시키는 데는 한국정부로부터 외교경로를 통한 제안이 필요하다는 입장임.
2. 아측은 자민당측에 대하여 이미 원폭피해자 구호 문제가 1974년 제기된 바 있었으나 그후 사실상 소멸된 사례를 지적하고 동 사업을 시행할 경우, 그 자금 성격 및 주관처를 문의하였던 바, 일측은 자금은 외무성의 세출예산상 계산되어 있는 해외경제협력기금이라고 하고 주관처는 해외사업단(이사장은 전 외무차관인 "호겐" 씨)이라고 함.
3. 일측은 동 사업에 관한 한국측의 의향, 외교 경로로서 제안하여 줄 것인지의 여부와 긍적적일 경우 한국측의 계획의 개요(향후 원폭구호자 치료소를 어디

에 둘 것인지의 점)를 알려줄 것을 당부하였음.

　　4. 아측이 의사의 기술훈련에만 한정되는 것인지 또는 동 훈련은 원폭 문제에 관한 사업의 일부로서 향후 의료기구 공여(74년에 제기된 바 있었음)도 시행될 것인지를 문의하였던 바, 일측은 응당 다음 단계에서 의료기구 문제는 시행될 것이라고 말함.

　　5. 이상 일측의 설명 및 요청은 비공식 타진인 바, 동 사업을 외무성 측에 거론하고 적절한 시기에는 제안을 할 것인지에 관하여 본부에서 검토, 지시 바랍니다. 당관이 조사한 바로는 자민당 "시라하마" 의원이 이 문제에 관하여 상당히 적극적이며 아측의 수락, 제안조치만 있으면 추진 실현될 것으로 생각됨.
유첨: 성공회 부산교구장의 서한 사본 1부. 끝.

27. 외무부 공문(착신전보)―의료지원대책 통보

외무부
종별 긴급
번호 JAW-06357
일시 171311
발신 주일대사
수신 장관

　　대 WJA-06176
1. 당관 양세훈 서기관은 6월 17일 "다테야마" 후생성 기획 과장을 방문, 대호 개요를 알리고, 추후 세부 계획이 작성되는대로 외교루트를 통하여 정식 제의할 것이라고 말하였음.
2. 동 과장은 지금 단계로는 무어라 말할 수 없으나 검토하겠다고 말한 바, 대체로 예측하였던 내용이라는 태도를 보였음. (일본영-아일, 경조)

28. 보건사회부 공문―원폭피해자 구호대책 및 추진방안 회보

보건사회부

번호 의이1427-37
일시 1978.7.4.
발신 보건사회부 장관
수신 외무부 장관
제목 원폭피해자 구호대책 및 추진방안 회보

　　1. 북일700-3862('78.1.31) 및 당부 의이1427-46('78.6.13)에 관련입니다.
　　2. 원폭피해자 구호를 위한 종합대책 및 추진방안을 별지와 같이 송부하오
니, 적극 협조하여 주시기 바랍니다.
　　3. 본대책의 세부추진계획은 단계적 추진상황에 따라 회보하고저 하오니,
양지하시기 바랍니다.
　　첨부: 원폭피해자 종합구호대책 및 추진방안

28-1. 원폭피해자 종합구호대책 및 추진방안

原爆被害者綜合救護對策및推進方案
1978.7.

保健社會部

原爆被害者綜合救護對策및推進方案

1. 被害狀況
　　가. 被爆當時 人命被害(日本廣島原爆病院 石田定 1975年 調査)

地域別區分	當時居住者數	韓國人居住者數	死亡者數	生存者數
總數	693,777名	141,436名 (1944年末現在)	233,107名	460,670名
히로시마	422,277名	81,863 〃	159,223 〃	263,054 〃
○市内居住者: 312,277名 ○入市者: 20,000名 ○軍人·軍屬: 90,000名				
나가사기	271,500名	59,973名	73,884名	197,616名

나. 韓國人被害 (原爆協推定)

地域別運分	居住者教	死亡者教	歸國者數	日本殘留등 不明
總数	144,436名	50,000名	33,000名	58,436名
히로시마	81,863 〃	35,000 〃	20,000 〃	26,863 〃
나가사기	59,573 〃	15,000 〃	13,000 〃	31,573 〃

다. 歸國者狀況(原爆協推定)

  1) 總歸國者數: 33,000名

  2) 韓國原爆被害者協會登錄者: 9,362 〃

    ○實態調査者數: 605名(原爆協調査)

  3) 實態把握者(慶南陜川群内): 5,001名(日本栗原 敎授調査)

    ○生存者: 3.867名

    ○死亡者: 1.134各

2. 救療狀況

  가 救療實績

    1) 日本國內居住者治療

      ○日本人被害者와 同等治療惠擇

      ○原爆治療法에 의거 治療費給付

    2) 韓國內居住者治療

      가) 國內治療(總): 1.448名(實人員)

        ○陜川診療센타: 405名

        ○日本醫療團: 665 〃

        ○其他社會團体支援: 378名

    4) 渡日治療: 41名('67-77)

    3) 韓國內居住者의 救護實績(國內外民間團體)

      가) 治療費補助: 128名(6,966千원)

      나) 獎學金補助: 16名(930千원)

다) 生活費補助: 9名(400千원)

나. 救療關聯機關

  1) 韓國原爆被害者協会

    가) 法人狀況

      ○法人區分: 社團法人

      ○設立日字: 1967.7.10.

      ○食長및 任員構成: 會長1名, 副會長1名, 理事11名, 監事2名

      ○會員数: 9.362名

    나) 年間豫算: 5,090千원(1977)

    다) 事業:

      ○實態調査: 605名(別添參照)

      ○救護 및 治療支援

      ○關聯社會醫体와의 協調

  2) 慶南陜川診療所

    가) 診療所新・增築: 日本核禁協議會支援

      ('73, 76年度) 建築費支援 24,700千원

               機資材支援 46,000 〃

    나) 運營管理: 陜川郡保健所

    다) 年間運營豫算: 16,084千원(1977年 國庫支援 地方豫算)

    라) 患者診療: 延9,413名('73~968名 '74~1,459名 '75~2,314名

      '76~2,324名 '77~3,220名)

    마) 監督機關: 慶尙南道

다. 關聯社會團体

  1) 教會女性聯合會

    ○治療費支援: 107名(4,500千원)

    ○獎學金: 11名(450千원)

    ○生計費支援: 4名(235千원)

  2) 國際존타會(釜山支部)

    ○獎學金支援: 5名(480千원)

  3) 日本市民會

    ○治療費支援: 21名(2,466千원)

  4) 大韓勝共會

    ○食品費 등 支援: 5名(165千원)

라. 被暴者의 實態分析

1) 韓國原爆協會調査把握: 605名
   ○被暴當時 傷害別分析(表1)
   ○被害者疾病別分析(表2)
   ○職業別分析(表3)
   ○財産程度分析(表4)
2) 日本광도 大學放射能 醫學硏究所敎授(栗原登)
   調査分析
   ○年度別疾病別 患者檢診分析: 1,448名(表5)
   ○陜川郡內 被害者分析: 5,001名(表6)
   ○陜川郡內 生存被害者 年齡別分析: 3,867名(表7)
   ○陜川郡內 疾病別 地域別分析: 405名(表8)

3. 現問題点
   가. 國內被害者의 實態未把握
      1) 體系的 全般的 調査 未實施
      2) 被害者의 身上露出忌避(2世에 影響憂慮)
      3) 被害者 確認困難
   나. 綜合的인 救療對策(醫療, 再活 등) 未樹立
      1) 國內社會團體 또는 日本民間團體에 의한 個別的 散發的 治療 또는
         財政支援뿐
      2) 日本側의 被爆者 補償問題에 대한 消極的 態度(長期間 對日交涉의 膠
         着)
      3) 被爆者 救濟專門機關(專門病院 再活院 등)이 없음
         ○入院診察機能 微弱(外來診療만 實施)
         ○韓國原爆被害者協会의 機能微弱(財政, 能力不足)
      4) 專門家 養成 및 專門的인 硏究未實施

4. 對策 및 推進方案
   가 綜合病院建立
      1) 建立目的
         韓國內 原爆被害者 및 그 家族을 위한 專門的醫療 救濟와 繼續的醫學
         硏究를 實施함을 目的으로 함
      2) 診療機能
         原爆被害者 診療機關으로 指定할 境遇 그 5個 病院(서울, 淸州, □□,
         大邱, 馬山)에서 治療할 수 없는 患者를 專擔할 수 있는 專門診療機能
         으로 함

3) 運營方針

　　國家-地方自治團體 또는 特殊法入(大韓赤十字社 등)이 運營管理함

4) 病院規模

　　가) 機關種別: 綜合病院

　　나) 病床規模: 300病床

　　다) 診療科目: 17個科目

5) 建立位置: 慶南(晋州地域)

6) 建立面積

　　가) 敷地面積　26,400㎡(8,000坪)

　　나) 建物　〃　17,820㎡(5,400〃)

　　　　○1病床當　基準面積: 59.4㎡(18坪)

　　　　○配分面積

　　　　　　―總面積(100%): 17.820㎡(5,400坪)

　　　　　　―病棟数(33.6%): 5,988㎡(1,814〃)

　　　　　　―外來部(14.3%): 2,548㎡(777坪)

　　　　　　―中央診察部(17.2%): 3,065㎡(929坪)

　　　　　　―管理部(7.2%): 1,283㎡(389坪)

　　　　　　―서비스部(16.8%): 2.994㎡(907坪)

　　　　　　―附屬建物(10.9%): 1.942㎡(589坪)

　　　　○部別細部

　　　　　　―病棟部: 病室, 看護員室等

　　　　　　―外來部: 17個科診療室, 應急室, 醫師室 藥局 등

　　　　　　―中央診療部: 檢査室, 手術室, 分娩室 材料室、回復室등

　　　　　　―管理部: 事務室 會議室, 図書室, 病歷室 交換室등

　　　　　　―서비스部: 廚房, 食堂, 洗濯室, 機械室, 倉庫 등

　　　　　　―附屬建物: 寄宿舍, 屍体室등

7) 建立費用

　　가) 總建立費: 3,000百万원

　　나) 土地買入費: 160百万원

　　　　○坪當價格(中都市郊外地域基準): 3萬원

　　다) 建物建築費: 1,680百万원

　　　　○1病床當費用: 560万원

　　　　○1㎡　〃　: 94千원

　　　　○1坪　〃　: 311千원

라) 醫療裝備購入費: 1,120百万원

　8) 建立 및 運營費負擔

　　가) 大韓民國政府

　　　○技術支援 등 附帶經費(設計圖 등)

　　　○建立後 運營費

　　나) 日本政府: 3,000百万원

　　　○建立費全額

　　　○醫療裝備購入費

　9) 其他: 세부計劃은 別途作成 함

나. 醫療施設補强

　1) 地域別原爆被害者 診察機關指定

　　가) 서울地域: 市立江南病院(300病床)

　　나) 中部 〃 : 道立淸州病院(150 〃)

　　다) 湖南 〃 : 道立南原 〃 (64 〃)

　　라) 慶北 〃 : 大邱市立 〃 (114 〃)

　　마) 慶南 〃 : 道立馬山 〃 (80 〃)

　2) 醫療裝備補强(5個診療機關)

　　가) 規模: 約10億원(1個所當 2億원)

　　나) 品目: 調査後 作成

　　다) 負擔: 日本政府

　3) 專用病床別途運營: 20~50病床

　4) 運營責任: 各市道知事

다. 醫療要員養成

　1) 醫療要員日本國派遣訓練: 年間5~10名(2~3個月) ?

　　○所要經費: $29,000(年間)

　2) 日本專門家韓國派遣: 年間2-5名(2~3個月)

　　○所要經費: $14,500(年間)

　3) 負擔($217,500~$43,500): 日本政府

　4) 訓練計劃期間: 5年間

라. 對象者 實態調査

　1) 調査目的: 救療對象者確定 및 對策의 基礎資料로 活用

　2) 調査對象者: 1945.8.6 및 9日에 日本 "히로시마" 및 "나가사기" 地域에
　　서 原爆投下 當時 被害를 입고 歸國한 生存者 또는 死亡者와 그 家族
　　(卑屬) 全員

3) 調査期間: 3個月('78.7.1~9.30)

4) 調査事項: 人的事項, 生活程度, 傷害程度 診療事項 등(調査表別添)

5) 調査方法

　　가) 第1 段階

　　　　○邑·面·洞長은 對象者를 把握하여 그 名單을 保健所長에게 提出함

　　　　○保健所長은 提出된 名單에 의거 被害對象者 1枚 基準으로 調査表를 □□ 邑·面·洞長에게 配付 함

　　나) 第2 段階

　　　　○邑·面·洞長(調査員)은 對象者別 問答式으로 하여 調査表를 作成함(記載要領參照)

　　　　○調査票作成後 對象者 및 統·里·班長의 確認捺印을 받은 後 邑·面·洞長은 再確認하여 捺印하고 保健所長에게 送付함

　　다) 第3 段階

　　　　○保健所長은 各 邑, 面, 洞長으로부터 提出된 調査表에 의거 管轄地域 病·醫院(가급적 病院級 以上)에서 無料診斷을 받을 수 있도록 措置함(醫療奉仕診療券, 醫療保險診療 카드 活用)

　　　　○保健所長은 作成된 調査表를 參考, 診斷醫師의 意見을 받고 最終的으로 事實이 틀림이 없음을 再確認 捺印함

　　라) 第4 段階

　　　　保健所長은 完全히 作成된 調査表를 聚合하여 該當市, 道知事를 經由 保健社會部長官에게 1978.10.10까지 提出함

6) 調査費用

　　○所要經費: 450,000

　　○調査表印刷費(5원×50,000枚): 250,000

　　○出張費(巡迴敎育) (50,000원×4名): 200,000

7) 事後措置

　　○確定된 對象者는 保健社會部長官이 認定하여 登錄措置

　　○登錄者 中 生活無能力者 및 低所得者는 黃色診療証, 其他登錄者는 綠色診療証, 交付(醫療保護法施行令 改正)

5. 推進日程

　가. 被爆者 實態調査實施(保社部主管): '78.7~10(4個月間)(內務部協調)

　나. 日本國의 被害者治療 및 救護現況把握

　　(保社部: 78.7~8月)

1) 所要醫療裝備把握
2) 原爆病院運營狀況
다. 綜合對策 및 對日本 交涉方針確定(外務部, 企劃院, 科技處 情報部 등 關聯部處와 協議): '78.10~11月
라. 對日交步(外務部, 保社部): '78.11~12月
마. 協定締結(外務部, 保社部): '79年內
바. 事業施行(保社部): 79年後半 또는 80年初
사. 事業期間: 2年間('79-81)

일반유의사항

1. 본 조사의 시점(時点)은 1978년 6월 30일이며 조사기간은 1978년 7월 1일부터 9월 30일까지 3개월간입니다.

2. 본 조사의 목적은 정책수립에 기초자료로 제공키 위한 것이며 타 목적에는 절대 사용치 않으니 대상자는 빠짐없이 본 실태조사를 정확히 작성하여야 합니다.

3. 본 조사표는 대상자(피해자) 1인당 1매(동일가족내 2인이 있을 경우는 2매 작성) 작성하십시요.

4. 본 조사대상자는 한국인으로써 1945년 8월 6일 및 동월 9일에 일본국 "히로시마"(広島) 및 나가사기"(長崎)에서" 원자폭탄 투하당시 피해를 입고 한국에 귀국하여 생존하고 있거나 또는 사망한 자 및 그들의 배우자와 직계비속(제2세 이하)자들입니다 원폭피해자의 구분은 다음과 같습니다.
   ① 직접피해자: 원폭투하당시 "히로시마" 및 나가사기 지역에서 직접 피해를 당한 자
   ② 임시자: 원폭투하후 2주일 이내 폭심에서 4km 이내에 피폭지역에 드러온 자
   ③ 구호담당자: 원포투하후 구호(간호, 시체처리, 피폭물 취급 등)를 담당하였든 자
   ④ 태아: 상기 피해자들이 잉태하였든 태아(1945.8.6~1946.5.13 사이에 출생한 자

5. 본 조사는 행정구역 별 보건소장 책임하에 다음과 같은 단계로 구분하여 수행하는 것입니다
   ① 행정구역 단위인 동, 읍, 면장을 조사 책임자로 위촉하여 우선 대상자의

명단을 보건소장에 제출토록 한다

② 보건소장은 제출된 명단에 의거 조사표를 배포하고 조사자(동, 읍, 면장)가 직접 대상자를 방문하여 문답식으로 작성하고 해당 통, 리 반장의 거주확인과 대상자의 확인날인을 받는다

③ 본 조사대장자가 확실하다고 조사자(동, 읍, 면장)가 인정하면 확인 날인하여 보건소장에 송부한다.

④ 보건소장은 접수된 조사표를 기준으로 확정된 대상자에게 의료봉사권을 발행조치하고 병원급 이상의 의료기관에 무료로 진단을 받도록 조치한다

⑤ 진단의뢰를 받은 의료기관은 대상자의 개략적인 진단소견(조사표 제6항)을 기입하고, 원장 및 담당의사가 확인 날인하여 보건소장에 송부한다

⑥ 보건소장은 의료기관으로부터 받은 조사표를 최종 검토하고 확인 날인하여 관할 시도를 경유하여 1978년 10월 10일까지 보건사회부 장관에게 제출하여야 한다

조사항목별기입내용

1. 분류기호: 본란은 기입하지 마십시요
2. 조사구명: 해당 시, 도 및 구, 시, 군명을 기입하십시요
3. 조사자확인: 보건소장 및 동, 읍, 면장의 성명과 확인 년월일을 기입하고 날인하십시요. (보건소장 및 조사자 기입)
4. 거주확인: 거주시의 동, 리, 반장의 성명과 거주확인 년월일을 기입하고 날인하십시요(조사자 보조기입)
5. 피해자인적상황: 해당란에 빠짐없이 기입 또 "○"표를 하십시요(조사자 기입)
6. 진단의사의 소견: 진단결과를 간단히 기술하십시요(진단의사 기입)
7. 피폭당시 피해상황: 해당란에 "○"표를 하십시요 단 피해자의 구분은 일반유의사항 제4항을 참조하여 기타란은 병명을 기입하십시요(조사자기입)
8. 피해자의 병력상황: 해당란에 과거 치료받었든 사항을 기입 또는 "○"표를 하십시오.
   단, "기타"란은 병명을 기입하고 본인의 의견과 조사자의 의견을 간단히 기술하십시요(조사자 기입)
9. 피해자의 가족관계상황: 피해자(제5항 기술자)를 제외한 가족상황을 기입하

되 배우자 또는 존비속자들에 한하여 주십시요(조사자 기입)

10. 수원상황: 과거 의료비 생계비 장학금 등 수혜를 받었든 사항이 있으면 기입하십시요

11. 재산상황: 동산 부동산 등의 가액(감정가격)을 기입하고 생활 정도는 일반 통념상을 기준으로 해당란에 "○"표를 하십시요 의료비 부담액은 전가족이 현재까지 지불하였든 총 부담(자기)액을 기입하십시요(조사자 기입)

12. 보증자의 성명: 자신이 피해자임을 보증할수 있는 사람 2명을 기입하고 확인을 받어야 합니다. 일본 거주 당시 참고인으로 일본인 친지 또는 소속기관장의 성명 년령 거주지를 기입하십시요(피해자 기입)

13. 기타사항: 피해자(사망자의 대리)는 사실을 확인 후 날인하십시요(피해자 기입)

原爆被害者個人別實態調査表

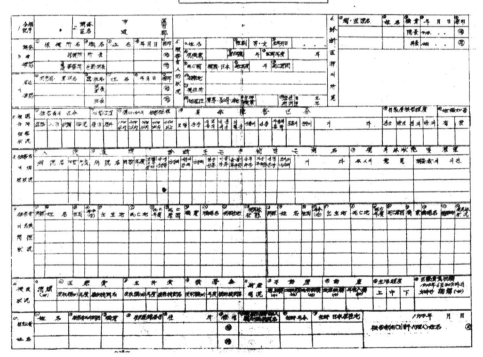

(표1)

피해당시 신체장애별피해자실태
〈79. 12. 31 현재조사: 한국원폭피해자 협회〉

피해구분 지역	계	화상	타박상	방사선오염	기타
계	605	53	177	311	64
서울	122	9	21	63	19
부산	120	16	37	59	8
기호	100	2	6	81	11
경북	88	9	17	47	15
합천	109	12	69	22	6
경남	76	5	27	39	5

(표2)

질병별 피해자 실태
〈77.12.31 현재조사: 한국원폭피해자 협회〉

질병 지역	계	신경계	결핵호흡 기계	정신계	혈압계	소화기계	기타
계	605	207	123	44	54	132	45
서울	112	31	27	12	19	14	9
부산	120	37	29	14	11	21	8
기호	100	29	12	6	7	39	7
경북	88	30	21	6	5	21	5
합천	109	51	13	2	10	22	11
경남	76	29	21	4	2	15	5

(표3)

직업별피해자실태
〈77.12.31 현재조사: 한국원폭피해자 협회〉

직업 지역	계	농업	상업	노동	공업	기타	비고
계	605	289	129	97	4	88	
서울	112	-	35	21	4	52	
부산	120	7	65	37	-	11	
기호	100	70	10	11	-	9	
경북	88	59	8	14	-	1	
합천	129	96	-	7	-	6	
경남	76	55	11	7	-	3	

(표4)

생활정도별 피해자실태
〈77.12.31 현재조사: 한국원폭피해자 협회〉

지역 \ 재산	계	500만원 이상	300만원 이상	100만원 이상	100만원 이하	극빈
계	605	10	45	102	309	139
서울	112	5	11	26	27	43
부산	120	2	9	25	47	37
기호	100	1	13	22	50	14
경북	88	2	7	1	55	13
합천	109	-	-	11	81	17
경남	76	-	5	7	49	15

(표5)

국내원폭피해자검진자수(년도별)
〈1977.12.31 현재조사: 한국원폭피해자 협회〉

질병분류	계	1973	1974	1975	1976	1977
계	1448	256	301	286	319	286
1 감염증	81	17	17	17	19	11
2 악성증상	7	5	1	1	-	-
3 내분비질환	27	10	6	6	2	3
4 혈액질환	132	28	35	26	29	14
5 정신장애	28	4	5	6	8	5
6 신경계질환	157	25	36	30	45	21
7 감각기질환	20	7	2	5	3	3
8 순환기질환	190	41	39	37	34	39
9 호흡기질환	160	24	24	31	40	41
10 소화기질환	214	26	43	52	48	45
11 간질환	92	19	24	14	15	20
12 성뇨기질환	35	4	5	9	4	13
13 피하조직질환	64	4	16	14	13	17
14 열상안흔	55	16	12	12	10	5
15 근,골격결합질환	142	22	31	23	35	31
16 기타질환	44	4	5	3	14	18

(표6)

경상남도 합천군피폭자실태(피폭당시거주지별)
(조사자: 광도대학 원폭방사능의학연구소 교수 栗原登)

구분		계	히로시마			나가사키	미상
			계	시내	교외		
총대상자 (계)	계	5001	4813	410	712	95	93
	남자	2570	2458	2085	373	57	55
	여자	2385	2311	1978	333	36	38
	미상	46	44	38	6	2	-
생존자	계	3867	3709	3145	564	83	75
	남자	1845	1753	1471	282	49	43
	여자	1989	1925	1647	278	32	32
	미상	33	31	27	4	2	-
사망자	계	1134	1104	956	148	12	18
	남자	725	705	614	91	8	12
	여자	396	386	331	55	4	6
	미상	13	13	11	2	-	-

(표7)

경상남도 합천군피폭자실태(년령별)
(조사자: 광도대학 원폭방사능의학연구소 교수 栗原登)

년령별	계	남자	여자	미상
계	3867	1845	1989	33
30~34	485	262	217	6
35~39	920	463	449	8
40~44	603	286	313	4
45-49	361	166	195	-
50-54	291	95	194	2
55-59	356	153	201	2
60-64	295	146	145	4
65-69	228	106	118	4
70-74	137	68	69	-
75-79	93	51	40	2
80~84	52	23	29	-
85이상	34	18	16	-
미상	12	8	3	1

(표8)

경남합천군원폭진료센타 수검자수(질병별)
(광도원폭병원내과부장 石田定, 하촌병원원장 河林虎太郎)

질병분류	계	2키로이내	2키로이상	입시자	불명
계	405	209	169	8	19
1 감염증	59	30	26	3	-
2 악성증상	7	5	2	-	-
3 내분피질환	17	11	5	1	-
4 혈액질환	104	41	53	2	8
5 정신장애	18	12	6	-	-
6 신경계질환	101	50	49	1	1
7 감각기질환	12	5	5	2	-
8 순환기질환	121	66	52	2	1
9 호흡기질환	79	41	36	-	2
10 소화기질환	123	63	56	1	3
11 간질환	62	29	30	-	3
12 성뇨기질환	28	9	14	2	3
13 피하조직질환	43	19	23	-	1
14 열상안흔	30	23	7	-	-
15 근골격결합질환	73	39	30	1	3
16 기타질환	15	8	6	-	1

(1977. 12. 31 현재)

(부표1)

일본 국내 피해 상황 및 피해자 구분
(76.8.3 히로시마 원폭병원—石田定)

1. 피폭자 건강수첩 교부수(1975.3. 현재)
   일본전구: 356,527명(100%)
   히로시마현: 177,285명(52.5%)
   나가사기현: 108,357명(31.6%)
   기타지역: 70,885명(15.9%)
2. 피폭자 분류에 의한 교부수(1957.3 현재)
   총수: 356,527명(100%)
   직접피해자: 240,131명(67.4%)

임시자: 102,097명(28.6%)

제3호 해당자: 9,856명(2.7%)

태아: 4,443명(1.3%)

3. 인정의료피폭자(후생대신인정)—전의료비 국비부담(1957-1974)

총수: 4,319명

히로시마: 2,424명

나가사기: 931명

(부표2)

피폭자의 분류

(원폭의료법 제2조)

1. 직접피폭자	피폭지역내(지역지정)에서 직접피폭 당한 자(폭심지에서 4키로 이내
2. 임시자	원폭투하후 2주일 이내 폭심지부터 2키로 이내 지역(지역지정)에 임시 한 자
3. 시체처리 및 구호를 한 자	원폭투하 당시 또는 그후 신체에 원폭방사능의 영향을 받을 만한 사정에 있었던 자(예: 구호, 의료, 의사 간호원 등), 시체의 처리자)
4. 태아	상기 제1호 내지 제3호의 피폭자의 태아(1945.8.6-46.5.13 출생)

(부표3)

피해자건간수첩교부자장해분류(1974)

(일본 원폭의료법 부칙 제3항)

1. 조혈기능장해
2. 간장기능장해
3. 세포증식기능장해
4. 내분비선기능장해
5. 뇌혈관장해
6. 순환기기능장해
7. 신장기능장해
8. 수정체혼탁에 의한 기능장해
9. 호흡기 기능장해
10. 운동기 기능장해

(부표4)

피폭자 질병분류

기호	대분류질병	기호	소분류질병
1	조혈기능장해	1)	빈혈
		2)	재생불량성빈혈
		3)	백혈구감소증
		4)	자반병
		5)	기타
2	악성신생물	1)	백혈병
		2)	적혈구증다증
		3)	폐암
		4)	피부암
		5)	악성임파증
		6)	갑장선암
		7)	골수증
		8)	기타
3	간장해	1)	간장해
4	내분비장해	1)	간장선 기능항진
		2)	갑장선 기능저하
		3)	기타
5	안장해	1)	백내장
		2)	기타
6	열상반흔	1)	열상반흔
7	이물잔류	1)	이물잔류
8	골절후유증	1)	골절후유증
9	관후유증	1)	관후유증
10	외상후유증	1)	외상후유증
11	신경손상	1)	신경손상
12	조기태내피복	1)	조기태내피복
13	기타	1)	기타

(부표5)

피폭자검사구분

일반검사	정밀검사
1. 시진, 문진, 청진, 타진 및 촉진	1. 골수조혈상검사 등의 혈액검사
2. 적혈구심강속도 검사	2. 간장기능검사 등의 내장검사
3. 혈구수검사	3. 관절기능검사 등의 운동기검사
4. 혈색소검사	4. 안정검사 등의 시기검사
5. 뇨검사	5. 흉부 엑스선 촬영등의 엑스선 검사
6. 변검사	6. 기타 필요한 검사
7. 혈압측정	

(부표6)

일본원폭관계법규

1. 원폭의료법(1957.4.1 제정)
   - ○피폭자 수첩교부
   - ○건강관리-년2~4회
     - ─일반검사
     - ─정밀검사
     - ─교통수당지급
   - ○인정의료
     - ─후생대신 인정(심의)
     - ─의료비 지급(국고)
   - ○일반의료
2. 특별조치법(1968.5. 제정)
   - ○인정피해자에 특별수당 지급
   - ○의료수당
   - ○건강관리수당
   - ○보건수당(폭심의 2키로이내 피해자
   - ○게호수당(생활)
   - ○장제료 지급
3. 기타 관계법규
   - ○전상병자, 전몰자 유족 등 원호법
   - ○시자체 원호조치 요강

(부표7)

일본원폭구호관련기관

히로시마시

1. 재단법인 히로시마 원폭장해대책협의회
2. 히로시마대학 원폭방사능의학연구소
3. 재단법인 방사선영향연구소
4. 히로시마 원폭병원(적십자사)
5. 히로시마시립주입병원
6. 원폭양호 홈(Home)
7. 재단법인 히로시마 원폭피해자 협의회
8. 유복온천 요양연구소
9. 별부온천 요양연구소

나가사기시

1. 재단법인 나가사기원자폭탄피폭자대책협의회
   ○검사센타
   ○복지회관
   ○대화장온천보양소
2. 나가사기원폭병원(적십자사)
3. 나가사기대학의학부 부속원폭후장해의료연구소
4. 나가사기대학의학부 부속 원폭피해 학술자료센타

행정기구

1. 후생성 공중위생국 계획과
2. 현 환경보건부 원폭대책과
3. 시 위생국 원폭대책부

29. 외상회담 중 원폭피해자 관련 발언 발췌

제10차 한일 정기 각료회의 제1차한일 외상회담(78.9.3)

원수폭 한국인 피해자

장관: 2만3천명의 피해자에 대하여 어떤 형태로든 특별한 취급이 있기를 바랍니다.

소노다: 후생성과 상담했으나 일본내에서의 치료와 진료는 가능하나 그 이상의
　　　　병원 건걸등은 곤란하다는 의견입니다. 끝

　　　*소노다 외상이 내용 잘 모르고 발언.

30. 외무부 공문(착신전보)−원폭피해자 손진두 특재허가

외무부
번호 JAW-09431
일시 201603
수신시간 78.9.20. 16:32
발신 주일대사
수신 장관

　　원폭피해자 손진두 특재허가
　　연: 일본(영)725-1769
　　1. 9.19. 법무성은 특예조치로 손진두에 대해 1년간의 특별 재류 허가를 하기로
　　하였음
　　2. 법무성 허가 이유 등 상세는 추보 위계임

　　　　　　　　　　　　　　　　　　　　　　　　　　　　(일본영-교일, 아일)

31. 외무부 공문(착신전보)−손진두 관련 후생성 및 법무성 방문 결과 보고

외무부
종별 긴급
번호 JAW-10045
일시 041635
수신시간
발신 주일대사

수신 장관

연: JAW-06357, 09431

1. 당관 양세훈 서기관은 10.2. 다테야마 기획과장의 초치로 후생성을 방문 동과장과 면담하였음.

2. 동 과장은 9월 한·일 각료회담 이후 외무성측이 한국인 피폭자 문제에 관하여 한국측으로부터 어떤 내용의 제안을 해올 것으로 기대하고 있는 것으로 안다고 말하고, 후생성으로서는 지난 6월 한국측이 비공식으로 알려준 내용을 이미 긍정적인 자세에서 검토한 바 있고 이를 자민당측에게도 알려서 이해가 되어 있다고 부언하면서 아측의 제안을 촉구하였음.

3. 동 과장은 또한 피폭자 손진두가 법무성에 의하여 특별 재류 허가되었음을 언급하면서, 앞으로 한국의 의료진이나 피폭자들이 치료관계로 입국 신청할 수 있을 것임을 시사하였음.

4. 전항과 관련, 양 서기관은 즉시 법무성 관계관을 방문, 손진두의 특재 경위를 문의하였음.

5. 법무성 관계관은 지금까지 후생성이 해외 피폭자 치료문제에 소극적이었으나 손진두에 행한 최고재판소의 판결 이후로 한국인 피폭자 치료를 위한 길을 열어 놓았으므로, 법무성으로서도 치료 목적의 입국을 인정키로 방침을 세웠으며, 이를 배경으로 손진두의 특재가 이루어진 것이라고 설명하였음.

6. 동 과장은 또한 상기 방침은 관계 국장이 이미 중원 사회노동위원회에서도 명백히 밝힌 바 있다고 말하였음.

7. 상기 제사정에 비추어, 의료진 연수 또는 피폭자 방일 치료 문제를 포함, 종합적인 검토와 함께 가능한 한 조속히 아측 제안을 일측에 전달함이 좋을것으로 사료됨. (일본영-아일, 교일)

32. 외무부 공문—원폭 피해자 구호 문제

외무부
번호 아일700-
일시 1978.10.12.
발신 외무부 장관

수신 보건사회부 장관
참조 의정국장
제목 원폭 피해자 구호 문제

1. 귀부 의이1427-37(78.7.4) 및 당부 북일700-13158(78.4.5)와 관련된 사항입니다.
2. 주일대사관이 78.10.2 일 관계성과의 접촉후 보고해 온 바에 의하면, 일 후생성은 6월초 아측이 제시한 비공식안을 긍정적으로 검토하고 있으며, 법무성도 손진두씨에 대한 최고재판소 판결 이후 한국 의료진이나 피폭자들의 치료 목적 일본 입국을 인정키로 방침을 세웠고 아울러 외무성도 제10차 한일 각료회담 후 아측으로부터 어떠한 제안이 있은 것은 기대하고 있다 합니다.
3. 따라서 본건에 관하여 귀부의 안을 기초로 아측안을 일측에 제의하고자 하는 바, 귀부에서 실시중인 피폭자 실태조사가 완료되는 대로, 귀부의 최종안을 가능한 한 조속히 당부로 회보하여 주시기 바랍니다.
4. 참고로 77.10 기준 동경도 내 피폭자 원조에 관하여 별첨과 같이 알려 드리오니 참고바랍니다. 끝.

33. 외무부 공문(발신전보)-원폭 피해자 구호

외무부
번호 WJA-10131
일시 121340
발신 장관
수신 주일대사

제목 원폭 피해자 구호
대: JAW-10045
1. 대호건에 관한 정부의 공식적인 제안은 10월말 보사부의 피폭자 실태 파악 등이 끝나는대로 조속히 송부하겠음.
2. 귀관에서는 일정부 관계기관(관계성 및 자민당)이 재한 피폭자 구호를 위해 검토하고 있는 예산의 규모 및 배정기간과 특히 전문의와 중환자 일본 입국에 관한 법무성의 입장을 가급적 파악 회보 바람. (아일-)

34. 외무부 공문(착신전보)-후생성 방문, 한정부 요구사항 관련 면담

외무부
종별 긴급
번호 JAW-10275
일시 141503
참조(사본) 중정부장
발신 주일대사
수신 장관

　　대: WJA-10131
　　원폭피해자 구호
　　1. 당관 양세훈 서기관은 10.14. 후생성으로 "다테야마" 기획과장을 방문, 아측의 공식 제안은 10월말로 예정한 피폭자 실태 파악이 끝난 이후가 될 것임을 알리고, 예산에 관하여 문의하였음.
　　2. 동 과장은 이측의 예산 규모등에 구애됨이 없이 한국측이 먼저 구체적인 제안을 해오면 이를 토대로 검토할 것이라고 말하고, 후생성으로서는 가급적 한국측 요구에 부응할 태도에 있음을 시사 하여음.
　　3. 상기에 비추어 아측은 가능한 한의 아측 희망을 일측에 제시하는 것이 좋을 것으로 판단됨.
　　4. 법무성 관계는 추보 위게임. (일본영-아일, 교일)

35. 외무부 공문-원폭 피해자 구호 문제

외무부
번호 아일700-
일시 1978.10.17.
수신 보사부장관
참조 의정국장
제목 원폭피해자구호문제

　　1. 아일700-42469(78.10.12)와 관련 사항입니다.

2. 주일대사관이 78.10.4 일후생성과 접촉후 보고해 온 바에 의하면, 일측은 아측이 일정부의 예산 규모 등에 구애됨이 없이 본건에 관해 구체적인 제안을 해오면 이를 검토할 것이며, 후생성으로서는 가급적 아측 요구에 부응할 태도에 있음을 시사하였다고 하니 본건에 관한 귀부의 최종안에 참고하시기 바랍니다. 끝.

36. 현황(한국원폭피해자원호협회 보고서)

現況
(1978年10月現在)

社團法人 韓國原爆被害者援護協會
서울特別市中區仁峴洞 2街73의1號
豊田商街3層가列358號
電話26-4023番

社團法人 韓國原爆被害者援護協會
—1975年 3月現在—

1. 協会沿革

1966.8.6	襄度煥, 金再根, 徐錫佑, 廉壽東 以上 四人이 會同하고 協会創立을 協議
1966.8.31	名稱을 社團法人 韓國原爆被害者援助協會로 하고 이의 創立을 最終決議 事務室 서울特別市龍山區漢江路二街
1967.2.11	創立総会開催 初代會長 洪淳鳳 副會長 襄度煥 被選
1967.7.10	保健社會部 第784號 社團法人許可
1968.8.6	第一回慰靈祭奉行 鐘路區堅志洞(曹溪寺)
1969.8.9	第二回慰靈祭奉行 慶南陜川(海印寺) 第一次 代議員総會開催

1969.12.4	事務室移轉 中區乙支路三街 元明빌딩
1969.12.14	第二次 代議員總會開催 新任會長 金翼星, 副會長 金再根 被選
1970.4.5	會長 金翼星 辭任 副会長 金再根 會長職務代理
1970.8.6	第三回慰靈祭奉行 鍾路區堅志洞(曹溪寺)
1971.8.6	第四回慰靈祭奉行 鍾路區堅志洞 (曹溪寺)
1971.9.28	第三次 代議員總會開催 全任員被爆者中心 新任會長 辛泳洙 副会長 林 慶澤 被選
1972.4.19	事務室移轉 中區仁峴洞二街 135의 4號
1972.8.6	第五回慰靈祭奉行 鐘路區堅志溺(曹溪寺)
1973.4.5	第四次 代議員總會開催 任員改選 新任會長 趙判石 副会長 徐錫佑 被選
1973.9.6	第六回慰靈祭奉行 鐘路區堅志洞(曹溪寺)
1974.22.26	第五次 代議員總會開催
1974.3.13	事務室移轉 中區仁現洞二街 73의 1 豊田西街三層 가列 358號
1975.2.23	第六次 代張員總會開催

2. 義捐金接受狀況

	68年	69年	70年	71年	72年	73年	74年	計
日本	13件 479,161	7件 935,939	19件 1,365,205	15件 1,551,075	10件 645,379	1,437,812	2,427,193	8,841,764
韓國	2件 4,000	2件 2,500	2件 13,633					20,133
美國								
計	15件 483,161	9件 938,439	21件 1,378,838	15件 1,551,075	10件 645,379	1,437,812	2,437,193	8,861,897

3. 韓國人被害現況

地名	被爆當時(狀況)					患者數		
	総被害者	死亡者	生尊者	帰国者	僑胞殘留	重患者	軽患者	計
広島	70,000	35,000	35,000	20,000	5,000			
長崎	30,000	15,000	15,000	13,000	2,000			
計	100,000	50,000	50,000	33,000	7,000	30%	70%	100%

4. 診療狀況(別添, 日本醫師團來韓診療一覽表)

國名	67年	68年	69年	70年
渡日治療 國內治療	日本病院	日本 病院 1名 市立東部病院 50名	日本 病院 2名 醫學硏究所 91名	醫學硏究所 11名

國名	71年	72年	73年	74年
波日治療 國內治療	日本病院 日本醫師來韓診 療 252名	指定病院 서울·釜山 日本醫師團 230名	4 名 日本醫師團 陝川70名	5名 日本醫師團 陝川 100名

5. 官契法制足經緯
   가. 第六代國會에서 原爆被害者의 治療 및 生活保護特別法을 請願하였으나
      同國會期日滿了로 廢棄
   나. 第七代 國會에서도 期日滿了로 請願書 返戾됨
6. 被害補償請求額(原爆協會請求)
   7億弗(死亡者 1人當 1萬弗×5萬人分)
      (生存者 1人當 5千弗×4萬人分)
7. 自體事業內容(別添)
8. 75年度 事業計劃(別添)
9. 年度別會員登錄數
   가. 67年 ―1,857名
      68年 ―2,054名
      69年 ―4,218名
      70年 ―4,933名
      71年 ―5,416名
      72年 ―6,269名
      74年 ―9,362名

被害者登錄數(支部別)

1972年 4月現在

支部別	逍別	登錄會員數	保祉部調查部
中央支部	서울特別市	718	69
	京最道	396	31
	忠清北道	484	10
	忠清雨道	397	8
	江原道	57	2
	計	2,052	
慶北支部	慶尙北道	982	51
陜川支部	淡川郡一円	3,570	
慶南支部	慶尙南道	1,406	361
釜山支部	釜山市一円	573	132
湖南支部	全羅北道	283	9
	全羅南道	475	42
	濟州道	21	0
	計	779	51
總計		9,362	715

註: 未登錄 被害者는 約2萬5千名으로 推定되오나 政府나 協會에서 何等의 救護對策이 없음
으로 因하여 登錄치 아니하고 있음.

韓國被爆者診療 醫師團檢診表	日本側主催機關 韓國側主催機關 援授	日本広島市 被爆者救援日韓協議會 韓國Seou市 韓國原爆被害者援護協會 〃 大韓民國 保健社會部

1971. 9. 22~1971. 10. 6

病名別分類表				
	서울	釜山	陜川	計
貧 血 其 他	26	7	7	40
肝 疾 患	9	6	21	36
消 化 器 疾 患	19	25	18	62
呼 吸 器 疾 患	7	12	12	31
循 環 器 疾 患 (高 血 壓 包 含)	7	19	24	50
神 経 系 疾 患 （ 神 経 病 包 含 ）	15	10	33	58

皮 膚 疾 患	2	8	9	19
熱傷瘢痕(外傷包含)	5	4	29	38
自律神経失調(精神病包含)	6	16	13	35
內 分 泌 疾 患	0	0	15	15
其 他	11	19	16	46
計	107	126	187	420

備考 서울市立中部病院(9.22~24)　　　河村 院長, 石田 部長

　　　釜山 福音病院(9.28~29)　　　　　　"　　　　　　"

　　　陜川 陜川保健所(10.4~6)　　　內野部長, 江岐部長

自體事業內容

年度別	内容
67年度	1. 1967年 2月 11日 発起人 會合 　理事7名(会長 洪淳鳳氏)를 選出 2. 1967年 3月 16日 法人許可申請書 提出 3. 1967年 7月 10日 保社部 公告76号로 法人許可를 얻음 4. 1967年 7月 28日 法院登記를 함 5. 1967年 7月 31日 서울經濟新聞에 法人設立登記公告
68年度	1. 会員登録 赤十字社 調査協助 2,054 名登録 2. TV放送 라디오放送 15回 3. 国内新聞報道 29回 4. 外国新聞報道(日本) 15回 5. 雑誌 掲載 8回 6. 外国機関과의 書信交換(日本) 30回 7. 生計支援(小麦粉 370kg) 18世帯 8. 患者 診療活動 　(가)東部市立病院(日本1名) 47名 　(나) 漢方医 施薬 3名 9. 会員手記 投稿 15名 10. 慰霊祭 挙行(8月6日 曹渓寺)
69年度	1. 会員登録 4,218名 2. TV放送, 라디오放送 12回 3. 国内新聞報道 19回 4. 外国新聞報道(日本) 16回 5. 外国機関과의 香信交換(日本) 35回 6. 生計支援(小麦粉) 22世帯

	7. 患者診療 活動
	(가) 放射線 医学研究所 検診 91名
	(나) 日本原爆病院 入院治療 2名
	8. 会員手記 投稿 3名
	9. 慰霊祭 挙行(8月9日 海印寺)
	10. 總會実施 (8月9日 海印寺)
	11. 總會実施(任員改選) (12月 14 日 서울本協会事務室)
	12. 日本広島原爆病院 2名入院 3個月間 治療
70年度	1. 総会実施(任員改選 新任会長 辛泳洙)
	2. 実態調査 会員登録 (保社部 調査) 715名
	3. 〃 〃 協会登録 4,933名
	4. 유송으로부터 剰余物資受配 (各支部 配定)
	5. 生計支援 小麦粉(서울市) 서울市会員에게 配定
	6. 日本広島折鶴의会 会員6名招請
	7. 日本原爆被害調査研究所長 清** 博士 招請来韓
	8. 日本原爆犠牲者 慰霊祭 執行委員会 招請으로 会長 辛泳洙 氏 渡日 日本에서 P.R活動
	9. 서울市 컬스카웃에서 街頭募金(13,633원)
	10. 原爆被害者 二世로서 "비들기단"을 結成
	11. 日本 折鶴의会 少女団과 姉妹結縁(비들기団)
	12. 日本, RKB, T.V訪韓 会員実態撮影(서울, 仁川) 日本에서 放映
	13. 東洋 T.V 会員実態撮影 放映
	14. 日本 折鶴의会 少女 文化放送 出演
	15. 市内, 区別 組長 選出
	16. 日本核兵器禁止会議에서 自活村垈地 契約金条로 日貨 100萬円(韓貨 851,631원) 寄贈받고 垈地契約場所 平沢 郡松炭邑道日里 17,490坪
	17. 日本人 協助者를 招請 被爆者実態 啓蒙
	18. 放射線 医学研究所 検診 11名
71年度	1. 自活村 垈地 残金支払(日本核禁会議에서 自活村袋地 残金条로 1,347,440원 受領)
	2. 日本 R.K.B. T.V에서 70年度 撮影한 会員実態記録映画 寄贈받음
	3. 辛泳洙 会長 渡日 広島市 및 長崎市 慰霊祭参席 各界에 韓国人 原爆被害者의 実情을 呼訴
	4. 日本 佐藤首相에게 멧세지 伝達(広島市役所에서)
	5. 美大使舘에서 "데모" 美大統領에 보내는 "멧세지" 伝達(8月 6日)
	6. 日本大使希에서 "데모"(8月 6日)
	7. 国務総理室에 멧세지 伝達(8月 6日)
	8. 日本国営放送 N.H.K. 来韓 会員의 生活実態를 撮影 日本全国에 放映(30分間)
	9. 市社会課 小麦粉 138包 受配 市内会員에게 配給
	10. 全日本報道陳을 通하여 全日本国内에 韓国被害者의 実態를 紹介

	11. 文化放送 T.V.를 通하여 韓国人被爆者의 実態를 放映(30分)
	12. 国内日刊紙, 라디오, T.V를 通하여 全国的으로 報道
	13. 広島民団과 核禁会議主管으로 日本原爆専門医師団이 来韓 125名의 被爆者를 診察함.
	14. 日本 徳山市 라이온스클럽会長 山下氏 主管으로 서울市内에 原爆綜合病院 設立寄金을 2億원 目標로 募金運動 展開
	15. 各市 道에 極貧会員들의 救護糧穀申請
	16. 慰霊祭 挙行(曹渓寺 8月 6日)
72年度	1. 登録会員数(4月 現在 6,269名)
	2. 各支部 強化 再整備
	3. 日本의 各後援団体 및 個人과 親善交流
	4. 継続事業으로 日本徳山市라이온스클럽이 病院設立 予定으로 募金
	5. 日本核禁会議主動으로 慶南陜川郡内에 診療所를 設置키 為하여 推進
	6. 日本医師 再招聘 250名 診療
	7. 慰霊祭奉行 鍾路区堅志洞(曹渓寺)
73.4.10	陜川診療所建立使節団 日本労働同盟 13人来韓
4.11	各新聞社 記者 인터뷰(文化, 東洋 T.V.) 釜山서 있은 起工式에 対한 懇談会에 関한 内容
4.19	基督教協議会主体 医療宣教会創立会 参席 協会実情 呼訴
4.20	李今徳, 張弥生, 旅券手続 完了(日本에 治療次)
4.21	医学協会, 赤十字社, 大韓労総, 郭尙勲, 李杜鉉, 李明秀, 顧問等에 推戴状 伝達
4.24	和田長久, 袴田國明 来韓, 被爆者実態 부리핑 協会와 維帯強化 및 世界人類平和를 為하여 共存共栄을 다짐
5.16	外務部 亜洲課, 日本大使館 訪問, 被爆者実情 呼訴
5.18	韓国被爆者救援大阪市民会 本吉 会長 来韓, 韓国人被爆者援護問題와 協会運営에 対한 協議
5.19	本吉 会長 懇談会, 午後 日本新聞 서울各支局長 만나 被爆者 P.R. 報道依頼
5.25	日本大使館 李今徳, 張弥生 비자発給
6.4	保祉部 沈課長 訪問, 74年度 本協会運営費에 対한 補助依頼
6.7	広島居留民団 姜文煕 団長 来韓, 陜川診療所 建立에 対한 討議
6.8	無任所長官 李秉禧 議員 訪問, 韓日議員懇親会議에서 被爆者問題를 正式으로 論議키 為하여 相議 資料提供要
6.8	中央日報社: 서울新聞社, 朝鮮日報, 東亜日報, 韓国日報 等에 資料提供하고 報道依頼
6.8	資料作成 ①人事状 ②設立趣旨文 ③請願書 ④田中首相에게 보낸 要望書 ⑤決議文作成
6.9	無任所長官 訪問, 資料 28人議員分 伝達코 具体的 説明
6.19	日本 全国地方団長에게 被爆者実情과 人事状 書翰発送
6.27	亜洲課 訪問, 具体的 討議와 出入記者 3名 인터뷰
6.29	日本 呉市 景産藤義 来韓相面, 広島県募金에 必要한 資料 伝達

7.18	広島 張泰熙, 崔益守 来韓 慰霊碑文 句節修正問題 論議, 在外国民課長과 打合 修正키로 決定
7.24	趙判石, 徐錫佑, 李小石 旅券비자 받음
7.29	趙 會長 核禁会 招請으로 釜山 福岡 到着
7.30	徐錫佑, 李小石 市民会招請으로 大阪 到着
8.13	広島, 神戸, 大阪, 東京市民会와 原水禁大会 参席 및 分科会, 被団協 訪問等 公式日程을 마치고(日本 諸新聞 T.V.에 直接放映) 帰国
8.18	7時 30分 折鶴会員 釜山到着, 被爆者慰問 및 懇談会(釜山一泊, 陜川一泊, 大邱一泊, 各市長礼訪)
8.21	折鶴会 서울 到着 22日까지 J.C., 保社部, 本協会와 梨花女高 等에서 文化親善 懇談会 및 비둘기団과 懇談会, 被爆者慰問, 23日 離韓
8.23	徳山라이온스 山下武男 会長 来韓, 病院建立 및 諸般問題 討議
8.24	姜文熙 団長, 福永義久, 徳山, 李福行 各各 相面 対策 相議
9.6	曹溪寺에서 第6回慰霊祭奉行, 閉会後 決議文採択
9.10	鄭龍紛, 李鐘郁 旅券手続(渡日治療)
9.15.	日本 各後援團體 및 滞在中 신세진 諸人事 170人에게 感謝의 人事狀 發送
9.22	東京 坂 登 來韓(金福姫, 呉在明 手術結果 確認次)
10.19	外務部 亜洲課 訪問, 韓日閣僚会 正式談題 採択要請
10.29	亜洲課 訪問, 閣僚会議에 正式議題 具体的 論議, 出入記者 인터뷰
10.30	韓國日報 外 四個新聞社 社会部 訪問 本協会現況 説明과 閣僚会議에 앞서 大大的으로 報道依頼
11.6	中央日報社 長崎에서 遺族없는 遺骨 154柱 奉還에 関한 報道
11.8	趙判石, 郭尙勲, 林明□, 鄭昌喜, 李南洙, 徐錫佑 等 6人이 木浦에서 行해지는 長崎遺骨奉還 慰霊塔除幕式抗議次 参席 声明書配布
11.14	木浦市長, 警察署長, 各新聞支局等 訪問 韓国原爆被害者 28年間이나 放置 억울함을 呼訴
11.15	木浦慰霊塔除幕式 参礼 聲明書配布 抗議데모 6人参加
11.20	釜山 水営飛行場 13時 遺骨到着 久保里子 外二人 奉還次 来韓 金泉向発
11.24	久保里子 一行 來韓, 在外国民課에 広島慰霊碑文 韓甲洙先生 修正文 伝達
12.3	政府에 対한 要望書 提出, 青瓦台, 外格部, 保社部
12.4	保社部 医政課, 外務部 亜洲課 訪問, 要望書, 趣旨文, 閣僚会議에 正式提出 強力히 主張 参席閣僚들과 懇談会 要請함
12.4	各新聞社 社会部에 政府에 提出한 要望書 写本 伝達 報道 依頼
12.6	各新聞社 政治部 訪問 要望書 目的 説明報道 및 渡日 閣僚 質問依頼
12.10	駐韓日本大使舘 後宮 大使 訪問, 田中 首相에게 要望書 伝達 趣旨 実情 説明
12.10	駐韓日本新聞 9個社 参席 駐韓日本大使縮에서 記者会見
12.14	釜山飛行場 核禁会 出迎 記者 인터뷰 陜川向発
12.15	陜川診療所 竣工式 13時, 労総 및 来賓多数 参席
12.21	石田, 河村, 姜文熙 同伴 保社部 長官 礼訪 協会実情説明, 補償 및 援護와 国庫補助予算策定 要望
12.27	青瓦台, 保社部, 外務部에 要望書 提出한 데 対한 回信 옴(重要性을 認定하고

	日本政府와 繼續推進 및 交渉하겠다는 內容)
74.1.7	外務部 亜洲課長과 12月 26日 韓日関係会議時 提案 및 討論된 内容 問議한바 韓国被瀑者에 対한 無償援助計劃 부리핑을 마치고, 27日 金外務部長官과의 会談에서 現況問題를 実務者会議에서 具体的으로 論議키로 合意를 보았다함. 保社部의 要請에 依하여 大統領 閣下에게 보낸 陳情書에 対한 公文回信과 外務部에 提出한 公文回信写本 伝達.
1.12	朝日新聞 広島支局 記者 荒谷一成, 深川宗俊 来韓, 小田川와 三菱同志会 懇談会, 徴用状撮影, 補償과 未受労賃要求.
1.14	長崎朝日新聞支局 記者 伊澤樹 来韓, 本協会現況과 木浦慰霊碑 被爆遺骨에 対하여 声明書와 日本政府에 抗議内容을 説明코 被爆地인 長崎에서는 너무나도 消極的임. 韓国被爆者의 実情을 長崎에 帰国하여 널리 알려 줄 것을(報道) 要請.
1.21	基督教協議会, 宣教会会議 参席, 被爆者 地域的으로 治療받을 수 있게 対策 마련 呼訴.
2.4	22次 理事会 開催, 73年度 歳入歳出決算案 審議通過, 74年度 歳入歳出豫算案 및 事業計劃書 審議通過, 林野処理案 処理決定.
2.6	日本大便館 訪問 平島와 要談 閣僚会議結果에 対한 問題 医療問題 実態調査가 時急함을 力説함.
2.10	C.I.A., 治安局에 74年度 像算書, 事業計劃書 伝達.
2.15	権逸 議員 訪問(韓日関係 推進内容 問議次) 顧問推戴.
2.26	10時 23次理事会 開催, 林野処理金 便用 決議. 12時 第5次代議員総会 73年度決算案, 74年 歳入歳出豫算案, 事業計劃案等 承認, 林野処理金額 事務室 確保키로 承認.
2.27	関係官庁에 第5次代議員 総会結果報告 및 事業計劃書 伝達
3.2	徳山라이온스 山下武雄 会長과 三好 医師 来韓. 徳山뉴라이온스에서 推進中인 被爆者病院建立推進委員会가 発展的解放을 하고 門戸를 開放, 何人을 莫論 後援토록 外部人士 加入 社団法人으로 創立総会 마침.
3.9	基督教協議会 金觀錫 総務 訪問, 74年度計劃에 対해서 実施할 事項 具体的으로 協議.
3.26	慶熙大学附属病院 訪問, 院長과 整形手術問題와 指定病院으로서 治療依頼, 総長과 相議
3.30	日本福岡地法 孫振斗手帖発給訴訟中 勝訴判決에 対하여 東京放送 및 朝日新聞, N.H.K., R.K.B.와 各各 인터뷰 勝訴 当然함. 侵略戦争犠牲者에게 補償, 援護 및 治療実施, 声明書 発表 記事化.
4.1	中央日報, 朝鮮日報, 東亜日報, 韓国日報 社会部, 政治部에 声明書 伝達.
4.2	保社部, 外務部, 日本大便館, 治安局, 各要路에 声明書 伝達
4.2	東亜뉴우스部, 文化放送, 라디오放送키 為하여 録音.
4.3	朝鮮日報外 四個新聞社 今年 처음으로 社説 掲載.
4.4	中央日報 週刊誌 掲載報道(韓国人被爆者 惨状과 実情)
4.8	日本原水禁 和田長久 招請状 発送
4.11	広島県議会議長 西田, 児玉, 滕井, 姜文熙 団長等이 陝川診擦所에 寄贈金 20萬

4.13	圓 伝達式, 協会立会下에 保社部 次官이 引受 伝達.

4.13 本協会事務室서 和田長久에게 부리핑, 市内会員 訪問, 16日 陝川向発.

4.17 広島三菱重工業 徴用者 240名 沈没遺族会 結成(기독교회관)

4.18 東亜, 中央, 朝鮮, 韓国 各新聞社 主筆 訪問, 広島 中国新聞 平岡敬 來韓時 親善 및 彼爆者 問題懇談会 参席要請 承諾.

4.19 広島 深川宗俊, 長谷邦彦 記者 来訪, 現況説明과 報道 및 三菱会社의 徴用者에 対한 補償 및 滞払賃金請求 交渉 依頼.

4.20 和田長久 同伴 朝日新聞 李南洙 病問安, 市内会員懇談会에 17名 参席 和田와 個個人 紹介, 各者의 惨狀을 説破, 実情記録.

4.26 広島 中国新聞社 平岡 敬 來韓. 市内会員懇談会에 15名 参席 原爆病患者 治療 為해 渡日協助 依頼.

14時 世宗호텔 小会議室에서 朝鮮, 東亜, 中央, 韓国 各社 主筆 平岡, 協会側 辛泳洙, 徐錫佑 参席会合, 両国 言論人 親善과 孫振斗 勝訴에 따라 韓国人被爆者 問題에 対한 懇談会議, 両国言論界에서 紙上으로 報道, 輿論喚起를 合意

4.30 李秉禧 無任所長官室 訪問(懇親会 日程과 議題 問議次)

5.1 韓国被爆者問題 提案한 権逸 議員 訪問. 韓日議員懇親会 5月 3, 4日 開催에 즈음하여 韓国被爆者 問題 提案하되 被害補償, 医療센타 建立, 日本人被爆者와 同一한 援護法 立法推進과 日本被爆者에 対한 一年豫算額 壱百五拾億圓의 1割을 韓国被爆者에게 配当할 것을 強力히 主張하여 주도록 付託, 要望書 伝達.

5.1 韓国日報 社会部, 政治部, 論説委, 東亜日報 社会, 政治, 論説委, 中央日報, 朝鮮日報, 서울新聞 等에 各各 要望書 提出코 報道依頼.

5.1 日本大使館, 保社部, 外務部等에 各各 要望書 提出코 禹文旗 亜洲課長에게 現況説明, 韓日議員懇親会 및 閣僚会에 提案要, 被害補償, 援護法 立法, 医療支援 等에 關해 広範囲한 討議 및 呼訴.

5.2 日本新聞 서울支局 11個社에 要望書 伝達 報道依頼.

5.2 無任所長官室 金晉東 事務総長 訪問, 韓日議員懇親会議 運営과 特히 韓国被爆者問題 成功的으로 이끌어 주기를 바라면서 韓国側 議員 50餘名, 日本側 議員 30 餘名에게 要望書 80枚 伝達.

5.3 治安局 및 各要路官庁에 要望書 伝達

5.4 8時 30分 貿易会舘 到着, 要望書 不足分 20枚 伝達코 韓日態親会議(傍聴) 13時 両国代表, 記者会見(7層 会議室) 被爆者問題 質問하였으나 記者会見理由로 途中制止 当하고 記者会見 마친 뒤 日本代表 宇野宗佑 団長外 一人 面談, 韓国人被爆者는 過去 36年間 抑圧과 日本軍国主義 侵略戦争의 道具로 強制徴用, 二重, 三重破害者로서 被害補償 및 援護法 立法, 医療救済等에 開하여 強力히 促求하였음.

5.12 広島 三菱重工業 韓国人適齢徴用者同志会 創立(闘争委員会 決議文 採択).

5.13 日本大使舘, 治安国 等 各界要路 및 日本新聞 11個社에 決談文 伝達.

5.21 日本福岡 善隣会, 力久辰齊 力久隆積 教主等 全国代表一行 30名 來韓, 15時 本協会 現況説明, 被爆者実情説破, 誠金伝達에 対한 節次와 스케줄協議. 7時 30分 코리아나호텔 別室에서 代表団全員懇談会, 現況, 実情, 惨狀呼訴, 全員 感動, 呼訴内容記事化(保存)

5.22	東洋T.V. 放映에 나감(感謝牌 伝達)
6.4	広島 福永義久 姜文熙 団長 来訪 陜川 鄭基璋 外 비둘기단 二人 招請状 引受, 旅券手續
6.8	24次理事会 開催, 善隣会 誠金 各支部別割当 決議.
6.10	正, 副会長 出張 11日 釜山支部 誠金 伝達, 12日 馬山 支部 伝達, 13日 陜川支部 伝達, 14日 慶北支部 伝達, 15日 中央支部 伝達, 17日 湖南支部 伝達.
6.20	保社部 綜合病院設計図와 医師修練에 対한 意見書 提出
6.25	辛泳洙 手術次 波日 南雲病院 入院, 7.25日 手帖受給.
6.28	東亜放送 라디오 製作一部 스트리오 790, 30分間 放送, 出演團体分 徐錫佑 司会 朴海君, 鄭昌喜, 李南洙, 教会女性聯合会長 李遇貞 女史, 具春會 女史.
7.1	韓国被爆者救援会 大阪市民의 会 会長 本吉義宏 来韓, 2時 30分 金浦空港出迎, 29周年 慰靈祭 및 韓国人被爆者 惨状呼訴, 平和大会参席 為해 趙判石, 会長, 朴海君, 郭尙勳, 崔英順 招請状 航空票 引受, 懇談会内容 渡日記者会見 被爆者 実情呼訴, 手帖申請, 声明書, 要望書, 自活村建立, 協会運営에 関한 経理点検 諸般問題 広範囲討議.
7.3	本吉義宏 会長 東亜日報 訪問, 4人招請 趣旨, 自活村建立 内容 掲載(정형수 記者 取扱)
7.7	基督教放送에서 教会女性聯台会 李遇貞 会長과 被爆者 惨状放送에 出演.
7.8	基督教放送에 徐錫佑, 朴海君 등이 나가 被爆者現況実態, 自活村 建立 必要性 放送.
7.15	第7回 慰靈祭執行行委員長, 防共聯盟理事長, 林炳稷 先生, 副委員長, 韓国労総 委員長 裵相浩 先生, 顧問 郭尙勳 先生 承諾.
7.16	陽地会 会長, 国務総理 令夫人 礼訪, 公文提出. [内容] 広島 折鶴会 少女団 来韓, 8月 22日 会長 礼訪(韓国被爆者実態를 伝言키 為함)
7.20	第7回 慰靈祭 案内状 日本全国救援団体 및 知名諸賢等에 80枚 発送.
7.26	第7回 慰靈祭 案内状 発送 報道, 参礼, 與論喚起 協助 依頼, 日本新聞 서울支局 11個社, 韓国全言論界, 社会団体, 政党, 関係官庁 및 遺族等 450 通 発送.
7.30	日本大便館 日本과 数次例 連絡하여 劇的으로 6人 비자 発給, 崔英順 除外 8月 1日 渡日.
8.3	広島 中国新聞 論説委員 阿部 洋 同伴 朝鮮日報, 韓国日報, 中央日報, 東亜日報 等 訪問
8.3	14時 30分 世宗호텔 桃花홀에서 座談会 開催, 参席者 中央日報 金昇漢 主筆, 東亜 孫世一, 朝鮮 朴魯敬, 韓国 崔鐘洙, 日本 中国 阿部 洋, 本協会 徐錫佑, 各 各 人事紹介 와 基調, 韓国言論界에서 본 韓国被爆者実態와 그 問題点 討論, 阿部 韓国의 社会的 認識稀薄을 指摘, 広島 中国新聞은 被爆者에 対한 授護 및 諸般問題에 協力 및 歴史上 記録 다짐, 日本政府에 被害補償 및 後援를 要望.
8.6	1. 曹溪寺에서 第7回 慰靈祭擧行, 顧問 郭尙勳 先生, 林炳稷 先生, 裵相浩 委員長, 保社部 閔 局長, 森田 惨事官, 洪淳鳳, 宋泰善 外 多数参礼(遺族 200 名, 花環 大8個). 2. 日本T.V., 国内T.V. 全国放映. 3. 現場에서 라디오 全国生放送. 4. 日本記者, 韓国記者 取材. 5. 基督教放送 5時 高在, 徐錫佑 対話 生放送. 6.

	東洋T.V. 10時 "오늘과 내일" 푸로 阿部 洋, 徐錫佑 生放映.
8.8	保社部, 外務部 訪問(日本醫療協力調査団 来韓에 対하여)(被爆者医療에 對한 調査実態問題点) 具体的論議, 醫療支援計劃書, 要望書 伝達.
8.19	大統領 令夫人 故 陸女史国民葬 参礼(中央廳永訣式)
8.20	日本 朝日新聞社 記者 山内幸夫 来韓. 被爆者實態 및 三菱重工業問題 懇談会 小田川, 辛泳洙, 郭尚勳, 郭尚勳, 鄭昌善, 朴海君, 李永完, 徐錫佑 座談.
8.20	8月 1日 渡日 趙判石 会長, 郭尚勳 湖南支部長, 朴海君 総務(三菱 同志会代表 로서 同志의 推薦으로 渡日) 大阪空港 到着. 市民会 外10名 各 新聞社 記者団 会見, 被爆者実態와 惨狀, 三菱徴用者 未払勞賃 및 被害補償要求, 2日 原水禁 本部 訪問, 三菱重工業本社 訪問, 東京市民会 懇談会 参席, 5日 広島韓国人犠 牲者慰霊祭 参席 声明書 発表, 市役所 訪問 健康手帖申請 広島労働会館, 国際 會議参席 被爆者 惨状 呼訴. 三人全部, 広島市民会 懇談会 参席, 6日 29週年 平和式典 参席, 中国T.V. 出演, 原水禁分科 参席, 8日 長崎原水禁全国大会 参 席, 9日 長崎 平和公園慰霊祭 参席, 11日 大阪市民会 労働会館会議 参席, 14 日 大阪市民会世話人会 参席 決議文 作成通過, 帰国.
8.26	大阪市民会会員 船渡 来訪 実情討論.
9.9	広島 深川宗俊 来韓, 被爆者 三菱同志会와 懇談会, 要望書 提出하는데 対하여 具体的 論議, 補償 및 賃金 供託全 等의 要求事項을 三菱會社에 積極交渉推進 依頼.
9.21	M.B.C.T.V. 訪問, 本協会P.R. 放送 別途計劃樹立請託.
9.23	外務部 亜洲課長 訪問, 医療센타 建立 再確認(8月에 二階堂 官房長官, 田中 首 相 멧세지 代説. 韓国被害者 医療센타 建立用意 있으니 韓国政府의 正式要請을 바라고 있다는 事實을 伝達)
9.25	三菱重工業本社 広島支社 深川 俊에게 要望書 発送.
10.5	保社部 医療支援과 綜合病院 建立에 対한 具体的 討議, 計劃害 作成하여 日本 政府에 要請하여 주기를 強力히 主張.
10.7	保社部 訪問, 陝川診療所 75年度運營費豫算案 協議.
10.15	外務部 亜洲課 実務者 面談. 日本政府 官房長官이 言明한 医療綜合센타 建立 促求.
10.23	核禁会 事務局長 小川 泰 来韓, 趙 会長 出張 慶南道庁 訪問, 25日 陝川郡守와 診療所運營問題 討議, 26日 保社部 小川, 福永, 姜文熙 団長 75年度 陝川診療 所運營費 協議, 労総 訪問, 27 日 早朝 協会連営과 事務室保証金, □□機基本 金 報告, 急先務인 実態調査費 調達依頼 提出키로 台意.
11.1	保社部 李秀完 緊急電話 있어, 医療綜合센타 建立計劃書 作成에 必要한 資料持 参 登廳 説明.
11.14	日本大便館 崔英順(市民会 招請治療) 비자発給.
11.19	日本原水禁 和田長久 来訪(15日 釜山到着, 崔英順 治療 関係)
11.20	日本大便館 畑野 領事 訪問, 被爆者 治療비자 速決要請.
12.5	外務部 亜洲課 禹 課長 訪問, 韓日閣僚会談 年内開催 与否問議, 正式議題로서 決定促求.
12.13	A地区 라이온스클럽本部, 日本라이온스本部에 計劃書 提出 및 韓国国内会員들

	께 被爆者 救援運動을 展開키 爲해 写真 33枚 原子弹投下記錄映画 放映.
75.1.20	漢南洞順天鄉病院 徐錫佑 理事長 訪問 指定病院으로 治療를 받을 수 있도록 要請 協議한바 計劃 研究키로함.
2.1	韓日懇親会 韓国側 団長 李秉禧 長官 訪問 韓国人被爆者에 対한 日本側 議員들의 態度에 對한 協議를 한바 対策을 講究中이라 함.
1.30	日本大使 後宮夫人 市内被爆患者 慰問次 訪問(朴晩出, 金八金, 姜桂浩)
2.16	中央支部總会 開催 決議文 採択. 本部總会에 附議해달라는 公文 接受
8.22	第25次 理事会開催 (서울에서)
23	第 6次 代議員總會 (〃)
	市民會 小田川□ 來韓 總合 參席
3.4	李南洙 會員 死亡 遺言 補償될 때까지 葬禮를 치루지 말라고 하였다(協會葬)
3.5	長崎 葉山利行, 鎌田定夫, 日高隆二郎, 森永憲持, 野富勵起, 伊東文持 來韓
3.20	福島義文 廣島中*新聞 記者、取材次 來韓.
3.30	曹□萬 會員 死亡
4.10	平澤支部 創立總會開催 (承認못받음)
4.15	佐藤滿男 來訪
4.24	吉岡功 來訪 取材次
4.25	26次 理事会 開催
4.29	金□一 德山라이온스 專務 來訪
5.2	岸信介, 田中竜夫 受田新吉 招請状 發送
5.12	姜文熙 広島民団長 來訪
5.22	善隣會 教祖 力久辰齊 教主, 力久隆積 外3人 來訪
5.25	臨時代議員 總會開催
	27次 理事会開催
5.28	長崎 江岐利勝 來訪
6.7	仁村邦男 西部毎日新聞記者 30周年 取林次
6.15	28次 理事会開催(陝川)
6.17	吉田 浩 西部毎日新聞社記者 来訪
7.19	受田新吉 衆議院 外 秘書 末岡訓次 原田正己 来訪 東急호텔에서 2時間 懇談會 開催
7.20	韓日親善拳鬪試合協會主催로 開催
	受田 議員 被爆者를 爲한 演説 岸信介 메세지 朗讀
	日本大使館 岡岐 参事官 近藤 領事 日本會 全事務局長 人事말씀
8.1	統一日報 産経新聞 30週年 取材次 來訪
8.2	東和新聞 経済新南 中央日報 朝鮮日報 取材次 來訪
8.4	東洋放送 京郷新聞 로이다通信、取材次來訪 日本東京 文相五 小林慶三 來訪
8.8	辛泳洙 名譽會長 渡日
8.9	第8次 慰靈祭擧行 (曹渓寺에서)
8.18	桑田靖治 來訪
	姜壽元 會員 渡日 任務 마치고 歸國

8.20	白光欽, 郭貴勳 副会長 虛長壽 遺族會長 渡日
8.27	코리어 헤럴트社 記者 東和新聞社 鄭國□ 記者 取材次來訪
8.29	金平一 德山라이온스理事 拳鬪試合決算次来訪
9.13	韓日閣僚會談 要望書提出(日本大使館에)
9.15	第8次 韓日 閣僚會談開催
	1. 우리의 要望 人道的인 立場에서 받아드린다함
	2. 詳細한 것은 實務者會談에서 論議키로 함
9.28	第29次 理事会開催(釜山)
10.1	遺族會々長 盧長壽 遺骨奉還問題와 歸國報告
10.7	30PA地區 国際라이온스 朴浩建 總裁 日本라이온스에서 募会한 300万원 保管金 本協会 事業基金으로 還金依賴書 傳達
10.8	保社部医政局長, 保健局長과 医療센타 建立에 對하여 具体的 封議
10.11	日本京都居留民団議長 來訪
10.14	日本大阪東和新聞社 李秀峯 社長 來訪
10.17	共同新聞社 次長 金守演 新世界新聞 車炳喆 取材次 來訪
10.27	서울市廳管財課 都市計画課 病院敷地 候補地에따른 協議
11.3	保社部監査 받음.
11.7	江南地区 病院建立候補地選定
	1. 候補地 2. 候補地 写真撮影
11.10	日本市民會 松井 事務局長 来訪
11.11	240名 遺族会 水原에서 總會開催
11.12	30次 理事会開催
11.17	陜川診察所二層增築 核禁會幹部와 本協會々長 趙判石과 姜文熙 團長 立會下에 慶南島廳에서 協定締結
11.18	韓日議員聯盟에 訪問 被爆者의 救濟와 本協会 運營費問題 協助要請
11.19	核禁會 一□ 氏 保社部 医政局長 訪問 陜川診療所 增築協定과 運營問題討議 韓国労働組合에서 韓日關係者懇談會
11.21	廣島勞動組合 石原英雄 外 4名 來訪
11.24	李虎 氏 訪問 病院建立敷地 寫眞 傳達
11.25	日本大使館礼訪 患者渡日治療에 対한 関係書類 및 비자 發給協助依賴
12.5	基督敎放送을 비롯 各放送局 5大新聞社 患者 및 極貧者 돕기 協助依賴書 發送
12.6	慶北支部 總会參席
12.11	女性聯合会 孔德貴 女史 李總務訪問 患者入院 問題 및 指定病院 周旋依賴
12.17	京郷新聞社 企劃院 訪問 極貧会員 5名々單 提出
12.30	極貧會員 名單 全國支部取合 206世帶 保社部 提出
76.1.5	始務式
1.6	保社部 其外 有關機關 言論界 新年人事 次 巡訪
1.10	故 金□□ 葬禮 富士T.V 參禮 取材
1.18	広島核禁會 事務局長 宮岐安男 一行來訪

1.19	宮岐 松木 一行 帶同 市內 5人 被爆者 實態把握키 爲해 訪問 N.H.K 撮影(日本全國放送)
1.21	31次 理事会 開催 75年決算, 76.豫算, 76 事業計画書檢討
1.24	3TPA地区라이온스 總裁 聿務總長과 會合 日本라이온스 寄託金 事業基金 還元文拔
2.5	保祉部, 外務部 礼訪, 旅券手續에 对한 協助依賴
2.9	協會側과 金斗一氏(日本連絡所長) 防府市所在 三田尻病院々長 神德通也氏와 協議 月3名式 年36名 治療 招請한다는 協定締結
2.10	서울新聞 金斗煥 記者來訪 渡日治療 및 協會實態取材
2.11	德山라이온스 国際協会 募金된 金額還元과 以後 絶緣한다는 書翰과 朝新聞社 福祉센타 基金 協助 依賴
2.14	日本朝日新聞社 浦部 記者로부터 國際電話인테뷰
15	
3.4	三田尻病院 神德通也 來韓 渡日治療患者招講에 对한 協議 協會에서 申請하는대로 받아드린다고 約束
3.10	金□一 氏와 같이 保祉部 訪問 渡日治療에 对한 協議
〃	德山라이온스 會長 山下 絶緣狀 關係協議次 李福行, 笠井彦國, 閔□□ 來訪, 基金々額 本協會에 가져오되 共同名儀로 預金, 絶緣狀 撤回 要求
3.13	善隣會 東* 氏 來韓, 傳通會 參席, 5日 訪韓時 誠金 傳達 約束
3.17	日本共同新聞 晉義完 副長 取材次 來訪
3.20	三田尻病院々長 防長 新聞社々長(松井安男) 中島(毎日新聞 記者 來訪 現況取材
3.25	広島市民会支部長 深川宗俊 來訪 明治40年─大正2年 全南暴徒史 寫本持參 (光州學生事件記錄도 有함)
3.26	深川 氏와 三菱同志会, 遺族會 懇談會開催, 三菱會社側, 1952名에 對한 未拂賃金 請求問題, 名單回覽 問題 等 討議 決議文 採擇.
3.27	市民會 宮井 來訪 崔秀澈 招請治療協義
4.1	遺族會總會 水原서 開催 N.H.K R.K.B T.V撮影 聲明書, 決議 採擇
4.2	北九州市長 來訪 誠金1,000$ 受領(活動費條)
4.10.	M.B.C 이웃돕기 基金에서 本協会々員 2名 各々 100,000원式 수령 防府市 三田尻 病院에서 治療招請 받음 1次에서3名式 4次까지 비자申請함
5.1	神□ 院長 및 醫師 7人 來韓 人事大礼訪
5.3	32次 緊急理事会開催 洗車機 寄贈에 對한 受諾與否 決議 定款改定 5人 委員會 構成

5.6	最新式 洗車機 1臺 寄贈書 및 受領承諾書 傳達
	日本通産省 認可手續中(時價 2,000万원)
5.17	定款改正案審議(5人委員会開催)
5.22	善隣會 教祖 外 83名 來韓
5.23	鐘路區 旧巷洞에서 善隣会 韓國支部結成式 參席 義捐金 480万원 受領
6.6	33次 理事会 開催
	定款改定審議通過
	善隣會寄與金使用方案
	洗車機導入에 따른 敷地周旋問題
	實態調査促求
	畿湖支部 結成承認
6.17	保祉部에 定款改正案 提出
6.25	慶北支部會員 3名 渡日治療비자 發給
7.1	東京核禁会 小川泰 團長 外 10名 陜川 診療所 增築 起工式 參席 次 來韓
7.2	保杜部 定款 改正案 認可
7.5	核禁会 小川泰 1行 保祉部 訪問, 懇談会
	運營費 調達 및 被爆者後援會 構成協助 依賴
	日本勞働同盟과 韓國勞總과 緊密한 紐帶強化와 原爆被害者 援護會를 勞總이 앞 장서서 構成하기로 合議
7.9	尹熙壽, 禹熙春, 金尙喆, 韓泰洸, 4人이 廣島, 長崎에서 書畵展開會 開催
	利益金 中 30萬원 誠金條로 받음
7.16	畿湖支部 懸板式과 同時発足
7.19	三田尻病院에서 4次渡日治療招請状 接受
7.20	定款變更 認可登記 法院에提出
7.27	日本T.V 記者 2人 來韓 光復節을 期해 韓國人被爆者 實態를 日本全国에 呼訴 하기 爲해 資料 收拾, 揚影, 各支部 巡回
8.3	서울特別市民 民願秘書室長 訪問코 洗車機 設置에 따른 敷地 割與 要請
8.6	第9回 慰靈祭 奉行 Y.W.C.A 講堂에서
8.12	女流畵家 慈善展 被爆着 돕기 展覽會 美都波에서 利益金 20万원 治療費로 女 性聯合會에 寄贈
8.16	法院登記完了, 登記謄本 保祉部 提出
8.26	商工部輸入課 洗車機 導入 認可 申請書 提出
9.3	商工部로부터 洗車機 導入 認可
10.21	廣島 花岡俊男으로부터 誠金 1万円받음
11.15	240名 遺族會 水原서 開催
11.19	大統領 閣下에게 陳情書提出
	被爆者의 實態와 敷地割與 要請
12.22	34次理事會開催
	協會運營問題 및 77年 總會 開催日 決定
77.1.11	赤十字社에 訪問, 無名人 日本人으로부터 被爆者에 対한 義捐金條 16,000원 傳達받음

1.14	세부란스 病院々長 訪問 患者 治療 依賴
1.15	保社部 医政局長 訪問하여 洗車機 敷地 特別割與 要請 依賴
1.28	權逸 議員과 保社部 長官 禮訪, 援護会 構成에 对하여 協議
1.29	金□仁 議員과 援護会 構成 問題 協議
1.31	權逸 議員과 議員聯盟 事務總長과 援護会 構成에 对한 協議
2.5	外務部 東北亞課 禹 課長과 病院建立에 对한 具體的協議
2.10	市民会 常任世話人 小田村興 氏 來韓, 實態調査에 对하여 協議, 會長 메시지 持參
2.21	善隣會 教主 力久隆積, 東島義馬 氏 來韓 被爆者 援護에 对한 協議
2.21	南山税務署에 住所移転 國有 申告한 바 番号通報 203~82~1564임
2.26	保健의 날 行事에 功労表彰状 上申
	三田尻病院々長 神德通也
3.7	75年度協會自体監査實施
3.8	35次理事會 及 第7次 代議員總會 開催
3.12	保社部에 7次 總会結果 報告 及 76決算書 77豫算書 提出
3.18	三田尻病院々長 神德, 平山 氏 來訪(治療의 件 協議)
3.23	駐日大使館 礼訪 被爆者渡日治療 비자 発給 促求
4.7	保健의날 市民會館에서 神德通也 感謝状 受與式
4.13	市廳管財課 洗車機 敷地件 協議
4.13	市民會 松井 事務役 來訪 懇談會開催
4.27	日本 大村浩 氏 來韓, 日本서 援護會 構成에 对한 協助依賴
5.9	副会長 徐錫佑 治療 及 協會広報 活動次 渡日
5.19	善隣會 本部 禮訪. 앞으로 協助에 따른協議
5.20	徐 副會長 善隣會 本部 30周 年記念行事에 參席, 参議員 劍木亭弘 等과 會合, 被爆者救済問題 等協議
5.21	德山民團事務室 禮訪 앞으로의 渡日 治療者 證人찾는데 協助要請
5.30	德山, 朝日新聞支局에 訪問 앞으로도 P.R. 積極協助 要請
6.1	大阪市民會 世話人會開催参席
	實態調査에 对한 實費辨償 2,000원 合議
8.7	趙判石 會長 核禁平和運動全国集會 參席次 渡日
	때 8月 9日
	곳 長崎國際文化會館
	園田官房長官에게 被爆者 救援에 对한 要望書 提出
8.10	趙 任務 마치고 歸國
8.15	徐 副會長 任務 마치고 歸國
9.14	36次理事會 開催
	서울支部를 本會直轄支部로 하기로 決議
	非會員이라도 本會々長으로 推戴하기로 決議
9.15	山梨縣 核禁會 代表団 千須和正己 會長 및 15名 來韓
9.29	善隣會 教祖 力久辰濟 4時45分 逝去 急報 接함
9.30	教祖追慕式擧行 哀悼辞 發送

10.4	市民會 小田川 來訪
	實態查復 副本送付에 対한 協議
	保社部에 質態調查 副本을 日本에 発送與否에 対한 質疑照履
10.12	在京理事會召集 會長(後任) 推戴에 対한 協議
10.20	東京核禁會 小川泰 事務局長 來訪
	保社部禮訪 被爆者 救護 問題 및 陜川診療所 醫師 修練 問題 討議
11.13	37次 理事會開催
	趙判石, 會長 辞任
	78手定期總會時까지 會長署理로 徐錫佑氏 代行
11.16	5次 渡日治療者 招請狀 接受(慶北支部分)
11.25	廣島中央라이온스에서 誠金 6万원 送金
12.11	第2回韓日親善宗敎講演會関催
	곳 新聞會館
	演士 東島義馬
78.3.6.	日本核禁會 代表 30 來韓
	陜川原爆診療所視察 서울會員 權億相 氏家 訪問 誠金 傳達
3.11.	國防委員長 訪問 坡州地區 農耕地 耕作權 會員에게 주도록 促求
3.29.	孫振斗 勝訴에 따른 朝日 T.V. 인테부
3.31.	孫振斗 勝訴에 따른 聲明書 發表 記者會見
4.10	保社部医政2課 訪問
	實態調查實施에 따른 資料提出 및 早速調查 促求
5.1	外務部 主催로 外務部, 保社部, C.I.A, 経済企画院, 原子力研究所 會合 被爆者 対策問題協議, 實態調查 實施와 病院健立 問題等 協議
5.8	協會側案 實態調查計画書 提出(保社部)
5.9	国防委員長에게 農耕地 耕作権 建議書 提出
5.21	本會 支援団体인 日本善隣會 31週記念式参席(旧基洞)
6.3	在京理事會 開催 運営問題 協議
	定期會 每月4土曜日 開催키로 合議
6.26	役員承認받음. 保社部로부터
7.2	日本善隣會団体参拝時 會員動員
	誠金 350萬원 受領 感謝牌 贈呈
7.15	在京理事會 開催 第11回 慰靈祭 開催키로 合議
7.28	大韓労働總聯盟 礼訪 協助要請
8.16	女性連合會 Y.W.C.A主催 新世界 百貨店에서 被爆者 救援 寫眞展覧合 開催
8.6	第11回 原爆犧牲者 追悼式 擧行
	場所 弘濟洞 大倧敎 本堂에서
8.10	本會支援団体인 大阪市民會에서 實態調查實施 期間 15日間 實績 117名
8.14	8.15 光復節을 期해 T.V. 라듸오 各新聞 記者 來訪 弘報活動展開
8.21	廣島 折鶴의 會 少女團來韓 保社部礼訪
8.28	9月3日, 4日 開催하는 韓日閣僚會談時 在韓被爆者 被害補償問題擧論토록 外務部日本担当官에게 要請

9.5	第3次 理事會開催
	8月, 9月 2個月間 保社部에서 實施하는 實態調查에 따른 協助方案 指示
	各支部長은 傘下 會員들에게 周知 徹底
9.9	韓日閣僚會談 結果에 対하여 協議
9.13	保社部 서울市에 實態調查期限 延期 措置 建議
9.20	韓国社会福祉會會議参席
	原爆被害者 福祉向上에 対한 協助促求
10.2	保社部長官, 保社分科委員長, 陜川出身 李尙信 議員에게 建議書 提出
	99年度政府予算策定 促求

제2부

재일한인의 법적지위 및 복지향상 문제

해방이후 재일한인 외교문서 해제집
▌제7권▌ (1975~1979)

재일한인의 법적지위협정 시행 과정

1965년 6월 22일에 기본조약 및 제 협정과 더불어 「재일한국인의 법적지위 및 대우에 관한 협정」(이하, 「법적지위협정」이라고 칭한다.)이 조인되었다. 이 협정은 재일한인의 영주권 문제, 강제퇴거 문제, 처우 문제 등에 대한 규정을 두고 있다. 한일회담을 통해서 협의된 재일한인의 법적지위에 관한 주요 논의 의제는 재일한인의 영주권 범위 및 부여 방법, 영주권자 귀화문제, 강제퇴거 문제, 재산반출 및 국적확인 등이었다. 영주권의 범위에 대해서 한국측은 종전 당시부터 일본에 계속 거주한 자, 협정 체결 당시까지 출생한 그 자손 및 협정 체결 당시부터 상당한 기간 이내에 출생한 자손에게 영주권을 부여할 것을 제안하고 있는데 대해 일본측은 영주권의 부여 범위가 확대되면 강제퇴거 사유도 당연히 확대되어야 한다는 입장을 취하고 있었다.

이러한 내용을 통해서도 알 수 있는 바와 같이 한일회담의 법적지위에 관한 협의를 통해서 도출된 가장 큰 성과 중의 하나가 재일한인의 영주권에 관한 내용이라고 할 수 있을 것이다. 그러나 종전 당시부터 일본에 거주한 자와 협정 효력 발생 5년 이내[1]에 출생한 직계비속에 한정하여 영주허가를 할 수 있는 내용이기 때문에 그 이후 세대 또는 가족과의 단절을 피할 수 없는 기형적이고 모순적인 내용으로 맺어진 협정이라고 볼 수 있을 것이다. 이 법적지위협정으로 인해서 재일한인을 대한민국 국민과 국적이 없는 조선인으로 양분하여, 결과적으로 전자에게는 영주권을 인정하고 후자는 영주권을 인정받지 못하는 처지에 직면하게 되는 결과를 가져왔다. 이와 더불어 일본측 주장인 강제퇴거를 명시적으로 삽입함으로써 국가권력에 의한 재일한인 개개인의 기본권이 침해될 수 있는 내용이라는 점 또한 지적하지 않을 수 없었다. 일본은 재일한인의 법적지위에 대해서는 주로 강제퇴거에 치중하여 외국인에 대한 강제송환권이 주권국가의 자주적 권한임을 내세워 「출입국관리령」에 따라 퇴거강제 처분을 취할 수 있도록 하고 있다. 이에 대해서 한국은 재일한인에 대해서는 일본의 국내법과 관계없이 그 지위의 특수성에 상응하는 대우가 부여되어야 한다는 점을 강조하고, 강제퇴거 사유에 대해서는 일본의 「출입국관리령」과는 별도로 협의가 필요하다는 입장을 견지하고 있다.

1965년 한일기본조약 체결 당시 한국 국적을 보유한 재일한인에게는 협정영주권을 부여하였으나 당시 협정영주권자 후손의 법적지위는 미해결 상태로 남겨두고 있었다. 이 문제를 협정 발효 시점인 1966년 1월 17일부터 25년 이내에 한국측의 요청

---

1) 여기에서 협정 효력 발생 5년 이내란 법적지위협정 시행기간인 1966년 1월 17일부터 1971년 1월 16일까지를 말한다.

이 있으면 일본은 재일한인의 법적지위에 대해 재협의하기로 결정하였다.[2] 법적지위협정에 의해 1971년 1월 16일로 신청을 마감했기 때문에 그 이후부터는 협정영주권 신청 유자격 미신청자들의 구제책에 대해 한국측이 일본측에 별도의 재협의 요청을 통해서만 영주권을 부여받을 수 있게 된 것이다.

법적지위협정에 의한 영주권 신청기한인 1971년 1월 16일 시점을 기준으로 협정영주권 신청자가 대략 35만 명을 상회하고 있는 것으로 파악되었다. 미신청자 약 23만 명에 대해서 주일 각급 공관에서는 약 15만 명은 무지로 인한 결과이며 나머지는 조총련계의 방해공작으로 기한 내 신청을 하지 못한 것으로 보고하고 있다. 그러므로 이들 미신청자들에 대해 한국정부는 재일한인의 경우 특수한 역사적 배경과 법적지위협정의 기본 정신을 고려하여 조속한 시일 내에 한일 양국 실무자 회담을 열어 이 문제를 해결해야 한다고 일본측에 적극적으로 나서줄 것을 제안하지만, 잘 진척되지 않는 새로운 상황을 맞이하게 된다.

법적지위협정 시행 과정을 통해서 한국정부는 재일한인이 대대로 일본에 영주할 수 있는 조치를 취해달라는 주장을 펼쳤지만, 결과적으로는 재일한인의 형성과정에서 역사적인 책임이 있는 일본정부가 무책임하게 재일한인을 강제퇴거 조치를 취하려는 방침에 대해서도 묵인하는 결과를 초래하게 되었다.

한국측은 재일한인 법적지위협정 시행기간 5년 동안 줄곧 재일한인들의 협정영주권 확대와 거주권, 생활권 보장 등을 계속해서 주장해왔다. 이에 대해 일본측은 출입국관리법 개정을 통해 강제퇴거를 강화하는 것이 재일한인들의 영주권 확대에 대처할 수 있는 유일한 방법으로 인식했던 것이다.

재일한인에 대한 차별 문제

재일한인들은 1970년대에 들어서서부터 한인에 대한 각종 차별 문제에 대처하기 위해 적극적으로 나서기 시작했다. 그 대표적인 사건이 히타치 채용 취소 사건이다.

재일한인 19세 청년 박종석 군이 일본 히타치제작소 채용 시험에 합격 통지를 받은 후 갑자기 입사 결정이 번복되는 일이 일어났다. 그가 본명인 조선 이름 대신 일본식 이름을 쓰면서 거짓말을 했다는 것이 히타치제작소가 밝힌 취소 사유였다. 일본 내 취약계층인 재일한인 박종석은 취소 사유를 수용하지 않았다. 그때까지의

---

2) 일본 정부가 허가한 협정영주권으로는 협정영주권자 후손의 법적지위 문제가 해결되지 못했다. 재협의 마감시한인 1991년 1월 한일 양국 간의 「합의각서」 채택을 통해 재일한인 후손들에게 일률적으로 특별영주권이 부여되었다.

많은 재일한인들은 어쩔 수 없다며 포기했지만 박종석은 회사 측에 재고를 요구했다. 박종석의 재고 요구가 받아들여지지 않자 회사를 상대로 민사소송을 제기, 4년에 걸친 재판에서 승소하여 박종석은 본명으로 히타치제작소에 입사가 결정되었다.

이 사건은 재일한인 청년 한 명의 채용 논란으로 그치지 않았다. 재일한인의 차별 반대 운동이나 권리 획득 운동 차원을 넘어 인권 투쟁의 발단이 된 이른바 「히타치 취업 차별 재판」으로 이어졌다.[3]

이와 관련하여 주요코하마 총영사관에서 외무부에 보고한 공문[4] 내용은 다음과 같다.

수신: 장관
발신: 주요꼬하마 영사
대: WYO-0513

대호 박종석의 히다찌 회사 입시합격 취소 건과 관련하여 다음과 같이 보고함.

(1) 인적사항:
본적: 경북 달성군
주소: 아이찌현 나고야시 (부모 및 가족 거주지)
1951. 11. 24. 아이찌현 출생
아이찌현립 고교 졸업 후 방직공장에서 일시 근무
히다찌제작소 입사 응시를 계기로 현재 요꼬하마 시내 거주하는 누이와 동거 중

(2) 히다찌 회사 입사시험 합격 및 합격 취소 사실 관계 :
1970.8. 히다찌 회사 입사시험 합격
1970.8. 히다찌 제작소 공장 입사 응시
1970.9.2. 채용통지서 접수
1970.9. 월 중순경 채용 취소 (입사수속을 위한 호적등본 제출시 성명이 상이하다는 이유로)
1970.12. 히다찌 제작소 공장장을 상대로 해고 무효 확인 소송 제기
(74.3.7. 요꼬하마 지방재판소 경심공판 종료, 앞으로 판결 공판

---

3) 히타치 취업 차별 사건은 재일한인들이 인권 운동에 적극적으로 나서게 되는 중요한 계기가 되었다.
4) 외무부 WYO-0502

이 있을 것임.)

1973.12.11. 국제인권연맹 한국지부가 인종차별에 대한 항의문을 일본 수상 앞으로 송부

(3) 채용 취소 이유 및 일본 국내 관계법상의 합법 여부

가. 히다찌측은 박종석이 허위 신고로서 회사 규칙을 위반했다는 것을 공식적인 채용 취소 이유로 들고 있음. 즉, 입사 응시 시 제출된 이력서상의 본적과 현주소가 동일한 일본 국내 주소였고 성명은 일본 통명(아라이)을 기재한 것이 입사 수속 시 제출한 호적등본상의 기재사항과 상이하다는 것임.

나. 히다찌 측의 회사 규정으로는 허위 신고 시 또는 사상신조의 편향자, 정신 육체의 이상자, 창가학회원은 불채용 및 외국인의 경우 적극적으로는 채용하지 않는다는 것을 동사의 채용에 관한 노무관리상의 유의점으로 하고 있다는 것임. 그러나 상기 가항과 같은 채용 취소 이유는 단지 표면상의 불과한 것으로 추측됨.

다, 채용 취소의 회사 규정에 근거를 두었거나 또는 더욱이 한국인이라는 점에 근거를 두었음이 분명하다면 이는 일본 헌법 및 노동기준법에 위배되는 것임.

(4) 외교 경로를 통한 시정 방법 :

채용 취소가 한국인이라는 이유임이 분명했을 경우에는 재일한국인의 법적 지위 및 대우에 관한 한일 간 협정 내용을 근거로 외교 경로를 통한 항의가 필요한 것으로 사료됨. (연이나 이 경우 현재 계속중에 있는 제일심 판결 공판의 추이 결과를 본 후에 취함이 좋을 것임.)

(5) 국내 기독교 장로회의 캠페인에 대한 반응

가. 현재까지는 일간지에서 서울발 보도 내용을 인용 취급하고 있을 뿐 주재국 정부나 언론기관의 특이한 반응은 없으며, 히다찌측은 한국인이라는 이유로서 인종차별을 한 사실은 없다고 주장하고 있음.

나. 박군이 해고 무효 확인 소송을 제기한 후 박종석군을 둘러싼 구출회라는 것이 조직되어 있는 바, 동구출회를 주로 혁신계 조직 단체가 이용하고 있으며 또한 최근에는 민단 조직 내 불순들자들이 박군의 법정 투쟁을 적극 지원하고 국내 기독교의 반일구국투쟁에 호응하는 성명문을 내고 있음을 참고로 첨기함.

위의 공문 내용을 통해서도 알 수 있는 바와 같이 박종석의 채용 취소 사건은 한국과 일본 양국에서 박종석을 지원하는 종교단체와 사회단체의 적극적인 항의 활동이

전개되면서 이를 통해 외부에 널리 알려져 사회적으로 큰 반향을 일으키게 되었다. 히타치제작소의 신입사원 채용에 있어서 차별적인 대우에 항의하고 박종석을 구제하기 위한 운동은 일본 내에 「박군을 둘러싼 모임」이 조직된 것을 비롯하여 국내에서도 국제인권연맹 한국지부, 한국기독교 장로회 여신도회, 한국교회 여성연합회 등 히타치제작소와 일본 정부를 상대로 강력하게 항의하였고, 기독교 여성단체를 중심으로 히타치 제품 불매운동을 대대적으로 전개하고 나섰다.

그 결과 히타치제작소 측은 박종석의 제소에 대한 요코하마지방재판소의 판결을 1개월 앞두고 1974년 6월 17일 박종석 개인과 재일한인들에 대하여 민족적 차별에 대해 사과하기에 이르렀다. 요코하마지방재판소는 히타치제작소가 박종석의 입사를 거부한 것은 「오직 국적 문제 즉 재일한국인이기 때문으로 이는 부당한 행위」라고 판시하고 해고 조치의 취소와 동시에 위자료를 지급하라고 판결하였다.[5] 이 재판에 의해 외국인이라는 이유로 채용을 거부하는 것은 차별이라는 것이 판결로 확정되는 순간이었다.

재일한인의 차별에 대해 적극적으로 나선 또 하나의 사건이 있다. 재일한인 김경득의 일본 사법연수소 입소에 필요한 일본 국적으로 귀화하는 것을 거부한 사건이다. 김경득은 1949년 일본 와카야마현에서 태어나 고등학교를 졸업할 때까지 가나자와 게이토쿠(金沢慶得)란 이름을 사용했다. 그는 와세다대학 법학부를 졸업했지만 외국인이라는 이유로 아사히신문사에 취업이 거부되자 일본명을 버리고 본명인 김경득이라는 이름을 사용하기 시작한다. 1976년, 김경득은 사법시험 2차 시험에 합격했다. 그러나 사법연수생으로 채용되려면 일본 국적이 필요했기 때문에 일본 귀화가 조건이었다. 김경득은 곧바로 최고재판소에 「국적조항」 철폐 청원서를 제출하고 일본 변호사협회, 자유인권협회 및 민단의 지원을 받으면서 법적 투쟁을 전개했다. 이와 관련하여 주일대사관에서 외무부에 보고한 공문[6] 내용은 다음과 같다.

수신: 장관
발신: 주일대사
제목: 일본 사법시험 합격자 김경득에 관한 보고

대: WJA-1222
대호, 일본 사법시험에 합격한 「김경득」에 관하여 다음과 같이 보고합니다.

---

5) 임시국회 답변자료(1974.7.29.) 「재일교포 취업상의 차별 대우 문제 – 히다찌 회사의 박종석 입사 시험 취소 사건-」 외무부 영사국
6) 일본(영) 제725-6904호 「일본 사법시험 합격자 김경득에 관한 보고」, 1976년 12월 7일

(1) 사건 경위:

　　가. 금년 10. 9. 사법시험에 우수한 성적으로 합격(합격자 465명 중 38위)하여 10. 19. 최고재판소에 사법 수습생 채용신청서를 제출하였으나 최고재판소는 「일본 국적을 가지지 않은 자」를 채용할 수 없으므로 귀화 신청을 제출하는 것을 조건으로 하여 동 신청을 수리하겠다고 본인에게 통고함.

　　나. 이에 대하여 「김경득」은 11. 20. 귀화를 거부하고 한국적을 가진 채로 사법 수습생으로 채용해줄 것을 요청하는 청원서를 최고재판소에 제출함. (청원서 요지 별첨)

　　다. 일본 최고재판소 사무총국은 12. 1. 개최된 정례 재판관 회의에 동 문제를 보고, 동재판관 회의는 오는 12. 15. 개최되는 회의에서 심의키로 결정함.

(2) 법조계 반응:

일본 변호사 연합회 및 자유인권협회는 11. 26. 최고재판소에 다음과 같은 의견을 제출하고 사법 수습생으로 외국인을 채용하지 않는 것은 부당한 민족적 차별임을 지적하였음.

　　가. 사법시험과 사법연수는 불가분의 관계에 있으므로 사법시험 응시를 인정하고 사법연수를 거부하는 것은 부당함.

　　나. 일본 변호사법, 재판소법 등에는 사법 수습 대상에서 외국인을 제외하는 규정이 없음에도 불구하고 최고재판소가 사법 수습생 채용 요령 중에 결격 사유로서 「일본 국적을 가지지 않은 자」를 적시한 것은 위법임.

　　다. 김씨는 협정영주권을 취득, 일본에서의 거주권 및 안정된 생활을 영위할 권리를 보유하고 있으므로 장래 변호사로서 활동하는데 아무런 지장이 없음.

　　라. 한일 법적지위 협정 제4조에 대한민국 국민에 대한 일본국에 있어서의 교육에 관하여 타당한 고려를 하도록 규정되어 있는 바, 사법 수습은 법조 교육임으로 동 협정에도 위배됨.

(3) 참고사항:

　　가. 1955년에 개정된 현행 변호사법에는 외국인이 일본의 변호사 자격을 취득할 수 있는 길을 열어 놓고 있으며, 당시 국회 답변석상에서 최고재판소 당국자가 「외국인도 변호사 자격을 취득할 수 있다」고 설명한 바 있음.

　　나. 또한 현행 「사법 수습생에 관한 규칙」에도 채용 대상을 일본국적 소유자로 인정하지 않고 있으나, 1955. 11. 26. 최고재판소 재판관 회의에서

채택된 「사법 수습생 채용 요령」에는 결격 사유로서 「일본 국적을 가지지 않은 자」를 추가하고 이를 1957년부터 시행함.

다. 동 채용 요령 적용 후 외국인으로서 사법시험에 합격한 자 10명(한국인 8명, 자유중국인 2명)이 모두 귀화하여 사법 수습생으로 채용됨.

라. 최고재판소 사무당국은 사법 수습생의 신분에 관하여 국비가 지급되며, 겸업금지와 비밀준수 의무 등에 비추어 준공무원 취급을 하고 있으므로 외국인을 배제해야 한다는 의견이나 인사원에서는 공권력을 행사하고 국가 의사의 형성에 참여하는 공무원 이외에는 일본 국적을 가지지 않은 자라도 공무원으로서 채용할 수 있다는 견해를 밝힌 바 있음.

(4) 김경득의 인적사항:

가. 와가야마시에서 1949년 출생 (27세)

나. 본적 : 경북 군위군 의흥면 읍내동

다. 협정영주권 취득

라. 1972년 와세다대학 법학부 졸업

마. 부친 김석구(67)씨는 민단 와가야마 지방본부 감찰위원장을 역임하고 현재 민단 와가야마 북지부 고문으로 재직하고 있음.

(5) 전망

오는 12. 15. 최고 재판관 회의에서 어떠한 결정을 내릴지는 아직 예측할 수 없으나 만약 동 회의에서 김씨의 사법 수습을 거부하기로 결정하는 경우, 김씨는 일본 변호사협회, 자유인권협회 및 민단의 지원 하에 법적 투쟁을 전개할 것으로 보이며, 앞으로 민족 차별 및 직업 선택의 자유 문제 등으로 논란이 계속 될 것임.

첨부: 신문기사 (청원서 요약) 각 1부

위의 공문 내용을 통해서도 알 수 있는 바와 같이 최고재판소에 「국적조항」 철폐 청원서를 6회에 걸쳐 제출하고 일본 변호사협회와 자유인권협회 등의 지원을 받으며 법적 투쟁에 나섰다. 그때까지는 외국인으로서 사법시험에 합격하면 모두 귀화하여 사법 수습생으로 채용되는 것이 당연하다고 생각했다. 그러나 김경득은 이것은 민족 차별이고 직업 선택의 자유에 위배 되는 문제라고 생각하여 법적 투쟁을 계속했던 것이다. 그 결과 1977년 3월 일본 최고재판소의 결정에 따라 사법연수생이 될 수 있었고, 일본 국적을 갖지 않은 재일한인으로는 최초의 변호사가 되었다.

1970년대에는 이 외에도 조찬택의 강제퇴거 처분 취소 청구 소송과 정수길의 일본 변리사 자격 취득 문제 등 재일한인 법적지위의 차별에 대해 재일한인과 사회단체가 적극적으로 개선을 요구하는 상황이 전개되었다. 이와 같은 재일한인에 대한 차별 문제는 일본 사회에 점점 이슈화되어 갔다. 결국, 이들 사건은 60만 재일한인의 일본 내에서의 생활보장의 관점에서 재일한인을 평등하게 대우해야 할 중대한 과제와 교훈을 일본 사회에 던져주는 계기가 된 사건이 되었다.

재일한인의 법적지위와 복지향상 문제

법적지위협정 시행기간 동안에 열렸다가 중단된 재일한국인 법적지위에 관한 한일 양국 실무자회담을 다시 재개하게 된다.[7] 제1차~제2차 실무자회담에서는 주로 협정영주권과 출입국관리령 등에 관련된 협의가 주로 이루어졌다. 그리고 제3차 실무자회담에서는 협정영주권 문제 이외에 한국학교 졸업자에 대한 상급학교 진학 자격 인정 요청 및 국민연금이나 공영주택, 재산권, 직업권 등의 처우 문제가 회담 의제로 다루어졌고, 제4차 실무자회담에서도 협정영주권 문제 이외에 국민연금법과 공영주택의 적용에 대한 재일한인 차별문제가 회담 의제로 다루어졌다.

제4차 실무자회담 이후 한일 실무자 간의 교섭이 그다지 진척이 없는 상황에서 1975년 4월 일본대사관을 통해 제5차 실무자회담 개최를 위한 교섭에 들어가지만 일본측의 소극적인 태도로 진전을 보지 못한다. 이러한 상황에서 재일거류민단에서는 1975년 6월 한국정부에 재일한인 법적지위 및 대우 문제에 관한 요망서를 제출하고 선처를 요청하게 된다. 이 요망서에는 민단 대표들이 일본 법무성과 후생성을 미리 방문하여 선처하도록 요청한 내용도 함께 첨부되어 있다. 재일거류민단 요망서에 담긴 내용을 간략히 정리하면 다음과 같다.[8]

* 본국 정부에 대한 요망 사항
  (1) 한일 공동위원회 (가칭) 설치
  (2) 한일 각료회의 및 실무자회의에 민단 대표의 참석
  (3) 1년 이상의 일본국 재류 자격을 가진 자에게는 주일 한국 공관에서 여권 발급을 받을 수 있도록 요망
  (4) 하기 법령이 재일한국인 영주권 허가자에게 적용되도록 요망

---

7) 법적지위협정 시행기간과 직후에 제1차 실무자회담(1967.7.20.~21.), 제2차 실무자회담(1968.11.5.~6.), 제3차 실무자회담(1971.4.16.~17.), 제4차 실무자회담(1971.10.11.~12.)이 일본 도쿄에서 열렸다.

8) 일본(영) 제725-3796호 「교포 법적지위 문제에 대한 요망서 송부」, 1975년 6월 10일

가. 사회보장 관계 법령

　공영주택법, 아동부양수당법, 특별아동부양수당법, 국민연금법

나. 금융 관계 법령

　국민금융공고법, 주택금융공고법

* 일본 정부에 대한 요망 사항

(1) 재입국 허가의 회수제

(2) 재입국 허가 대리 신청

(3) 본국가족 동거 입국허가 완화

(4) 퇴거 강제 완화

(5) 유학생 재입국 기한 현지 연장

재일거류민단의 요망서에는 위의 내용과 더불어 재일한인의 법적지위를 위한 영주권 신청 운동에 재일거류민단의 모든 역량을 다한 결과, 35만여 명이 신청하는 성과를 거두었지만 재일한인의 안정된 생활권을 확보하기에는 영주권 문제 이외에 대우 문제를 해결하는 것이 무엇보다 중요한 과제라고 밝히고 있다. 재일한인의 일상생활과 직결된 사회보장 관계 법령 및 금융 관계 법령 등의 혜택을 받지 못하고 있다고 지적하면서 일본인과 동등한 법적인 대우를 보장받을 수 있도록 한일 양국의 각료회의 및 실무자회의에서 이를 강력히 주장하여 재일한인들의 요청 사항이 조속히 해결될 수 있도록 선처를 바란다는 내용이었다.

이후 여러 차례의 교섭을 통해 한국정부는 생활보장의 관점에서 재일한인을 평등하게 대우하여 안정된 생활을 영위할 수 있도록 하는 것이 양국 국민 간의 우호 관계 증진에 기여할 것이며, 민족적인 차별 철폐는 법적지위협정에 기초한 일본정부의 의무라는 점을 강조하면서 이를 위한 제5차 실무자회담이 성사되기에 이른다.

제5차 실무자회담은 1976년 11월 도쿄에서 열렸는데, 일본측은 재일한인의 법적지위에 관한 회의에 외무성과 법무성 관계자가 참석했고, 재일한인의 대우 문제에 관한 회의에는 외무성과 대장성, 후생성, 건설성 관계자가 참석하여 다음과 같은 의제를 채택하여 논의하였다.

가. 재일한국인의 법적 지위에 관한 회의

(1) 협정영주 신청 기한 연장 문제

(2) 강제 퇴거자 인수 문제

(3) 회수 재입국 허가 문제

(4) 재입국 허가 기한 연장 문제

나. 재일한국인의 대우 문제에 관한 회의
   (1) 국민연금법 적용
   (2) 공영주택 입주
   (3) 아동수당 지급
   (4) 신용조합의 공고업무 대리취급 인가

한국측이 재일한인의 협정영주권 신청기간의 재설정 문제와 재일한인의 복지 향상 등 대우 문제에 관해 적극적으로 나선 반면, 일본측은 법적지위협정 제3조 해당자[9] 및 밀항자의 강제 퇴거 문제에 집중하는 태도를 보였다. 이렇게 해서 협정영주권 문제와 강제 퇴거 문제, 재입국 허가 문제 등에 대해서는 상당한 의견 접근이 이루어졌으며, 재일한인들이 일본 사회에서 안정된 생활을 영위함이 한일 양국의 우호 관계 증진에 기여할 수 있다는 사실을 인정하고 금후에도 필요에 따라 계속해서 협의하기로 하였다.

재일한인의 법적 지위에 관한 제5차 실무자회담에서 논의가 마무리되지 못한 의제에 대해 다음 해인 1977년 11월 재일한인의 법적 지위에 관한 제6차 실무자회담(비공식)이 서울에서 개최되었다.

제6차 실무자회담에서는 한국측이 협정영주권 신청 기간 재설정과 신청기간 동안 협정영주권자에 준하는 대우를 부여해줄 것을 요청하였고, 이에 대해 일본측에서는 가족관계나 경제상황을 고려하여 협정영주권자에 준하는 대우를 할 용의가 있음을 표명하였다. 그리고 한국측은 국민연금법과 아동부양수당법, 주택금융공고법, 공영주택법 등의 전면적인 적용을 적극 요청한다.

맺으며

지금까지 1970년대 한국 정부 생산 재일한인 관련 법적지위 외교문서에 관해 살펴보았다. 이에 대한 내용을 간단히 정리하면 다음과 같다.

우선, 1970년대에 접어들면서 새로운 세대로서의 2세대 등장과 법적지위가 어느 정도 확정되기 시작하면서 재일한인 사회에서는 다시 직업에 관한 차별 철폐 운동이 전개되기 시작했다는 점이 1970년대 재일한인 사회의 가장 큰 변화라고 생각된다. 1970년 히타치제작소 채용 차별 사건과 김경득 변호사의 사법연수소 국적 조항 철폐

---

9) 7년 이상의 중형자가 이에 해당한다.

운동이 그 대표적인 사례이다. 1970년대에 전개되는 직업에 관한 차별 철폐 운동은 1980년대의 지문날인 반대 운동, 1990년대의 영주권자 참정권 운동으로 이어지는 단초를 마련했다는 점에서 재일한인 사회에 있어서 대단히 중요한 의미를 갖는다.

그리고, 재일한인 관련 법적지위 외교문서는 협정영주권 문제와 함께 법적지위협정 시행기간 동안에 제대로 협의가 이루어지지 못한 재일한인들의 복지관련 문제에 대해 한국 정부가 일본 정부와 교섭해가는 일련의 과정을 상세히 확인할 수 있는 귀중한 자료라는 점을 지적할 수 있다.

❙관련 문서❙

① 재일본 한국인의 법적지위 및 복지향상 문제, 1974-1975

② 일본의 외국인 등록법 개정, 1975

③ 재일본 한국인의 법적지위에 관한 한·일본 실무자회의, 제5차. 동경, 1976.11.24-30. 전2권(V.1 기본문서)

④ 재일본 한국인의 법적지위에 관한 한·일본 실무자회의, 제5차. 동경, 1976.11.24-30. 전2권(V.2 회의자료)

⑤ 재일본 한국인의 법적지위에 관한 비공식 실무협의, 1977.11.28 및 11.30

⑥ 재일본 한국인의 법적지위 및 실무자 간 합의의사록 서명문제, 1978

⑦ 재일본 한국인 법적지위 및 복지향상 문제, 1977-78

⑧ 재일본 한국인 법적지위 및 복지향상 문제, 1979

① 재일본 한국인의 법적지위 및 복지향상 문제, 1974-1975

○ ○ ○

기능명칭: 재일본 한국인의 법적지위 및 복지향상 문제, 1974-75

분류번호: 791.23

등록번호: 8985(19492)

생산과: 교민1과

생산연도: 1975

필름번호: P-0015

파일번호: 06

프레임 번호: 0001-0040

1. 외무부공문(발신전보)–재일한국인 법적 지위 관련 문서 송부 지시

외무부
번호 WJA-10269
일시 231115
발신 장관
수신 주일대사

재일 한국인의 법적 지위에 관한 아래 자료를 구득, 송부 바람.
1. 1945.11. 연합군 최고 사령부의 "점령 기본 지령" 중 재일 한국인을 해방 국민으로 대우한다는 취지의 문서
2. 1946.11.5.자 상기 사령부의 성명으로서 한국으로 귀환치 않는 한국인은 여전히 일본 국적을 보유하는 것으로 간주하고 국적 문제에 관한 최종적인 결정은 대일 평화조약 체결시까지 결정치 않는다는 취지의 문서
3. 1948.6.부터 재일한국인을 "특수 지위의 국민"으로 대우했던 근거 문서.
(영민)

2. 법무부 문의에 대한 답변

1. 법적 지위 협정 체결 이전의 재일 한국인의 지위
   가. 연합국 최고 사령부가 재일 아국민에 부여한 대우는 대략 아래와 같음.
      (1) 1945.10.4. 해방 국민으로 규정하고 정치적 또는 종교적 자유에 대한 제한을 철저
      (2) 1946.2.19. 일본 사법권에 의한 형사 판결에 대한 재심사 청구권을 허여
      (3) 1948.6.2. 특수 국민으로 취급했음(특수국이란 2차 대전 중 창건된 국가로서 전승국도 아니고 패전국도 아닌 국가를 지칭함)
   나. 1952.4.28. "일본과의 평화 조약" (쎈프란시스코 조약)이 발효함으로써 일본이 완전한 통치권을 회복하게 된 결과 일본은 재일 외국민에 대하여 영토 고권을 행사하게 된 것임
      (일본 법률 제126호 및 출입국 관리령 적용.)
2. 추방문제

가. 7년 이상 형을 받아 추방된 한국 교포가 있음(문의처: 법무부 입국심사과)
   예: 김정용(징역 3년: 주거 침입, 강도, 강간 등—74.2.26. 오오무라 수용소
      피퇴거 강제자 조사표 제83호

나. 조선적 교포 추방 실적은 현지 공관을 통하여 조사 중임.

3. 조련계 및 그들 후손의 일본 거주 문제

   현재로서는 일본 법률 제126호의 적용을 받는다.

   후손에 관한 문제는 비단 조련계 교포 뿐만 아니라 법적지위 협정의 적응을 받는,
   교포의 후예들에게도 장·차에 향하여는 미해결로 되어 있음. 일본 당국은 출입
   국 관리에 관한 관계 법령의 개정을 추진하고 있다고 하며, 그 가운데 "조선적"
   외국인을 포함한 외국인의 재류 문제를 검토하고 있는 것으로 알려지고 있음.

3. 재일한국인의 법적지위 강의 대요

在日韓國人의 法的地位

(講義大要)

1975.5

領事僑民局

在日韓國人法的地位

1. 韓·日 關係

   가. 韓·日 關係略史

      1) 韓國民의 日本流入

         - 1917年 第1次 世界大戰 直後부터 流入

         - 1923年 關東大震災時 在日韓国人 約 6千数百名에 達함.

         - 1932年 10月 韓國人 渡航制限 強化

- 1936年 在日韓國人의 "同化" 및 監視를 爲한 協和事業費 計上
- 1938年 11月 中央協和會 創設
- 1938年 12月 日本內 居住韓國人 約 80萬名
- 1939年 7月 國民徵用令 公布
- 1945年 8月까지 集團的으로 强制連行된 人員은 34 萬餘名
- 1945年 8月까지 第2次大戰에 强制動員된 人員
    · 軍人, 軍屬: 365,000名
    · 徵用劳務者: 670,000名
- 1945年 8月 在日韓國人 約 200萬名
- 1946年 12月　　　〃　　　約 50萬名
- 1960年 在日韓国人 約 48萬名
- 1974年 9月　　　〃　　　638,814名

2) 韓國民에 對한 日本의 戰後對策
- 駐韓 美軍政府 外務課 勤務 E.W. WAGNER 著 "日本에 있어서의 韓國 少數民族"

    "日本政府는 韓國人 處遇에 対한 充分한 權限이 부여되기 以前부터 占領軍이 韓國人에게 부여할려고 했던 自由와 平等을 韓國人이 형유하는 것을 방해하기에 열심이었다. 이를 爲하여 警察에 의한 威脅과 監視가 廣範圍하게 施行되었다. 國家的 便宜는 韓國人에 對하여는 極度로 制限되었다. 日本의 新聞과 民衆은 이에 協力하여 敵對行爲와 差別行爲에 依하여 韓國人을 以前의 劣等地位에 머물러 있도록 하려했다. (중략) 占領 첫해 前後하여 크게 好轉되였던 韓國人의 經濟的 地位는 (중략) 日本에 依한 差別 및 經濟統制의 全般的强化의 結果로 韓國人의 生活은 대단히 나쁜 狀態로 몰아 넣었다"

- 産業勞働部門으로부터의 追放
- 融資節次 困難
- 就業 差別

3) 1945.8.-1965.6.(從前-國交正常化)
- 36年間 日本이 韓國을 統治한 것은 韓國人에게 있어서 有益하였다.
    (1953年 第3次 韓·日会談 首席代表 "구보다 강이찌로오")
- 日本은 伊藤博文(이또오 히로부미)의 길에 따라 韓國에 뿌리를 박어야 한다. (1962年 요시다 前首相)
- 日本이 明治以来 台湾을 経営하고 朝鮮을 合邦하고, 満洲에 5族協和의

꿈을 実現코저 한 것이 日本帝國主義라고 한다면, 그것은 光栄의 帝國主義다. (1962年 시이나 에쯔사부로오)

4) 國交正常化(65.12.18. 批准書 交換式에서)

- 李東元 外務部長官

批准書 交換으로 兩國은 不幸한 過去의 關係에서 由來하는 모든 懸案을 解決하고, 一切의 過去를 清算, 밝은 將來를 爲한 友好關係의 第1步를 내디뎠다. 이로써 資本主義의 兩國이 正常的이고 緊密한 聯關을 맺는 基礎를 만들고, 나아가서는 自由陣營의 結束을 強化하였다.

- 시이나 外務大臣

가장 가까운 隣國으로서 歷史的, 地理的으로 깊은 聯關을 갖는 韓・日 両國이 正式 國交를 가지지 않는 不自然한 時代는 마지막을 告하고, 両國은 이제 本然의 姿勢로 돌아가 互惠平等의 原則에 基礎하는 善隣 友好關係를 樹立하기에 이르렀습니다. 韓・日 両國은 여기에 새로운 時代를 마지하였습니다.

나. 韓・日關係를 規定하는 諸要素

1) 強大國間의 理解

- 타프트-가쯔라 條約(1905.7.29)
- 日・露 講和條約(第2条)(1905.9.5)
- 韓半島의 分斷

2) 日本 情勢

- 日本 左翼 勢力

3) 北傀의 存在

- 朝總聯
- 一部 日本人과의 反韓聯合戰線 形成

4) 日本 言論의 性向

다. 今日의 韓・日關係

1) 일련의 韓・日間 刑事事件

2) 8.15 事件

3) 기무라 外相 發言

라. 새로운 韓・日關係

- 両國의 共同繁英과 아시아 地域의 安定, 平和, 發展을 爲한 韓・日 善隣 友好關係의 必要
- 互惠平等, 信義 誠實에 立脚한 共同 努力

- 日本側의 誠實한 實踐的 努力 期待
2. 在日國民現況

(편: 중략)

3. 法的地位協定의 概要
    가. 協定永住許可 要件
        (1) 大韓民國 國民으로서
        (2) 1945.8.15 以前부터 同許可 申請時까지 日本에 繼續 居住한 者.
        (3) 上記(1) 및 (2)에 該當하는 者의 子女로서 日本國에 繼續居住하고 있는 者.
    나. 申請期間
        (1) 協定永住許可의 申請期間은 1966年1月17日부터 1971年1月16日까지임.
        (2) 協定永住許可者의 子로서 1970年11月17日 以後 出生한 者는 出生日부터 60日 以內에 申請하여야 함.
    다. 申請節次
        (1) 申請窓口
            出生申告: 出生後 14日 以內(市·町·村)
            外國人登錄: 出生後 30일 以內(〃   )
            在留資格: 出生後 30日 以內(管轄入管)
            協定永住權: 出生後 60日 以內(市·町·村)
        (2) 申請書類
            가) 申請書
            나) 家族狀況 및 居住経歷에 関한 陳述書
            다) 寫眞
            라) 外國人 登錄証의 提示
            마) 國籍을 表示하는 証票의 提示(同証票가 없을 境遇에는 國籍에 關한 陳述書)
    라. 協定永住許可者에 對한 處遇
        (1) 退去强制上의 特例
            다음의 境遇(66.1.17 以後의 犯罪行爲)를 除外하고는 退去强制되지 않음.
            가) 內乱 및 外患에 關한 罪로 禁錮以上의 刑에 處하여진 者. (執行猶豫 및 附和雷同한 者 除外)

나) 國交에 關한 罪, 外國元首, 外交使節 또는 公館에 對한 犯罪로 禁錮以上의 刑에 處하여지고, 日本의 外交上의 重大한 利益을 害한 者.

　　다) 営利를 目的으로 한 麻藥類의 取締에 關한 法令의 違反으로 無期 또는 3年以上의 懲役 또는 禁錮에 處하여진 者. (協定発效前 3回 以上의 前科가 있는 者는 2回以上)

　　라) 無期 또는 7年以上의 懲役 또는 禁錮에 處하여진 者.

　(2) 基他의 處遇

　　가) 國民健康保險에의 加入(協定 및 合意議事錄)

　　나) 日本의 公立學校에의 進学(協定 및 合意議事錄)

　　다) 生活保護의 存續(協定 및 合意議事錄)

　　라) 外國人의 財産取得에 關한 政令의 適用除外國으로서의 存續(討議記錄)

　　마) 再入國許可의 好意的 取扱(討議記錄)

　　바) 永住帰國時의 財産搬出(協定 및 合意議事錄)

4. 法的地位 向上을 爲한 懸案問題

　가. 法的地位에 關한 事項

　　1) 協定永住権 申請期間 追加設定 問題

　　2) 회수 再入國許可 및 手續書類 簡素化

　　3) 再入國 許可期間 延長

　　4) 同居目的 入國者에 對한 迅速한 許可

　　5) 家族構成員에 對한 强制退去 緩和

　　6) 사하린 歸還者에 對한 永住權 부여

　　7) 不許可者에 對한 一般永住權 부여(書類省略)

　나. 待遇 向上 問題

　　1) 社會福祉 制度의 適用 擴大

　　　가) 適用: 國民健康保險法, 生活保護法, 勞動者 災害補償 保險法, 老人 福祉法, 職業安定法等

　　　나) 不適用: 公營住宅法, 住宅金融공고법, 國民年金法, 兒童扶養 手當法等

　　2) 旧 軍人 遺族 援護法 및 戰傷者 關係 諸法 適用

　　3) 韓國学校 出身者의 大學 入學 資格 問題

　　4) 公告業務의 代理業務 擴大 適用 問題(東京 商銀 및 大阪商銀은 代理業務를 取扱하고 있음)

5. 國民登錄

가. 現況(別添參照)

나. 在日國民中 民團系는 約40萬名이라고 하나 75.3. 末 現在 國民登錄을 畢한 者의 數는 313,042名임. (過去 14세 以下는 登錄을 하지 않았음) 따라서 戶別 訪問, 旅券 所持運動 및 戶籍整理運動等 可能한 모든 方法을 동원하여 國民登錄을 하도록 一大運動을 展開하여야 할 것이며 특히 協定永住權 申請當時 "國籍에 關한 陳述書"를 提出한 者의 數가 137,800名에 달하는 바 이들 중 相當數가 國民登錄과 民團加入을 하지 않고 있다고 判斷되므로 이들에 對한 啓蒙 및 指導를 徹底히 하여 早速한 時日內에 國民登錄을 畢함과 同時에 民團에 加入하도록 强力한 措置를 取하여야 할 것임.

다. 在外國民登錄証의 活用範圍(1973.12.29. 부터 實施)

1) 各種 民願書類의 添付書類로서 住民登錄簿 謄本을 請求할 境遇, 在外國民들은 在外國民 登錄簿 謄本을 添付토록 함.

2) 官廳出入時 身分 確認을 爲하여 在外國民은 僑胞旅券 또는 住民登錄証 代身에 同 在外國民 登錄証을 提示토록 함.

3) 在外國民의 出入國時 同 登錄証을 提示토록 함.

4) 其他 本人 如否 等 身分을 確認할 必要가 있을 境遇, 同登錄証을 提示토록 함.

라. 外國人 登錄簿上의 國籍表示

1) 外國人 登錄上의 韓國籍, 朝鮮籍 表示의 統計는 日本政府가 政治的 理由로 公式發表를 하지 않고 있으므로 正確한 숫자는 알 수 없으나 1972.12.末 現在 推定한 比率은 民團系 65.6%, 朝總聯系 34.4%임.

2) 韓國籍, 朝鮮籍 表示에 對한 日本政府의 解釋

外國人 登錄上의 國籍欄의 "韓國" 또는 "朝鮮" 表示에 關하여 日本政府는 1965.10.26. 다음과 같은 公式解釋을 發表한 바 있음.

卽, "韓國" 表示는 大韓民國의 國籍을 所持하였음을 意味하나 "朝鮮"이라는 表示는 國籍의 表示가 아니라 過去 朝鮮半島에서 渡日한 朝鮮人이라는 表示임.

마. 外國人 登錄法 改正問題

(許可·認可等의 整理에 關한 法律)

- 國會를 通過하면 1976.1.1.부터 實施豫定

1) 日本內 滯留期間 60日 以上을 90日 以上으로

2) 登錄事項 變更申請

- 姓名, 國籍, 居住地, 勤務先의 名稱과 所在地等 變更은 14日 以內

- 基他事項은 變更事項 發生後 새로운 登錄照明書 交付 申請時 申請
- 在留資格, 在留期間 變更의 許可는 入管에서 專擔
3) 再發給後 有效期間을 發給日로부터 3年間으로 함.
4) 再入國 許可를 받고 出國할 境遇 登錄証의 保管制度를 廢止

在外國民登錄現況 1976年3月 現在

| 公館別 | 登錄 | 日本法務省総計 | | 国民登録数 | | 転出者数 | | 除籍者数 | | 登錄 |
	単位別	韓国人数	永住権申請数	当月	累計	当月	累計	当月	累計	在留者数
大使館	東京	73,019	34,833	173	35,360	2	310	1	91	34,959
	三多摩			13	4,722		43		8	4,671
	千葉	9,292	2,113	24	3,649		22		5	3,622
	茨城	3,868	1,397	6	1,286		9			1,277
	埼玉	9,295	3,419	10	3,436		31		2	3,403
	栃木	2,087	914	8	850	1	4			846
	群馬	2,741	1,126	4	952		2		2	948
	新潟	2,532	1,497	1	1,284		3		7	1,274
	長野	4,901	2,341	4	2,234		13	4	5	2,216
	山梨	1,665	1,082	1	856		5		3	848
	計	109,400	50,722	247	54,629	3	442	5	123	54,064
札幌	北海道	7,208	4,066	28	2,976	1	17	1	11	2,948
仙台	宮城	3,658	1,693	3	1,588		34		15	1,539
	青森	1,859	1,390	9	1,103		98		29	976
	福島	2,150	634	5	558		18		17	523
	岩手	1,534	682	7	632		40		24	568
	秋田	1,085	774		715		21		21	673
	山形	673	352	1	344		19		17	308
	計	10,959	5,225	25	4,940		230		123	4,587
横浜	神奈川	28,783	14,347	80	12,023	3	130		120	11,773
	静岡	8,333	4,625	1	3,668	1	29		41	3,598
	計	37,116	18,972	81	15,691	4	159		161	15,371
名古屋	愛知	53,739	28,622	140	25,747	22	510	6	229	25,008
	岐阜	10,930	5,224	35	4,021		90		111	3,820
	三重	7,836	4,534	15	4,166		71	3	100	3,995
	石川	3,318	1,655	14	1,241		35		3	1,203
	福井	4,736	2,196	9	1,454		31		3	1,420
	富山	1,924	860	12	693		54			639
	計	82,483	43,091	225	37,322	22	791	9	446	36,085
大阪	大阪	179,851	112,703	644	104,110	19	2,382	3	344	101,384

	京都	43,863	23,480	128	21,068	6	370	1	96	20,602
	滋賀	6,774	3,075	67	2,640	3	37		8	2,595
	和歌山	4,996	3,249	21	2,937		84		24	2,829
	奈良	5,536	3,844	18	2,945		93		92	2,760
	伊丹			21	788	2	18		8	762
	計	240,949	146,351	899	134,488	30	2,984	4	572	130,932
神戸	兵庫	66,936	33,622	252	28,672	2	46		130	28,495
	岡山	8,085	4,106	13	3,288		10		25	3,253
	愛媛	2,049	1,286	16	931		5		3	923
	高知	1,479	699		505		4		1	500
	島取	928	494		430				5	425
	香川	952	515	5	355				2	353
	徳島	264	129		113					113
	計	80,693	40,853	286	34,293	2	65		166	34,062
下関	山口	14,667	8,438	38	6,763	11	73	1	29	6,661
	広島	15,772	9,549	72	7,649		34	2	28	7,587
	島根	1,375	847	9	785		45		52	688
	計	31,814	18,834	119	15,197	11	152	3	109	14,936
福岡	福岡	25,458	15,793	58	14,555	6	301		210	14,044
	佐賀	1,318	941	3	842	1	59		18	765
	長崎	2,578	2,571	5	1,875	1	85		53	1,737
	大分	2,980	1,827		1,449	4	20		22	1,407
	熊本	1,671	1,435	3	1,099	1	96		77	926
	宮崎	1,008	816	6	760	1	82		59	619
	鹿児島	506	458	3	307		18		49	240
	対馬島			1	227		3			224
	計	35,519	23,841	79	21,114	14	664		488	19,962
那覇	沖縄	205		1	143		52		6	85
	合計	636,346	351,955	1,990	320,793	87	5,556	22	2,205	313,032

6. 在日 韓國人 指導者의 役割

　가. 民團의 內實化

　　· 地位向上

　　· 權益擁護

　　· 經濟的 基盤 造成

　　· 教育文化의 向上

　　· 僑民團体의 育成 强化

　　· 本國과의 緊密한 紐帶强化

　나. 日本 國民들의 對韓 與論 好轉 造成

다. 創意的, 效率的인 朝總聯 宣傳 對備策
　　・朝總聯의 獨占的 佛敎 行事 掌握
라. 懸案問題 解決 促進
　　・在사하린 僑胞 歸還問題
　　・遺骨 奉還 問題
　　・海底 전선 分割 問題
　　・原爆 被害者 救護問題
마. 同胞愛 發揮 事業
　　・韓國系 孤兒 養護
　　・韓國系 나병患者 救護
바. 稅金攻勢 對備策
사. 重堅幹部, 各級 組織의 實務要員, 世代交替에 對備한 後繼者養成

北送現況(1974.12月 現在)

次數	日字	北送人員	累計	備考
1-155	1959.12.14 - 67.12.22	8,8621	88,621	協定期間
156	1971.5.20	202		暫定1次
157	6.20	169		〃 2 〃
158	7.18	134		〃 3 〃
159	8.20	163		〃 4 〃
160	9.17	159		〃 5 〃
161	10.24	254		〃 6 〃
162	12.19	237		자비 1 〃
163	1972.3.19	265		〃 2 〃
164	5.28	236		〃 3 〃
165	8.27	261		〃 4 〃
166	12.17	238	2,318	〃 5 〃
167	1973.3.23	244		
168	6.15	248		
169	10.19	212	704	
170	1974.2.22	176		
171	6.21	167		
172	11.2	136	479	
			92,122	

(*주: 朝總聯 中央委는 北送 15주년에 제하여 92,119名이 北送되었다고 發表
하였음을 1974.12.14日字 마이니찌 新聞이 報道함.)

7. 參考事項(民團의 當面課題)
　　가. 民團 創設以來 民團 幹部 및 一般 團員들이 民團育成을 爲하여 온갖 逆境을

克服, 오늘의 民團을 構築하였으나 民團이 遂行하여야 할 事業이 너무나 많으며 非能率的인 要素가 적지 않다고 思料되므로 이와 같은 非能率的인 要素를 排除할 수 있는 方案을 講究하여야 할 것임.

또한 民團의 現職 幹部에 對한 教育의 强化로서 이들의 資質向上을 꾀함과 同時에 幹部級의 世代交替에 対備한 後繼養成을 積極 推進하여야 할 것임.

나. 教育强化의 一環으로 本國에 定期的인 民團 幹部 養成課程을 設置하고 有能한 僑胞青年 및 僑胞 母國 留學生中에서 一定人員을 選拔, 教育을 實施하여야 할 것임.

또한 同課程 修了者는 全員 民團 幹部로 起用, 民團 發展에 이바지하도록 制度化 되어야 할 것임.

다. 民團幹部의 資質向上을 위한 民團 自體教育의 强化 方案으로서 民團 規約에도 規定되어 있는 民團의 한 機關으로서 訓練院을 設置하여 集中的으로 教育함이 要請됨.

라. 民團 中央本部의 財政安定을 期하고 在日 同胞社会의 象徵的 存在로서의 中央会館 建立이 時急히 要請됨.

마. 在日同胞 企業家는 勿論 其他 多數 同胞의 本國 投資意識昂揚 및 本國 送金等 諸般 便宜를 圖謀하기 爲한 "僑民銀行"의 設置에 對한 研究 檢討가 要請됨.

바. 民團의 上部組織의 强化와 並行하여 底辺組織의 强化 및 擴大가 가장 緊急한 當面課題라고 判斷되는 바, 무엇보다도 우선 協定 永住権 申請時 "國籍에 關한 陳述書"를 提出한 137,800名에 대하여서는 早速한 期間內에 戶別訪問 等 積極的인 方法으로 民團加入을 勸誘하는 運動을 展開하여야 할 것임.

사. 現在 民團이 實施하고 있는 僞裝 展向者에 對한 索出 等 民團 整風運動을 果敢히 展開하는 한편 轉向하고저 하는 者에 對하여는 따뜻이 맞이하여 주는 氣風을 振作하여야 할 것임. (勿論 今後에도 僞裝 轉向하는 者의 索出作業은 繼續되어야 할 것임)

結論: 在日僑胞 60萬 苦難어린 經驗이 결코 歷史的 犧牲으로 끝나서는 안된다.

② 일본의 외국인 등록법 개정, 1975

○ ○ ○

기능명칭: 일본의 외국인 등록법 개정, 1975

분류번호: 791.23

등록번호: 8984(19566)

생산과: 교민 1과

생산연도: 1975

필름번호: P-0015

파일번호: 05

프레임 번호: 0001-0025

1. 외무부 공문(발신전보)–신문기사에 대한 의견 송부 지시

외무부
번호 WJA-0567
일시 091500
발신 장관
수신 주일대사

1. 일본 법무성은 지난 3.7. 외국인 등록법을 개정하기 위한 "허가 인가등의 정리에 관한 법률" 안을 국회에 제출하였다고 귀지 신세계 신문(4.11.자) 및 주간지 "아사히 져널"(4.25. 자) 등이 보도하였음.
2. 상기 법률안 내용이 앞으로 재일 한국인의 법적 지위에 미칠 영향 등을 검토하시고 이에 대한 귀견을 보고 바람.
   (교일)

2. 주일대사관 공문–외국인 등록법 개정안에 대한 의견

주일대사관
번호 일본(영)725-3095
일시 1975.5.12.
발신 주일대사
수신 외무부 장관
제목 외국인 등록법 개정안에 대한 의견

대 WJA-0587
1. 대호, 외국인 등록법을 개정하기 위한 "허가, 인가 등의 정리에 관한 법율안"의 내용과 이에 관한 법무성 입국관리국의 해설문을 별첨 송부하오니 참조하시기 바랍니다.
2. 동 법율안의 주요골자 및 이에 관한 당관의 의견을 다음과 같이 보고합니다.

- 다음 -

가. "재류자격의 변경 또는 재류기간의 갱신이 허가된 경우, 입국 심사관이 당해 외국인이 소지하는 등록증명서에 새로운 재류자격 및 재류기간을 직접 기입할 수 있다"는 조항을 신설.

　　의견: 현행법에는 재류자격 변경 또는 재류기간의 갱신의 허가를 입국 당시의 입국관리사무소로부터 받은 후 14일 이내에 거주지 시구정촌역소에 외국인 등록 변경 신청을 제출하여야 하는 바, 이러한 이중적인 수속을 간소화하여 입관당국에서 직접 외국인 등록증명서에 새로 허가된 재류자격 또는 재류기간을 기입할 수 있도록 조치한 것임으로 재일 한국인에 대한 규제를 강화한 것이라고는 볼 수 없음.

나. "시정촌의 장은 등록원표의 기재사항이 사실과 합치되는지 여부를 확인하여야 한다"는 조항의 신설

　　의견: 현행법에는 외국인 등록증을 3년에 한 번씩 갱신 발급하게 되어 있는 바, 이 경우 외국인등록증을 분실 또는 파손에 의하여 재교부 받은 때에는 당초 유효기간의 잔여기간에 한하여 유효하게 되어 있으나 개정안은 재교부한 외국인 등록증도 재발급시부터 3년간 유효한 것으로 간주하기 위하여 재발급시에 기재사항을 확인토록 조치하는 것임으로 외국인에게 편의를 도모하는 것임.

다. "재입국 허가를 받고 일본국외에 출국한 외국인이 재입국허가 기간내에 일본에 재입국하지 않는 경우 외국인 등록증명서가 자동적으로 무효화된다"는 규정을 신설.

　　의견: 현행법 하에서도 외국인이 재입국허가 기간내에 일본에 재입국하지 않는 경우에는 재입국 허가와 함께 외국인 등록증명서도 무효화되는 것임으로 새로운 규정은 아니며, 다만 현행 규정에는 외국인 출국 시 등록 증명서를 입관에 보관시키도록 되어 있는 것을 개정안에서는 반납하지 않고 휴대 출국할 수 있도록 변경함에 따라 외국인 등록증명서의 실효를 명확히 규정함으로서 혼란을 방지하려는 것임으로 재일한국인에 대한 구제강화라고 볼 수 없음.

3. 동 개정안은 지난 3.7. 각의를 거쳐 제75회 국회에 제출되었으나 아직 심의를 시작하지 않고 있음을 첨언합니다.

첨부: 외국인 등록법 개정안 및 입관국 해설문 각 1부. 끝.

2-1. 첨부-외국인 등록법 개정안 및 입관국 해설문

簡易化される外国人登録手続について

(昭和五十年四月法務省入国管理局)

今国会で審議中の「許可、認可等の整理に関する法律案」の中に含まれている外国人登録法の一部改正案について、一部には法改正の趣旨を誤解し、批判を加えている人がいます。この批判は次の三点に要約されますが、それぞれについて、その誤解を解きたいと思います。

批判の第一点は、在留資格の変更や在留期間の更新が許可された場合、入国審査官が登録証明書に新たな在留資格・在留期間を記入する権限を与える条項を新設することは、従来市町村当局の所管である外国人登録事務に入管当局の直接介入の道を開くことであり、在日朝鮮人に対する規制の強化をねらつたものである、というものです。

外国人の在留資格変更又は在留期間更新を許可する権限は法務大臣にあり、現行法の下では在留資格変更又は在留期間更新の許可があつた場合、外国人は、最初に入国管理事務所に出頭して入国審査官から旅券に記載された在留資格又は在留期間の書換えを受けなければならず、その後あらためて十四日以内に市区町村役場に出頭して変更登録申請をしなければなりません。これは外国人に二重の手間をかけさせることになるので、今回の簡素化の一環としてこれを是正し、在留資格変更又は在留期間更新の許可があつたときは、入国審査官が、旅券のほか登録説明書に、その事実を記入することによつて、本人があらためて市区町村役場に出向いて変更登録申請をする必要がないことにしようとするものです。市区町村長は、その後、その外国人がなんらかの登録関係の申請手続のため市区町村役場に出向いて登録説明書を提出した機会に、職権で登録原票に変更登録すれば足りることにするものです。この改正によつて、年間延べ十四万人の外国人が市区町村役場に出向く手間を省くことになると推計されます。改正案の内容は、このように外国人の便宜をはかり、登録事務を合理化しようとするものであり、規制の強化などの内容は、何もないのです。

なお、有効な旅券を所持することができない外国人に対して在留資格説明書を作成交付する取扱いや、遠隔地居住等のため市区町村長が郵送等により入管に在留資格・在留期間関係申請書類を取り次いでもよいこととする取扱いには、改正後も何ら変更はありません。

批判の第二点は、市町村当局の登録原票の記載が事実と合つているかどうかを確認する義務と権限を規定した条項を新設するのは、氏名・職業など二十項目にわたる登録説明書記載事項に関する事実調査権の強化であり、在日朝鮮人の生活の動向をし細には握し、取締りを一層強化することである、というものです。

　現行法の下では、初めて登録した日から三年ごとに市区町村役場で登録事項の確認を受けて、新しい登録説明書に切り替えなければならないことになつていて、例外を認めていません。そのため、例えば、新規登録の二年十箇月後に登録説明書を紛失したり汚したりして、新しい登録説明書の再交付や引替交付を受けたとしても、二箇月後には、再び切替えのための手続きをとらなければなりません。改正案では、再交付又は引替交付によつて新しい登録説明書をもらつた場合は、その日から起算して三年間は切り替えなくてもよいことになります。つまり、改正案では、再交付や引替交付の申請が行われた際にも、現行法の切替交付申請が行われたときと同じ確認手続を行うとともに、切替交付と同じ効果を認めようとするもので、改正案第六条及び第七条にいう確認は、現行法第十一条にいう確認と同じ意味ですから、規制の強化にはならないし新しい権限の新設でもありません。改正後はかえつて、次回の切替交付の申請までの期間が延びるという点で外国人にとつての利益が大きいのです。

　批判の第三点は、再入国許可を受けて日本国外に出た外国人が再入国期間内に日本に再入国しない場合登録説明書が自動的に無効となるという規定の新設は、再入国期間超過を理由に、日本における生活の一切を奪うものであり、当局が一貫してねらつてきた在日朝鮮人追放政策の露骨な現れである、というものです。

　現行法の下でも、外国人が再入国許可の期間内に我が国に戻らず再入国許可が失効した場合、同時に登録説明書も無効のものとなるのであり、この場合、我が国に戻つた者が入管での上陸手続の結果あらためて上陸を許可されれば、市区町村役場で新規に登録を申請しなければなりません。これは、改正案によつて新たに定められることではないのです。ただ、従来は再入国許可失効時点で登録説明書が市区町村役場にあるため、登録原票を閉鎖する手続きだけとればよかつたのですが、改正案により、海外旅行に際して登録説明書を提出しないで携行したまま出国できることになることから、外国人によつては、その所持する登録説明書が再入国許可の効力に関係なくいつまでも有効であると誤解をするおそれが生じたため、改正法案では、再入国許可の失効により登録説明書も失効するという当然のことを念のため明確化したに過ぎないのであつて、外国人に対し、新たな負担を課したり不利益を

与えたりするものではありません。もとより、病気その他やむをえない事由により再入国許可期間を過ぎて我が国に戻つた外国人について、上陸手続の際、その事情を十分考慮することは、改正後も変わりはありません。

(二)所要の経過措置を規定すること。

許可、認可等の整理に関する法律案(抄)

(外国人登録法の一部改正)

第五条 外国人登録法(昭和二十七年法律第百二十五号)の一部を次のように改正する。

第三条第一項中「六十日」を「九十日」に、「三十日」を「六十日」に改める。

第四条第一項中「左の各号」を「次の各号」に改め、同項第十六号中「の地番」を削る。

第六条第一項中「き、損し」を「き損し」に、「左の各号」を「次の各号」に改め、同項第一号中「登録証明書引替交付申請書」を「登録証明書交付申請書」に改め、同項第二号を第三号とし、同項第一号の次に次の一号を加える。

二。旅券

第六条第三項を次のように改める。

3．市町村の長は、第一項の申請があつたときは、登録原票の記載を事実に合つているかどうかの確認をしなければならない。

第六条第六項を削り、第五項を第六項とし、第□項を第□□とし、第一項の次に次の一号を加える

4．市町村の長は、前項の確認をしたときは、登録原票に基づき、新たに登録証明書を交付しなければならない。

第七条第一項中「因り」を「より」に、「左の各号」を「次の各号」に改め、同項第一項中、「登録証明書引替交付申請書」を「登録証明書交付申請書」に改め、同項第三号中「除く外」を「除くほか」に改め、同□□□□□し、同項第二号を同項第三号とし、同項第一号の次に次の一号を加える。

二．旅券

第七条第三項を次のように改める。

3．市町村の長は、第一項の申請があつたときは、登録原票の記載が事実に合っているかどうかの確認をしなければならない。

第七条第七項を削り、同条第六項中「登録証明書の再交付」を「第四項の規定

により登録証明書の交付」に、「因り」を「より」に、「すみやかに」を「速やかに」に改め、同項を同条第七項とし、同条第五項中「第三項」を「第四項」に、「再交付」を「交付」に改め、同項を同条第六項とし、同条第四項を同条第五項とし、同条第三項の次に次の一項を加える。

4. 市町村の長は、前項の確認をしたときは、登録原票に基づき新たに登録説明書を交付しなければならない。

　　第八条第一項及び第二項中「居住地変更登録申請書」を「変更登録申請書」に改める。

　　第八条の二第二号中「第六条第四項、第七条第四項及び第十一条第四項」を「第六条第五項、第七条第五項及び第十一条第五項」に改め、同条第三号中「すみやかに」を「速やかに」に改める。

　　第九条第一項中「居住地以外の記載事項」を「記載事項のうち、第四条第一項第三号、第六号、第九号又は第十九号に掲げる事項」に改め、同条第二項中「前条第三項」を「第八条第三項」に、「前項の申請の場合に、同条第七項の規定は、前項」を「前二項の申請の場合に、同条第七項の規定は、第一項」に改め、同項を同条第三項とし、同条第」項の次に次の一項を加える。

2. 外国人は、登録原票の記載事項のうち、第四条第一項第七号、第十一号、第十二号、第十七号又は第十八号に掲げる事項に変更を生じた場合には、第六条第一項、第七条第一項、第八条第一項若しくは第二項、前項又は第十一条第一項の申請のうち当該変更を生じた日後における最初の申請をする時までに、その居住地の市町村の長に対し、変更登録申請書及びその変更を生じたことを証する文書を提出して、その記載事項の変更の登録を申請しなければならない。

　　第十条に次の二項を加える。

3. 市町村の長、第六条第一項、第七条第一項、第八条第一項若しくは第二項、前条第一項若しくは第二項又は第十一条第一項の申請があった場合において、その申請に係る外国人の在留資格又は在留期間に変更があったことを知ったときは、当該外国人に係る登録原票に当該変更の登録をし、かつ、第八条第三項(前条第三項において準用する場合を含む。)の規定により当該外国人に返還すべき登録証明書の在留資格又は在留期間の記載を書き換えなければならない。

4. 入国審査官(出入国管理令に定める入国審査官をいう。以下同じ。)は、第四条第一項の登録を受けた外国人の在留資格又は在留期間に変更があったとき

は、当該外国人の所持する登録証明書に新たな在留資格又は在留期間を記入するものとする。

　第十条の二第一項中「第九条第一項並びに前条第一項」を「第九条第一項及び第二項並びに前条第一項及び第三項」に改める。

　第十一条第一項中「登録受けた日」の下に「(第六条第三項、第七条第三項又はこの条第三項の確認を受けた場合には、最後に確認を受けた日)」を加え、「登録原票の記載が事実に合っているかどうかの確認」を「登録証明書の切替交付」に改め、後段を削り、同項第一号中「登録事項確認申請書」を「登録証明書交付申請書」に改め、同条第三項を次のように改める。

３．市町村の長は、第一項の申請があったときは、登録原票の記載が事実に合っているかどうかの確認をしなければならない。

　第十一条第六項を削り、同条第五項中「第三項」を「第四項」に改め、同項を同条第六項とし、同条第四項を同条第五項とし、同条第三項の次の一項を加える。

４．市町村の長は、前項の確認をしたときは、登録原票に基づき新たに登録証明書を交付しなければならない。

　第十一条第七項中「第三項」を「第四項」に改め、同条第八項中「第三項」を「第四項」に、「すみやかに」を「速やかに」に改め、同条第十項を削る。

　第十二条第一項中「(出入国管理令に定める入国審査官をいう。以下同じ。)」を削り、同条第四項を削る。

　第十二条の二を次のように改める。

(再入国の許可を受けて出国する者の登録証明書)

　□第十二条の二　出入国管理令第二十六条の規定による再入国の許可を受けて出国した外国人が再入国しなかったことにより当該許可の効力が失われたときは、その者に対して交付された登録証明書は、その効力を失う。

２．前項の規定によりその効力が失われた登録証明書を所持する同項の外国人が再び本邦に在留することとなったときは、当該外国人は、速やかに上陸した出入国港の入国審査官又はその居住地の市町村の長に対し、当該登録証明書を返納しなければならない。

　第十四条第三項及び第四項を削り、同条第五項中「第一項又は第三項」を「第一項」に、「第一項に規定する」を「同項に規定する」に改め、「又は第三項に規定する申請に伴い書き換えて返還される登録証明書」を削り、「第十五条第二項」を「次条第二項」に、「同条同項」を「同項」に改め、同項を同条第三項とし、同条第

六項中「又は第三項」を削り、同項を同条第四項とする。

第十五条第一項中「(第十二条の二第一項の規定によるものを除く。)」を削り、「第十一条第五項」を「第十一条第六項」に改め、同条第二項中「困り」を「より」に、「左の各号」を「次の各号」に、「第十二条の二第一項の規定による登録証明書の提出又は第七条第六項、第十一条第八項若しくは第二項」を「第七条第七項、第十一条第八項、第十二条第一項若しくは第二項又は第十二条の二第二項」に改める。

第十五条の二第一項中「第十一条第一項又は十二条の二第三項」を「若しくは第二項又は第十一条第一項」に改める。

第十六条第一項中「第九条第二項」を「第九条第三項」に、「第十条第一項」を「第十条第一項若しくは第三項」に改める。

第十八条第一項中「左の各号」を「次の各号」に、「禁こ」を「禁錮」に改め、同項第一号中「、第十一条第一項又は第十二条の二第三項」を「若しくは第二項又は第十一条第一項」に、「こえて」を「超えて」に改め、同項第二号及び第三号中「、第十一条第一項又は第十二条の二第三項」を「若しくは第二項又は第十一条第一項」に改め、同項第五号中「第六条五項」を「第六条第六項」に改め、同項第六号中「第七条第六項、第十一条第五項」を「第七条第七項、第十一条第六項」に、「第十二条の二第一項」を「第十二条の二第二項」に改め、同項第六号の二中「第七条第六項、第十一条第五項」を「第七条第七項、第十一条第六項」に、「第十二条の二第一項」を「第十二条の二第二項」に改め、「又は提出」を削り、同項第八号中「押なつ」を「押なつ」に改め、同条第二項中「禁こ」を「禁錮」に改める。

第十九条中「、第十一条第一項若しくは第十二条の二第三項」を「若しくは第二項若しくは第十一条第一項」に、「第六条第五項」を「第六条第六項」に、「第七条第六項、第十一条第五項」を「第七条第七項、第十一条第六項」に、「第十二条の二第一項」を「第十二条の二第二項」に改め、「若しくは提出」を削る。

(施行期日)

1. この法律は、公布の日から施行する。ただし、次の各号に掲げる規定は、当該各号に定める日から施行する。

　　(省略)

　　□□□　昭和五十一月□月一日

　　(経過措置)

2．第五条の規定の施行の隣本邦に在留している外国人に係る外国人登録法第三条の規定による新規登録については、なお従前の例による。

3．昭和五十一年一月一日前に第五条の規定による改正前の外国人登録法(以下「旧外国人登録法」という。)第六条第一項又は第七条第一項の申請をした者で、第五条の規定の施行の際当該申請に係る登録証明書の交付を受けていないものに対する登録証明書の引替交付又は再交付については、なお従前の例による。

4．昭和五十一年一月一日前に旧外国人登録法第四条第一項第七号、第十一号、第十二号、第十七号又は第十八号に掲げる事項に変更を生じたことによる当該事項に係る変更登録については、なお従前の例による。

5．昭和五十一年一月一日前に出入国管理令(昭和二十六年政令第三百十九号)第二十六条の規定による再入国の許可を受けて出国した外国人で、第五条の規定の施行の際旧外国人登録法第十二条の二第四項の規定による登録証明書の返還を受けていないものに係る登録証明書の返還については、なお従前の例による。

7．この法律(附則第一項各号に掲げる規定については、当該各規定)の施行前にした行為及び附則第二項から第五項までの規定により従前の例によることとされる新規登録、変更登録又は登録証明書の引替交付、再交付若しくは返還に係る第五条の規定の施行後にした行為に対する□則の適用については、なお従前の例による。

　(注)この法律案は、三月七日閣議を経て同日第七十五回国会に提出(内閣提出法律案第四九号)されました。＝□□子

③ 재일본 한국인의 법적지위에 관한 한·일본 실무자회의,
　　제5차. 동경, 1976.11.24-30. 전2권(V.1 기본문서)

○ ○ ○

기능명칭: 재일본 한국인의 법적지위에 관한 한·일본 실무자회의. 제5차. 동경,
　　　　　1976.11.24-30. 전2권

분류번호: 791.22

등록번호: 10007(19589)

생산과: 교민1과

생산연도: 1975-1976

필름번호: P-06-0018

파일번호: 03

프레임 번호: 0001-0221

1. 주일대사관 공문-교포 법적지위 문제에 대한 요망서 송부

주일대사관
번호 일본(영)725-3796
일시 1975.6.10.
발신 주일대사
수신 장관
제목 교포 법적지위 문제에 대한 요망서 송부

　　1. 민단 중앙본부 단장으로부터 재일교포 법적지위 및 대우 문제에 관한 요망
서를 제출하여 왔으므로 이를 별첨 송부하오니 검토. 회시하여 주시기 바랍니다.
　　2. 동 법적 지위문제에 관한 대 일본정부 요망사항에 대하여는 지난 6.4. 민
단 대표들이 주재국 법무성 및 후생성 간부를 각각 방문하여 선처토록 요청한
바 있음을 첨언합니다.
첨부 법적지위 및 대우 문제에 관한 요망서 2부. 끝.

1-1. 첨부 요망서(편: 일본어역 생략)

1975年5月30日
要望書
在日本大韓民國居留民團 中央本部

要望書

目次
　　前文 : 韓日協定의 基本精神

(1) 在日韓國人의 待遇問題에 關하여

(2) 本國政府에 對한 要望事項

添付: 日本政府에 對한 要望事項(國文 및 日本文)

　　　在日韓國人에게 適用되지 않는 日本法令 (國文 및 日本文)

前文

韓日協定 외 基本精神

　　韓日協定은 그 前文에 「多年間日本國에 居住하고 있는 大韓民國國民이 日本國의 社會와 特別한 關係를 가지게 된 것을 考慮하여 이들 大韓民國國民이 日本國의 社會秩序아래서 安定된 生活을 營爲할수 있게 하는 것이 兩國間 및 兩國民의 友好關係의 增進에 寄與하는 것을 認定하여」라고 記述되어 있는데 이것은 在日韓國人의 居住와 生活安定에 特別한 配慮를 한다는 基本精神의 表現이라고 본다.

　　이에 對한 韓國政府의 基本方針 역시 「現在 日本國에 居住하는 在日韓國國民은 勿論 그 子孫들 까지도 日本國에서 安定된 生活을할수있는 地位를 法的으로 保障해야 한다」는 것이다.

　　卽政府는 종래의 國際法이나 國際慣例만을 가지고 이런 問題를 一律的으로 處理할수 없는 복잡한 歷史的인 배경을 充分히 考慮하여 人道的 立場에서 政治的으로 解決되어야 한다는 것이다.

　　이러한 觀点에서 現實的으로 나타나고 있는 實例를 들어 問題點을 찾아보기로 한다.

(1) 在日韓國人의 待遇問題에 關하여

　　在日韓國人의 法的地位를 爲한 永住權申請運動은 本團組織의 全力量을 傾注하여 活動한 結果 申請數35萬餘名이란 큰 成果를 보았으나 在日同胞의 安定된 生活營爲를 確保하기에는 永住權問題와 表裏一体的인 待遇問題關係를 解決하는 것이 緊要한 課題가 되겠읍니다. 日常生活에 直結된 重要한 社會保障關係法令 및 金融關係法令等의 規制로서 惠澤을 받지 못하게 되어 있읍니다. 其他 여러가지의 法令制約과 差別待遇를 받고 있으므로 永住權을 取得한 在日同胞에게는 韓日協定文의 基本精神에 立脚하여 日本政府는 待遇問題에 誠意있는 態度로서 社會福祉, 厚生, 金融, 敎育, 住宅等卽日常生活에 必要한 全般的인 面에 있어 日本人과 同等한 法的待遇를 하도록 兩國의 閣僚會議 및 實務者會議에서

强力히 主張하여 우리들의 要望事項이 實踐되도록 善處해 주시기를 바랍니다.

(2) 本國政府에 對한 要望事項

① 韓日共同委員會構成

政府는 在日韓國人의 法的地位와 待遇問題에 關한 向上을 爲해 좀 더 積極的인 態度로서 兩國會議에 臨해줄것과 現在 諸般問題點과 앞으로 豫想되는 事態를 研究하여 妥當한 解決을 期하고 在日韓國人에 關한 諸般事項을 處理하는 韓日共同委員令(假稱)을 常設하여 隨時로 調整할 것.

② 아래의 諸般法令이 在日韓國人永住權許可者에게 全面的으로 適用되도록 要望하나이다.

(가) 社會保障關係法令

(1) 公營住宅法

(2) 兒童扶養手當法

(3) 特別兒童手當法

(4) 國民年金法

(나) 金融關係法令

(1) 國民金融公庫法

(2) 住宅金融公庫法

(3) 其他

註 : 日本法令은 「國民」 「國民大衆」 云々의 用語가 使用되어 있더라도 日本社會와 特殊한 關係가 있는 在日韓國人(永住權許可者)에게는 適用되어야한다는 方向에서 基本的인 以上의 諸般關係法令 및 條例等이 適用되어 全面的으로 待遇向上이 法的으로 保障 되기를 要望.

③ 政府는 在日韓國人의 待遇問題를 論議하는 韓日閣僚令議 및 實務者會議에 當事者인 民團代表數名이 「옵서어버」로 參席할수 있도록 할 것.

④ 一年以上의 日本國在留資格을 가진者에게는 駐日韓國公館에서 旅券發給을 받을 수 있도록 要望하나이다.

⑤ 教育問題에 關하여

在日韓國人의 子女教育에 關하여서는 韓日協定에 明記된 基本精神을 살려 이행하도록 하는 最大限의 努力을 하여 주시기 바랍니다.

添付

日本政府에 對한 要望事項

(1) 出入國管理令(法)의 運用에 對한 要望事項

《(가) 再入國許可의 回数制》

韓日法相會議共同코뮤니케 (1969年8月19.20日)에 韓日法相이 表明한 바와 같이 一回申請으로서 發給된 再入國許可證明은 期限内에는 數次出入國을 可能하게 할 것.

《(나) 再入國許可代理申請》

本人이 出頭하지 못할 境遇에는 代理申請을 認定할 것.

《(다) 本國家族同居入國許可緩和》

永住權許可者의 夫婦와 直系家族을 同居目的으로 招請할 境遇에는 入國許可를 緩和할것

《(라) 退去强制를 緩和》

協定發效以前에 入國한 者에 對하여 特別在留許可를 賦與할 것.

《(마) 留學生의 再入國期限을 現地延長》

在日同胞中에 本國 및 其他地域에 留學中에 있는 者에 对하여서는 現地 日本公館에서 再入國期限延長許可를 받을 수 있도록 할 것.

在日韓國人에게 適用되지 않는 日本法令

分類	法令名	條項	條文 및 用語拔穗	參考事項
社會保關係	公營住宅法	第一條 第十七條	國民生活의安定, 入居者資格 (1) 〈低所得者對象〉 國民生活의安定과社會福祉의增進 (2) 國및地方公共團体가協力	第1條에 依하면 우리들에게 不適用이나 第17條에 依하면 日本人과 事實上 結婚한 韓國人에게는 適用될可能性이 있음.
	兒童扶養手當法	第四條 (二)	支給하지 않는 日本國民이 아닐 때, (1) 〈父와 生計를 같이 하지 않는 兒童.〉 (2) 日本國民이 아니면 不支給.	外國人에게는 兒童扶養手當이 支給안됨.
	特別兒童扶養手當法	第四條 三의一	日本國民이 아닐 때는 支給되지 않는다. (1) 〈精神및身体障害兒童〉 (2) 日本國民이 아니면 不支給	外國人에게는 手當金이 支給안됨
	國民年金法	第一條	國民 (1) 〈健康한 國民生活의 維持및向上〉 (2) 被保險者: 日本國民 (3) 政府管掌: 地方長官委任可	日本國民만을 意味하는것시기 때문에 우리에게 不適用.

金融關係	國民金融公庫法	第一條	國民大衆に対して (1) 國民大衆에 對한 〈事業資金供給〉 (2) 他金融機關業務代行可	「國民金融」이라고 明示되어 있고 日本人에 限한다고 日本關係當國에서 말하고 있음. 다른 金融關係法은 適用됨.
	住宅金融公庫法	第一條	國民大衆 (1) 國民大衆이 健康하게 文化的生活을 營爲하기 위한 〈建設資金融通〉 (2) 資本金50億金額을 政府出資	國民大衆은 日本人만을 意味하는 것이며 應募者가 많아 當選이 極難함. 다른 金融關係法은適用되나 이法은 不適用.
財産權關係	船舶所有權			(1) 船舶法 第1條에 日本國民의 所有에 屬하는 船舶이라 規定.
	鑛業權			(1) 第17條 日本國民또는 日本國法人이 아니면 鑛業權은 許可될 수 없다고 規定.
	(所有登記に関する条項)航空法		日本の國籍を有しない人 外國の國籍を有する 航空機はこれを登錄することが出來ない。	外國人은 日本에서 航空機登錄을 못한다.

出入國管理令等上	(1) 再入國許可의 回數制 (2) 再入國許可代理申請 (3) 本國家族同居入國許可緩和 (4) 退去强制緩和 (5) 留學生의 재입국期間現地延長

2. 외무부 공문(발신전보)―한일각료회담 개최의 필요성 여부 및 개최시기에 관한 의견 보고 요청

외무부
번호 WJA-09413
일시 251800
발신 외무부 장관
수신 주일대사

대: JAW-046277(75.4.23)

1. 한·일 각료회담 공동성명 5항의 구체화 및 기타 재일국민의 법적 지위 향상을 위한 한·일 실무자회담 개최 제의 필요성을 본부에서 검토중인 바, 동 회담 개최의 필요성 여부 및 개최시기 등에 관한 귀견을 보고 바람.
2. 동 회담 개최에 대비하여 아측이 제의할 안건 및 이에 관련된 사항(자료 포함)도 아울러 보고 바람.
3. 아측의 동 회담 개최 제의에 대한 일측의 반응 타진은 일시 보류하시기 바람. (교일)

3. 외무부 공문(착신전보)–법적지위 향상을 위한 일한 실무자회의 개최에 대한 건

외무부
번호 JAW-10119
일시 061431
수신시간 75.10.6. 16:56
발신 주일대사
수신 외무부 장관
참조(사본) 아주국장

대: WJA-09413
연: JAW-04627,10053

1. 대호, 재일국민의 법적지위 향상을 위한 일.한 실무자회의 개최의 필요성을 느끼고 있으나 하기 이유로 가까운 시일내에 개최하기 어려울 것으로 보이며 일본측과 협의하여 결정해야 될 것으로 사료됨.

　가. 현재 개최중인 일본임시국회가 11월말에 폐회되는 바, 동국회개최 기간 중에는 입관당국의 간부들이 수시로 국회에 나가야 되며 이어 연말 연시 업무사정으로 인하여 동 회기 중에 개최하기 어려운 실정임.

　나. 연호 전문으로 보고한 바와 같이 "다께무라" 차장이 10월 하순 또는 11월 초순경에 방한하는 경우, 법적지위 문제에 관하여 의견을 교환하게 될 것임으로 실무자회의 개최문제는 동차장의 방한 시 비공식 타진하고 그 결과를 보아서 결정함이 좋을것임.

다. 그간 당관에서 실무자회의 개최에 관하여 비공식적으로 일본측의 의향을 타진한 결과 금년내에 개최하는 것을 바라지 않고 있는 듯한 인상을 받았음.

2. 동실무자회의에서 토의할 안건에 있어서 아측과 일본측의 입장이 다음과 같이 상이함을 참고하시기바람.

아측: 가. 협정 영주권 신청기간 추가 설정

　　　나. 재일교포의 재입국 허가 기간연장 및 수속 간소화

　　　다. 동거목적 입국자에 대한 허가조건 완화

　　　라. 협정영주권 취득자 및 법율 126호에 해당자 중 범법자와 밀항자 중 가족이 일본에 거주하는 자에 대한 강제퇴거 조치 완화

　　　마. 일반 영주권 허가조건의 완화

　　　바. 사하린으로부터 귀환자에 대한 영주권 부여

　　　사. 재일교민에 대한 사회 복지제도의 적용범위 확대

　　　아. 한국학교 출신자의 대학 입학자격 부여

　　　자. 신용조합의 은행승경(공고 업무의 확대적용)

　　　차. 재일교포에 대한 구 군인유족 원호법 전상자 보상관계 법령 적용 및 한국인 원폭피해자에 대한 구호조치 적용

일본측: 가. 협정영주권 취득자 및 법율 126호 해당자중 7년 이상의 범법자(법적지위 협정 제3조 해당자)에 대하여 한국측에서 협정을 준수, 강제송환에 적극 응할 것.

　　　나. 일반 밀항자중 가족이 일본에 동거하는 자 또는 장기 체류자에 대하여도 강제 송환할수있도록 동의할 것.

　　　다. 여타 상기 아측의 제의안건에 대하여는 극히 소극적인 태도를 보이고 있음(일본영-교일)

4. 재일교포법적 지위 및 복지문제

在日僑胞法的地位 및 福祉問題

1. 强制送還에 關한 日側의 Aide Memoire 提示

　가. 日側이 密航者에 對해 妥當한 考慮를 하고도 强制送還者로 決定한 者를 全員 引受할것.

　나. 法的地位 協定3條 D項 該當者(協定永住權者) 및 法律 126號 該當者中 犯法

者中에서 强制送還 對象者로 決定한者를 引受할것.

2. 我側의 措置方案

　가. 法的地位協定 合意議事錄의 "人道的考慮" 句節 및 實務者會議 合意事項에 依據 全員을 引受할수는 없습니다.

　나. 駐日大使館의 建議에 따라 協定永住權者 조복삼 및 密航者 강창희만을 받아주되 조복삼은 永住歸國 形式으로 引受하도록 法務部와 合意하였읍니다.

　다. 上記强制送還問題와는 別途로 아래와 같은 在日僑胞 福祉向上問題에 처하여 日側의 好意的 考慮를 要請하고저 駐日大使에게 全般的인 問題를 檢討, 建議하도록 指示하였읍니다.

　　(1) 信用組合의 銀行으로의 昇格問題

　　(2) 公告業務 代理取扱 信用組合의 範圍 擴大問題

　　(3) 中企業育成保護를 爲한 諸法의 適用問題

　　(4) 社會保障關係諸法의 適用問題等

　라. 上記와 關聯하여 日側은 强制送還問題만의 討議를 爲한 兩國實務者會議開催를 提議하였으며 我側은 在日僑胞問題全般에 關한 實務者會議開催를 提議하였읍니다.

　마. 앞으로 駐日大使로부터 意見建議를 받으면 法務部와 協議, 最終方案을 作成하여 駐日大使에게 訓令하고저 합니다.

5. 조총련계 모국성묘단 중 전향교포에 대한 협정영주권 부여 교섭

조총련계모국 성묘단중 전향교포에 대한 협정영주권 부여 교섭

1. 협정 영주권 신청기간 추가 설정을 위한 교섭 경위

　가. 법적 지위 협정 규정(제1조)

　　(1) 일본국 정부는 다음의 어느 하나에 해당하는 대한민국 국민이, 본 협정의 실시를 위하여 일본국 정부가 정하는 절차에 따라 본 협정의 효력발생일로부터 5년 이내에 영주허가의 신청을 하였을 때에는, 일본국에서의 영주를 허가한다.

　　　(가) 1945년 8월 15일 이전부터 신청시까지 계속하여 일본국에 거주하고 있는 자.

(나) (가)에 해당하는 자의 직계존속으로서 1945년8월16일 이후 본 협정의 효력발생일부터 5년 이내에 일본국에서 출생하고, 그후 신청시까지 계속하여 일본국에 거주하고 있는 자.

(2) 일본국 정부는, 가의 규정에 의거하여 일본국에서의 영주가 허가되어 있는 자의 자녀로서 본 협정의 효력 발생일로부터 5년이 경과한 후에 일본국에서 출생한 대한민국 국민이, 본 협정의 실시를 위하여 일본국 정부가 정하는 절차에 따라 그의 출생일로부터 60일 이내에 영주허가의 신청을 하였을 때에는 일본국에서의 영주를 허가한다.

(3) (1)(나)에 해당하는 자로서 본 협정의 효력 발생일로부터 4년 10개월이 경과한 후에 출생하는 자의 영주 허가의 신청 기한은 (1)의 규정에 불구하고 그의 출생일로부터 60일 이내로 한다.

(4) 전기의 신청 및 허가에 대하여는 수수료는 징수되지 아니한다.

나. 협정영주권 신청기간 연장을 위한 교섭 상황

(1) 제1차 실무자 회담(67.7.20-21)

(2) 제2차 실무자 회담(68.11.5-6)

(3) 법상 회담(69.8.19-20)

議會內容

- 협정영주권 신청자격
- 일반영주권 허가의 신속처리
- 협정영주자의 재입국 문제 및 재입국기간 연장 문제
- 전후입국자로서 재류 상황이 특히 불량한 자의 강제퇴거 문제

(4) 법무차관 회담(1970.10.27-28)

- 협정영주권 취득자에 대한 대우 경제활동, 사회보장, 교육 등에 대해 보다 나은 대우를 부여토록 특별 배려할 방침임.
- 협정영주권 취득자의 배우자 및 직계가족에 대한 특별재류 허가
- 협정영주권 취득자의 회수 재입국 및 재입국 기간의 연장

(5) 제3차 실무자 회담(71.4.16-17)

- 협정영주권 미신청자의 구제조치
  1. 아측: 조총련의 방해에 의한 미신청자에 대한 구제조치로서 신청기간 연장 요청
  2. 일측: 신청 기간의 연장은 법기술적으로 할 수 없으며 협정 자체의 개정도 할수없음.
- 대우문제

1. 한국학교의 정규학교 인가

　　　2. 국민 연금법 및 공영주택법 적용, 재산권과 직업권의 보장 등 문제

　　　3. 출입국 관리령상의 혜택부여

　　　4. 오끼나와 거주 한국인의 법적 지위 문제

　(6) 제4차 실무자 회담(71.10.11-12)

　　● 법적 지위 향상

　　　1. 미신청자의 구제조치

　　　2. 협정영주권 신청자의 허가문제

　　　3. 기타의 문제

　　● 사회 보장을 통한 처우 향상

　　　1. 사회 복지 사업법

　　　2. 국민 연금법

　　　3. 구일본국 군인 이전 재일 한인에 대한 원호

　　　4. 주택 입주 문제

　　　5. 교육 및 금융 관계

2. 대책

　가. 재일교포의 일본 영주 자격분류

　　(1) 협정영주권

　　(2) 일본 법률126호에 의한 재류

　　　● 일본국 또는 평화조약의 규정에 따라 동 조약 최초의 효력 발생일 현재
　　　로 일본국적을 이탈하는 자로서 소화20년(1945)9월2일부터 법률시행
　　　일까지 계속 일본에 재류하는 자(소화20년(1945) 9월3일부터 본 법률
　　　시행일까지 일본에서 출생한 그의 자를 포함)는 출입국관리령 제22조
　　　의 2제1항의 규정에 불구하고 다른 법률로서 정하는 바에 의해 그 자
　　　의 재류자격 및 재류기간이 결정될 때까지 계속 재류자격을 취득함이
　　　없이 일본국에 재류할 수 있다. (소환27년(1952)법268호 일부 개정)

　　(3) 출입국 관리령에 의한 영주

　　　제4조: 본방에서 영주하고저 하는 자

　　　제22조: 재류 자격을 변경하고저 하는 외국인으로서 제4조 1항 14호에 해
　　　　　　당하는 자로서의 재류 자격에의 변경을 희망하는 자는, 법무성령으로
　　　　　　규정하는 수속에 의거 법무 대신에 대하여 영주 허가를 신청하지 않으
　　　　　　면 않된다.

　나. 교섭방식

(1) Aide Memoire에 대한 회답시 제의

(2) 별도 고위층에서 제의

(3) 법적 지위 협정 2조의 규정에 의한 회의를 개최할 때 제의

다. 건의

(1) 상기교섭방식 (1) Aide Memorire에 대한 회답 시 제의하고 일측의 반응을 보아 (2) 별도 고위층에서 제의할 것을 건의함.

(2) 상기 교섭 방식 (3) 회의 개최 시 제의 여부는 (1), (2)의 아측 제의에 대한 일측 반응을 보아 결정함.

6. 재일교포 법적지위와 관련된 현안문제

제목: 재일교포 법적지위와 관련된 현안 문제

　　주일대사관 영사담당관이 76.6.10. 예정인 장관님의 일본국 관계요인과의 면담을 위하여 작성한 자료임.

재일교포 법적지위와 관련된 현안문제(요약)

1. 한·일 법적 지위 문제 실무자 회의

일측은 동 회의 개최 원칙에는 찬성하나 강제송환 및 출입국 문제에 한한 토의를 주장하고 있음. 아측은 협정 체결 후 10년이 경과함에 따른 협정 시행과정에서의 문제점 검토와 협정 기본 정신에 입각한 재일 한국인의 법적 지위 및 복지 향상 문제등 전반적인 문제의 토의를 제의함.

2. 협정 영주권 미신청자 구제

일측은 협정 개정 내지 신협정을 체결해야 하나 일본국회사정으로 난색을 표명하고 있음. 아측은 협정의 기본정신에 비추어 동 구제는 법규사항이 아닌 행정부 재량 사항으로 간주되므로 협정 개정 없이 신청기간을 재설정 하도록 교섭중이나 일측 실무진에서는 극히 부정적인 반응을 보이고 있음.

3. 복지 향상 및 대우 개선

일측은 협정 영주권 취득자에 대하여서만 특별히 우대한다는 것은 형평의 원칙에 어긋나는 것이며 이들에 대한 각종 사회 보장 제도의 적용은 관계법령의 개정

이 필요한바 현 국회사정으로 법령 개정이 극히 어렵다는 주장을 하고 있음. 아측은 협정의 기본 취지가 협정 영주권자가 우대되어야 함을 내세워 관계법령 개정 내지 내국민 대우를 명시한 새로운 협정 체결을 제의함.

4. 강제송환문제

　가. 일측의 주장

　　일측이 인도적 고려의 대상이 되지 않는 자로 간주하여 강송키로 결정한자에 대하여 한국측이 인수 않고 있는 것은 협정을 준수치 않는 것으로 간주되고 있으며 전원 인수를 주장. 또한 불법 입국자중 인도적 고려대상자에 대하여는 1년후 합법적 입국 조치에 대하여 한·일 정부가 합의 시 구제하는데 인색치 않겠으며 협정 3조 D항(무기 또는 7년이상 징역, 금고 선고자)해당자로 대폭 구제할 용의가 있다고 함.

　나. 아측의 입장

　　(1) 인도적 고려 대상자를 제외한 일본내 연고자 및 생활기반이 없는 자, 자진 귀국 희망자, 한국내 가족 또는 의학 연고자가 있는 자에 대하여는 강송에 협력할 용의가 있음을 일측에 표명, 아측의 협정존중 및 합의적인 문제 해결 방안 모색의사를 일측에 인식시키고

　　(2) 불법 입국자 및 불법 체류자중 부모가 일본에 거주하는 미성년자, 장기 거주 외국인과 결혼한자, 일본인과 결혼 자녀들 가족과 생활 기반이 있는 자, 특별 재류 허가 취득 범법자로서 일본에 가족과 생활 기반이 있는 자, 불법 입국 후 10년이상 일본에 거주하고 생활 기반이 있는 자로 한국에 친족 및 생활 기반이 전혀 없는 자를 제외하고는 원칙적으로 인수하고 또한 불법 입국자중 강제 퇴거 후 1년후 합법적 재입국 문제조치에 대하여는 검토함이 타당한 것으로 판단됨.

　　(3) 강송 문제 중 상기 (1) (2) 항의 양보는 영주권 미신청자 구제, 복지 향상 및 대우 개선 문제등에 대한 일측의 확고한 조치 강구의 보장을 전제로 하는 것임.

재일교포 법적지위와 관련된 주요 현안문제(영사담당관)

1. 한·일 법적지위 문제 실무자 회의

　가. 아측 입장: 재일 한국인의 법적지위 향상 문제를 토의하기 위한 한·일 양국 실무자 회의 개최를 제의하고 동 회의에서의 토의 의제로서 다음사항을 포함 시킬 것을 요청함.

(1) 재일한국인에 대한 일본의 각종 사회복지관계 법령의 적용.

(2) 협정 영주권 신청기간의 재설정.

(3) 강제송환 대상자의 처리.

(4) 재일한국인 신용조합의 은행 승격.

(5) 한국학교 졸업자에 대한 상급학교 입학자격 부여.

나. 일측 주장:

(1) 실무자 회의 개최에 대하여는 찬성하나 토의 의제로서 상기 한국측이 제의한 사항을 전부 포함시키는 경우 여러 기관이 관련되어 있을 뿐만 아니라 법령 개정 등이 수반하는 문제들임으로 구체적인 성과를 기대할 수 없다는 이유로 강제송환 및 출입국 문제와 관련된 사항에 한하여 토의할 것을 주장함.

(2) 협정 영주권 신청기간 재설정 문제에 대하여는 협정의 개정이 전제되어야 함으로 난색을 표명.

(3) 일반 밀항자중 인도적 고려 대상자라 할지라도 일단 송환하여 1년이 경과한 후 정식 입국을 허가하는 방향으로 처리 요망.

다. 교섭 방안: 상기와 같이 실무자 회의의 토의 의제에 관하여 한·일 양측의 의견이 상치되고 있는 바, 이에 관하여 아측 입장을 다음과 같이 설명하고 조속한 시일내에 일측의 호의적인 회답을 촉구함.

(1) 대한민국과 일본국간의 일본국에 거주하는 대한민국 국민의 법적 지위와 대우에 관한 협정(약칭: 한·일 법적지위 협정)이 체결된 지 10년이 경과되었으므로 그간 동 협정의 시행 과정에서 발견된 문제점을 검토, 협의하기 위하여 한·일 실무자 회의를 개최하되, 동 법적지위 협정의 기본정신이 재일한국인의 법적지위 향상과 생활 안정을 도모하는데 있으므로 〈어떤 특정 부문(예: 강제 송환문제)에 한하여만 토의할 것이 아니라 재일한국인의 법적 지위 및 복지향상과 관련된 전반적인 문제에 관하여 토의할 필요가 있음.〉

(2) 1970.10.27.-28. 개최된 한·일 법무차관 회담 시 채택된 양해 사항, 일본 법무대신의 담화에서 한·일 법적지위 협정의 기본정신에 입각하여 재일한국인이 일본국의 사회질서 하에서 안정된 생활을 영위하고 보다 나은 대우를 받도록 일측이 노력한다는 방침을 천명했고 제7차 한·일 각료회의(1973.12.26)의 공동성명에서도 재일 한국인의 복지 증진에 관하여 외교 경로 또는 기타 방법으로 적절한 협의를 하기로 합의하였음에 비추어 한·일 양국간의 실무자 회의에서 재일 한국인의 법적지위 문제 전반에

관하여 구체적으로 토의함이 타당함.

2. 협정 영주권 미신청자 구제

가. 협정 영주권 신청기간(1966.1.17.-1971.1.16.)중 조총련의 방해로 인하여 영주권을 신청하지 못한자가 상당수에 달하여 그간 실무자 회의 등을 통하여 협정 영주권 신청기간의 연장을 제의해 왔을 뿐 만 아니라 특히 조총련계 교포들은 지금까지 조총련의 협박, 허위 선전 등으로 본의 아니게 영주권을 신청하지 못하였으나 최근 한국정부의 인도적 배려로 모국을 방문한 조총련계 교포들의 대다수가 민단으로 전향하고 있음으로 이러한 특수사정과 재일 한국인 사회의 사정 변화 등을 고려하여 협정 영주권 미신청자들에 대한 구제조치의 일환으로서 협정 영주권 신청기간의 재설정이 요망됨.

나. 일측에서는 협정 영주권 신청기간을 재 설정하기 위하여는 법적지위 협정을 개정하거나 또는 새로운 협정을 체결해야 하나 일본 국회내의 야당세력 증가 등 현 국내정치 정세로 보아 극히 어려운 문제라고 주장하고 있음.

다. 이에 대하여 아측으로서는 한·일 법적지위 협정의 기본 정신에 비추어 협정 영주권 신청기간의 재설정 문제는 단순한 절차상의 문제로서 법규 사항이 아니고 일본 정부의 행정 재량에 속하는 사항으로 간주되므로 협정의 개정없이 영주권 신청기간을 재 설정하도록 교섭하고 있으나 일측 실무자급에서는 극히 부정적인 반응을 보이고 있음.

3. 재일 한국인의 강제송환 문제

가. 강제송환 대상자

(1) 한일간 법적지위 협정 제3조 각항 해당자(협정영주권 취득자중 7년 이상의 징역형에 처하여진 자 및 내란 및 외환에 관한 죄 및 국교에 관한 죄로 금고 이상의 형에 처하여진 자, 마약 사범으로서 3년이상의 징역형에 처하여진 자)

(2) 협정 영주권을 취득하지 않은 자로서 종전전부터 일본에서 거주해온 자(법을 126호 2조 6항 해당자)중 범법자.

(3) 장기 체류 자격(특별재류 허가)취득자중 범법자.

(4) 불법 입국자.

(5) 불법 체류자.

나. 일본측의 주장

(1) 일본정부는 법적지위 협정 제3조 각항 해당자 및 법율 제126호 2조 6항 해당자중 범법자에 대한 강제 송환에 있어서 그들의 특수한 사정을 감안하여 최대한의 인도적 고려를 베풀어 구제하고 있으나 이러한 인도적 고

려의 대상이 되지 않는 자로 간주되어 강제송환키로 결정한자에 대하여는 법적지위 협정의 합의의사록 "제3조에 관하여"에 의거하여 한국측에서 인수할 것을 요청하고 법적지위 협정 제3조 및 동 합의 의사록의 명문화된 합의 사항에도 불구하고 한국측에서 지금까지 동 강제송환 대상자를 한사람도 인수하지 않고 있는 것은 법적지위 협정을 준수하지 않는 것으로 간주되며, 따라서 도저히 납득할 수 없다고 주장함.

(2) 일측은 불법 입국자(밀항자) 및 불법 체류자에 대하여도 그들의 가족 구성, 경제적 사정 등을 감안하여 인도적 고려하에 특별 재류허가를 부여, 구제하고 있으나 이러한 인도적 고려의 대상이 되지 않는 것으로 일측에서 간주하여 강제 송환키로 결정한자에 대하여는 한국측에서 전원 인수할 것을 주장함.

(3) 일측은 앞으로 불법 입국자로서 강제 퇴거령을 받은 자는 각자의 사정 여하에 불구하고 일단 송환한 후 이들 중 가족구성 및 경제적 사정 등을 감안, 인도적 고려의 대상자로 간주되는 자에 한하여는 1년후에 합법적으로 일본에 입국할 수 있도록 조치하는 원칙에 대하여 한·일 양국 정부간에 합의가 이루어 진다면 이들 불법 입국자중 인도적 고려 대상자를 구제하는데 인색하지 않겠으며, 또한 법적지위 협정 제3조 d항 해당자도 대폭 구제할 용의가 있다고 말함.

다. 아측 입장

(1) 한국 정부가 법적지위 협정 제3조 각항 해당자 및 법율 제126호 2조 6항 해당자중 범법자의 강제송환을 전적으로 기부하는 것은 아니며, 동 해당자의 가족 구성 및 기타 사정을 개별적으로 검토한 결과, 법적지위 협정에 합의 의사록(제3조에 관하여 2항)에 명시된 인도적 고려의 대상자로 간주되기 때문에 일본 정부에 대하여 호의적 배려를 요청하는 것임.

협정 영주권 취득자 및 법율 제126호 2조 6항 해당자들은 종전전부터 일본에서 거주하여 온자들임으로 비록 범법자라 할지라도 다음과 같은 특수 사정을 감안, 일본 정부에서 인도적 고려를 베풀어 일본에서 계속 거주할 수 있도록 조치하여 주기를 희망함.

(가) 이들의 대다수가 과거 일본정부의 징병, 징용 등 강제 동원에 의하여 본의 아니게 일본에 건너와서 50년이상 거주하여 왔으며, 생활 기반과 가족이 일본에 있으므로 이들을 송환하는 경우 가족 이산 및 생활 기반의 상실 등 비극적인 결과를 초래함.

(나) 언어 및 생활 환경의 상이 등으로 인하여 한국내에서 생활하기 어려

우며, 따라서 이들을 생소한 곳으로 강제 송환하는 것은 기본 생존권을 박탈하는 가혹한 처사임.

　(다) 재일 한국인에 대한 일본의 사회적 차별 등으로 인하여 범법하는 사태가 허다함에 비추어 일본 정부에서 이들 범법자를 선도해야 할 도의적인 책임이 있음.

　(라) 법적지위 협정 제3조의 기본 취지는 협정 영주권을 취득한 재일한국인이 일본국으로 부터 강제퇴거를 당하지 않도록 규제하는데 있는 것임으로 한국측에서 이들의 강제송환을 거부하는 것이 협정의 정신에 위배되는 것은 아님.

(2) 불법입국자 및 불법 체류자에 대하여는 한국 정부에서 지금까지 하기 인도적 고려의 대상자를 제외하고는 전원 인수하여 왔으므로 이들 인도적 고려 대상자에 대하여는 그들의 가족과 함께 계속 일본에 거주할 수 있도록 일측의 호의적인 배려가 요망됨.

　(가) 미성년자로서 부모가 일본에 거주하는 자.

　(나) 일본에 장기 거주자격을 취득한 외국인(한국인 포함) 또는 일본인과 결혼하여 자녀 등 가족과 생활기반이 일본에 있는자.

　(다) 특별 재류허가를 취득한 범법자로서 일본에 가족과 생활기반이 있는 자.

　(라) 불법 입국 후 10년 이상 일본에 거주하여 가족과 생활기반이 일본에 있는 자로서, 한국에 친족 및 생활기반이 전연 없는 자.

　(마) 노약자로서 일본에 거주하는 친족의 부양 및 보호를 받아야 할 자.

라. 교섭방안

(1) 협정 영주권 취득자 및 법률 제126호 2조 6항 해당자중 강제송환 대상자로서 상기 다항(1)의 인도적 고려 대상자를 제외한 하기 해당자에 대하여는 원칙적으로 강제송환에 협력할 용의가 있음을 일측에 표명함으로서 아측에서도 협정을 존중하고 합리적인 해결방안을 모색하고 있다는 점을 일측에 인식시킴.

　(가) 일본내에 의탁할 연고자 및 생활기반이 전혀 없는 자.

　(나) 본인의 자유로운 의사에 의하여 귀국을 희망하는 자.

　(다) 한국에 가족 또는 의탁할 연고자가 있는 자.

(2) 불법 입국자 및 불법 체류자는 원칙적으로 인수하되, 상기 다항(2)의 인도적 고려 대상자에 대하여는 일측에서 호의적인 배려를 하도록 계속 요청함. 다만 상기 나항(3)의 송환 후 재입국 조치에 대하여는 아측에서도 검

토함이 타당한 것으로 판단됨.

(3) 상기(1) 및 (2)에 기술한 바와 같이 아측이 강제송환 문제에 대하여 일부 양보함에 있어서는 일측에서 협정영주권 신청 기간 재설정 및 재일 한국인의 복지향상 문제등에 대하여 확고하고도 구체적인 조치를 강구한다는 보장을 전제로 하는 것임.

4. 재일한국인의 복지향상 및 대우 개선

가. 적용 현황

(1) 법적지위 협정 제4조에 명시된 협정 영주권 취득자의 교육, 생활보험, 국민건강 보험 및 영주귀국자의 재산반출에 대하여는 다음과 같이 일측에서 대체로 타당한 고려를 하고 있음.

(가) 교육문제: 재일한국인에 대하여 일본의 각급 공립학교의 입학이 허용되고 있음. 다만 재일 한국학교 졸업생에 대하여 일본, 중 고등학교의 입학 자격은 학교에 따라 다소 차이는 있지만 대체로 인정하고 있으나 대학 진학에 있어서는 별도의 자격 검정시험에 합격한 자에 한하여 입학 자격을 부여하고 있음.

(나) 생활 보험(보호): 법적지위 협정 체결 이전부터 재일한국인 극빈자 (생활 보호 대상자)에 대하여 일본인과 동일하게 생활 보호금을 지급하고 있음.

(다) 국민 건강 보험: 국민건강보험 시행규칙 제1조 2항에 한·일 법적지위 협정에 의한〈영주권취득자를 적용 대상으로 추가하도록 명기되어 있으며〉, 협정 체결 후 약 2년간은 협정 영주권 취득자에 한하여 적용되었으나 1967년 조총련계에서 공평한 대우를 요구하는 운동을 맹렬히 전개한 결과, 조총련계를 포함한 모든 외국인 장기 체류자에게 동등하게 적용하게 되었음.

(라) 재산 반출: 협정 영주권 취득자의 영주귀국시 재산 반출에 대하여는 합의 의사록에 의거 허용하고 있음.

(2) 한편 협정에 구체적으로 명시되어 있지는 않으나 일부 지방자치단체에서 재일 한국인에게 적용하고 있는 사회보장제도로서는 양노연금, 신체장해자 연금, 정신박약자 연금, 모자 연금, 부자 연금, 유아복 지급, 장수자 급여, 공영 주택 입주권, 재해 구조비 지급등임.

(3) 재일 한국인에게 적용되지 않는 사회 복지관계 법령은 다음과 같음.

(가) 공영 주택법(일부 지방 적용)

(나) 아동 수당법(일부 지방 적용)

(다) 특별 아동 부양수당법

(라) 국민 연금법

(마) 국민 금융 공고법

(바) 주택 금융 공고법등

나. 아측입장

(1) 협정영주권 취득자가 여타 재류자격 소지자에 비하여 현저하게 우대되어야 한다는 것이 법적지위 협정의 기본 취지이므로 협정 영주권 취득자에 대하여는 강제송환 및 출입국 관리법령 적용에 있어서나 각종 사회보장 제도의 적용에 있어서 월등하게 좋은 처우를 받을 수 있도록 일본 정부에서 필요한 조치를 취하여 줄 것이 요망됨.(실제에 있어서는 협정 영주권 취득자에 대하여 상기 가항에서 보는 바와 같이 특별히 우대하는 조치가 없음.)

(2) 따라서 일본 국내 법령의 개정 등을 통하여 협정 영주권자에 대한 생활 안정을 위하여 각종 사회복지 제도의 적용을 요청함. 만약 일본 국내 법령의 개별적인 개정이 어려운 경우에는 내국민 대우를 명시한 새로운 협정을 체결할 것을 제의함.

(3) 재일 한국학교 졸업생에 대하여 별도의 검정시험을 거치지 않고 자동적으로 상급학교(특히 대학)입학 자격을 부여하도록 요망. 다만 현재 각종학교인 한국학교를 일본 정규학교로 인가를 받는 경우에는 일본의 교육법에 의한 일본 정부의 지도 감독를 받아야 함으로 민족교육에 지장을 초래할 우려가 있기 때문에 한국학교의 정규 학교인가 문제는 신중히 검토해야 함.

(4) 기타 재일 한국인의 처우 향상 및 생활 안정을 위하여 다음 조치가 요망됨.

(가) 재일 한국인 신용조합의 은행 승격 인가.

(나) 구군인 유족 원호법 및 전상자 보상관계 법령의 재일 한국인에 대한 적용.

(다) 한국인 원폭 피해자에 대한 구호 조치 적용.

다. 일측 주장

(1) 협정 영주권 취득자에 대하여서만 특별히 우대한다는 것은 형평의 원칙에 어긋나는 것이며, 재일 한국인에 대하여 각종 사회보장 제도를 적용하기 위하여는 관계 법령의 개정이 필요한 바 현 국회내 정치세력의 분포로 보아 법령의 개정이 극히 어려운 형편이라고 주장.(협정영주권자 뿐만 아니라 장기 체류자격을 가진 모든 외국인에게 공평하게 적용하기 위한 관

계 법령 개정에 대하여는 일본 야당측에서도 찬동할 가능성이 있음)

(2) 한국측이 법적지위 협정 제3조 각항 해당자의 강제송환에 대하여 비협조적인 태도를 보이고 있으면서도 일측에 대하여 일방적인 호의를 베풀도록 요청하는 것은 납득할 수 없음.

자료

1. 협정영주권 처리 현황(1976년 2월 현재 누계)

해당 구분	신청건수	허가건수	불허가건수	취하건수	미처리건수
협정1조1항	351,955	341,443	4,530	5,951	31
협정1조2항	34,182	34,085	54	43	0
계	386,137	375,528	4,584	5,994	31

2. 법적지위 협정의 개요

　　가. 협정 영주권 취득자격(법적지위 협정 제1조)

　　　　(1) 다음 각항에 해당되는 대한민국 국민으로서 법적지위 협정의 효력발생일로부터 5년이내에 영주허가의 신청을 한자(제1조 1항, 신청기간 1966.1.17.-1971.1.10)

　　　　　　(가) 1945.8.15. 이전부터 신청시까지 계속하여 일본에 거주하고 있는 자.

　　　　　　(나) 위 해당자의 직계 비속으로서 1945.8.16. 이후 본 협정의 효력 발생일로부터 5년이내에 일본국에서 출생하고 계속하여 일본에 거주하고 있는 자.

　　　　(2) 상기(1)항 협정영주권 취득자의 자녀로서 협정 발효일로부터 5년이 경과한 후에 일본에서 출생한 대한민국 국민으로서 그의 출생일로부터 60일이내에 영주허가의 신청을 한자(제1조2항)

　　나. 협정 영주권 취득자에 대한 처우

　　　　(1) 퇴거 강제상의 특례

　　　　　　다음의 경우(1966.1.17. 이후의 범죄행위)를 제외하고는 강제퇴거를 당하지 않음.

　　　　　　(가) 내란 및 외환에 관한 죄로 금고 이상의 형에 처하여진 자(집행유예 및 부화뢰동한 자 제외)

　　　　　　(나) 국교에 관한 죄, 외국원수, 외교사절 또는 공관에 대한 범죄로 금고 이상의 형에 처하여 지고, 일본의 외교상의 중대한 이익을 해한 자.

(다) 영리를 목적으로 한 마약류의 취체에 관한 법령의 위반으로 무기 또는 3년 이상의 징역 또는 금고에 처하여진 자, 또는 마약사범으로 3회 이상의 형에 처하여진 자(협정발효전 3회 이상의 전과가 있는 자는 2회 이상)

(라) 무기 또는 7년 이상의 징역 또는 금고에 처하여진 자.

(2) 기타의 처우

(가) 국민건강 보험에의 가입(협정 및 합의의사록)

(나) 일본의 공립학교에의 진학(협정 및 합의의사록)

(다) 생활보호의 존속(협정 및 합의의사록)

(라) 외국인의 재산취득에 관한 정령의 적용 제외국으로서의 존속(토의기록)

(마) 재입국허가의 호의적 취급(토의기록)

(바) 영주귀국시의 재산반출(협정 및 합의의사록)

3. 협정 영주권자 및 법 126-2-6 해당자의 수용 및 가석방 현황

체류자격＼수용 및 가석방	수용중	가석방중	합계	비고
법 126-2-6 해당자	7	22	29	1975.11.현재
협정 영주권 취득자	12	1	13	〃
총계	19	23	42	

4. 협정 영주권 취득자 중 범법자 및 강제 퇴거 예상자 현황(1975.12.31. 현재)

협정영주권 취득자중 범법자의 형기별 현황		협정영주권 취득자중 강제퇴거예상자 현황	
형기별	인원	퇴거 수속 단계	인원
징역5-8년	2	위반조사중	46
8	19	심사중	9
9	2	이의신청중	5
5-10	3		
10	11		
12	8		
13	2		
15	7		
20	1		
무기형	5		
합계	60	합계	60

5. 불법입국자 검거 현황

검거구분 \ 년별	1970	1971	1972	1973	1974	합계
수제검거	116	77	184	232	131	740
잠제검거	629	729	609	708	1,065	3,740
합계	745	806	793	940	1,196	4,480

주: 상기 불법 입국자 수 중 한국인이 97%를 차지함.

6. 한국인 강제퇴거대상자 수용현황

보류및수용 회수및기간 \ 체류자격	제70차(47.5.9.)-제77차(50.9.10) 송환보류 회수별 현황						"오오무라" 수용소 수용기간별 현황 (1975. 11. 20. 현재)					
	1회	2회	3회	4회	5회	합계	6개월 미만	6개월 이상	1년 이상	1년6개 월이상	2년	합계
법 126-2-6 해당자	3	4	3	1		11	3	2	2	1		8
영주권해당자	29	5	3		1	38	3	4	3	2		12
불법입국자	53	18	13	6	1	91	124	4	4		3	135
기타							25	2	2	1		30
총계인원	85명	27명	19명	7명	2명	140명	155명	12명	11명	4명	3명	185명

(편:이하, 생략)

7. 외무부 공문(착신전보)—정보영 1등서기관과 엔도 북동아과장의 실무자회의 개최 관련 협의 내용 보고

외무부
번호 JAW-10537
일시 201722
수신시간 76.10.21. 10:47
발신 주일대사
수신 외무부 장관

    7-C-J-1-3

연: JAW-08516 대: WJA-08200

1. 당관 정보영 1등서기관이 10.20 외무성 엔도 북동아과장의 요청에 따라 그를 방문 대호 한일 실무자회의 개최에 관하여 협의한 내용을 다음과 같이 보고함.

가. 엔도 과장은 대호 실무자회의 토의 의제에 관하여 그간 관계관과 협의한 결과 후생성에서는 〈국민연금법 및 아동 수당법〉의 재일한국인에 대한 적용 문제는 관계 법령을 개정해야 하므로 실무자회의에서 구체적인 결론(타결)을 내리기 어려운 문제라는 의견이며, 한편 건설성에서는 〈공영주택 입주권 부여〉 문제는 지방 자치단체의 재량 사항이므로 중앙정부에서 관여하는데 난점이 있다는 의견임을 설명하고 따라서 이러한 문제에 관하여는 금반 실무자회의에서 상호 의견을 교환하는것 이상의 성과는 기대하기 어려울 것이라고 말하고, 일측에서는 실무자 회의를 오는 11월 하순경에 개최하는 방향으로 관계기관과 협의 중에 있으므로 불원 아측에 정식으로 통고할 예정이라고 말함.

나. 이에 대하여 정 서기관은 실무자 회의를 개최하는 경우 모든 의제에 대하여 구체적인 성과를 거둘 수 있도록 상호 최대한의 노력을 경주해야 할 것이라 말하고 회의를 개최하기도 전에 어떤 부문에 대하여는 단순히 의견 교환에만 끄치고 구체적인 결론을 내리기 어렵다고 시사하는 것은 처음부터 성의 있는 해결책을 강구하지 않겠다는 인상을 느끼게 되며 사실상 일측이 희망하는 의제만을 가지고 회의를 개최하자는 의도가 아닌가고 반문하였던 바, 엔도 과장은 그러한 의도에서 말한 것은 아니며 그간 외무성이 관계기관과 협의한 결과 얻은 반응을 참고로 한국측에 알려주는 것이라고 말함.

2. 상기한 일측의 태도로 보아 아측이 타결을 희망하는 의제(특히 국민연금법 및 아동 수당법 적용 등)에 대하여 일측에서는 구체적인 타결을 회피하고 일측이 희망하는 〈강제송환문제만〉을 주로 토의할려는 의도인 것으로 보임. (일본 영 교일 북일 중정)

8. 외무부 공문(착신전보)―실무자회의 개최와 관련 일측 의견 제시

외무부
번호 JAW-10713
일시 281110
수신시간 10.28. 15:44
발신 주일대사

수신 외무부 장관

(7-C-J-1-3)
인: JAW-08516,10537
대: WJA-08200

1. 외무성 엔도 과장이 10.27 당관 정보영 서기관을 초치 대호 아측이 제의한 의제를 가지고 실무자회의를 개최하는데 일측이 동의함을 통고하고 동 실무자회의 일정 및 대표 구성에 관한 일측의 의견을 다음과 같이 제시하였음.
가. 회의일정: 의제를 다음 두부분으로 나누어 토의함.
11.24-26: 법적지위 문제(강제퇴거 문제, 협정영주권 미신청자구제 문제, 회수 재입국 문제, 재입국허가기간 연장 문제)
11.29-30: 사회복지 및 대우문제(국민연금법, 아동수당법 및 공영주택법 적용 문제, 신용조합의 공고업무 대리 취급문제)
나. 대표구성: 일측은 곧 과장급 실무자로 구성하기를 희망하나 한국측에서 수석대표만은 참사관급으로 하기를 원한다면 응할 용의가 있음.
다. 일측에서는 법적지위 문제로 토의시 외무성, 법무성의 과장3-4명이 참석하고 사회복지 및 대우문제 토의시에는 외무성, 대장성, 법무성, 후생성 및 건설성의 담당과장이 참석할 예정이라 함.
2. 정 서기관은 상기 일측의 제의 내용을 본부에 보고하여 아측의 의견을 회시하겠다고 말함.
3. 상기 회의 일정은 일측의 관심사인 강제 퇴거 문제를 먼저 토의하여 이에 대한 아측의 반응을 먼저 안 후 아측이 희망하는 문제의 토의에 들어갈 생각인 것으로 보임.
4. 상기 회의에 당관에서는 영사, 정무담당관실의 과장 1명씩 참석시키고저 하는 바 본부에서 외무, 법무부의 담당과장이 참석하여야 할 것으로 보이며 동 회의에 대비한 제반준비를 하여 주시기 바람.
5. 상기 일측제의에 대하여 지시바람. (일본영, 교일북일, 중정)

9. 외무부 공문(착신전보)—불법입국자 처리문제 규정에 대한 건

외무부

번호 JAW-41158
일시 081159
수신시간 11.9. 9:48
발신 주일대사
수신 외무부 장관
참조(사본) 아주심의관

(7-C-J-1-3)
대: WJA-08251, WJA-11040
1. 대호, 이나바 법상의 〈입관기본법 제정검토 방침 표명〉과 〈불법입국자 중 인도적 고려대상자에 대한 송환 1년 후 정식 입국허가 부여문제〉와는 직접적인 연관성이 없는 것으로 판단됨. 불법입국자 중 인도적 고려대상자에 대하여 송환 1년 후에 정식 입국허가를 부여하려는 구상은 현행 입관령에 따라 불법입국자를 처리하려는 것이며, 앞으로 새로 제정된 입관 기본법의 내용이 아직 구체화되어 있지 않으므로 동 기본법에 불법 입국자 처리문제를 어떻게 규정할는지는 상금 미상임.
2. 법무성 당국자가 말하는 불법입국자 처리방식은 원칙적으로 현행절차(강제송환 대상자에 대한 예비 절충 및 중앙절충)에 따라 송환대상자를 개별적으로 심사, 인도적 고려대상자로 합의된 자에 대하여는 송환 1년 후에 입국허가를 부여하는 형식을 취하려는 것인 바 이러한 방식(데나오시)을 실현하기 위하여는 양측간에 〈일종의 합의문서〉(양해사항 등)를 작성해야 될 것으로 판단됨.
3. 따라서 현행방식을 근본적으로 변경하기 위하여 새로운 협정을 체결하려는 것은 아니며, 법적 지위협정을 보강하기 위한 새로운 협정의 체결 또는 협정개정에 대하여는 일측에서 응하지 않을 것으로 판단됨.
따라서 실무자회의에서 합의된 사항은 합의문서로서 교환하되, 비단 불법입국자 처리문제뿐 만 아니라 협정 영주권 미신청자 구제 및 복지향상문제 등에 관한 사항도 동 합의문서 속에 포함시켜야 할 것임.
4. 양측이 밀항자중 인도적 고려 대상자에 대한 송환 1년후 정식 입국허가(데나오시) 방식에 합의하는 경우, 밀항자는 일단 전원 인수해야 할것인 바, 이에 따른 이해 득실을 다음과 같이 분석, 보고함.
가. 유리한점:
(1) 밀항자를 일단 전원 송환함으로서 밀항방지에 도움이 될 것이며 관계법규의 합리적인 운영에도 기여할 것임.

(2) 일측에 대하여 밀항자중 현보류자 법적지위 협정 제3조D항 해당자 및 법율 126호 2조 6항 해당자중 범법자를 대폭 구제하도록 요청할 수 있음(일측에서 이러한 호의적 고려 용의 시사).

(3) 종래 밀항자중 인도적 고려대상자를 송환 보류시켜도 일측에서 구제하지 않고 장기간 수용하고 있는 실정임으로 이 새로운 방식에 의하여 인도적 고려 대상자를 합법적으로 단시일내에 구제하는 것이 해당자들을 위해서도 유리하다고 볼 수 있음.

(4) 일측에서 주장하는 정상적인 인적교류의 저해 요인을 제거함으로서 한·일 양국간의 출입국 관리 업무를 둘러싼 마찰을 해소시키는데 기여할 것임.

나. 불리한점:

(1) 밀항자 처리에 관한 현행관례를 변경시킴으로서 아측에서 밀항자 처리에 대하여 양보하는 듯한 인상을 줄 우려가 있음.

(2) 밀항자중 인도적 고려대상자의 판정에 있어서 일측에서 현재보다 더욱 엄격한 기준을 적용할 가능성이 있으며, 특히 밀항 후 일본내에서의 범법자에 대하여는 재입국을 불허할 것으로 보임.

(3) 일측에서 밀항자에 대한 강제퇴거조치를 현행보다도 더욱 난발하여 지금까지 강제퇴거 조치를 취하지 않고 사전구제 해 주었던 자까지도 강제퇴거 조치를 취할 가능성이 있음.

5. 상기한 이해득실을 고려하여 일측과의 교섭에 있어서 다음과같은 아측 요구가 관철되도록 노력해야 할 것으로 판단됨.

가. 일반 밀항자에 대하여 양측이 합의한 시기(한·일 국교정상화 또는 1970년 기점) 이전의 밀항자는 강제퇴거 조치를 취하지않고 전원 구제하고 동시기 이후의 밀항자에 한하여 상기방식(데나오시)를 적용토록 교섭.

나. 밀항자에 대한 인도적 구제대상자의 기준을 명확히 규정하여 현재보다 불리하지 않게끔 보장되도록 교섭.

다. 협정영주권 취득자중 범법자에 대하여는 원칙적으로 강제송환대상에서 제외, 구제토록 요청하고 법율 126-2-6해당자중 범법자에 대하여도 가족상황, 생활근거 등 인도적 고려하에 대폭 규제토록 교섭.

라. 협정영주권 미신청자 구제, 재입국 허가기간 연장, 국민 연금법 및 아동수당법 등 사회복지 관계 법령 적용문제에 대하여는 재일한국인의 특수성을 감안, 일측에서 새로운 협정체결 또는 일본 국내법 개정문제를 긍정적으로 검토하도록 요청.

마. 회수재입국 허가, 공영주택 입주권 부여 및 신용조합의 공고 업무대리 취급

인가 문제등은 현행 법령에 의하여 행정적으로 조치할 수 있는 사항임으로 일측의 구체적인 조치 촉구.(일본영-교일, 불일)

10. 외무부 공문(착신전보)–실무자회의 일정에 관한 건

외무부
번호 JAW-11165
일시 081623
수신시간 11.8. 17:08
발신 주일대사
수신 외무부 장관

    대: WJA-11040
    연: JAW-11158, 10713
1. 대호 당관으로서는 실무자회의 일정에 대하여 이의 없음을 일측에 통고하였음으로 동 일정대로 실무자회의를 개최토록 조치하여 주시기 바람.
2. 대호 수석대표 임명에 관하여 일측에 요청하였던 바 일측에서는 아측 제의를 수락 외무성 아세아국 오오모리 세이이찌 차장을 수석대표로 임명하기로 결정하였다고 통고하여 왔음을 보고함
3. 상기 회의와 관련된 문제점 및 대책에 대하여는 연호 참조바람. (교일, 북일)

11. 외무부 공문–한·일 실무자 회의 대책(훈령) 송부

외무부
번호 교일725-
일시 76.11.18.
발신 외무부 장관
수신 주일대사
제목 한·일 실무자 회의 대책(훈령)송부

76.11.24-11.30간 개최 예정인 한·일 실무자 회의 대책(훈령)을 별첨 송부합니다.

첨부: 한·일 실무자 회의 대책(훈령)1부. 끝.

11-1. 첨부-한일실무자회의대책 훈령(안)

재일한국인의 법적 지위에 관한 한·일 실무자 회의 대책(훈령)(안)

1976. 11.

외무부

기본지침

1. 협정영주권 미신청자 문제

협정영주권 신청 유자격자중 미신청자의 구제에 있어서는 협정 영주권의 신청이 가능토록 일측에 요구 단, 동 문제 해결시까지의 잠정조치로서 조총련 이탈 교포(협정영주권 신청 유자격자)에는 협정영주권자와 동등한 대우를 부여토록 함.

2. 강제송환 문제

가. 협정영주권자중 범법자의 강제송환은 가급적 억제함.

나. 일반 밀항자의 강제송환에 대하여는 원칙적으로 이를 수락하여 협정영주자의 지위 안정을 기함.

3. 복지 향상 문제

가. 복지 정책 혜택에 있어 내국인 대우 요구.

나. 취업, 면허 등 생활에 있어서의 차별대우 제거를 위한 양국간의 협력 방안 검토(Ombudsman 제도)

Ⅰ. 협정 영주권 미신청자 구제문제

1. 현황

가. 협정 영주권 신청기간 중(1966.1.17-1971.1.16) 조총련의 방해 등으로 동

영주권을 신청하지 못한 자 특히 조총련계 동포의 모국방문자가 10,000여 명에 달하고 이들의 대부분이 민단계로 전향함에 따라 이들 미신청자를 구제하려는 것임.

나. 미신청자 수는 약 270,000명임.

2. 일측 입장

가. 신청 기간의 연장은 법 기술적으로 할 수 없음.

나. 협정의 개정 또는 새로운 협정 체결은 현 일본 국내 정세가 많이 변천하였기 때문에 곤란함.

다. 협정 개정 없이 행정 재량에 의한 구제는 불가능함.

3. 대책(훈령)

가. 제1방안

(1) 미신청자 구제의 필요성이 절실함을 강조하여 이들을 위한 구제조치를 강력히 요청함.

(2) 구제조치의 방안으로서는 협정을 개정하든가 또는 일측의 행정 조치로서 구제될 수 있도록 요청함.

나. 제2방안

일측이 일본의 현 국내 정세에 비추어 현시점에서 협정개정 또는 신협정의 체결에 난색을 표명하고 또한 행정조치에 의한 구제도 불가능함을 고집할 경우, 다음과 같이 대안을 제시, 이의 관철을 위해 적극 교섭함.

(1) 미신청자의 구제를 위하여 일측이 조속한 시일내에 협정의 개정 또는 신협정 체결을 추진할 것

(2) 동 구제조치가 이루워질 때 까지의 기간 동안에도 조총련 이탈자를 포함한 한국적의 협정영주권 미신청자 자에 대해 출입국관리를 포함한 모든 분야에 있어 협정영주권자와 동등한 대우를 할 것.

(3) 미신청자 구제의 가능한 방법의 하나로서 일측이 출입국 관리령을 개정시 동 미신청자에게 출입국 관리 특별법을 적용하는 규정을 삽입토록 일측에 요청함.

Ⅱ. 강제송환

1. 개요

가. 송환 대상자

(1) 법적지위 협정 제3조 각항 해당자(협정 3조 참조)

(2) 협정 영주권을 취득하지 않은 자로서 종전전부터 일본에서 거주해 온 자(법 126-2-6해당자)중 범법자

(3) 장기 체류 자격(특별 재류허가) 취득자중 범법자

(4) 불법 입국자 및 불법 체류

나. 송환자 현황

(1) 협정 3조 D항 해당자: 없음.

(2) 법 126-2-6 해당자중 범법자: 2명(1972.1.15 및 1972.5.2)

(3) 특재자, 불법입국자 및 불법체류자: 2,215명(1970년 이후)

* 1970-1976. 7. 말까지의 강제 송환 대상자수는 2,701명이며 그 중 송환된 자는 2,215명, 보류된 자 수는 연인원 447명, 자비 귀국 기타 39명임. (보류된 자 중에는 강제 송환 2회 이상 보류된 자가 포함되어 있으므로 연인원으로 계산함).

다. 강제 송환 보류 실태

(1) 송환보류 대상자 실태(76.11.6. 현재)

(가) 협정 영주권자: 13명

(나) 법 126-2-6 해당자: 7명

(다) 협정 영주권자 가족: 4명

(라) 법 126-2-6 해당자 가족: 1명

(마) 특재자 및 가족: 4명

(바) 일본인 가족: 2명

(사) 정상 참작자: 2명

(아) 소송 계류자: 20명

계: 53명

2. 협정 3조 해당자의 강제송환

가. 현황

(1) 송환자: 없음.

(2) 송환대상자: 15명

(3) 일측에 의해 구제된 자: 2명

(4) 일측이 강제 송환키로 결정한자: 13명

(5) 현재 형무소에 수감중인 대상자: 60명

나. 일측 입장

(1) 협정 3조 해당자 중에서 일측이 피강제 송환자로 결정한 자는 동 협정에 의한 의무로서 아측에서 전원 인수할 것.

(2) 아측이 3조 해당자 전원을 협정 시행에 관한 합의 의사록에 의한 인도적 고려 대상자로 간주하여 한사람도 인수하지 않고 있는 것은 협정

위배임.

(3) 따라서 일측이 인도적 고려의 대상자로 간주하여 구제한자를 제외한 여타 강제퇴거 대상자는 인수하여야 함.

다. 대책(훈령)

(1) 한·일 회담 합의 사항 및 발언 기록, 협정의 근본 취지 및 합의 의사록의 규정 등과 3조 해당자를 인수할 경우 교포 사회에 미치는 영향을 감안하여 다음과 같은 방안으로 일측과 교섭함.

(2) 제1방안

(가) 일측이 밀입국자의 "일단 송환방식(밀입국자 송환 문제 참조)에 한국측이 동의할 경우 협정 3조 해당자를 대폭 구제하겠다"고 표명한 바에 따라 아측이 밀입국자 일단 송환방식에 동의하고 협정 3조 해당자는 인도적 고려 대상자로서 종전의 방식에 따라 일측이 이들에게 특별재류 허가 조치를 취하도록 요청함.

(나) 합의 의사록에 의한 인도적 고려의 범위를 명확히 하고 또한 협정 자체가 쌍무 협정의 성격상 양극의 합의된 선에서 그리고 협정 3조 원칙을 현실에 입각하여 양국이 각기 합리적인 입장에서 Case by Case로 전례에 따라 타당한 결정을 하도록 함.

(3) 제2방안

(가) 일측이 제1방안에 이의를 제거할 경우 아측이 협정을 준수하고 있음을 보여주기 위하여, 다음과 같은 주일 대사의 건의 사항에 따라 앞으로 전혀 인도적 고려의 대상자로 간주할 수 없는 극소수의 대상자에 대하여 송환에 동의함.

* 건의사항

- 일본내에 의탁할 연고자 및 생활 기반이 전혀 없는 자로서 한국에 직계가족 또는 의탁할 연고자가 있는 자.

- 본인의 자유로운 의사에 의하여 귀국을 희망하는 자(영주귀국 형식)

(나) 기타 사항에 대하여는 앞으로 제1방안에 따라 처리토록 함.

3. 법 126-2-6 해당자 중 범법자의 강제송환

가. 현황

(1) 송환자수: 2명

(2) 송환 대상자수: 7명

나. 일측 입장

(1) 법 126-2-6 해당자에 대하여도 협정 3조 해당자에 준하여 처리하고 있음.

(2) 법 126-2-6 해당자에 대하여는 아측에서 종래 송환을 거부하여 왔는 바, 그 이유가 이들의 지위 불안정이 전제가 되는 것이라면 본의는 아니나 이들의 재입국을 제한할 수밖에 없음.

(3) 북송을 희망하는 법 126-2-6 해당자중 범법자에 대하여 아측이 요청하는 북송 보류, 아측의 설득 등에 협조하겠으나 본인이 북송 의사를 번의치 않고 한국측에서 한국에로의 송환에 응하지 않을 경우 부득이 북송하지 않은 수 없음.

다. 대책(훈령)

협정 3조 해당자에 준하여 처리할 것.

4. 특별재류 허가자중 범법자, 불법 입국자 및 불법체류자 강제송환

가. 현황

(1) 일측이 검거한 밀항자수 1965.-1975.까지의 기간 중 일측이 검거한 밀항자는 총 10,170명이며 그중 97%가 한국에서 밀항한 자임.

(2) 밀항자 중 송환이 보류되어 현재 수용중인 자: 33명

나. 일측 입장

(1) 일측은 불법 입국자라도 인도적 배려로서 경제적, 신분적으로 일본국과 밀접한 관계를 가지고 있는 자에 대하여는 특별재류 허가를 부여하고 있음. 그러나 본래 불법 입국자는 전부 인수함이 원칙임에 비추어 일측이 상기 특별 배려를 하고도 피강제송환자로 결정한자에 대하여는 한국측이 전원 인수할 것.

(2) 강제 송환 문제가 원만히 타결되지 않는 사태의 계속은 대한민국으로부터 일본에의 불법입국을 일층 조장할 우려가 있을 뿐만 아니라 일본에의 정규 입국 신청에 대한 일본국 정부 당국의 심사에도 영향을 미치고 나아가서는 한·일 양국간의 정상적인 인적교류의 발전을 저해할 우려가 있다.

(3) 강제퇴거령을 받은 자는 각자의 사정 여하에 불문하고 일단 귀국, 한국정부로부터의 제재를 받은 후 이들 중 인도적 고려 대상자는 정상 검토를 통하여 재입국하도록(데나오시)하는 원칙에 양국 정부가 합의한다면(도리기메) 일본정부로서는 그들을 구제하는데 인색하지 않겠으며, 또한 협정 3조 D항 해당자도 대폭 구제(특별재류 허가 부여)할 용의가 있으며 따라서 불법입국자중 인도적 고려의 대상이 된다고 인

정되는 자만이 1년후 일본에 재입국 되는 것임.

(4) 불법 입국자 처리 방식은 원칙적으로 현행절차(강제송환 대상자에 대한 예비 절충 및 중앙절충)에 따라 개별적으로 심사, 인도적 고려 대상자로 합의된 자에 대하여는 송환 1년 후에 입국허가를 부여하는 형식을 취하려는 것임.

다. 대책(훈령)

특정시기 이후의 밀입국자를 일단 전원 인수하고 송환 1년 후 인도적 고려 대상자의 정식 입국 방식에 원칙적으로 합의하되, 다음 사항이 관철되도록 교섭함.

(1) 협정영주권자 가족 구성원은 일괄 송환에서 제외되도록 교섭하고 일측이 이에 불응할 때에는 협정 영주권자 가족으로서 성년의 동거 목적 입국 제한을 완화함에 대하여 적극 교섭하고 제한 완화의 기준을 설정함. 이는 일측이 표명한 정규 입국의 확대 의사 표명에도 부합되는 것인 바, 정규 입국범위의 확대에 대한 일측의 구상을 제시토록 하여 정상적인 인적교류 확대를 위하여도 적극 교섭할 것.

(2) 인도적 고려대상자의 기준

(가) 미성년자로서 부모가 일본에 거주하는 자

(나) 일본에 거주자격을 가진 외국인 또는 일본인과 결혼한 자

(다) 특별재류 허가를 받은자 중 범법자로서 일본에 가족과 생활근거가 있는 자

(라) 장기간 일본에 거주하여 일본에 가족과 생활근거가 있는 자로서 한국에 연고자 및 생활 기반이 없는 자

(마) 노약자로서 일본에 거주하는 가족의 보호를 받아야할자

(바) 기타

(3) 인도적 고려 대상자의 선정은 개별적, 구체적으로 실사하여 양국이 합의하는 선에서 처리하도록 하고 송환 1년후에 정식 입국을 허가하는 데 대해 일측이 보장하도록 함.

(4) 일괄 송환할 경우 그 대상자의 밀입국 시기는 다음 방안에 따라 처리함.

(가) 제1안

제4차 한·일 실무자 회의(1971.10.12)를 기준으로 동 시기 이전 밀입국자는 전원 일본 재류를 허가하고 동 시기 이후 밀입국자는 전원 일단 송환함.

(나) 제2안

일측이 상기 제1안에 불응할 경우 한·일간 제협정 발효일인 1965.
12.18을 기준으로 하고, 그 대신 송환 1년후 정식 입국할 인도적
고려 대상자의 폭을 확대하도록 노력함.

(5) 송환 1년후 정식 입국이 합의되는 경우에 앞으로 일본 출입국관리법
제정시 동 기간의 연장조치를 하지 않는다는 것을 일측이 보장하도록
노력함.

Ⅲ. 회수 재입국 허가 및 재입국 허가 기간 연장

1. 현황

가. 재입국 허가 건수:

(1) 1974년에 일본 입관 당국이 허가한 재입국 허가건수 120,955건중 71%
에 해당하는 85,595건이 재일 한국인의 재입국 허가였음.

(2) 또한 57%에 해당하는 69,230건이 협정 영주자의 재입국 허가였음.

(3) 재입국 허가 건수는 국제교류의 증대에 따라 매년 증가하고 있음.

나. 본국에서 수학하고 있는 교포의 자녀수

구분	예비과정	재학생	계
고교	8	23	31
대학	117	250	367
대학원	-	4	4
계	125	277	402

다. 앞으로의 교육 계획 및 전망

(1) 국비 장학생 제도의 확대

(2) 모국 수학생 및 제3국 유학생수는 앞으로 계속 증가할 것임.

라. 1971년 제3차 및 제4차 실무자 회의 시 아측이 회수 재입국 허가 및 재입
국 기간의 여행지 주재 일본 공관에서의 연장 허가가 가능토록 제의한데
대하여 일측은 현행법으로는 불가능하나 앞으로 출입국 관리령을 개정,
허가할 수 있도록 조치할 것을 약속하였음.

마. 회수 재입국 및 허가 기간 문제에 관련된 합의 조항 및 규정

(1) 협정 제5조

(2) 제1차-4차 한·일 실무자 회담 양해 사항

(3) 한·일 법무 차관 회의 공동 성명

(4) 일본 출입국 관리령 규정(제26조 1항)

2. 일측 입장

가. 앞으로 출입국 관리령을 개정, 허가할 수 있도록 조치할 것을 약속함.

나. 과거 4차에 걸쳐 국회에 제출되었으나 폐안된 출입국관리령 개정안 및 76.5.19. 이나바 법상이 밝힌 기본 방침에 따른 개선 방안에 회수 재입국 허가 및 허가 기간연장을 가능케 하는 조항이 포함되어 있었음.

3. 대책(훈령)

가. 회수 재입국 허가 요청

출입국 관리령 제26조 1항 "재입국 허가" 규정에 금지 조항이 없는 것과 현재 외교관에 발급하는 회수 재입국제를 원용, 협정 영주자에게도 이를 적용해 줄 것을 일측에 요청.

나. 재입국 허가 기간 연장

(1) 제1,2차 한·일 실무자 회담시의 양해 사항, 69년 한·일 법무장관회의 공동 성명에 명시된바와 같이 한국 및 제3국에서 장기간 유학하는 협정영주자의 자녀 본국에서의 투자 관계로 장기간 체류를 요하는 재일한국인에 대하여 재입국 허가 기간의 연장이 가능토록 일측이 조속한 대책을 강구해주도록 적극 요청.

(2) 일측이 현 출입국관리령 개정을 이유로 재입국 허가 기간 연장이 곤란하다 할 경우에는 69년 한·일 법무 장관회의 공동성명에 의거 일측이 행정조치로서 3개월 기간의 연장을 가능토록 한 것과 같이 동 재입국 허가기간의 연장의 길을 일측이 모색토록 강력히 촉구함.

IV. 복지향상문제

1. 현황

가. 일측은 협정 제4조에 명시된 영주권 취득자의 교육, 생활보호, 국민건강보험에 대하여 타당한 고려를 하는 것으로 되어 있으나 실제에 있어서 협정영주권 미신청자 및 모든 외국인 장기 체류자의 동등한 대우만을 부여하고 있음.

나. 협정 영주권자에게 적용되는 사항

(1) 국민건강 보험에의 가입(협정 및 합의 의사록)

(2) 일본의 공립학교에의 진학(　　〃　　)

(3) 생활보호의 존속(　　〃　　)

(4) 외국인의 재산 취득에 관한 정령의 적용 재외국인으로서의 존속(토의 기록)

(5) 영주 귀국시의 재산 반출(협정 및 합의 의사록)

(6) 기타 일부 지방 자치단체의 조례에 의한 제한된 사회 보장법 적용(전
    외국인에게 적용)
다. 협정 영주권자에게 적용되지 않는 사항
(1) 국민연금법(정부 관장 사업이나 지방장관에게 일부 사무위임 가능)
(2) 공영주택법(일본인과 사실상 결혼한 한국인에 적용 가능)
(3) 아동수당법
(4) 특별 아동부양수당법(모가 일본인인 경우 적용 가능)
(5) 국민금융 공고법
(6) 주택금융 공고법
(7) 기타

2. 일측 입장
가. 재일 한국인의 특수한 역사적 배경, 협정 전문의 기본정신 및 협정 제4조
    규정, 한·일 법무 차관회담 양해사항 및 일본국 법무대신 담화(70.10.28)
    등에 명시되어 있는 바와 같이 협정 영주권 취득자에 대한 각종 사회 보장
    제도의 적용에 있어서 협정 영주권 미신청자보다 우대 받는 것은 당연하
    며, 일측은 이를 위해 노력할 방침이라고 천명하였음.
나. 일측은 사회 복지 향상 문제를 협의 및 광의의 사회 보장으로 구분 해석
    하여 통상의 생활 기능 장애자에 대하여만 적용되는 긴급적 사회보장
    관계법령은 외국인에게도 차별없이 적용되거나 국민연금법을 기본으로
    하는 사회보장 관계제법은 법규정상 일본인에게만 해당되고 있다는 주
    장임.
다. 따라서 일측은 협정 제4조에 명시된 내용에 따라 협의의 통상 생활 장애
    자에게 적용하는 긴급적 사회 보장관계법을 적용하고 있음을 내세워 그들
    의 협정 이행을 주장하고 있음.

3. 대책(훈령)
가. 제1안
   협정 제4조에서 영주가 허가된 대한민국 국민에 대한 일본국에 있어서의
   교육, 생활보호 및 국민 건강보험에 관한 사항에 대하여 일측은 타당한
   고려를 하는 것으로 명시되어 있으나 일측은 생활 보호의 개념을 협의로
   해석하며 "가"항의 근본 취지에 상응하지 않는 생활 보호법의 적용으로
   협정상의 의무 준수를 주장하는 한편 국내법의 개정을 구실로 협정에 의
   한 우대조치를 취하고 있지 않음. 따라서,
   (1) 협정 4조의 생활 보호를 광의로 해석, 국내법 개정없이 재일한국인의

지위 향상과 안정된 생활을 위하여 사회 복지 관계제법의 적용이 관철
되도록 강력히 추진함.

(2) 선진제국의 입법례에 비추어서도 일측이 (1)항에 따른 조치를 취하도
록 촉구함.

(3) 신용 조합의 공고 업무 대리 취급인가 문제에 대하여는 한·일 정기
각료 회담 공동성명에 따라 민단계 신용조합에 대리 취급인가를 부여
할 것을 촉구함.

나. 제2안

(1) 제1안의 실현 가능성이 예기되지 않을 경우 금번 회담에서 토의되는
복지 관계 3법(국민연금법, 아동수당법, 공영주택법)의 적용이 관철되
도록 노력함.

(2) 일측이 공영주택법은 지방자치 단체의 권한 사항임을 이유로 소극적
인 태도를 취할 경우 일본 정부가 지방 자치 단체에 대한 행정 지도로
서 동법의 적용이 가능토록 적극 교섭함.

(3) 상기 1항 내용의 즉시 적용에 대하여 일측이 난색을 표명할 경우 또는
법개정을 고집할 경우 조속한 시일내에 법 개정, 행정 조치 등으로 우
대조치를 실현할 것을 공표하도록 교섭함.

(4) 상기 법개정 또는 행정 조치 이외에 취업, 면허 등 생활에 있어서의
사회적 차별대우 제거를 위한 양국간의 협력방안(Ombudsman 제도)
을 검토토록 일측에 요구함.

"주일 대사관, 일본 정부 관계자, 민단 및 일한 친선협회 대표자가 정기
적으로 회합하는(년 2회 정도) 기구의 설치"

12. 외무부 공문(착신전보)–정보영 일등서기관과 엔도 북동아과장의 실무자회의 관련 협의사항

외무부
번호 JAW-11479
일시 191839
발신 주일대사
수신 외무부 장관

참조 아주국 심의관

연: JAW-11445, 대: WJA-11237

1. 금 11.19. 16:30 당관 정보영 일등서기관이 외무성 북동아과 엔도 과장을 방문, 연호 실무자회의에 관하여 협의한 바를 다음과 같이 보고함.

가. 회의 일정(매일 오전 10-1200, 오후 1430-1700)

(1) 법적지위문제: 11.24-26

(2) 사회복지 및 대우문제: 11.29

(3) 11.30에는 원칙적으로 회의를 가지지 않도록 하되 필요한 경우, 법적지위 문제에 관하여 추가토의할 수 있도록 관계기관과 협의해 보겠다 함.

나. 대외발표

일측은 가능한한 조용히 회의를 진행시키고 싶으므로 능동적으로 대외발표를 할 의향은 없으며 한국측에서 부득이 대표단 출발에 앞서 대외발표를 해야 하는 경우에는, 가능한한 간략하게 발표하기를 바라며 동 발표문 내용 및 발표시기를 사전 통보해주기를 희망함.

다. 회의진행

(1) 회의 초두 양국 수석대표의 인사는 공개리에 행하되 용어는 각기 자국어로 하고 이를 상대국어로 통역하는 방식을 택하는 것이 좋겠음.

(2) 여타회의는 비공개로 진행하되 법무성 측에서는 법적지위문제에 관한 토의 내용만은 테프레코드로 녹음하기를 희망하고 있음.

2. 아측에서는 11.29 수석대표 주최로 만찬을 가질 예정임. (일본영- 교일, 북일)

13. 외무부 공문(발신전보)−실무자회의 진행방식 중 테프레코딩에 관한 문의 外

외무부

번호 WJA-11313

일시 201240

발신 외무부 장관

수신 주일대사

대: JAW-11479

1. 대호 회의 일정에 대하여는 원칙적으로 이의 없으나 사회복지 및 대우 문제에 관한 토의가 미진할 경우 이를 위한 토의와 회의 총괄을 위한 토의를 위해 11. 30. 회의를 가질 수 있도록 조치 바람.

2. 회의 진행방식 및 아측 주최 만찬에는 이의 없으나 일측이 테프 레코딩 하겠다는 이유가 무엇인지 문의 보고 바람. 아측으로서는 자유로운 의견교환과 종래의 예에 비추어 테프레코딩은 피하는 것이 좋겠음.

3. 대표단 출발에 앞서 11.22. 오전에 대표단 구성, 회의 일정 및 토의 의제등에 대하여 간략한 대외 발표를 가질 예정임을 알리니 일측에 통보 바람. (교일)

14. 외무부 공문(착신전보)-법적지위문제에 관한 추가 토의 제안 및 테프레코딩에 관한 건

외무부
번호 JAW-11535
일시 221648
발신 주일대사
수신 외무부 장관
종별 지급

대: WJA-11313
연: JAW-11479

1. 대호 아측이 사회복지 문제에 관한 토의 및 회의 총괄을 위하여 필요한 경우 11.30.에 회의를 가질 수 있도록 일측에 요청하였으나 관계성청의 사정에 의하여 곤란하다고 하며, 다만 법적지위 문제에 관하여는 필요한 경우 11.27(토) 오전 중에 추가 토의할 수 있도록 조정하겠다고 함. (일측은 법적지위문제와 사회복지문제 토의를 의식적으로 분리시킬려는 의도임.)

2. 대호 아측의 희망에 따라 법적지위 문제 토의내용의 테프레코딩은 하지 않는 방향으로 법무성측과 조정하겠다고함.

3. 대외 발표에 관하여 일측에 통보했음. (일본영 교일 북일)

15. 외무부 공문(착신전보)-법적지위 실무자회의

외무부
번호 JAW-11592
일시 242122
발신 주일본대사
수신 외무부 장관
참조(사본) 법무부장관

법적지위 실무자회의
1. 금 11.24. 10:30부터 외무성 회의실에서 예정대로 실무자회의를 개최하였음
2. 동호회에서는 먼저 협정영주권 미신청자 문제를 토의하고 그 후 강제송환 문제를 토의하였으나 동 요지는 다음과 같음
가. 협정영주권 신청기간 연장문제
1) 일측은 본건이 국회의 입법을 요하는 사항인 바 일본내 현 정치 정세로 보아 불가능하다는 종래 입장을 개진하였으나 영주권 미신청자 중 한국 국적을 취득한 자(조총련 이탈자)는 어떠한 형태이던 구제되어야겠다는 아측 입장을 강하게 주장하였음. 이에 대하여 일측도 법126-2-6 해당자 전반에 대한 법적지위 문제를 검토하고 있으므로 앞으로 이들 중 한국국적 소유자에 대하여는 아측 요구에 유의하여 처리하겠다는 견해를 표명하였음
2) 한편 상기 한국적의 126해당자의 지위 해결시까지의 잠정조치로서 〈일본입관령 운영상〉 협정 영주자에게 주는 우대조치에 대하여는 이를 한국국적 126해당자에게 동등히 적용하라는 아측 요구에 대해 일측은 법률의 범위내에서 동등 대우를 하겠다고 약속하였음
나. 강제송환문제
1) 일본 밀항자 문제
가) 일측이 인도적 고려를 하고 남은 자 전원에 대하여서는 국제법과 관례에 비추어서도 아측이 인수하여야 한다는 강한 자세를 일측은 표하였는 바 이에 대하여 아측이 일정한 시기를 획하여 그 이전의 자를 일측이 전원 특별재류를 허가한다면 그 이후 밀항자 중 인도적 고려대상자는 1년 후 재입국토록 하고 잔여는 인수한다는 안을 제기하였음
나) 이에 대하여 일측은 송환 1년 후 정규 입국 방식에는 난색을 표명하고 대신 일측은 1966년 1월 17일 이전 밀입국자는 구제하고 그 이후의 자는 아측이 제시

한 〈6가지 인도적 고려사항〉 (참고자료3,4, 나. 문제점 1)의 다) 참작하여 현 방식에 따라 고려하겠는 바 일측이 이러한 사항을 고려하고도 송환키로 결정한 자에 대하여는 아측에서 인수할 것을 주장하였으며 국회에 대한 설명을 위하여서도 법적지위 협정 발표일을 실점을 하는 것이 좋겠다는 입장을 주장하고 있었음

다) 이에 대하여 아측은 1966.1.17.로 할 경우 계속 7,8년 되는 자들에 대한 문제가 생길 것임을 들어 문제점을 남길 소지가 있음을 지적하고 5년을 한도로 하자는 안을 주장하였음

라) 강제퇴거와 관련하여 75년 말 일측이 비망록에서 언급한 정상적 인적교류 문제를 물었던 바 일측은 강제 퇴거에 대한 인수 보장이 없음으로 항상 이를 염두에 두고 정상적 입국을 심사하여왔다고 말하고 본건이 해결된다면 그만큼 심사기준이 완화되지 않겠는가고 말하고 있었음

2) 협정 3조 해당자 및 126 해당자 중 범법자문제

가) 아측은 이들의 역사적 배경, 협정 경위와 당시에 있어서 정치적 배려를 하여야 하였던 상황이 계속 존속되는 점 등을 들어 합의의사록에 의한 인도적 고려의 기준(참고 자료 3,2, 나 문제점 1)의 나)참조)을 제시하였던 바 일측은 그 경우 한사람도 강제 퇴거 된 자는 없으며 협정 3조가 사문화된다고 반대하면서 10년 이하 형 해당자를 제외한 범법자는 아측이 인수할 것을 주장하였음 나) 일측 주장을 수락할 경우 구제될 자 및 송환될 자의 현황은 다음과 같음.

구제될 자: 그간 문제되었던 21명(오오무라에 수용중인 14명포함) 전원 및 수감 중의 60명중 37명임

송환될 자: 11년 이상(강도, 강간, 방화3 제외, 전원 살인범)의 형을 받은 자는 23명인 바, 이들에 대하여도 일측은 인도적 고려(생활이 당장 불가능하던가 자립 불능의 경우 일본 직계 가족의 유무)를 하겠다 하므로 앞으로 송환될 인원은 23명보다 적어질 것이 예상됨

다) 일측은 또한 10년 이하의 범법자에 대하여는 일단 특별 재류 허가를 부여할 것이나 그후 다시 범법할 경우에는 아측이 무조건 이를 인수할 것을 주장하였음

3. 평가 및 건의

가. 일반 밀항자 문제에 대하여는 앞으로의 법적지위 토의와 관련시켜 일측이 주장을 수락함이 가할 것으로 사료됨

나. 협정 3조 해당자 및 126해당자 중 범법자 인수문제에 대하여서는 일측 안대로 MERIT가 있는바 본부의 입장을 회시바람

다. 합의사항의 시행을 위하여

1) 국장급의 회의에서 최종합의를 할 것인지(이렇게 주일대사관측으로부터 전

문하고 있었다 함)

2) 또는 금년회의에서 결정하고 이를 문서화(토의기록 등)할 것인지를 묻고 있어 아측은 이를 검토하겠다는 답변을 하였는 바 이에 대한 본부 입장을 회시 바람

4. 명일회의 명 25일(목)은 14시부터 회수 재입국문제, 재입국허가 기간연장과 아측이 상기 검토하기로 한 사항에 대한 회답이 가능시 이를 토의키로 하였음 (수석대표 교일 북일 중정)

16. 외무부 공문(발신전보)–법적지위 실무자회의 의제에 관한 건

외무부
번호 WJA-11373
일시 251640
발신 외무부 장관
수신 주일대사

대: JAW-11592

1. 협정영주권 미신청자 구제문제
   법 126-2-6해당자 전반에 대한 법적지위 문제를 검토하는 시기던가 또는 그 이전이라도 협정 영주권 미신청자 기간연장 문제를 다룰 수 있는 시기에 한국 국적 소유자에 대하여는 구제될 수 있도록 하고 잠정 조치로서 일본 입관령 운영상 협정영주권자에 주는 우대조치에 대하여는 미구제자들이 협정영주권 소지자와 동등한 대우("법율의 범위내"라는 것을 구체적으로 무엇인지, 우리가 실제로 원하는) 예시적인 몇 가지를 열거하고 이것이 전부가 아님이라는 취지의 구절 삽입이 바람직함)를 하겠다는 약속을 받기 바람.

2. 밀항자 문제
   귀 건의대로 앞으로 법적지위 토의와 관련시켜(특히 전기 협정영주권 미신청자 구제문제)일측 주장을 마지막에 수락바람.

3. 협정 3조 해당자 및 126해당자 중 범법자 문제
   10년 이하 형 해당자를 제외한 범법자는 아측이 인수하나 이들 중 인도적 고려 대상으로서는 그정상이 일측이 주장하는 세가지 인도적 고려사항 이외

에 가능한한 연고자, 생활기반, 출생지 교육등 기반 생활 환경도 적의 고려
토록한다는 구절을 삽입토록 교섭바람. 또 10년 범법자가 일단 구제된 후
다시 범법할 경우 아측이 무조건 이를 인수하는 문제에 있어서는 재범의 범
위를 협정 3조 D항에 명시된 7년을 초과하는 징역 또는 금고에 처하여진
자로 하시기 바람.

4. 항의 사항을 적당한 형식으로 문서화하기 바람. (교일)

17. 외무부 공문(착신전보)-법적지위 실무자회의 보고

외무부
번호 JAW-11614
일시 251840
수신시간 11.26. 9:47
발신 주일대사
수신 외부무장관
참조(사본) 법무부장관

법적지위 실무자회의 보고 (2)
1. 금 11.25. 14:00부터 속개된 회의에서는 우선 일측에서 24일 회의시 토의된
강제송환 문제에 대한 보충설명을 한 후 회수재입국 문제 및 재입국 기간연장
문제가 토의되었음.
2. 강제송환 문제
일측은 일반 밀항자에 대하여 일정시기를 정하여 구제 조치(사면이라는 용어를
사용)를 취할 것이나 이와 같은 형식의 구제조치는 금번에 국한할 것이며 앞으
로 이와 같은 방식에 의한 구제조치는 재차 취하지 않는다는 것을 명백히 해
둔다는 보충설명이 있었으며 아측은 사견임을 전제로 특히 협정 3조 해당자 중
형기 10년 이하의 자에 대하여 송환 보류토록 제의한 일측 주장에 대하여 형기
를 기준으로 할 경우라도 최소한 형기 20년을 기준으로 하여야 할 것이라는
감축을 피력하고 일반 밀항자의 사면 시한을 5년 전으로 하여야만 실질적 문제
해결에 도움이 될 것임을 재강조 하였음.
3. 회수 재입국문제

가. 아측은 협정영주자를 우대한다는 협정의 정신과 한국정부가 재한 일본인의 일부에 대하여 이미 회수재입국을 허가하고 있음에 비추어 호혜주의 원칙에 의거 협정영주자 및 상사 주재원 등 일시 체류자에 대하여 회수재입국을 허가하여 줄 것을 요청한데 대하여 일측은 강제송환 문제가 합의되는 것을 전제로 하여 동 문제를 검토하겠는 바 동 제도를 새로이 운영함에 있어서는 회수재입국을 허가할 경우에도 동 허가의 정당성(관광목적 불가)은 설명할 필요가 있다고 하였음.

나. 아측은 원칙적으로 협정 영주자 전원에 대하여 신청시 허가해 줄 것을 요망한 바 일측은 아측 요망에 유의하며 회수재입국 제도의 신설을 호의적으로 검토할 것을 약속하였음.

다. 아측은 회수재입국 문제와 관련 조총련 이탈자를 포함한 한국적 소유 126 해당자도 동 허가 대상에 포함되어야 한다는 점을 환기시켰던 바 일측은 당연히 조치될 것임을 표명하였음.

4. 재입국기간 연장문제 일측은 일본 출입국 관리령의 명문상의 규정으로 인하여 당장 아측 요구에 부응할 수는 없으나 앞으로 동 령 개정 시 조치한다는 종래 방침을 재확인하였음.

(수석대표-교일, 북일, 중정)

18. 외무부 공문(착신전보)-법적지위 실무자회의 보고

외무부
번호 JAW-11632
일자 261921
수신시간 11.27. 11:20
발신 주일대사
수신 외무부 장관

법적지위 실무자 회의 보고(3)
대: WJA-11373
1. 11.26. 1400부터 회의를 속개하고 대호 지시에 따라 법적지위에 대한 토의를 계속하였음.

2. 협정 영주권 미신청자 문제

가. 아측이 126 해당자 처리의 시기 또는 그 이전이라도 협정 미신청 처리용의 유무를 묻는데 대하여

1) 일측은 126해당자의 처리에는 외적 요인(한반도 정세, 대만출신자에 대한 중공의 태도 등)이 보다 문제된다고 하고 사실상 어렵다는 것을 실토하고 있었으며,

2) 협정영주권 신청연장도 126해당자 전원의 처리와 같은 시기에야 가능할 것이라 말함으로서 실질적으로 이문제의 처리가 불가능하다는 견해를 표명하고 있었음.

나. 일측은 잠정조치에 대하여서는 아측 요망에 부응할 의사를 재확인하고 있었음.

3. 강제송환문제

가. 아측은 밀항자 규제에 관한 시기를 5년전으로 할 것을 계속 고집하였는 바 일측은 동 시기를 5년으로 하는 것은 불가능하며, 법적지위 협정 발표일인 1966.1.17.을 고집하였으며 그 대신 전일 회의시의 제안내용을 변경하여 밀항 시기가 상기 기간부터 5년 이내(1966-1971)의 기간에 해당되는 자는 계속 일측의 현행 재결절차에 의하여 구제할 것이며, 동 심사 기준에 미흡한 자라도 협정 영주권자 가족은 일단 송환하고 1년 후 정식 입국하는 방법으로 구제하겠다고 말하였음.

나. 이에 대해 아측은 동 시기를 7년(법상 회담시기)으로 할 것을 다시 제의하였으나 일측은 설명할 수 없다는 이유로 반대하며 실질적으로 아측이 의도하는 것은 상기방식으로 충분히 해결되도록 운영할 것이라고 함.

다. 협정 3조 해당자에 대하여도 일측은 전일회의에서 제안했던 형기를 기준으로 한 송환방식은 관계성 간의 협의에서 부결되었다고 하며 대신 대체적으로 일정시기를 두고 볼 때 결과적으로 총송환 대상자의 반수 정도로 구제하도록 운영해 나갈 것을 제의하였음. 아측은 형기에 의한 방식이 객관성이 있다는 점을 들어 이러한 것으로 구두 양해하는 방식을 주장하였으나 일측은 그것이 사실상 협정 내용을 개정하는 것이 됨으로 이는 불가능 하다는 입장을 취하였음.

라. 아측은 협정의 취지로 보아 가급적 다수 인원이 구제되어 일본에서 갱생의 길을 걸을 수 있도록 함이 바람직하다는 점을 지적, 일측의 새로운 구상에 따르드라도 최소한 8할은 구제되어야 할 것이라고 하였음.

마. 또한 대호 지시에 따라 재범자의 경우 협정 규정에 따른 7년 이상 자만의 인수를 주장하였으나 일측은 재범자는 출입국 관리령상의 특별재류 허가자임으

로 이들에게 협정상의 규정을 적용함은 불가능하다는 입장을 취하였음.

4. 금일 회의에서는 상기와 같은 양측이 각기 자국의 주장을 되풀이하였을 뿐 어떤 결론에 도달하지 못하였음.

5. 금번회의 합의사항을 문서화하는 문제에 관하여서 일측은 금번에는 문안을 일단 만들어 각기 자국정부에 갖고 가서 계속 협의하여 추후 적절한 방법으로 문서화(서명)할 것을 제의하여 이에 동의하였음.

6. 평가

가. 협정 재신청 문제

이 이상의 진전은 기대하기가 곤란할 것임.

나. 강제퇴거

정공사 주최로 금일 입관국장 및 차장과 오찬을 같이하며 의견교환을 가겠는 바 일측은 협정 3조 해당자의 퇴거에 역점을 두고 있었으며 형기를 기준으로 하는 방식은 전혀 고려될 수 없을 것으로 보였음. 결과적으로 아측이 어느 정도 의 수를 받을 것인가가 문제일 것임. 이에 대한 본부 입장 회시바람.

다. 문안 초안은 AD REFERENDUM으로 가능한 데까지 작성하고저 하는 바 29 (월)경 일측안이 제시될 것으로 보임. (수석대표-북일, 중정, 법무장관)

19. 외무부 공문(발신전보)−협정3조 퇴거 관련 교섭 방향 지시

외무부

번호 WJA-11417

일시 291200

발신 외무부 장관

수신 주일대사

대: JAW-11632

대호 6의 나항에서 문의한 협정 3조 해당자의 퇴거에 관하여는 문서화될 문구는 어떻던 간에 일측이 당초 23명에 인도적 고려까지도 이야기했던 점을 염두에 두고 귀대표단이 주장한대로 구제되는 방향으로 교섭하시기 바람 (교일)

20. 외무부 공문(착신전보)—법적지위 실무자회의 보고

외무부
번호 JAW-11697
수신시간 11.30. 18:06
일시 301127
발신 주일대사
수신 외무장관

법적지위 실무자회의 보고 4.

1. 금 11.29(월) 1000부터 복지문제에 관한 토의를 가졌는 바, 일측은 회의 벽두 개회인사, 대표소개, 회의 용어 등 별개의 회의 체제를 갖추는 자세로 나왔음. 이에 대해 아측은 전일 회의에서 이미 인사한 바 있음을 상기시키고 대표소개만을 하고 실질 토의에 들어갔음.

2. 금일 회의에 일측에서는 〈외무〉, 〈법무〉, 〈대장〉, 〈후생〉 및 〈건설성〉 관계 과장 또는 과장 보좌 등이 참석하였음.

3. 의제는 국민연금, 신용조합의 공고업무 대리 취급, 공영주택에 관한 문제 및 아동수당문제 순으로 토의하였음.

4. 아측은 법적지위 협정의 기본정신, 재일한국인의 역사적 배경, 정기 각료회의 공동성명에 비추어 재일한국인 특히 협정 영주권자의 생활안정을 한국인의 복지향상은 일본의 국가이익에도 도움이 된다는 것을 판정하면서도 일본 국내법 규정이나 정책적으로도 일본 국민만을 대상으로 하는 것이 적지 않음을 지적 곤란한 점이 많다고 말하였음.

가. 국민 연금법문제: 일측은 현재 동 법이 일본국민만을 대상으로 하고 있고 또한 운영면에서도 여러가지 어려운 문제가 많아 동 연금제도 자체가 검토의 대상이 되고 있다하고 한국측 요망을 청취해 두겠다고 하였음.

나. 신용조합의 공공업무 대리취급인가 문제:

제4차 한일 정기 각료회의 공동성명에 따라 72년부터 점진적으로 인가해 나가고 있으며, 현재 상공조합 중앙금고 업무는 8개 신용조합, 중소기업 공고업무는 2개 조합(대판)에 위탁하고 있으나, 공공업무의 성격상 34가 한국계 신용조합 전체에 대하여 일괄인가 하는 것은 곤란하며 앞으로도 한국측 요청에 부응하여 전진적으로 조치하겠다고 말하였음. 동 인가업무를 촉진하기 위하여서는 관계 신용조합이 지방자치 단체의 경영실태를 위한 조사에 협력하는 것이 바람직하다고 하였음. 상기 외에 아측은 신용조합의 승격, 신규조합의 인가 등에 있어 재일한국인 사회의 특수성에 비추어 특별 배려가 있어야할 이유를 설명하였으며 일측은 이에 유의하는 태도를 보였음.

다. 공영주택법 적용문제: 일측은 동법의 적용에 대하여는 지방자치단체에 동법을 외국인에게 적용하여도 무방하다는 통달을 하였다고 말하였는 바, 아측은 지역에 따라서는 아직 동 법이 적용되지 않는 지역이 있음을 지적 일측의 적극적인 행정지도를 요청하였던 바 일측은 지역의 주택사정과 외국인 개개인의 사정에 따라 아측의 요청에 부응하도록 전진적인 지도를 하겠다고 말하였음.

라. 또한 주택금융 공고법의 적용에 대하여도 일측의 호의적 배려를 요청하였던 바 일측은 공고법에 의한 융자 대상자는 일본국민에 한하며, 실제에 있어 이들은 일반적으로 공영주택법 적용 대상자보다 높은 소득층이므로 긴박한 심정에 놓여있지 않아 아직 아무런 고려를 하고 있지 않으나 한국측 요망이 있었음을 유의하겠다고 말하였음.

마. 아동 수당법:

일측은 동법(동법을 세번째 자녀이후부터 수당을 지급하는 것을 내용으로 함)의 적용에 있어서는 이와 관련되는 제 아동복지 관계 법령이 있으며, 그 적용대상이 내용적으로 일본국민에 한하도록 동 법안에서 규정하고 있어 법 개정 없이는 곤란하다고 설명하고, 또한 제도 자체에 대하여 일부에서는 수급 대상자의 범위를 확대하여야 한다는 주장도 있는 반면 법 제도 자체에 반대하는 의견도 있음이 현상이므로 현재 동 법 제도와 관련된 기본적 조사(인구 정책의 관련 등)를 하고 있으므로 동 조사결과가 관련시켜 법 제도 자체를 검토하겠다고 말하였음.

바. 재일한국인 사회적 문제 해결을 위한 간담회 조직문제:

재일한인의 취직 등에서 당면하는 사회적 문제해결을 위한 한일 양측의 간담회를 비공식적으로 제의하였던 바, 일측은 어떤 면에서는 이문제가 더 크다는 점을 인정하면서도 이의 해결을 위한 양측의 간담회에 대하여서는 소극적인 반응을 보이면서 진전을 보지 못하였음. (수석대표-교일, 북일, 중정)

21. 외무부 공문(착신전보)-법적지위 실무자회의 보고

외무부

번호 JAW-12023
일시 011710
발신 주일대사
수신 외무부 장관
참조(사본) 법무부장관

법적지위 실무자회의 보고 (5)
1. 일측은 11.29(월) 아측 주최 만찬 석상에서 강제송환만 규제한 문서(안)을 아측에 제시하였음.
2. 30일(화) 회의는 1430-1800간 전일과 같이 외무성 회의실에서 외무, 법무 양성의 대표들이 참석한 가운데 개최되었음.
3. 아측은 일측 안이 강제송환만 규정하고 있는데 대한 불만을 표명하고 아측의 대안(귀국 후 보고)을 일측에 제시하였음. 그 후 양측은 각기 상대방안에 대한 코멘트와 질의를 가졌음.
4. 상기 토의 후 양측은 쌍방의 문안을 기초로 쌍방의 입장을 좁혀 나가기 위하여 금후 외교경로를 통하여 협의해 나가기로 하고 금번회의를 마쳤음.
5. 상기 회의에서의 토의내용은 귀국 후 보고 위계임. (수석대표- 교일, 북일, 파견관)

22. 자료-피퇴거강제자 송환(일본 안)

日本側案

一、被退去強制者の送還
1. 出入国管理令及び日韓法的地位協定に基づく出入国管理特別法の規定に従い、韓国人に対し、退去強制令書が発布された場合には当該韓国人が有効な旅券、又はこれに代わる證明書を所持し、かつ、自費出国を希望する場合を除き、日本側は韓國側に対し、その事實を文書で通報する。
2. 韓国側は前項の通報を受けた後日本側に対いし速やかに国籍確認のため必要な便宜の供与を要請し、日本側はできる限りこの要請に応ずる.
3. 韓国側は前記1の通報に係る者が韓国籍を有することを確認した場合には速や

かに日本側にその旨を通報す。

4．韓国側は、特に理由がある認めた場合には、日本側に対いし、前記1の通報に係る者に対する退去強制につき見解を述べることができる。

5．韓国側，次に揚げるものが韓国へ送還された場合にはすべてこれを引き取る。

(一)韓国側が前項の見解を述べなかった者

(二)日本側が前項の見解を検討した後退去強制令書発付処分を取り消す余地がないとし、その旨を韓国側に通報した者

二、不法入国者等に対する特別措置

1．日本側は、千九百六十六年一月十七日前に日本国へ不法入国(不法残留を含む。以下同じ。)し引き続き日本国に定住している韓国人に対し、出入国管理令の規定に従い特別に在留を許可する。ただし、その者の親族状況、生活状況、善行保持の有無等に照らし特別に在留を許可する余地がないと認められる者についてはこの限りではない。

2．前項の日から五年以内に日本国へ不法入国した韓国人が退去強制処分により、退去した時点において、日本人又は永住を許可された外国人である配偶者を有する場合には、日本国へ入国のための査証申請に関し、出入国管理令第五条に定める上陸拒否事由に該当する場合を除き日本国政府は好意的考慮を払う。

三、特別法該当者に対する在留特別許可等

1．日本側は日韓法的地位協定の実施に伴う出入口管理特別法第六条等一項第六号該当者について同協定についての合意議事録に基づき出入国管理令の規定に基づく特別在留許可につき、家族状況、生活環境、その者の犯歴、行刑成績、本邦において更生の実をあげることができる可能性等に考慮を払って処置する。

2、前項の考慮にかかわらず、退去強制令書を発付された者及び前項に従い在留特別許可を受けた後に新たな事由に基づき退去強制令書を発付された者の送還については前記一に定めるところによる。

(注)本件メモは両代表国限りで、両代表団の間に実質的に意見の一致をみた点をとりあえずとりまとめたものであり、本件に関し、将来両国政府間に作成されることがあり得べき文書の字句表現についてはあらためて協議するものとする。

一、協是永住権申請期間延長問題

法的地位協定(以下協定という)に規定された期間に永住権を申請することが出来なかった在日韓国人が相当数ある事に対し日本側は状況が造成されれば法律一二六号該当者全般の地位に関する問題の解決と関聯し韓国側の要望に応ずる

用意があることを表明し、これらの状況が造成されるまでは暫定的措置として
これら在日韓国人に対しては協定永住者と同者の特遇を處することを約した。

二、強制退去問題

1．強制退去手続き

a．日本側は協定年三条及び出入国管理令に従い韓国人に対し退去強制令書を発
付した場合には韓国側に対しその事実を文書で通報する。

b．韓国側は前項の通報を受けた後日本側に対し国籍確認等を含む領事面接の為
必要な便宜の供与を要請し日本側はこの要請に応ずる。

c．韓国側は領事面接の結果大韓民国国民である事が確認された者のうち特に
再考の理由があると認められた場合にはその旨を日本側に通報する。

d．韓国側は次に該当する者はこれを引き取る。

（1）韓国側が前項の理由を通報しなかった者

（2）日本側が不法入国者に対する前項の通報に対し好意的な考慮を払った結
果退去強制令書発は處分を取り消す余地がないとしその旨を韓国側に通
報した者。

2．不法入国者等に対する特別措置

a．日本側は一九六六年一月十七日以前に日本国へ不法入国(不法滞留を含む、
以下同じ)し引き続き日本国に定住して居る韓国人に対しては特別に在留を
許可する。

b．日本側は前項の日以後に不法入国した者に対して従来通り人道的考慮を払い
特別の在留許可を引き続き与える。特に前項の日から五年以内に日本国へ不
法入国した韓国人が退去強制処分に依り退去される時点において日本人又は
永住を許可された外國人である配偶者を有する場合には特別な考慮を払う。
前記の人道的考慮を払うにおいては諸点に対し配慮するのとする。

（1）退去強制に係はる者が未成年でその父母が日本に居住する場合。

（2）日本において長期の居住資格を有する韓国人及び日本人と結婚し、その
家族の生活の基盤が日本にある場合。

（3）特別在留許可を取得した記罪者のうちその家族及び生活の基盤が日本に
ある場合

（4）老弱の者が日本に居住する家族の扶養及び保護を要する場合。

（5）協定永住者の家系を継ぐ者の場合

（6）その他両側が特に理由があると認めた者の場合

3．協定第三条該当者処理

a. 日本側は協定第三条該当者(法律一三六号該当者のうちこれに該当する者を含む、以下同じ)に対しては協定の合意議事録に基づき人道的考慮を払い引き続き在留を認める。

b. 前項の人道的考慮を払うにおいては特にその者の情状が退去された場合生活に困る者、家族が日本に居住する者並びに日本で出生し、教育その他の生活環境が日本社会に基づいている者に対しては充分な配慮がなされるものとする。

三、数次再入国許可問題

日本側は協定永住者が数次再入国許可を申請した場合申請者の職業頻繁な往來の必要性等を考慮しこれを許可する。

四、再入国許可期限延長問題

日本側は協定永住者の両入国許可期限延長に対し関係法令改正の時考慮する旨約した。

五、在日韓国人の待遇問題

韓・日両国側は協定永住者を含む在日韓国人が日本社会で安定した生活を営むことが両国の友好関係の増進に寄与することを認め、今後共必要に応じ両側が緊密に協議することとした。

23. 자료-피퇴거강제자 송환(일본 측 안에 대한 한국 측 입장)

日本側에 提示한 我側立場

一. 協定永住權 申請期間 延長問題

法的地位 協定(以下 協定이라함)에 規定된 期間內에 永住權을 申請하지 못한 在日韓國人이 相當數임에 對하여 日本側은 狀況이 造成되면 法律126號 該当者全般의 地位에 關한 問題의 解決과 關聯하여 韓國側의 要望에 應할 用意가 있음을 表明하고 그러한 狀況이 造成될때 까지는 暫定的 措置로서 이들 在日韓國人에 對하여는 協定永住者와 同等한 待遇를 行할것을 約束하였다.

二. 强制退去問題

1. 强制退去 卽次

가. 日本側은 協定第 3條 및 出入國 管理令에 따라, 韓國人에 對하여 退去强

制令書를 發付한 境遇에는 韓國側에 對하여 同事實을 文書로 通報한다.

나. 韓國側은 前項의 通報를 받은後 日本側에 對하여 國籍確認等을 包含한 領事面接을 爲하여 必要한 便宜提供을 申請하고 日本側은 이 要請에 應한다.

다. 韓國側은 領事面接結果, 大韓民國國民임이 確認된 者 中, 特히 再考의 理由가 있다고 認定될 境遇에는 比旨를 日本側에 通報한다.

라. 韓國側은 다음에 該當되는 者는 引受한다.

    (1) 韓國側이 前項의 理由를 通報하지 않은 者

    (2) 日本側이 不法入國者에 對한 前項의 通報에 對하여 好意的 考慮를 行한 結果 退去强制令書發付 處分을 取消할 餘地가 없다고 하여 이를 韓國側에 通報한 者

2. 不法入國者等에 對한 特別措置.

    가. 日本側은 1966.1.17. 以前에 日本國에 不法入國(不法殘留를 包含, 以下同)하여 繼續 日本國에 定住하고 있는 韓國人에 對하여 特別히 在留를 許可한다.

    나. 日本側은 前項의 日 以後에 不法入國한 者에 對하여도 지금까지와 같이 人道的 考慮를 行하고 特別在留許可를 繼續 賦與한다. 特히 前項의 날로부터 5年 以內에 日本國에 不法入國한 韓國人이 退去强制處分에 依하여 退去되는 時点에 있어서 日本人 또는 永住를 許可된 外國人配偶者를 가지고 있을 境遇에는 特別한 고려를 행한다. 前記한 人道的 考慮를 行함에 있어서는 다음 諸点에 對하여 配慮하는 것으로 한다.

    (1) 退去强制에 係累된 者가 未成年者로서 그의 父母가 日本에 居住하는 境遇

    (2) 日本에서 長期居住 資格을 取得한 韓國人 및 日本人과 結婚하고 그 家族의 生活基盤이 日本에 있는 境遇

    (3) 特別在留 許可를 取得한 犯罪者 中 그 家族 및 生活基盤 日本에 있는 境遇

    (4) 老弱者로서 日本에 居住하는 家族의 扶養 및 保護를 要하는 境遇

    (5) 協定永住者의 家系를 繼承하는 者의 境遇

    (6) 其他 兩側이 特히 理由있다고 認定한 者의 境遇

3. 協定 第3條 該當者 處理

    가. 日本側은 協定 第3條 該當者(法律126號 該當者 中 이에 該當하는 者를 包含, 以下同)에 對하여는 協定의 合意議事錄에 基하여 人道的 考慮를 하

여 繼續 在留를 認定한다.

　　나. 前項의 人道的 考慮를 行함에 있어서는 特히 그 者의 情狀이 退去되는 境遇 生活을 할 수 없는 者, 및 家族이 日本에 居住하는 者 및 日本에서 出生하고 敎育 其他 生活環境이 日本社會에있는 者에 對하여는 充分한 配慮를 하는 것으로 한다.

三. 回數再入國 許可問題

　　日本側은 協定永住者가 回數再入國許可를 申請하는 境遇 申請者의 職業, 頻繁한 往來의 必要性等을 考慮하여 이를 許可한다.

四. 再入國許可期間 延長問題

　　日本側은 協定永住權者의 再入國許可期限 延長에 對하여 關係法令 改正時 考慮할 것을 約束하였다.

五. 在日韓國人의 待遇向題

　　韓·日 再國側은 協定永住者를 包含한 在日韓國人이 日本社會에서 安定된 生活을 管爲함이 兩國의 友好關係 增進에 寄與함을 認定하고 今後에도 必要에 對하여 兩側이 緊密히 協議하기로 하였다.

24. 외무부 보고사항-재일한국인의 법적지위에 관한 한·일간 실무자회의 결과 보고

외무부 보고사항
번호 교일725-1834
일자 1976.12.7.
발신 외무부 장관
수신 대통령 각하, 국무총리 각하
제목 재일한국인의 법적지위에 관한 한·일간 실무자회의 결과 보고

　　다음과 같이 보고 합니다.
　　연: 교일 725-1698(76.11.22)

1. 기 보고(연호)한 재일한국인 법적지위 및 대우에 관한 당국 실무자 회의는 76.11.24-30간 일본 동경 외무성 회의실에서 양측 실무자들에 의하여 개최된 바 있읍니다.

2. 동 회의에서 아측은 협정영주권 신청기간의 재설정 문제와 재일한국인의 복

지 향상을 위한 대우 문제에 주안점을 둔 데 반하여 일측은 법적지위 협정 제3조 해당자(7년 이상의 중형자 등) 및 밀항자의 강제 퇴거 문제에 주안점을 두었습니다.

3. 동 회의 결과 양측 입장이 접근되어 대체적인 양해가 이루워진 것은 다음과 같습니다.

　가. 협정영주권 미신청자 구제문제

　　협정영주 신청기간의 재설정을 위해서는 일본측으로서는 협정의 개정 외에도 일본 국내의 입법을 요하는 바, 그와 같은 입법이 불가능한 일본 내의 정치정세에 비추어 〈잠정조치로서〉〈법율 126호 해당자중 국민등록을 필한 자(조총련 이탈자)는〉 일본 법령이 허용하는 법위내에서 협정 영주자와 동등한 대우를 부여함.

　나. 강제 퇴거

　　(1) 밀항자 처리

　　　(가) 1966.1.17. (법적지위 협정 발효일) 전에 일본에 불법 입국한자는 원칙적으로 특별재류를 허가함.

　　　(나) 상기 일자로부터 5년 이내에 불법 입국한자로서 일본인 또는 영주자인 외국인의 배우자는 강제 퇴거 후 1년후에 재입국토록 함.

　　　(다) 일본은 현재까지 행하여 온 바와 같이 인도적 견지에서 계속 불법 입국한자에 대한 특별재류 심사제도에 의한 구제 조치를 행함.

　　(2) 협정 3조 해당자 (법 126 해당자중 범법자 포함)

　　　협정 제3조에 의하여 강제 퇴거의 사유가 발생하는 자 (국교에 관한 죄, 마약범 3회 이상, 7년 이상의 형)에 대해서는 아국이 지금까지 일본측이 행하여야 할 인도적 고려를 이유로 실질적으로 그 인수를 거부하여 왔는 바, 금후 이에 대하여서는 일본측은 그 반은 구제하겠다 하고, 아측은 최소한도 그 80% 이상에 대하여 일단 특별 재류를 허가할 것을 요구하여 대체로 이선에서 양해됨.

　　　(단 협정의 규정상 이를 문서화하기는 곤난함)

　다. 회수 재입국 허가

　　일측은 상기 강제 퇴거에 대한 양해가 성립 시, 〈회수 재입국 제도를 협정 영주권자에게도 확대 부여하도록 함〉

　　(현재까지는 외교관, 특파원에 한함)

　라. 처우에 관한 문제

　　(1) 〈공영주택 입주, 신용조합의 공고업무 대리 취급문제〉에 대하여 일

측은 현재 호의적으로 처리하고 있어 34개 한국계 신용조합 중 상공조합 중앙금고 업무는 8개 조합, 중소기업 공고 업무는 2개 조합에 위탁하고 있으며, 또한 공영주택 입주도 지역에 따라 부분적으로 시행되고 있다고 말하고 앞으로도 행정지도를 통하여 한국측 요망에 부응하도록 처리하겠다고 약속하였음.

(2) 〈국민연금법, 아동수당법의 적용에 대하여는〉 동법들이 일본 국민만을 대상으로 하고 있고 또 그 운영면에 여러가지 어려운 문제가 많아 동제도 자체가 검토의 대상이 되고 있다 하며 한국측 요망을 동 제도의 검토와 관련하여 유의하겠다고 하였음.

4. 상기 양측이 양해한 사항을 일단 안으로서 문서화하여 이를 각각 교환하였고 동 문안에 대한 교섭을 금후 외교 경로를 통하여 행할 것과 〈이의 서명을 위한 제2차 회의(국장급)를 서울에서〉 개최하기로 양해하고 그 구체적인 시기는 추후 외교 경로를 통하여 결정하기로 하였읍니다.

5. 금번 회의 결과, 〈일측은〉 그들이 크게 불편을 느껴왔던 강제퇴거 문제에 있어 해결의 실마리를 찾은 한편 〈아측은〉 협정영주권 미신청자들에 대한 잠정조치로서 이들의 권익을 실질적으로 보호하도록 하고, 1966년 1월 17일 전 밀항자들(일측은 1만에서 2만명으로 추정)에 대하여 이들이 금후 합법적으로 일본에 거주하는 길을 일괄 마련하였고, 잔여에 대하여서도 일측의 특별 재류심사 제도의 계속 운영을 통하여, 또한 일단 귀국 후 재 도일하는 길을 통하여 이 문제의 현실적 해결을 시도하도록 한 것은 금번 회의의 소득으로 사료됩니다.

〈재일한국인의 복지 향상 문제는〉 일본 국내법상 등의 제약이 많아 단시일 내에 해결하기는 어려운 문제인 만큼, 금후 계속 외교적 노력을 하여야 할 것으로 평가됩니다.

6. 상기 회의 내용의 상세와 양측에서 자국안으로서 각각 교환한 문서(안)를 별첨합니다.

첨부 1. 회의 결과 보고 1부.

   2. 양측 교환 문서(안) 각 1부. (끝)

24-1. 첨부-재일 한국인의 법적지위 및 대우에 관한 한·일 양국간 실무자 회의 결과 보고

재일 한국인의 법적지위 및 대우에 관한

한·일 양국간 실무자 회의 결과 보고

1. 회의 개최 경위

　　일본측은 75.12. 재일한국인의 강제퇴거 업무가 원활히 진행되고 있지 않다는 견지에서 일측이 퇴거시키려 하는 법적지위 협정 3조 D항 해당자(7년이상의 형을 받은 자) 및 밀항자의 접수를 아측에 강력히 요망하고 동 업무가 원활히 진행되지 않을 경우 정상적인 한·일간의 인적 교류가 저해될 것을 지적, 외교적 차원에서 이 문제를 아측에 거론하여 온 바 있음.

　　이에 대하여 아측은 제8차 한·일 정기각료회의에서 논의된 재일한국인의 복지증진 문제를 구체적으로 다루는 한편 최근 조총련으로부터 이탈하여 오는 교포들에 대한 협정영주권 부여 문제와 협정 영주권자에 대한 처우 개선 문제가 같이 논의되어야 한다는 점을 강조하여 양국간에서 절충하여 온 끝에 상기 회의가 개최되게 이르렀음.

2. 회의 경과

　　가. 금번 회의는 일측의 참석자 관계로 법적지위에 관한 회의와 대우에 관한 회의로 양분되어 일본 외무성 회의실에서 각각 개최되었음.

　　나. 법적지위에 관한 회의는 11.24-26. 간과 11.30에 개최되었으며 일본측에서는 외무성 및 법무성 관계관들이 참석하여 다음 문제를 의제로 채택, 논의하였음.

　　　　(1) 협정영주 신청기한 연장 문제

　　　　(2) 강제퇴거자 인수 문제

　　　　(3) 회수재입국 허가 문제

　　　　(4) 재입국 허가 기한 연장 문제

　　다. 재일 한국인의 대우에 관한 문제는 11.29(월) 일본 외무성, 대장성, 후생성 및 건설성 관계관이 참석한 가운데 개최되었으며, 다음 문제를 의제로 채택, 논의하였음.

　　　　(1) 국민연금법의 적용

　　　　(2) 공영주택에의 입주

　　　　(3) 아동수당의 지급

　　　　(4) 한국 신용조합의 일본 정부계 금융기관의 대리업무의 허가문제

3. 금번 회의 결과의 처리

　　금번 회의에서 양해된 사항을 문서화하기 위하여 일측은 다음 회의를 서울에서 개최할 것과 동 회의를 국장급 회의로 할 의향을 비치면서 이를 위하여 외교경로를 통하여 양측 입장을 계속 접근시켜 나갈 것을 희망하였음.

아측도 보다 많은 일측 관계관들의 방한이 금후의 문제 해결에 기여하리라는 견지에서 상기 일측 제의를 받아드려 차기 회의를 서울에서 갖기로 양해하고, 금번 회의에서 양해 또는 토의된 사항을 문서화한 후 각각 상호 교환하였음 (별첨2참조)

4. 회의내용

가. 협정영주 신청기한 연장문제

아측은 71.1.16. 마감된 협정영주권 신청기간 중 조총련 및 기타 반대세력에 의한 방해 공작이 있었던 사실을 상기시키는 한편, 많은 재일한국인들이 그후 조총련으로 부터 이탈하는 사례가 야기되고 있는 사실을 지적, 이들에 대한 구제조치가 강구되어야 할 것을 요구하고, 이는 일본의 이익과도 일치된다는 점을 강조하였음.

이에 대하여, 일측은 협정영주권 신청기간 재설정의 필요를 요망하는 아측 입장을 이해하나 이를 위하여서는 협정의 개정과 일본국내에서의 입법을 요하는 만큼 행정부 단독의 조치로는 불가능하다는 사실을 설명하고, 현하의 일본국내 정치 정세로 보아 재일한국인만을 위한 새로운 입법 조치는 불가능하며, 〈법율 126호 해당자 전체의 법적지위 해결과 관련시켜서만 가능할 것이라는 견해〉를 표명하였음.

(그러나 실제적으로는 남북한 대결상황이 계속되고, 〈대만의 귀속문제가 해결되기 전에는〉 법율 126호 해당자의 입법적인 해결조치는 어려우리라는 전망을 피력하고 있었음)

상기에 비추어, 잠정 조치로서 법 126호 해당자중 국민 등록을 필한 자(조총련에서의 이탈자)는 협정영주권자와 동등한 대우를 부여할 것을 요청하였으며, 〈일측은 법령이 허용하는 한도내에서〉 협정영주자와 동등한 우대를 할 것을 약속하였음.

나. 강제퇴거문제

(1) 협정 3조 해당자의 퇴거

일본측은 협정 3조에 강제퇴거 사유가 규정되어 있음에도 불구하고 한국측이 인수 의무를 이행하지 않음으로서 협정의 사문화를 초래하였다 하고, 현재 계류중인 13명의 피강제퇴거자의 인수를 강력히 요구하며, 금후에 있어서의 인수 의무 이행의 보장을 요구하였음.

이에 대하여 아측은 동 협정 합의 의사록에 일측은 인도적 고려를 행할 것을 규정하게 된 협정 체결 경위를 상기시키고, 이러한 고려가 행하여졌던 배경(협정 영주권 취득시 한국에 강제 퇴거 된다는 조총련의 반대

선전)은 아직도 존재한다는 점을 강조하였음.

이러한 아측 반론에 일측도 협정 3조 해당자는 전원 송환한다는 취지가 아니라는 점을 시인하면서도 결과적으로는 여사한 해당자의 최소한도 반은 한국이 인수하여야 한다는 입장을 취하였음.

이에 대하여 아측은 일측이 행할 인도적 고려 내용이 수치로 표현될 수 없다는 점을 들어 아측이 생각하는 인도적 고려의 기준을 밝혔던 바, 일측은 이 기준에 따를 경우 한 사람도 송환될 수 없다는 점을 들어 완강히 반대하였으며, 장시간의 논란 끝에 〈최소한도 80% 이상의 퇴거 대상자가 구제되어야 한다는 아측의 의견에 일측도 긍정적 반응을 보였음.〉 (법 126호 해당자중 범법자도 협정 3조 해당자에 준하여 처리하기로 함)

상기와 같이 일단 구제되어 특별재류를 득한자가 다시 죄를 범하여 강제 퇴거사유가 발생하였을 경우에는 아측이 이를 인수할 것을 일측은 주장하였음. 이경우에도 아측은 7년이상의 형을 받은 자에 한하여 퇴거시킬 것을 주장하였던 바 일측은 이를 완강히 거부함으로서 양측의견은 대립된 상태로 끝났음.

(2) 밀항자의 퇴거

일측은 피강제 퇴거자의 인수는 국제간의 관행임을 들어, 일본에의 불법 입국자(불법체류자 포함)의 전원 인수를 강력히 요구하고, 동 퇴거 인수가 원활히 이루어지고 있지 않은 점이 양국민간의 정상적인 인적 교류에 지장을 초래하고 있음을 지적하였음.

이에 대하여 아측은 우리 정부가 최근 안보와 같은 차원에서 밀항자를 단속하고 있음을 설명, 밀항자의 근절은 아국 정부가 바라는 바임을 강조하고 이문제의 실질적 해결을 위하여 타국(호주)에서의 경우와 같이 일정 기간 이전의 밀입국자에 대하여는 이를 전반적으로 구제 방법을 일측이 강구할 것을 촉구하고, 동 시기로서 1971년을 제의하였음.

일측은 아측의 상기와 같은 실질적 해결방식을 납득하였으나, 동 시기에 관하여서는 〈국회에 대한 설명 등을 감안, 법적지위 협정 발효일 (1966.1.17)로 할 수 밖에 없다는 입장을 취하였음.

이에 대하여 아측은 밀입국하여 7-8년이 되는 장기 거주자가 상당수 있을 것임으로 이들에 대한 인도적 배려 문제를 위요하여, 금후에도 계속 양국간에서 문제가 될 수 있음을 들어, 71년을 계속 주장하였으나, 일측은 종래 일본이 행하고 있는 〈특별재류 심사를 통한 불법입국자들에 대한 구제 조치(심사 대상의 80%가 구제되어 왔다 함)는 금후에도 계속〉 행할 것임을 약속하고, 이러한 특별재류심사 기준에 미달하는 자라도 동인이 상기 〈66.1.17부터 5년 이내에 밀항하였고 그자가 일본인 또는 영주자의 배우자일 경우에는〉 퇴거 후 1년후에 재입국시키는 방식으로 구제하겠다는 입장을 표명하였음.

다. 회수 재입국

　일본측은 상기 강제퇴거 문제에 있어 양측이 양해에 도달할 경우, 아측이 오랫동안 요구하여 왔던 협정 영주자에 대한 회수 재입국 허가를 〈그 직업, 빈도 등 그 필요성의 정당성을 감안하여〉 금후 허가할 것을 약속하였음.

라. 재입국 기간 연장문제

　일측은 일본 출입국 관리령의 명문상의 규정으로 인하여 당장 아측 요구에 부응할 수는 없으나 앞으로 〈동령 개정시 조치한다는〉 종래 방침을 재확인하였음.

마. 복지 향상 및 대우문제

　아측은 협정의 기본 정신, 재일한국인의 역사적 배경, 정기 각료회의 공동 성명 등에 비추어 재일한국인 특히 협정영주자의 생활 안정을 위해 이들에 대한 사회복지 관계제정책의 적용을 요구하였던 바, 일측은 재일한국인의 복지 향상은 일본의 국가 이익에도 도움이 된다는 것을 인정하면서도 일본 국내 법 규정이나 정책적으로도 일본 국민만을 대상으로 하는 것이 적지 않음을 지적, 곤란한 점이 많다고 말하고 있었는 바, 구체적 문제에 대한 토의 내용은 다음과 같음.

(1) 〈국민 연금법 적용〉

　동법이 일본국민만을 대상으로 하고 있고 또한 운영면에서도 여러가지 어려운 문제(기금의 재정면에서의 곤란 등)가 많아 동 연금제도 자체가 검토의 대상이 되고 있다 하고 한국측 요망을 청취해 두겠다고 하였음.

(2) 〈신용조합의 공고 업무 대리 취급인가 확대 문제〉

　일측은 제4차 한·일 정기 각료회의 공동 성명에 따라 72년부터 점진적으로 인가해 나가고 있으며 현재 상공조합중앙금고 업무는 8개 신용조합, 중소기업 공고업무는 2개 조합(오오사카)에 위탁하고 있으나, 공공업무의 성격상 34개 한국계신용조합 전체에 대하여 일괄인가 하는 것은 곤란하며, 앞으로도 한국측 요청에 부응하여 〈점진적으로 조치〉 하겠다고 말하였음.

(3) 〈공영 주택법 적용〉

　일측은 공영주택의 입주에 대하여서는 지방자치 단체가 이를 외국인에게

적용하여도 무방하다는 정부 통달을 최근(75.7.4)행한 바 있다고 말하였는
바, 아측은 지역에 따라서는 동법이 적용되지 않고 있음을 지적, 중앙 정
부의 적극적인 행정 지도를 요청하였던 바, 일측은 아측의 요청에 부응,
전진적인 지도를 하겠다고 말하였음.

〈또한 주택금융공고의 적용〉에 있어서도 주택을 건립하고저 하는 한국인
에게 동 공고기금의 대부가 행하여 질 것을 요구하였던 바, 일측은 동 공
고법이 외국인에게는 적용되지 않고 있음을 설명하면서 아측 요구에 유의
하겠다 함.

(4) 〈아동 수당 지급〉

일측은 아동 수당법이 일본 국민에 한하여 적용되도록 규정되어 있고 또
한 아동 수당제도 자체가 일본 국내에서 인구 정책 등과 관련하여 찬.반의
문제가 있음으로 이를 조사 중인 바, 동 조사 결과와 관련시켜 법 제도
자체를 검토하겠다고 말하였음.

24-2. 첨부-재일 한국인의 법적지위 및 대우에 관한 한일 양측의 문서

별첨 2

한국측 문서(안)

1. 협정영주권 신청 기간 연장문제

법적 지위 협정(이하 협정이라 함)에 규정된 기간내에 영주권을 신청하지 못한
재일한국인이 상당수 있음에 대하여, 일본측은 상황이 조성되면 법률 126호 해당
자 전반의 지위에 관한 문제의 해결과 관련하여 한국측의 요망에 응할 용의가
있음을 표명하고, 그러한 상황이 조성될 때 까지는 잠정적 조치로서 이들 재일
한국인에 대하여는 협정영주자와 동등한 대우를 행할 것을 약속하였다.

2. 강제퇴거 문제

가. 강제 퇴거 절차

(1) 일본측은 협정 제3조 및 출입국 관리령에 따라, 한국인에 대하여 퇴거강
제령서를 발부한 경우에는 한국측에 대하여 동사실을 문서로 통보한다.

(2) 한국측은 전항의 통보를 받은 후 일본측에 대하여 국적 확인 등을 포함한
영사면접을 위하여 필요한 편의 제공을 요청하고 일본측은 이 요청에 응

한다.

(3) 한국측은 영사면접 결과, 대한민국 국민임이 확인된 자 중 특히 재고의 이유가 있다고 인정될 경우에는 그 뜻을 일본측에 통보한다.

(4) 한국측은 다음에 해당되는 자는 인수한다.

(가) 한국측이 전항의 이유를 통보하지 않은 자.

(나) 불법입국자에 대한 전항의 통보에 대하여 일본측이 호의적 고려를 행한 결과 퇴거강제령서 발부 처분을 취소할 여지가 없다고 하여 이를 한국측에 통보한자.

나. 불법입국자 등에 대한 특별조치

(1) 일본측은 1966.1.17. 이전에 일본국에 불법입국(불법 잔류를 포함, 이하 동)하여 계속 일본국에 정주하고 있는 한국인에 대하여 특별히 재류를 허가한다.

(2) 일본측은 전항의 날 이후에 불법입국한자에 대하여도 지금까지와 같이 〈인도적 고려〉를 행하고, 특별재류 허가를 계속 부여한다.

특히 전항의 날로부터 5년 이내에 일본국에 불법입국한 한국인이 퇴거 강제 처분에 의하여 퇴거되는 시점에 있어서 일본인 또는 영주가 허가된 외국인 배우자를 가지고 있을 경우에는 특별한 고려를 행한다.

전기한 인도적 고려를 행함에 있어서는 다음 제점에 대하여 배려하는 것으로 한다.

(가) 퇴거 강제에 계류된 자가 미성년자로서 그의 부모가 일본에 거주하는 경우

(나) 일본에서 장기 거주 자격을 취득한 한국인 및 일본인과 결혼하고 그 가족의 생활 기반이 일본에 있는 경우

(다) 특별 재류 허가를 취득한 범죄자중 그 가족 및 생활 기반이 일본에 있는 경우

(라) 노약자로서 일본에 거주하는 가족의 부양 및 보호를 요하는 경우

(마) 협정 영주자의 가계를 계승하는 자의 경우

(바) 기타 양측이 특히 이유 있다고 인정한 자의 경우

다. 협정 제3조 해당자 처리

(1) 일본측은 협정 제3조 해당자 (법율 126호 해당자중 이에 해당하는 자를 포함, 이하 동)에 대하여는 협정의 합의 의사록에 의거하여 인도적 고려를 하여 계속 재류를 인정한다.

(2) 전항의 〈인도적 고려를 행함〉에 있어서는 특히 그자의 정상이 퇴거 당할

경우 생활을 할 수 없는 자, 가족이 일본에 거주하는 자 및 일본에서 출생하고 교육 기타의 생활환경이 일본 사회에 기준을 두고 있는 자에 대하여는 충분한 배려를 하는 것으로 한다.

3. 회수 재입국 허가 문제

   일본측은 협정 영주자가 회수 재입국 허가를 신청하는 경우 신청자의 직업, 빈번한 왕래의 필요성 등을 고려하여 이를 허가한다.

4. 재입국 허가 기간 연장 문제

   일본측은 협정 영주권자의 재입국 허가 기한연장에 대하여 관계 법령 개정시 고려할 것을 약속하였다.

5. 재일 한국인의 대우 문제

   한·일 양측은 협정 영주자를 포함한 재일한국인이 일본 사회에서 안정된 생활을 영위함이 양국의 우호 관계증진에 기여함을 인정하고, 금후에도 필요에 응하여 양측이 협의하기로 하였다.

일측 문서(안)

1. 피퇴거 강제자의 송환

   가. 출입국 관리령 및 일한 법적지위 협정에 근거한 출입국 관리 특별법의 규정에 따라, 한국인에 대하여, 퇴거강제령서가 발부된 경우에는, 당해 한국인이 유효한 여권 또는 이에 가름하는 증명서를 소지하고 또한 자비 출국을 희망하는 경우를 제외하고, 일본측은 한국측에 대하여 그 사실을 문서로서 통보한다.

   나. 한국측은 전항의 통보를 받은 후 일본측에 대하여 신속히 국적확인을 위하여 필요한 편의의 제공을 요청하고 일본측은 가능한한 이 요청에 응한다.

   다. 한국측은 전기 가. 항의 통보에 관련된 자가 한국적을 갖이고 있는 것을 확인하였을 경우에는, 신속히 일본측에 이 뜻을 통보한다.

   라. 한국측은, 특히 이유가 있다고 인정하는 경우에는 일본측에 대하여 전기 가. 항의 통보에 관련되는 자에 대한 퇴거 강제에 대하여, 견해를 진술할 수 있다.

   라. 한국측은 다음에 열거하는 자가 한국에 송환될 경우에는 전부 이를 인수한다.

      (1) 한국측이 전항의 견해를 진술하지 않은 자.

      (2) 일본측이 전항의 견해를 검토한 후 퇴거 강제령서 발부 처분을 취소할 여지가 없다고 하여 그 뜻을 한국측에 통보한 자.

2. 불법입국자 등에 대한 특별조치

가. 일본측은 1966.1.17. 전에 일본국에 불법입국(불법 잔류를 포함, 이하 동)하여 계속하여 일본에 정주하고 있는 한국인에 대하여, 출입국 관리령의 규정에 따라 특별히 재류를 허가한다. 다만 이자의 친족 상황, 생활 상황, 선행 보지의 유무 등에 비추어 특별히 재류를 허가할 여지가 없다고 인정되는 자에 대하여는 차한에 부재한다.

나. 전항의 날로부터 5년 이내에 일본국에 불법 입국한 한국인이 퇴거강제 처분에 의하여 퇴거된 시점에 있어서, 일본인 또는 영주가 허가된 외국인 배우자를 가지고 있는 경우에는 일본국에 입국을 위한 사증신청에 관하여, 출입국관리령 제5조에 규정된 상륙거부 사유에 해당되는 경우를 제외하고 일본국 정부는 호의적 고려를 행한다.

3. 특별법 해당자에 대한 재류 특별 허가 등

가. 일본측은 일.한 법적지위 협정의 실시에 수반하는 〈출입국 관리 특별법 제6조 제1항 제6호 해당자〉에 관하여, 동 협정에 관한 합의 의사록에 의거 출입국관리령의 규정에 의한 특별재류 허가에 있어 가족 상황, 생활 환경, 그 자의 법력, 행형 성적, 일본에서의 갱생의 실을 걸을 수 있을 가능성 등 고려하여 조치한다.

나. 전항의 고려에도 불구하고 퇴거강제령서가 발부된 자 및 전항에 따라 재류 특별허가를 받은 후에 새로운 사유에 의거 퇴거강제령서가 발부된 자의 송환에 대하여는 전기 1.에 정하는 바에 의한다.

* 주: 본건메모는 양대표단에 한하여, 양대표단간에 실질적으로 의견의 일치를 본점을 우선 종합한 것으로서 본건에 관하여 장래 양국 정부간에 작성될 경우의 문서의 자구 표현에 대하여는 새로히 협의하는 것으로 한다.

25. 외무부 공문(발신전보)—동아일보 게재 법적지위 관련 한일실무자회담 내용에 관한 건

외무부
번호 WJA-12206
일자 151650
발신 외무부 장관
수신 주일대사
참조 출입국관리국장

금 12.15. 자 동아일보에 지난번 동경에서 개최된 법적지위에 관한 한·일 실무자 회담 내용이 개재되었는 바, 일본측으로부터 이 기사에 대한 문의 사항 등이 있으면 외무부는 모를 일이며 기자가 산발적으로 줏어들은 것을 쓴 것 같다고 적절히 답변하시기 바람. (교일)

④ 재일본 한국인의 법적지위에 관한 한·일본 실무자회의, 제5차.
동경, 1976.11.24-30. 전2권(V.2 회의자료)

○ ○ ○

기능명칭: 재일본 한국인의 법적지위에 관한 한·일본 실무자회의. 제5차. 동경,
　　　　 1976.11.24-30. 전2권

분류번호: 791.22

등록번호: 10008(24246)

생산과: 교민1과

생산연도: 1975-1976

필름번호: P-06-0018

파일번호: 04

프레임 번호: 0001-0106

1. 외무부 공문—자료송부

외무부
번호 교일725-
일시 76.11.10.
발신 외무부 장관
수신 주일 각국 공관장
제목 자료 송부

    1. 재일한국인의 법적 지위에 관한 자료(Ⅱ)를 별첨 송부하오니 참고하시기
바랍니다.
    2. 민단중앙본부 10부 및 각 현 지방본부에 각 2부씩 배포하여 주시기 바랍
니다.
    첨부: 재일한국인의 지위에 관한 자료(Ⅱ) 부. 끝.

공관별 배부표
주일대사관: 30부
주오오사카 총영사관: 15부
주후쿠오카 총영사관: 20부
주삿포로 총영사관: 4부
주나고야 총영사관: 15부
주요꼬하마 총영사관: 7부
주코오베 총영사관: 18부
주센다이 영사관: 15부
주시모노세끼 영사관: 10부
주나하 영사관: 4부

2. 협조문—자료 송부

협조문
분류기호 및 문서번호 교일725-223

발신일자 1976.11.10.
발신 영사교민국장
수신 수신처 참조
제목 자료 송부

　　　재일 한국인의 법적 지위에 관한 자료(Ⅱ)를 별첨 송부 하오니 참고하시기
바랍니다.
　　　첨부: 재일한국인의 지위에 관한 자료(Ⅱ)　　부. 끝.
　　　수신처: 외교연구원장(5), 아주국장(3), 정보문화국장(3)+1. 통상국장(3), 방교
국장(3). 영사교민국 각각 1부)

3. 재일한국인의 법적지위에 관한 한일 실무자회의 참고자료

재일 한국인의 법적지위에 관한 한·일 실무자회의 참고자료
1976. 11.

외무부

Ⅰ. 한·일 실무자 회의 일정 및 토의 의제
　　1. 일정: 1976.11.24-11.30
　　2. 토의 의제
　　가. 법적 지위 문제
　　　　(1) 협정영주권 미신청자 구제
　　　　(2) 회수 재입국 문제
　　　　(3) 재입국허가 기간연장 문제
　　　　(4) 강제퇴거 문제
　　나. 복지문제
　　　　(1) 국민연금법 적용
　　　　(2) 아동수당법 적용

(3) 공영주택법 적용

(4) 신용조합의 공고업무 대리 취급 인가

협정 영주권 미신청자 구제 문제

Ⅱ. 협정 영주권 미신청자 구제 문제

　1. 현황

　　가. 법적 지위 협정 규정 및 취득자수

　　　(1) 협정 제1조 1항에 의거 협정 영주권이 부여될 대상자는 협정 효력 발생일(1966.1.17)로부터 5년 이내에 영주 허가의 신청을 하도록 되어 있음. 따라서 동 신청 마감일자는 1971.1.16. 까지로 되어 있음. 마감일 까지 협정영주권을 신청하여 영주권을 취득한자 및 이들의 자녀(71.1.17 이후 출생자)로서 76.2.말까지 협정영주권을 취득한자수는 총 375,523명임.

　　　(2) 법126-2-6 해당자: 279,294명(자녀 포함: 75.3 말 현재)

　　나. 협정영주권 미신청자 구제의 필요성 협정영주권 신청기간 중 조총련의 방해 등으로 인하여 협정영주권을 신청하지 못한 자가 상당수(약 10만명 추정)에 달하였고, 또한 조총련계 동포 모국방문사업 이후 10,000여명의 조총련계 교포가 개과천선하여 민단계로 전향 의사를 표명하고 있는 특수 사정의 발생으로 이들에게 협정영주권이 부여되도록 구제조치를 취함이 절실히 요망됨.

　　다. 일측과의 교섭경위

　　　(1) 아측은 제3차 및 제4차(71.4월 및 10월) 한·일간 실무자 회의를 통하여 협정영주권 신청기간의 연장문제를 제의하였음. 이에 대하여 일측은 "신청기간의 연장은 법기술적으로 할 수가 없다, 협정 자체를 개정할 수 없고, 협정의 범위내에서만 가능하다고 본다"라는 이유로 불가하다는 태도를 표명해 왔었음.

　　　(2) 또한 조총련계 동포 모국방문 사업 이후 이들 민단으로의 전향자들의 구제문제가 새로운 차원에서 부각되어 외무부는 76.3.3. 주일대사관을 통하여 일측에 "조총련계 교포들은 지금까지 조총련의 협박, 허위선전 등으로 본의 아니게 영주권을 신청하지 못하였으나 최근 모국방문을 마치고 귀일한 동포들이 개과천선하여 대부분이 한국으로 전향하였으

며 이와 같은 특수 사정의 발생으로 이들의 구제조치가 취하여져야 함에 비추어 신청기간의 연장에 대한 일측의 적극적인 협조"를 요청하였음. 이에 대하여 일본 외무성측은 "일본국내 정치정세가 많이 변천하였기 때문에 대단히 어려운 일이라고 생각하며 이를 위하여 새로운 협정을 체결해야 할 것인지에 대하여는 검토해 보겠다"고 말한 바 있음.

(3) 76.3.9. 외무부 장관은 주한 일본 대사에게 협정영주권 신청기간을 재설정하여야 한다고 말하였던 바, 일본 대사는 "어려운 문제임. 특히 일본 국회 사정으로 곤란할 것임"이라고 말한 바 있음.

(4) 76.4.16. 주일 대사관은 일본 법무성 당국(입관국 다께무라 차장)에게도 이 문제를 제기 하였던 바, 동 당국자는 "현시점에서 일본 정부가 협정 개정을 추진하기는 매우 어려운 실정이나 협정 개정 없이 미신청자를 구제하는 방법을 검토하여 보겠다"고 말하였음.

(5) 76.5.21. 주일 대사관은 일본 입관 당국자(입관국 차장)와 일본 출입국 관리법 제정에 관한 법무상 발언과 관련한 이야기를 하는 과정에서 "협정개정 없이 구제하는 방법을 검토하겠다고 한 동 당국자의 말을 인용, 그 가능성 및 법무대신의 재량에 따라 미신청자가 구제될 수 있는지 여부"를 문의하였던 바, 동 당국자는 "협정개정 없이 법무상 재량으로 미신청자를 구제할 수 없다"고 답한 바 있음.

(6) 일 외무성 엔도 북동아과장은 사견임을 전제, 협정을 개정하지 않고 법 126-2-6 해당자 전원에 대한 지위를 향상시켜 주므로서 실질적으로 협정영주권자와 유사한 정도로 끌어 올리는 방안이 검토될 수는 있을지 모르겠다"고 말한 바 있음.

라. 이나바 일본 법상 발언과 관련된 사항

(1) 발언 요지

(가) 외국인의 재류 관리 업무의 합리화 및 개선

(나) 한반도 출신자로서 협정영주권을 신청하지 아니한 자와 대만 출신자 등의 법적 지위의 실태에 적합한 처우에 대하여 조속한 기본 방침 확인

(다) 상기와 같은 방침 실현을 위하여 출입국 관리 제도의 새로운 기본 법 제정

(2) 법 126-2-6 해당자의 지위 문제

(가) 법 126-2-6 해당자들은 일반 외국인과는 다른 특수한 사정 하에 놓여있는 자들이며 금번 표명한 방침은 이들의 법적 지위를 확정하

려는 것으로서 첫째 법 126호 2조 6항에 의거 별도 법률을 제정하는 방안과 둘째 출입국 관리에 관한 기본법을 제정, 이들의 법적 지위를 출입국법에서 규정하는 방안이 예상됨.

(나) 별도 법률 제정 방안

1) 법 126-2-6 해당자의 법적지위는 일반적으로 향상될 것임.

2) 아국의 안보 및 조총련에 미치는 영향

    가) 조총련계 교포의 법적 지위는 현재보다 향상되고 북괴 왕래도 어느정도 자유로워질 것인 바, 조총련이 북괴의 대남적화 공작의 전진기지가 되어 있음에 비추어 우리나라의 안보에 다소간 영향을 줄 것으로 예상됨.

    나) 그러나 과거 북괴를 방문한 조총련계 교포들이 북괴의 실상과 시책이 북괴 및 조총련의 선전과는 전혀 다르다는 것을 깨닫고 북괴에 대하여 비판적인 태도를 보인 사례가 흔히 있었음을 감안하면 오히려 많은 조총련계교포가 북괴를 다녀와서 북괴 및 조총련의 허위선전에 속아 왔음을 깨닫고 조총련을 이탈하는 계기가 될 수 있을 것임.

3) 대만계 중국인은 대부분이 법 126-2-6 해당자인 반면 중공계는 개별적으로 출입국 관리령에 의한 영주권을 취득하고 있으므로 별도 법률을 제정, 대만계 중국인에게 일괄하여 영주권을 부여하는 것은 중공계(일반영주권 소지자)보다 대만계를 우대하는 결과를 초래하게 될 것임.(그 이유는 법 126-2-6 해당자의 지위는 불특정 재류 자격임에 반하여 출입국 관리령상의 영주권을 취득하면 오히려 불리한 법적규제를 받을 가능성이 있기 때문임)

4) 따라서 별도 법률을 제정하는 것은 대 한국 관계뿐 만 아니라 중공측을 자극하게 되며 이에 대하여는 일본 정부가 세심한 주의를 기우리지 않을 수 없을 것이므로 법126-2-6 해당자를 전적으로 구제하기 위한 법률의 제정은 사실상 곤란할 것임.

5) 다만 법 126-2-6 해당자의 자녀(2세 또는 3세)는 일본에서 출생하였음에도 불구하고 현재 3년 또는 1년의 특별 재류 허가를 받고 있으므로 일본 정부는 인도적 견지에서 이들 자녀의 법적 지위에 적합한 재류자격을 부여해야 할 필요성을 느끼고 그 해결책을 모색하고 있음.

(다) 출입국 관리에 관한 법 제정으로 규정하는 방안

1) 새로운 출입국 법을 제정하여 동법에 법 126-2-6 해당자의 처우 및 재류 자격문제에 관하여도 포괄적으로 명문화할 가능성은 있음.

2) 상기 경우에는 법 126-2-6 해당자의 법적 지위가 반드시 향상되는 것이라고는 볼 수 없음. 즉 동 해당자에게 출입국법상의 영주권을 부여하는 것을 의미하는 것인 바, 이렇게 되면 이들은 출입국법의 적용대상이 되므로 현재의 불특정 재류자격에 비하여 불리하게 법적규제를 받을 가능성이 있음.

3) 따라서 조총련계 교포들이 출입국법상의 영주권을 취득하면 현재까지의 불특정 재류 자격자로서의 활동범위가 제한될 가능성이 있으므로 조총련의 대남 파괴활동이 상당히 규제될 가능성이 있음. 다만 국회에서의 심의 과정에서 이들에게 영주권을 부여할 경우에도 좌익계 야당에 의해 이들의 활동 범위를 규제하지 못하도록 입법할 가능성은 배제할 수 없을 것임.

4) 법 126-2-6 해당자의 자녀에 대하여 출입국법상의 영주권을 부여하는 경우, 3년 내지 1년의 특별재류 허가를 받고 있는 현재의 처우보다는 유리할 것으로 판단됨.

2. 문제점

가. 일측은 협정개정 또는 신협정을 체결하지 않고는 구제가 곤란하다는 태도임. 협정의 개정 또는 신협정 체결없이 미신청자를 구제하는 방안에 대하여도 별다른 견해를 표명하고 있지 않음.

나. 일측은 76.4.17. 협정개정 없이 미신청자를 구제하는 방법을 검토해 보겠다고 하였는 바, 이는 이나바 법상 발언에 따른 법 126-2-6 해당자 전체에 대한 지위문제와 관련된 것으로 보임. (북동아과장의 사견 표명 참조)

3. 대책

가. 제1방안:

(1) 법 126-2-6 해당자 구제문제에 관하여는 협정영주권 신청기간 중 동 영주권신청에 대한 방해가 있었고, 특히 동 기간 만료 직전에 있어서는 물리적인 방해가 있으므로서 부득이 신청하지 못한자가 상당수에 달한 사실 그리고 최근 10,000여명에 달하는 조총련계 동포 모국 방문자들의 태반이 한국으로 전향함에 따라 이들에 대한 구제 조치가 절실히 요청됨을 강조하여 이들 미신청자를 위한 구제조치를 강력히 요청하도록 함.

(2) 구제조치의 방안으로서는 협정을 개정하든가 새로운 협정을 체결하든 가 또는 일측의 행정조치로서 구제될 수 있도록 요청함.

나. 제2방안 상기 문제점에서 지적된 바와 같이 일측이 일본의 현 국내정세에 비추어 현 시점에서 협정 개정 또는 신협정을 체결함에 난색을 표명하고 또한 행정조치로서의 구제도 불가능함을 고집할 경우에는 다음과 같은 대 안을 제시, 이의 관철을 위해 적극 교섭함.

(1) 미신청자의 구제를 위하여 일측이 조속한 시일내에 협정의 개정 또는 신협정 체결을 추진할 것.

(2) 동 구제 조치가 이루워질때 까지의 기간 동안에도 한국으로 전향한 자를 포함한 대한민국 국적 소유 미신청자에 대해 출입국 관리를 포함 한 모든 분야에 있어 협정 영주권자와 동등한 대우를 할 것.

(3) 미신청자 구제의 가능한 방법의 하나로서 일측이 출입국 관리령을 개 정시 동 미신청자에게 출입국 관리 특별법을 적용하는 규정을 삽입토 록 일측에게 요청함.

강제 송환 문제

III. 강제 송환

1. 개요

가. 강제송환 대상자

(1) 법적지위협정 제3조 각항 해당자(협정 3조 참조)

(2) 협정영주권을 취득하지 않은 자로서 종전 전부터 일본에서 거주해온 자(법126-2-6 해당자) 중 범법자

(3) 장기체류 자격(특별 재류 허가)취득자 중 범법자

(4) 불법입국자 및 불법체류자

나. 강제송환 보류 실태

(1) 송환보류 대상자 실태(76.11.6. 현재)

(가) 협정영주권자: 13명

(나) 법 126-2-6 해당자: 7명

(다) 협정영주권자 가족: 4명

(라) 법 126-2-6 해당자 가족: 1명

(마) 특재자 및 가족: 4명

(바) 일본인 가족: 2명

(사) 정상 참작자: 2명

(아) 소송 계류자: 20명　　　　　　　　　　　계: 53명

(2) 송환자 현황

(가) 협정 3조 D항 해당자: 없음.

(나) 법 126-2-6 해당자 중 범법자: 2명(1972.1.15 및 1972.5.2)

(다) 특재자, 불법입국자 및 불법체류자: 2,215명(1970년 이후)

* 1970-1976.7. 말까지의 강제송환 대상자수는 2,701명이며 그 중 송환
된 자는 2,215명, 보류된 자 수는 연 인원 447명, 자비귀국 기타 39명
임. (보류된자 중에는 강제송환 2회 이상 보류된 자가 포함되어 있으
므로 연 인원으로 계산함)

(3) 연도별 강제송환 상황(76.11.6. 현재)

연도	송환회수	대상자	송환자수	보류건수(연인원)	자비귀국 및 기타
1970	2	189	160	29	
1971	3	337	288	49	
1972	2	337	279	47	11
1973	2	398	349	48	1
1974	2	494	415	58	21
1975	2	490	377	99	4
1976	2	466	347	117	2
계	15	2,701	2,215	447	39

* 1950년 이래 총 송환자 수: 18,446명

2. 협정 해당자의 강제 송환

가. 현황

(1) 피 강제 송환자 수

(가) 송환자: 없음

(나) 송환 대상자: 15명

(다) 구제된 자: 2명

(라) 현재 수감 중인 자: 60명

(마) 피강제 송환 대상자(송환보류): 13명(1976.7.9. 현재)

(2) 일측 입장

(가) 협정 3조 D항 해당자 중에서 일측이 피강제 송환자로 결정한 자

는 동 협정에 기한 의무로서 아측에서 전원 인수할 것(협정 체결시의 토의 기록 한국측 대표 발언 a에 비추어도 송환에 동의 요청)

(나) 아측이 3조 D항 해당자 전원을 합의 의사록에 의한 인도적 배려 대상자로 간주하여 한사람도 인수하지 않고 있는 것은 협정 위배임.

(다) 따라서 일측이 인도적 고려의 대상자로 간주하여 구제한 자를 제외한 여타 강제 퇴거 대상자는 인수하여야 함.

(라) 아측에서 인도적 고려대상을 협의로 해석하기 바람.

(마) 일측은 특수 사정, 가족과의 관계 등을 고려하여 결정하고 있음. (즉 생활을 당장할 수 없다든가 자립 불능인 경우 등임) 이와 같은 사항을 고려하여 대상자를 검토한 결과 15명 중 2명에 대하여 특별 재류 허가를 하였음. 따라서 잔여 13명의 3조 D항 해당자에 대하여는 아측에서 인수할 것을 요청하고 있음.

나. 문제점

(1) 합의의사록 "제3조에 관하여의 2"에 규정한 인도적 고려

(가) 일측은 인도적 고려 여부를 일측 단독으로 결정함을 주장하고 있으나 아측은 쌍무 협정의 성격상 한·일 양측이 합의된 선에서 처리되어야 하므로 일본의 일방적 결정은 받아드릴 수 없는 것임을 주장.

(나) 인도적 고려의 개념

일측:

- 그 정상이 생활을 당장 할 수 없다던가 자립 불능인 경우 등을 고려 대상으로 하고 있음.
- 직계 가족의 일본내 거주 유무
- 인도적 고려는 예외적인 조치로서만 취급

아측:

- 일측 입장이외에 연고자, 생활 기반, 출생지, 교육 등 생활 환경도 고려
- 과거 강제동원되어 도입하였거나 일본에서 출생, 성장한자들로서 생활 기반과 가족이 일본에 있으므로 송환할 경우 가족 이산 및 생활 기반의 상실 등 비극적 결과 초래
- 언어 및 생활 환경 등이 상이한 생소한 곳으로 송환함은 기본 생존권을 박탈하는 가혹한 처사임.

- 일본사회의 폐쇄성, 사회적 차별로 인한 범법사례가 대부분임으로 오히려 일측이 선도해야 할 도의적 책임이 있음.
- 협정의 기본 취지가 적극적인 송환을 규정한 것이 아님.
(다) 일측은 협의로 해석하여 아측이 한사람이라도 송환에 동의할 것을 주장하나 협의와 광의의 해석의 구분이 모호함.

(2) 인수할 경우
(가) 앞으로 동 해당자 강제송환의 선례가 됨.
(나) 조총련의 선전자료로 이용될 가능성이 많음.
(다) 협정영주권을 취득한 교포사회에 미치는 심리적 영향이 클 것임.
(라) 법 126-2-6 해당자 중 범법자의 강제송환 문제와 관련하여 고려되어야 할 것임.
(마) 126-2-6 해당자의 구제문제에 대한 고려

(3) 인수를 거부할 경우
(가) 한·일 양국간의 정규 인사 교류에 차질을 초래할 우려가 있음.
(나) 일측이 북괴와의 인사교류 규제 및 조총련계 동포 모국방문 사업에 비협조적인 태도로 나올 가능성이 있음. (다께무라 입관국차장 발언)

(4) 협정 3조 원칙을 현실에 입각하여 양국이 각기 합리적인 입장에서 Case by Case로 전례에 따라 타당한 결정을 하여야 할 것임. (종래의 아측 입장)

(5) 3조 D항 해당자 조복삼의 송환 문제
(가) 일측이 강제송환 방식을 주장함에 반하여 아측은 영주귀국 형식을 주장
(나) 일측은 영주귀국 형식에 의한 송환을 검토할 것을 약속하였는 바, 그후 자유 의사로 귀국하기를 희망하는 자에 대하여 아측이 영주귀국 형식을 고집하고 있음은 납득할 수 없다고 하고 있으나 자유의사는 강제송환을 의미하는 것이 아니며 따라서 영주귀국 형식이 되어야 할 것임.

(6) 법적지위협정 제3조의 기본취지는 협정영주권을 취득한 재일 한국인이 일본국으로부터 강제퇴거를 당하지 않도록 하는데 있는 것이므로 아측에서 이들의 강제송환을 거부하는 것이 협정의 정신에 위배되는 것은 아님.

(7) 협정 영주권자의 강제 송환에 관한 한·일 회담시 합의사항 및 발언

기록

(가) 제5차 회담시(1960. 11)

    1) 일측은 일본의 입국관리령 제24조에 열거한 퇴거조항에 대하여 법 자체는 적용되지만 한국인에 대하여서는 이 조항을 전반적으로 실시하지 않겠으며 "협정상의 영주권자"에 대하여서는 일본법령의 퇴거강제 사유에 해당하는 자가 있더라도 일본국의 국가사회질서를 물란케 할 우려가 큰 자 또는 한·일 양국간의 친선관계 유지에 유해한 자 등을 제외하고는 퇴거강제 실시에 있어서 특별 고려한다는 취지를 협정에 규정하고 그 구체적인 범위에 대하여는 한국측 실무자와 토의하여 정하자고 제의하였음.

    2) 이에 대하여 아측은 재일한국인 및 그 자손에 대하여 영주권을 부여한다는 것은 강제퇴거를 당할 염려가 없이 그들을 일본에 안주시키자는 것인데 이 점을 고려할 때 전기와 같은 일측이 제시한 안은 퇴거강제의 해당 사유가 광범하고도 막연하여 이렇게 되면 영주권은 유명무실한 것이 될 우려가 있다고 지적하고 폭력으로 일본국 정부의 전복을 기도한 자를 제외하고는 전적으로 퇴거강제의 조항에서 제외되어야 한다고 주장.

(나) 제6차 회담시(1961.10)

    1) 아측은 정치범으로서 실형을 받은 자에 한하여서만 강제 퇴거의 대상이 될 수 있고 일반 사회범죄로 처형된 자는 이에서 제외되어야 한다고 주장.

    2) 이에 대하여 일측은 영주권자는 원칙적으로 강제 퇴거 당하지 않도록 할 생각이며 다만, 한·일 양국의 우호관계에 유해한 행위를 한자는 강제퇴거한다는 예외 규정을 만들자는 것이니 이에 대한 구체적인 기술적문제는 양측전문가가 회합하여 정하자고 말하였음.

(8) 3조 해당자 송환에 관한 주일 대사관 건의사항

아측이 인도적 고려의 대상자로 인정한 자를 제외한 하기 요건에 해당되는 강제송환 대상자에 대하여는 원칙적으로 강제송환에 협력할 용의가 있음을 일측에 표명함으로서 아측의 협정존중 성의를 일측에 인식시킬 것을 건의

- 일본내에 의탁할 연고자 및 생활 기반이 전혀 없는 자

- 본인의 자유로운 의사에 의하여 귀국을 희망하는 자(영주 귀국 형식)
- 한국에 직계가족 또는 의탁할 연고자가 있는 자로 인도적 고려의 여지가 없는 자.

다. 대책

(1) 이상에서 본 한·일 회담 합의사항 및 발언기록, 협정의 근본취지 및 합의의사록의 규정과 3조 해당자를 인수할 경우 교포사회에 미치는 영향을 감안하여 다음과 같은 방안으로 일측과 교섭함.

(2) 제1 방안

(가) 일측이 밀입국자의 "일단 송환방식(밀입국자 송환문제 참조)에 한국측이 동의할 경우 협정 3조 해당자를 대폭 구제하겠다"고 표명한 바에 따라 아측이 밀입국자 일단 송환 방식에 동의하고 협정 3조 해당자는 인도적 고려 대상자로서 종전의 방식에 따라 일측이 이들에게 특별재류 허가 조치를 취하도록 요청함.

(나) 합의의사록에 의한 인도적 고려의 범위를 명확히 하고 또한 협정 자체가 쌍무 협정의 성격상 양극의 합의된 선에서 그리고 협정 3조 원칙을 현실에 입각하여 양국이 각기 합리적인 입장에서 Case by Case로 전례에 따라 타당한 결정을 하도록 함.

(3) 제2 방안

(가) 일측이 제1방안에 이의를 제기할 경우 아측이 협정을 준수하고 있음을 보여주기 위하여, 다음과 같은 주일 대사의 건의 사항에 따라 앞으로 전혀 인도적 고려의 대상자로 간주할 수 없는 극소수의 대상자에 대하여 송환에 동의함.

* 건의 사항

- 일본내에 의탁할 연고자 및 생활 기반이 전혀 없는 자.
- 본인의 자유로운 의사에 의하여 귀국을 희망하는 자(영주 귀국 형식)
- 한국에 직계가족 또는 의탁할 연고자가 있는 자로 인도적 고려의 여지가 없는 자. (나) 기타 사항에 대하여는 앞으로 제1방안에 따라 처리토록 함.

3. 법 126-2-6 해당자 중 범법자의 강제 송환

가. 현황

(1) 송환자 현황: 2명(1972.1.15 및 1972.5.2)

(2) 송환 대상자(1976.7.9. 현재)

1974년: 총인원: 103명

이의 신청사안 재결결과 허가자: 102명

강제퇴거 결정된 자: 1명

1975년: 총인원: 99명

이의 신청사안 재결결과 허가자: 98명

강제퇴거 결정된 자: 1명

나. 일측 입장

(1) 126-2-6 해당자는 지금까지 협정 제3조 D항 해당자에 준하여 취급하여 왔음.

(2) 일측은 1년 이상 형을 받은 자는 강제송환이 가능한 것으로 보고 있음.

(3) 126-2-6 해당자는 종래 송환을 거부하여 왔는 바, 그 이유가 이들의 지위 불안정이 전제가 되는 것이라면 본의는 아니나 이들의 재입국을 제한할 수밖에 없음(다께무라 차장 발언)

(4) 북송을 희망하는 법 126-2-6 해당자 중 범법자에 대하여 아측이 북송하지 않도록 요청하는 동시에 아측이 설득할 수 있도록 협조 요청하고 있는 바, 일측은 아측의 설득에 협조하겠으나 북송 의사를 번의치 않을 경우, 한국측에서 법126-2-6 해당자의 송환에 응하지 않고 있는 실정이므로 부득이 북송하지 않을 수 없음.

다. 문제점

(1) 126-2-6 해당자는 3조 D항 해당자와는 달리 협정상의 의무는 없으며 따라서 재일교포 사회에 미치는 영향 특히 조총련의 선전 자료가 되지는 않을 것임.

(2) 아측이 강제송환에 응하지 않는 경우 일측이 북송시킬 가능성이 있음.

(3) 아측이 강제송환에 응하지 않는 경우 일측은 조총련계 동포 모국방문을 위한 재입국 허가 신청을 불허 또는 고의적으로 지연시킬 가능성이 있음.

라. 대책

협정 3조 D항 해당자에 준하여 처리함.

4. 특별 재류 허가자 중 범법자, 불법입국자 및 불법 체류자의 강제송환

가. 현황

(1) 일측이 검거한 밀항자 수 (일법무성 입관국 자료)

년도	인원
1965	1,485
1966	804
1967	875
1968	749
1969	685
1970	745
1971	806
1972	793
1973	940
1974	1,196
1975	1,092
계	10,170

　　　이중 97%가 한반도에서 불법 입국한 자들임.

(2) 일측 입장

　(가) 일측은 불법 입국자라도 인도적 배려로서 경제적, 신분적으로 일
　　　본국과 밀접한 관계를 가지고 있는 자에 대하여는 특별재류 허가를
　　　부여하고 있음. 그러나 본래 불법입국자는 전부 인수함이 원칙임에
　　　비추어 일측이 상기 특별 배려를 하고도 피강제송환자로 경정한
　　　자에 대하여는 한국측이 전원 인수할 것.

　(나) 강제송환 문제가 원만히 타결되지 않는 사태의 계속은 대한민국
　　　으로부터 일본에의 불법입국을 일층 조장할 우려가 있을 뿐 만 아
　　　니라 일본에의 정규입국 신청에 대한 일본국 정부당국의 심사에도
　　　영향을 미치고 나아가서는 한·일 양국간의 정상적인 인적교류의
　　　반전을 저해할 우려가 있다.

　(다) 강제퇴거령을 받은 자는 각자의 사정 여하에 불문하고 일단 귀
　　　국, 한국정부로부터의 제재를 받은 후 이들 중 인도적 고려 대상자
　　　는 정상경로를 통하여 재입국 하도록(데나오시) 하는 원칙에 양국
　　　정부가 합의한다면(도리기메) 일본 정부로서는 그들을 구제하는데
　　　인색하지 않겠으며, 또한 협정 3조 D항 해당자도 대폭구제(특별재
　　　류 허가 부여)할 용의가 있으며 따라서 불법 입국자중 인도적 고려
　　　의 대상이 된다고 인정되는 자만이 1년후 일본에 재입국 되는 것임.

　(라) 밀입국 결혼자는 일단 송환 후 적법하게 재입국하도록 하여 구제

하는 방법으로 처리 희망

(마) 불법입국자 중 인도적 고려 대상자에 대하여 송환 1년 후 정식 입국허가를 부여하려는 구상은 현행 출입국 관리령에 따라 처리하려는 것임.

(바) 불법입국자 처리 방식은 원칙적으로 현행절차(강제송환 대상자에 대한 예비절충 및 중앙절충)에 따라 개별적으로 심사, 인도적 고려 대상자로 합의된 자에 대하여는 송환 1년 후에 입국허가를 부여하는 형식을 취하려는 것임. 따라서 현행 방식을 근본적으로 변경하기 위하여 새로운 협정을 체결하려는 것은 아님(주일대사 보고)

(사) 한편 종래에는 송환교섭을 하여 왔으나 그 존재 형태를 재검토할 시기에 왔다고 본다는 의견을 표명한 바 있음. (경비과장)

즉 1. 강제송환은 교섭대상의 성질의 것이 아니다.

2. 국제관례로 보아 국적 확인만 하고 무조건 인수하게 되어 있다.

3. 양국간의 송환교섭 방법은 특이한 것인 바, 한·일 양국관계를 고려해도 금일에 있어서는 재고할 필요성이 있다.

4. 따라서 방법을 재검토, 개선하여야 할 것이다.

(아) 정규 인적교류와 관련시키는 것은 송환문제가 정규문제와 표리일체의 관계에 있으며 반대로 송환문제가 바람직한 방향으로 해결되면 앞으로 정규 입국을 더욱 확대할 수 있을 것이다.

나. 문제점

(1) 강제퇴거령을 받은 자 전원을 일단 송환하고 1년이 경과한 후 인도적 고려대상자에 대하여 정식입국하는 원칙에 합의(도리끼메)할 경우

(가) 고려되어야 할 사항

1) 정식입국 대상자의 사전 선정 기준(인도적 고려 기준)이 설정되어야 할 것임.

2) 정식입국자에 대한 국내법에 의한 처벌 및 재출국에 관한 국내법상의 문제가 선결되어야 할 것임.

3) 일측이 표명한 협정 3조 D항 해당자의 대폭 구제의 범위가 사전에 합의되어야 함.

4) 송환 1년 후 정식 입국에 대한 일측의 보장 문제를 확정하여야 할 것임.

5) 일측이 새로운 출입국관리법 제정에 있어 정식 입국 허가를 위한 현행 1년을 3년으로 개정하려는 움직임이 있다는 바, 이 경

우의 처리문제가 합의되어야 할 것임.

6) 일측의 인도적 고려의 범위가 아측이 주장하는 범위와 현격한 차이가 있는 바, 인도적 고려의 범위를 확대하지 않을 경우 발생할 가능성이 있는 이산가족 방지 문제

7) 1971년도 한·일간 실무자회의 양해사항인 밀입국자 중 협정영주권 가족구성원은 일괄 송환에서 제외되어야 할 것임.

(나) 일측 주장에 응할 경우의 이해득실

1) 유리한 점

가) 밀항자를 일단 전원 송환함으로서 밀항방지에 도움이 될 것이며 관계 법규의 합리적인 운영에도 기여할 것임.

나) 일측에 대하여 밀항자 중 현 보류자 법적지위협정 제3조 D항 해당자 및 법률 126-2-6 해당자 중 범법자를 대폭 구제하도록 요청할 수 있음. (일측에서 이러한 호의적 고려용의 시사)

다) 종래 밀항자 중 인도적 고려 대상자를 송환 보류시켜도 일측에서 구제하지 않고 장기간 수용하고 있는 실정임으로 이 새로운 방식에 의하여 인도적 고려 대상자를 합법적으로 단시일내에 구제하는 것이 해당자들을 위해서도 유리하다고 볼 수 있음.

라) 일측에서 주장하는 정상적인 인적 교류의 저해요인을 제거함으로서 한·일 양국간의 출입국 관리 업무를 둘러싼 마찰을 해소시키는데 기여할 것임.

2) 불리한점

가) 밀항자처리에 관한 현행 관례를 변경시킴으로서 아측에서 밀항자처리에 대하여 양보하는 듯한 인상을 줄 우려가 있음.

나) 밀항자 중 인도적 고려 대상자의 판정에 있어서 일측에서 현재보다 더욱 엄격한 기준을 적용할 가능성이 있으며, 특히 밀항 후 일본내에서의 범법자에 대하여는 재입국을 불허할 것으로 보임.

다) 일측에서 밀항자에 대한 강제퇴거 조치를 현행보다도 더욱 난발하여 지금까지 강제퇴거 조치를 취하지 않고 사전 구제해 주었던 자까지도 강제 퇴거 조치를 취할 가능성이 있음.

(다) 인도적 고려의 기준(주일대사 건의)

1) 미성년자로서 부모가 일본에 거주하는 자

2) 일본에 거주 자격을 가진 외국인 또는 일본인과 결혼한 자

3) 특별재류 허가를 받은 자 중 범법자로서 일본에 가족과 생활 근거가 있는 자

4) 장기간 일본에 거주하여 일본에 가족과 생활 근거가 있는 자로 서 한국에 연고자 및 생활 기반이 없는 자

5) 노약자로서 일본에 거주하는 가족의 보호를 받아야할 자

6) 기타 인도적 고려 대상자

(2) 밀입국자의 전원 송환방식에 합의할 경우 밀입국 시기의 설정 문제

(가) 전원 송환방식을 택할 경우에도 일정시기를 정하여 그 시기 이전 에 밀입국한 자에 대하여는 일측이 일본재류를 허가하고 동 시기 이후 밀입국자에 대하여만 송환에 응하도록 하여야 할 것인 바, 동 시기설정 기준은 다음의 경우를 상정할 수 있음.

1) 한·일 국교정상화 시기를 기준(1965)

2) 국교정상화 5주년 기념일을 기준(1971)

3) 국교정상화 10주년 기념일을 기준(1975)

4) 일본형사소송법 제250조의 공소시효 규정을 준용하여 일측과 송환 방식에 합의하는 날부터 5년 전을 기준(1971)

* 참고: 일 형사소송법 제250조(공소시효기간) 시효는 다음 기간을 경과함으로서 완성된다.

1. 사형에 해당하는 죄: 15년

2. 무기의 징역 또는 금고에 해당하는 죄: 10년

3. 장기 10년 이상의 징역 또는 금고에 해당하는 죄: 7년

4. 장기 10년 미만의 징역 또는 금고에 해당하는 죄: 5년

5. 장기 5년 미만의 징역 혹은 금고 또는 벌금에 해당하는 죄: 3년

6. 구류 또는 과료에 해당하는 죄: 1년

(나) 호주의 예

호주정부는 75.12.31. 이전에 호주에 입국하여 사증기한이 만료된 후에도 계속 불법 체류하여 온 외국인들에게 76.1.26. 사면령을 발 표하고 장기 체류를 허용하는 조치를 취한 바 있음.

(3) 종래의 송환 교섭 방식의 재검토 표명에 대한 아측 입장

(가) 강제송환에 관한 국제관례를 내세우고 있으나 현행 국제관례는 강제송환자 접수국에서 확인 내지 합의 조치를 한 후 강제송환을

하고 있음.

(나) 한·일 회담시 합의사항 및 발언 요지

1) 1953.10.12. 개최된 회의에서 "당시 오오무라 수용소에 구속당하고 있든 120명의 한인석방을 요구한 바, 정상교섭으로 대표부와 일본출입국관리청이 이 문제를 해결하자는데 합의" 본 바 있음.

2) 강제송환에 있어서의 "사전협의"에 관해 일측은 단지 "사무연락"상의 수속이라고 해석한데 반하여 아측은 "실질적 내용"을 의미한 것이고 일측이 말한 주권의 발송으로서의 강제퇴거권 행사는 자유 의사로 입국한 통상의 외국인에 한하는 것이라고 반박함.

(다) 현행 강제송환 절차는 20년 이상 계속되어온 관행이며 한·일 양국간에서 행하여진 것이라 하여도 이와 같이 장기간 행하여 온 것은 하나의 국제 관례가 된 것으로 보아야 함.

(4) 강제송환 문제가 원만히 타결되지 않는 사태의 계속은 한국으로부터의 일본에의 불법 입국을 일층 조장할 우려가 있고 나아가서는 한·일 양국간의 정상적인 인적교류의 발전을 저해할 우려가 있다는 일측의 주장은 상기 두 문제가 법적근거를 달리하는 것이며 일측이 강제송환 문제해결을 위한 보복적인 인상을 주는 압력 대안으로 결부시키는 비합리적인 논조임.

(5) 일측은 강제송환 문제가 해결될 경우 정규입국을 더욱 확대하겠다고는 하나 구체적으로 어떤 범위 또는 형태를 일측이 구상하고 있는지 사전에 알아야할 것임.

(6) 협정영주권자의 직계가족으로서 성년이 된 자의 부모와의 동거를 위한 입국허가에 대한 일측의 호의적 배려가 있어야 할 것임.

다. 대책

(1) 특정 시기 이후의 밀항자를 일단 전원 인수하고 송환 1년 후 인도적 고려 대상자의 정식입국 방식에 원칙적으로 합의하되, 다음 사항이 관철되도록 교섭함.

(가) 문제점 (1), (가)의 1 인도적 고려대상자의 기준은 문제점 (1), (다)의 기준에 따르도록 하여 이산가족의 발생 방지에 노력함.

(나) 인도적 고려대상자의 선정은 개별적, 구체적으로 심사하여 한·일 양국이 합의하는 선에서 처리하도록 하고 송환1년 후에 정식입

국을 허가하는데 대해 일측이 보장하도록 함.

(다) 일괄 송환할 경우 그 대상자의 밀입국시기 결정에 있어서는

제1안: 제4차 한·일 실무자회의(1971.10.12)를 기준으로 동 시기 이전 밀입국자는 전원 일본재류를 허가하고 동 시기 이후 밀입국자는 전원 일단 송환함.

제2안: 일측이 상기 제1안에 불응할 경우 한·일간 제협정 발효일인 1965.12.18을 기준으로 하고, 그 대신 송환 1년 후 정식입국할 인도적 고려대상자의 폭을 확대하도록 노력함.

(라) 송환 1년 후 정식입국이 합의되는 경우에 앞으로 일본 출입국관리법 제정시 동 기간의 연장 조치를 하지 않는다는 것을 일측이 보장하도록 노력함.

(마) 일측의 협정 3조 D항 해당자(법 126-2-6포함)의 대폭 구제의사 표명과 관련하여 제1안: 3조 D항 해당자 및 법 126-2-6 해당자 중 범법자를 강제송환 대상에서 제외하도록 요구함.

제2 안: 협정 3조 D항 해당자는 강제송환 대상에서 제외하고, 법 126-2-6 해당자 중 범법자 극소수의 송환에 동의할 뜻을 표명함.

제3 안: 협정 3조 D항 해당자와 법 126-2-6 해당자 중 범법자의 극히 제한된 인원의 송환에 동의함.

(바) 협정영주권자 가족구성원은 일괄 송환에서 제외되도록 교섭하고 일측이 이에 불응할 때에는 협정영주권자 가족으로서 성년의 동거 목적 입국 제한을 완화함에 대하여 적극 교섭하고 제한 완화의 기준을 설정함. 이는 일측이 표명한 정규입국의 확대 의사표명에도 부합되는 것인 바, 정규입국 범위의 확대에 대한 일측의 구상을 제시토록하여 정상적인 인적교류 확대를 위하여도 적극 교섭할 것.

(2) 종래의 송환 교섭 방식의 재검토 문제는 문제점 (3)의 이유를 들어 일측의 제안을 거부함.

회수 재입국 허가 및 재입국 허가 기간 연장문제

Ⅳ. 회수 재입국 허가 및 허가 기간 연장 문제

1. 현황

가. 재입국 허가 건수:

(1) 1974년에 일본 입관당국이 허가한 재입국 허가 건수 120,955건중 71%에 해당하는 85,895건이 재일한국인의 재입국 허가였음.

(2) 또한 57%에 해당하는 69,230건이 협정영주자의 재입국 허가였음.

(3) 재입국 허가건수는 국제교류의 증대에 따라 매년 증가하고 있음.

나. 본국에서 수학하고 있는 교포의 자녀수

구분	예비과정	재학생	계
고교	8	23	32
대학	117	250	367
대학원	-	4	4
계	125	277	402

다. 앞으로의 교육 계획 및 전망

(1) 국비 장학생 제도의 확대

(2) 모국 수학생 및 제3국 유학생수는 앞으로 계속 증가할 것임.

라. 재일교포의 본국 투자자수가 76년 현재 약 60명이며 매년 증가하고 있고 이들의 본국 체류기간이 사업상 장기간을 필요로 하고 있음.

마. 1971년 제3차 및 제4차 실무자 회의시 아측이 회수재입국 허가 및 재입국 기간의 여행지 주재 일본공관에서의 연장허가가 가능토록 제의한데 대하여 일측은 현행법으로는 불가능하나 앞으로의 출입국관리령을 개정, 허가할 수 있도록 조치할 것을 약속하였음.

바. 이에 따라 일측은 1970, 1971, 1972, 및 1973년에 각각 출입국 관리법안을 국회에 제출하였으나 폐안 되었음.

사. 회수재입국 및 허가기간 문제에 관련된 합의조항 및 규정

(1) 협정 제5조

(2) 제1차-4차 한·일 실무자 회담 양해 사항

(3) 한·일 법무 차관회의 공동 성명

(4) 일본 출입국 관리령 규정(제26조 1항)

2. 문제점

가. 회수재입국 허가문제에 있어 일본 출입국관리령 제26조 1항에서 "법무대신은 일본재류 외국인에 대하여 재입국허가를 줄 수 있다"라고만 규정되어 있어 회수재입국 인정문제에 대한 금지 조항이 없음.

나. 현행 출입국관리령에 의하여 재입국 허가기간이 1년으로 되어 있어 재일한국인이 본국 또는 제3국에서 유학하는 경우 및 본국 투자자들의 일본 국외체류가 상당한 기간을 필요로 하고 있음. (협정영주권자는 허가기간

내에 입국할 수 없을 경우 재입국기간 경과 후 여행지 일본공관의 인정을 받으면 3개월 이내에 한하여 협정영주자로 입국할 수 있음)

다. 현행 일본 출입국관리령(26조 3)에 의하면 재입국기간을 1년으로 규정하고 있으나 동 기간의 연장에 대한 금지규정은 없음.

라. 이나바 법상이 76.5.19. 개최된 전국 입국관리사무소장 및 입국자 수용소장 합동회의에서 밝힌 기본방침에 따른 개선 방안중에 회수재입국 허가 및 재입국 허가기간 연장을 가능케 하는 방안이 포함되어 있음.

마. 미국의 경우 영주권 취득자는 재입국허가 없이 1년 이내에는 수시 출입국할 수 있으며 독일의 경우에는 단기 체류자(6개월)라도 재입국허가 없이 출입국 할 수 있음.

바. 다만 일측이 우리나라에 체류하는 일본인에 대하여 호혜적으로 회수재입국 및 재입국 기간연장 허가를 요청할 경우 이를 수학하지 않을 수 없으며 이를 위한 국내 조치가 필요할 것임.

3. 대책

가. 회수재입국 허가 인정

(1) 출입국관리령 제26조 1항 "재입국허가" 규정에 금지조항이 없는 것과 현재 외교관에 발급하는 회수재입국제를 원용, 협정영주자에게도 이를 적용해 줄 것을 일측에 요청.

(2) 일측 실무진에서는 재입국허가의 회수 제인정에 대하여 긍정적인 반응을 보이고 있다 함.

나. 재입국 허가기간 연장

(1) 제1, 2차 한·일 실무자회담시의 양해 사항, 69년 한·일 법무장관회의 공동성명에 명시된 바와 같이 한국 및 제3국에서 장기간 유학하는 협정영주자의 자녀 본국에서의 투자 관계로 장기간 체류를 요하는 재일 한국인에 대하여 재입국 허가기간의 연장이 가능토록 일측이 조속한 대책을 강구해주도록 적극 요청.

(2) 일측이 현 출입국관리령 개정을 이유로 재입국허가 기간 연장이 곤난하다 할 경우에는 69년 한·일 법무장관회의 공동성명에 의거 일측이 행정조치로서 3개월 기간의 연장을 가능토록한 것과 같이 동 재입국 허가기간의 연장의 길을 일측이 모색토록 강력히 촉구함.

V. 복지 향상 문제

1. 현황

가. 재일한국인의 특수한 역사적 배경, 협정 전문의 기본 정신 및 협정 제4조 규정, 한·일 법무차관회담 양해사항 및 일본국 법무대신 담화(70.10.28) 등에 명시되어 있는 바와 같이 협정 영주권 취득자에 대한 각종 사회보장 제도의 적용에 있어서 협정영주권 미신청자 보다 우대 받는 것은 당연하며, 일측은 이를 위해 노력할 방침이라고 천명 하였음.

나. 제3차 및 제4차 한·일 실무자 회의 토의 사항: 별첨 참조

다. 일측은 협정영주권 취득자에 대하여서만 특별히 우대한다는 것은 형평의 원칙에 어긋나는 것이며, 협정영주권 취득자에 대하여만 각종 사회 보장 제도를 적용하기 위하여는 관계 법령의 개정이 필요한 바, 현 일본국내 정치 정세로 보아 법령의 개정이 극히 어려운 형평이라고 주장하고 있음.

라. 일본측은 실질적인 사회보장문제에 있어서 자국민에게 부여하는 대우를 하지 않고 있음.

2. 문제점

가. 일측은 협정영주권 취득자에 대하여서 특별히 우대하기 위하여는 사회복지 관계법령 개정이 필요하다고 주장하고 있음.

나. 협정해석

(1) 일측은 협정 제4조에 명시된 영주권취득자의 교육, 생활보호, 국민건강보험에 대하여서 만은 타당한 고려를 하는 것으로 되어 있으나 실제에 있어서 협정영주권자가 아닌 조총련계를 포함한 모든 외국인 장기 체류자에게도 같은 대우가 부여되고 있음. 따라서 협정영주권자에 대하여 특별히 우대하는 조치가 없음.

(2) 일측은 사회복지 향상 문제를 협의 및 광의의 사회 보장으로 구분 해석하여 통상의 생활기능 장애자에 대하여만 적용되는 긴급적 사회보장 관계법령은 외국인에게도 차별없이 적용되나 국민연금법을 기본으로 하는 사회보장 관계제법은 법규정상 일본인에게만 해당되고 있다는 주장임.

(3) 따라서 일측은 협정 제4조에 명시된 내용에 따라 협의의 통상 생활 장애자에게 적용하는 긴급적 사회 보장관계법을 적용하고 있음을 내세워 그들의 협정 이행을 주장하고 있음.

(4) 협정 전문의 정신, 일본국 법상담화, 한·일 법무차관 회의 양해사항 등에 명시되어 있는 바와 같이 협정영주권자의 생활 안정을 위하여 특히 다른 외국인보다 우대되어야 한다는 기본 방침에 비추어 내국인에 대한 것과 같이 광범위한 사회보장 제도가 적용 되어야 할 것임.

(5) 따라서 협정(조약)이 국내법보다 우선 하다는 국제법 원칙에 비추어 국내법 조항을 내세워 법적용을 하지 않는 것은 동 협정을 충실히 이행하고 있지 않는 것임.

(6) 외국의 입법례로서 호주 정부는 호주 시민과 영주권취득 외국인의 차별없이 년금 및 의료 혜택 등 사회보장제도를 동일하게 적용하고 있음.

(7) 국민연금과 관련된 사례

(가) 오오사카 거주 재일국민 길한영 부부는 1974.5.1. 통명(金光漢永)으로 국민연금에 가입, 자격을 취득하고 국민연금 수첩을 발급받았으나 1975.3. 일측은 국적을 체크치 못한 행정 착오임으로 취소하겠다고 밝힌 사례가 있음.

(나) 와까야마 시에 거주하는 중국인 진진원 부부는 1970.1-1974.12. 까지의 5년 연금에 가입, 만기 후 1975.2. 에 지급신청을 하였으나 일측은 행정착오였다는 이유로 지불을 거절, 납입금만 반제함으로써 소송을 제기한 바 사례가 있음.

3. 신용조합 공고 업무 대리 취급 인가 문제

가. 신용조합 공고 업무 대리 취급인가 문제는 제3차-7차까지의 한·일 정기 각료회담 공동 성명 및 제3, 4차 한·일 실무자 회담을 통하여 일측은 공고 업무 대리 취급에 있어서 호의적으로 검토할 것과 원칙적으로 차별하지 않겠다는 태도를 취하여 왔으며, 현재 동경, 오오사카에서 공고 업무 대리취급이 인가 되고 있으므로 동 대리 취급 인가의 타지역 신용조합에의 인가 확대가 요망되고 있음.

* 참고 사항:

1) 협정영주권 취득자에 대한 복지 관계 처우
   - 국민건강보험에의 가입(협정 및 합의 의사록)
   - 일본의 공립학교에의 진학("   )
   - 생활 보호의 존속   ("   )
   - 외국인의 재산 취득에 관한 정령의 적용 제외국인으로서의 존속(토의 기록)
   - 영주 귀국시의 재산 반출(협정 및 합의 의사록)

           - 기타 일부 지방 자치단체의 조례에 의한 제한된 사회보장법 적용(전
             외국인에게 적용)
         2) 재일한국인에 적용되지 않는 사회복지 관계법령
           - 국민연금법(정부관장 사업이나 지방장관에게 일부 사무 위임 가능)
           - 공영주택법(일본인과 사실상 결혼한 한국인에 적용 가능)
           - 아동 수당법
           - 특별아동 부양수당법(모가 일본인인 경우 적용 가능)
           - 국민금융 공고법
           - 주택금융 공고법
           - 기타

4. 대책
  가. 재일한국인의 특수한 역사적 배경, 협정 전문의 기본정신, 한·일 법무차
     관 회담시의 일본국 법무대신 담화 등에 명시되어 있는 바와 같이 협정영
     주권자에 대한 처우는 일본에 재류하는 일반 외국인과는 달리, 월등하게
     우대되어야 함에도 불구하고 일측은 현재까지 재일한국인에 대하여 일부
     제한된 사회복지관계 법율 만을 적용하고 있음은 협정체결의 기본 정신에
     위배될 뿐 아니라 장기적으로 보아 한·일 우호증진을 위하여 바람직한
     것이 못된다는 점을 강조함.

  나. 제1안
     협정 제4조에서 영주가 허가된 대한민국 국민에 대한 일본국에 있어서의
     교육, 생활보호 및 국민건강보험에 관한 사항에 대하여 일측은 타당한 고
     려를 하는 것으로 명시되어 있으나 일측은 생활보호의 개념을 협의로 해
     석하여 "가" 항의 근본 취지에 상응하지 않는 생활보호법의 적용으로 협정
     상의 의무 준수를 주장하는 한편 국내법의 개정을 구실로 협정에 의한
     우대 조치를 취하고 있지 않음. 따라서,
     (1) 협정 4조의 생활 보호를 광의로 해석, 국내법 개정 없이 재일한국인의
        지위 향상과 안정된 생활을 위하여 사회 복지 관계 제법의 적용이 관
        철되도록 강력히 추진함.
     (2) 선진 제국의 입법례에 비추어서도 일측이 (1)항에 따른 조치를 취하도
        록 촉구함.
     (3) 신용조합의 공고 업무대리 취급인가 문제에 대하여는 한·일 정기각
        료회담 공동성명에 따라 민단계 신용조합에 대리취급 인가를 부여할
        것을 촉구함.

다. 제2안

    (1) 제1안의 실현가능성이 예기되지 않을 경우 금번 회담에서 토의되는 복지관계 3법(국민연금법, 아동수당법, 공영주택법)의 적용이 관철되도록 노력함.

    (2) 일측이 공영주택법은 지방자치단체의 권한사항임을 이유로 소극적인 태도를 취할 경우 일본정부가 지방자치단체에 대한 행정지도로서 동법의 적용이 가능토록 적극 교섭함.

    (3) 상기 1항 내용의 즉시 적용에 대하여 일측이 난색을 표명할 경우 또는 법개정을 고집할 경우 조속한 시일내에 법개정, 행정조치 등으로 우대조치를 실현할 것을 공표하도록 교섭함.

직업 안정법(1947.11.30. 법141호)

제1조(목적)

이 법율은 고용 대책법과 관련하여 공공에 봉사하는 공공직업안정소 기타 직업 안정 기관이 관계 행정청 또는 관계 단체의 협력을 얻어, 각인에게 그의 소유 능력에 적당한 직업에 취업할 기회를 부여함으로써 공업 기타의 산업에 필요한 노동력을 충족하고 따라서 직업의 안정을 도모함과 동시에 경제의 융흥에 기여하는 것을 목적으로 한다.

제3조(균등대우)

하인(何人)도, 인종, 국적, 신조, 성별, 사회적 신분, 문벌, 종전의 직업, 노동조합의 조합원이었던 사실 등을 이유로 해서 직업 소개, 직업 지도 등에 관해서 차별적인 취급을 받지 아니한다.

제4조 (정부가 행할 업무)

정부는 제1조의 목적을 달성하기 위하여 다음 업무를 행한다.

1. 국민의 노동력의 수요공급의 적정한 조정을 기하는 것.

2. 실업자에 대하여 직업에 취업할 기회를 주기 위하여 필요한 정책을 수립하고 그 실시를 노력하는 것.

3. 구직자에 대하여 신속히 그의 능력에 적당한 직업에 취업 알선하기 위하여 무료의 직업소개 사업을 행하는 것.

5. 구직자에 대하여 필요한 직업 지도를 행하는 것.

⑤ 재일본 한국인의 법적지위에 관한 비공식 실무협의, 1977.11.28 및 11.30

○ ○ ○

기능명칭: 재일본 한국인의 법적지위에 관한 비공식 실무협의, 1977.11.28 및
　　　　11.30

분류번호: 791.22

등록번호: 11182(19599)

생산과: 교민1과

생산연도: 1977-1977

필름번호: 2007-65

파일번호: 10

프레임 번호: 0001-0157

1. 외무부 공문(착신전보)−협정영주권 소지자 영주권 연장에 관한 문의

외무부

번호 GEW-0282

일시 231700

발신 주독대사

수신시간 77.2.24. 9:46

수신 외무부 장관

　　당관 영사업무에 참고코저 하오니 아래사항 회보 바람.

　　가. 재일교포 협정영주권 소지자가 제3국에 장기 체류시 매년 일본에 재입국하

여 동영주권의 유효기간을 연장해야 하는 지의 여부

　　나. 동 건에 관한 관계 조항

　　(교일)

2. 외무부 공문(발신전보)−협정영주권 소지자 영주권 연장에 관한 문의에 대한 회신

외무부

번호 WGE-02110

일시 281140

발신 외무부 장관

수신 주독대사

　　대: GEW-0282

　　대호 재일 협정영주 교포의 제3국 체류시 재입국 허가 기간은 현행 일본국

출입국 관리령(제26조) 규정에 의거 1년으로 제한되어 있기 때문에 허가 기간

내 재입국 하여야만 일본내 영주 허가의 효력이 상실되지 않음.

　　(교일)

3. 자료-일본 출입국 관리령 및 외국인 등록법

일본의 출입국 관리령

제4조 재류자격

1항 1. 외교 영사 사절

　　5. 무역, 사업, 투자 등의 경제 활동 목적

　　11. 신문, 방송, 영화 기타 언론기관 특파원

　　14. 본방에 영주 거주코자 하는 자

　　16. 기타, 법무성령에 의하여 특별히 규정된 외국인.

5항 제1항 14호에 해당하는 외국인은 본방에 상륙하고자 하는 경우에 법무성명에 규정된 절차에 따라 영주허가를 사전에 법무 대신에게 신청하여야 한다.

6항 전항의 신청이 있을 경우, 법무대신은 신청자가 다음의 각호에 해당하며, 그의 영주가 일본의 국익과 일치한다고 생각되는 경우에 한하여 영주 허가를 부여할 수 있다.

　　(1) 제5조 제1항의 각호(상륙 거부 사유)에 해당하지 아니할 것.

　　(2) 독립적 생계를 영위할 능력과 수단을 가질 것.

제5조 (상륙의 거부)

다음 각호의 1에 해당하는 자는 일본에 상륙할 수 없다.

　　(4) 일본 또는 일본 이외의 국가의 법령을 위반하여 1년 이상의 징역 또는 금고에 상당하는 형의 선고를 받은 자: 단, 정치법적에 관련된 형벌을 받은 자는 제외한다.

　　(5) 마약, 대마초 및 아편의 통제에 관한 일본 이외 국가의 법령을 위반하여 형에 처해진 자.

　　(9) 제6호 및 5호에 해당 입국 거부를 당한 외국인으로서 입국 거부 후 1년이 경과하지 아니한 자 및 제24조의 각호 (4호 □-0제외)에 해당하여 일본으로부터 추방된 자로 1년이 경과하지 아니한 자.

　　(10) 제24조 4호 □-0에 해당하여 추방된 자.

제22조의 1 (영주 허가)

① 재류 자격을 변경하여 제4조 1항 14호의 영주 허가 자격으로 변경코자 하는 외국인은 법무성령이 정하는 절차에 따라 법무 대신에게 영주 허가를 신청할 수 있다.

② 전항의 신청이 행해진 경우, 법무 대신은 동인이 다음 각호의 요건을 충족하고, 또한 동인의 영주가 일본 국익에 합치한다고 인정하는 경우에 한하여 허

가를 부여할 수 있다.

(1) 소행이 선량할 것.

(2) 독립적 생계를 영위할 수 있는 능력과 수단 보유

③ 전항에 따른 허가자는 영주권을 가지러 여권을 체류 기간 등은 소멸…

제22조 2 (재류자격의 획득)

1. 일본의 국적을 이탈한 자 또는 출생 또는 기타의 사유에 의하여 3장에 규정된 상륙 절차를 거치지 아니하고 일본에 체류하는 외국인은 제19조 1항의 규정에도 불구하고 일본 국적 이탈일자, 출생일자 또는 기타 사유의 발생일자로부터 60일의 기간에 한하여 재류 자격을 취득하지 아니한 채 일본에 계속 체류할 수 있다.

2. 전항에 규정된 외국인이 전항에 규정된 기간을 초과하여 일본에 체류 하기를 희망할 경우에는 일본 국적 이탈일자, 출생일자 또는 기타 사유의 발생 일자로부터 30일 이내에 법무성령에 규정된 절차에 따라 재류 자격의 취득을 선정할 수 있다.

3. 제20조 3-5항 규정은 (재류 자격의 변경 허가절차) 영주 거주 자격을 제외한 전항에 규정된 재류 자격의 신청 절차에 준용된다.

4. 제2조 1의 규정(영주 허가)는 제2항에 규정하는 재류 자격의 신청 중 영주 재류 자격의 신청 절차에 준용된다.

제24조 퇴거 강제

다음 각호에 해당하는 자는 본령 제5장에 규정된 절차에 따라 일본으로부터 추방 될 수 있다.

(1) 제3조 (여권 등 소지) 위반하여 입국한 자

(2) 제3조 5항 (여권의 상륙 허가 증명 Stamp) 위반자

(4) 하기 각호에 해당하는 체류 외국인

(a) 재류자격 변경 없이 여권에 기재된 이외의 활동자

(b) 여권상의 재류 기간 초과

(f) 외국인 등록에 관한 법령을 위반, 금고 이상의 형을 언도 받은자 (집유자 제의)

(h) 화약법, 대마초법, 아편법 또는 형법 9장의 위반으로 유죄판결 받은 자.

(i) f-h의 경우 제외하고 무기 또는 1년 이상의 징역 또는 금고에 처해진 자 (집유자 제외)

(l)-(o) 내란 등 정치 안보 관계 범죄

제26조 (재입국 허가)

1. 체류 기간 만료 이전에 재입국의사를 갖고 일시적으로 출국하고자 하는 재류 외국인에 대하여 법무 대신은 법무 성령에 의거한 신청에 따라 재입국 허가를 부여할 수 있다.

2. 전항의 허가가 부여된 경우, 동 외국인은 법무대신 또는 입국 심사관으로부터 법무 성령에 따라 재입국 허가서를 교부 받을 수 있다.

3. 제1항에 규정된 허가는 재입국허가 부여일로부터 계산하여 1년을 초과하지 아니하는 유효 (unexpired) 재류기간을 가진 외국인의 경우에는 동 체류기간 내에 일본을 출국하여 동 체류 기간의 만료 이전에 재입국하지 아니할 경우에 효력을 상실하며, 재입국허가가 부여된 날로부터 계산하여 1년 이상의 유효 (unexpired) 재류기간을 가진 외국인의 경우에는 동 외국인이 재입국허가를 받은 날로부터 6개월 이내에 일본을 떠나지 아니할 경우 및 동 재입국 허가일로부터 1년 이내에 재입국하지 아니하는 경우에 효력을 상실한다.

제50조 (법무대신의 재결의 특례)

1. 법무대신은 전조 3항 (이의 신입의 재결)에 따라 재결할시 신입된 이의가 근거 없다고 판명된 경우에도 혐의자가 아래 각호의 1에 해당할 경우에는 특별재류 허가를 부여할 수 있다.
   (1) 영주허가를 획득한 경우
   (2) 과거에 일본국민으로서 일본에 영주 주소를 두고 있었던 자.
   (3) 법무대신이 특별히 체류허가를 부여할 이유를 발견한 경우

2. 전항의 경우 법무대신은 법무성령에 의거 필요하다고 인정되는 체류기간 및 기타 사항에 관하여 조건을 오정할 수 있다.

3. 제1항에 따른 허가는 전조 4항의 목적상, 신입된 이의가 이유 있다는 결정으로 간주한다.

제52조 퇴거강제령서의 집행

1. 퇴거강제령서는 입국 경비관에 의하여 집행된다.

2. 필요한 경우 경찰관 또는 해상보안관도 퇴거강제령서를 집행할 수 있다.

3. 입국강제령서를 집행함에 있어서 입국경비관은 동 강제령서 또는 그 사본을 피추방인에게 제시하며, 제53조에 규정된 송환선(destination)에 지체없이 송환되도록 한다.

   단, 수속업자가 제59조에 의거 동 피추방인을 송환하게 될 경우에는 동 수송업자에게 신병을 인도한다.

4. 전항의 경우에 있어서 퇴거강제령서가 발부된 자가 자비부담으로 자발적인 출국을 희망할 경우에는 주임심사관은 이를 허가할 수 있다.

5. 3항 본문의 경우에 있어서 피퇴거강제 즉시 퇴거될 수 없는 경우에 입국경시 관은 동 피퇴거강제인을 입국자 수용소, 수용자 또는 법무대신의 위임을 받은 주임심사관이 지정하는 장소에 수용할 수 있다.

6. 전항의 경우에 있어서, 피퇴거 강제자가 송환될 수 없음이 판명되었을 때에는 입국자 수용소장 또는 주임심사관은 거주지역 및 행동 범위의 제차 소환에 응할 의무 및 기타 필요하다고 인정되는 조건하에 석방할 수 있다.

제53조 송환선 (destination)

1. 피퇴거 강제인은 그가 국적 또는 시민권을 보유하고 있는 국가로 송환된다.

2. 전항에 규정된 송환이 불가능할 경우에는 본인의 희망에 따라 다음의 국가로 송환된다.

(1) 일본입국 직전에 체류했던 국가

(2) 일본입국 전에 체류한 적이 있는 국가

(3) 동인이 일본을 향하여 선박, 항공기 등에 탔던 항구, 공항의 소속국.

(4) 출생지

(5) 출생시 출생지가 속했던 국가

(6) 기타 이상의 각호에 열거되지 아니한 국가

제54조 가방면

1. 수용령서 또는 퇴거강제령서에 따라 수용된 자 또는 그 대리인, 보좌인, 배우 자, 직계친족 또는 형제자매가 법무성령에 규정된 절차에 따라 입국자 수용소 장 또는 주임 심사관에게 동인의 가방면을 신청할 수 있다.

2. 전항의 신청의 신입이 있을 경우 입국자 수용소장 또는 주임심사관은 동인의 정상, 제증거, 동인의 성격, 자산 등을 고려하여, 30만엥 한도의 보증금의 기 탁을 조건으로 또한 체류장소 및 행동 범위의 제한, 송환에 대한 출두 의무 및 기타 필요하다고 인정되는 조건하에 법무 성령에 따라 가방면을 허락할 수 있다. (후략)

외국인 등록법(법률 제125호, 1952)

제1조 목적-생략

제2조 용어 정의

1. "외국인"이라 함은 일본국적을 보유하지 아니한 자로서, 가상륙, 기항지 상륙, 관광 통과 상륙, 전선(reshipping) 상륙 및 해난으로 인한 긴급 상륙의 허가를

받은 자 이외의 자를 말한다.

제3조 신규 등록

1. 재입국허가를 받고 출국하여 재입국하는 자를 제외한 입국자의 경우에는 상륙일로부터 60일 이내에, 일본내에서 외국인이 된 경우 또는 출생 또는 기타의 이유에 의하여 출입국 관리령 제3장에 규정된 상륙 절차를 거치지 아니하고 일본에 체류하게 된 자의 경우에는 외국인이 된 날짜, 출생일 또는 기타 적절한 이유의 발생일로부터 30일 이내에 거주지 관할 지방자치단체장에게 등록을 신청하여야 한다.

2. 전항의 경우에 14세 이하의 자는 사진 제출 불요.

제4조 외국인 등록원표 기재 사항

1. 지방자치 단체의 장은 하기 사항을 등록원표 및 사무소 비치용 대장에 기입한다.
   - 등록번호, 등록일자
   - 성명, 생년월일, 성별, 국적, 국적지 주소, 출생지 직업
   - 출입국항
   - 여권번호, 여권발급일자, 상륙허가일자
   - 체류자격 (출입국 관리령에 따른) 체류기간
   - 일본내 주소

제5조 등록증명서의 교부

제6조   〃   인체교부

제7조   〃   재교부

4. 외무부 공문-재일국민 법적지위에 관한 실무자회의 관계

외무부

번호 교일725-

일자 77.3.14.

발신 외무부 장관

수신 법무부 장관

참조 출입국관리국장

제목 재일 국민 법적 지위에 관한 실무자 회의 관계

    77.3.9. 외무부 아주국심의관과 주한 일본 대사관 마부찌참사관과의 면담시 재일교포 법적지위에 관한 실무자회의 개최 문제에 관한 양측 발언 요지를 아래와 같이 알리오니 참고하시기 바랍니다.

-아래-

1. 마부찌참사관은 일 법무성측이 동 실무자회의를 3월 하순경 서울에서 개최할 것을 구상하고 있다함.

2. 이에 대하여 동 심의관은 동 회의가 가급적 빠른 시일내에 개최되기를 희망한다고 말하는 한편, 작년도 회의시 아측 입장을 충분히 제시하였음으로 일측이 우선 이를 검토, 아측 요구를 반영하는 일측안을 외교 챤넬을 통해 사전 제의해 온다면, 회의가 개최되었을 때에는 회의 운영이 순조로울 것으로 본다는 견해를 표명함.

3. 동 참사관은 상기 아측 견해를 일 외무성에 보고하겠다 하겠음. 끝.

5. 외무부(착신전보)—법적지위 대우에 관한 한일실무자회의 일측입장 타진 내용 보고

외무부
번호 JAW-07440
일시 151621
수신 장관
참조(사본) 아주국장
발신 주일대사

대: JAW-0798 (77.7.8.)
1. 77.7.14. 15시 양동철 서기관은 외무성 북동아과 가와시마 차석 (추후 법적지위 실무회담시 외무성측 대표로 참석할 가능성이 많다고 본인이 밝힘)을 만나 대호 법적지위와 대우에 관한 한일 실무자회의에 대한 일측 입장을 타진한 내용을 아래와 같이 보고함.
가. 동 차석은 76.11월 실무자 회의 이후 지금까지 일본정부가 제2차 실무 본회의에 관한 태도를 결정치 못한 것은 그동안 한일 대륙붕 문제, 참의원 선거 등 사정에 기인하였던 터이라고 말하면서, 일본 정부로서도 가급적 조속한 시일 내에 제2차 서울회의를 갖고자 하나 앞으로 있을 한일 각료회의 및 일본국회

개막 등을 고려, 〈적절한 시기에 실무 본회의를 개최할 수 있도록 관계 각성 간의 의견 조정에 최선을〉 다하겠다고 말함. (동 차석은 비공식적인 견해라고 전제하고 8월중에는 어떤 형태로던 일본정부의 태도를 한국측에 알려주도록 노력하겠다고 덧붙였음)

나. 동 차석은 〈관계성과 협의하여 일측안을 작성, 외교경로를 통해 아측과 충분히 협의하도록〉 하겠으나, 동 일측안이 언제 제안될지 공식적으로 확언할 수 없는 단계라고 말하면서 상기 비공식견해는 8월중 일측 태도 표명 운운을 참고로만 해달라고 했음.

다. 한편 동 차석은 76.11월 법적지위와 대우에 관한 회의가 별도로 일미 대우에 관한 문제는 일측이 한국측 입장을 참고로 들었던 것이 사실이며, 추후 일측안이 제안되고 제2차 서울회의가 개최되어도 대우에 관한 문제에 있어서 한국측이 지나치게 큰 기대를 갖지 않기를 바란다고 말했음.

(양서기관은 아측으로서는 76.11월 실무자회의가 기술적으로 두개의 회의가 되었다 할지라도 어디까지나 재일한국인 법적지위와 대우에 관한 한개의 회의라는 점을 재강조하고 차후 일측은 법적지위와 대우에 관해 76.11월 실무회의시 아측이 밝힌 제 입장에 대해 포괄적인 안을 제시해 주어야 하며, 제2차 실무 본회담에서도 법적지위 및 대우문제 (복지문제)가 동시에 취급되어야 할 것임을 강조하였던 바, 차석은 이를 긍정하면서 전기와 같이 대우문제에 대하여는 일본국내법 및 각성 간의 의견 조정 등으로 아측이 당장 큰 기대는 갖지 않는 것이 좋을 것이라고 말하였음.)

라. 또한 동 차석은 일본 정부내에서 법무성측은 실무 본회의 개최에 적극적임을 시사하면서 문제는 후생성, 건설성, 대장성 등 복지문제 관계성이 아측안에 대해 어떠한 대안을 내놓을 것인지에 관한 일본정부내의 절충이 문제점임을 시사했음.

마. 동차석은 또한 실무 본회담의 수석대표 문제는 일측안이 준비되어 외교경로를 통해 협의하는 과정에서 상황에 따라 자연히 결정될 문제가 아니겠느냐고 말함으로써 76.11월 실무회의시 양해된 "국장급 대표"에 대해 다소 융통성 있는 반응을 보였음 (이에 양서기관은 76년 실무회담시 양해사항대로 제2차 회의가 격을 높인 회의가 될 것으로 아측은 생각하고 있음을 첨언해 두었음)

2. 상기 북동아과 차석의 상기 발언에서는 JAW-07150 강제송환 중앙절충시 일측이 표명한 "대우문제 회의는 끝난 것이다"라는 사고방식이 상당히 후퇴한 것으로 보였으나 차기 일측안 및 본회의에서 "대우 (복지문제) 문제"를 다루되, 아측이 큰 기대는 갖지말라고 시사되었음을 주목할 수 있었음. 또한 비록 비공

식 견해이긴 하지만 8월중에는 어떤 형태던 일측태도 표명이 있을 것으로 일응 예상되므로 당관은 법무성, 후생성, 건설성, 대장성 등 관계 각성과도 접촉을 강화코저 함. (일본영-교일, 북일)

6. 자료-76년 재일국민의 법적 지위에 관한 실무자 회의 및 77년 회의관련 내용

재일국민의 법적 지위에 관한 실무자회의

1. 실무자회의 개최
    1차: 67.8.23.
    2차: 68.11.6. (67: 法相會談, 71: 法務次官會議)
    3차: 71.4.17.
    4차: 71.10.12.
    5차: 76.11.24.-30.간
2. 협정체결: 65.6.22.
        발효: 66.1.17.
        신청마감: 71.1.16.
3. 법무차관 회의: 67.7.27.
    법무장관 회의: 69.8.20.
    법무차관 회담: 70.10.28.

회의의 범위 및 성격에 관한 양측의 입장

1. 일본측 입장
    한국측이 요청하는 재일교포의 법적지위 및 복지 전반에 걸친 광범한 의제를 포함할 경우에는
    (가) 여러 기관이 관련되어 있을 뿐 아니라
    (나) 법령 개정, 협정의 개정 등이 수반되는 문제임으로, 구체적 성과를 기대하기 어렵기 때문에 강제송환 및 출입국 문제와 관련된 사항에 국한하여 협의하

자는 주장임.

2. 아측 입장

 - 한일 법적 지위 협정의 시행과정에서 노정된 문제점을 검토, 협의하기 위한 양국간의 실무자 회담은
 - 동 법적지위 협정의 기본정신이 재일한국인의 법적지위향상과 생활 안정의 도모에 있으므로,
 - 동 기본정신에 입각하여, 일본측이 주장하는 특정 문제에 국한하지 아니하고, 재일한국인의 법적지위 및 복지 향상을 포함하는 전반적 문제를 광범위하게 협의하여야 함.

한일 법적지위 회담 의제

1. 아측
   (1) 협정영주권 신청기간의 재설정
   (2) 조총련계 전향 교포의 법적 지위
   (3) 재입국 허가 기간의 연장 및 재입국 허가의 회수제
   (4) 본국 가족의 동거 입국 허가 완화
   (5) 재일한국인에 대한 각종 사회 복지 법령의 적용
      (가) 사회 보장 관계법령: 공영주택법, 아동부양수당법, 특별아동 부양수당법, 국민연금법
      (나) 금융관계 법령: 국민금융공고법, 주택금융공고법
   (6) 재일한국인 신용조합의 은행 승격 및 제공고 업무 대리 취급 인가 범위의 확대
   (7) 한국학교 졸업자에 대한 상급학교 입학 자격 부여
   (8) 강제 송환 문제
2. 일본측
   (1) 강제 송환 문제
   (2) 기타, 출입국에 관련된 문제

76.11. 실무자회의 이후의 경과

77.3.9. 공노명 심의관과 마부찌 참사관의 면담

마부찌 참사관:

일측은 3월 하순 서울에서 실무자회의 개최를 구상중이라 함.

공 심의관:

- 가급적 조속한 시일 내에 개최 희망
- 회의의 순조로운 운영을 위하여 일측은 작년 회의시 제시한 아측 입장을 충분히 검토하여 일측안을 외교찬넬을 통하여 제시함이 요망됨.

77.7.14. 양동철 서기관과의 가와시마 북동아과 차석의 면담

가와시마 차석:

- 실무회담 개최 지연에 대한 일본측 사정 설명
- 적절한 시기에 개최될 수 있도록 관계 각성의 의견 조정에 최선을 다할 것임.
- 관계성과 협의 사전 일측안 제시
- 법지 문제와 대우 문제를 분리할 뜻을 시사

양 서기관:

- 법지 문제와 대우문제 분리는 불가
- 일측은 작년 회의시 제시한 아측 입장에 대하여 포괄적 안을 제시해야할 것임을 강조.

77.8.29. 양동철 서기관과 엔도 북동아과장의 면담

엔도 과장:

- 작년 회의의 예에 따라 금차 회의에 있어서도 법적지위 문제에 국한할 경우에 회담할 용의가 있음.
- 처우 문제에 관한 한, 일단 한국측 입장을 청취, 관계 각성에 전달할 수는 있음.

양 서기관:

- 상기 일측 제의는 수락할 수 없음.

엔도 과장:

한국측이 대우문제에 집착한다면 금차 회의는 아무런 성과도 거둘 수 없을 것임.

77.9.19. 양세훈 서기관과 엔도 북동아과장의 면담.

엔도 과장:

- 후생성 등 관계성의 사전 준비 미비로 법지 문제에 국한할 경우 회의 개최에 응할 수 있음.
- 대우 문제에 관한 한, 금차 회의에 한국측이 문제를 제의하고, 추후 회의에서 실질 토의를 하는 것도 하나의 방법이 될 수 있음.

76. 실무자회의 결과

1. 협정영주권 미신청자 (조총련계 전향자 포함) 구제
    가. 아측: 종래 아측 주장 반복
    나. 일측: -협정의 개정, 국내 입법 등은 현 정세 하에서는 불가능하나
        - 126 해당자 전체의 법지 개선과 관련하여 해결 가능
        - 그러나 대만 문제가 해결되기 전에는 126 해당자 전체의 법지 개선도 기대됨.
    다. 아측: 잠정적으로 일본 출입국 법령상 협정 영주자와 동등한 대우를 요망.
    라. 일측: 상기 아측 요망 수락
2. 협정 3조 해당자 (법 126해당자 포함)의 강제 퇴거
    가. 일측: 아측이 협정을 위반하고 있다고 지적
    나. 아측: 합의 의사록의 "인도적 고려" 규정을 상기시킴
    다. 일측: 50% 인수 요구
    라. 아측: 인도적 고려 기준 제시
    마. 일측 아측이 제시한 상기 인도적 고려에 따르면 강제 퇴거 대상자가 전혀 없게 될 것
    바. 양측: 80%정도는 구제되어야 한다는데 접근
    사. 일단 구제되어 특별 재류 허가를 받은 자의 재범시,
        - 일측: 전원 인수
        - 아측: 7년 이상의 형을 선고받은 자에 한하여 연수 합의점 찾지 못함.
3. 밀항자의 강제 퇴거
    가. 일측: 국제관례에 따라 전원 연수를 요구 (인수가 원활하지 못한 점이 양국간의 정상적인 인적 교류를 저해하고 있음)
    나. 아측: 일정 시기를 획하여 동 시기 이전 밀입국자에 대한 일괄적 구제 방안을 촉구하고 동 시기를 1971.로 제외
    다. 일측: 법지 협정 발효일 (1966.1.17)제의

라. 아측: 밀입국후 7-8후의 장기거주자 문제를 들어 71년으로 고침.
마. 일측: - 종래의 특별재류 심사 (80%구제)를 계속하여 구제하도록 함.
- 특히 66.1.17부터 5년 이내에 밀입국한 자로서 일본인 또는 영주자
의 배우자인 경우 송환 1년 후 재입국시킬 의사.
- 아측이 밀입국자를 전원 인수할 것을 수락할 경우, 협정 3조 해당자
를 대폭 구제할 의사 표명

4. 회수 재입국 허가
강제 퇴거 문제 해결을 전제로, 신청인의 직업 및 재입국 빈도 등을 고려,
허가할 것임.

5. 재입국 허가 기간의 연장

6. 국민연금법 적용
- 일본 국민만을 대상
- 운영면의 난점(재정상의 암막 등)이 많아 제도 자체가 검토의 대상이 되고
있다고 함.

7. 신용조합의 공고 업무 대리 취급인가 문제
- 점진적 확대 부여 조치

8. 공영주택법
- 외국인에게 적용하여도 무방하다는 정부 통달을 행한 바 있으며, 점진적인 행
정 지도를 통해 개선할 방침.
- 주택금융 공고법의 적용은 불가능함.

9. 아동 수당 지급
- 일본국민에 한하여 적용
- 인구정책과 관련하여 제도 자체가 재검토 중에 있음.

77 실무자회담에 임하는 아측 입장

1. 미신청자의 구제 (조총련계 전향자 포함)
가. 신청기간의 재설정
나. 126-2-6 일괄 구제
다. 126 중 국민등록 필한 자 (조총련 이탈자)는 법령이 허용하는 범위 내에서
협정영주자와 동일한 대우 부여 (출입국 관리령상)

2. 밀항자의 강제 퇴거

가. 밀입국자, 불법체류자 일괄 구제
　　시한: 1971.1.17.
　　　　　1966.1.17.
나. 상기 시한이 1966.1.17로 확정될 경우, 동 시한으로부터 5년 이내 (1971.1.17) 불법입국자로서 일본인 또는 영주자인 외국인의 배우자 (사실혼 포함)는 강제퇴거후 1년후 재입국 허용 보장
다. 불법 입국자에 대한 특별재류 심사제도 계속 유지
　　- 인도적 기준을 구체적으로 열거 (별첨1)
라. 특별 재류자의 재범의 경우 7년 이상의 수행자에 한하여 인수
3. 협정 3조 해당자 및 126-2-6 중 범법자
　- 인도적 고려 사항을 구체적으로 나열 (별첨2)
4. 재입국허가의 회수제
5. 재입국허가 기간의 현지 연장
6. 본국 거주 협정영주자 가족의 동거 목적 입국허가 및 일반영주권 허가

별첨1

불법 입국, 체류자에 대한 인도적 고려사항

1. 미성년자로서 부모가 일본에 거주하는 경우
2. 일본에서 장기 거주 자격을 취득한 한국인 또는 일본인과 결혼하고 그 가족의 생활 기반이 일본에 있는 경우
3. 특재자 중 재범자로서 그 가족 및 생활 기반이 일본에 있는 경우
4. 노약자로서 일본에 거주하는 가족의 부양 및 보호를 요하는 경우
5. 협정 영주자의 가계를 계승하는 자의 경우
6. 기타 양측이 이유 있다고 인정하는 자의 경우

별첨2

협정 3조 대상자 및 126-2-6 범법자에 대한 인도적 고려 사항

1. 퇴거 당할 경우 생활을 할 수 없는 자
2. 가족이 일본에 거주하는 자
3. 일본에서 출생하고, 교육 기타의 생활 환경이 일본 사회에 기준을 두고 있는 자.

7. 외무부 공문(착신전보)-양세훈 1등서기관과 엔도 북동아과장 면담 내용 보고

외무부
번호 JAW-09576
일시 191930
발신 주일대사
수신 외무부 장관

    연: JAW-08771
    1. 9.19. 당관 양세훈 1등서기관은 인사차 외무성 엔도 북동아과장을 만났는 바
동 과장이 법적지위 실무자회담 개최와 관련, 아래와 같이 말하였음을 보고함.
    가. 지난번 일부 신문이 실무자회담이 10월 중 서울에서 개최될 것으로 전망하
여 보도한 적이 있는 바, 이는 추측기사에 불과함.
    나. 앞으로의 회의에서 재일한국인이 법적지위 문제와 복지향상 문제를 공히 토
의하자는 한국측 주장에 응하기 위해서는 후생성 등의 관계관이 동 회의에 참석
해야 할 것인 바 이들 관계성으로서는 회의에 임할 준비가 되어 있지 않는 것으
로 알고 있으므로, 이미 누차 밝힌 바와 같이 한국측이 금반 회의의제로 두가지
문제를 결부시키지 않을 경우 회의개최에 응할 수 있다는 것이 자신이 입장임
    2. 동과장은, 일측이 두가지 문제를 완전히 별개문제로 띄어 놓자는 주장은 아
니며, 금반 회의에서는 복지문제에 관한 본격적 토의를 행하지 않고 한국측이
문제를 제외하고 추후 회의에서 실질토의를 하는 식으로 하는 것도 한가지 방법
이 될 수 있다고 시사하였음. (일본영-교일, 북일)

8. 외무부 공문(발신전보)-법적지위 문제에 관한 회의 제의

외무부

번호 WJA-10280

일시 191909

발신 외무부 장관

수신 주일대사

　　대: JAW-08771 JAW-09576

　　연: 교일725-1893 (76.12.17)

1. 대호 일본측 사정을 감안, JAW-09576 2항 방식에 따라 우선 법적지위 문제에 관한 회의를 11월 중 개최하여 76.11. 제1차 실무자회의에서의 토의 사항을 종결짓고자 하오니 상기 회의 개최를 일측에 제의 바람.

2. 또한 동 회의의 원활한 진행을 위하여 일측으로 하여금 일측 대안을 제시해 줄 것을 요청 바람.

3. 금반 회의에서 아측은 작년 회의시 아측이 문서로서 전달한 연호 아측안을 최대한 관철하여 문서화하고자 하는 바, 금반 회의 대책(안)에 반영코자 하오니 귀관의 견해 및 건의사항과 하기 제자료를 파악 보고 바람.

　가. 협정영주권자 및 미신청자 현황

　나. 조총련으로부터의 전향자 현황

　다. 밀입국자의 검거 및 송환 현황

　라. 협정영주자에 의한 협정 3조 해당 범죄 발생 및 이들에 대한 처리현황

　마. 법 126-2-6 해당자의 범죄현황 및 동 범죄자 처리 현황

　바. 재입국 허가 현황.　　(교일)

9. 외무부 공문(착신전보)−양세훈 서기관, 엔도 북동아과장에게 법적지위 및 대우 관련 회의 제의

외무부

번호 JAW-10664

일시 261559

수신시간 77.10.26. 17:28

발신 주일대사

수신 외무부 장관

대: WJA-10280

1. 당관 양세훈 서기관은 10.25. 엔도 외무성 북동아과장을 방문, 대호 훈령에 따라, 법적지위 및 대우에 관한 회의를 11월 중 서울에서 개최할 것을 제의하고, 대우문제에 관하여는 한국측이 문제를 제의하고 차기회의에서 실질 토의하는 식으로 하되 이를 위하여 후생성 등 관계 각성이 대표가 참석함이 극히 요망되므로 이들이 참석토록 해줄 것을 요청하였음.

2. 동 과장은 즉시 법무성과 협의하여 가능한 한 조속히 일측회답을 주겠으나 회의개최가 가능한 시기는 일본국회 회기가 끝난 후가 될 것으로 전망하고, 후생성 등 참석에 대한 아측 요청에 대하여는 이해를 표명하면서 관계각성과 협의해보겠다고 말하였음.

3. 양서기관은 회의의 원활한 진행을 위하여 일측이 아측안에 대한 대안을 제시하여줄 것을 요청한 바, 동과장은 현 단계에서 일측 대안 유무를 말할 입장은 아니나, 자기가 알기로는 지난번 회의에서 양측안이 나와서 검토된 바 있으므로 일측만이 새로운 대안이 있을 것 같지는 않다는 견해를 표명하고, 굳이 대안을 낸다면 양측이 공히 제시해야 할 것이라고 말하였음.

4. 이에 대하여 양 서기관은 아측으로서는 작년도 회의시 문제전반에 걸친 아측 입장을 충분히 제시한 바 있으므로 일측이 이를 검토한 대안을 제시하여 줄 것을 요청하는 것이라고 재차 말하자, 동 과장은 회의 개최전에 외교 찬넬을 통한 협의는 유익할 것으로 보나 대안은 역시 양측이 공히 제시해야 할 것이라는 입장을 고수하였음.

5. 회의개최시기에 관하여, 11.7. 회기가 끝나는 일본국회는 현재 10-12일간 회기연장문제가 논의되고 있는 바, 아측이 예정하고 있는 회의시기가 언제쯤인지 알려주시기 바람. (일본영-교일,북일,영사)

10. 외무부 공문(발신전보)-법적지위 회의에 관한 건

외무부
번호 WJA-10444
일시 311100
발신 장관
수신 주일대사

대: JAW-10664

연: WJA-10280

1. 아측은 대호 법적지위 회의를 11월 하순 2-3일간 개최할 것을 구상하고 있음.

2. 금번 회의에서는 연호 1항에서 언급한 바와 같이 그간의 일측 의견을 참작하여 대우 문제는 아측이 언급 하에 그치고 법적지위 문제만을 토의하기로 하였으니, 대호 1항의 일본 후생성 등 관계각성 대표 참석 요구를 고집할 필요는 없을 것임.

3. 아측은 동회의 수석대표를 거년 대체적으로 양측의견을 모은 바에 따라 있는데, 상기 일정과 함께 수석대표 임명에 관한 일측 구상을 타진 보고 바람.
(교일)

11. 중앙정보부 공문–법적지위문제 관련 의견회시

중앙정보부
번호 중일일:834
발신 중앙정보부장
수신 외무부 장관
일자 1977.11.3
제목 의견 회신

1. 교일725-39152(77.10.20)에 의한 회신입니다.

2. 전반적으로 귀부의 의견에 이의가 없으나 재일교포의 법적지위 문제는 과거 한·일간의 특수관계를 고려한 인도적 견지에서 이루어져야 한다는 점에서 각 항목 중 특히 별첨 몇 가지 사항은 신중히 고려되어야 할 것으로 사료됩니다.

유첨: 해당 항목별 회신내용 1부. 끝.

11-1. 첨부–해당 항목별 의견 회신 내용

해당 항목별 의견회신 내용

1. 강제 퇴거자의 처리문제(2항)

　가. 일반 불법입국자의 강제 퇴거

　　　* 밀항자의 발생원인이 과거 한. 일간의 특수한 관계에서 야기된 것으로서 대부분이 이산가족의 재결합을 위한 것이었다고 할 수 있으므로 이들의 강제 퇴거는 인도적 측면에서 재고되어야 할 것임.

　　　* 10만에 달하는 재일교포 밀항 불법 체류자는 일본 영세기업의 노동력을 보충하는 큰 역할을 담당하고 있으므로 이들의 체류 허가는 일측 국익에도 유리함.

　　　* 미국은 1970년을 일정의 시점으로 하는 불법체류자 구제대책을 77.8.4 발표한 바 있음.

　나. 협정 3조 해당자 및 법 126-2-6 해당자 중 범법자의 강제 퇴거

　　　* 이들이 비록 범법자라 할지라도 대다수가 과거 일정부의 징병, 징용 등의 강제동원에 의하여 본의 아니게 일본에 건너와서 30년이상이나 거주하여 왔으며 생활기반과 가족이 일본에 있으므로 이들을 강제 송환하는 경우 가족이산 및 생활기반의 상실 등 기본 생존권을 박탈하는 것과 같은 비극적인 결과를 초래함으로 법적지위 협정에 대한 합의 의사록 2항에 따라 "인도적 고려"를 받도록 해야함.

　　　* 재일 한국인에 대한 일본의 사회적 차별 등으로 범법하는 사례가 허다함으로 일정부에서는 이들 범법자를 선도해야 할 도의적인 책임이 있음을 강조해야함.

2. 재일 한국인의 복지문제에 관한 아측 입장 제시 (5항)

　가. 전반적 사항

　　　* 한 · 일 협정의 기본정신이 재일 한국인의 안정된 생활을 영위케 하려는 것이었으며

　　　* 동협정 제4조에도 교육 생활보호 등 재일한국인은 일본사회에서 특별한 관계가 있기 때문에 특별히 고려되어야 한다고 규정되어 있는 점에 반하여

　　　* 현 재일교포는 납세 등 의무의 이행에 상응하는 권리의 보호를 받고 있지 않는 바, 민단 측이 열거하고 있는 200여항에 달하는 민족차별은 재일교포에 대한 인권유린이며 인간학대임.

　나. 국민년금법

　　　* 한 · 일 기본조약에도 명기되어 있는 재일한국인의 법적지위는 일반적으로 "내국민 대우"로 해결될 수 있으나 동조약에 "내국민 대우"라는 어구가 사용되지 않아서 같은 외국인인 미국인에게는 년금을 지급하면서 재일한국

인에게는 지급치 않는다는 사례가 발생하였음.

다. 공영 주택법

　　* 공영주택법 자체에도 입주자 자격에 재일한국인을 그 대상에서 제외시키지 않았고 일정부도 지방 자치단체가 이를 외국인에게 적용해도 무방하다는 정부 통달을 75.7.4에 행한 바 있음에도 불구하고 동 법이 전반적으로 실시되지 않고 있는 것은 일 중앙정부의 적극적인 행정지도의 결여와 명백한 차별정책의 소산이라 할 수 있음.

라. 아동 수당법 적용문제

　　* 일 국내법상으로 일본 국민만을 적용대상으로 하고 있으나 재일 한국인이 낸 세금도 아동수당의 재원이 된다는 점을 고려해야함.

　　* 橫浜등 일부 일본내의 市, 町, 村에서 자체적으로 실시되고 있으므로 동 건에 관련된 일 국내법 개정을 약속 받도록 해야 할 것임.

　　* 재일한국인의 복지문제는 현지 우리 교포와 민단 측의 노력 여하에 따라서 향상 개선될 수 있는 문제가 많으므로 이점 민단에서 지난 5.14일 발행한 "차별백서 제1집"을 참고하여야 할 것임.

12. 외무부 공문–재일 한국인의 법적 지위에 관한 한·일 실무자 회의 개최 일정에 관한 문의

외무부
번호 교일725-
일자 77.11.12.
발신 외무부 장관
수신 법무부 장관
제목 재일한국인의 법적지위에 관한 한·일 실무자 회의 개최 일정에 관한 문의

　　연: 교일725-39152 (1977.10.20)
　　1. 연호로 통보해드린 바와 같이 당부는 주일 대사관을 통하여 표제 회의를 1977.11월 하순 서울에서 개최할 것을 일측에 제의하였읍니다.
　　2. 일측은 상기 1항의 아측의 제외에 동의하고 1977.11.28-30일의 3일간 회의를 개최함이 좋겠다는 희망을 표명하여 왔는 바, 상기 일측이 희망해 온 회의

일정에 관한 귀견을 지급 회보하여 주시기 바랍니다. 끝.

13. 외무부 공문(발신전보)—법적지위 회의 개최에 관한 외무부 입장 시달

외무부
번호 WJA-11226
일시 111940
발신 외무부 장관
수신 주일대사

　대: JAW-11224
　1. 대호 법적지위 회의의 개최에 관한 본부의 입장을 아래와 같이 시달하니 이
　　를 일측에 제시하고 일측 반응을 타진 보고 바람.
　　가. 회의 기간: 일측이 제외한 11.28-30.에 동의함.
　　나. 회의 일정 및 토의 사항
　　　(1) 11.28. 오전: 협정영주권 미신청자의 구제 문제
　　　　　　　 오후: 강제 퇴거 문제
　　　(2) 11.29. 오전: 강제퇴거 문제(계속)
　　　　　　　 오후: 재입국허가 문제 및 대우 문제
　　　(3) 11.30. 오전: 양측의견 종합 및 합의의사록 서명
　　　(4) 대우 문제에 관해서는 아측이 아측 의견을 제시하고 일측이 이를
　　　　　 TAKE NOTE하고 그 사실을 합의의사록에 포함시키는 방식을 취함.
　　다. 아측 수석 대표 및 대표단 구성
　　　 아측은 박민수 영사교민국장을 수석대표로 생각하고 있으며, 대표단의
　　　 규모는 외무부, 법무부 관계과장 및 실무자로 7-8인 정도가 될 것인 바,
　　　 일측 대표 명단을 조속 타진 보고 바람.
　2. 금차 회의에 대한 정부 훈령안 작성에 참고코저 하니 상기 토의 의제에 관련
　　된 문제점, 대책 및 건의사항 등 (민단측 의견도 참고하여)을 11.18. 까지
　　보고 바람.
　3. 금번 회의에서 강제송환 문제에 관한 타결 방안을 모색하는 기회에 재일한국
　　인의 본국 가족과의 재회 또는 재결합을 위한 일본입국 및 체류허가의 폭을

확대해 줄 것을 일측에 재차 촉구하고자 하는 바, 현재까지 이에 관하여 양국간에 합의 내지 양해된 사항이 제대로 지켜지고 있는지의 여부와 문제점 대책 및 건의 사항 등을 아울러 보고 바람.

14. 외무부 공문(착신전보)-엔도 북동아과장 양세훈 서기관 초치 일측 입장 표명

외무부
번호 JAW-11480
일시 191235
발신 주일본대사
수신 외무부 장관

대: WJA-11226

연: JAW-11430

엔도 외무성 북동아과장은 11.18 당관 양세훈 서기관을 초치 대호 일측 입장을 아래와 같이 표명하였음.

1. 동과장은 먼저 법무성과도 협의한 결과에 따른 공식 의견이라고 전제하고 아측이 제시한 회의일정에 포함된 사항들을 논의 (도리아게)하는 것은 좋으나 일측은 의제 작성 자체를 반대하는 입장이므로 그와 같은 일정작성에 동의할 수 없다고 말하였음.

2. 합의 의사록에 대하여 일측으로서는 "백지상태"라고 말하고 일측이 금반 회의에서 문제를 완전히 타결하기를 희망하고 있으나 그 결과를 금회에 합의 의사록으로 작성한다는 것은 전혀 생각하지 않고 있음.

3. "대우문제 TAKE NOTE"를 합의 의사록에 포함시키자는 제의는 상기와 같은 일측 입장에 따라 문제밖의 일임.

4. 끝으로 동과장은 상기 표명은 일측의 강한 입장이라고 강조하고 아측이 어떠한 생각을 가지고 있는 지를 대지급으로 알고 싶다고 부언하였음. (일본영, 교일, 북일)

15. 자료-재일한국인의 법적 지위에 관한 한일 실무자 회담대비 관계부처 회의기록

재일한국인의 법적 지위에 관한 한일 실무자 회담대비 관계부처 회의기록

일시 1977.11.18. 15:30-17:30
장소: 외무부 영사교민국장실
참석자: 외무부 영사교민국장   박민수
     교민1과장   이규일
     교민1과   김원경
     〃   이성주
     법무부 출입국관리심의관   최영기
     법무실 검사   황길수
     입국심사과장   박종덕

회의 기록

박국장: 재일 한국인의 법적지위회의에 관한 최종적 대책을 수립하기 전에 회의 진
행 방식 및 제문제점에 관한 전반적인 토의를 제외한다.
금번 양국 실무자 회의에서는 아측이 사전에 준비한 안을 중심으로 토의를 진행
하고자 하며, 회의용어는 양측 공히 자국어를 사용하고 통역을 두는 방식으로
하고자 한다.

이과장: 회의 일정은 잠정적으로 다음과 같이 생각 중이다.
11.28. 오전 협정영주권 미신청자 구제문제
오후 강제퇴거문제
11.29. 오전 강제송환문제(계속)
오후 재입국허가문제 및 대우문제
11.30. 오전 합의 문서 준비, 서명

박국장: 상기 회의 일정에 이의 없는가?

최 심의관: 이의 없다

박국장: 금번 실무자 회의에서는 기술적 세부 사항은 법무부 소관 업무에 속한다고
봄으로 토의에 적극적으로 참여해달라

최 심의관: 기술적 사항에 대해서는 적극적으로 참여하겠으나, 회의의 전반적인 주
도는 외무부가 맡아야겠다.

박국장: 대표 소개와 양측 수석대표 연설에 이어 곧 본 회의로 들어가되, 전반적

의제의 토의에 있어서 아측이 먼저 발언하고 일측의 답변을 청취하는 식으로 회의를 운영해 나갈 것이다.

최 심의관: 대표 구성에 관한 외무부 복안을 알고 싶다

박 국장: 수석 대표는 본인이 될 것 같으며, 외무부에서는 교민1과장 및 동북아1과장과 교민1과 김원경 서기관과 이성주 사무관, 동북아1과의 실무자 1인 (이동진 서기관 내정)이 참석할 예정이다.

일측은 법무성 네기시 입관국 차장과 야시끼 경비과장 및 엔도 북동아과장이 참석할 예정이며, 법무성에서 1인이 추가될 가능성도 배제할 수 없다. 특히 수석대표는 주한일본 대사관의 마에다 공사가 참석할 것 같고, 대사관 직원 1인-2인이 추가될지도 모르겠다.

이 과장: 앞서서도 말한 바 있지만, 각 항목별로 토의를 진행할 경우 2일간 회의로는 무리가 있다고 봄으로, 작년 회의의 양측안을 적절히 고려한 아측안을 미리 작성, 제시하고 이를 기초로 토의를 하고자 하는데, 작년 회의시에 양국간에 understanding이 있었는가?

최 심의관: understanding은 없었으나, 대체적인 의견의 접근은 있었다고 볼 수 있다.

황 검사: 일측도 문서화하여 서명 하기를 희망하고 있다고 보는가?

박 국장: 그렇다고 보고 있다.

최 심의관: 일측에 제시할 아측안의 대체적 내용은 여하한가?

박 국장: 그것은 각항목에 관한 토의시에 논하기로 하고, 첫째, 협정영주권 미신청자의 구제문제부터 논의하도록 하자.

이 과장: 이에 관해서는 종래 아국 입장인 신청기간의 재설정을 또다시 일측에 요구하여 보고, 일측이 이를 수락치 않을 경우, 잠정 조치로서 협정영주자와 동일한 대우의 부여를 요구하고자 하고 있다

특히 전년도 회의에서 후자에 관해서는 대체적으로 양해가 된 것으로 이해되는데, 이에 관한 법무부측 견해는 어떠한가?

최 심의관: 미신청자 신청 기간을 재설정하는 방식은 일측이 이번에도 받아들이지 않을 것 같으나, 후자에 의한 구제 방식에 관해서는 전년도 회의에 양해가 되었다고 봄으로 후자의 방식에 따른다면 별 문제는 없을 것 같다.

박 국장: 후자에 의한 방식은 어디까지나 잠정적인 성격을 지니는 것이므로, 장래 입법조치 등을 통하여 정식의 구제 방법을 모색한다는 보장을 받아 두는 문제에 관해서도 일측이 호응할 것 같은가?

최 심의관: 별 문제가 없을 것 같다

박 국장: 다음은 협정영주자의 강제 퇴거 문제에 대하여 논의하여 보자.

이 사무관: 전년도 회의에서 20-80%의 비율로 양해되었다는 것이 사실인가?

최 심의관: 양해되었다고 볼 수 없다. 일측은 50%정도 인수해 갈 것을 요구했다. 다만 공노명 수석 대표가 한국에 와서 살아가는데 지장이 없는 20%정도는 받아들일 수 있다는 아측 입장을 표명한 사실은 있다. 이에 대하여 일측은 곤란하다는 태도를 보였다.

이 사무관: 일측은 이 문제로 상당히 곤란을 겪는 것 같으며, 아측의 전면 불인수 태도에 대하여 협정 위반이라고 비난하며, 다각도의 압력 수단까지 동원하는 것을 보면, 이 문제에 대하여 큰 비중을 두고 있는 것 같다.

최 심의관: 사실이다. 일측은 이 문제를 제일 중요시하고 있다고 본다.

박 국장: 이제까지는 조총련을 의식하지 아니할 수 없으므로 인도적 고려를 이유로 계속 연수를 거부하여 왔으나, 이제 더이상 버티기가 어려운 단계에 이른 것 같다. 일부 인수에 대한 법무부의 견해는 어떠한가?

박 과장: 실무자의 입장에서는 더이상 버티기가 곤란하다는 외무부의 견해에 전적으로 동의하고 있다. 그러나 법무부 고위층은 이들이 국내 생활 기반이 전혀 없으므로 계속 받아들이지 말아야 한다는 견해이므로 그분들의 설득에 곤란한 점이 많다.

박 국장: 그 점은 이해가 간다. 사실상 국내 생활 기반 뿐만 아니라 조총련의 악선전도 심각하게 고려할 사항이다. 그러나 이제 인수치 아니할 수 없는 궁지에 다다른 것 같다.

최 심의관: 동감이다

박 국장: 이들 중 일부를 받아들여 정부 (보사부 등)가 이들의 정착을 지원하는 방식도 고려해 볼만 하다. 그렇게 되면 국내 생활 기반문제도 해결될 것이고, 대외적으로도 훌륭한 홍보자료가 되어 조총련의 역선전을 봉쇄할 수 있을지 모른다.

박 과장: 아측의 인수 방침이 결정되면, 이를 가지고 법무부 고위층을 설득하도록 노력하겠다.

박 국장: 일부를 인수한다면 그 인수 비율을 전년도 회의에서 주장했던 대로 20%로 하고자 하는데 이에 대한 견해는 어떠한가?

최 심의관: 20%정도면 무리는 없을 것으로 안다.

박 국장: 그러나 백분율을 문서화하기는 곤란한 문제이므로 간접적으로 20%를 규정하기 위한 묘안은 없는가?

황 검사: 외무부 안 이외에 별다른 묘안은 없는 것 같다. 백분율 결정할 경우 시일이 경과함에 따라 확대될 것이 필연이므로 백분율로 규정할 수 없다는 것만은 확실하다.

이 사무관: 형기를 기준으로 하는 것이 가장 객관적일 것이다. 15년을 기준으로 할

경우 인수 범위가 약 20%정도가 되는 점에서도 갖아 바람직한 것 같다.

최 심의관: 형기를 기준으로 함이 가장 무난할 것이다.

박 국장: 형기를 기준으로 하더라도 선고형기로 하느냐, 실복역 형기로 하느냐의 문제가 있다고 본다

황 검사: 선고 형기로 보는 수 밖에 없다고 본다

박 국장: 형기를 기준으로 설정하여도 아측 의견이 반영되도록 함이 좋을 것 같다. 결론적으로 첫째 받느냐, 받지 않느냐의 문제와 둘째 받는다면 그 방식을 무엇인가 하는 문제로 요약되는데, 오늘은 일단 이 정도로 그치기로 하고, 밀입국자 강제송환 문제를 논의하자.

최 심의관: 이 문제는 협정 영주권자 강제퇴거 문제보다는 덜 심각한 것 같다.

이 과장: 우선 잠재 거주자 일괄 구제의 시기를 1971년으로 하도록 하여야겠다. 그 이후 밀입국자들은 원칙적으로 인수하고자 한다.

이 사무관: 앞으로 밀항자는 밀항 근절을 위해서도 전원 인수토록 해야 할 것으로 본다. 언제까지나 밀항자 문제를 그대로 방치할 수는 없는 것 아닌가?

이 과장: 1971년을 일측이 수락치 않을 경우에는 1966년으로 하되, 1966-71. 입국자에 대해서는 데나오시 방법으로 일본 입국이 허가되도록 하여 구제의 폭을 넓혀야겠다.

박 국장: 데나오시 방식에 따른 입국 문제에 대한 보장에도 문제가 있다. "입국 사증 신청시에 호의적 고려를 행한다"는 일측안의 규정은 확실한 보장이 될 수 없다고 보는데, 이에 관한 묘안이 없는가?

최 심의관: 별다른 묘안은 없다. 전년도 회의시 "보증서" 또는 "각서" 이야기까지 거론되었으나 일본 법무대신 또는 입관 국장이 실제로 보증서나 각서를 쓸 수 있느냐 하는 정도 문제일 뿐만 아니라 법적으로도 효력이 있다고 볼 수 없다.

황 검사: 방법이 있다면 "전원 입국 사증을 발부한다"라고 문서화하는 수 밖에 없다고 본다.

박 국장: 다음은 회수 재입국 허가 문제인데, 우리는 일측에 회수 재입국허가를 하고 있는가?

최 심의관: 신분 기자 등에 대해서는 상호주의 기초에서 회수제를 인정하고 있다. 또한 아측은 투자 임직원에 대해서도 회수재입국 허가를 부여하고 있다.

이 과장: 금번 회의에서 아측은 우선 협정 영주권자 전원에 대한 전면적 회수제 인정을 요구해 보되 불연이면 대안으로서 일부 협정영주권자에 대한 선별적 회수제 인정을 요구하고자 한다. 전년도 회의에서 후자에 대해서는 일측도 긍정적 반응을 보인 것으로 아는데, 사실인가?

최 심의관: 사실이다. 이에 관해서는 크게 문제될 것은 없는 것으로 본다.

박 국장: 회수 재입국 허가 기간의 현지 연장에 관해서는 어떻게 생각하는가?

최 심의관: 우리도 재입국 허가 기간의 현지 연장은 인정하고 있지 않으나, 재한 화교의 해외 유학생에 관해서는 예외적으로 인정해주고 있다.

박 국장: 아국의 재한 화교에 대한 회수제 인정 조치를 일례로 들어 재일한국인 자녀로서 해외 유학을 하고 있는 자에 관해서 현지에서 재입국 허가 기간을 연장해 줄 것을 다시 요구해 보기로 하자.

16. 외무부 공문(발신전보)–실무자회의 합의사항 문서화 회의 개최여부 회보 요청

외무부

번호 WJA-11279

일시 211200

발신 외무부 장관

수신 주일대사

   대: JAW-11480 JAW-11430

1. 대호건 작년 실무자회의의 합의에 따라, 금번 회의에서는 합의 사항을 문서화하기 위하여 회의를 제의하였던 것인데, 일측이 문서화할 의향이 없다면 회의를 개최할 의의가 없다고 사료되오니, 이를 일측에 알리고 반응을 조속 회보 바람.

2. 참조

   가. JAW-11592 (76.11.24.)

   나. WJA-11373 (76.11.25)

   다. JAW-11632 (76.11.26)   (교일)

17. 외무부 공문(발신전보)–범법자 강제퇴거문제에 관한 건

외무부

번호 WJA-11281
일시 211340
발신 외무부 장관
수신 주일대사

연: JAW-10280 (77.10.19)

협정 3조 해당자 및 법률 126-2-6 해당자 중 범법자의 강제퇴거 문제에 관한 대일 교섭에 대비, 연호 3항 "라" "마"로 이미 지시한 사항에 대하여,

1. 아측과 북괴가 공히 법 126-2-6 해당자중의 범법자를 인수치 않고 있으므로 협정영주자에 준하여 이들 중 특히 협정 3조에 규정된 4개 항목에 해당하는 범죄자만을 강제퇴거 시키고자 한다는 일측 방침에 관하여 하기 사항 (2,3항)을 조사 바람.

2. 협정 3조에 규정된 4개 항목에 해당되지 아니하는 범죄를 범한자의 처리에 관하여

　　가. 협정영주자는 협정 규정상 당연히 강제퇴거 되지 아니하며, 또한 협정영주권자로서의 지위를 계속 보유하게 되는데 비하여,

　　나. 법 126호 해당자도 또한 STATUS의 변동없이(법 126호 해당자로서의 지위 보존) 당연히 강제퇴거에서 제외되는지

　　다. 상기 "나"항이 아니고, 일단 퇴거 강제 절차는 거치되, 동 과정에서 구제되는 것인지의 여부와 그 경우 구제되는 방식(가방면 또는 복재 허가)등은 무엇이며, 이에 따라 재류자격이 격하되는지,

　　라. 또한 조총련계와 한국계의 126호 해당자간에 취급상의 차별은 없는지,

3. 협정 3조에 규정된 4개 항목의 범죄를 범한 자의 처리에 관하여

　　가. 협정영주권자 및 법 126호 해당자가 공히 복역 후 출감 즉시 수용소에 수용되어 강제 퇴거 절차를 밟게 되는지,

　　나. 이 경우 법 126호 해당자 중 조총련계는 오오무라 이외의 타 수용소(요꼬하마 등)에 격리 수용되는지,

　　다. 강제퇴거가 확정되었으나, 아측의 불인수로 계속 송환이 보류되는 자는 수용소에 무기한 억류되고 있는지, 특히 조총련계 법 126호 해당자의 경우 일측이 북괴에 인수 요청을 할 수 없으므로 한국계 126호 해당자보다 쉽게 가방면 또는 특별 재류 등으로 구제되는지,

　　라. 또한 조총련계 126호의 북송 사례가 있었는지의 여부와 북괴에 인수 요청을 할 수 없으므로 아측에 대하여 인수해갈 것을 요청한 사실이 있었

는지 그리고 그 가능성,

마. 특히 강제송환 수속 중 구제되는 경우에 그 구제형태는 무엇이며, (특재 허가 또는 가방면 등), 협정영주권자, 한국계 126-2-6 해당자, 조총련계 126-2-6 해당자의 3자간의 구제조치에 차별은 없는지,

바. 현재 강제퇴거 절차를 밟고있는 자, 강제퇴거가 결정된 자, 구제된 자 및 장차 출감 후 강제퇴거 절차를 밟아야 할 대상자별 통계를 협정 영주권자와 법 126-2-6 해당자별로 파악 보고 하고 법 126-2-6 해당자에 관해서는 가급적 한국계와 조총련계로 세분할 것.

4. 출입국 관리령에 관련된 아래 법무성령을 입수, 송부바람. "특정의 재류 자격 및 그 재류기간을 정하는 성령(소화 27년 시행)"   (교일)

18. 외무부 공문(착신전보)—실무자회의 합의사항 문서화 회의 개최여부 회보

외무부
번호 JAW-11534
일시 221620
수신시간 11.22. 17:31
발신 주일본대사
수신 외무부 장관

대: WJA-11279
당관 양세훈 서기관은 11.22. 엔도 외무성 북동아과장을 방문 대호 건에 관하여 면담한 내용을 아래 보고함.
1. 양서기관은 아측이 금반 회의개최를 제의한 것은 작년회의에서의 토의사항을 종결짓기 위해서 임을 강조하고 구체적으로는 양측이 서로 자국안으로서 각각 교환한 문안을 토대로 협의를 진행, 합의사항을 문서화하는데 있었다고 말하고 금반 회의에서 최종적인 타결을 원하는 일측이 문서화할 의향이 없다면 이는 기대에 어긋나는 일이며 회의개최의 의의가 없어지는 것으로 생각한다고 말하였음.
2. 이에 대하여 동과장은 아측이 문서화까지 가자는 데는 충분히 이해가 가나 일측으로서는 이번회의에 임하는데 있어서 실질적인 합의에 도달하는데 역점을 두고 있고 그 합의결과를 문서화하는 것은 하나의 형식의 문제라고 생각하고

"내용"이 합의되면 추후 외교 찬넬을 통하여 문서화하는 것이 더욱 적절한 것으로 생각하고 있다고 말하였음.

3. 동 발언에 대하여 양서기관은 회의 결과를 문서화한다는 것은 당연한 일로 생각되는 바 일측 생각대로 한다면 합의 사항을 어떤 형태로 상호 확인할 것인가를 반문하자 동 과장은 각기 토의기록을 가질 것이므로 합의 내용을 상호 설명, 확인하는 방법이 있을 것이라고 말하고 특히 합의 내용에 따라서는 명문화하는 것이 부적당한 것도 있을 수 있음으로 회의결과는 추후 외교 찬넬을 통하여 국내 절차를 밟아 문서화하는 것이 좋겠다는 것이 일측 입장이라고 설명하였음.

4. 동 과장은 발언 중 일측 대표단은 실질적인 내용 합의에 관한 한 전권을 가지고 있으며 일측이 금반회의 개최를 강력히 희망하고 있다고 말하였음을 참고로 보고함. (일본영-교일, 북일)

19. 외무부(발신전보)-일측에 실무자회담 전에 의견조율 논의 제안

외무부
번호 WJA-11336
일시 231815
수신 주일대사
발신 장관

대: JAW-11534

작년 실무자 회담 후에도 외교 찬넬을 통하여 이견을 좁혀 나가기로 하였으나, 그 후 아무런 진전이 없었으며, 금번에도 문서화하지 않고 회담 후 다시 외교 찬넬을 통하여 협의하겠다는 대호 일측 주장에 따른다면 작년 회담의 전철을 밟을 우려가 있으므로, 오히려 외교 찬넬을 통하여 사전에 좀 더 양측 입장을 접근시킨 후에 회담을 개최함이 좋을 것으로 사료되니, 이 뜻을 일측에 알리기 바람. (교일)

20. 외무부 공문(착신전보)-양서기관 엔도 북동아과장 방문 면담내용 보고

외무부

번호 JAW-11594
일시 251444
발신 주일대사
수신 외무부 장관

　　대: WJA-11336

　　1. 당관 양서기관은 11.24. 엔도 외무성 북동아과장을 방문, 대호 지시에 따라 아측은 회담 후 외교 찬넬을 통하여 문서화를 협의하기 보다는 작년 실무자회의 후 진전이 없었다는 예도 있고 하여 사전에 외교 찬넬을 통하여 양측 입장을 접근시킨 후 회담을 개최하는 것이 좋을 것으로 생각하고 있음을 알렸음.

　　2. 동과장은 당초 한국측이 회의개최를 제의했고 일측이 이에 동의하였으며 금반 회의에서 실질적인 합의를 하고 외교찬넬을 통하여 문서화의 형식을 밟자는 일측 제의를 한국측이 받아드릴 수 없다면 "별도리가 없다"고 말하고 법무성 당국에도 알린 후 내일 중 공식 회답하겠다고 말하였음.

　　3. 양서기관은 금일 WJA-11281 자료 수집을 위하여 "야마베" 법무성 경비과장을 방문한 바, 이자리에서 동과장은 금반 서울 회의에서 일측은 내용상 완전한 합의에 도달할 수 있는 준비를 갖추고 있으며 외무성을 통하여 듣고 있는 아측의 문서화 요구는 일측 내부 문제가 있어 회담 장소에서 이루어지는데 무리가 있다고 부언하였음을 참고로 보고함. (일본영-교일, 북일)

21. 외무부(발신전보)-박민수 영사교민국장과 주한일본대사관 마부찌공사의 실무회담 관련 면담 보고

외무부

번호 WJA-11370
일시 251650
발신 외무부 장관
수신 주일대사

1. 박민수 영사교민국장은 금 11.25.(금) 주한 일본 대사관 마부찌 하루유끼 공사의 방문을 받고 동 공사가 금반 법적지위 실무회담에 관하여 그간 귀관에서 일외무성 당국자와 접촉 보고한 바와 같은 일측 입장을 설명한 후, 아측 의사를 타진하여 온 데 대하여 박국장은 76년도 회의때 양측이 양해한 바대로 금반 회의에서는 문서화하는데 의의가 있음으로 문서화를 못한다면 문서화를 위하여 외교 경로를 통하여 사전에 양측 이견을 좁힌 후 회담하는 것이 바람직하다는 것이 우리 입장임을 설명하였음.

2. 마부찌 공사는 한국측 입장을 충분히 알겠다 하고 금반 회담과는 관계없이 일측 실무자 3명이 주한 일본 대사관측과 업무 협의 차 방한하는 형식으로 와서 국장이 아니라도 한국측에서 적당한 실무자를 만나 주기를 요청한데 대하여 박국장은 이번 회담과 관계없이 비공식적으로 일측 실무자가 방한하는 데는 반대치 않는다고 하였음.

3. 따라서 일 법무성 네기시 차장, 야시끼 경비과장, 외무성 엔도 과장이 11.27. 방한 예정이나 금반 회담과는 관계없이 비공식적으로 방한하는 형식이니 이 점 참고하시고 특히 신문 보도에 각별유의바람. (교일)

22. 외무부(착신전보)−법적지위 관련 회의 일정 논의

외무부
번호 JAW-11623
일시 261125
수신 장관
발신 주일대사

대: WJA-11370
연: JAW-11594

1. 11.25. 엔도 외무성 북동아 과장은 법적지위회의를 정식으로 개최하지는 못하게 되었으나 일측대표 3명은 예정대로 서울을 방문 한국측 관계자들과 비공식 의견교환을 하기로 되었다고 하면서 일측으로서는 이 기회에 실질적인 내용을 전부 논의할 의향임을 알려 왔음.

2. 네기시 차장은 일행과 함께 11.27. 13:30발 KE-704편 서울 향발 예정이며

28-30간 아측과 법적지위문제에 관한 비공식 논의를 가지기로 되어있는 것으로 알고 있다고 말하였음을 참고로 보고함.
(일본영, 교일, 북일)

23. 면담록

요약

1977.11.28.

일측에서 제기한 문제점
1. 협정영주권자의 강제퇴거자로서 재범자도 7년이상 수형한 자만 퇴거 대상으로 하여 달라는 아측 주장은 동인들이 특재자로 격하되기 때문에 어려움.
2. 1966.1.17. 이전 불법 입국자는 원칙적으로 특재 부여하겠으나 이는 법무대신의 자유 재량권에 속하는 사항임으로 일측의 심사에 따라 예외 조치를 취할 수 있는 단서가 필요함.
3. 한국측안에 의하면 66.1.17. 이후 불법 입국자도 전원 6개항의 고려 사항에 해당하는 자는 특재 허가를 받도록 되어 있는 것 같이 생각되는데 동 6개 사항을 고려한다면 전원 구제하라는 것이나 다름없으므로 1971.1.17. 이후 불법 입국자는 원칙적으로 한국측이 인수하여 줄 것과 66.1.17.부터 5년 이내 불법 입국자는 종전과 같이 인도적 고려에 의하여 특재허가 대상자는 특재를 허가하고 특재허가가 부적당하다고 인정되는 자는 일단 퇴거시키되 1년 후 재입국 신청이 있을 경우는 호의적으로 고려함.

면담록

일시 1977.11.28 (월) 10:30-11:50
장소: 외무부 영사교민국장실
참석자: 아측: 영사교민국장 박민수
　　　　　교민1과장 이규일
　　　　　교민1과 이성주
　　　　일측: 법무성 심의관 네기시 시게하루

〃　경비과장 야마베 스또무
외무성 북동아과장 엔도 데쓰야
일 대사관 1등서기관 시모노 히로지
〃　　2등 서기관 이마이 다다시

내용요약

박 국장: 76.11. 동경 회의에서 차기 회의는 국장급으로 하여 문서화하기로 합의한 바에 따라 회담을 제의하였던 것인데 일측의 준비가 아직 안되어 있는 것 같아 외교경로를 통하여 이견을 좁힌 후 회담을 하자고 하였던 것임. 더우기 우리측으로서는 재일 65만 동포들이 크게 관심을 갖고 보고 있는 이상 성과 없이 회의를 한다는 것은 어려운 일이다. 따라서 문서화를 위하여 양측 이견을 좁힌 후 적어도 단일 문안을 작성할 수 있는 단계에서 회의를 개최하려는 것이 우리 뜻이다. 그러나 여러분이 본국으로부터 이렇게 직접 오셔서 만나 의견을 교환하게 된 것은 유익하다고 생각한다.

네기시 차장: 우리도 동감이다. 문서화를 위하여 회의를 하여야 겠는데 작년도 회의 결과를 조사해보니 2-3점 합의가 안된 것이 있다고 봄으로 이번에는 이점에 대한 이견을 조정합의하고 싶어서 왔다. 그리고 합의가 이루어진다면 문서화하는 것은 쉬운 일이라 생각한다.

박 국장: 그런 뜻은 우리도 이해가 간다. 문제점은 어떤 점이라고 생각하는가

네기시 차장: 본인은 3가지 점에서 양측 의견이 합의되지 못하고 있다고 본다.

첫째: 협정영주권자 중 협정 3조 해당자 중 2내지 3할 인수 문제다. 협정은 맺어 놓고 협정에 규정된 퇴거자를 1명도 인수치 않는다는 것은 협정의 존재 의의가 없다고 본다. 그리고 재범자의 경우 퇴거에 있어 한국측은 동일한 범죄 즉, 7년 이상 범죄자만 인수한다고 하는데 이것은 무리이므로 재범자 처리에도 양측 견해 차이가 있다.

둘째: 불법 입국자에 대하여 일본측은 1966.1.17. 이전은 전원 특별재류 허가로서 구제하되 예외 규정 (전력을 보아 도저히 재류허가 시키기 어려운 자는 제외하는)을 두고 있으나, 한국측은 무조건 특재 허가를 주장하고 있다.

셋째: 일본측은 1966.1.17. 이후 5년내에 불법 입국한 사람은 정상을 참작하여 일단 퇴거시킨 후 입국케 하는 방법 (데나오시 방법)을 취하려 하고 있는데 반하여 한국측은 1966.1.17. 이후 불법 입국자 전체에 대하여 6가지 인도적 고려점을 열거하여 특별 재류를 요청하고 있는

데 6가지 인도적 고려 조항을 열거하면 실재로는 전부 특재 부여와 같은 결론이 된다.

따라서 이 고려조항을 문안에 넣은 것을 어려운 일이며, 실제로는 이미 일본은 개별적으로 일본인이나 협정영주권자 배우자 등 가족 사항을 고려하여 많이 특재 부여로 구제하고 있으므로 이미 하고 있는 타당한 고려는 물론 계속할 것이다.

박 국장: 그런데, 126호 해당자 중 조총련계 사람의 범죄자에 대하여는 어떻게 처리하고 있는가, 송환 대상국이 없다고 모두 방면 체류케 하고있는가

네기시 차장: 우리는 한반도에서 유일한 정부는 대한민국만이므로 126호 해당자 중 실제로 누가 조총련인지 모를 뿐 아니라 안다고 하더라도 한국정부와만 송환 교섭하는 입장이다. 126호 해당자는 협정 범죄의 약 반인 3년 3년 반이상 된 자는 본인이 타지역으로 가기를 원치 않는다면 오무라에 수용하고 한국측에 송환 요청하고 있다. 즉 우리는 126호 해당자 중 한반도 사람은 국적 구별하지 않고 한국과만 송환 절충하고 있다. 물론 각자가 미국이던 북괴든 가고자 원하면 보내줄 생각이다.

박 국장: 원래 조총련은 협정영주권을 신청하면 강제퇴거 대상이 된다고 악선전을 하고 있는 점을 염두에 두지 않을 수 없는데 한국계와 조총련계의 대우를 어떻게 하고 있는지

네기시 차장: 우리는 일본에 있는 126호 해당 한반도 출신자는 전부 대한민국 국민으로 보며, 그들을 딴 나라로 보낼 생각은 없으며, 다만 한국측에서 받아주지 않는 사람으로 자의로 가기를 원하는 지역이 있으면 보내주고 있다. 따라서 실제로는 조총련계 126호 해당자도 국교가 없으니 북괴에게 데려가라고 할 수는 없고 한국에서 인수해 줬으면 좋겠다. 지금까지 조총련이라 하여 한국적 126호 해당자 이상으로 대우하여 방면시켜준 일도 없고 앞으로도 그렇지 않을 것이다. 오히려 조총련들은 오무라 수용소 자체를 비난할지 모른다. 한국과 일본이 짜고서 한국인 범죄자를 계속 수용하고 고생시키고 있다고. 그러므로 한일 양측은 속히 강송자 문제를 타결하여야 하겠다. 2-3할 받아주었으면 좋겠다. 물론 이 대목은 문서화시키기 어려워 양측에서 인도적 고려를 행한 후 송환한다 하고 실제는 절충시 실행하면 될 것이다.

박 국장: 현재 오무라에 수용되어 있는 126호 해당자는 얼마나 수용되어 있는가

야마베 과장: 현재 126호 해당자 15명이 수용되어 있고 가방면 중인 자가 19명이며, 협정영주권자는 9명이 수용되어 있고, 14명이 가방면 중이다.

네기시 차장: 물론 복역중인 자라도 퇴거 의사가 있으면 복역중에도 퇴거시키고

있다. 현재 협정영주권자 중 7년형 복역 후 오무라에 수용치 않고 조사 방면
한 자가 4명이나 있다.

박 국장: 오무라 수용소에 수용된 자는 언제까지 수용하고 있는가

네기시 차장: 오무라 수용소에 무한정 수용하고 있을 수도 없는 것이니 대략
3-4년 수용하다가 방면하고 있다.

박 국장: 협정영주권 미신청자 구제를 위하여 협정영주권 신청 기간을 재설정하
여 주기 바라는데

엔도 과장: 현재의 국내 사정으로 보아 협정 개정은 국회의 심의를 거쳐야 하는
데 도저히 어려울 것으로 생각된다.

네기시 차장: 문서화 즉 개정은 어려우나, 실제로는 가족 사항 등으로 인도적
고려를 행하여 동등한 대우를 하고 있다고 본다.

엔도 과장: 재일한국인의 사회적 지위 및 복지 향상문제에 대하여 이번에 자세
히 말씀하여 주시면 그대로 관계 각성에 전달하겠다.

박 국장: 재일한국인은 대부분 타의에 의하여 일본에 가게 되었던 역사적 배경
을 생각할 때 그리고 특히 일본인과 똑같이 세금을 납부하고 있으면서 사회
보장면에서는 차별을 받고 있는 것은 비합리적이다.

네기시 차장: 오늘 방문을 허락해주어 감사하며, 오늘은 주로 우리측 의견을
말씀드렸는데 11.30. 방문시에는 한국측 의견을 말씀하여 주기 바란다. 감사
하다.

박 국장: 감사하다. 오늘 저녁 만나자.

24. 면담록

요약

1977.11.30.

문제점에 대한 양측 대표 의견

1. 협정영주권 신청기간 재설정 문제

　　박 국장: 앞으로 일측이 재설정에 노력할 것이며, 그때까지 미신청자도 협정
　　　　영주자에 준하여 대우하여 줄 것을 요청

　　네기시 심의관: 126호 자중 한국계와 조총련계를 차별하여 문서화하기는 곤

란함.

2. 협정 3조 해당자 강제 송환 문제

박 국장: 협정 3조 해당자의 강제송환에 있어 2할은 인수할 생각인데 그 표현 방법은 (1)인도적 고려를 행하고 (2) 양측의사를 절충하고 합의에 따라 인수한다로 하자.

네기시 심의관: 2할 인수에 동의함. 단, 그 표현에 있어 (1) 인도적 고려를 행하고 (2) 인수에 협력한다로 하면 좋겠다.

3. 재범자 문제

박 국장: 재범자 문제는 문서화하지 않겠으나 운영면에서 각별 고려하여 주기 바란다.

네기시 심의관: 양승

4. 1966.1.17. 이전 불법 입국자

박 국장: 전원 특재 허가하되 법무대신의 자유재량권을 침해치 않는다는 뜻에서의 단서를 두는 것은 이해하나 이것은 어디까지나 단서에 그쳐야 할 것임.

네기시 심의관: 무조건 전원 특재 허가하면 협정영주권자보다도 우대하는 격이 되어 법이론상으로도 단서가 필요함.

5. 1971.1.17. 이후 불법입국자

박 국장: 원칙적으로 인수하되 정상을 참작할 사람은 정상에 따라 특재 허가함.

네기시 심의관: 양승

6. 1966.1.17. 이후 5년 이내 불법 입국자

박 국장: 인도적 견지에서 특재 허가될 수 있는 자는 허가하고 일측이 부득이 하다고 생각하는 자는 일단 퇴거하되 1년 후 재입국 신청시 입국을 허가함.

네기시 심의관: 양승

7. 회수재입국 허가 및 재입국기간 연장 문제

박 국장: 협정영주권자에 대하여는 회수재입국 허가와 재입국 기간 연장 요청

네기시 심의관: 회수재입국 허가는 찬성하나 대상에 대하여 외교찬넬을 통하여 사전 협의하였으면 좋겠다. 재입국 기간 연장 허가는 법에 1년으로 규정되어 있으므로 곤란하나 검토하여 보겠다.

8. 대우 문제

박 국장: 재일교포들의 역사적인 배경과 그들이 세금은 똑같이 납부하면서 복지면에서 차별 대우를 받고 있는 것은 불합리 함으로 조속 시정하여

주기 바란다.

엔도 과장: 관계성에게 그 뜻을 충분히 전하겠다.

면담록

일시 1977.11.30. (수) 10:30-12:00
장소: 외무부 영사교민국장실
참석자: 아측: 영사교민국장 박민수
    교민1과장 이규일
    교민1과 이성주
  일측: 법무성 심의관 네기시 시게하루
    〃 경비과장 야마베 스또무
    외무성 북동아과장 엔도 데쓰야
    일 대사관 1등서기관 시모노 히로지
    〃   2등 서기관 이마이 다다시

내용 요약

박 국장: 지난 번 귀측 의견을 청취하였으므로 이에 대하여 아측 의견을 말하겠
다. 우선 협정영주권자 강제 퇴거 문제는 대상 인원의 2할은 인수할 생각이
다. 단, 인수를 하되 인수 대상자에 대하여는 현행 절차에 따라 행하고 반드
시 한일 양측 합의가 선행하여야 하겠다. 물론 합의 문서에는 2할이란 문구
를 넣을 수 없겠다.

네기시 차장: 일측은 2할 내지 3할이라 했는데 2할 인수를 동의하겠다. 그러나
한일 양측 합의가 선행되어야 한다는 문구 표현은 어렵다. 그러므로 운용상
에는 신뢰 관계를 바탕으로 합의 문서에서 (1) 인도적 고려를 행할 것이며,
(2) 인수에 협력한다는 표현이 좋겠다.

박 국장: 한국측이 실제로 인수하는 것은 참으로 어려운 문제이나 타결을 위하
여 2할 인수를 하는 것인데 한국측 합의 없이 일본측의 일방적인 퇴거 조치
로 인수한다는 인상을 주어서는 안될 것이다. (1) 인도적인 고려를 행하고
(2) 한일 양측 합의에 따라 인수한다, 하는 것이 좋겠다.

네기시 차장: 한국측 뜻은 알겠으나 합의라는 문자 표현은 역시 어렵다. 실제로
는 합의되었으니 표현은 나중에 하는 것이 좋겠다.

박 국장: 협정영주권 미신청한 126호 해당자를 실제로는 협정영주권자에 준하여 취급해주기 바란다.

네기시 차장: 귀측 뜻은 알겠다. 그러나 이정도 합의했다는 표현은 어렵고 한국측에서 "….준하여 취급하여 주기를 요청했고 일본측이 이해하였다"는 표현이 좋겠다. 우리는 가족관계, 경제상황 등 조건으로 case by case로 운영하고 있다. 합의했다고 할 때는 조총련과 국회 등에서 심한 반발이 있을 것이다.

박 국장: 협정영주권을 신청하지 못한 특수한 사정을 충분히 고려해야 한다.

네기시 차장: 귀측 뜻은 충분히 이해하겠으나 결국 협정으로 하여야 할 내용을 실제 운영면에서 행한다는 것은 탈법이라는 비난을 받게 되기 쉽다. 126호 해당자 중 한국계와 조총련계를 차별한다는 것을 문서화하기는 곤란하다.

박 국장: 그러면 126호 전체에 대하여 경제문제, 가족관계, 기타 (신청 못한 특수 사정) 사정을 고려하여야 한다고 하면 어떻겠는가

네기시 차장: 실제로는 case by case로 충분히 고려하겠지만 문서화하는 것은 어렵다. 협정영주권자에 준하여 인도적 고려를 한다는 선이면 좋겠다. 즉, 아측에서 이를 강하게 희망하였고 일측에서 이해했다는 식으로 합의하면 좋겠다.

박 국장: 한국측은 신청 기간 재설정을 위하여 협정 개정을 요청하였고 개정이 어려우면 개정될 때까지 협정 영주권자에 준하여 대우한다는 표현은 있어야겠다. 양측에서 각각 문서화하여 보자.

박 국장: 다음 협정영주권자 재범자에 관하여는 문서화하지 않고 운영면에서 조정함이 좋겠다.

네기시 차장: 실은 지난번 한국측안에 재범자 처리를 다루고 있었다.

박 국장: 1966.1.17. 이전 불법 입국자에 대하여는 이를 양성화하여 특재를 부여하는 데는 일측도 동의한 것으로 안다. 다만 이는 법무대신의 자유 재량권에 속하는 것이므로 형상이나마 단서가 붙어야 한다는 것은 이해할 수 있으나 이는 실제로는 단서에 그쳐야 할 것으로 안다.

네기시 차장: 협정영주권자 중에도 퇴거 대상자가 있는데 66.1.17. 이전 밀입국자는 무조건 전원 특재를 부여하여야 한다면 협정영주권자 보다도 더 우대하는 격이 되므로 역시 예외 규정은 필요하다고 본다.

박 국장: 다음 1971.1.17. 이후 밀입국한 자에 대하여는 원칙적으로 인수할 생각이다. 다만 개별적 심사로 특재 부여가 필요하다고 인정될 경우는 특재를 부여하는 현 관행은 계속되어야 할 것이다. 그리고 1966.1.17.부터 5년 이내 (71.1.16.까지) 불법 입국자에 대하여는 일본인 및 협정영주권자와 결혼한

자 및 그 가족사항 등 개별심사에서 특재 부여토록 특별 고려하고 기타의 자는 퇴거 1년후 재입국 거주토록 한다. (데나오시 방법)

네기시 차장: 그렇게 동의한다.

박 국장: 협정영주권자에 대한 회수 재입국 허가제와 재입국 기간 연장제를 실시하여 주기 바란다.

네기시 차장: 원칙적으로 한국측 제의에 반대하지 않으나 대상자를 어떻게 정하느냐가 문제다. 그리고 법규상으로 연장 등이 안되는데 기술적으로 실행한다는 것은 어려운 문제다. 연구 검토 하겠다. 이 문제에 대하여는 문서화하기 전에 외교경로를 통하여 한번 더 교섭했으면 한다.

박 국장: 일본에 있는 협정영주권자가 국내에 있는 가족이나 친족 초청시에는 입국허가 등 제반 편의 제공을 바란다.

네기시 차장: 그 문제는 원활히 되도록 하겠다.

박 국장: 끝으로 재일한국인의 복지 문제인데 우리 협정영주권자들은 역사적으로 특수성이 있어 타외국인과는 성격이 전연 다름으로 내국인 대우를 바라며, 세금은 똑같이 물고 복지면의 대우는 차별한다는 것은 비합리적이며 다음과 같은 보장법을 동등하게 적응토록 하여 주기 바란다.

(1) 국민연금법

(2) 아동부양 수당법

(3) 특별아동 부양 수당법

(4) 주택금융 공고법

(5) 국민금융 공고법의 적용

(6) 공영주택법의 전면 적용

(7) 신용조합의 공고업무 대리 취급 범위 확대

엔도 과장: 이 문제는 한일 정기각료회의에서 논의되는 것이 도리어 바람직할지 모르겠다. 후생성은 머리가 굳어 있어 잘먹혀 듣지 않는 것 같은 예로가 있다.

박 국장: 후생성의 머리가 굳어 있으면 있을 수록 기회가 있을 때마다 상기시키기 위하여 문서화할 필요가 있다고 본다.

엔도 과장: 정기 각료회의에 후생 대신을 참석시키도록 하면 좋을 것으로 생각된다. 그리고 여기서 문서화하여도 세목을 나열하는 것은 어려운 줄로 안다.

박 국장: 여기는 실무회의임으로 세목을 넣어서 대우문제를 다루어야 할 것이다. 문안을 만들어 외교 경로를 통하여 의견을 절충하면 어떤가

네기시 차장: 법적지위 문제로 양측이 거의 합의가 이루어졌는데 합의가 이루어지지 않은 대우문제로 전체문제 해결이 영향을 받을까봐 우려된다.

박 국장: 법적지위 문제와 복지문제는 상관 관계가 있는 만치 전연 언급치 않는다는 것은 곤란하다. 지금까지 토의 및 합의된 내용을 근거로 우리측에서 문안을 작성, 일본측으로 보낼까 한다.

네기시 차장: 찬성한다.

박 국장: 금반 모임은 대외적으로는 비공식 접촉으로 되어 있으므로 다음 정식 회담은 서울서 명년 3월쯤 하는 것이 어떤가?

네기시 차장: 서명 회의를 어느 때 어디서 하든 좋은데 명년 3월경이라면 국회 관계로 입관국장이나 본인이 본국을 떠날 수 없는 형편이다. 그러니 한국측에서 일본에 오면 어떤가.

박 국장: 이번 접촉은 신문에도 발표하지 않은 대외적으로는 전연 비공식적인 접촉인 만치 서울에서 할 차례인데 동경에서 개최한다면 대외적으로 설명하기 어려운 점이 있다.

네기시 차장: 서울서 한다는데 우리측이 못 온다는 뜻이 아니고 국회 관계가 있어서 3월은 불가능하고 그렇게 되면 6월 이후로 미루어질까봐 염려되기 때문이다.

양측: 대단히 유익한 대화를 나눌 수 있어 다행으로 생각한다.　(끝)

25. 외무부 공문—재일한국인의 법적지위에 관한 한·일 양국 실무자간 협의결과 통보

외무부
번호 교일725-
일시 77.12.6.
수신
발신 외무부 장관
제목 재일한국인의 법적지위에 관한 한·일 양국 실무자간 협의 결과 통보

　　　재일한국인의 법적 지위 문제에 관한 실무협의차 내한한 일본 법무성 네기시심의관 일행이 1977.11.28 및 11.30. 각각 박민수 영사교민국장을 방문한 자리에서 행해진 양국 실무자 간의 토의 내용을 아래와 같이 통보하니 참고 하시기 바랍니다.

1. 협정영주권 미신청자의 구제 문제

가. 아측: 협정영주권 신청기간 재설정토록 계속 노력하고 그때까지는 행정 조치로서 126호 해당 한국교포는 협정영주권자에 준한 대우를 부여토록 강하게 요청함.

나. 일측: 가족관계, 경제상황 및 기타 사항 (미신청자 특별 사유)등을 감안, 이에 준한 대우를 부여할 용의 있으나 한국계와 조총련계를 차별 구분하여 문서화하기는 어려우니 한국측에서 상기와 같이 강하게 요청하고 일측은 이해했다고 합의문서에 기술함이 바람직함.

2. 협정영주권자의 강제 퇴거 문제

가. 아측

(1) 2할은 인수할 방침이나 이는 비공개 토의기록에는 두되 문서화할 성질은 안됨으로 합의문서에는 "한일 양측이 인도적 고려하에 합의함에 따라 인수한다"는 표현이 바람직함.

(2) 법 126호 해당자도 협정영주권자에 준하여 처리토록 요청함.

(3) 재범자에 대하여는 문서화하지 않겠으나 적의 협의키로 함.

나. 일측

(1) 한국측 2할 인수에 동의하나 합의 문서에의 표현은 "인도적 고려를 행하고 한국측은 인수에 협력한다"는 표현이 좋겠음.

(2) 126호 해당자의 강제 퇴거 대상 형기를 협정영주권자와 동등히 취급하기는 어려우니 한국측에서 "상기와 같이 요청하고 일측에서 이해했다"가 좋겠음.

(3) 재범자에 대하여는 문서화하지 않고 적의 합의하는데 양승함.

3. 1966.1.17. 이전 불법 입국자의 구제 조치

법무대신의 자유재량을 침해하지 않는다는 의미에서의 예외규정은 두되 원칙적으로 전원 특별 재류 허가를 부여하여 구제하기로 합의함.

4. 1971.1.17. 이후 불법 입국자

원칙적으로 전원 인수하되, 개별적 심사로 특별재류 허가를 부여하는 현재의 관행은 계속 유지함.

5. 1966.1.17-1971.1.16. 불법 입국자

일본인, 협정영주권, 법 126호 해당자와 결혼한 자 및 그 직계가족 상황 등을 검토 특별재류허가를 부여토록 하고, 그 외의불법 입국자는 일반 퇴거하여 1년 후 정식으로 재입국 신청시 입국을 허가하기로 합의함.

6. 회수 재입국 허가

양측은 회수재입국허가의 필요성을 인정하고 대상자 선정 기준에 관하여 외

교찬넬을 통하여 사전 협의하기로 함.

7. 재입국 허가 기간의 연장

일본 현행법상 재입국허가의 최대 기간이 1년임으로 현시점에서 연장은 곤란하나 일측은 계속 검토하기로 함.

8. 대우 문제

아측: 재일한국인은 역사적으로 일반 외국인과는 다른 특수성이 있으므로 이를 감안, 내국인 대우가 부여되어야 한다는 아측의 기본 입장을 재천명하고 우선 아래의 사회보장 관계 법규를 재일한국인 협정영주권자에게 적용시키도록 촉구함.

국민연금법

아동부양 수당법

특별아동부양 수당법

주택금융 공고법

국민금융 공고법

공영주택법의 전언 적용

신용조합의 공고 업무 대리 취급 범위 확대

일측: 관계성에 한국측 뜻을 충분히 전달하겠음.

9. 합의 사항의 문서화

(1) 상호 서명할 문서 초안을 한국측에서 우선 일측에 제시하고 교섭을 통하여 합의 문단을 다지기로 함.

(2) 합의 문서에 표시할 수 있는 합의 사항은 비공개 토의기록으로 하여 상호 표준함.

(3) 합의 문서에 서명한 한일간 회의는 서울에서 명년 3월경 개최하였으면 한다 (한국측)

한국측에서 대표가 방일한다면 언제라도 가능하나 서울서 개최한다면 명년 3월은 국회 개최중이라 일측 대표 (입관국장)의 방한이 어렵고 6월 이후가 될 것으로 전망한다. (일측) 끝.

26. 외무부 공문(착신전보)−법적지위 실무자간 협의내용 기사보도에 관한 진상파악 지시

외무부

번호 JAW-12458
일시 201355
발신 주일대사
수신 외무부 장관

1. 12.20 사또 외무성 북동아과장은 당관 양세훈 서기관에게 지난 11월 서울에서 있었던 법적지위 실무자간 협의내용이 12.18자 코리아지에 게재된 것과 관련 "매우 유감된 일"이라고 말하였음.
2. 동과장은 양국 정부간에 아직 협의중에 있는 내용이 이와 같이 공개되며는 주위로부터 불필요한 논란을 불러 일으켜 문제해결을 더욱 어렵게 만들 우려가 있음으로 일측으로서는 "조용히" 진행하기를 원하였고 또 원하는 바라고 말하고 이후 신문 등에 보도되지 않도록 각별히 배려하여 주실 것을 요청하였음.
3. 이에 대하여 양서기관을 신문에 게재된 경위를 알 수는 없지만 곧 본국정부에 전하겠다고 말하였음.
4. 당지에서는 12.20자 일본 경제 신문 및 마이니찌 신문에 "서울 19일 동양통신-공동" 기사로 간단히 보도되었음을 참고로 알림. (교일.북일)

27. 외무부 공문(발신전보)—법적지위 실무자간 협의내용 기사보도 진상파악 보고

외무부
번호 WJA-12300
일시 211050
발신 장관
수신 주일대사

대: JAW-12458(77.12.20)
연: WJA-11370 (77.11.25)

1. 아측은 연호에서 밝힌 바와 같이 법적지위에 관하여 전혀 공식회의가 없었다는 입장을 지켜 보안조치하고 있으므로 비공식협의시 논의된 내용을 공개하거나 앞으로도 공개할 뜻이 없음을 일측에 분명히 통고하고 아울러 일측에서도 이 문제에 관한 보안에 각별 유의토록 당부 바람.

2. 대호 코리아 헤럴드 12.18일자 기사 보도 경위에 대하여는 아는 바가 없으며, 동지 기자의 추측 기사로 간주됨을 참고로 첨언함. (교일)

28. 외무부 공문(착신전보)–법적지위 실무자간 협의내용 신문보도에 대한 일측의 유감 표명

외무부
번호 JAW-12484
일시 211504
발신 주일대사
수신 외무부 장관

연: JAW-12456
1. 12.21. 1100 야마베 법무성 경비과장은 당관 양 서기관을 초치 연호 신문기사 외교 소식통을 인용 보도한데 대하여 의아심을 금치 못한다고 말하고 특히 아측이 금반 서울회담을 "비공식"이라고 강조한 점을 감안하여 일측은 지금까지 일체 대외적 발표를 삼가하여 왔는데 일측의 발언내용인 "6월 운운"한 것이 한국일보 등에 보도된 것은 매우 유감된 일이라고 말하고 경위를 문의하였음.
2. 양 서기관은 이번 보도가 외무부로서는 전혀 알 수 없는 바라고 말하고 서울회담이 어디까지나 비공식 협의에 지나지 않는다는 것과 아직 협의 단계에 있는 차제에 동 회담과 관련된 대외적 발표를 할 의도가 전혀 없다는 것이 외무부 입장임을 밝혔음.
3. 동과장은 일본정부의 입장도 마찬가지라고 말하고 금 21일 아침에 아사히 등 몇몇 신문사가 연호 기사와 관련 취재하러 왔으므로 자기로서는 "양국 정부 간에 이야기가 있었고 또 앞으로도 이야기를 계속해 나갈 것이다."고 만 답변하고 그 이상 내용은 물론 누가 언제 이야기했다는 것 조차 밝히지 않았다고 전하고 이 점을 아측이 검토하여 줄 것을 요청하였음. (일본영-교일, 북일)

⑥ 재일본 한국인의 법적지위 및 실무자 간 합의의사록 서명문제, 1978

○ ○ ○

기능명칭: 재일본 한국인의 법적지위 및 실무자 간 합의의사록 서명 문제, 1978

분류번호: 791.22

등록번호: 12492(19600)

생산과: 교민1과

생산연도: 1978-1978

필름번호: 2008-81

파일번호: 06

프레임 번호: 1-200

1. 외무부 공문-재일한국인의 법적지위에 관한 합의의사록 아측 초안 송부

외무부
번호 교일725-
일자 1978.1.5.
발신 외무부 장관
수신 주일대사
제목 재일한국인의 법적지위에 관한 합의의사록 아측 초안 송부

　　　연: 교일725-2350
　　　연호 재일한국인의 법적지위에 관하여 별첨과 같이 합의의사록 및 비공개
토의기록의 아측 초안을 송부하니 일본측에 전달, 가급적 아측문안대로 합의가
이루어지도록 교섭하시기 바랍니다.
　　　첨부: 합의의사록 및 비공개토의록의 아측 초안 한국어 및 일본어 비공식번역문
약 3부. 끝.

1-1. 첨부-합의의사록 초안

합의의사록(요지)

I. 협정영주권 미신청자의 처리
　　1. 협정영주권 신청기간의 추가 설정
　　　　한국측: 강력히 요청
　　　　일본측: 한국측 희망을 이해
　　2. 잠정적 처우
　　　　한국측: 협정영주권자에 준한 대우 요청
　　　　일본측: 미신청자(법126호 해당자) 개개인의 가족관계 및 기타 제사정을 감
　　　　　　　안, 협정영주권자에 준한 대우 다짐.
II. 강제퇴거
　　1. 강제퇴거 절차
　　　　가. 일본측: 퇴거강제령서 발부사실을 문서로서 통보
　　　　나. 한국측: 국적확인, 영사면접에 필요한 편의제공 요청

일본측: 편의제공 요청에 응함.

　　다. 한국측: 영사면접 결과 재고의 여지가 있는자에 대하여 일측에 통보

　　라. 한국측의 인수대상자

　　　　(1) 상기 "다"의 재고의 이유를 통보하지 아니한 자

　　　　(2) 한국측의 재고 이유 통보에 대하여 일측이 퇴거강제령서 발부 처분을 취소
할 수 없다고 한국측에 통보하고, 한국측이 이의를 제기하지 않는 자

　2. 협정 3조 해당자의 처리

　　가. 협정 합의의사록에 기하여 우선 인도적 고려, 특별재류허가

　　나. 한국측 인수자: 강제퇴거 되어야 한다고 한일 양측이 합의한 자

　　다. 법 126호 해당자: 협정영주권자에 준하여 취급하여 줄것을 한국측이 요
청, 일측이 이해

　3. 1966.1.17. 이전 불법 입국자에 대한 특별조치

　　원칙: 전원 특별재류 허가 부여

　　예의: 일본측이 개별 심사를 통하여 특별재류허가를 부여할 여지가 없다고
인정하고, 한국측이 이의를 제기하지 아니한 자

　4. 1966.1.17-1971.1.16 불법입국자등에 대한 처리

　　가. 가급적 인도적 고려하에 특별재류 허가

　　　　특히 일본인 또는 영주외국인과 결혼하였거나, 그 직계가족인 경우에는
특별한 고려

　　나. 퇴거 1년후 재입국 사증 허가

　5. 1971.1.17. 이후 불법입국자의 처리

　　- 원칙적으로 한국측에서 인수

　　- 단, 개별심사를 통한 특재 허가의 현재 관행 계속

Ⅲ. 재입국 허가문제

　1. 회수재입국 허가: 직업상의 빈번한 왕래의 필요성 고려

　2. 재입국 허가기간 연장: 계속 검토

Ⅳ. 재일한국인의 대우 문제

　1. 금후 필요에 따라 양측이 긴밀히 협의하기로 합의

　2. 한국측: 국민연금법, 아동부양수당법, 주택금융공고법, 국민금융공고법, 공영
주택법의 적용 요청

　　일본측: 상기 요청 이해

합의의사록

　　대한민국 정부대표와 일본국 정부대표는 1978년　월　일 서울에서 회합하여 1965.6.22. 체결된 "대한민국과 일본국간의 일본국에 거주하는 대한민국 국민의 법적지위와 대우에 관한 협정"의 실시에 따른 제문제에 관하여 의견을 교환하고 다음과 같이 합의하였다.

Ⅰ. 협정영주권 미신청자의 처리문제

　　1. 한·일 양측은 법적지위 협정(이하 "협정"이라함)에 규정된 기간내에 협정영주권을 신청하지 못한 재일한국인이 상당수 있음에 관심을 표시하고, 한국측은 협정영주권 신청기간을 추가로 설정할 것을 일측에 강력히 요청하였으며, 일본측은 그러한 한국측의 희망을 이해하였다.

　　2. 한국측은 협정영주권 신청기간이 추가로 설정될 때까지 협정영주권을 신청하지 못한 법률 제126호 해당자를 협정영주권자에 준하여 대우할 것을 일본측에 요청하였고, 일본측은 그러한 법률 제126호 해당자 개개인의 가족관계 및 기타 제사정등을 감안하여 협정영주권자에 준하여 대우할 것을 다짐하였다.

Ⅱ. 강제퇴거문제

　　1. 강제퇴거 절차

　　　　가. 일본측은 협정 제3조 및 출입국관리령에 따라 한국인에 대하여 퇴거강제령서를 발부한 경우에는 한국측에 대하여 동 사실을 문서로서 통보한다.

　　　　나. 한국측은 전항의 통보를 받은후 일본측에 대하여 국적확인등을 포함한 영사면접을 위하여 필요한 편의제공을 요청하고 일본측은 동 요청에 응한다.

　　　　다. 한국측은 영사면접 결과 대한민국 국민임이 확인된 자를 특히 재고의 여지가 인정될 경우 차지를 일본측에 통보한다.

　　　　라. 한국측은 다음에 해당되는 자를 인수한다.

　　　　　　(1) 한국측이 전항의 재고의 이유를 통보하지 아니한 자.

　　　　　　(2) 일본측이 전항의 통보에 대하여 호의적 고려를 행한 결과, 퇴거강제령서 발부 처분을 취소할 여지가 없다고 하여 이를 한국측에 통보하고, 이에 대하여 한국측이 이의를 제기하지 아니한 자.

　　2. 협정 제3조 해당자의 처리

　　　　가. 일본측은 협정 제3조 해당자에 대하여는 협정의 합의의사록에 기하여 우선 인도적 고려를 행하여 특별재류를 허가한다.

　　　　나. 전항의 인도적 고려 대상이 되지 않고, 강제퇴거되어야 한다고 한일 양측이 협의한 자는 한국측에서 인수하기로 한다.

다. 한국측은 협정영주권을 신청하지 못한 법률 제126호 해당자는 협정영주
권자에 준하여 취급한 것을 요청하였고, 일본측은 이를 이해하였다.

3. 1966.1.16. 이전 불법입국자등에 대한 특별조치

일본측은 1966.1.16. 이전에 일본국에 불법입국(불법 잔류를 포함)하여 계속
일본국에 거주하고 있는 한국인에 대하여는 원칙적으로 전원 특별재류 허가
를 부여한다.

단, 일본측이 개별심사를 통하여 특별재류 허가를 부여할 여지가 없다고 인정
한 자로서 한국측이 이의를 제기하지 않는 자의 경우에는 차안에 부재한다.

4. 1966.1.17.-1971.1.16. 불법입국자등에 대한 처리

가. 일본측은 1966.1.17.부터 5년 이내에 일본국에 불법입국(불법잔류를 포
함)한 자에 대하여도 종전과 같이 인도적 고려하게 가급적 특별재류 허가
를 부여한다. 특히, 일본인 또는 영주가 허가된 외국인과 결혼하였거나
또는 그 직계가족일 경우등에는 특별한 고려를 행한다.

나. 일본측은 전항의 특별사유에 해당되지 아니하는 자에 대해서는 퇴거 1년
이후에 본인이 희망하여 일본국에의 재입국을 위한 입국사증을 신청할 경
우에 이를 허가한다.

5. 1971.1.17. 이후 불법입국자의 처리

한국측은 1971.1.17. 이후 일본국에 불법 입국한 자로서 강제퇴거 처분을 받
은자는 원칙적으로 이를 인수한다. 단, 일본측의 개별심사를 통한 특별재류
허가를 부여하는 현재의 관행은 계속한다.

III. 재입국 허가문제

1. 일본측은 협정영주권자가 회수 재입국 허가를 신청하는 경우에 동 신청자의
직업상의 빈번한 왕래의 필요성등을 고려하여 이를 허가한다.

2. 일본측은 협정영주권자의 재입국허가 기간 연장에 대하여 계속 검토할 것을
다짐하였다.

IV. 재일한국인과 대우문제

1. 한일 양측은 재일한국인들이 일본 사회내에서 안정된 생활을 영위함이 양국의
우호관계 증진에 기여함을 인정하고, 금후에도 필요에 따라 양측이 재일한국
인의 대우문제에 관하여 긴밀히 협의하기로 하였다.

2. 한국측은 우선 아래와 같은 사회보장법규를 재일한국인에게도 적용시키도록
일본측에 요청하였고, 일본측은 이를 이해하였다.

가. 국민연금법

나. 아동부양수당법

다. 주택금융공고법

라. 국민금융공고법

마. 공영주택법

토의기록

(비공개)

대한민국 정부대표와 일본극 정부대표는 각기 자국정부를 대표하여 1978년
월 일 합의의사록에 서명하고, 동 합의의사록과 관련하여 아래와 같은 양해에
도달하였다.

1. 합의의사록 Ⅰ의 제2항 후단에 규정된 "기타 제사정"에는 법률 제126호 해당자가
   협정영주권을 신청하지 못한 제사정이 포함된다.

2. 합의의사록 Ⅱ의 제2항 "나"의 규정에 따라 한국측이 인수할 자는 일본측이 동
   제1항 "가"에 정한 바에 따라 한국측에 문서로서 통보한 협정 제3조 해당자 총수
   의 2항을 초과하지 않는 것으로 한다.

2. 오재희 주일공사, 영사교민국장 방문 면담기록

오재희 주일공사, 영사교민국장 방문 면담기록

1. 일시: 1978.1.17. 15:30-16:00

2. 장소: 영사교민국장실

3. 참석자: 오재희 주일공사

   박민수 영사교민국장

   이교일 교민1과장

   이성주 사무관

4. 면담내용

   박 국장: 1. 77.11. 실무협의를 거쳐, 년초 아측 초안을 작성, 주일대사관에
   송부하였음.

   2. 실무협의 내용에 대한 개괄적 설명

   3. 차관님 지시에 따라, 귀일후부터는 정무공사가 이 문제에 책임을 지고

추진해 주기바람.

오 공사: 영사 담당 공사가 오해를 할지 모르니, 여하한 형식에 의하건, 동 취지
　　　의 지시를 내려주기 바람.

박 국장: 일간 조치 취하겠음.

합의 의사록(요지)[1]

Ⅰ. 협정영주권 미신청자의 처리

　1. 협정영주권 신청기간의 추가 설정

　　　한국측: 강력히 요청

　　　일본측: 한국측 희망을 이해

　2. 잠정적 처우

　　　한국측: 협정영주권자에 준한 대우 요청

　　　일본측: 미신청자(법 126호 해당자) 개개인의 가족관계 및 기타 제사정
　　　　　　을 감안, 협정영주권자에 준한 대우 다짐.

Ⅱ. 강제퇴거

　1. 강제퇴거 절차

　　　가. 일본측: 퇴거 강제령서 발부 사실을 문서로서 통보

　　　나. 한국측: 국적확인, 영사면접에 필요한 편의제공 요청

　　　　일본측: 편의제공 요청에 응함.

　　　다. 한국측: 영사면접결과 재고의 여지가 있는자에 대하여 일측에 통보

　　　라. 한국측의 인수 대상자

　　　　(1) 상기 "다"의 재고의 이유를 통보하지 아니한자

　　　　(2) 한국측의 재고 이유 통보에 대하여 일측이 퇴거강제령서 발부
　　　　　　처분을 취소할 수 없다고 한국측에 통보하고, 한국측이 이의를 제
　　　　　　기하지 않는 자

　2. 협정 3조 해당자의 처리

　　　가. 협정 합의의사록에 기하여 우선 인도적 고려, 특별재류허가

　　　나. 한국측 인수자: 강제퇴거되어야 한다고 한일 양측이 합의한 자

　　　다. 법 126호 해당자: 협정영주권자에 준하여 취급하여 줄 것을 한국측이

---

1) 합의 의사록, 토의기록은 생략

요청, 일측이 이해

3. 1966.1.17. 이전 불법 입국자에 대한 특별 조치

원칙: 전원 특별재류허가 부여

예외: 일본측이 개별 심사를 통하여 특별재류 허가를 부여할 여지가 없다고 인정하고, 한국측이 이의를 제기하지 아니한 자

4. 1966.1.17-1971.1.16 불법 입국자등에 대한 처리

가. 가급적 인도적 고려하에 특별재류 허가

특히 일본인 또는 영주외국인과 결혼하였거나, 그 직계가족인 경우에는 특별한 고려

나. 퇴거 1년후 재입국 사증 허가

5. 1971.1.17. 이후 불법 입국자의 처리

- 원칙적으로 한국측에서 인수

- 단, 개별심사를 통한 특재 허가의 현재 관행 계속

III. 재입국 허가 문제

1. 회수 재입국 허가: 직업상의 빈번한 왕래의 필요성 고려

2. 재입국 허가기간 연장: 계속 검토

IV. 재일한국인의 대우 문제

1. 금후 필요에 따라 양측이 긴밀히 협의하기로 합의

2. 한국측: 국민연금법, 아동부양수당법, 주택금융공고법, 국민금융공고법, 공영주택법의 적용요청

일본측: 상기 요청 이해

3. 외무부 공문(발신전보)—재일한국인 법적지위 문제에 관한 합의의사록에 관한 건

외무부

번호 WJA-01271

일시 241550

발신 외무부 장관

수신 주일대사

연: 교일725-009(78.1.5)

1. 재일한국인 법적지위 문제에 관하여는 1976.11. 동경에서의 양측 실무자 회의와 1977.11. 일정부 실무자의 방한 기회를 계기로 아측 실무진과 비공식 접촉을 통하여 대체적으로 의견이 접근되었는 바, 이를 바탕으로 작성한 합의사록 아측 초안을 연호로 일측에 제시 교섭토록 지시한 바 있음.

2. 본건 일측과의 교섭에 있어서는 본 건이 양국간의 외교적 문제로 취급되어와 일 외무성도 개재되어왔던 종래의 경위에 비추어 특히 귀관 정무담당 주관 하에 연호 아측안을 토대로 문안 합의가 이루어지도록 일관계당국자와 교섭 케함이 바람직하다고 사료되며, 우선 아측안에 대한 일측의 일차적인 반응을 보고하는 동시 교섭 진전 상황을 수시 보고하시기 바람. (교일)

4. 외무부 공문(착신전보)–합의의사록 초안에 대한 법무성 입관국 심의관의 의견 보고

외무부
번호 JAW-04572
일시 241534
발신 주일대사
수신 외무부 장관

대: 교일725-009
연: JAW-03310
78.4.21. 법무성 입관국 네기시 관방심의관은 대호 합의사록 아측 초안에 대하여 사견임을 전재하고 다음과 같이 통보해 왔음을 보고함.

1. 아측 초안에 일본측의 공식 의견이 전달될 것이나 우선 법무성 관계부문에 대해 말한다면 아측 초안이 77.11 동심의관이 방한·아측관계관과의 협의를 거쳐 합의한 내용과 다른 부분이 있으며 76.11 실무자회의 아측 초안보다 한층 후퇴한 감이 있음을 발견하였다함.

2. 동심의관은 아측 초안에 대한 일측 대안을 빠른 시일내에 제시할 수 있도록 하며 일측 대안 제시후 상황에 따라서는 적절한 시기에 일측대표단이 방한 또는 아측 대표단이 방일하여 직접 협의하는 방안도 외무성측과 상의하겠다고 함.

3. 또한 동심의관은 복지문제 부분에 대한 관계각성의 검토가 진척되지 못하고 있는 듯하다고 말하면서 법무성 관계부분(강제 송환)만을 먼저 심의 합의(76.11

실무자 회의시의 일본측 주장)하는 방안을 시사한 바 있으나 당관 관계관은 복지문제의 분리 심의는 있을수 없다는 아측주장을 재차 강조한 바 있음을 참고 바람. (일본 영-교일, 북일)

5. 합의의사록의 사안에 대한 한일간 대비(편: 재일한국인의 법적지위 문제(설명자료, 1978.5.24. 교민1과) 중 일부 발췌)

Ⅰ. 기본적인 문제에 있어서의 대비

문제별 (항목)	한국측	일본측	비고
기본입장	(1) 관련문제를 전부 문서화하는 입장 (2) 협정영주권신청자의 구제문제 및 대우문제, 강제퇴거의 경우 인도력 고려를 행할것을 강조하는 입장 (3) 복지문제도 중요시하여 어떤 표현방식이건 문서화하려는 입장	(1) 강제퇴거문제 이외에는 문서화 전혀 없음. (2) 일측의 특재허가 여부라든지 인도적 고려는 어디까지나 일측의 자유재량에 따라 처리한다는 입장 (3) 복지문제는 법제면의 문제이며, 관계부처간 이견 조정이 되지않아 일측 대안을 제시할 상황이 아니라고 함.	
제목	"합의의사록"	"토의기록"	
대외발표 문제	"합의의사록"의 공표	(1) "토의기록"마저도 공표않기로 함. (2) 대외적인 설명이 필요할 경우엔 그때 별도 협의키로 함.	

Ⅱ. 항목별 대비

문제별(항목)	한국측		일본측		비고
	표현형식면	실질면	표현형식면	실질면	
협정 영주권 미신청자 구제문제	신청기간의 추가 설정을 강력히 요청	당초부터 추가신청기간 설정의 실현을 기대	문서화 없음.	이 문제에 관해서는 당초부터 미온적, 실제 운용면에 맡길것을 주장	이 문제는 아측의 주안점임
협정 영주권 미신청자(법1 26호 해당자)에 대한 잠정적인 대우	협정영주권자에 준한 대우 요청	실질적으로 협정 영주권자와의 완전한 동등 대우 기대	문서화 없음	현실적으로 자격면에서 차별 취급 Case by case 식임	상동

협정영주권자와 미신청자의 강제퇴거문제	(1) 절차상: -퇴거강제령서 발부의 통보 -영사면접등 확인 -아측의 재고요청 여부 결정 -일측의 호의적 고려후 퇴거강제령서의 취소 불가능 통보 -아측의 이의 불제기 -인수 (2) 대상자에 대해 인도적 고려, 특별 재류허가한다. 고려대상이 안된다고 양측 합의한 자는 인수한다. (3) 126호 해당자의 협정영주권자에 준한 대우의 요청	(1) 퇴거강제령서를 발부받은 자의 2할 정도는 일수할 태세 (2) 양측의 합의하에 인수한다. (3) 126호 해당자에 대해서도 같은 대우를 요청	-퇴거강제령서 발부의 통보 -한국영사면접의 요청에 대한 편의 제공 -한국측은, 상기 퇴거강제령서 발부에 대해, 특히 의견이 있는 경우, 1회에 한하여 일본측에 진술할 수 있음. -한국측이 상기의 건을 진술하지 않는자에 대해서는 전원 인수함 -또한 일본측이 상기 한국측의 의견진술을 듣고 이를 감안후에도 퇴거강제령서 발부처분을 유지코자 한국측에 통보한 자는 전원 한국측이 인수함. -특별법 6조1항 4, 5 및 6호에 해당하는 자를 퇴거강제코자 하는 경우, 일본측은 합의의사록에 따라 가족 구성 기타 재류상황을 고려함. -상기 합의의사록에 따른 고려에도 불구하고 퇴거강제령서를 발부받은 자에 대해서는 전술한 절차(퇴거령 통보-영사면접, 이의제기-재통보)에 따라 처리함. -합의의사록에 따른 인도적 고려에	(1) 2할 정도의 인수에 동의 (2) "양측의 합의" 운운의 문구는 어렵다. (3) 126호 해당자에 대해서는 case by case식으로	일본측은 126호 해당자에 대해서는 사실상 협정영주권자보다 차별대우할 가능성, 일본측의 주안점임.

			의한 특재허가자가 다시 퇴거강제 사유에 해당하여 퇴거강제령서를 받는 경우에도 상기 절차에 따라 처리함		
1966.1.16. 이전 불법입국자에 대한 특별 조치	(1) 원칙적으로 전원 특별재류 허가한다. (2) 단서조항의 개별심사에 의한 예외도 한국측의 이의 불제기 필요	거의 무조건 특별재류허가 조치해줄 것을 요청	(1) 한국측 표현에 대체로 동의, 출입국관리령 규정에 따라 특재허가함. (2) 특재허가가 적당치 않은 사정이 있는 경우는 차한에 부재함.	(3) 126호 해당자에 대해서는 case by case식으로	실□□□□에서는 □□□□입장 거의 같□
1966.1.17-1971.1.16 불법입국자에 대한 처리	(1) 종전과 같이 인도적 고려하에 가급적 특별재류 (2) 특히 고려한 중요기준 몇 가지 명기 (3) 특별사유 불해당자의 퇴거1년후 재입국 허가한다.	다수 구제를 기대, 인도적 기준의 적용을 강조	본항 해당자가 퇴거한 시점에서 일본인 또는 영주권자를 배우자로 한 자로서 일본국에의 재입국을 신청한 경우에는, 관리령 5조에 해당하는 경우를 제외하고는 회의적 고려를 행함	중요특별사유 해당자의 특재허가 여부에 대해서는 언급이 없고, "데나오시" 방법 적용의 운용만 구상	한국측은 다수 특재허가, 소수 "데나오시"를 쫓는 방향, 고…□다"는 표현/ 일본측은 소수 특재허가, 다수"데나오시"의 방향, 그것도 "…토록" 고려, 노력의 태도
1971.1.17. 이후 불법입국자 처리	(1) 원칙적으로 인수 (2) 개별적 특별재류 심사제도 계속 유지	인수 의사 분명, 그러나 일본측의 현 관행(개별 특재허가) 기대	문서화 없음.	당연히 강제송환, 개별심사에 의한 특재허가는 일본측의 의사	.동 건 별 문제없음.
회수재입국 허가문제	협정영주권자의 직업상의 필요성 감안, "허가한다"로		문서화 없음. (문서화 하기전에 외교경로에 의한 교섭 희망)	한국측 제의에 긍정적인 반응이나, 대상자의 선정, 법규정상의 문제, 상호주의 적용 등 연구 검토 태세	양쪽 주안점은 아님
재입국 허가기간 현지 연장문제	계속 검토를 다짐	검토의 약속, 실현 방도 강구	문서화 없음. (계속 연구, 검토)	검토 계속 상호 교섭	동 건 별 문제없음.

| 복지문제 | (1) 어떤 형태로든지 문서화 기도 (2) 중요성인식, 긴밀협의 (3) 사회보장법규의 적용을 요청, 일본측의 이해 | 중앙정부 또는 지방자치제 베이스에서의 정책적인 문제점 있음을 인정하나, 법적지위 문제에 포함시켜 강력히 요청 | 문서화 전혀 없음. | (1) 법적지위문제와의 별도 취급, 의회, 중앙정부 또는 지방자치제의 법규정 개정 및 정책적인 편의 애로점을 강조 (2) 일측 대안을 제시할 상황이 못됨을 설명 | 한국측은 이 문제에도 강조점 두고 있으나, 일본측은 정반대임. |

양측 입장 대비

문제별(항목)	한국측		일본측		비고
	표현형식면	실질면	표현형식면	실질면	
협정영주권 미신청자 구제문제	신청기간의 추가설정을 강력히 요청	당초부터 추가신청기간 설정의 실현을 기대	신청기간의 추가설정의 요청에 대한 이해	이 문제에 관해서는 당초부터 미온적, 실제 운용면에 맡길것을 주장	이 문제는 아측의 주안점임.
협정영주권 미신청자(법 126호 해당자)에 대한 잠정적인 대우	협정영주권자에 준한 대우 요청	실질적으로도 협정영주권자와의 완전한 동등대우 기대	가족관계 및 기타 사정 감안, 대우	현실적으로 자격면에서 차별 취급, case by case식임	상동
협정영주권자와 미신청자의 강제퇴거문제	(1) 절차상 : -퇴거강제령서 발부의 통보 -영사면첩등 확인 -아측의 재고요청 여부 결정	(1) 퇴거강제령서를 발부받은자의 2할 정도는 인수할 태세 (2) 양측의 합의하에 인수한다는 식의 표현	-인도적 고려를 행한다 -한국측이 인수에 협력한다는 식의 표현 -126호 해당자의 대우에 관해서는 이해한다.	(1) 2할 정도의 인수에 동의 (2) "양측의 합의" 운운의 문구는 어렵다.	일본측은 126호 해당자에 대해서는 사실상 협정영주권자 보다 차별대우 할 가능성,
1966.1.16. 이전 불법입국자에 대한 특별조치	(1) 원칙적으로 전원 특별재류 허가한다. (2) 단서조항의 개별심사에 의한 예외도 한국측의 이의 불제기 필요	거의 무조건 특별재류허가 조치해 줄 것을 요청	(1) 한국측 표현에 대체로 동의하나, 일본측의 개별심사에 의한 예외 인정하는 단서조항이 필요함. (2) 한국측의 이의제기 문구 삽입여부에 대한 태도 미상	무조건 특재조치는 곤란, 일본측의 특별조치 고려에 일임하자는 식의 태도 엿보임	실제 운용면에서 양측 입장 거의 같음

1966.1.17.-1971.1.16. 불법 입국자에 대한 처리	(1) 종전과 같이 인도적 고려하에 가급적 특별재류 (2) 특히 고려할 중요기준 몇가지 명기 (3) 특별사유 불해당자의 퇴거 1년 후 재입국허가한다.	다수 구제를 기대, 인도적 기준의 적용을 강조	(1) (일본인 및 협정영주권자와 결혼한 자 및 그 가족 사항등) 개별심사에서 특재 부여토록 고려 (2) 기타의 자는 "데나오시" 방법 적용토록 한다.	중요 특별사유 해당자의 특재허가 부여태도와 "데나오시" 방법 적용의 운용 구상	한국측은 다수 특재허가, 소수 "데나오시"를 쫓는 방향, "…한다"는 표현/일본측은 소수특재허가, 다수 "데나오시"의 방향 그것도 "…토록" 고려, 노력의 태도
1971.1.17 이후 불법입국자 처리	(1) 원칙적으로 인수 (2) 개별적 특별재류 심사제도 계속 유지	인수 의사 분명, 그러나 일본측의 현 관행(개별 특재허가) 기대	한국측과 같음	당연히 강제송환, 개별심사에 의한 특재허가는 일본측의 의사	동건 별문제 없음.
회수재입국 허가문제	협정영주권자의 직업상의 필요성 감안, "허가한다"로	가능한한 실현을 기도	문서화 하기전에 외교경로에 의한 교섭희망	한국측 제의에 긍정적인 반응이나, 대상자 선정, 법규정상의 문제, 상호주의 적용등 연구 검토 태세	양측 주안점은 아님
재입국 하가기간 현지 연장 문제	계속 검토를 다짐	검토의 약속, 실현 방도 강구	계속 연구, 검토	검토, 계속 상호 교섭	
복지문제	(1) 어떤 형태로든지 문서화 기도 (2) 중요성인식, 긴밀협의 (3) 사회보장법규의 적용을 요청, 일본측의 이해	중앙정부 또는 지방자치제 베이스에서의 정책적인 문제점 있음을 인정하나, 법적지위 문제에 포함시켜 강력히 요청	(1) 문서화 의향 없음. (2) 한국측의 요청을 청취, 이해하고 관계각성에 전달하는 정도	법적지위문제와의 별도 취급 의회, 중앙정부 또는 지방자치제의 법규정 개정 및 정책적인 면의 애로점을 강조	한국측은 이 문제에도 강조점 두고 있으나, 일본측은 정반대임.

6. 외무부 공문(착신전보)–양세훈 서기관과 외무성 북동아과장의 법적지위 합의의사록 초안 진전 상황 문의

외무부
번호 JAW-05635

일시 271331
수신시간 9.28. 12:34
발신 주일대사
수신 외무부 장관

연: JAW-04572
1. 당관 양세훈 서기관은 5.27. "사토오" 외무성 북동아과장과 만나, 연호 법적지위 합의의사록 아측 초안에 대한 진전 상황을 문의하였음.
2. 동 과장은 현재 관계 각성의 의견이 종합되고 있는 단계라고 말하고, 일측 의견이 아측에 전달될 시기는 아무래도 국회 회기가 끝난 뒤가 될것으로 전망된 다고 말하였음. (일본 영-교인, 아일)

7. 외무부 공문(착신전보)–아측 합의의사록 관련 사토 북동아과장의 회답 보고

외무부
번호 JAW-06615
일시 291542
발신 주일대사
수신 외무부 장관

대: WJA-06333
1. 아측 합의의사록 초안과 관련 당관 양세훈 서기관은 6.29. 사토오 외무성 북 동아과장에게 일측의 조속한 회답을 촉구한 바 동과장은 현재 외무성이 검토중 에 있다고 하고 아직 언제쯤 회답할 수 있을지는 확실치 않다고 하였음.
2. 법무성 당국에 비공식으로 알아본 바 법무성은 이미 검토를 끝내고 대안을 외무성에 전달하여 현재 조약국에서 검토중에 있다고함.
3. 7.3. 양서기관이 동과장을 만날 예정이므로 만난후 다시 보고위계임. (일본영-교일)

8. 협조문-재일한국인 법적지위에 관한 합의의사록(안) 송부

협조문
분류기호 및 문서번호 교일725-253
발신일자 1978.6.30.(협조제의)
발신명의 영사교민국장
수신 조약국장
제목 재일한국인 법적지위에 관한 합의의사록(안) 송부

　　　재일한국인 법적지위 협정의 실시에 따른 제 문제에 관하여 그동안 한일 양
국은 상호 교섭을 거듭한 결과(별첨 교섭경위 참조) 양측 실무자간에 대체적인
합의를 보고 그 결과를 문서화하기 위하여 아측이 우선 초안을 작성, 이를 일측
에 제시, 현재 일측 대안을 대기중에 있는 바, 당국에서 작성한 동 합의의사록
초안을 귀국에 송부하오니, 업무에 참조하시기 바랍니다.
　　첨부: 1. 재일한국인의 법적지위에 관한 양국 실무자회의 합의록 초안 1부.
　　　　　2. 상기 교섭 경위(요약) 1부.　끝.

8-1. 첨부-재일한국인의 법적지위에 관한 양국 실무자회의 교섭 경위[2]

재일한국인의 법적지위 문제

1. 교섭 경위
　　가. 1971.4 및 10. 한일 실무자회의(제3차 및 제4차)에서 아측이 미신청자 구제문
　　　　제를 최초로 제의
　　나. 1975.4. 및 12. 일측 강제송환 대상자 인수문제 거론
　　다. 1976.11. 공식 실무자 회의
　　라. 1977.11.28. 및 30. 비공식 실무자 협의
2. 아측 합의의사록 제시(교섭현황)
　　가. 1977.12.22. 상기 1977.11. 비공식 실무협의 결과를 기초로 아측안 확정(1.5.
　　　　주일대사에 송부)
　　나. 1978.3.15. 아측안 일측에 제시

---

2) 합의록 초안 생략

(* 1978.4.21. 일법무성 "네기시" 심의관 사건통보해옴)

　　다. 1978.6.30. 현재 일측 반응 대기중

　　라. 합의의사록(안): 별첨 참조

3. 양측 입장 대비-별첨 참조

4. 전망

　　가. 현재 일본측은 내부에서 검토, 의견 조정중인 것으로 보이나, 일본 국회 회기
　　　　연장(78. 6월말 또는 7월초까지)을 핑계로 일본측 회답이 늦어지고 있는 것은
　　　　아측 의견과는 다소 상의한 태도로 나올 가능성 예상됨.

　　나. 아측은 1978. 6월중 "서울"에서의 (수석대표 국장급) 실무회의를 개최, 합의
　　　　의사록의 작성과 서명까지 할 생각이었음.

　　다. 그러나, 일본 국회의 회기 연장으로 인해 실제로 실무자회의는 6월말 이후가
　　　　될것으로 전망됨.

　　라. 현재 일본측 회답(또는 대안)이 늦어지고 있는 바, 주일대사관에 반응 타진
　　　　및 타결교섭 활동 재개토록 지시 위계임.

9. 외무부 공문(착신전보)-사토 외무성북동아과장 재일한국인의 법적지위에 관한 합의의 사록 아측 초안에 대한 일측의 대안 제시

외무부
번호 JAW-09006
일시 011057
수신시간 9.1. 15:53
발신 주일대사
수신 외무부 장관

　　1. 사토오 외무성 북동아과장은 8.31.17시 당관 양세훈 서기관을 초치, 재일한국
　　인의 법적지위에 관한 합의의사록 아측 초안에 대한 일측 대안을 제시해왔음.

　　2. 일측의 대안과 설명내용은 9.2. 자 파편에 송부할 것임.

　　3. 일측은 대안을 제시하면서 특히 보안유지에 각별히 유의해달라는 요청이 있
　　었음.(일본영-교일, 아일)

10. 외무부 공문(착신전보)-일한측 대안 주요 차이점 보고

외무부

번호 JAW-09043

일시 021333

수신시간 9.2. 17:50

발신 주일대사

수신 외무부 장관

　　대: WJA-0909

　　연: 일본영 725-391

　　연호 일측안 중 주요 차이점을 아래 요약 보고함.

　　1. 문서형식 :

아측안이 "합의의사록"인데 대하여 일측은 기존 협정 및 동 합의의사록이 있다는 점과 금반 문서작성은 운영상 수속절차를 기록한 것이라고 이해하고 "토의기록"으로 제시함.

　　2. 문서내용:

가. 아측안 중 "입법사항"에 관한 것 (아측안 1항)은 현 상황하에서 불가능하다고 판단, 기록치 않음.

나. 대우문제는 법제상 복잡한 문제이므로 현 시점에서 구체적인 대안을 작성할 상황이 되어있지 않다는 입장에거 기록치 않음.

다. 아측안 3항(재입국)은 언급없음.

라. 강제퇴거 수속에 있어 아측은 1회에 한하여 "의견"을 제시할 수 있음.

마. 불법입국자 처리에 있어 71.1.17. 이후 입국자에 대하여 언급없음.

바. 협정 제3조 해당자 처리에 있어 "합의의사록에 따라 가족구성, 기타 재류상황 등을 고려 운운"으로 표현하고, 구제후 재범자는 퇴거토록 규정함.

　　3. 문서구성 :

전문 및 3항(퇴거수속, 불법입국자, 협정3조 해당자)으로 되고, 아측안과 같은 비공개 부분이 별도 없음(일측안은 "무기한 비밀"로 분류됨)

　　4. 발표문제 :

가. 일측은 최종 합의 후에도 발표의사가 없다고 함.

나. 각계 문의 또는 한국측 사정으로 대외적 설명이 필요한 경우 일측은 합의 단계에서 별도 협의 용의가 있음을 표명함. (일본영-교일)

11. 주일대사관 공문—재일한국인의 법적지위에 관한 일측안 송부

주일대사관
번호 일본(영)725-391
일자 1978.9.2.
발신 주일대사
수신 외무부 장관
참조 영사교민국장
제목 재일한국인의 법적지위에 관한 일측안 송부

연: JAW-09006

1. 연호로 보고한 바와 같이, 재일한국인의 법적지위에 관한 합의의사록 아측 초안에 대한 일측 대안을 별첨 송부합니다.

2. 일측이 대안 제시와 관련하여 설명한 내용은 아래와 같습니다.

　가. 일측안에 관하여 :

　　　(1) 한국측안은 합의의사록으로 되어있는데 대하여 일측안은 토의기록으로서 작성되어 있는바, 그것은 금반 문서에 기록하고저 하는 내용이 새로히 "합의의사록"으로 이해되기 보다는 강제퇴거 운영상의 수속절차에 관한 것이므로, 일측은 기존협정 및 이에 관한 합의의사록에 의거하여 지금까지 운영해 온 것을 종합하는 것으로 이해하여 "토의기록"으로 하고싶다.

　　　(2) 한국측안 중 "입법을 요하는 사항"에 관하여는 일측이 회의등을 통하여 과거 수차례 표명해온 바와같이 협정체결시 이미 합의가 이루어진 바 있고, 그렇다고 일측이 계속 노력해 오지 않은 것은 아니나 불가능한 것으로 판단되어 강제퇴거 수속절차 사항만을 기록하였다.

　나. "토의기록" 문안에 관하여 :

　　　(1) 1항문제 (강제퇴거자의 송환)에 관하여는 동항의 (1) 부터 (4)까지의 Line으로 협력하는 것이 적당하다고 본다.

　　　(2) 2항문제 (불법입국자 처리)에 관하여는 현재 일본 입국관리령이나 협정운영 상황을 보아도 적당하다고 본다.

　　　(3) 3항문제 (협정영주권자 중 범법자 처리)에 있어서는 종래 일본 입관당국이 설명해 온 바이며 그 취지가 동항(1)의 말미에 표현되어 있다. (⋯ 합의의사록에 따라 가족구성, 기타 재류상황 등 고려 운운)

　다. 대우문제에 관하여 :

여러 관계부서가 관련되어 있다는 것은 종래 말한대로인 바, 법제상의 문제로서 계속 노력하고 있으나 이 시점에서 구체적으로 대안을 작성할 상황이 되어있지 않다.

라. 비밀 분류에 관하여 :

(1) "무기한 비밀"로 분류한 것은 양측간에 최종 합의되드라도 일측으로서는 적극적 자세로 공표할 의사가 없기 때문이다.

(2) 일본 입관당국은 내부 취급사항으로 간주하기 때문에 외부발표가 곤란하다는 입장이다.

(3) 실제적인 문제로서, 각측으로부터 문의가 있거나 또는 한국측 사정으로 설명이 필요한 경우에는 본건 합의단계에서 별도 협의할 용의가 있다.

첨부: 일측안 2부. 끝.

11-1. 첨부-일측안

討議の記録(案)

1978年 月 日、　　　　を首席代表とする日本国政府代表団及び　　　を首席代表とする大韓民国政府代表団は、ソウルにおいて会合し、韓国人被退去強制者の送還に関する討議を行い、その内容を次のとおり記録することに意見の一致をみた。

1. 被退去強制者の送還に関スル協力

(1)日本代表団は、日本側は、韓国民と認められる者を出入国管理令第53条第1項により強制送還しようとする場合は、その旨を文書により韓国側に通報すると述べた。

(2)日本代表団は、日本側は、韓国側から日本に駐在する同国領事が前項の通報に係る者に面接する機会を得たい旨要請を受けたときは、適当と認める便宜を供与すると述べた。

(3)日本代表団は、韓国側は、1の(1)の通報に係る者に対する退去強制に関し、特に意見がある場合は、日本側に対し1回に限りこれを述べることができると述べた。

(4)韓国代表団は、韓国側は、次に揚げる者が同国へ送還される場合には全てこれを引き取ると述べるた。

イ　韓国側が1の(3)にいう意見を述べなかった者

ロ 日本側が1の(3)にいう意見を勘案したうえで退去強制令書発付処分を維持する旨を韓国側に通報した者

2．不法入国者等の対する特例

（1）日本代表は、日本側は1966年1月17日前に日本国へ不法入国(不法残留を含む。以下同じ。)し、引き続き居住している韓国民に対し、出入管理令に定めるところにより、特別に在住を許可する事及び特別に在留を許可することを適当でないとする事情の存するときはこの限りではないことを述べた。

（2）日本代表団は、日本側は、1966年1月17日から5年以内に日本国へ不法入国した韓国民が、退去強制令書の執行を受けて退去した時点において、日本国籍を有する配偶者又は永住許可を受けている外国人配偶者を有する場合には、当該韓国民の日本国への入国申請に対し、出入国管理令第5条に定める上陸拒否事由に該当する場合を除き、好意的考慮を払うと述べた。

3．日本国に居住する大韓民国国民の法的地位及び待遇に関する日本国と大韓民国との間の協定の実施に伴う出入国管理特別法(以下「特別法」という。)の運用

（1）日本代表団は、日本側は、特別法第6条第1項第4号、第5号又は第6号に該当する者の日本国からの退去を強制しようとする場合には、標記協定についての合意された議事録に従い、家族構成その他在留状況等に考慮を払うと述べた。

（2）両国代表団は次の揚げる者の送還については、前記1に定めるところによると述べた。

イ 3の(1)の考慮にもかかわらず、退去強制令書を発付された者

ロ 3の(1)の考慮の結果在留特別許可を受けた後、新たに出入国管理令に定める退去強制自由に該当して退去強制令書を発付された者

12. 협조문—법적지위 실무자간 합의의사록 교섭

협조문
분류기호 및 문서번호 교일725-359
발신일자 78.9.28. (협조제의)
발신명의 영사교민국장
수신 아주국장, 조약국장
제목 법적지위 실무자간 합의의사록 교섭

재일한국인의 법적지위 및 대우에 관한 일한 양국 실무자간 합의의사록 타결 교섭이 현재 진행중이나, 지난 3.15. 아측이 일측에 제시한 초안에 대하여 금번 일측으로부터 대안이 제시되어온 바, 이를 검토, 감안하여 이에 대한 아측 대안으로 별첨과 같이 수정안을 작성하여 송부하오니 참고하시기 바랍니다.

첨부: 상기 법적지위 합의의사록 일측 대안 및 아측수정안 각1부. (제2의견)

-끝

12-1. 첨부-아측 수정안3)

재일한국인의 법적지위 및 대우에 관한 실무자간 합의의사록(안)

1978년 월 일   을 수석대표로 하는 대한민국 정부 대표단 및   을 수석대표로 하는 일본국 정부 대표단은 서울에서 재일한국인의 법적지위 및 대우에 관하여 의견을 교환하고 다음과 같이 합의하였다.

Ⅰ. 일본국에 거주하는 대한민국 국민의 법적지위 및 대우에 관한 협정(이하 협정이라 함)에 의한 영주권 미신청자의 처리 문제

1. 한일 양측은 협정에 규정된 기간내에 협정에 의한 영주권(이하 협정영주권이라함)을 신청하지 못한 재일한국인이 상당수 있음에 관심을 표시하고, 한국측은 협정영주권 신청기간을 추가로 설정할 것을 일본측에 요청하였으며, 일본측은 그러한 한국측의 요청을 이해하였다.

2. 한국측은 협정영주권 신청기간이 추가로 설정될때까지 협정영주권을 신청하지 못한 일본국 법률 제126호 해당자(이하 제126호 해당자라 함)를 협정영주권자에 준하여 대우할 것을 일본측에 요청하였고, 일본측은 그러한 제126호 해당자의 가족관계 및 기타 제사정을 감안하여 호의적인 고려를 행할 것이라고 말하였다.

Ⅱ. 강제퇴거문제

1. 강제퇴거 절차

　　가. 일본측은 협정 및 일본국 출입국 관리령에 따라 한국인을 강제송환하고자 할 경우에는, 그 뜻을 문서로서 한국측에 통보한다.

　　나. 일본측은, 한국측으로부터 일본에 주재하는 한국영사가 전항의 통보에 관련된 자를 면접할 기회를 얻고자 하는 뜻의 요청을 받았을 경우에는, 면접

---

3) 합의의사록 일측 안은 생략

에 필요한 편의를 제공한다.

다. 한국측은 Ⅱ의 1의 "가"의 통보에 관련된 자에 대한 퇴거강제에 관하여, 특히 의견이 있을 경우에는, 일본측에 대하여 그 뜻을 통보한다.

라. 한국측은 다음에 해당하는 자는 인수한다.

(1) 한국측이 Ⅱ의 1의 "다"의 의견을 통보하지 않은 자.

(2) 일본측이 Ⅱ의 1의 "다"의 한국측 의견을 받고도 퇴거강제령서 발부를 취소한 여지가 없다고 한국측에 통보하고, 한국측도 일본측이 충분한 인도적 고려를 행하였다고 인정한 자.

2. 불법입국자 등에 대한 처리

가. 일본측은 1966년 1월 17일 전에 일본국에 불법입국(불법잔류를 포함, 이하 같음)하여, 계속하여 거주하고 있는 한국인에 대하여 출입국 관리령의 규정에 의하여 원칙적으로 전원 특별재류를 허가한다.

다만, 특별재류를 허가함이 적당하지 못하다고 인정될 경우에는 차한에 부재한다.

나. 일본측은, 1966년 1월 17일부터 5년이내에 일본국에 불법입국한 한국인에 대하여서는 해당 한국인이 일본국적을 보유하는 자 또는 영주허가를 받고 있는 일본인 이외의 자를 배우자 또는 직계가족으로 하고 있는 경우에는, 인도적 고려에 의해 가능한 특별재류 허가를 부여한다.

또한 상기 사유에 해당하지 않은자가 퇴거한 시점으로부터 1년후 일본국에서의 거주를 위하여 재입국허가를 신청한 경우에는, 출입국 관리령 제5조에 규정된 상륙 거부사유에 해당하는 경우가 아닌한, 이를 허가한다.

3. 협정 제3조 해당자의 처리

가. 일본측은 협정 제3조1항(c), (d)에 해당하는 자의 일본국으로부터의 퇴거를 강제하고자 할 경우에는, 협정 부속 합의의사록에 따라 인도적 견지에서 그 자의 가족구성 및 기타 사정에 대하여 고려를 행한다.

나. 한일 양측은 다음에 해당하는 자의 송환에 관하여서는, 전기Ⅱ의 1의 규정에 따른다.

(1) 전기Ⅱ의 3의 "가"의 고려에도 불구하고 퇴거강제령서를 발부받은 자

(2) Ⅱ의 3의 "가"의 고려의 결과 퇴거되지 않은 자가 새로이 출입국 관리령에 규정된 퇴거강제 사유에 해당하여 퇴거강제령서를 발부받은 자.

Ⅲ. 회수재입국 허가문제

일본측은 협정영주권자가 회수 재입국허가를 신청한 경우 등 신청자의 직업상 빈번한 왕래의 필요성들을 고려하여 이를 허가한다.

Ⅳ. 재일한국인의 대우문제

협정과 그간의 한일 양국 각료회담에서 표명된 바와 같이 재일한국인의 복지 증진에 관련된 제문제에 관하여 한국측은 일본측의 각별한 배려를 요망하였으며, 이에 대하여 일본측은 계속 호의적으로 검토할 것을 약속하였다.

토의기록

(비공개)

대한민국 정부 대표와 일본국 정부 대표는 각기 자국정부를 대표하여 1978년 월 일 합의의사록에 서명하고, 동 합의의사록과 관련하여 아래와 같은 양해에 도달하였다.

1. 합의의사록 Ⅰ의 제2항 후단에 규정된 "기타 제사정"에는 법률 제126호 해당자가 협정영주권을 신청하지 못한 제사정이 포함된다.

2. 합의의사록 Ⅱ의 제3항 "나"의 규정에 따라 한국측이 인수할 자는 일본측이 동 제1항 "가"에 정한바에 따라 한국측에 문서로서 통보한 협정 제3조 해당자 총수의 2할을 초과하지 않는것으로 한다.

13. 영사교민국 공문–재일한국인의 법적지위에 관한 일측안 내용

영사교민국
문서번호 일본(영)725-391
일자 1978.9.30.
제목 재일한국인의 법적지위에 관한 일측안 내용
요약
1. 제목: "토의기록"
2. 입법사항(협정영주권 미신청자 구제문제)은 기록치 않음.
3. 복지관계 대우문제도 기록치 않음.
4. 강제퇴거 수속에 있어 1회에 한해 "의견"을 제시할 수 있을 뿐, 인수에 협력해야 함.
5. 협정 제3조 해당자는 "합의의사록"에 따라 처리
6. 대외 발표의사 없음.

조치사항

　　아측 수정안 작성, 제시 예정

14. 외무부 공문—법적지위 합의의사록[4]

외무부
번호 725-
일자 78.10.5.
발신 외무부 장관
수신 주일대사
제목 법적지위 합의의사록

　　　대: 일본(영)725-391

　　　연: 교일725-009

　　1. 표제의 건에 관하여, 작년(1977.11.) 일측 대표단의 면담내용과 대호 일측 대안을 충분히 참작하여 우리측 수정안을 별첨과 같이 작성 송부하오니 동 아측 안에 따라 교섭을 전개하고 오는 10월 중순 일본 국회가 끝나는 대로 일측대표 단이 방한하여 서울에서 서명할 수 있도록 적극 추진하시기 바랍니다.

　　2. 동 아측 수정안과 관련, 다음과 같은 아측입장을 특히 명심하여 교섭에 임하시기 바랍니다.

　　　　　가. 동 실무자간 합의의사록이 협정의 실시에 따른 제문제점과 관련된 것인 만큼 공개하는 것이 원칙이라고 판단되며, 공개에 어려운 점이 있는 것을 고려하여 별도 비공개 토의기록을 설정하였음을 이해하기기 바람.

　　　　　이에 관하여는 금번 한일 각료회의에 참서한 일외무성의 "사또" 북동 아과장도 구두로 양해를 할 바 있음.

　　　　　동 건에 관해서는 본국 국민뿐 아니라 65만 재일동포가 지대한 관심 을 보이고 있으므로 전혀 발표없이는 매듭짓기 어려운 입장임을 양해 시키기 바람.

---

4) 첨부 문서 생략

나. 이 문제의 교섭을 원활히 지행시키기 위하여 아측안에 원래있던 복지
   관계 조항은 협정의 정신과 각료회의 공동성명선으로 대폭 완화 표현
   하였으므로 일측에 하등의 구속을 주는 것이 아닌것이며, 이로 인해
   교섭에 장애가 생기리라고는 생각되지 않음.

다. 또한, 비공개토의기록 2항에서 표명한 "2할내 인수 용의"조항은 동
   합의의사록 여타 중요부문, 특히 I, II의 1의 라의 (2) 및 IV의 부문
   이 아울러 합의되었을 때 아측이 수락할 수 있다는 것을 작년 일측대
   표에게도 명백히 하였음.

라. 기타 조항에 있어서도 대부분 일측안을 가능한한 그대로 받아들이는
   방향으로 수정하였으며, 재입국허가 기간의 연장문제 조항도 이러한
   의미에서 삭제하였음.

3. 특히 유의할 점은 II-1-라-(2) "일본측이 II의 1의 "다"의 한국측 의견을 받고
   도 퇴거강제령서 발부를 취소할 여지가 없다고 한국측에 통보하고, 한국측
   도, 일본측이 충분한 인도적 고려를 하였다고 인정한 자"라는 조항으로서,
   이는 이미 협정 부속 합의의사록에 언급되어 있는 것으로 새로운 사항은 아
   니며, 아측으로서는 끝까지 양보할 수 없는 최저선임을 명심하여, 교섭에
   임하시기 바람.

첨부: 아측 수정안 및 비공식 일어번역문 각2부.   끝.

15. 재일한국인의 법적지위에 관한 한일 양측안

재일한국인의 법적지위에 관한 한일 양측안

<table>
<tr><td>한국측안
합의의사록</td><td>일본측안
토의기록</td></tr>
<tr><td>　　대한민국 정부 대표와 일본국 정부 대표는 1978년_월_일 서울에서 회합하여 1965.6.22. 체결된 "대한민국과 일본국 간의 일본국에 거주하는 대한민국 국민의 법적지위와 대우에 관한 협정"의 실시에 따른 제문제에 관하여 의견을 교환하고 다음과 같이 합의하였다.</td><td>　　1978년_월_일 ___를 수석대표로 하는 일본국 정부 대표단과_____를 수석대표로 하는 대한민국 정부대표단은, 서울에서 회합하고, 한국인 피퇴거강제자의 송환에 관한 토의를 행하고, 그 내용을 다음과 같이 기론한다는 데에 의견의 일치를 보았다.</td></tr>
</table>

Ⅰ. 협정영주권 미신청자의 처리문제
  1. 한일 양측은 협정에 규정된 기간내에 영주권을 신청하지 못한 <u>재일한국인</u>이 상당수 있음에 관심을 표시하고, 한국측은 협정영주권 신청기간을 추가로 설정할 것을 일측에 강력히 요청하였으며, 일본측은 그러한 한국측의 희망을 이해하였다.
  2. 한국측은 협정영주권 신청기간이 추가로 설정될 때까지 협정영주권을 신청하지 못한 법률 제126호 해당자를 협정영주권자에 준하여 대우할 것을 일본측에 요청하였고, 일본측은 그러한 법률 제126호 해당자 개개인의 가족관계 및 기타 제사정등을 감안하여 협정영주권자에 준하여 대우할 것을 다짐하였다.
Ⅱ. 강제퇴거문제
  1. 강제퇴거 절차
    가. 일본측은 협정 제3조 및 출입국관리령에 따라 한국인에 대하여 퇴거강제령서를 발부한 경우에는 한국측에 대하여 동 사실을 문서로서 홍보한다.

    나. 한국측은 전항의 통보를 받은후 일본측에 대하여 국적 확인등을 포함한 영사면접을 위하여 필요한 편의 제공을 요청하고 일본측은 동 요청에 응한다.

    다. 한국측은 영사면접 결과 대한민국 국민임이 확인된 자 중 특히 재고의 여지가 있다고 인정될 경우 차지를 일본측에 통보한다.

  1. 피퇴거강제자의 송환에 관한 <u>협력</u>
    (1) 일본대표단은, 일본측이, <u>한국민으로 인정되는</u> 자를 출입국관리령 제53조 제1항에 의하여 강제송환시키고저 하는 경우에, 그 뜻을 문서로 한국측에 통보한다고 말하였다.
    (2) 일본대표단은, 일본측이, 한국측으로부터 일본에 주재하는 동 국영사가 전항의 통보에 관한 자를 면접할 기회를 가지겠다는 뜻의 요청을 받았을 때에는, <u>적당하다고 인정되는 편의</u>를 제공한다고 말하였다.
    (3) 일본대표단은, 한국측이, 1의 (1)의 통보에 관한자에 대한 퇴거강제에 관하여, 특히 <u>의견</u>이 있는 경우에, 일본측에 대하여 <u>1회에 한하여 이것을 말할 수 있다고 말하였다.</u>

라. 한국측은 다음에 해당되는 자를 인수한다.
 (1) 한국측이 전항의 재고의 이유를 통보하지 아니한자.
 (2) 일본측이 전항의 통보에 대하여 호의적 고려를 행한 결과, 퇴거강제령서 발부 처분을 취소할 여지가 없다고하여 이를 한국측에 통보하고, 이에 대하여 한국측이 이의를 제기하지 아니한 자.
2. 협정 제3호 해당자의 처리

가. 일본측은 협정 제3조 해당자에 대하여는 협정의 합의의사록에 기하여 우선 인도적 고려를 행하여 특별재류를 허가한다.

나. 전항의 인도적 고려대상이 되지 않고, 강제퇴거되어야 한다고 한일 양측이 합의한 자는 한국측에서 인수하기로 한다.

다. 한국측은 협정영주권을 신청하지 못한 법률 제126호 해당자는 협정영주권자에 준하여 취급할 것을 요청하였고, 일본측은 이를 이해하였다.

(4) 한국대표단은, 한국측이, 다음에 열거하는 자가 동국에 송환되는 경우에는 전부 이것을 인수한다고 말하였다.
 (가) 한국측이 1의 (3)의 의견을 말하지 않은자
 (나) 일본측이 1의 (3)의 의견을 감안하고 나서 퇴거강제령서 발부 처분을 유지한다는 뜻을 한국측에 통보한 자.

3. 일본국에 거주하는 대한민국 국민의 법적지위 및 대우에 관한 일본국과 대한민국간의 협정의 실시에 따른 출입국관리특별법(이하 "특별법"이라 함)의 운용
(1) 일본대표단은, 일본측이, 특별법 제6조 제1항 제4호, 제5호 또는 제6호에 해당하는 자의 일본국으로부터의 퇴거를 강제시키고저 하는 경우에는, 표기 협정에 대한 합의의사록에 의거하여, 가족구성 기타 재류상황 등에 고려를 한다고 말하였다.
(2) 양국 대표단은 다음에 열거하는 자의 송환에 대하여는 전기1에 정한 바에 의한다고 말하였다.
 가. 3의(1) 의 고려에도 불구하고, 퇴거강제령서를 발부받은 자.
 나. 3의(1)의 고려 결과 재류특별허가를 받은 후, 새로히 출입국관리려에 정한 퇴거강제사유에 해당되어 퇴거강제령서를 발부받은 자

3. 1966.1.16. 이전 불법입국자등에
   대한 특별 조치
   일본측은 1966.1.16. 이전에 일본
   국에 불법입국(불법잔류를 포함)하
   여 계속 일본국에 거주하고 있는 한
   국인에 대하여는 원칙적으로 전원
   특별재류허가를 부여한다.
   단, 일본측이 개별심사를 통하여 특
   별재류허가를 부여할 여지가 없다
   고 인정한 자로서 한국측이 이의를
   제기하지 않은자의 경우에는 차한
   에 부재한다

4. 1966.1.17.-1971.1.16. 불법입국자
   등에 대한 처리
   가. 일본측은 1966.1.17.부터 5년
       이내에 일본국에 불법입국(불
       법 잔류를 포함)한 자에 대하여
       도 종전과 같이 인도적 고려하
       에 가급적 특별재류허가를 부여
       한다. 특히, 일본인 또는 영주가
       허가된 외국인과 결혼하였거나
       또는 그 직계가족일 경우등에는
       특별한 고려를 행한다.
   나. 일본측은 전항의 특별사유에 해
       당되지 아니하는 자에 대해서는
       퇴거 1년 이후에 본인이 희망하
       여 일본국에의 재입국을 위한
       입국사증을 신청할 경우에 이를
       허가한다.

5. 1971.1.17. 이후 불법 입국자의 처리
   한국측은 1971.1.17.이후 일본국에
   불법입국한자로서 강제퇴거 처분
   을 받은 자는 원칙적으로 이를 인수
   한다. 단, 일본측의 개별심사를 통
   한 특별재류 허가를 부여하는 현재
   의 관행은 계속한다.

III. 재입국 허가문제
 1. 일본측은 협정영주권자가 회수재
    입국 허가를 신청하는 경우에 동 신

2. 불법입국자등에 대한 특례
   (1) 일본대표단은, 일본측이 1966
       년 1월 17일전에 일본국에 불법
       입국(불법잔류를 포함, 이하동
       일)하여 계속 거주하고 있는 한
       국민에 대하여, 출입국관리령이
       정한 바에 의하여, 특별히 재류
       를 허가한다는 것과 또한 특별
       히 재류를 허가하는 것을 적당
       치 않다고 하는 사정이 있을때
       에 차한에 부재한다는 것을 말
       하였다.
   (2) 일본대표단은, 일본측이, 1966
       년 1월 17일부터 5년이내에 일
       본국에 불법입국한 한국민이,
       퇴거강제령서의 집행을받고 퇴
       거한 시점에 있어서, 일본국적
       을 가진 배우자 또는 영주허가
       를 받고있는 외국인 배우자를
       가진 경우에는, 당해 한국민의
       일본국에의 입국신청에 대하여,
       출입국관리령 제5조에 정한 상
       륙거부사유에 해당하는 경우를
       제외하고, 호의적 고려를 한다
       고 말하였다.

청자의 직업상의 빈번한 왕래의 필
요성등을 고려하여 이를 허가한다.

   2. 일본측은 협정영주권자의 재입국
허가기간 연장에 대하여 계속 검토
할 것을 다짐하였다

Ⅳ. 재일한국인의 대우문제

   1. 한일 양측은 재일한국인들이 일본
사회내에서 안정된 생활을 영위함
이 양국의 우호관계 증진에 기여함
을 인정하고, 금후에도 필요에 따라
양측이 재일한국인의 대우문제에
관하여 긴밀히 협의하기로 하였다.

   2. 한국측은 우선 아래와 같은 사회보
장법규를 재일한국인에게도 적용
시키도록 일본측에 요청하였고, 일
본측은 이를 이해하였다.

    가. 국민연금법
    나. 아동부양수당법
    다. 주택금융공고법
    라. 국민금융공고법
    마. 공영주택법

16. 합의의사록 관련 기타 사항

① 외국인 국적확인을 위한 일반원칙적용, 본인진술에 의하여 일본정부가 인정.
인정방법으로는 (1) 여권 (2) 국민등록 (3) 호적등 한국국내법에 의하여 국민으로
된 자
입관령 제53조 1항은 일본정부비용에 의하여 강제송환되는 자에 적용.
따라서 본조는 한국행 퇴거자만을 취급, 또한 자비출국 경우를 제외,
자비출국은 령 제59조인바, 강제송환이라는 점에서는 동일하다
행선지는 불관
② 지금까지의 관리, 즉 오오무라 영사면접.
③ "의견"은 "재고요청"을 의미하며, 대상자에 대한 재고요청이 1회에 한한다는 뜻
송환선출항을 1개단위로 간주하고 이를 1회로 생각(당초 참사관가 과장간에 이견)

④ 의사를 전달한다는 뜻으로 구두, 문서에 불문.

현행 절충절차대로 한다면 결국 공동좌석에서 이야기가 될것임.

⑤ 어느 사정하에서든지 최종입국일자를 기준.

⑥ "사정"이란 대상자 본인에 관한 사정이며, 일본정부의 사정이 아님.

사정의 내용, 또는 한계에 있어 입관령에 규정된 것만인지 아니면 경미한 범죄(운전면허등)까지 포함할 것인지는 불확실

문장상 "입관령이 정하는 바에 의하여"가 어디까지 걸리느냐 확실치 않음.

박국장과 "네기시" 심의관 사이에 자세히 논의되었고 법상의 재량권을 침해하지 않는 범위에서 적절히 운용.

⑦ 신병이 출국하여 일본영토밖으로 나간 시점.

⑧ 정식결혼, 즉 호적에 입적된 자 단 한국, 일본 어느쪽이든 상관없음.

⑨ 입관령에 따라 1년후 신청가능

⑩ 합의의사록과 같은 취지에서 기술함.

구태여 말하자면 의사록에 의거 좀 더 세밀히 기술했다고 말할 수 있음.

SHUT OUT 할 의미는 아님.

⑪ "재류특별허가"와 "특별재류허가"는 같음.

형무소 생활 1-2년후에 특재조치하고 있음.

⑫ 20% 등 수자를 문서에 표시하는 것은 여러가지 이유로 부적당.

한일양측 신뢰로 해나가자.

8활은 특재허가된다고 생각하자.

년3회 송환을 전제로 앞으로 운용문제로 봄.

협정3조 a), b)등 중대한 범죄에 대해서는 인도적 고려를 요청하지 않는다는 것이 한국측 입장임이 합의의사록에 나타나 있음.

가. 경과규정: 수용된자, 가방면중인자를 전부 포함하여 보건합의 내용대로 할 것임.

그러나 발효시기에 있어서는 서명자가 누군가(계급)에 달려 있음.-본국 정부 보고기간등 필요.

나. 발표문제: 법무성은 일체 발표의사 없으며, 한국측이 고집한다면 평행선이 될것임.

다. 송환, 절충방법: 현행 집단송환 절차는 그대로 유지

라. 송환비용: 타국의 경우처럼 한국측의 부담 여하 검토 있는지

17. 자료-작년(1977) 실무자회의 양측안

작년 실무자회의 양측안(자국안으로서 각각 교환)

<table>
<tr><td>한국측 문서(안)</td><td>일측 문서(안)</td></tr>
</table>

1. <u>협정영주권 신청기간 연장 문제</u>
   법적지위 협정(이하 협정이라함)에 규정된 기간내에 영주권을 신청하지 못한 재일한국인이 상당수 있음에 대하여, 일본측은 상황이 조성되면 법률 126호 해당자 전반의 지위에 관한 문제의 해결과 관련하여 한국측의 요망에 응할 용의가 있음을 표명하고, 그러한 상황이 조성될 때 까지는 <u>잠정적 조치</u>로서 이들 재일한국인에 대하여는 <u>협정영주자와 동등한 대우</u>를 행할것을 약속하였다.

2. <u>강제퇴거문제</u>

   가. 강제퇴거 절차

   (1) 일본측은 협정 제3조 및 출입국관리령에 따라, 한국인에 대하여 퇴거강제령서를 발부한 경우에는 한국측에 대하여 동사실을 문서로 통보한다.

   (2) 한국측은 전항의 통보를 받은 후 일본측에 대하여 <u>국적확인등</u>을 포함한 영사면접을 위하여 필요한 편의제공을 요청하고 일본측은 이 요청에 응한다.

1. <u>피퇴거 강제자의 송환</u>

   가. 출입국관리령 및 일한 법적지위 협정에 근거한 출입국관리 특별법의 규정에 따라, 한국인에 대하여 퇴거강제령서가 발부된 경우에는 <u>당해 한국인이 유효한 여권 또는 이에 가름하는 증명서를 소지하고 또한 자비출국을 희망하는 경우를 제외</u>하고, 일본측은 한국측에 대하여 그 사실을 문서로서 통보한다.

   나. 한국측은 전항의 통보를 받은후 일본측에 대하여 신속히 <u>국적확인</u>을 위하여 필요한 편의의 제공을 요청하고 일본측은 <u>가능한 한</u> 이 요청에 응한다.

(3) 한국측은 영사면접 결과, 대한민국 국민임이 확인된 자중 특히 재고의 이유가 있다고 인정될 경우에는 그 뜻을 일본측에 통보한다.

(4) 한국측은 다음에 해당되는 자는 인수한다.

　(가) 한국측이 전항의 이유를 통보하지 않은자
　(나) 불법입국자에 대한 전항의 통보에 대하여 일본측이 호의적 고려를 행한 결과 퇴거강제령서 발부처분을 취소할 여지가 없다고 하여 이를 한국측에 통보한자.

나. 불법입국자등에 대한 특별 조치
(1) 일본측은 1966.1.17. 이전에 일본국에 불법입국(불법 잔류를 포함, 이하동)하여 계속 일본국에 정주하고 있는 한국인에 대하여 특별히 재류를 허가한다.

(4) 일본측은 전항의 날 이후에 불법입국한 자에 대하여도 지금까지와 같이 인도적 고려를 행하고, 특별재류허가를 계속 부여

다. 한국측은 전기 가항의 통보에 관련된 자가 한국적을 갖이고 있는 것을 확인하였을 경우에는, 신속히 일본측에 이 뜻을 통보한다.

라. 한국측은, 특히 이유가 있다고 인정하는 경우에는 일본측에 대하여 전기 가.항의 통보에 관련되는 자에 대한 퇴거강제에 대하여, 견해를 진술할 수 있다.

마. 한국측은 다음에 열거하는 자가 한국에 송환된 경우에는 전부 이를 인수한다.
(1) 한국측이 전항의 견해를 진술하지 않는자
(2) 일본측이 전항의 견해를 검토한 후 퇴거강제령서 발부처분을 취소할 여지가 없다고 하여 그 뜻을 한국측에 통보한 자

2. 불법입국자등에 대한 특별조치
가. 일본측은 1966.1.17. 전에 일본국에 불법입국(불법잔류를 포함, 이하동)하여 계속하여 일본에 정주하고 있는 한국인에 대하여, 출입국관리령의 규정에 따라 특별히 재류를 허가한다. 다만 이자의 친족상황, 생활상황, 선행 보지의 유무등에 비추어 특별히 재류를 허가할 여지가 없다고 인정되는 자에 대하여는 차한에 부재한다.

나. 전항의 날로부터 5년 이내에 일본국에 불법입국한 한국인이 퇴거강제 처분에 의하여 퇴거된 시점에 있어서, 일본인 또는 영

한다. 특히 전항의 날로부터 5년 이내에 일본국에 불법입국한 한국인이 퇴거강제 처분에 의하여 퇴거되는 시점에 있어서 일본인 또는 영주가 허가된 외국인 배우자를 가지고 있을 경우에는 특별한 고려를 행한다. 전기한 인도적 고려를 행함에 있어서는 다음 제점에 대하여 배려하는 것으로 한다.

(가) 퇴거강제에 계류된 자가 미성년자로서 그의 부모가 일본에 거주하는 경우

(나) 일본에서 장기 거주 자격을 취득한 한국인 및 일본인과 결혼하고 그 가족의 생활 기반이 일본에 있는 경우

(다) 특별재류 허가를 취득한 범죄자중 그 가족 및 생활기반이 일본에 있는 경우

(라) 노약자로서 일본에 거주하는 가족의 부양 및 보호를 요하는 경우

(마) 협정영주자의 가계를 계승하는 자의 경우

(바) 기타 양측이 특히 이유있다고 인정한 자의 경우

다. 협정 제3조 해당자 처리

(1) 일본측은 협정 제3조 해당자(법율 126호 해당자중 이에 해당하는 자를 포함, 이하동)에 대하여는 협정의 합의의사록에 의거하여 인도적 고려를 하여 계속 재류를 인정한다.

주가 허가된 외국인 배우자를 가지고 있는 경우에는 일본국에 입국을 위한 사증 신청에 관하여, 출입국관리령 제5조에 규정된 상륙거부 사유에 해당되는 경우를 제외하고 일본국 정부는 호의적 고려를 행한다.

4. 특별법 해당자에 대한 재류특별 허가등

가. 일본측은 일한 법적지위 협정의 실시에 수반하는 출입국관리 특별법 제6조 제1항 제6호 해당자에 관하여, 동 협정에 관한 합의의사록에 의거 출입국 관리령의 규정에 의한 특별재류 허가에 있어 가족상황, 생활환경, 그 자의 범력, 행형 성적, 일본에서의 갱생의 실을 걸을 수 있을 가능성등을 고려하여 조치한다.

(2) 전항의 인도적 고려를 행함에 있어서는 특히 그자의 정상이 퇴거당할 경우 생활을 할 수 없는 자, 가족이 일본에 거주하는 자 및 일본에서 출생하고 교육 기타의 생활환경이 일본사회에 기준을 두고 있는 자에 대하여는 <u>충분한</u> 배려를 하는것으로 한다.

나. 전항의 고려에도 불구하고 퇴거강제령서가 발부된 자 및 전항에 따라 재류특별허가를 받은후에 <u>새로운 사유</u>에 의거 퇴거강제령서가 발부된 자의 송환에 대하여는 전기 1.에 정하는 바에 의한다.

* 주. 본건 메모는 양 대표단에 한하여, 양대표안간에 실질적으로 의견의 일치를 본점을 우선 종합한 것으로서 본건에 관하여 장래 양국 정부간에 작성될 경우의 문서의 자구표현에 대하여는 새로히 협의하는 것으로 한다.

3. 회수재입국 허가 문제

일본측은 협정영주자가 회수재입국 허가를 신청하는 경우 신청자의 직업, 빈번한 왕래의 필요성등을 고려하여 이를 허가한다.

4. 재입국 허가 기간 연장 문제

일본측은 협정영주권자의 재입국 허가기한 연장에 대하여 관계 법령 개정시 고려할 것을 약속하였다.

5. 재일한국인의 대우 문제

한일 양측은 협정영주자를 포함한 재일한국인이 일본사회에서 안정된 생활을 영위함이 양국의 우호관계 증진에 기여함을 인정하고, 금후에도 필요에 응하여 양측이 긴밀히 협의하기로 하였다.

18. 외무부 공문(착신전보)-법적지위 합의의사록

외무부
번호 JAW-10276
일시 141503
발신 주일대사
수신 외무부 장관

　　대: 교일725-1549
　　법적지위 합의의사록
　　1. 당관 양세훈 서기관은 10.14. 외무성으로 "사토우" 북동아과장을 방문, 아측 수정안을 수교하고, 아래 요지를 발언하였음.
　　가. 금번 아측안은 작년 서울에서의 양측간의 협의내용과 일측 제안을 충분히 참작하여 작성한 것임.
　　나. 아측은 일본국회가 끝난 후 빠른 시일내에 일측 대표단이 방한, 서명하기를 희망하고 있음.
　　다. 일측이 조속한 시일내에 아측안을 검토해 줄 것을 촉구하고, 검토결과 문제점이 있을 경우에는 즉시 협의에 임할것임.
　　라. 아측은 본국 국민뿐만 아니라 65만 재일한국인의 관심도에 비추어 전혀 발표없이는 매듭짓기 어려운 입장이며, 공개를 원칙으로 하고 있음으로 일부분에 대하여 비공개 부분을 설정하였음.
　　마. 아측안의 복지관계 조항은 본건을 매듭짓는데 있어 장애가 되지 않으리라고 생각됨. (당관은 향후 교섭을 위하여 아측안 6항 대우문제에 있어서 문장 말미 부분인 "….계속 호의적으로 검토할 것을 약속하였다"를 삭제하고 "이에 대하여 일본측은 …"으로 공란을 남기는 것으로 수정, 제시하였음.)
　　2. "사토오" 과장은 아측 제안에 대하여 아래와 같은 일차적 반응을 보이고, 곧 외무성과 관계성이 검토를 행한 후 아측에 알려주겠다고 말하였음.
　　가. 일측은 일측 안 제안 당시 설명한대로 합의의사록으로 하기보다는 토의기록으로 한는 것이 타당하다고 생각함.
　　나. 영주권 미신청자 문제, 재입국문제, 대우문제등은 한국측 입장을 이해하지 못하는 것을 불가능에 가깝다고 생각됨으로 한국측이 기대를 가지지 않기를 바람.
　　다. 일측은 합의되는 경우 문서 자체가 그대로 발표되는 것에 반대하는 입장이나, 각계로부터 문의가 있을 경우 그 문의에 대하여 설명하는 것은 무방할 것으로 생각함.

라. 전항과 같은 입장도 있고, 또한 금반 문서가 이미 공개된 협정의 실시에 관한 것이므로 별도 비공개 부분을 작성하는 데에는 반대함. (일본 영-교일, 아일)

19. 외무부 공문(착신전보)–법적지위

외무부

번호 JAW-10493

일시 251011

수신시간 10.25. 17:50

발신 주일대사

수신 외무부 장관

대 :JAW-10241

법적지위

1. 10.24. 법무성 관계관에 타진한 바, 법무성측 검토는 실무급에서 일단락지어 현재 마무리 단계에 있으며, 늦어도 금주말까지는 외무성에 이송될 예정임.

2. 법무성측은 현단계에서 구체적으로 밝힐수는 없으나 아측 수정안과 금반 제시될 일측 견해간에는 아직도 상당한 거리가 있음을 시사하였음.

3. 내주초 외무성측과 접촉위계임. (일본 영-교일)

20. 외무부 공문(착신전보)–법적지위

외무부

번호 JAW-11285

일시 111300

수신시간 11.11. 18:55

발신 주일대사

수신 외무부 장관

연: JAW-10493

법적지위

1. 당관 양세훈 서기관은 11.9. 외무성으로 사토오 북동아과장을 방문면담하였음.

2. 동 과장은 아측 수정안에 대한 일측의 검토 결과와 본건 협의에 임한 일측 입장에 관하여 요지 아래와 같이 말하였음.

가. 한국측 수정안은 최초안과 별로 차이가 없으며 일측 주장과 거리가 많음.

나. 지금까지의 협의로 상호 이해가 있다고 생각하고 있었고 이를 전제로 문서화한다는 의미에서의 제안을 기대해 왔으나 한국측 안은 그 간의 협의에서의 일치점을 넘어서는 제안을 하고 있음. 특히 법제상 불가능하거나 합의했다고 해서 곧 실시되는 것이 아닌 문제(강제퇴거 이외의 문제들을 지칭)를 일괄적으로 취급하고 있음.

다. 이와 같이 양측간에 기본적으로 생각의 차이가 있는 이상 일측으로서는 새로운 대안을 고려조차 하고 있지 않음.

라. 일측으로서는 법적지위 문제가 양국 정부간 문제임으로 협의 자체를 거부할 입장은 아니라 한국측안을 BASE로 협의할 의도는 전혀 없음.

라. 강제퇴거 문제에 대하여는 일측으로서 많은 의견을 가지고 있으나 기본적으로 생각의 차이가 있는 현단계에서는 의견을 제시할 의사가 없음.

3. 이상과 같은 일측 태도에 비추어 일측은 강제퇴거 문제만을 다루자는 종전부터의 주장을 굽히지 않고 있는 것이 분명하다고 사료됨.

4. 11.7. 자로 법무성 요시다 입관국장은 외무성으로 귀임하고, 후임에 외무성 출신 고스기 테루오가 취임한 바 법무성 관계 과장은 법무성 소관(강제퇴거문제)에 관한한 법적 지위 문제 교섭에 하등 지장을 주지 않는다고 말하였음을 참고로 보고함. (일본영-교일)

21. 외무부 공문(발신전보)-법적지위

외무부
번호 WJA-11235
일시 151530
발신 외무부 장관

수신 주일대사

법적지위

대: JAW-11285

연: 교일725-1549

1. 대호, 법적지위 문제는 다음과 같은 아측입장에 따라 교섭하고 결과 보고 바람.

가. '77.11. 일측대표의 방한시 양측은, 금후 법적지위 실무자간 합의의사록 교섭이 타결되는 경우에는 아측은 강제퇴거 대상 협정3조 해당자중 2할정도를 인수할 용의가 있다는 것과 동 합의의사록을 문서화하자는 것 및 부득이 공개키 어려운 점은 별도로 비공개 토의기록을 둘 수 있다는 것에 상호 합의를 본 바였으며, 법적지위에 관한 기타사항도 동 합의의사록에 당연히 포함된다는 것은 기정사실로 양해된 바 있음. 그리고 이는 '76년도 양측 실무자 회의시에도 언급된 바 있으며, 다만 표현상의 문제만이 미결로 남아있다고 하겠음. 일측 주장대로 아측안이 지금까지의 협회에서의 일치점을 넘어섰다는 견해가 표현상의 문제라면 아측은 이해를 하고 앞으로 합의를 통해 서로 일치점에 도달토록 노력할 것이나, 강제퇴거문제 이외의 사항은 다루지 않는다는 의미에서 일치점을 넘어섰다고 한다면, 이는 종래 양측이 협의하여온 경위에 비추어 이해할 수 없는 것이라고 하겠음.

나. 특히 태도와 관련, 아측으로서는 법제상 불가능한 사항을 법제화하여 달라거나, 당장 실시키 어려운 것을 곧 실시하여 달라고 요구하는 것은 아니며, 재일한국인의 문제는 65만 교민뿐만 아니라 본국의 전 국민이 예의 주시하고 있는 주요관심사이며 재일한국인 유래의 역사적 특수성에 비추어 이를 언급치 않을 수 없는 아측입장을 일측도 이해할 수 있을 것으로 사료됨.

2. 일법무성 입관국장의 경질을 계기로 "오재희"공사로 하여금 신임 국장을 방문토록하여, 상기 아측입장에 입각하여 본 건 교섭이 조기 타결될 수 있도록 적극 추진하시기 바람.

(교일-)

⑦ 재일본 한국인 법적지위 및 복지향상 문제, 1977-78

○ ○ ○

기능명칭: 재일본 한국인 법적지위 및 복지향상 문제, 1977-1978

분류번호: 791.23

등록번호: 12496(19602)

생산과: 교민1과

생산연도: 1977-1978

필름번호: 2008-81

파일번호: 10

프레임 번호: 001-054

1. 외무부 공문(착신전보)–재일한국인 김현약의 국민연금 지급청구 재심사 요청에 관한 건

외무부공문
번호 JAW-11124
일시 071933
발신 주일대사
수신 외무부 장관

77.11.6자 아사히 신문(조간)은 재일한국인 김현약(66세)씨의 국민연금 지급 청구 재심사 요청에 대하여 다음 요지 보도함.
1. 과거 12년간 국민연금 가입금을 지불한 재일한국인 김씨는 자신이 일본인이 아니라는 이유로 연금 지불을 거부당한데 대하여 사회보험 심사회에 재심사를 청원함.
2. 한편 상기 김씨의 청원을 지원하기 위하여 아시아 인권쎈타. 일본 그리스도 교단 일한 연대 특별위원회, 재일한국인 문제 연구회등은 10.31 재일한국조선인에 대한 국민연금을 요청하는 회(연락처 아시아인권쎈타)를 설립함.
3. 이에 대하여 야마모또 후생성 연금국 기획실장의 견해는 다음과 같음.
가. 일본인에 한하고 있는 현재의 국민연금 제도를 변경하는 것은 어렵다.
나. 외국인에 연금가입을 인정하면 유리 및 불리한 점이 있는 바 정부간의 외교 교섭이 필요함.
즉 단기 체재 외국인에게도 연금에 강제가입을 시킬 경우 연금 가입금 처리문제가 있으며 또한 외국인에게만 임의 가입을 인정할 수도 없다는 것임.
다. 재일한국조선인만을 영주권을 갖고 있다고 해서 타 외국인과 다른 취급을 할 수도 없음. (일정-북일)

2. 외무부 공문(발신전보)–신문보고에 대한 상세 내용 조사 지시

번호 WJA-1207
일시 01550
발신 외무부 장관
수신 주일대사

11.25. 통일일보 및 12.1일자 조선일보에 의하면 '재일한국인의 제권리에 관한 심포지엄'이 일본 기독교 협의회 미 재일 대한 기독교회 주최로 11.22-24.간 귀지 고덴바시에서 개최되었다는 바, 이에 관하여 아래사항을 조사 보고 바람.

가. 심포지엄 개최 경위 및 경과

나. 연사 명단

다. 발표 주제 및 동 자료

라. 결의 사항 및 그 내용

(교일)

3. 외무부 공문(발신전보)–재일한국인 법적지위 문제에 관하여 특별접촉비 송금 보고

외무부

번호 WJA-12192

일시 131740

발신 주일대사

수신 외무부 장관

재일한국인 법적지위 문제에 관하여 일본 정부 당국과의 특별접촉비로 ₩1,000을 송금하니 적의 사용하시고 사용결과 보고서를 78.1.20.까지 제출하시기 바람. (교일)

4. 외무부 공문(발신전보)–재일한국인 협정영주자 차별대우 시정에 관한 요구 건

외무부

종별 긴급

번호

일시

발신 외무부 장관

수신 주일대사

대: JAW-12274

귀관의 주재국 신임 외상 면담에 대비 교민관계에 대하여 아래와 같이 지시함.

재일한국인 협정영주권자는 납세의무등 모든 의무면에서는 일본국민과 동일한 대우를 받으면서 사회복지 수혜면에서 차별대우를 받고 있는 것은 부당함으로 이와 같은 차별대우를 시정하여 내국민 대우에 준한 대우를 하도록 촉구하고 현시점에서 최소한 아래와 같은 사회복지관계 법규를 재일한국인에게도 적용시키도록 당부 바람.

국민연금법
아동부양수당법
공영주택법
주택금융공고법
국민금융공고법

(교일)

5. 주일대사관 공문─재일한국인의 제권리에 관한 심포지움

주일대사관
번호 일본(영)725-192
일자 1978.1.12.
발신 주일대사
수신 외무부 장관
참조 영사교민국장
제목 재일한국인의 제권리에 관한 심포지움

대: WJA-1207

77.12.21-24. 간 시즈오까현 고텐바시 "도오산쇼오"에서 개최된 표기 심포지움에 관한 조사한 내용을 아래와 같이 보고합니다

-아래-

1. 심포지움 개최 경위 및 경과

　가. 일본내 기독교 세력은 원래 미약하여 자기 존재를 사회운동을 통하여 과시토록 노력해 온 과정에서 한국문제를 많이 거론하여 왔는바, 금반

심포지움은 친한세력이든 반한세력이든 간에 기독교 관계 인사들이 참석하여 한국의 국내 정치문제가 아닌 일본내 인권문제에 중점을 둔 취지에서 개최된 것임.

나. 동 심포지움은 4일간 개최되었는 바, 개막당일에는 당관 조일제 공사 및 이원홍 공사가 방문, 일본사회당 국제국장 "가와까미. 다미오", 일본 그리스도 교단 일한연대 특별위원회 위원장 "오오시오. 세이노스께", 일본 기독교협의회 총간사 "나까지마. 마사아끼"등과 접촉이 있었으며, 주요 토의내용으로서는 일본 헌법(제14조 및 제30조) 해석의 모순을 지적, 복지에서의 보장보다는 경제활동면에서의 보장이 급선무라는 논의와, 사회보장 권리확보, 기본인권확보, 상호부조를 활동목표로 세우고 구체적 운동 추진, 법적투쟁을 위한 전문위원회 설치, 각 운동가, 연구가, 단체등의 횡적 연락등 활동방안이 제시되었음.

2. 주요인사 명단 :

이인하 목사

나가다히라 겐기찌 변호사

나까지마 마사아끼 목사

히구마 마쯔오(   ) 목사

최충식 목사

최경식 목사

야마구찌 아끼고(일본 엔.씨.씨. 간사)

가또 가쓰미

오재식

3. 발표주제 및 결의사항 :

동 심포지움은 재일한국인의 제권리 문제를 주제로 토론을 전개하고, 별첨과 같은 성명서를 발표하였는 바, 동 성명서의 주요요지는 강제되거 철폐, 재일한국인문제 연구회 조직, 법적지위 협정의 재검토, 교육, 경제, 복지면의 제권리 보장등임.

첨부: 상기 성명서(국, 일문) 각 1통. 끝.

5-1. 첨부-재일한국인의 제권리에 관한 심포지움 성명문

(재일한국인의 제권리에 관한 심포지움) 성명서

우리들, 재일대한기독교회 및 일본기독교협의회 대표들은 표제에 관한 일부 국내의 연구자 및 그 운동에 관여하고 있는 인사들을 초청하여 1977년 11월 21일부터 동 24일까지 일본국 시즈오까현 고텐바시의 도산소에서 "재일한국인의 제권리에 관한 심포지움"을 개최하였다.

이 심포지움의 중대성에 비추어 우리는 한국기독교 교회협의회 대표의 참석을 바라 이를 초청하였으나, 적시에 한국정부의 출국 허가를 얻지 못한 것은 극히 유감된 일이라 하겠다.

우리들은 먼저 재일한국 조선인문제를 생각함에 있어선, 그 모든 문제의 근처에 재일한국. 조선인의 주체성의 확립이 있음을 재확인하는 것이다. 그러므로 우리들은 종래 일본국 정부 및 일본인에 의하여 재일한국, 조선인에게 가하여진 "동화와 추방"의 모든 억압을 용납할 수 없는 것이다. 이제 우리들은 모든 억압과 차별에서 전인류가 해방되어 인간이 인간으로서의 참모습고 참자유에 살아가야할 것이 크게 외쳐지고 있는 현대적 상황을 길이 인식하고 있다. 이것은 동시에 성서에 있어서 모든 민족이 각각 받고 있는 풍성한 은사를 서로 가누는 새로운 도시(공동체)가 종래적 미래상으로 묘사되고 있는 사실과 일치하는 것이다. 우리들은 이 미래상을 일본국내에 있어서의 재일한국. 조선인의 참다운 모습으로 생각하고 이와 같은 미래를 쟁취하여 나아가려는 것이다. 우리들은 재일한국. 조선인의 제권리에 관하여 특히 재류권, 교육권, 생활권에 진정을 두고 검토하였다.

1. 재류권

재류권 문제에 있어선 주로 재일한국. 조선인의 법적 지위를 어떻게 안정시킬 수 있는가에 대하여 토의하고 다음의 몇가지 점에서 의견의 일치를 보았다.

(1) 법률126호 해당자의 자녀와 손의 문제에 있어선 잠정적 배치로서 입관령 4-1-16-2 또는 3에 의하여 현재 3년의 재류기한으로 갱신하여 재류하고 있는 것이나 발본적 배치없이 벌써 근30년을 경과해 오고 있는데 전혀 실정에 맞지 않는 것이라 하겠다. 그러므로 이러한 자들의 법적지위를 법률126호 해당자와 같은 지위로 통일해야 할 줄로 생각한다.

법률 126호 해당자 자체에 대하여서도, 법률126호는 법적지위가 미확정임을 인정한 것에 불과하므로 퇴거강제 사유가 적용될 요지가 없음을 생각한다.

협정영주권자에 관하여는 합의토의기록의 인도조항을 엄격하게 준수하므로서 법적지위협정 제3조 1항 씨 및 디에 있어서 퇴거강제를 적용할 요지는 없고 퇴거강제는 용납할 수 없는 것이다.

(2) 협정영주권허가자, 법률126호 해당자의 가족 및 장기재류한국. 조선인을 퇴거강제시키는 일은 혹은 가족이산, 파괴를 초래하는 것이 되고 또는 이미 일본에 있어

서 이때까지 확립해 놓은 생활기반을 박탈하는 것이 되므로 법적지위협정, 합의의사록 및 한일양국정부의 양해사항의 인도조항을 용납해선 안될 것은 국제인권규약 비23조 1항 및 세계인권선언 16조에서 볼 수 있는 것처럼 국제적으로도 광범히 승인되어 있는 사실인 것이다.

(3) 잠재거주자의 문제에 있어서는 잠재거주자들의 여러 형편과 각가지 사정이 있을 줄 아나 기본적 인권을 심히 침해받고 있는 상황속에서 살고있지 않으면 안된 상태이므로 더 이상 방치할 수 없는 문제로 되어 있는 것이 분명하다. 일본정부는 단지 취제등의 시책에 급급할 것이 아니라 어떠한 적극적인 해결방책을 강구해 줄 것을 요망한다.

(4) 재일한국. 조선인의 해외도항에 있어서는 다음과 같은 개선책을 요구한다.

　가. 여권소지자의 재입국기한연장에 있어선 체재국에 있어서 그 신청을 인정하든지 또는 일본국내에서의 대리인 선정을 인정할 것.

　나. 여권을 취득못한 자에 대해선 그들의 해외도항을 제도적으로 보장해 줄 것.

1. 교육권

　교육권 문제에 있어선 우리들은 먼저 모든 인간은 국적의 여하를 불문하고 교육을 받을 권리를 가지고 있음을 기본적 인권의 기저에 있는 것으로서 확인하였다.

　다음으로 일본의 공교육의 교육과정에 있어서 구미적 가치지향이 현저하고, 아시아에의 시야가 결핍되어 있는 것을 지적하며, 어학을 포함하여 공교육 속에 있는 아시아에 관한 교과, 교재의 충실과 교육기관에의 재일한국. 조선인의 참가를 요구한다.

　우리들은 또한 재일한국. 조선인의 민주적 주체성을 어떻게 구축해 나갈것인가에 대하여 협의하였다. 일본의 공교육의 장에 있어서의 한계를 알고 자녀를 민족교육기관에 보내려고 하는 부모에 대하여서는 조성금의 기부를 포함하여 민족교육기관에 있어서의 교육이 보장되어야 할 것이다. 또한 민족교육기관이 대다수 동포의 요망에 의하지 못하고 있는 상황은 민족교육을 억압해 온 일본의 정책과 재일성을 충분히 고려하지 못했던 교육기관측의 자세때문이라 볼 수 있겠다. 그러므로 현실적으론 75퍼센트의 자녀가 일본학교에 재적하지 않을 수 없게 되었다.

　이와 같은 현실을 생각할 때 가정에 있어서나 지역사회에 있어서 재일한국. 조선인 자녀가 민족적 주체성을 지니고 자랄 수 있는 터전을 만들어 주어야 할 것이다. 이미 각지에서 행하여 지고 있는 몇가지 예와 같이 재일한국. 조선인과 일본인이 진지하게 이 문제의 책임을 느끼고 운동을 벌이고 있는 가운데 비로소 재일한국.

조선인의 부모는 스스로의 결단으로 안심하고 그 자녀를 일본학교에 보낼 수 있게 되는 것이다. 이러한 전개속에서 재일한국. 조선인의 자세는 스스로의 주체성을 확립하고 두 문화를 소화하고 이어갈 수 있는 존재로서 일본 사회에도 공헌할 수 있게 되는 것이다. 또한 우리들은 다수의 일본국적 취득자의 자녀 또는 재일한국. 조선인과 일본인 사이에서 출생한 자녀가 자기의 주체를 모색하는 가운데서의 그 고뇌를 이해하고 그 문제를 교육적 과제로서 제기해야 할 것임을 확인하였다.

일본인 교사에 의한 학교교육의 장에서 취급될 문제는 기본적으로는 일본인 아동들을(차별하지 않고 또 차별을 허용치 않는 아동)으로서 키워야 할 것이고 그와 같은 일은 또한 재일한국인. 조선인의 참다운 인간형성에 연결되는 문제인 것이다. 이와 같은 일을 위한 보조교재 작성등의 구체적인 문제에 대하여 재일한국. 조선인을 포함한 광범한 협력이 요망된다.

이상과 같은 운동을 전개함에 있어서 장해가 되는 1965년의 문부차관 통달을 철폐시키는 일은 긴급하고 또한 필요한 일이다.

1. 생활권

오늘 재일한국. 조선인에 대한 약 일백가지 항목에 걸친 사회보장 및 사회복지의 많은 부문등에 적용되지 않는 일, 취직의 문호가 닫혀있으며 또한 경제합동에 있어서도 여러가지 제약과 규제를 받고 있는 현실은 참으로 재일한국. 조선인의 삶의 권리가 침해되어 있는 것임을 명백히 들어내는 것이다.

우리들은 이와 같은 생활에 관한 제권리가 재일한국. 조선인에게 부여되지 않고 있는 부조리에 의하여 그들의 생활파괴가 일어나고 나아가선 인간성의 왜곡을 가져오고 있음을 확인하는 것이다.

일본정부는 이때까지 재일한국. 조선인의 재류나 처우를 불안정하게 하고 그들을 관리지배한다는 정책을 견지해 왔다. 최근에 와서 그건을 어느정도 "보장"하고 귀하의 촉진을 도모하는 방침 전환이 일부정부 당국자에 의해 주장되어진다. 물론, 재일한국. 조선인의 생활에 관한 제권리는 확립해야 한다. 그러나 우리들은 당사자인 재일한국. 조선인에 일정한 정책하에서 타자에 의해 강요되는 삶이 아니고 스스로의 주체를 가지고 삶의 방법을 결정할 수 있도록 일본정부의 정책전환이 필요불가결한 것임을 확신하는 것이다.

더욱이 또한 일반사회에 있어서의 재일한국. 조선인에 대한 편견과 차별이 뿌리 깊게 남아 있어 이 일로 인해 당사자들의 일상생활이 침해당하고 있는것도 간주할 수 없는 것이다. 따라서 우리들은 재일한국. 조선인에 대한 사회보장관계법 등의 국적조항을 철폐하고 사회보장 및 人회복지의 적응을 일본국민과 동등하게 보장할 것을 요구한다. 또한 개개인간에 있어서의 민족차별에 대하여도 일본정부가 그 책임에 있어서 차별철폐를 위한 온갖 노력을 다해줄 것을 요망하는 것이다.

이것들을 요구하는 근거로서는 일본국 헌법의 정신이 먼저 일본국내에 있어서의 모든 차별을 부정하고 있다. 또한 국제인권 규약, 국제노동조약(아이.엘.오), 모든 형태의 인종차별철폐에 관한 국제조약등에 인권존중에 배치되는 여하한 차별도 허용하지 않는다고 한 점이다. 더욱이 일본의 식민지지배와 그 결과로서의 장기체류자와 그 자손에 의해 그 태반이 형성되어 있는 재일한국. 조선인은 일본사회에 있어서 상호부조하며 나가는 지역주민의 일원인 것을 중시하지 않으면 안될 것이다. 그러나 인권존중의 국제적 제조약이 많은 나라에 의해서 비준되어 있음에도 북구하고 일본국 정부는 아직껏 국제인권규약, 모든 형태의 인종차별 철폐에 관한 국제조약등을 비준하지 않는 것은 극히 유감된 일이다. 우리들은 일본국 정부에 대하여 이와 같은 편견, 차별에 기인된 (배외의식의 철폐)를 강하게 요구하는 공동의 보조를 맞추어 나가지 않으면 안될 것이다. 더 나아가서 우리들은 재일한국. 조선인의 생활권을 위시로 하는 제권리 획득투쟁의 길에 있어서 당사자의 주체성 구축은 인간파괴를 저지시키기 위해선 빼놓을 수 없는 중요한 문제인 것을 확인하였다.

금후 이상의 제문제를 정리 검토하여 모든 힘을 결집하여 전진하기 위하여(재일한국. 조선인의 제권리에 관한 연구회)(가칭)로서 전국적인 조직으로 설정할 것을 확인하였다. 일본사회의 재일한국. 조선인에 대한 편견, 차별은 의연하게 뿌리깊게 존재하고 있다. 이것은 일본의 민주주의의 질에 관한 문제가 되며 일본인은 그 주체성을 걸고 이것을 극복하지 않으면 안될 것이다.

일본의 교회로서는 이와 같은 문제를 선교적 과제로서 받아들이지 못하고 있었음을 반성하고 그 투쟁에 힘을 기울일 것을 새롭게 하였다.

재일한국. 조선인사회에 있어선 재일동포의 현실에 육박하는 운동을 그 중심축으로 삼고 2, 3세의 의식화와 한편 동화에 대한 저지, 그리고 고립분산화한 동포들의 집결을 기도하면서 재일동포가 받고 있는 부조리를 타파하는 역량을 구축할 것이다. 이러한 일등은 동시에 조국의 평화통일에 기여되는 일임을 확신한다. 재일한국교회로서는 재일동포들의 아픔을 함께함에 결핍된 점등이 있었음을 반성하고 재일동포의 인간성이 파괴되어감을 고려하여 동포들이 주체적 인간으로 자각해 나가기 위한 일을 그 선교적 과제로서 받아들일 것이다.

일본정부에 대해서 우리들은 이상에 제언한 제요구에 대해 즉각 실현해 주도록 노력할 것을 강하게 요구하는 것이다. 더 나아가서 우리들은 한일양국정부에 대하여 한일법적지위협정이 재일한국. 조선인의 제권리의 확보에 있어서 극히 불충분한 것이므로 이것을 개선하기 위하여 조속히 협정개정에 대해 검토해 줄 것을 요구하는 바이다.

1977년 11월 24일
"재일한국인의 제권리에 관한 심포지움" 참가자 일동

「在日韓国人の諸権利に関するシンポジウム」声明書

われわれ、日本キリスト教教会及び在日大韓基督教会の代表は、表題に関する
日本国内の研究者、及び運動にたずさわる人々を招き、1977年11月21日から同月24
日まで、日本国静岡県御殿場市の東山荘において「在日韓国人の諸権利に関するシ
ンポジウム」を開催した。

このシンポジウムの重大性に鑑み、われわれは韓国基督教会代表の参席を得た
く招待したが、韓国政府の出国許可をえられなかったことは極めて遺憾であった。

われわれは、まず在日韓国・朝鮮人の問題を考える場合、あらゆる問題の基底
は在日韓国・朝鮮人の主体性の確立にあるということを再確認する。それ故にわれ
われは、従来、日本国政府及び日本人によって在日韓国・朝鮮人に加えられた「同
化と追放」の一切の抑圧を許さないものである。われわれは、今やすべての抑圧と
差別から全人類が解放され、人間が人間として、あるべき真の自由に生きることが
強く叫ばれる現代的状況を深く認識している。このことは同時に、聖書において、
諸民族がそれぞれの豊かな賜物をもちよる新しい都市(共同体)が終末的未来象とし
て描かれていることに一致する。われわれはこの未来像を、日本国における在日韓
国・朝鮮人のあるべき姿と考え、このような未来をめざして、たたかいを進めるも
のである。

われわれは、在日韓国・朝鮮人の諸権利を特に在留権、教育権、生活権に焦点
を合わせて検討した。

1. 在留権
在留権の問題については、専ら在日韓国・朝鮮人の法的地位を如何に安定させ
うるかについて討議し、次の諸点について意見の一致をみた。
(1)法律126号該当者の子と孫の問題については、暫定的措置として入館令4-1-16-2
又は3により、現在3年の在留期限の切換えにより在留しているものであるが、
抜本的措置をとられることなくすでに30年近くを経過し、全く実情に合わない

ものとなっている。よってこれらの者の法的地位を法律126号該当者と同じ地位に一木化すべきものと考える。

　　法律126号該当者自体についても、法律126号は法的地位が未確定であることを認めたものに過ぎないから退去強制事由を適用する余地は無いと考える。

　　協定永住許可者については、合意議事録の人道条項を厳格に遵守することにより、法的地位協定第3条1項C及びDについて退去強制を適用する余地はなく、退去強制は許されない。

(2)協定永住許可者、法律126号該当者の家族及び長期在留韓国・朝鮮人は、これらを退去強制させることは、或いは家族離散、破壊を招くことになり、或いはすでに日本において確立した生活基盤を剥奪することになるから、法的地位協定、退去強制を許してはならない。家族離散を許してはならないことは、国際人権規約B23条1項及び世界人権宣言16条に見られるように国際的にも広く承認されているところである。

(3)潜在居住者の問題については、潜在居住者自身のそれぞれの事情があるにせよ、基本的人権を著しく侵害された状況の中で居住することを余儀なくされており、もはや放置できない問題となっていることは明らかである。日本政府が単なる取締り等の施策ではなく、何らかの積極的解決方策をはかることを要望する。

(4)在日韓国・朝鮮人の海外渡航については、次の如き改善策を要求する。

　　(イ)旅券所持者の再入国期限延長については、滞在国における申請および日本国内で代理人申請を認めること。

　　(ロ)旅券を取得できない者については、その者の海外渡航を制度的に保障すること。

1．教育権

　教育権の問題については、われわれはまず、すべての人間は国籍の如何を問わず教育を受ける権利をもっていることを、基本的人権の基底にあるものとして確認した。

　次に、日本の公教育の教育課程において区米的価値志向が顕著であり、アジアへの視野が欠落していることを認め、語学をも含めて公教育の中におけるアジアに関する教科、教材の充実と、教育機関への在日韓国・朝鮮人の参加を要求する。

　われわれは更に在日韓国・朝鮮人の民族的主体性をどのようにして構築していくかについて協議した。日本の教育の場における限界を認め、子女を民族教育機関

におくろうとする父母に対しては、助成金の交付を含めて民族教育機関における教育が保障されるべきである。なお、民族教育機関が大多数同胞の要望に応えていない状況は、民族教育を抑圧した日本の政策と在日性を充分にふまえ得なかった教育機関の側の姿勢によるところが多い。それ故に、現実には75％の子女が日本の学校に在籍せざるを得なくなった。

　この現実を考える時、家庭において、また地域において在日韓国・朝鮮人子女が民族的主体性をもって育てられるような場を造りあげるべきげあろう。すでに各地で行われているいくつかの例のように、在日韓国・朝鮮人と日本人が真剣にこの問題に責任を感じて取り組む中で在日韓国・朝鮮人の父母は、はじめて自らの決断でその子女を日本の学校におくることが可能となる。そうして展開の中で在日韓国・朝鮮人の子女は、自らの主体を確立し、ふたつの文化を切り結ぶ存在として、日本社会にも貢献しうる。なお、われわれは、多数の日本国籍取得者の子女、ならびに在日韓国・朝鮮人と日本人の間に出生した子女が自らの主体を模索する中での苦悩を理解し、その問題を教育的課題として受け止めるべきであると確認した。

　日本人教師による学校教育の場で取り組みは、基本的に日本の子どもたちを「差別しない、ゆるさないこども」として育てることであり、そのような働きがまた、在日韓国・朝鮮人の真の人間形成につながる。このような働きのための補助教材作成など基本的な問題に対して、在日韓国・朝鮮人を含めた広範な協力が望まれる。

　以上の運動展開にあたり障害となる1965年の文部次官通達を撤廃させることが緊急かつ必要である。

1. 生活権

　今日、在日韓国・朝鮮人に対し約100項目になんなんとする社会保障及び社会福祉の多くが適用されないこと、就職の門戸が閉ざされ、更に経済生活においても種々の制約と規制を受けている現実は、まさに在日韓国・朝鮮人の生きていく権利が侵害されていることに他ならない。

　われわれは、こうした生活に関する諸権利が在日韓国・朝鮮人に享受されない不条理によって、生活破壊がおこりひいては人間性の歪みをもたらしていることを確認した。

　日本政府はこれまで在日韓国・朝鮮人の在留や処遇を不安定にして管理支配するという政策を堅持してきた。最近、それらを一定程度「保障」し、帰化の促進をはかるという方針転換が一部政府当局者によって主張されている。もちろん、在日韓国・朝鮮人の生活に関する諸権利は確立されなければならない。しかしわれわれ

は、当事者である在日韓国・朝鮮人が一定の政策の下で他者から強要される生き方でなく、自らの主体において生き方を決定できるような日本政府の政策転換が必要不可欠であると確信する。

更に又、一般社会において在日韓国・朝鮮人に対する偏見・差別が根強く残っており、このことによって当時者の日常生活が侵害されていることも見逃すことはできない。従って、われわれは在日韓国・朝鮮人に対する日本人の認識が同時に変革されなければならないと確信する。

われわれは、在日韓国・朝鮮人に対して社会保険機関法、住宅関係法、その他の生活関係諸法律等の国籍条項を撤廃し、社会保障及び社会福祉の適用を日本国民と同等に保障することを求める。また、私人間における民族差別についても日本政府がその責任において差別撤廃につながるあらゆる努力をするよう求める。

それらを要求する根拠としては、まず日本国籍法の精神が日本国内におけるあらゆる差別を否定している。また、国際人権規約、国際労働条約(ILO)、あらゆる形態の人権差別撤廃に関する関係条約等は、人権尊重からいかなる差別をも許されないとしている。さらに、日本の植民地支配とその結果としての長期在留者とその子孫によって大半が形成されている在日韓国・朝鮮人は、日本社会において相互に扶助していく地域住民の一員であることを重視しなければならない。

しかし、人権尊重の国際的諸条約が多くの国によって批准されているにもかかわらず、日本政府はいまだ国際人権規約、あらゆる形態の人権差別撤廃に関する国際条約等を批准してないことは極めて遺憾である。われわれは、日本政府に対しこれらの国際条約の早期批准を求めると同時に、日本社会の偏見・差別にもとずく排外意識の撤廃を強く求める共同の歩みを進めなければならない。

更に又われわれは。在日韓国・朝鮮人の生活権をはじめとする諸権利獲得の闘いの質において、当事者の主体性構築は人間破壊をくいとめるために欠落させてはならぬ重要な問題であることを確認した。

今後、以上の諸問題を整理・討議して力を結集し、前進をはかるために「在日韓国・朝鮮人の諸権利に関する研究会」(仮称)として、全国的な場を設定することを確認した。

日本社会の在日韓国・朝鮮人に対する偏見・差別は、依然として根強く存在している。これは、日本の民主主義の質に関わる問題であり、日本人はその主体をぁかけてこれを克服しなければならない。

日本の教会としては、これらの課題を宣教的課題として受け取めることに欠けていたことを反省し、この闘いに取組む決意を新たにする。

在日韓国・朝鮮人社会にあっては、在日同胞の現実に肉迫する運動を中心軸にすえ、2・3世の意識化と同化に対する歯止め、そして独立分散化した同胞の結集をはかりながら、在日同胞が受けている不条理を打破する力量を構築すべきである。このいとなみは同時に、祖国の平和統一に寄与できるものと確信する。

在日韓国教会としては、在日同胞の痛みをともにすることに欠けていたことを反省し、在日同胞の人間性が破壊されていることをふまえ、同胞が主体的人間に目覚めていくための働きを宣教的課題として受けとめる。

日本政府に対しては、われわれは、さきに提言した諸要求について、即時実現に努めることを強く求めるものである。われわれは更に、日韓両国政府に対し、日韓法的地位協定が在日韓国・朝鮮人の諸権利の確保について極めて不十分なものであるから、これの改善のために、速やかに協定の改正について検討することを要求する。

1977年11月24日
「在日韓国人の諸権利に関するシンポジウム」参加者一同

6. 주일대사관 공문—재일동포 법적지위에 관한 민단요망서 송부

주일대사관
번호 일본(영)725-912
일자 1978.2.16
발신 주일대사
수신 외무부 장관
참조 영사교민국장
제목 재일동포 법적지위에 관한 민단요망서 송부

1. 민단의 재일동포 권익옹호 운동의 일환으로, 민단 오오사카 본부등 16개 단체가 78.2.6일 법무대신, 오오사카부, 부경찰본부등에 제출한 요망서를 별첨 (1) 송부합니다.
2. 한편, 민단 중앙본부는 여하 각지부가 일본의 중앙 및 지방행정당국에 제출토록 방침을 세우고, 금년 3.1절 기념식전에서 별첨(2)과 같은 요망서를 채

택할 예정인 바, 그 내용은 상기1항 요망서에 벌측에 관한 요망을 추가한 것임을 아울러 보고합니다.
첨부: 1. 상기1항 요망서 1통
      2. 상기2항 요망서 1통.   끝.

6-1. 첨부−외국인등록법 및 출입국관리령 등의 개정에 관한 요망서

殿

外国人登録法並びに出入国管理令等の改正に関する
要望書

要望団体代表世話人
在日本大韓民国居留民団大阪府地方本部
団長　黄七福

　　私たち在日韓国人65万人は出入国および在留面について出入管理令外国人登録法等による規制を受けていますが、今日その規制の実態をみるとき、その運用に甚だしく妥当性を欠くものが少なくなく、さらに規制そのものの中にも今日の諸情勢に適合しないものが少なくありません。

　　とりわけ、協定永住権者については、いわゆる法的地位協定の第5条によって、出入国および居住を含むすべての事項に関し、その協定に定める場合以外はすべての外国人と同様に法令の適用を受けることが確認されております。しかし、協定成立に至った歴史的、社会的事情於に加え、その後における諸情勢の大きな変化を考えるとき、協定永住権者の現行の権利をうたった協定の基本精神とは大きくかけ離れたものになったといわざるをえません。

　　私たち在日韓国人は日本社会に定着し、日本社会の構成員として永続した生活を営んでおり、とくに二世、三世の在日韓国人が大半を占める今日、その傾向はいよいよ顕著なものとなっております。

それにもかかわらず、厳重な出入国、在留上の規制は、このような傾向に逆行するばかりでなく、私たち在日韓国人の歴史的、社会的な特殊な事情を無視するものであり、もはや不合理、不適切な規制は改廃されるべき時期に来ているものといわざるをえません。

　そこで、在日韓国人の権益擁護と民生安定等を目的とする本団が上記の諸点に関する団員の意向を次の通り集約し、ここに外国人登録法並びに出入国管理令等の改正に関する要望を提出する次第であります。

記

(1)外国人登録証明書の常時携帯、呈示義務の免除のための改正

　たとえば、交通取締り警官から運転免許の呈示とあわせて、外国人登録証明書の呈示を求められることがごく普通であります。

　運転免許証には写真が貼付されているから運転免許証所持者の同一性の判断には運転免許証の呈示だけで十分のはずであります。

　また生野区の街頭で不確かな日本語で大声を出していたというだけで外国人登録証明書の呈示を求められた者もあり、呈示に関してにがにがしい思いをした人の例は枚挙にいとまがありません。

　このような外国人登録証明書の呈示要求は法の乱用というほかなく、また人権上由々しい問題でありますので、常時携帯義務とその呈示を免除されるよう改正すべきであります。

(2)指紋押捺義務の廃止または軽減のための改正

　外国人登録法施行以来指紋押捺義務に関する規定の施行が順延されたり押捺義務の軽減化が図られてきましたが、そのことは指紋押捺が外国人登録法施行の当初からもっとも深刻な問題点を含んだところであったことを物語るものであります。市区町村における今後の外国人登録証明書、指紋原紙、登録原票への指紋押捺を外国人登録証明書の切替え(確認)申請の度ごとに求める現行制度は改正されるべきであります。

　指紋は終生不変、万人不同のものでありますから、このような改正は技術的工夫によって十分可能なはずであります。

　せめて成人になったころに指紋原紙、登録原票に押捺した指紋を永久に保存すれば切替え(確認)申請等の度ごとに原紙等に押捺を求めることは不要であると思います。

　さらに、外国人登録証明書への指紋押捺を省略する方向での検討が望まれます。たとえば、とくに人の出入りの多い市・区・町・村の窓口で指紋をとられる状

態は当人にとってまことに屈辱的であります。

　そもそも従来から現行の指紋採収が本質的に人権侵害行為であるとの認識のもとに運用されて来たか甚だ疑問であります。刑事法の分野では、指紋採収が人権侵害行為として令状主義との関連で議論されるのに、ことが外国人「管理」のための指紋採収となるとかかる配慮が欠けがちであるのは遺憾であります。

（3）外国人登録証明書の切替え（確認）申請制度の改正

　現行の三年間毎の切替え（確認）申請制度はその期限を終身有効、または、長期化の方向で改正が検討されるべきであります。それは、また、指紋押捺義務の廃止ないし軽減化にも役立つものであります。

　協定永住権者及び永住者には、切替え（確認）申請期限なしの終身有効な外国人登録特別証明書（仮称）を交付すべきであります。ちなみに米国の切替え（確認）申請期限は10年以上であるといわれています。

　さらに外国人登録証明書の切り替え（確認）申請期限はこれを忘れないようにたとえば、出生日を基準にして一世帯単位で申請出来る方向で改正されるべきであります。

　また、切替え（確認）申請の場合は、事前案内（ハガキ等）を徹底し、身体の不自由な人等には代理申請（民団関係者を含む）を認め、たとえ期限内に確認申請できなかった者でも、相当な理由のある場合には、人道的処置を講ずるべきと思います。

　さらに、新規または切替え（確認）申請後、紛失による再交付および引替交付の場合等もその残余期限しか有効でなく、再び切替え（確認）申請のための手続をとらなければなりませんが、再交付または引替交付によって、新しい外国人登録証明書を交付された場合は、新規または切替え（確認）申請の場合と同じ期限に改正すべきであります。

（4）再入国許可制度の改正

　現行の再入国許可期限は最大限1年と規定されていますが、短きに失します。現行の再入国制度の廃止もしくは再入国許可期限を長期化すべきであります。

　現行では長期海外滞在者は1年ごとに日本に帰ることを余儀なくされ、そのために費用および時間の浪費を強いられることになります。

　たとえば期限間際に発病した病人を日本から担架をもって連れに行かなければならない等の硬直し過ぎた法運用は改正すべきであります。

　また出国地の日本の在外公館で再入国期限の延長を認める途を開くべきであります。

　この点米国ではいったん永住権を得た外国人は一年以内の海外旅行は何回でも

自由であり、二年までは出国地の大使館に行けば簡単に再入国期限の延長ができ、それでも尚入国が遅れたとしても、出国地の大使館のビザを受ければ再入国することができるし、そのために永住権が取り消されることもないといわれています。

　現行の再入国許可制度に替えて出国時に港あるいは空港で旅券に収入印紙を貼布させて、出国手続をさせるとか、再入国申請により一度許可された証明にて許可期日内は、数次出入国を可能にするようにすべきであります。

　尚、再入国許可申請人が出頭できない場合は代理申請を認めるべきであります。

　また再入国許可を受けて出国するときに港あるいは空港で外国人登録証明書を入国審査官に提出した後、極めて短期間の海外旅行から帰ったときなどは外国人登録証明書が当該市区町村にまだ届いていないために返還を受けられず、むだ足となることが頻繁にあり、また14日以内に外国人登録証明書の受理が出来なかったために処罰を受ける者の数が多数にのぼっており、したがって、このような制度は速かに廃止されるべきであります。

（5）家族招請入国許可緩和のための改正

　協定永住権者及び永住者がその配偶者、又はその直系親族を同居及び親族訪問の目的で招請する場合、現行の入国許可条件を緩和しその必要書類(納税証明書等)を簡素化し、特に親族訪問の目的での滞在期間が特別な事情により、60日を経過する場合は外国人登録証明書の交付を申請するようになっていますが、これを少なくとも120日以上に改正すべきです。

（6）協定永住権者及び永住者に対する退去強制の廃止のための改正

　協定永住権者及び永住者の退去強制処分はあってはならないし、廃止されて然るべきものと考えます。

　在日韓国人はその特殊な背景から見て居住の条件が永住となったもので、厳密に言うなら日本国の義務として、また、在日韓国人の権利として永住しているものであります。

　また、刑事処罰はあくまでも刑事処罰に留まるべきであり、それに増加して協定永住権者、及び永住者についての退去強制は厳に否定されるべきであります。

　元来、永住権取得者については、本人の意思に反する退去強制はあり得ないはずであり、現行のあり方は永住権ではなくて、たんに条件付の居住権にすぎないという批判をまぬがれないものと考えます。

（7）潜在居住者の処遇についての要望

　現在、長期にわたる潜在居住者の数が多数にのぼるものといわれています。

　その潜在居住者の中には、戦後の混乱の際に離散した親族を頼って入国した者

など、人道的に対処されてしかるべきものも少なくなく、しかも長期間日本に潜在して日本社会に生活の基盤をもっています。

このような人々が人権を保障された生活を送れるよう是非とも人道的立場から在留について特別にご配慮戴き度く次第であります。

1978年　　　月　　　日

代表世話人

在日本大韓民国居留民団大阪府地方本部

団長　黄七福

大阪市北区中崎2丁目4番2号

電話　（06）　371-7331（代）

要望団体

在日本大韓民国居留民団近畿地区協議会

事務局長　黄七福

在日本大韓婦人会大阪府本部

会長　襄順姫

在日本大韓民国青年会大阪府本部

会長　孫正春

大阪韓国人商工会

会長　姜炳浚

在日大韓体育会関西本部

会長　李道述

在日大韓民国在郷軍人会関西連合分会

会長　金圭奉

大阪韓国人納税組合連合会

会長　黄七福

韓国大阪青年会議所

会長　曺章鉉

大阪母国訪問推進委員会

会長　染端孝

在日大韓基督教会関西地方連合会

会長　洪永基

在日大韓仏教会総本部

会長　成智信

在日韓国人権益擁護委員会

委員長　尹致夏

在日韓国新聞通信協会

会長　金充中

大阪日韓親善協会

理事長　大西保三郎

韓国民団法曹協会

会長　相馬達雄

6-2. 첨부-요망서

要望書

　在日大韓民国居留民団は、本日、日本全国49都道府県地方本部に於て、第59回三・一節記念大会を催し、在日65万同胞の総意をもって、在住国日本に於ける市民的諸権利を擁護し、いわれのない差別処遇が一日も早く撤廃されることを念願して、貴殿に対し、この要望書を提出します。

　われわれ在日韓国人の日本国における法的地位及び処遇は、一九六五年に締結された、"日本国に居住する大韓民国々民の法的地位および待遇に関する大韓民国と日本国との間の協定"に依り決定されました。そしてその前文には、①多年間日本に居住している大韓民国々民が日本国の社会と特別な関係を有するに至ったことを考慮し、②これらの大韓民国国民が日本国の社会秩序の下で安定した生活を営むことが出来るようにする。

　③これらのことが両国間および両国民間の友好関係の増進に寄与することを認めると明記してあり、又当時日本国政府はこの協定に基づいて日本国に在住する在日韓国人に対しては今後、選挙権、被選挙権を除く凡ての処遇を日本内国人同等にする所謂何国人待遇と言明しました。

　然るに、協定締結後十二年を経過した今日、日本国の在日韓国人に対する法的地位の取扱い及び社会生活上の処遇はことごとに法条文を弄して否定的に処理され、殆んどの生活関連福祉制度から差別除外されているばかりでなく、基本的人権まで軽視されている現状であります。

このような状態が継続するならば在日韓国人と日本内国人との生活格差は日に日に増大し、やがてこの国における社会問題として、又国際社会における、人権問題として、世界の指弾を浴びるであろうことは火を見るよりも明らかであります。

われわれ在日韓国人は、この国の社会秩序の下で、それぞれの立場において日本内国人同様、国民的義務を果しております。納税、地域社会における賦役等日本内国人同等の義務を果しております。しかし、これらの義務に伴うべき見かえりは差別、取締りの形でかえって来ております。

本団は、日本国のこの様な在日韓国人に対する差別現状が、両国間および両国民の友好を阻害する要因となることを優慮し、その改善を期して、貴殿に対し、左記事項の早期実現を要望する次第であります。

1. 日本国政府並びに地方自治体は在日韓国人に対し外登法入管令等で規制している人権軽視(外登の常時携帯、外登更新時ごとの指紋採取協定永住権者の強制退去等)的な規定を撤廃すること。

2. 日本政府並びに地方自治体は、在日韓国人に対し国権の行使、国民意志の形成に及ぶ部分の外は、国家公務員を始めとする凡ての公職に日本内国人同様就職出来るよう門戸を開くこと。

3. 日本国政府並び地方自治体は、在日韓国人に対し、凡ての生活関連福祉制度(社会保障公営住宅入居金融公庫融資等)、日本内国人同等適用すること。

以上

最終に差別しない差別されない関係こそが相互理解の出発点であり、相互理解こそが友好親善の基礎であることを確信して、この要望に及びましたことを申し添えます。

第五十九回　三・一節　記念

差別撤廃要求○○地区大会

在日本大韓民国居留民団○○県地方本部

貴下

7. 외무부 공문(착신전보)―제59회 3.1절 기념 차별철폐요구 중앙대회

외무부

번호 JAW-03007
일시 011803
수신시간 78.3.2. 12:12
발신 주일대사
수신 외무부 장관

1. 제59회 3.1절 기념 차별철폐 요구 중앙대회(민단중앙본부 및 동경지방본부 공동주관)가 다음과 같이 거행되었음.
가) 일시: 78.3.1 10:30
나) 장소: 민단중앙회관 8층홀
다) 참가인원: 약800명
라) 참가인원 동대회에서는 대회결의문 대통령각하에 보내는 메쎄지 및 일본정부에 대한 차별철폐 요망서를 각각 채택함(상기 원문파편 송부위계임)
2. 78.3.1 11:00 민단대표 5명(김인수 민단중앙본부 부단장, 주권 기획조정실장, 기정현 국제국장, 최금분 부인회중앙본부 회장 및 김원봉 한국신문 논설위원)이 기념식전에 내빈으로 참석한 와다고사꾸 중의원 의원(민사당)의 안내로 수상관저를 방문 상기 요망서를 전달함(일본영-교일)

8. 주일대사관 공문-3.1절기념 차별철폐요구 민단중앙대회

주일대사관
번호 일본(영)725-1159
일자 1978.3.2
발신 주일대사
수신 외무부 장관
참조 영사교민국장
제목 3.1절기념 차별철폐요구 민단중앙대회

연: JAW-03007
연호로 보고한 표기대회 결의문, 대통령각하에게 보내는 멧세지 및 일본 정부에 대한 요망서를 별첨 송부합니다.

첨부: 상기 각 1부.   끝.

8-1. 첨부-대통령에게 보내는 메시지

尊敬하는 朴正熙大統領閣下

　　뜻깊은 五十九回 三·一節을 맞이하여 우리 在日大韓民國居留民團은 崇高하신 三·一精神의 높은 뜻을 追慕하고 殉國先烈들의 冥福을 빌며 그 精神을 살려서 平和統一의 기쁨을 昇華시키겠다는 決意의 民族中天의 歷史를 이룩하고야 말겠다는 盟誓를 다짐하는 第59回 三·一節 記念 差別撤廢촉구○○지방 在日韓國人大会를 擧行하여 大統領閣下께 메시지를 올리게됨을 榮光으로 생각하는 바입니다.

　　本團에서는 今年目標의 하나로서 于先, 人道主義에 立脚한 民族愛로써 展開된 朝總聯同胞 省墓團事業은 國內外를 莫論하고 國際社会에 크게 共鳴을 얻고 있어 이로 말미암아 北傀와 朝總聯의 虛僞宣伝과 妨害工作은 余地없이 暴露되고 있읍니다.

　　우리들은 朝總聯同胞들도 祖國大韓民國의 따뜻한 품에 안길수 있도록 앞으로도 더 한층 繼續追進할 것에 힘을 아끼지 않을것입니다.

　　또한, 昨年十月부터 始作된 中央組織學院은 勤勉, 自助, 協同의 實踐哲學으로 展開되고 있는 새마을精神을 그대로 이어받아, 새民團敎育을 實施하여 이미 六百余名의 修了生에 이어 앞으로 一千名의 目標로 삼고 推進中에 있읍니다. 이 硏修야 말로 維新總和의 生活信條로 始作되어서 完全한 組織强化와 精神武將의 매듭을 거두는 硏修라 하겠읍니다.

　　英明하신 朴大統領閣下의 「先平和·後統一」이라는 政策基調 밑에, 本團에서는 「韓國의 自主的 平和統一案」에 關한 主張을 내세워 分斷된 祖國을 平和的으로 統一할 수 있는 가장 実現性있는 길이 무엇인가를 널리 알리우는 한편, 日本地方議会에 支持를 要望하는 運動을 積極 展開하고 있는것입니다.

　　한편, 韓國民을 假裝하고 反韓運動을 일삼는 惡辣한 徒輩들을 비롯하여 一部 日本人士들의 잘못된 韓國觀等, 이 모두가 우리民團々員의 힘으로 올바른 大韓民國을 認識시켜야할 것은, 勿論이려니와 이러한 反韓運動을 徹底히 糾彈하여 絶滅을 期하고 있읍니다. 뿐만 아니라 地域社會의 特殊性에 따르는 北傀와 朝總聯과의 鬪爭이야 말로 잠시라도 게으를 수 없는 우리들의 最大課業의 하나인 줄 알고 繼續奮鬪하고 있읍니다.

　　그리고 日本社會에서 가장 默認할 수 없는 差別撤廢問題로서 社會保障을 비롯한 絶對的인 權利를 찾기위하여, 全組職이 猛烈한 鬪爭을 展開하고 있으나, 참된 差別

徹廢의 結實을 맺을려면 本國政府의 絶對的인 뒷받침이 要望되는 바입니다.

　特히 今年에는 敎育의 해라는 글자 그대로 自主民族의 矜持와 自信을 높일수 있는 길의 하나가 될 수 있는 民族敎育을 義務的으로 50時間을 受講하기로 되어있어, 在日同胞의 缺乏된 二・三世의 民族敎育補講에도 注力을 넣고 있다는 것을 報告드리는 바입니다.

　尊敬하는 朴大統領貴下!

　끝으로 民族中興의 創業途上의 劃期的인 里程標가된 百億佛輸出의 金字塔을 이룬데 對하여 大統領閣下의 偉大하신 領導力에 다시금 깊은 感謝의 뜻을 表하오며 우리民團々員들도 國位宣揚에 크게 寄與할 수 있는 海外同胞가 될 것을 다짐하면서 閣下의 健勝을 祈願하는 바입니다.

　　　　　　　　　　　　　　　一九七八年 三月一日
　　　　　　　　　　　　　　　第59回 三・一節 記念
　　　　　　　　　　　　　　　差別徹廢要求○○地區大会
　　　　　　　　　　　　　　　在日本大韓民国居留民團○○県地方本部

8-2. 첨부-결의문

決議文

　오늘 뜻깊은 第59回 三・一節을 맞이하여 在日本大韓民国居留民團○○地区(県)은, ○○市○○大会場에 모여 59年前인 一九一九年三月一日, 日帝의 抑圧과 설움에서 祖國과 民族을 찾으려고 生命을 받쳐 峰起한 先人들의 崇高한 愛國・愛族精神을 追慕하면서, 우리들은 그 精神을 이어받아 維新課業完遂와 祖國의 平和統一을 위한 本國政府施策에 順應하여 金日成과 그 走狗인 朝總聯徒党들에게 民族의 念願인 祖國統一을 이룩하기 위한 相互不可侵協定締結, 相互門戸開放, 自由選擧를 強力히 促求하며, 人道主義에 立脚한 朝總聯傘下同胞母國訪問事業을 繼續推進하는 한편, 在日韓國人에 對한 差別徹廢運動을 強力히 展開하여 우리들의 民生安定을 期하고, 全國民團幹部들이 組織研修를 通하여 總和團結로써 새民團運動에 邁進할것을 第59回 三・一節 記念大會의 이름으로 다음과 같이 決意한다.

一, 우리는 先烈들의 崇高한 三・一精神을 이어받아 維新課業을 成就하여 民族中興의 偉大한 歷史를 創造하는 國民精神을 드높인다.

一, 우리는 激変하는 國際精勢에 対處하여 自主, 自助, 自立하는 確固不動한 國民으

로서의 矜持를 가지고 民族의 念願인 祖國의 平和統一을 앞당기는 南北對話再開
와 不可侵協定締結을 北傀共産集團에게 强力히 促求한다.

一, 우리는 朝總聯傘下 同胞의 母國訪問省墓團事業을 繼續 推進하여 朝總聯의 惡辣
한 欺瞞宣傳에 속고 있는 同族을 救出한다.

一, 우리는 行政, 民生등 數十種에 對한 差別을 받고 있음으로 韓日協定에 依한 國內
人同等의 對遇를 実行하도록 日本政府에 対하여 世界人權宣言의 尊重과 在日韓
國人에 對한 差別徹廢를 强力히 要求한다.

一, 우리는 在日韓國人의 精神伝統을 이 時代에 되살려 皆学, 全學, 実學의 硏修를
徹底히 하여 새 民團運動을 積極推進하여 새民團史創造에 우리 모두가 奮發한다.

9. 신문기사

1978.3.3 「前向き検討」を約す__安倍日本官房長官　中央大会代表団に

10. 민단의 3.1절 기념행사 보고

민단의 3.1절 기념행사 보고(주일대사 보고 요약)

1. 기념대회 개최
   가. 대회명칭: 제59회 3.1절기념 차별철폐 요구 중앙대회
   나. 주관: 민단중앙본부 및 동경지방본부 공동 주관
   다. 일시: 1978.3.1. 10:30
   라. 장소: 민단 중앙회관 8층홀
   마. 참가인원: 약800명
   바. 대회결의문, 대통령 각하에게 보내는 멧세지 및 일본정부에 대한 요망서를
      채택함.
2. 대회결의문(요지)
   가. 3.1 정신을 계승하여 유신과업 성취, 민족중흥의 위대한 역사 창조 다짐.
   나. 북괴 공산 집단에 대하여 남북대화 재게, 불가침협정 체결 촉구
   다. 성묘단 사업의 계속 추진 다짐
   라. 일본정부에 대하여 차별 철폐 요구
   마. 새민단 운동 철저화를 통한 새민단사 창조 노력
3. 대통령 각하에게 보내는 멧세지(요지)
   가. 민단사업 보고
      - 성묘단 사업 계속 추진
      - 민단중앙조직 학원의 새민단교육 실시
         1977. 10.개월
         근면, 자조, 협동의 새마을정신에 입각한 새민단 교육
         교육목표 1000명(1978.3.1. 현재 600명 수료)
      - 선평화, 후통일 정책에 대한 홍보 및 지지획득 노력
      - 반한운동 저지, 일본인의 그릇된 한국관 시정
      - 대북괴 및 대조총련 투쟁 계속
      - 차별철폐운동 적극 전개(본국정부의 후원 요망)
      - 민족교육 강화(78년을 "교육의 해"로 설정)
   나. 100억불 수출달성의 대업을 이룬 대통령 각하의 위대한 영도력에 감사
   다. 국위선양에 기여할 것을 다짐.
4. 일본정부에 대한 요망서(요지)

가. 외국인등록법 및 출입국관리령상의 인권 경시적인 규정을 철폐할 것
나. 취업상의 문호를 개방할 것
다. 생활관계 제반 복지제도를 일본 내국인과 동등하게 적용해 줄 것
  * 민단은 행정차별 철폐요청 대표단(단장: 김인수 민단 부단장)을 선출하여
    기념식전에 참석한 와다 고사꾸(和田耕作)중의원 의원(민사당)의 안내로
    동일 11:00 수상관저를 방문 安部 관방장관에게 동 요망서를 전달함.

11. 외무부 공문(발신전보)-김기원 생활보호법 소송건 관련 조사 지시

외무부
번호 WJA-0407
일시 011230
발신 외무부 장관
수신 주일대사

　　보도(조선일보, 78.4.1)에 의하면, 1978.3.31. 동경지방 재판소 민사부는 재
일교포 김기원(52, 동경)씨가 제기한 소송에 대하여 일본의 생활보호법은 일본
국민에게만 적용되는 것으로 외국인 특히 재일한국인에게는 적용되지 않는다고
판시하고, 그 이유로서 일본의 구생활보호법은 외국인도 원칙적으로 적용 대상
이 되었으나, 현재의 생활보호법은 이를 계정, 적용대상을 일본국민에게만 한정
시키고 있기 때문이라고 하였다는 바, 동법의 개정 경위, 구법의 폐지 여부 및
동 소송내용등의 관련 진상을 조사보고 바람. (교일)

12. 외무부 공문(착신전보)-김기원 생활보호법 소송건 관련 조사내용 보고

외무부
번호 JAW-04133
일시 061154
수신시간 78.4.6. 14:38

발신 주일대사
수신 외무부 장관

대: WJA-0407
대호 김기원씨 소송건에 관하여 조사한 바를 아래 보고함.
1. 소송경위 :
가. 김씨는 1961년부터 생활보호법에 의한 보호비를 지급받고 있었으나, 일당
고용원으로서 수입이 있었다는 이유로 1970.5.2. "아타찌 복지사무소"로부터 감
액 처분을 받고 항의하는 과정에서 처음에는 지급정지 처분, 나중에는 폐지 처
분을 받게되었음.
나. 김씨는 재일한국인에 대한 생활보호 적용은 대일 배상청구로서의 고유의
권리라는 주장을 내세워 1970년말 동경지방 재판소에 대하여 생활보호 폐지처
분 취소 청구 소송"을 제기한 바, 1978.4.1.동 재판소는 생활보호법의 국적조항
에 입각하여 동법안 일본국민만이 적용대상이 되고 있으므로 재일외국인에게는
적용되지 않는다는 판결을 내렸음
2. 외국인에 대한 생활보호법 적용 경위 :
가. 1954.4. 일 후생성은 각 지방자치 단체에 대하여 "생활이 곤궁한 외국인에
대한 생활보호 조치에 관하여"라는 통지를 발부하고, 생활보호법이 외국인을 적
용 대상으로 하지 않고 있으나 생활이 곤란한 외국인에 대하여 당분간 일본 국
민에게 실시하는 수속에 준하여 필요한 보호를 하도록 조치하여 왔음.
나. 따라서, 현행 보호조치는 관계성의 행정조치에 따른 것이며, 법 자체에 대하
여 어떤 개정이 있었던 것은 아님.   (일본영-교일)

13. 외무부 공문(발신전보)—생활보호법 소송관련 재일교포 피보호자수 및 각종 부조 규모등 보고 지시

외무부
번호 WJA-0482
일시 061800
발신 외무부 장관
수신 주일대사

연: WJA-0407(78.4.1)

대: JAW-04133

대호건 전체 피보호자수와 재일교포 피보호자수 및 각종 부조(특히 금전급부)의 평균 규모등 자세한 내용을 조사보고 바람.

(교일)

14. 외무부 공문(착신전보)—생활보호법 소송관련 재일교포 피보호자수 및 각종 부조 규모등 보고

외무부

번호 JAW-04172

일시 071604

수신시간 78.4.7. 17:28

발신 주일대사

수신 외무부 장관

대: WJA-0482

연: JAW-04133

1. 대호 건 후생성당국(보호과)에 확인한 바, 1977.10 현재 전 외국인 피보호자수는 33,796명이라 하며, 동 당국은 국적별 집계가 없어 정확한 재일한국인수(조선적 포함)를 파악할 수 없으나 이중 약90푸로 추산된다함.

2. 각종 부조에 관하여는 동경도의 경우 아래와 같음

(이하 매월기준)

가. 최저생활비: (남 35세, 여 30세, 남 9세, 여 4세의 세대 경우)

일반생활비: 95,114엥

교육비: 1.190

주택비: 9,000

계: 105,304엥

나. 가사제도: (해당자에 대해 최저생활비에 가산지급)

임산부: 4,930-7,410엥

모자: 12,600(부모중 일방 또는 양방부재)

장애자: 9,700-14,600(별도로 개호인 28,000엥이내)

장해자 개호: 5,000(상시개호 필요 경우)

노령: 7,300-9,700

재택환자: 7,140

방사선 장해자: 6,750-13,500

다자양육: 5,000

다. 각종부조:

교육: 기준액: 1,190-2,400 교재급식등: 6,800-13,500

주택: 기준액: 9,000 이내, 특별기준: 24,900 의료: 수진, 약제치료, 간호등 실비

출산: 기준액: 53,000 특별기준: 68,000

생업: 생업비: 60,000-50,000

기능습득: 25,000-50,000

취직지도: 20,000이내

3. 상기 각종 부조에 관한 상세는 4.10자 파편 송부할 것임.

(일본영-교일)

15. 주일대사관 공문—생활보호에 관한 자료 송부

주일대사관

번호 일본(영)725-1857

일자 1978.4.7

발신 주일대사

수신 외무부 장관

참조 영사교민국장

제목 생활보호에 관한 자료 송부

　　연: JAW-04172

　　연호로 보고한 주재국 생활보호 관계자료를 별첨 송부합니다.

　　첨부: 상기 자료 1부. 끝.

15-1. 첨부—주재국 생활보호 관계 자료

*****社会福祉*****

★福祉事務所

生活保護法をはじめ福祉の総合的窓口として、区・市部区・市が、町村部は都が設置している。なお、町村都は多衆については民生局所轄の西多衆福祉事務所、島部については各支庁が管割している。

業務内容 ①生活に関連している人の相談、指導、生活保護の実施 ②保育所・母子寮・助産施設への入所など、児童の福祉についての相談、指導③身体障碍者手帳の交付、補装具や厚生医療の給付など、身体障碍者の福祉についての相談、指導 ④精神薄弱者の援護施設への入所など、精神薄弱者の福祉についての相談、指導 ⑤母子副審資金の貸し付けなど、母子福祉についての相談、指導 ⑥老人ホームへの入所、老人過程奉仕具の派遣など、老人福祉についての相談、指導、その他。

なお、市都の福祉事務所についてはこのほかの業務の窓口となっていることろもある。

職員 相談にあたる而接相談員、地区を担当して対象者の自立更生の指導をする現業員(社会福祉主事)、専門的立場から助言、指導をする老人福祉指導主事・身体障碍者福祉司・精神薄弱福祉司・母子相談員・婦人相談員・家庭相談員・および老人過程奉仕員、心身障害者ホームヘルパーなど。

なお、区部以内福祉事務所では異なる場合がある。

(편: 각 소재지 및 연락처, 영업시간 생략)

*****生活保護*****

生活保護制度は、憲法25条に規定する理念に基づき国が生活に困窮の程度に応じて保護を行い最低限度の生活を保障し、あわせて自立を助長することを目的としている。

一般労働世帯の所持、消費支出や物価などをもとにして厚生大臣が定める保護の基準によって計算された最低生活費を、保護を受けようとする人の収入を比べ、収入が最低生活費を下回る場合に、その不足分について保護を行う。

保護は、生活扶助とその他の扶助(教育、住宅、医療、出産、生業、葬祭)にわかれており、保護を受ける人の世帯構成や収入などの状況に応じて、その全部または一

部が適用される。保護費は原則として金銭で支給される。

保護を必要とする人のうち、住宅のない人のために宿所提供施設が、身体上また精神上に欠陥がある人のため教護施設および更生施設があり、医療を必要とする人のために医療保護施設および指定医療機関がある。教護施設および更生施設ばどに入所している人には別に保護基準が定められている。

生活保護法に基づくこれらの保護のほかに、被保護者の生活内容をより向上させるため、見舞金などを支給する法外援護もある。(民生局福祉部保護課)

★保護の決定

生活保護の申請　生活保護は、病気などで暮らしに困っている人が、居住地を管割する福祉事務所(18□)に申請することに依って開始。

最低生活費の認定　福祉事務所は保護の申請を受けると、家庭訪問などにより世帯構成その他の調査をし、申請者の世帯の最低生活費を計算し認定。

男35歳、女30歳、男9歳、女4歳の世帯構成で、1級地(東京の区部と23の市等)に居住する一般居宅世帯の場合、最低生活費の月額は、一般生活費9万5114円(冬季加算の年平均を含む)教育費1190円、住宅費9000円、このうち世帯の状況に応じて、一般生活費では妊産婦などの加算や、零歳児の人工栄養、被服費、家具什器費、移送費、入学準備金その他が、また教育費では教材費などの実費、住宅費でも一定範囲内で実費を認定。

このほか、医者にかかる場合の医療費、出産費、生業・技能習得・就職支度の費用、葬祭の費用などを一定の基準で認定。

収入の認定　保護を申請する場合は、全て収入を申告するが、出産さどの税金や心身障碍者(児)に関する手当の一定額など収入として認定しないものがある。

働いて得た収入については、その収入を得るために必要とした経費(社会保険料、所得税、勤労費、就労に伴う託児費など)および次の種類の控除が認められる。

①基礎控除　職種や勤労日数に応じて、月4580円〜2万0150円を控除。②特別控除　年額7万8100円以内(ただし収入年額の1割以内)の額を収入から控除。特別基準は年10万1530円以内。

③新規就労控除　新規に就労したため、とくべつに経費を必要とする場合は6ヶ月間。月額4000円を収入から控除。

④未成年者控除　未成年者(単身者や独立した世帯を営んでいる場合などを除く)に対して、その収入から月額6000円を控除。保護の決定　保護申請した世帯の最低生活費と収入が認定されると、その過不足によって保護の要否が決まる。

保護を必要とする人には、通常申請の日から14日以内に生活保護開始決定通知書が

送付される。保護費は毎月初めに被保護者の銀行口座に振り込まれる(23区以外の大半の市町村では福祉事務所または市町村の窓口で現金を支給)

★生活扶助

被保護者の衣食その他、日常生活の需要を満たすための扶助で一般生活費として、基礎生活費、加算、人工栄養費、入院患者日用品費、一時扶助がある。

基本生活費 保護を受ける人の世帯を単位として、第1類の表の個人別の額を合計した類に第2類の表の類を加えたもの。

なお、12月は期末一時扶助として1人につき7330円を加算。

第1類(個人単位)					
年齢	男	女	年齢	男	女
0歳	7740円	7740円	15～17歳	2万5990円	2万2930円
1～2	1万1260円	1万1260円	18～19	2万3100円	2万0320円
3～5	1万3950円	1万3950円	20～40	2万2400円	1万8960円
6～8	1万6560円	1万6560円	41～59	2万1320円	1万8180円
9～11	1万8840円	1万8840円	60～64	2万0230円	1万7120円
12～14	2万2760円	2万2760円	65歳以上	2万0970円	1万7870円

(注) 金額は東京の区部など1級地の場合

第2類(世帯単位)					
世帯人員	基準額	冬季加算 11月～3月	世帯人員	基準額	冬季加算
1人	1万4070円	1210円	4人	2万0070円	2140円
2人	1万6070円	1520円	5人	2万2070円	2450円
3人	1万8070円	1830円	6人以上以 1人につき	2000円を加算	310円を加算

(注) 金額は東京の区部など1級地の場合

加算 生活保護基準には、保護を受ける世帯の状況に応じて各種の加算をつけることが認められる。加算額(月額)は東京の区部なと1級地の場合

①妊産婦加算 妊婦については妊婦の事実を確認した日の属する月の翌月から、産婦については出産日の属する月から最高6ヶ月間、妊婦6ヶ月以上未満4930円、6ヶ月以上7410円、産婦4580円

②母子加算 父母の一方または両方が欠けている世帯であって義務教育終了前の児童を養育する場合、1万2600円、児童2人の場合1010円加算、3人以上は1人につき500円加算。

③障害者加算　身体障害者手帳1級・2級、国民年金法1級の人1万4600円、身体障害者手帳3級、国民年金法2級の人9700円、特別介護料、世帯員6340円、介護人2万8000円以内。

④障害者介護加算　常時介護を必要とする障碍者5000円。

⑤老齢加算　70歳以上の人および65歳以上の障碍者9700円、65歳～69歳の病弱者等7300円。

⑥在宅患者加算　在宅患者であって、現に療養に専念している人が栄養の補給を必要とする場合、7140円。

⑦放射線障害者加算　原爆被害者など、放射線による障害のある人が一定要件を満たす場合。治療中1万3500円、治ゆ6750円。

⑧多子養育加算　3人以上の児童(18歳未満)を療育している場合3人目以降の義務教育終了前の児童。5000円から。

⑨重視の調整　同じ人が母子加算、障碍者加算、老齢加算のうち、2以上の加算理由に該当する場合は、2人目以上の児童に加算する額と、障碍者加算のうちの特別介護料は、重複の調整をしないでそのまま加算する。また同一世帯の別人が別の加算事由に該当する場合にも重複の調整は行わない。

人工栄養費　零歳の乳児が20□以上人工栄養に依存する場合月学6410円の人工栄養を認定。

入院患者日用品費　病院または診療所に1ヶ月以上入院する人などに、月額1万2410円以内(冬季加算460円)の日用品費を支給。

一時扶助　特に必要と認められた場合、次の額を一時扶助、

①配置、水道、井戸、下水道設備費　各1件につき9万円以内。

②敷金など、8万7150円以内。

③家具什器費　1件2万円以内。

④被服日　布団類(再生1組9000円以内、新規1組1万5000円以内)、蚊帳, 綱戸(1張4000円以内)、平常着(1人6500円以内)、入院患者寝巻(年額2000円以内)、手術衣料など(1件2000円以内)、入院患者敷布・包布(年額1000円)、布おむつ(1件1万円以内)、紙おむつ(月額1万5000円以内)、貸おむつ洗たく代(月額1万円以内)、在宅療養者寝巻等(年額2000円以上)。

⑤入学準備金　小学校2万3000円以内、中学校2万7000円以内。

★　その他の扶助

教育扶助	生活に困っている家庭の児童が義務教育を受けるときの扶助
住宅扶助	生活に困っている人が家賃、間代、地代および補修その他住宅維持費を支払う必要があるときの扶助
医療扶助	生活に困っている人がけがや病気で医療を必要とするときの扶助で、原則として医療券で現物給付
出産扶助	生活に困っている人が出産するときの扶助
生業扶助	生業に必要な賃金、機具や資料を購入する費用、または技能を習得するための費用、就労のための費用のなどを必要とするときの扶助
葬祭扶助	生活に困っている人が葬祭を行うときの扶助

◇教育扶助

基準額　いずれも月額

①小学校　1190円　②中学校　2400円

その他　①教材弟　正規の教材として学校長が指定するものの購入に必要な額　②給食費　保護者が負担すべき学校教職費の購入に必要な額　③通学用交通費　通学に必要な最小限の額　④災害時などの学用品費の再支給　小学校6800円、中学校1万3500円。

◇住宅扶助

基準額　東京の区部など1級地の場合　①家賃、間代、地代など　月額9000円以内　②補修費など住宅維持費　年額5万5000円以内

特別基準　やむを得ない事情がある場合には、家賃などでは月額2万4900円以内、敷金など8万7150円以内、補修費などでは年額9万円以内。

◇医療扶助

受診の費用　指定医療機関などで診療を受ける場合、国民健康保険の診療方針及び診療報酬に基づく必要最小限の額。

薬剤・治療材料の購入費　購入に必要な最小限の額。

施術の費用　都知事が施術者のそれぞれの組合と協定して定められた額以内の額。

看護の費用　健康保険の介護料の算定方法の例により都知事が定めた額以内の額。

◇出産補助

基準額　①一般基準5万3000円以内　②病院・助産所など施設で分べんする場合　8日以内の入院料の実費を加算　③衛生材料費を必要とする場合　3000円以内の額を加算

特別基準　やむを得ない事情がある場合には、6万8000円以内の額。

◇生業扶助

生業費　3万円以上(特別基準5万円以内)。

技能習得費　2万5000円以内(特別基準5万円いない)

就職支度費　2万円以内。

⑧ 재일본 한국인 법적지위 및 복지향상 문제, 1979

○ ○ ○

기능명칭: 재일본 한국인의 법적지위 및 복지향상 문제, 1979

분류번호: 791.23

등록번호: 13916(19601)

생산과: 교민1과

생산연도: 1979-1979

필름번호: 2009-92

파일번호: 18

프레임 번호: 1-171

1. 주일대사관 공문—재일한국인의 복지향상을 위한 방안모색

주일대사관
번호 일본(영)725-3586
일시 1979.7.9.
발신 주일대사
수신 외무부 장관
제목 재일한국인의 복지향상을 위한 방안모색

　　1. 재일외국인에 대한 주재국의 사회복지정책은 현격한 내외국인 불평등의 차별을 두고 있으며, 특히 이들중 97%를 차지하고 있는 재일동포 65만명은 일본과의 특수한 역사적 관계에 있고, 일본국민과 같이 과세의무(국세, 지방세 포함-년 총 1천 5백억엥)을 지고 있으며, 대부분이 2차대전 전부터 일본에 재류하고 있는 장기 거주자로서 이들중 60%는 일본에서 태어난 2, 3세임에도 불구하고 일본국민에 비해 동등한 대우를 받지 않고 있을 뿐 아니라, 단기 거류자인 다른 외국인과 거의 동등히 취급되고 있는 실정입니다.

　　2. 최근 재일한국 거류민단이 일본 전역에 걸쳐 지방자치단체별로 재일한국인에 적용되는 복지 및 사회보장의 적용율을 조사하였는 바, 동 조사결과(지방자치단체 3,257개 대상중 1979.1. 현재 회답해온 1,004개 단체를 집계)에 의하면 일본인에 적용되는 복지 및 사회보장 항목(별첨 197개 항목)들이 한국인에 대하여도 지방자치 단체의 개별적 사정에 따라 지방별로 지방자치 단체 의회의 의결, 조례 또는 지방자치 단체장의 결정등에 의해 부분적으로 시행되고 있어 전체적으로 보면 일응 대부분의 항목에 걸쳐 모든 한국인들이 혜택을 부여받고 있는듯 보이나, 제일 주요한 "국민년금"을 비롯한 "아동수당", "공영주택 입주"등의 항목들이 전혀 적용되지 않거나, 또는 극히 미미하게 적용되고 있으며, 또한 전국적으로 보아 전항목의 적용율은 일본인에 비해 30%에 불과하다고 합니다.

　　3. 상기와 같은 지방별 적용의 불획일성 및 전국적 적용율의 저조등은 일본 사회보장제도의 소과항목별 분할(중앙 39항목: 지방 약 160항목) 및 예산집행의 분리(중앙 3: 지방 7)로 인한 행정의 불통일성, 한국인에 대한 인식부족 및 법적용의 소극성, 중앙정부의 행정지도의 결여 내지 소홀, 지방자치단체의 이해부족 및 배타적 태도등 법적, 행정적, 의식적 차별에 기인된 것으로 해석되고 있습니다.

　　4. 한편, 일본은 78.5. 국제 인권규약에 조인한 이래 1년만인 79.6. 동 규약의 국회승인 및 각의 비준등 국내절차를 모두 마치고, 금년 9월 동 조약이 발효될

것임에 따라 재일외국인에 대한 처우를 다소 개선할 것이라는 관측도 있으나, 일본 정부 관계당국측은 이에 관해 일률적 개선을 피하고, 점진적으로 이를 개선해 나갈것으로 보이는 바, 단기간내에 어느정도의 개선이 있을지 그 전망이 상금 불투명한 상황에 있습니다.

5. 여사한 상황하에서, 재일한국인에 대한 사회복지 정책의 조속한 개선을 위해 최근 당관이 주재국 관련 당국자들과 개별접촉한 결과, 이들은 재일외국인의 대우문제에 일단 이해를 표명함과 동시에, 이와 같은 재류외국인에 대한 국제적 관례 및 타국의 구체적 사례등에 보다 깊은 관심을 표시하고 있는 바, 동 문제에 대한 당관의 교섭자료에 활용코저 하오니 특히 아래사항을 포함한 참고자료를(나의5항을 중점적으로) 각국의 예를 조사, 조속히 회시하여 주시기 바랍니다.

-아래-

가. 조사대상국:

미국, 카나다, 영국, 불란서, 서독, 이태리, 스페인, 스웨덴, 덴막, 화란, 멕시코, 베네젤라, 파라과이, 알젠틴, 칠레, 호주, 말레이시아, 인도네시아, 태국, 싱가폴, 뉴질랜드, 자유중국, 인도등

나. 조사항목:

(1) 전체인구중 영주권자 및 장기거류자가 차지하는 비중
   (인구수, 정치, 경제, 사회적 비중)

(2) 국가예산중 사회보장, 복지부담 비율

(3) 중앙 및 지방자치 단체별 사회보장 제도의 소관항목 분할 및 예산집행의 분리 비율

(4) 자국민 및 영주권자 내지 장기체류자에 각기 적용되는 복지, 사회보장의 내용 및 그 차이(차이가 있을 경우, 그 이유-법적 근거, 예산, 사회적 차별등 사정 때문인지, 상세히)

(5) 영주권자 및 장기체류자에 대한 복지, 사회보장 내용중 주요사항과 실현여부(동실현을 위한 배경 등이 있으면 상세히)
   참고: 재일한국인의 경우, 주요내용과 실현여부
   (가) 국민년금(별첨항목 1): 적용대상은 "일본국민"으로 한국인에는 미적용.(단, 1958, 일미 통상조약에 의거, 미국인에 적용)
   (나) 아동수당(별첨항목 72,73,74,75,76 참조): 적용대상은 "일본국민"이나 한국인에 대하여도 지방별로 극히 부분적용
   (다) 공영주택 입주(별첨항목 195,196,197참조): 적용대상의 구분 없으

나, 실제 한국인에도 제한 적용

    (라) 국민금융공고 및 주택금융공고의 융자: 적용대상의 구분없으나, 실제 미실시

(6) 여타문제:

재일한국인에 대한 민간기업체 및 국영기업체의 취직차별이 있어 생계문제등에 영향을 준 뿐만 아니라, 일반외국인과 같이 지방공무원 및 대학교수 채용이 허용되지 않고 있는 등 차별의 사례가 많음.

(7) 이들의 복지, 사회보장 개선을 위한 노력 현황

(8) 주재국의 국제 인권 규약가입 여부 및 가입 이후 변화 여부

(9) 주재국의 향후 대책

(10) 기타 참고 사항 등

첨부: 재일한국인에 적용 "복지, 사회보장 항목 통계표" 끝

(민단작성 "요망서" 첨부)

1-1. 첨부-민단 작성 요망서[1)]

要望書(全国統一)

一九七八年六月一日

在日本大韓民国居留民団中央本部

殿

目次

---

1) 통계표는 식별불가로 생략

　私たち在日韓国人六十五万人は、日常生活の各方面においていわれなき差別待遇を受け、とくに就職面における差別的取扱いによって大多数の韓国人はその能力を発揮しうる職業選択の途を閉ざされ、それがために不安定な生活を強いられている状況にあります。

　これにより、韓国人の大多数は、もっとも重点的な社会福祉施策がなされるべき層を形成して□るというのが□らきる現状であります。

　在日韓国人は、韓日間における過去の不幸な関係によってもたらされた歴史の所産として居住しているのであり、現在、私たちがかかえている諸問題は、この事実を抜きにしては語れないのであります。私たちは、このような視点から日本が過去の過ちに対する反省から民主的な新憲法を制定し、民主主義国家への道を歩み始めたと思うのでありますが、今なお在日韓国人に人権がいちじるしく無視されていることに対して、日本関係当局の責任を強く指摘するものであります。

　ましてや、韓国と日本は、一九六五年の韓日国交正常化の時点から友好国としての関係を築き、在日韓国人問題については、その前文で「これら大韓民国国民が日本の社会秩序の下に安定した生活を営むようにすることが両国間および両国国民間の友好関係の増進に寄与することを認め」と日本での安定した生活を保障した韓日法的地位協定や内外人平等の原則を明確に打ち出した国際人権規約の基本精神に照らしても、在日韓国人に対する処遇改善は、早急になされるべき課題として要請されているのであります。

　「人はすべて、人種、皮膚の色、性、言語、宗教、政治上もしくは他の意見、国民的もしくは社会的出身、□産、門地または他の地位というようないかなる種類の差別も受けることなしに、この宣言に揚げられているすべての権利と自由とを享有する権利を有する」と世界人権宣言の基本精神をまつまでもなく、人権尊重はいまや、世界のすう勢であり、私たち在日韓国人六十五万人に対する処遇改善は、日本の民主主義にとって基本的課題であると考えます。

　私たち在日韓国人は、過去の特殊な歴史的関係を経て、ここ日本の地に堅実で永続的な生活基盤を有するに至ったものであり、等しく日本社会を構成する一員として諸義務を果す以上、それに見合う社会的な権利を強く求めるもので在日韓国人の権益擁護および民生安定等の実現を目的とする本団は、貴当局に対し、団員の意向を次の通り集約し、ここに要望書を提出する次第であります。

記

（1）住宅入居差別撤廃に関する要望

★　公営住宅

　　朝日新聞が一九七六年二月二十七日から四月二十五日まで五十回にわたって連載した記事の中で、佐世保市□島町マージャン荘経営、辛烈さん(三十三)は、七十四年に市営住宅への入居を申し込んだがことわられたまま□親子五人が四畳二間と炊事場の民間アパートから出られないでいる。「市営住宅がどんどん建てられているのが、私たちはそれを指をくわえて見ていなければならないとやりきれない日々が続く」という住宅を悩む一在日韓国人の姿を紹介しております。このような事例は私たちの周囲には日常的にあり、私たちの劣悪な住宅環境を端的に物語るものであります。

　　本団では、このような差別行政を是正し、居住権を守るため、近年入居差別撤廃運動を展開し、□□数多□、地方公共団体が私たちの要望を認めており、また建設省もこのような私たちの声を聞き、一九七五年には在日韓国人の入居を認める旨の通達を出しております。

　　公営住宅法の住民福祉という基本精神にてらしても劣悪な居住条件下にある私たちを□め出すことは不□□□□□通達の趣旨を理解され、すみやかに門戸開放されるよう要望するものであります。

★　地方住宅供給公社

　　公社住宅も公営住宅と同じく、住民自治の立場から問題の解決が図られるべきであり、「これは□□□□□入居を□□、日本国民と限定しているにしても、法律上、在日韓国人の入居を認めることは□□□□□」。一般に、住宅□□度の高い在日韓国人の入居資格を認めることこそが　　　（편: 2행 식별 불가）

　　また、公社住宅がその入居資格を日本国民に限定した根拠が公営住宅にならったものである以上、公営住宅が入居差別を撤廃した今日、それにならって公社住宅も入居差別を撤廃するよう要望するものであります。

★　日本住宅公団

　　公団住宅については、本団の大阪本部が入居差別の撤廃を要望してきたところであります。

　　一九七五年七月十四日、日本住宅公団支社長会議の建設省に対する要望事項、「公団住宅等の賃貸又は分譲を希望する外国人の取り扱い方針について」に見られるどおり「公団の従来の取り扱い方針に準じたもの□□でおり」□□□公営住宅が入居差別を撤廃した今日、公団住宅の入居差別も撤廃すべき時期にきていると考えま

す。

　「安定した生活を営む権利」を保障された在日韓国人には入居資格が与えられて然るべきであり、すみ□□□□□差別撤廃されるよう要望する次第であります。

　（2）児童手当、国民年金の適用に関する要望

★　児童手当

　児童手当法は、その一条で、この法律は児童を養育しているものに、児童手当を支給することにより、家庭における生活の安定に寄与するとともに、次代の社会を担なう児童の健全な育成及び資質の向上に資することを目的とするとうたい、第四条での支給要件で、「日本国民」と規定し在日韓国人を資格対象から締め出しております。

　東京都、横浜市、川崎市、尼崎市、西宮市、川西市、宝塚市、三田市、根津市、豊中市、其面市、などは本団の強い要請によって支給を認めております。

　そればかりが、未実施の自治体においても、事態の深刻かつ重要性を認識して実施の方向で□□されております。

　児童手当がそもそも実行されたのは、各地方自治体が独自の立場で実施した背景等が基本であって、貴厚生省が国家的見地に立って現行法を制定するに至った経緯があります。

　今日のように、各自治体が独自に在日韓国人への支給を認め、認めようとするすう勢を充分に考慮され、児童手当制度の適用を要望するものであります。

★　国民年金

　国民年金法は、日本国憲法第二十五条の「社会保障＝生存権」の精神によって、国民生活の維持及び向上に寄与するとしています。在日韓国人は、日本での永続した生活を営んでいるにもかかわらず、老後に不安を抱いております。

　国民年金制度は、豊かな未来ある老後を保障することから最も渇望されているものであります。

　事実、掛金を払い込み資格取得時になって取り消された在日韓国人の例は数多くあります。

　従って、これは安定した生活をうたった韓日協定の基本精神からも在日韓国人が適用されないことは、はなはだ不公平、不合理であると指摘せざるをえません。

　ところで、在日米国人になると「日米通商航海条約」第三条一項での「内国民待遇」規定により適用されております。内外人平等の原則は国際社会の通念になりつつある今日、在日韓国人の歴史的背景を重ね合わせ、ここに国民年金制度の適用を強く要望する次第であります。

（3）金融公庫等融資制度適用に関する要望

★　国民金融公庫の融資

　国民金融公庫法では「銀行その他一般の金融機関から資金の融通を受けることを困難とする国民大衆に対して、重要な事業資金の供給を行う」とうたっておりますが、私たち在日韓国人企業のほとんどすべてを中小零細であることからしても、是非とも公庫融資を受けられるよう要望いたします。

　同法は、有資格者を「国民大衆」と規定しておりますが、「国民大衆」という用語が、私たち在日韓国人も包含するものと解釈致しております。

　とりわけ、私たち在日韓国人の過去の歴史的背景や日本に永住するという特殊な事情を考慮すれば、日本人と同等の権利が賦与されるべきであります。

　いずれにしても、各種の公庫融資制度の趣旨は、弱者保護の立場にあり、また、福祉施策の一環であると考える。もともとその融資対象を日本人に限定すべき性質のものでなく、等しく納税の義務を負い日本に□住する□□の在日韓国人にも適用すべきであり、一般の銀行や金融機関から差別的取り扱いを受けている私たちにとっては、是非とも法の趣旨にそった解釈ないし弾力的な運用がなされるべきであります。

★　住宅金融公庫の融資

　住宅金融公庫法第一条「目的」は住宅金融公庫は国民大衆が健康で文化的な生活を営むに足る住宅の建設に必要な資金で、銀行その他一般の金融機関が融資することを困難とするものを融通す□とおります。国民金融公庫と同様に私たち在日韓国人は、融資対象から諦め出されております。

　このことは、今日、日本社会に定着し、その構成員として堅実かつ永続的な生活基盤を築くことを望んでいる私たち在日韓国人にとって切実な問題となっております。

　従って、一般の日本人よりも住宅事情の悪い私たちこそ住宅金融公庫融資の適用を認めるべきであります。

★　労働金庫、医療金融、環境衛生金融、中小企業金融、農林漁業金融公庫、商工
　　組合中央金庫の融資

　これらの公庫、金庫融資については、いわゆる国籍条項はありませんが、融資を受ける場合、日本人とは異なった□□制限条項や内規によって束縛され、事実上、融資の途を閉ざされています。

　たとえば、商工中金、農林漁業金庫、中小金融公庫でも必ず日本人の保証が要求されています。まず、保証人を日本人に限定することは、そもそも融資を希望す

る在日韓国人に困難を強いる結果となり、せっかくの融資制度の趣旨も□殺するものであります。何故なら、保証人を日本人に限定するのは、不合理であるからであります。

　この点についても、現状改善の為の措置を講じ、更に関係筋へ働きかけていただきたく、要望に及ぶ次第であります。

★　民間金融機関の住宅ローンの融資

　住宅金融公庫と同様、各種銀行、信用金庫などいわゆる住宅ローンや住宅建設会社との提携ローンにおいても、法的に私たち在日韓国人を締め出す規定がないにもかかわらず分譲住宅購入の際、私たちはローンの対象とならず、差別的取扱いを受けております。

　指導監督官庁である貴当局におかれましては、かかる差別的取扱いを是正するよう行政指導されるよう強く要望いたします。

（4）公務員の採用に関する要望

　今日、私たち在日韓国人は、何ら法的な根拠もしめされないまま国家ならびに公務員への就職の機会から締め出されておりますが、公務員採用におけるこのような処遇の実情は、明らかに関係諸法を無視するものといわざるをえません。

　西宮市、尼崎市、川西市、宝塚市、芦屋市、三木市、西脇市、高砂市、三田市などではすでに採用を認めております。

　すなわち、法的に見ても国家公務員法第三十八条地方公務員法第十六条は、ともに公務員の要件として日本国籍を有することを求めておらず、また一九五五年三月十八日付人事院事務総長の見解にも、公務員の要件として必ずしも日本国籍は必要でないとの判断を示しており、在日韓国人が公務員となるうえで法的な支障は全くないはずであります。

　それにもかかわらず、実際には、公務員の募集要項には国籍条項が明記され、そのため私たち在日韓国人が公務員採用に応募する途は完全に閉ざされています。これは、就職差別以外のなにものでもなく、在日韓国人に対する根強い偏見と差別がかかる実態を招来しているものと指摘せざるをえません。

　どころで、在日韓国人の公務員就職に関する前述の人事院事務総長通達、「公権力の行使または国家の意志形成への参画にたずさわる公務員となるためには日本国籍を必要とする」にいう「公権力行使」あるいは「国家の意志形成」がいかなる職種、職階をさすのかその範囲は不明確であり、私たちはこれを納得することができません。

　公務員採用に関する行政のこのような不合理極まりない姿勢は、日本社会で堅

実かつ永続的な生活基盤を築こうとする在日韓国人の将来を不安定なものにしており、まして、安定した生活を営む権利を保証した韓日協定の基本精神と大きくかけはなれたものとなっております。

また、かかる行政は就労の権利、義務、職業選択の自由をうたった日本国憲法の精神にも、もとるものといわざるを得ません。私達韓国人の就職問題は、今尚多くの難問をかかえ、荷酷な状況下におかれています。韓国籍というだけの理由で不当に諸々の制約を受けているため、その職業分野は極めて狭い範囲に限られ、本人の能力、適性にそぐわない不本意な就職を余儀なくされていることは周知のとおりであります。このような背景にある在日韓国人に対して、なお公務員への道を不当に閉ざすことは、一般私企業における就職差別をも助長する結果となり、基本的人権尊重が呼ばれる今日の時代の流れに逆行するものであり、絶対に容認できないものであります。

公務員採用に関するこのような差別的な処遇の実態は、在日韓国人の特殊な歴史的、社会的事情を無視するものであり、ひいては在日韓国人の地位向上の阻害要因ともなっており、一刻も早急な是正が必要であると考える次第であります。

2. 외무부 공문(착신전보)-재일한인 사회보장 현황 설명회

외무부
번호 JAW-07265
일시 121450
수신시간 76.7.12. 15:30
발신 주일대사
수신 외무부 장관

재일한인 사회보장 현황 설명회
1. 당관 김경철 참사관은 "와다고오사쿠" 및 "오치이 헤이" 의원을 각각 방문, 재일 한인이 사회보장의 혜택을 주재국 국민과 동등히 받지못하고 있는 현실을 설명하고 국제인권규약의 발효와 관련, 재일한인에 대한 사회보장 문제를 관계 당국이 적극적으로 개선하는 방향으로 검토토록 분위기를 조성하여 줄 것을 요청하였음.

2. 이에 대하여 "와다" 의원은 지난 한일 의원 연맹 총회에서 양측이 이 문제에 관심을 가지고 "재일한국인 법적지위 향상 특별위원회"를 설치키로 합의한 바 있으며 일측은 이미 동 위원회 멤바를 선정한 바 있다고 말하고 가까운 시일 내에 일측 의원, 대사관 및 민단 관계자가 모여 구체적인 문제점을 청취하는 모임을 가질 것을 제외하였음.

3. 동 설명회는 일측 의원들의 일정이 조정되면 금월 중에는 개최될 것으로 보이는 바 당관은 민단과 협조, 동 설명회에 임하고자 하니, 본부 지시 사항 있으면 회시바람.

4. 한일 의원 연맹, 법적 지위 향상 특별위원회 일측 구성원은 다음과 같음.

위원장: 와다고오사크(민)

위원: 오치 이헤이(자)

〃 : 후루야도오루(자)

〃 : 이시바시가즈야(자)

〃 : 우에다미노루(참, 자)

〃 : 가라다니 미지가즈(참, 민)

(일영-교일, 아일)

3. 외무부 공문(발신전보)–재일한국인 복지향상 교섭 자료

외무부

번호

일시 161900

발신 외무부 장관

수신 수신처 참고

　　　　재일한국인 복지향상 교섭 자료

　　　　재일한국인에 대한 일본 정부의 사회복지 정책의 개선을 위한 일본정부와의 교섭에 필요하오니 하기사항을 조사, 조속 회보바람.

　　　　　　　　　　　　-하기-

1. 주재국 전체 인구중 영주권자 및 장기거주자가 차지하는 비중

　　(인구수, 정치, 경체, 사회적 비중)

2. 국가예산중 사회보장 및 복지부담 비율

3. 중앙 및 지방자치단체별 사회보장 제도의 소관항목 분할(예: 총200개 항목
중 중앙50항목, 지방 150항목) 및 예산집행의 분리 비율(예: 중앙3, 지방7)

4. 자국민, 영주권자 및 장기거주자에 각기 적용되는 사회보장 및 복지의 내용
과 그 차이(차이가 있을 경우, 그 이유-법적근거, 예산, 사회적 차별 등-를
상세히 기술바람)

5. 영주권자 및 장기체류자에 대한 사회보장 및 복지의 내용 중 주요사항과 실
현여부(동 실현을 위한 배경등이 있으면 상세히 기술바람)

6. 영주권자 및 장기거주자에 대한 사회적 차별의 정도(일본의 경우, 재일한국
인에 대한 민간기업체 및 국영기업체의 취직차별이 있어 생계문제 등에 영
향을 줄 뿐만 아니라 일반외국인과 같이 지방공무원 및 대학교수 채용이 허
용되지 않고 있음.)

7. 영주권자 및 장기거주자의 사회보장 및 복지개선을 위한 노력 현황

8. 주재국의 국제인권 규약 가입여부 및 가입이후 영주권자 및 장기거주자에
대한 정책적 혹은 실제적 태도 변화 여부

9. 주재국의 이들에 대한 향후 대책

10. 기타 참고사항

(교일-　　)

수신처: 주미, 주카나다, 주영, 주불, 주독, 주이, 주스페인, 주서전, 주덴마크,
주화란, 주멕시코, 주베네주엘라, 주파라과이, 주알제리, 주칠레, 주호, 주말레
이시아, 주인니, 주배, 주싱가폴, 주뉴질랜드, 주중, 주인도 대사.

4. 외무부 공문(착신전보)-재일한인 법적지위 설명회

외무부

번호 JAW-08195

일시 101535

수신시간 79.8.10. 17:43

발신 주일대사

수신 외무부 장관

재일한인 법적지위 설명회

연: JAW-07265

1. 연호 설명회를 8.10. 12:00 "와다 고오사그" 한일의원연맹 재일한국인 법적지위향상 특별위원장 주재로 일측 사무국 회의실에서 개최되었음.

2. 동희의에 일측은 와다고오사그 위원장(민) 후쿠야 도오루 의원(자) 오치이해이 의원(자) 가라다니 미지가즈 의원(민) 한국측은 김경철 참사관, 김정기 영사, 전준 민단권익옹호 부원장 및 민단민생국 차장이 참석하였음.

3. 회의 순서에 따라 전준 민단대표가 재일한국인의 법적지위에 관한 현황을 구체적으로 설명하고 김참사관이 주재국 관계기관과 접촉하여 파악한 주재국 정부의 태도를 설명, 주재국이 재일한국인에 대한 사회보장 문제(연금, 아동수당, 주택, 융자등)를 적극적으로 검토하여 일정한 대표를 부여토록 촉구하여줄 것을 요청하였음.

4. 참석한 일측의원들은 현재의 일본의 사회보장제도가 미비한 사실을 인정하고 재일한국인의 특수성을 감안하여 동문제를 해결하는데 노력을 다할것이라고 말하고 총선후 관계각성 정무차관을 초치하여 문제의 해결을 촉구하겠다고 약속하였음.

5. 상기와 관련 한일 각료회담등 고위관계자 회의가 있을시 한국측이 재일 한인의 사회보장 개선문제를 일측에 제의하면 이를 계기로 의원연맹 일측 법적지위위원회가 행정부에 대하여 강력히 개선을 촉구할 수 있는 계기가 될수 있다고 말하였는바 참고하시기 바람.

6. 기타 관계자료는 파편 송부위계임 (일영-교일, 아일)

5. 주일대사관 공문-재일한국인의 사회보장 설명회 개최

주일대사관

번호 일본(영)725-4398

일자 1979.8.23.

발신 주일대사

수신 외무부 장관

참조 영사교민국장, 아주국장

제목 재일한국인의 사회보장 설명회 개최

연: JAW-08195

1. 연호로 기 보고한 바와같이 79.8.10. 12:00-13:30 간 당지 한일의원 연맹사무국 회의실에서 한일의원 연맹 "재일한국인 지위향상 특별위원회" 일측대표에 대해 한국인의 법적지위 및 사회복지등과 관련된 현황 및 아측 희망사항을 아래와 같이 설명하였는바, 동 회의요지를 아래와 같이 보고합니다.

-아래-

가. 회의참석자 및 회의순서: 별첨1참조

나. 회의내용:

아측에 의한 문제점 설명

1) 민단에 의한 현황 설명(전 준 "민단권익옹호 부위원장"): 별첨2 참조("재일한국인의 지위개선에 관한 설명서" 참조)

2) 대사관측(김경철 참사관)에 의한 주재국 관계당국과의 접촉결과 설명: 별첨3 면담록 참조

(가) 일본 사회보장 심의회와의 접촉-별첨3-1(6.15 총리부 사회보장 심의회 사무국장과의 면담)

(나) 일본 사회보장제도의 문호개방 요청: 별첨 3-2··3-5 (6.28., 7.5., 7.11., 7.12일자 일의원들과의 면담)

(다) 일측의 난민조약 가입 시도문제: 별첨 3-6 (7.24. 외무성 조약국 참사관과의 면담)

(라) 주택 금융공고 융자의 개방요청: 별첨 3-7 (7.23. 대장성 심의관과의 면담)

(마) 주택개방 요청: 별첨 3-8 (6.15. 건설성 주택국 참사관과의 면담)

(바) 국민년금의 개방요청: 별첨 3-9 (8.3. 후생성 심의관과의 면담)

금후의 대책 논의

1) 아측 대책(안) 설명:

- 대사관측은 현재 진행중인 선진각국의 사회보장 제도의 선례등이 조사완료되는대로 이를 주재국 관계당국에 설명, 이해를 촉구시키는 한편,

- 민단측은 지금까지와 마찬가지로 지방자치 단체를 주대상으로 자료조사, 계몽활동, 제도의 개선등 노력을 조직적으로 진행할 것임.

- 이러한 노력과 병행하여, 일측대표들이 의회 및 정부측에 대한 영향력을 강화하여 줄 것을 요망함.

　2) 일측 대표의 제안:
- 국회해산 및 총선설이 있는 바, 총선후 구성될 새 국회의 년말 통상국회에 동 문제에 대한 대정부 질의를 계속코저 함.
- 또한, 총선이후 관계 각성 정무차관들을 금번과 같은 기회등에 초청, 참여케 함으로써 문제의 해결을 위해 깊은 이해와 협력을 요청코저 함.
- 무엇보다도 동 문제에 관한 일측 실력자들의 이해 촉구가 선결 문제임. 이를 위해 한일 각료회의, 한일 의련, 한일 친선협회등의 한국측 대표들의 방일시 일본관계 요로에 설명, 이해를 촉구함으로써 이들의 영향력을 행사케 하는 방법은 매우 바람직스러움.
이러한 방법은 "재일한국인 지위향상 특별위원회"가 일측에 대해 강력히 그 개선을 촉구할 수 있는 계기를 만들어 줄것임으로 꼭 이를 본국에 건의해 주기 바람.

2. 상기 설명회 및 그간의 주재국 의회 및 정부측 접촉을 통해 당관이 관찰한 일측 반응 및 향후의 대책(안)에 관해 아래와 같이 보고하오니, 이에 관해 본부의 견해 내지 활동지침을 하시하여 주시기 바랍니다.

　가. 일본측 반응
　　1) 지난 6월 일본의 국제인권 규약비준에 따라 재일외국인의 법적지위 및 사회복지에 대한 인식이 고양되었으며,
　　2) 또한, 선진국 정상회담의 일본개최등을 배경으로 한 제반 여건이 여사한 문제에 대한 일본의 제도등도 선진국 수준으로 향상하여야 한다는 국내 분위기가 조성되었으며,
　　3) 무엇보다도 일 정부내에서는 외무성이 이 문제에 관해 타부처에 대해 적극적으로 검토하도록 종용하고 있는 만큼, 일본내의 분위기는 과거보다 달라지고 있다고 관측되고 있음.

　나. 앞으로의 대책(안)
　　상술한 여건 등을 감안하여,
　　1) 일본국회내에서 재일외국인에 관한 질의가 강화되도록 조직적인 노력을 강화하고,
　　2) 선진국의 선례등을 지급 조사하여 이를 일측 설득자료로 활용하는

한편,

    3) 사회보장제도 심의회(총리부 산하기관)로 하여금 일반외국인에 대한 사회보장 제도의 개선문제를 적극 토의토록 종용하고,

    4) 일본 지방자체 단체에 대하여 개별적으로 접촉하여 각기 불획일적으로 적용되고 있는 사회복지, 보장제도가 획일적으로 확대 적용되도록 재일민단의 활동을 독려하고저 함.

   첨부: 상기. 끝.

5-1. 첨부-재일한국인의 사회보장 관련 설명회 자료

次第

在日韓国人地位向上特別委員会

54. 8. 10　　　　12：00

1. 委員長あいさつ
2. 韓国側より問題点の説明
3. 今後の対応について

出席者(委員側)　　　和田耕作委員長　　古屋亨委員
　　　　　　　　　　越智伊平委員 柄谷道一委員
　　(韓国側)　　　金庚哲参事官
　　　　　　　金正琪領事
　　　　　　　田駿民団権益擁護副委員長
　　　　　　　金根守民団民生局長

ご案内
　暑さの砌　御健勝賀し上げます。
　さて、さきに御就任を賜りました「在日韓国人地位向上特別委員会」の第一回会合を左記により開催致し度存じますので、諸事ご多端の折恐縮乍ら何卒御出席下されお願い旁々ご案内申し上げます。

記

日時：八月十日(金)正午より一時半まで。

場所：永田町ＴＢＲビル地下二階A会議室(ヒルトンホテル隣り)。

議題：(一)駐日韓国大使館及び在日居留民団担当官よりの問題点の説明。

　　　(二)今後のすすめ方について。

　追而　当日粗餐準備致しております。

以上

　　昭和五十四年七月二十四日

日韓議員連盟
在日韓国人地位向上特別委員会
委員長　　和田耕作

委員各位　殿

在日韓国人地位向上特別委員会

(敬称略　順不同)

委員長　和田耕作(衆)民社党国民運動委員長

委員　　古屋　亨(〃)元法務政務次官

　　　　越智伊平(〃)社労理事

　　　　石橋一弥(〃)社労委員　市長経験者

　　　　上田　稔(参)社労理事

　　　　柄谷道一(〃)社労委員

在日韓国人の地位改善に関する説明書

在日本大韓民国居留民団中央本部

在日韓国人の法的地位及び待遇改善

概論

1. 現況

　　1）在日韓国、韓国人総数　　　　658,334(在日外国人の98％)

　　2）協定永住権者(特定在留者含む)　413,316

　　3）職業別現況　有職者計(23％)　　148,517

　　　　　　　　　　無職者不詳　　　　490,289

　　　建設その他工業　　　　　31％

　　　貿易業、古物商、販売業　　20％

　　　事務員　　　　　　　　　　14％

　　　単純労働者　　　　　　　　11％

　　4）死亡者年齢別比較

　　　日本人　65才〜75才帯　　　　死亡数　100万台

　　　韓国人　55才〜65才帯　　　　　〃　　　300台

　　　※韓国人は日本人に較べ10年短命の計算

　　　(厚生省、人口動態統計)

　　5）納税現況

　　　総生産　年間　5,000億円

　　　納税年間　1,500億円(国税、地方税)

　　　税負担率　28％

　　6）所得現況

　　　日本人　1世帯　月収　　　　　　284,000円

　　　韓国人　　〃　　　〃　　　　　　160,000円

　　　貯蓄

　　　日本人　1世帯　月収　　　　　　350万円

　　　韓国人　　〃　　　〃　　　　　　　　0

運動の現況

1. 韓国民国の活動現況

　　1）差別白書第1集　　40,000部(77.5)

　　　　〃　　第2集　　38,000部(78.5)

　　　　〃　　第3集　　45,000部(79.6)

　　2）要望書提出(全国統一)

　　　3,256(市、町、村)個所中3，023個所提出(78.6.1)

3）福祉社会保障制度(197)項目韓国人適用調査(79.1 現在)

別添1参照

4）民団、団員の運動に対する意識調査(77.10.及び78.10)

2．重要事項及び問題点

1）国民年金

支給要件：日本国民(国民年金法)

適用現況：未実施(参考： 1）1958年日米通商航海条約

2）金鉉釣氏の事例

納税の義務を日本国民と同様に果たしている在日韓国人を、国民年金の加入対象から除外するのは取るものは取って、与えるものは与えないとの印象をぬぐい切れません。ところが、初めから他人であった在日米国人は、日米友好条約の規定にしたがって、日本人と同じく国民年金への加入を認めながら、過去に日本国民として扱った在日韓国人には国民年金への加入を拒否しているのは、韓日両国民の親善のためにもよくないことだと思います。

2）児童手当

支給要件：日本国民(児童手当法第4条)

適用現況：157個市町村適用

日本全国の地方自治体の中で、児童手当を支給したところは、今のところ東京都、横浜市、名古屋市など一部の地方自治体にすぎませんが、このような自治体の例にならって、そして正当な要望に答えて、在日韓国人に対する児童手当の支給を全国的に実施するように、関係法規の改正を強く要望するところであります。

3）公営住宅入居

入居要件：資格条件として日本籍を要求していない

但、建設省住宅局長 通達922号「外国人の公営住宅への入居申込は法律の解釈上これを拒否できる」(1955年)

適用現況：534個 市町村 適用

在日韓国人の公営住宅入居拒否の不当なことを指摘した民団が、地方自治体に対する是正要求交渉を進めた結果、例えば、大阪府の黒田知事は「外国人だからといって、市民的権利に差別があってはならない。住宅に困っているのは在日韓国人の方がよりひどい。日本の住宅が足りないから、在日韓国人に待てというのは筋が通らない。公営住宅法は日本国籍を有しない者の入居を認めない趣旨ではない」との見解を表明しました。その後大阪府では1975

年11月下旬の府営住宅の空家募集から入居差別が撤廃されるようになりました。大阪府でも翌年3月から在日韓国人に対する公営住宅入居差別を撤廃したのであります。

在日韓国人の公営住宅入居資格獲得要求は日本全国に広がりました。そして要望に答えて、兵庫県建設部長が1975年7月8日付で、建設省住宅局長に照会公文を出したところ、通達1044号で、「外国人の入居を認め差つかえない」との回答を得ました。一枚の局長通達の誤りを是正するのに、実に23年という長い年月を要したのであります。そこで、在日韓国人の公営住宅への入居を一部の市町村だけでなく、全国の市町村で認めるよう取りはからってもらいたいものです。

4）国民金融公庫と住宅金融公庫の融資

　　支給用件：国民金融公庫-国民大衆(国民金融公庫法第1条)

　　　　　　　住宅金融公庫-国民大衆(住宅金融公庫法第1条)

　　通用現況(大蔵省にて検討中)未実施

　　在日韓国人達は日本国民と等しく納税の義務を果しているのに、彼等の納めた税金でまかなわれている国務院金融公庫と在宅金融公庫の融資の資格を剥奪されていることは、不合理で納得出来ないことだと嘆いています。このことは、法的地位協定永住権を認め、永住権者が日本社会で安定した生活を営みうるようにした精神にも反します。これはまた、基本的人権を内外人平等に保証し、福祉国家をうたった日本国憲法の趣旨に反するものであります。

5）公務員採用

　　採用要件：日本国籍を要求してない(公務員募集要領-人事院事務総長通達)

　　　　　　　但(公権力行事及び公の意志形成参画～当該公共団体の判断による)

　　適用現況：地方公務員の場合、85個市町村実施

6）外国人登録法、出入国管理令等　改正

　　1）外国人登録証明書の常時携帯、呈示義務

　　2）指紋押捺義務

　　3）外国人登録証明書の切替え申請制度の改正

　　4）外国人登録事項の簡素化のための改正

　　5）外国人登録法の刑罰規定の廃止のための改正

　　6）再入国許可制度の改正

　　7）家族招請入国許可緩和のための改正

　　8）協定永住権者及び永住者に対する退去強制の廃止のための改正

要望事項

1．国民年金を含めて福祉社会保障制度全面実施
2．外国人登録法、出入国管理令等改正要望
3．其の他
 1）韓国人信用組合の銀行昇格問題
 2）協定永住未申請者の救済問題
 3）潜在居住者の処偶問題

要望事項に関する現況

項目	施行与否	要望事項	関係当局の態度	参考(事由)
国民年金	不施行	加入希望	1．国籍条項 2．外国籍者特定取扱困難 （木暮発言 1979.3.21）	厚生年金は強制加入するが退転時 国民年金に加入することが出来ない(通算老令年金)
児童手当	地方自治体一部施行	全国的、一律的施行要望	1．日本国民(児童手当法第4条)	
公営住宅入居	地方自治体一部施行	全国的、一律的施行要望	1．建設省住宅局長通達922号(1955年)	建設省住宅局長通達解消(1975年7月8日) 兵庫健建設部長が照会公文提出
国民金融公庫と住宅金融公庫融資	不施行(大蔵省検討中)	全国的融資要望	1．国民大衆(公庫法第1条) 2．大蔵省前向き検討中	中小企業金融制度一部施行(263個市町村)
公務員採用	地方自治体一部施行	全国的、一律的施行要望	公務員募集要領人事院通達	公権力行事及び公の意思－形成参各、当該公共団体の判断による 地方公務員の場合85個所(市町村)実施
外国人登録法出入国管理令等改正		一部改正要望	法改正が必要	要望書(全国統一)8項目改正

第3-21表　在留外国人職業(昭和49年4月1日現在)

	韓国・朝鮮	中国	米国	その他
技術者	631	264	527	1,589
教員	1,039	468	1,195	573
医療技術者	867	704	42	203
宗教家	274	61	2,914	2,458
その他専門的職業	667	224	295	348
管理的職業	4,979	896	1,065	1,517
事務員	20,769	2,616	618	1,733
貿易業	185	51	82	277
古物商	7,494	114		1
その他販売業	23,099	3,589	358	1,082
農林業	3,699	112	30	51
漁業	373	26	2	7
採□石	484	3	1	3
運輸	826	63	93	283
建設	10,815	117	9	40
その他工業	34,090	730	47	308
□□労働者	16,921	96	1	31
料理人	1,538	1,820	10	205
理容・美容師	1,046	411	8	23
娯楽場接客員	795	80	7	33
その他サービス業	3,025	381	170	1,072
自動車運転手	12,861	92	7	44
芸術家・芸能□	703	206	157	1,032
文芸家・著述家	116	28	85	97
記者	183	43	63	60
技術研修	401	185	586	2,707
有業者計	148,517	13,440	8,352	15,777
無業者・不詳	490,289	33,504	16,681	22,534
計	638,806	46,944	25,033	38,311

　　韓国・朝鮮人の場合、有職者は約15万人で全体の23％であり、職種別では、建設その他工業従事者が多く、有職者の31％を占め、次いで、貿易業、古物商を含む販売業従事者の20％、事務員の14％、単純労働者の11％、自動車運転手の9％など

となっている。

　中国人の場合は、有職者は約1万3，400人で、全体の29％であり、職種別では、販売従事者が有職者の31％、次いで。事務員の19％、料理人の14％などとなっている。

　米国人その他について入ると、有職者は、全体の38％を占め、韓国・朝鮮人及び中国人に比して、職業に従事する者の比率が高い、これは、業務上の用務を□□て来日する者が多く、韓国・朝鮮人などの場合と異なり、移住・定着性が薄いことによる。職種別でも、技術者、教員、宗教家等の専門的職業、管理的職業に従事する者の場合が多く、有職者のほぼ半数を占めている。

　なお、その反面、技術研修者が14％を占めているが、我が□□業の海外進出がその一因であると考える。

　在留外国人の世帯数等は、第3-22表のとおりである。平均世帯構成員数は、韓国・朝鮮の場合、3.5人で最も多く、次いで中国人の2.9人、米国人の2.5人、その他2.0人となっている、なお、日本人の市都における平均世帯構成員数は、3.58人(昭和45年)である。

第3－22表　　在留外国人の重要都道府県別に世帯数(昭和9年4月1日現在)

	総数	韓国・朝鮮	中国	米国	その他
登録総人員	(749,094)	(638,806)	(46,944)	(25,033)	(38,311)
世帯総数	228,913	182,246	19,392	9,930	19,345
1世帯総人員	(3.3)	(3.5人)	(2.9人)	(2.5人)	(2.0人)
東京都	44,157	25,653	5,874	4,067	3,563
神奈川県	13,879	9,463	1,527	1,123	1,746
愛知県	15,279	13,916	407	261	695
京都府	12,311	10,854	340	626	491
大阪府	49,176	45,586	1,967	269	1,554
兵庫県	22,620	17,852	2,312	537	1,919
福岡県	8,472	7,604	320	204	344
その他	62,839	52,318	3,645	2,843	4,033

5-2-1. 별첨-사회보장제도 심의회 관련 가네다 이치로 사무국장과 김경철 참사관의 면담 내용

면담내용

1. 일시: 1979.6.18. 15:00
2. 장소: 총리부 사회보장심의회 사무국장실
3. 면담자: 가네다 이찌로 사무국장(金田一郎), 김경철 참사관
4. 내용:
   가. 사회보장제도심의회의 기능

   동심의회는 사회보장제도에 관한 조사, 심의 및 권고를 하고 관계사항에 관한 입법, 운영에 관한 연구를 위하여 40명의 위원(국회, 학계, 행정부, 전문 일반기관에서 선출)으로 심의위원회가 구성됨. 관계 각부처는 사회보장에 관한 기획, 입법 및 운영에 관한 결정사항은 동심의회의 의결을 거쳐야 함.

   나. 심의회 토의의제에 관한 선정

   구체적으로 사회보장제도에 관한 문제점, 개선방안이 토의되나 회장이 의제를 결정함. 현재 국민연금의 적립방식에 관한 문제점이 토의되고 있는 바 년간 대소회의를 합쳐 50여회의 모임이 있음. 회의결과는 직접 총리대신에게 건의되고 년간회의 결과를 종합하여 국회에 보고케 됨.

   다. 외국인에 대한 사회보장제도의 검토

   현 시점까지 동심의회에서 외국인에 대한 사회보장제도 문제를 토의된 바 없으나 국제인권규약이 발효된 단계에서 동문제를 검토하여야 할 단계가 왔다고 보는 바 기타 선진제국에서는 외국인에게 어느 정도의 사회보장 및 복지에 관한 혜택을 부여하고 있는지 모르겠으나 선진제국의 수준 정도로 검토되어야 할 것으로 봄.

5-2-2. 별첨-와타나베 이치로 공명당 외교위원장과 김경철 참사관의 면담요록

면담요록

1. 일시: 79.6.28. (13:30-14:30)
2. 장소: 의원회관 617호실
3. 면담자: 김경철 참사관, 와다나베 이치로 공명당 외교위원장
4. 내용:

김참사관:

국제인권규약의 비준과 관련 일본관계 당국은 외국인에 대한 사회보장제도를 검토하여야할 단계가 왔다고 보는 바 이점 여하히 생각하고 계신지?

와타나베:

1. 인권규약과 사회보장

국제인권규약 비준을 위해서 본인이 노력을 다하였는 바, 이와 관련 국내 관계법의 정비예산의 검토 등을 대장성, 건설성 등에 요구한 바 있으며 이를 점차 해결하는 방향으로 정부는 움직일것으로 보임.

2. 출입국관리법의 운영

입관법에 관하여도 부당한 점이 허다하나, 현 시점에서 이를 완전히 개정할 것을 요구하던 법무성측의 반발이 크므로 대사관측은 현행법의 융통성을 이용하여 문제점을 해결토록 하여야 할 것임. 입관법의 운영상의 시정하여야 할 점을 10여가지를 지적하여 금주 회기에 제시할 것을 공명당으로서는 계획하고 있는 바 이때 이와 관련 법개정문제로 제기될 수 있을 것으로 보고 있음.

3. 김대중 문제

김대중 문제와 관련하여 지난번 외무위에서 사회당, 공산당이 주장한 정치결착의 번복에 대하여 본인은 주권침해는 과거에 일본이 36년간에 걸쳐 먼저 했으며 이것 역시 정치결착을 본 것이나 그 상처는 김대중 한 사람과 관련한 주권침해와는 깊이가 다른것인 바 이미 결착을 본 이 문제를 반복을 주장하는 것은 일방적으로 협정을 폐기하자는 주장과 같은 것이라고 말하였다고 함.

4. 외무위원회 이사의 방한

김대중 면담차 외무위의 방한이라는 지난번 신문보도는 진의와는 다른 것으로, 작년도 한국측이 방일에 따른 합방으로서 상호협력관계를 돈독히 한다는 점에, 목적을 두고 있는 것임. 따라서 외무위가 김대중을 면담할 의사는 추호도 없는것임.

다만 공식 Schedule이 끝난 후 사회당 의원이 개별적으로 면담할지 모르나 이것은 외무위 방한과는 별개임. 7.12일 외무위 이사회를 소집하여 방한문제를 결정할 것인 바 이를 대사관측에 통보할 경우, 김대중과 관련하여 거부치 않도록 회답하여 줄 것을 당부하는 바 임.

외무위의 방한예정 일자는 8월 전반기로 계획하고 있음.

5. "다께이치" 위원장 방한문제

날짜를 명시할 수는 없으나 공명당으로서는 시기를 정하였음. (일한친선협회 김종필회장의 초청은 동 협회의 성격상 감사히 받아드리는 것임)한국에 창가학회가 있으나 이들과 접촉, 야당적 움직임을 종용할 생각은 전혀 없으며 금번 위원장의 방한이 성취되면 공명당으로서 한일간의 협력관계에 기여할 것으로 봄.

6. 한일합작에 의한 동남아 진출

금번 ASEAN 제국의 배일사상이 큰 데 대하여 한국은 환영받는 입장인 바 한일간의 자본, 기술합작을 통한 동남아 진출이 큰 효과가 있을 것으로 봄.

7. 한국 건설업체의 동남아진출

마레이시아에서의 한국 현대건설의 도로공사는 의욕적이나 다른 외국업체의 비방이 커서 장기적으로 진출하는데 지장이 있을것임. 마레이시아는 여론을 어느정도 중시하는 나라로서 타 외국건설업체가 현대의 저렴한 공사추진을 다른면에서 마레이시아 당국에 비방하고 있는 것을 들었는 바 현대가 장기적이고 계속적인 공사인수를 위해서는 국회상의 여론도 감안해야할 것임.

5-2-3. 별첨-와다고오사쿠 민사당 의원과 김경철 참사관의 면담내용

면담내용
일시: 79.7.5. 11:00
장소: 의원회관(2) 728호
면담자: 와다고오사구(和田耕作)의원 사회노동위원회 소속(민사당), 김경철 참사관
내용:
　　김참사관:
　　　　1. 최근 일본은 국제인권규약을 비준하였고 선진국 정상회담도 일본에서 개최된 점을 비추어 이제 외국인에 대한 사회보장제도에 대한 문호를 개방하여야 할 시기가 왔다고 봄.
　　　　2. 지난번 한일의원 연맹회의에서도 재일한인에 대한 법적지위문제가 심중히 토의된 것으로 아는 바 문제의 해결을 위한 방안이 있으면 Suggest 바람.
　　와다의원:
　　　　1. 재일한인의 법적지위문제는 (1) 사회보장 및 복지에 관한 문제와 (2) 출입

국에 관한 문제로 대별되는 바·일본정부당국은 관계법령을 개정한다면 복잡한 문제등이 수반됨으로 현행법의 개정을 가능한한 피하고 운영의 묘를 기하여 재일한국인에 불이익을 주지 않도록 노력하려는 의도인 것으로 간주됨.

2. 지난번 의원연맹회의에서 법적지위문제 소위원회를 설치키로한 바 있으므로 구체적인 문제점의 검토를 위해서 조속한 시일내에 의원측과 대사관, 민단, 필요하다면 일본정부 관계자가 모여 회합을 갖고저함.

본인이 7.10-13일에 걸쳐 "오끼나와" 출장 예정임으로 귀임후 회의개최 문제를 검토하고 귀하에게 연락을 하겠음.

3. 가을 국회해산설이 있는 바 선거준비등으로 분주하게 될 것이 예상됨으로 조속한 시일내에 회합을 하고저함.

김참사관: 대사관측으로서도 구체적인 문제에 관한 조사 및 자료수집을 진행중인 바 동 회합이 개최되면 문제점을 제시할 수 있도록 준비하겠음.

5-2-4. 별첨-고다이라 요시헤이 참의원과 김경철 참사관의 면담내용

면담내용

1. 일시: 79.7.11. 10:30
2. 장소: 참의원회관 231호실
3. 면담자: 고다이라 요시헤이(小平喜平) 참의원의원(공명당, 사회노동위원회 위원장, 총리부 사회보장제도 심의회위원), 김경철 참사관
4. 내용:

김참사관: 일본은 현재 경제대국으로서 선진국 수뇌회담도 동경에서 개최되어 세계제국의 관심이 쏠리고 있는 국가인 바, 이제는 외국인에 대하여도 복지 사회보장제도의 문호를 개방하여야 할 때가 왔다고 보는 바, 현재의 사회보장제도의 모순점을 개선하는 방향으로 분위기조성을 요망함.

고다이라 의원: 일본이 해외제국에서는 경제대국으로 보고는 있으나, 자원이 희소한 국가로서 기반이 허약한 경제대국으로 보는 바, 그러나 현 단계에서 외국인에 대하여 사회보장제도의 문호를 개방하여야 할 때가 왔다고 봄. 또한 현행의 제도상의 많은 모순점 등이 개선되어야할 것으로 보며 총괄적으로는 외국인에 대한 문호개방에 이의가 없음. 다만 구체적으로 어떠한 방법을 취할것인가 하는 것이 문제가 될 것임.

김참사관: 재일한국인 65만명이 납세의 의무는 이행당하면서 사회보장의 혜택에서 제외된 모순이 있는 바 예를 들면 또한 후생연금에는 강제가입되면서 기업에서 해직되는 경우 일본인처럼 자동적으로 국민연금에 통산되지 못하여, 후생연금의 불입금을 포기하여야 하는 모순등, 허다한 모순점을 우선 개선하여야 할 것인 바 의원께서는 총리부 사회보장제도 심의회의 심의위원으로 계심으로 이러한 모순점의 시정과 아울러 외국인에 대한 사회보장제도의 개방을 동 심의회에서 토의하시고 정부당국에 권고토록하는 방향으로 분위기 조성등에 협조 바람.

고다이라: 지적한 후생연금과 국민연금과의 통산관계의 모순에 대하여 본인도 시정하여야 된다고 보고있으며 사회보장심의회에서는 외국인에 대한 사회보장의 문호개방이라는 총괄적인 제목으로 토의된 바는 없으나 부분적으로 외국인의 대우문제를 이야기한 바는 있음.

이제 지적한 대로 총괄적으로 이 문제를 심의회에서 토의하여 정부에 권고를 자주함으로서 이러한 권고가 쌓여서 정부가 이 문제를 적극적인 자세로 검토치 않을 수 없는 압력이 될 수가 있다고 봄.

김 참사관: 대사관으로서도 선진제국의 제도 및 재일한국인에 대한 현황을 조사중인 바 되는대로 동 자료를 의원에게 개시할 것임으로 동 문제를 적극적으로 검토바람.

고다이라: 구주선진제국이 시행에 앞서 일본이 하여야 할 것이나 선진제국의 예를 뒷따라 시행을 검토하여야 된다는 일본의 입장을 부끄럽게 생각하는 바, 대사관측의 자료를 제시해 주면 적극적으로 동 문제를 취급토록 노력하겠음.

5-2-5. 별첨-오찌이헤이 자민당 의원과 김경철 참사관의 면담내용

면담내용
1. 일시: 79.7.12. 11:00
2. 장소: 중의원회관(2) 614호
3. 면담자: 오찌이해이(越智伊平)의원 자민당, 김경철 참사관
4. 내용:

김참사관: 지난번 한일의원 연맹총회에서 설치키로 합의된 재일한인 법적지위 향상 특별위원회의 일측멤바가 결정된 것으로 사무국장으로부터 통보를 받

앉는 바, "오끼"의원이 멤바의 한 사람임으로 금후 한인의 법적지위향상을
위해 노력하여 주시기 바라며 과반 "완다"위원장과 면담시, 한인법적지위에
관한 설명회를 대사관, 민단 및 일측의원 간에 가질것을 합의하였는 바, "오
찌" 의원의 의견 여하?

"오찌" 의원: 본인은 어제 서울을 방문하고 돌아오는 바, 설명회개최에 찬성하
며 가을 총선을 앞두고 의원들의 사정이 여의한지 의문시되나, 가능한한 많
은 의원이 참석토록 하겠음. 일정은 각 해당 의원을 접촉 조정후 사무국장을
통하여 통보하겠음.

5-2-6. 별첨-외무성 조약국 야마다 나까마사 참사관과 김경철 참사관의 면담내용

면담내용

1. 일시: '79.7.24. 19:30
2. 장소: 외무성 조약국 참사관실
3. 면담자: 야마다 나까마사(山田仲正)참사관, 김경철 참사관
4. 내용:

김참사관: 지난번 제네바의 난민에 관한 국제회의에서는 일본의 적극적인 개입
으로 회의를 성공적으로 끝냈다고 하는 바 이와 관련 일본이 난민의 지위에
관한 조약에 가입할 필요가 있다고 외무성이 보고 있는 것으로 보도되고 있
는 바 이에 관한 의견이 여하한지?

일본이 국제인권규약을 비준하고 이를 유엔에 기탁하였음으로 9월에는 발효
할 것인 바 동 난민조약과 인권규약과의 관계, 및 우리의 관심사인 규약에
규정된 사회보장 및 복지에 관한 조항과 관련 현존 재일외국인에 대한 대우
가 어떻게 개선될 것인지?

야마다: 난민 지위에 관한 조약의 가입은 인권규약비준 직후 "소노다" 외상으로
부터 가입검토를 지시받았는 바 외무성으로서는 현재 검토중에 있으며 다음
통상국회에는 제출코저 노력하고 있는 바 그 가능성은 80%로 보고 있음.
문제점으로서는 동 조약의 내용에 언급된, 사회보장 및 복지에 관한 조항과
관련 국내법상, 손을 보와야할 곳이 많다는 점과 현재 재일외국인에 대한
대우와 균형을 여하히 유지할 것인가 하는 점에 있음.

난민을 현존 외국인보다 우대할 수도 없는 것임으로 언급된 외국인에 못지
않은 대우를 부여하려면 현존 외국인에 대한 문제점부터 검토가 되어야할

것임.

또 하나는 인권규약에는 현재 외국인에 대한 대우가 불충분하다고 할지라도 가입후 개선노력이 가하나 난민조약은 일정한 혜택을 부여하여야 한다는 내용으로서 조약의 성격이 차이가 있으므로 보다 신중히 검토하고 있는것임.

김참사관: 국제인권규약은 한일간 법적지위협정과 관련해서 재일한국인의 복지, 사회보장문제, 특히, 년금, 주택, 아동수당, 융자 등 금후 개선되어야할 점이 허다한 바, 이 점에 관한 의견 여하?

야마다: 국제인권규약 비준을 검토 당시 관계 각성 회의에서 동 규약과 관련 사회보장 및 복지에 관한 문호를 외국인에 개방하여야 한다는 원칙에 각성은 합의하였고, 시행가능한 것부터 풀어나가기로 하였는 바 주택, 융자문제 등은 해결이 된 것으로 아나, 년금에 관한 문제는 재정부담이 관련되어 일본 정부가 현재 당면한 3K(년금보험, 식, 관국철)문제로서 어려운 문제중의 하나이나 기타의 문제는 서서히 해결이 될 것으로 알고 있음.

김참사관: 주택 및 융자의 문제가 해결되지 않고 있으며(공단주택, 주택공급공사 및 금융금고의 실태를 설명함) 또한 후생년금과 국민년금간에 통산이 한국인에게는 적용되지 않아서 직장을 사직하는 경우 불입금의 손실을 보게되는 모순이 있는 바, 이러한 모순점이 시정되어야 할 것임. 또한 아동수당은 지방에 따라 시행되고 있는 지역과 없는 지역이 있는데 일율적으로 시행되도록 해주어야 할 것임.

야마다: 년금의 통산이 되지 않아 불이익을 주고 있는 실정을 잘 알고 있으며 융자, 주택문제에 관하여는 관계성에 알아본 후 회답하겠음.

5-2-7. 별첨-대장성 미아모토 야스다카 심의관과 김경철 참사관의 면담내용

면담내용
1. 일시: 79.7.23. 10:30
2. 장소: 대장성 심의관실
3. 면담자: 미아모토 야스다카(宮本保孝)심의관, 김경철 참사관
4. 내용:
    국민금융공고 및 주택공급공사의 주택입주와 관련, 주택금융금고의 융자를 외국인에게 개방할 것을 요구한 데 대하여 검토토록 조치하겠다고 말함.

5-2-8. 별첨-건설성 주택국 요시나 고오지 참사관과 김경철 참사관의 면담내용

면담내용

1. 일시: 79.6.15. 14:30
2. 장소: 건설성 주택국 참사관실(가와이 주택 총무과장 배석), 김경철 참사관
4. 내용:

　　김참사관: 금일 아사히 신문에 보도된 바에 의하면 공단주택, 주택금융공고융자, 일본주택공단, 주택공급공사등의 입주, 분양을 외국인에게 개방키로 결정, 이를 위한 구체적 조건을 검토중에 있다고 하는 바 구체적 조건이 어떤 방향으로 검토되고 있는지?

　　요시다: 공단주택에 관하여는 이미 주택국장이 외국인에게 개방하여도 무방하다는 통달에 따라 지방자치단체별로 시행이 되고 있는 바, 문제는 주택금융공보의 융자에 따라 건축되는 주택공급공사의 주택인바이의 입주, 분양을 금융공고의 융자자격이 있어야함으로 동 금고의 융자대상을 외국인에게 확대하는 경우에는 주택문제는 자연히 풀리게 될 것임.

　　금융공고의 융자개방문제는 일반은행융자 문제와 관련이 있으므로 대장성에서 조만간 관계성회의를 개최하여 결정될 것으로 보고 있음.

　　김참사관: 국제인권규약도 발효되는 현단계에서 주재국정부도 여타 선진국 수준으로 외국인에 대하여 복지, 사회보장의 혜택을 부여하여야 할 것인 바, 주택의 문제는 생활의 기본문제임으로 당연히 외국인에게도 개방되어야할 것임으로 금융공고의 융자문제와 관련, 관계성회의가 있을시에는 건설성의 입장에서 모든 주택의 입주, 분양의 혜택이 외국인에게 부여되도록 적절한 조치를 취하여 주기바람.

　　요시다: 국제인권규약이 비준된 시점에서 선진외국에서 부여하고 있는 현황이 어느정도인지를 자체에서 검토하여야 할 때가 왔다고 봄.

5-2-9. 별첨-후생성 마사기 가오루 심의관과 김경철 참사관의 면담요지

1. 일시: 1979년 8월 3일 11:00
2. 장소: 후생성 심의관실
3. 면담자: 마사기 가오루(正木馨) 심의관, 김경철 참사관
4. 제목: 외국인에 대한 국민연금의 개방문제

김참사관:

    (1) 국제인권규약의 비준, 일본의 경제대국으로서의 역할이 증대되고 있는 현재 국민연금의 대외국민 개방문제를 검토하고 있는지

    (2) 재일한국인은 납세의무를 필하나 사회보장의 혜택에서 제외되고 있음. 특히 후생연금과 국민연금간의 통산이 불허되어 많은 한국인이 불이익을 받고 있는 바 시정할 것인지 여부

    (3) 일본인과 한국인의 소득격차로 인하여 반사회적 범죄율이 높을것을 유감인 바 이것 역시 사회보장, 복지의 혜택에서 제외되고 있는것에 일부 기인함.

    (4) 일본의 사회보장제도의 확대로 수급액이 10년전비 8배 향상, 국민총소득의 11%의 상당액이 지급되고 있다고 하나, 재일한국인에 대한 사회보장 및 복지문제는 전혀 향상된 바 없음.

    (5) 외무성측에서는 난민지위에 관한 국제조약 가입을 검토하고 있다는 바, 이와 관련 연금문제 등 현존 외국인에 대한 제도개선을 검토하고 있는지

    (6) 연금문제를 검토함에 앞서 재일한국인과 일본과는 역사적 특수성을 감안, 검토되어야 할 것인바 의견 여하

마사기:

    (1) 연금문제는 성격면, 운영의 기술적인 면에 있어서 외국인에 문호를 개방하기에는 여러가지 난점이 있음.

    (2) 재일한국인의 역사적 특수성을 충분히 이해하나 여타 외국인과는 별도로 문제를 검토하기는 어려운 것임.

    (3) 외국인에 대한 연금문제는 상호 통산협정등을 통하여 해결되어야 할 것으로 보고 있음.

    (4) 금후 선진국의 예를 중심으로 전진적인 자세로 동 문제를 검토코저함.

    (5) 후생연금과 국민연금간의 모순 시인, 금후의 검토과제로 보고 있음.

    (6) 금후 자료, 정보 교환을 통하여 문제를 검토함에 있어서 협력하고저 함.

6. 주일대사관 공문—국제인권규약 발효에 대한 외상 담화문

주일대사관
번호 일본(영)725-5011
일자 79.9.27

발신 주일대사
수신 외무부 장관
참조 영사교민국장
제목 국제인권규약 발표에 대한 외상 담화문

　　주재국 정부는 재일외국인의 사회보장문제와 관련이 있는 국제인권규약을 지난
6월 비준, 9월 21일부로 발표됨에 따라 주재국 외상이 담화문을 발표하였는바 이
이를 별첨 송부하오니 업무에 참고하시기 바랍니다.
　　유첨: 담화문 1부.　　끝.

6-1. 유첨-외무대신 담화문

園田外務大臣談話

昭和五十四年九月二十一日

国際人権規約の効力発生について

　　国際人権規約は本日わが国につき効力を生じることとなりましたが、この人権
規約は、国連の採択した人権諸条約の中でも最も基本的かつ包括的なものであり、
国連が人権の分野で達成した最大の成果であるということが出来ると思います。こ
の国際人権規約の締結は、国際的には、人権尊重を国政の拠って立つ基盤とするわ
が国の姿勢を広く対外的に周知せしめるという意味をもち、国内的には、人権の保
障に関する従来の国内施策を一層充実、強化させるための大きな契機となるという
意味をもつものと考えられ、極めて大きな意義を有する事であり、まことに喜ばし
い限りであります。
(参考)
一、政府は、昨年五月三十日、経済的、社会的および文化的権利に関する国際規約
　　並びに市民的及び政治的権利に関する国際規約(いわゆる国際人権規約)に署名
　　し、本年六月国会の承認を経て、同月十五日の閣議で批准を決定した。
二、これらの規約のわが方批准書は、六月二十一日ニューヨークの国連本部におい
　　て、安倍国連常駐代表(当時)よりワルトハイム国連事務総長に寄託されたとこ
　　ろ両規約は、批准書寄託の後三カ月(即ち九月二十一日)で効力を生じることに
　　なっていたものである。

제3부

재일본 한국인 모국 방문

해방이후 재일한인 외교문서 해제집
┃제7권┃(1975~1979)

재일동포 모국방문은 당시 박정희 정부의 평화무드 선상에서 1975년도부터 재일동포를 비롯하여 해외동포들을 국내에 초청한 정책들을 말한다. 본고에서 다룰 내용은 대한민국 외교사료관에서 공개중인 이들 재일동포 모국방문에 관련된 문서철들 중 1975년부터 1979년까지의 것들에 관한 해제에 해당된다.

　　재일동포 모국방문은 1769년의 닉슨독트린으로 인해 발생한 대북정책의 변화에 그 시발점을 두고 있다. 이에 맞추어 박정희 정권은 1970년의 '8·15평화통일구상선언'을 발표하고 뒤이어 1972년에 남북공동성명, 1973년 6.23 평화통일외교정책선언, 1974년 상호불가침협정 체결 제의라는 일련의 평화 정책을 이어 나간다.[1] 이같은 평화 정책 속에서도 계속하여 북한을 견제하는 모습을 보이는데, 모국방문은 그러한 대북 견제책 중의 하나였다.

　　이 모국방문 운동에는 1. 남북이산가족찾기운동의 전개의 촉진을 위해 북한적십자사 측이 문제 삼은 한국의 내정문제가 인도주의 문제 해결에 지장을 주지 않음을 증명할 필요가 있었고 2. 60년대 이후의 경제건설과 새마을운동 전개로 인해 공산주의자들의 조국방문에 대한 자신감 획득과 3. 일본에 있는 동포들의 절반에 달하는 조총련계 교포들의 그릇된 인식으로 인한 반한활동을 체험으로서 극복케 하려는 목적이라는 배경이 있었다.[2] 그 결과 이를 조총련 와해의 단초로 보거나[3], 조총련과 민단의 대립 상황에서 민단우세의 분수령[4]으로 보기도 한다.

　　일반적으로 1975년도에 모국방문이 이루어진 것으로 알려진 바와 달리 매우 은밀하고 소수의 인원에 한해 모국방문이 이루어지고 있었다. 근래에 들어 당시 기자였던 최덕수 박사가 1973년도부터 중앙정보부의 협조 아래 조총련 간부를 상대로 은밀히 이를 진행시켰다는 기사도 나온 바 있는데[5] 1992년도 8월 14일자 중앙일보 기사 중 당시 모국방문을 최초로 공개 석상에서 주장하였던 오사카 총영사 조일제 씨의 인터뷰에 따르면,[6] '75년의 공개사업 이전에도 조총련계 인사들을 비밀리에

1) 평화 정책 전개와 동시에 북한을 경계하는 정책에 관해서는 '이재훈(2024) 「1974년 대한민국 정부의 대민단 인식 외교사료관 소장 문서철『재일본민단확대 간부회의 개최 계획』을 토대로」『일본근대학연구』83, 한국일본근대학회, pp.167-182.'를 참조.
2) 한국학중앙연구원, 『한국민족문화대백과사전』「해외동포 모국방문」(https://encykorea.aks.ac.kr/Article/E0062668)
3) 뉴스매거진(2022.03.18.) 「조총련(朝総聯) 와해의 단초 만들었다」(https://www.news-m.co.kr/news/articleView.html?idxno=189425 검색일: 2024.03.01)
4) 중앙일보(1992.08.14.) 「모국초청 조총련계 재일교포 민단우세 "분수령"」(https://www.joongang.co.kr/article/2736781#home 검색일: 2024.03.01)
5) 뉴스매거진(2022.03.18.)(주3의 기사)에서는 '1972년 최덕수 박사가 첫노력을 하였다.'고 하며 그의 노력을 자세히 기술하고 있다.
6) 이하 조일제의 인터뷰는 모두 중앙일보(1992.08.14.) 「모국초청 조총련계 재일교포 민단우세 "분수령"」

모국에 불러들이는 사업은 있었습니다. 기업가들을 선별해 설득, 남한의 고향을 찾아볼 수 있게 하고 산업시찰을 주선하는 일들이 공작차원에서 이루어진 것이지요. 그러나 이런 일을 공개사업으로 전환하는 것은 엄청난 정책변화를 의미합니다. 그쯤 되면 이미 정보부장 선에서 내릴 결정이 아니고, 최고통치자의 재가가 있어야 했지요. 또 대통령의 의중을 잘 모르는 상태에서 정보부가 문책 당할 위험 부담을 무릅쓰고 이런 사업을 기안해 올리기는 매우 힘든 분위기였습니다.'와 같이, 이전에도 은밀하게 이 계획이 실행되고 있었음을 알 수 있다. 그러던 와중에 3월에 조일제 씨가 본인의 오카사 총영사 취임식 날(3.18.)에 '조총련계 동포들도 원한다면 고향 (남한) 방문을 할 수 있도록 하겠다. 신변안전 등 왕래에 따른 제반 문제도 내 직책을 걸고 보장하겠다.'고 말했다고 한다. 그리고 이 폭탄선언을 교포신문인 '통일일보'가 1면에 실으며 대대적으로 보도하였다고 한다.

이를 기점으로 이제 차례대로 모국방문단이 이루어지는데, 본 해제집의 시기 구분에 따라 1975년부터 1979년까지 외교사료관에 공개된 자료를 정리해 보면 아래 표와 같은데,[7] 상기 사실들을 바탕으로 모국방문단이 정례화가 이루어지기 전인 초기 문서들에 주안을 두고 해제를 진행하고자 한다.

연번	연도	제목	등록번호	필름번호	분량
1	1975	전향 재일본 한국인 모국 방문, 1975	9003	P-0016	24
2	1975	조총련계 재일본 한국인 모국 방문, 1975	9007	P-0016	123
3	1975	해외유공동포 모국 방문, 1975.9.30.-10.5	8981	P-0015	47
4	1976	조총련계 재일본 한국인 모국 방문, 1976. 전 2권(V.1 1-6월)	10041	P-0020	186
5	1976	조총련계 재일본 한국인 모국 방문, 1976. 전 2권(V.2 7-12월)	10042	P-0020	269
6	1977	조총련계 재일본교민 모국 방문	11204	2007-67	139
7	1978	조총련계 재일본 동포 모국 방문, 1978	12513	2008-82	193
8	1979	조총련계 재일본 교민 모국 방문, 1979	13937	2009-94	51

9003번 문서(이하, 문서는 모두 청구번호로 칭함)는 1975년 4월 14일과 6월 24일 두 차례에 걸친 모국방문단을 다루는 비교적 짧은 문서철인데, 이 문서철은 우선

---

7) 다만 3번(8981) 문서는 국군의 날 맞이 해외동포 초청 사업으로, 조총련계 동포 전향을 위한 금번의 대대적인 사업과는 사실 거리가 멀다. 이는 매년 행해오던 유공자들에 대한 행사인데, 대조, 참고를 위해 본 해제집에 기본적인 문서 몇 개를 편성하였다.

75년 4월 1일에 오사카 총영사관에서 장관을 대상으로 보낸 오사카 총영사관 공문(오오사카(영)725-1167)으로 시작한다. 이 문서가 외교문서 상에서는 조총련계 재일본 동포 모국방문의 서막을 올리는 것으로서 긴 모국방문의 첫 여정을 알리는 신호탄에 해당한다고 볼 수 있다. 내용은 오사카 지부 민단이 조련계에서 전향하여 국민등록을 필한 민단 가입자 21명에 대해 본국 단체 방문 조치를 요청하자, 오사카 총영사관이 이를 검토하고 유의의성을 인정하여 본국에 이를 전달하는 것이다. 이 문서에는 이들 방문의 목적을 ①조총련 선전의 허위성을 각성시키고, ②조국발전상을 직접 보아 완전한 전향을 촉구하고, ③귀일 후 민단원으로서 활약 기대라는 세 가지로 삼고 있다. 일정은 15일로 잡고 이중 4일은 단체행동(산업시설 시찰)을 하고 나머지는 개인행동을 하게끔 일정이 짜여 있다.

흥미로운 점이 두 가지 있는데 그 첫 번째는 이 같은 인원의 입국에 대해 사전에 일정이나 구성원 등에 관해 충분한 의견을 교환하는 절차가 생략되어 있다는 점이다. 앞서 말한 바와 같이 4월 1일에 희망을 요청하는 공문을 올리고, 바로 다음날인 2일에 4월 15일에 입국하게끔 해 달라고 요청하는 전보(OSW-0401)를 보낸다. 불과 2주후의 그야말로 급작스러운 예정인데, 외무부는 6일이 지난 4월 8일에 이들을 그보다 하루 더 앞당긴 14일에 입국조치할 것을 지시하는 전보(WOS-0415)를 보낸다. 그렇게 시급하지 않은 통상적인 경우라면 총영사관이 외무부에 보내고, 외무부 내적으로 회의를 거친 다음에 허가를 하는 전보를 보내고 외무부가 관할 부서 및 방문 기관에 협조전을 보낸 후에 최종적으로 의견이 모일 때 다시 총영사관에 이를 알리는 연락을 하는 게 수순일 것이다. 그런데 이렇게 급작스러운 요청에 방문 기관에 아무런 협조를 구하는 문서조차 남기지 않았음은 이미 이 건이 전술한 조일제 시의 인터뷰처럼 정부 내부적으로 합의가 완료되어 있음을 암시한다. 실제로 6월에 모국 방문이 이루어졌을 때에 오사카 총영사관이 보낸 전보(OSW-0628, 6.21.)에 '본건 귀국 및 본국내 체류일정은 관계 파견관이 사전본부 승인을 얻은 바 있음을 첨언함.' 이라고 되어 있음을 보면 두 번째부터는 명확하게 그리고 본격적으로 이것이 내부적인 합의가 완료되어 있는 상태임을 알 수 있다.

두 번째로 흥미로운 점은 앞선 총영사관의 공문에서 '주요역직은 지난 자는 없으나 26번 김원봉은 오사카 후세지부 부분회장을 지냈음'이라고 되어 있는데, 방한 행사가 끝날 즈음에 실린 신문기사(75.4.20. 조선일보)에는 "종래 일본에서 조총련 간부로 일하던 사람 16명이..."라고 되어 있어, 그 실적을 의도적으로 부풀리려 했던 것은 아닌지 의심해 볼 수 있다.(단 신문기사는 본서 생략)

9007번 문서철은 그 시작이 4월 11일자 서울신문("서울 가면 죽는줄로만.._朝總聯

선전은 모두 거짓")로 시작된다. 이 기사에는 지난 3월 25일~4월 4일에 모국을 방문했던 지병렬(池炳烈) 씨의 이야기가 실려 있다. 유사한 기사는 경향, 매일경제 등에 동시에 실렸는데 정작 방문 시에는 신문기사 하나 나오질 않다가 돌아가고 나서 열흘이 지난 시국에 이것을 대대적으로 알리고 있다. 즉 청구번호는 느리지만 사건적으로는 지병렬 씨의 이야기가 가장 빠르다는 이야기가 된다. 이 신문기사가 신호탄 노릇을 하기라도 하듯 이후 사전에 준비되었던 모국방문이 본격적으로 시작된다.

상황을 순서대로 정리해 보면 ① 3월에 오사카 총영사 취임식에서 모국방문단 추진이 천명되었고(03.18.), ② 이후 지병열씨가 방문을 하였고(03.25.~04.04.) ③ 오사카 총영사관에서 첫 방문단에 대한 요청이 있은 후(04.01.) ④첫 번째 방문단이 방한을 하게 되는 것(04.14.)이다. 즉 지병열 씨의 방한 기간 중에 이미 방문단 계획이 세워진 것을 의미하고, 이는 앞서 말한 이미 중정을 통해 내부적으로 모든 승인이 떨어져 있음을 확증시키는 것이다. 그렇다면 4월 11일자 지병열 씨의 신문 기사는 정부에서 이 치적을 널리 알림과 동시에 이를 본격적으로 시행하겠다는 신호탄으로 보는 게 올바른 추측일 것이다.

그리고 이후 문서철에는 이전의 어떤 절차도 기입되어 있지 않고 요코하마 총영사가 가나가와현 내에서 선발한 모국선발단원 16명의 한국 입국 소식을 알리는 착신전보(YOW-0404, 75.4.14.)가 등장한다. 이 또한 절차가 생략된 것은 상기 언급한 내부적 합의가 이미 끝난 상태이기 때문일 것이다.

그런데 이와는 반대로 지금까지의 사업을 발전시키기라도 하는 듯 5월 23일 조총련계와 중립계 재일동포의 성묘를 위한 모국방문 허용 기획(안)에 관한 협조문(교일725-123) 외무부 내부에서 작성되고 이튿날(5.23.)에는 중앙정보부장과 7국장에게 검토를 요청하는 공문(교일725-)이 작성된다. 이 문서에는 '조총련계 및 중립계 재일교포의 성묘를 위한 모국방문 허용 계획'이라는 문서가 첨부되어 있는데, 이는 지금까지 중정의 지휘 아래에서 외무부가 특별한 역할 없이 이들에 대한 창구 역할만 하다가 이제 비로소 외무부의 주최 아래 본 사업을 시행하게 되었기에 외무부의 자체적인 판단이 본격적으로 들어가기 시작하는 문서를 발행했을 것으로 여겨진다. 이하 해당 문서를 검토해 보자.

이 첨부된 문서("조총련계와 중립계 재일동포의 성묘를 위한 모국방문 허용 기획(안)")을 보면 모국방문단의 목적은 '재일교포로서 모국을 방문하지 못한 조총련계 및 중립계 교포들에게 고향을 방문, 친척 상면 및 성묘할 수 있는 기회를 부여함으로서 총력안보 체제의 공고화에 기여'라고 되어 있다. 그리고 구체적 총력안보 체제의 공고화란 곧 '① 이산가족의 재회 및 성묘 및 기회 부여라는 정부의 인도적 조치를 널리 홍보하여, 이를 반대하는 북한의 비인도적 처사를 도드라지게 함으로서 국제 여론을 유리하게 조성 ② 조국의 발전상을 직접 보게 하여 조국에 대한 인식 변화와 북한 선전 허구성의 실감을 통한 조총련 세력의 약화'에 맞춰져 있음을 알 수 있다.

이 문서에는 정치적, 사회적 장단점을 들고 예상되는 문제점도 거론되어 있긴 하지만 결론적으로는 적극 권장하기로 결정을 내린다. 내세우고 있는 득이 실보다 훨씬 많았기 때문이다 그리고 건의 사항에서 인도적 조치의 일환으로 성묘를 위한 모국방문 기회 부여로 그 틀을 잡고, 적절 시기를 성묘를 위한 방문을 준비하고 홍보할 수 있는 추석(09.20.)의 2개월 전으로 설정한다. 이로서 모국방문단의 기본적인 틀이 잡히게 된 것이다.

이후 외부무는 각 부처(영사교민국, 구주국, 정보문화국)에게 의견을 물어보는데 약간의 우려는 있었으나 모두 실보다는 득이 많은 것으로 인식하였다. (협조문 북일 700- (75.5.28.), 협조문 구삼770-133(75.5.30.), 협조문 북일700-56(75.6.4.), 협조문 정이770-79(75.6.4.))

그리고 민단에서는 7.4 공동성명 3주년을 맞아 기자회견을 갖고 모국방문단에 최대한 협조할 것을 선언하며 이에 대한 성명서(七・四共同声明 三周年에 즈음하여 朝總聯傘下 同胞여러분께 呼訴합니다.)를 발표한다.

이에 연관하여 익월 발행된 주일대사관 공문(일본(영)725-5557, 1975.8.21.)을 보면, 상기 기자회견이 끝나고 7.15-16. 민단 지방본부 단장, 사무국장 및 중앙산하 단체장 합동회의를 개최하여 본 사업의 효과적인 추진을 꾀하고 있는데, 이를 위해 각급 민단 간부들에게 권유책임제(각자 1명 이상 포섭, 도합 5천 명)를 실시하고 활동 결과를 매월 5일까지 보고하게끔 조치를 내림을 알 수 있다. 한일 관계에서 정부의 민단에 대한 의존도를 다시 한 번 엿볼 수 있는 부분이다.

그리고 산케이 신문에 민단 주최로 "朝總連傘下同胞の皆さん、故郷を訪問しましょう"라는 광고(8.18.)가 실린 후, 드디어 9월 15일부터 24일까지 771명이 방문할 것임을 알리는 주일대사 발신의 공문(JAW-09300, 1975.9.11.)이 발송된다.[8] 때마침 중정에서 보내온 공문(중대보400, 1975.9.9.)에서도 '한국을 직접 보고난 후 그들의 선전이 허위임을 깨닫고 중립적인 입장을 지양하고 민단으로 전향하는 경향이 점차 많아지고 있다.'며 '재일교포들의 한국방문 개방정책을 과감히 시행토록 추진하면 상당한 성과가 있을 것으로 기대'한다는 문구가 실려 있어 모국 방문단은 언뜻 브레이크 없이 추진되는 모양새를 띠기고 하나, 조총련 측의 방해 공작도 이에 맞추어 기승을 부린다. 첫 방문이 행해지는 한창인 9월 19일, 외무부 정무차관보가 마에다 주한

─────────────

8) 단, 이는 예정으로 실제 일정과는 다름(실제로는 9.13.-9.29., "722명 조총련 전향 및 방한 현황")

일본대사관 공사를 불러들여 조총련의 방해 공작에 대한 적절한 대응과 이에 대한 협력을 부탁하는 모습이 등장하는데(면담요록, 면담자료) 이후부터 외무부 문서철은 조총련 방해 관련 보고와, 모국방문단 진행이라는 큰 두 줄기를 이루며 작성이 된다. 실제로 75년 1월부터 8월말까지 방한한 218명 중에 102명이 전향을 하였다는 보고도 있으니, 이는 모국방문단의 방문이 조총련의 세력 약화에 매우 효과적이었음을 나타낸다.

그리고 주일대사가 650명 규모의 제 2차 모국방문단(1975.11.1.-15.) 구성을 알리는 공문(일본(영)725-6810, 1975.10.21.)을 보내오고 각 공관별로 다음 모국방문단을 준비하는 모습이 등장한다.

이후 76년도의 일이 기록된 "조총련계 재일본 한국인 모국 방문, 1976. 전2권"부터는 대개 위에서도 언급한 바와 같이 이미 모국방문단 사업은 안정세에 접어든 모습을 보이고 이에 반발하는 조총련의 방해 공작이 주된 내용으로 자리잡고 있다. 때문에 실상 모국방문단 준비를 위한 과정은 굉장히 단순 명확하게 '예정 인원 보고-입국 보고-출국보고-최종 보고서'의 형식을 띠는 경우가 대부분이다. 도리어 이후부터는 조총련의 반대공작이 주를 이룬다고 볼 수 있다.

다만 1977년부터는 조총련의 반대공작도 세를 잃었는지, 이후의 기록들에는 그 내용조차 거의 기술되어 있지 않고 오직 모국방문단의 실행 내역만 찾아볼 수 있다.

▌관련 문서▐

① 해외유공동포 모국 방문, 1975.9.30-10.5
② 전향 재일본 한국인 모국 방문, 1975
③ 조총련계 재일본 한국인 모국 방문, 1975
④ 조총련계 재일본 한국인 모국 방문, 1976. 전2권(V.1 1-6월)
⑤ 조총련계 재일본 한국인 모국 방문, 1976. 전2권(V.2 7-12월)
⑥ 조총련계 재일본교민 모국 방문, 1977
⑦ 조총련계 재일본 동포 모국 방문, 1978
⑧ 조총련계 재일본 교민 모국 방문, 1979

① 해외유공동포 모국 방문, 1975.9.30-10.5

○ ○ ○

기능명칭: 해외유공동포 모국 방문, 1975.9.30-10.5

분류번호: 791.1, 1975

등록번호: 8981(19749)

생산과: 교민1과

생산연도: 1975

필름번호: P-0015

파일번호: 02

프레임 번호: 0001-0047

1. 기안-75년도 해외 유공교포 모국 방문 초청

분류기호 문서번호 교일725-
시행일자 75.9.19.
협조 기획관리실장, 미주국장, 아주국장, 구주국장, 총무과장
경유수신참조 건의
제목 75년도 해외 유공교포 모국 방문 초청

1. 75년도 당부 운영계획에 의거 오는 10.1. 국군의 날을 전후하여 교포 사회 발전을 위해 헌신하고 특히 최근 수년간 모국을 방문한 사실이 없는 유공교포를 별첨 일정에 따라 본국에 초청(왕복여비 및 체제비 일체를 당부에서 부담함)하고저 건의합니다.

   가. 초청 인원(별첨 Ⅰ참조)
     1) 일본 지역 3명
     2) 미주 지역 2명(1명에 대하여는 체재비만 부담)
     3) 구주 지역 1명
   나. 초청기간
     1975.9.30-10.4.까지(4박 5일)
   다. 주요 활동 사항(별첨 Ⅱ 참조)
     1) 국군의 날 및 경축연 참가
     2) 산업 시찰
   라. 소요 경비 총액(별첨Ⅲ 참조)
     ₩1,158,280, $4,388.40
   마. 지출 근거: 교민육성비중 국외 여비, 임차료, 특별판공비 및 정보비

2. 특히 일본을 제외한 기타 지역 유공교포에 대하여는 관계 각 재외공관으로부터 6명(별첨Ⅳ 참조)을 추천하여 왔는 바, 교포사회의 원로급 지도자로서 교포사회 발전에 공로가 현저한 하기 3명을 선정, 초청 코저 합니다.

-하기-

성명	성별	년령	직업	거주지	공적 사항
김성덕	남	66	미국의 소리 한국과 퓨로 듀서	미국 워싱톤	아국 이민의 정착 및 교민사회 발전에 기여, 정부 시책 지지.
전호덕	여	56	가정주부	불란서	교민에게 애국심 앙양 활동 전

				파리	개, 교민융화 단결을 위한 적 극적 활동
김동준	남	41	미국 담보보험 회사 부회장	미국 뉴욕	한일회 간부로서 한인 사회 발 전에 기여.

첨부: 1. 초청 인원
　　　2. 주요 활동 사항
　　　3. 소요 경비 내역
　　　4. 일본을 제외한 기타 지역 추천 유공교포 명단. 끝.

1-1. 별첨-소요경비내역

경비 명세

1. 예산 근거: 교민 육성비중 국외여비, 특별판공비, 정보비 및 임차료
2. 소요 경비: 원화 ₩1,158,280 미화 $4,388.40
　　가. 국외여비(왕복항공료)
　　　　서울-동경: $221.60 × 3인 = $664.80
　　　　서울-워싱톤(왕복항공비): $1,534.20 × 1인 = $1,534.20
　　　　서울-파리: $2,189.40 × 1인 = $2,189.40
　　　　소계: $4,388.40
　　나. 체재비
　　　　숙박비: ₩10,000 × 6인 × 3박 = ₩180,000
　　　　식비: ₩5,000 × 6인 × 6회 = ₩180,000
　　　　만찬: ₩95,000 × 2회 × 10인 = ₩190,000
　　　　소계: ₩550,000
　　다. 임차료(마이크로 뻐스 1대)
　　　　₩50,000 × 1대 × 3일 = ₩150,000
　　라. 정보비(지방 산업 시찰)
　　　　숙박비: ₩10,000 × 1박 × 7인 = ₩70,000
　　　　식비: ₩5,000 × 4회 × 7인 = ₩140,000
　　　　교통비(고속버스)

서울 - 울산: ₩2,130 × 1회 × 7인 = ₩14,910

경주 - 서울: ₩1,910 × 1회 × 7인 = ₩13,370

승용차(경주, 울산): ₩20,000 × 2일 × 2대 = ₩80,000

안내원 수수료: ₩5,000 × 2인 × 1일 = ₩10,000

잡비(산업 시찰용): ₩10,000 × 7인 = ₩70,000

기타(교통비, 팁): ₩10,000 × 6인 = ₩60,000

　　　　계: ₩248,280

소계: ₩458,280

합계: ₩1,168,280, $4,388.40

1-2. 별첨-해외동포 모국방문일정

海外同胞
母國訪問日程
(1975.9.30~10.5)

大韓民國 外務部

海外同胞
母國訪問日程

(1975.9.30~10.5)

大韓民國 外務部

海外有功同胞名單

姓名	職業 또는 職責	居住地	備考
尹致夏	民團中央本部 顧問	日本東京	
李壽成	〃	〃	
李千成	民團東京地方本部顧問	〃	
박태순	브라질僑民會副會長	브라질	
김동준	뉴욕韓人會副會長	미국 뉴욕	
전호덕	家庭主婦	불란서(파리)	
김관욱(부인동반)	알헨틴韓人會會長	알헨틴	

有功者滯韓日程

日時		行事	備考
9.30(火)		有功者 서울到着	세종호텔 留宿
	19:00	夕食(세종호텔)	
10.1(水)	08:00	國軍의날 行事 參席	5.16 廣場
	13:00	午餐	
	14:30	國立墓地 參拜	
		(故 大統領 令夫人 墓所 參拜)	
	16:30	外務部 訪問	
	18:00	國軍의날 慶祝 리셉숀 參加	慶會樓
	20:00	세종호텔 到着	
10.2(木)	07:30	세종호텔 出發	
	08:00	蔚山向發	
	13:00	蔚山到着 午餐	
	14:30	蔚山市 訪問	
	15:00	蔚山工業團地 視察(蔚山市 案內)	
		現代造船, 大韓石油	
	18:00	蔚山에서 慶州 出發	
	19:00	慶州到着	새한호텔
	20:00	夕食	
10.3(金)	09:30	慶州古蹟 觀光(佛國寺 石窟庵等)	
	13:20	慶州出發	
	18:00	서울到着	
	20:00	外務部主催 晚餐	판코리아
10.4(土)	09:00	早餐(세종호텔)	課長 參席
		解散	

2. 주일대사관 공문—유공교포 정부 초청

주일대사관
번호 일본(영)725-6150
일시 1975.9.18.
발신 주일대사
수신 외무부 장관
영사교민국장
제목 유공교포 정부 초청

　　연: WJA-09188
　　연호관련 정부초청 유공자 3명 (이천성, 윤치하, 이수성)의 공적조서를 각
2부씩 별첨 송부합니다.
　　첨부: 상기 공적조서. 끝.

2-1. 첨부—공적조서

功績調書
本籍 **********
住所 東京都足立區關原1-6-20
姓名 李千成
生年月日 1921年2月3日
職業 製靴化業 三分團長
民團登錄 13179
永住權許可 214751
表彰事項
功績(組織) 事項
　　1. 民團創團以來民團第一線에서 猛活躍함.
　　2. 25年間 第一線末端인 分團長으로 모범적으로 솔선수범하고 있음.
　　3. 관하 11班長과 혼연일체가 되여 支部 관내 第一位的分團의 成果를 거두고
　　있으며 陸女史追悼大會에도 六·二五動亂記念式, 光復節等 行事 때와 最高의

動員數, 最高의 活動力을 보여 民團支部 分團, 班組織의 理想的 모범을 보이고 있어 民團의 심볼이 되고 있음.

特記(功績)事項

民團 第一線 末端組織인 分團의 分團長을 25年間 해온 李千成氏야말로 民團의 일하는 황소라고 表現할 수 있다. 묵묵히 李千成氏가 일하고 정리하고 키워온 分團은 行事, 항의 데모, 組織의 일 등이 있을 때 한 사람도 빠짐없이 발을 支部 本部, 會議場所에 운반하고 있다. 이질서, 이친선 이 團結力은 민단의 목표, 민단의 장래를 提示하고 있다. 새민단 運動의 精神을 대변하고 있는 李千成氏의 活動은 東京에서 또는 日本에서의 在日同胞의 새마을 精神 정착에 오늘도 분주한 발걸음을 날으고 있다.

學歷及經歷事項

1936   濟州北普通學校 卒業

1941   大成中學校(棘舊制) 卒業

1945   仙臺商大專間部(夜間) 修了

1950.3.   松田製革化製造工業所 代表(現在)

功績調書

本籍 **********

住所 東京都足立區關原1-6-20

姓名 李千成

生年月日 1921年2月3日

職業 製靴化業

民團登錄 13179

永住權許可 214751

表彰事項

功績(組織) 事項

1. 民團創團以來民團第一線에서 猛活躍함.

2. 25年間 第一線末端인 分團長으로 모범적으로 솔선수범하고 있음.

3. 관하 11班長과 혼연일체가 되여 支部 관내 第一位的分團의 成果를 거두고 있으며 陸女史追悼大會에도 六・二五動亂記念式, 光復節等 行事 때와 最高의 動員數, 最高의 活動力을 보여 民團支部 分團, 班組織의 理想的 모범을 보이고 있어 民團의 심볼이 되고 있음.

特記(功績)事項

　　民團 第一線 末端組織인 分團의 分團長을 25年間 해온 李千成氏야말로 民團의 일하는 황소라고 表現할 수 있다. 묵묵히 李千成氏가 일하고 정리하고 키워온 分團은 行事, 항의 데모, 組織의 일 등이 있을 때 한 사람도 빠짐없이 발을 支部本部, 會議場所에 운반하고 있다. 이질서, 이친선 이 團結力은 민단의 목표, 민단의 장래를 提示하고 있다. 새민단 運動의 精神을 대변하고 있는 李千成氏의 活動은 東京에서 또는 日本에서의 在日同胞의 새마을 精神 정착에 오늘도 분주한 발걸음을 날으고 있다.

學歷及經歷事項

　　1936　濟州北普通學校 卒業

　　1941　大成中學校(棘舊制) 卒業

　　1945　仙臺商大專間部(夜間) 修了

　　1950.3.　松田製革化製造工業所 代表(現在)

功績調書

本籍 **********

住所　東京都葛飾區龜有3-43-8

姓名　尹徵夏

生年月日　1917年10月10日

職業　藥局經營

民團登錄　3150

永住權許可　34986

表彰事項

功績(組織) 事項

　　1947.　民團中央總本部의 內務部長

　　　〃　.9　事務次長

　　1954.　民團栃木縣本部 團長

　　1960.　中央本部 副團長

　　1965.　監察委員長

　　1973.　民團東京 葛飾支部 團長

　　1974.　中央本部 顧問

特記(功績)事項

　　學生時代부터 시작된 祖國과 민족을 위한 活動이 民團中央本部의 初代內務部長

자리가 되어 돌아온 것이 1947년의 일이었다. 이때부터 시작된 尹徵夏氏의 일은 朝總聯과의 투쟁 바로 이것이었다. 民團에 組織이라는 개념을 처음으로 導入 구성하여 組織을 궤도에 올렸다. 그후 地方組織을 만들기 위하여 栃木團長에 취임, 그후 中央本部 副團長 또 地方中央과 地方의 조직적 질서 成立에 공헌한 점 지대한 바가 크며 民團의 理論家로써 尹徵夏의 이메지와 오늘날 民團의 산표 본이 되고 있다.

學歷及經歷事項

　　1951.3.　明治大學 政經學部 卒業

功績調書

本籍 **********

住所　東京都葛飾區龜有3-43-8

姓名　尹徵夏

生年月日　1917年10月10日

職業　藥局經營

民團登錄　3150

永住權許可　34986

表彰事項

功績(組織) 事項

　　1947.　民團中央總本部의 內務部長

　　〃　.9　事務次長

　　1954.　民團栃木縣本部 團長

　　1960.　中央本部 副團長

　　1965.　監察委員長

　　1973.　民團東京 葛飾支部 團長

　　1974.　中央本部 顧問

特記(功績)事項

　　學生時代부터 시작된 祖國과 민족을 위한 活動이 民團中央本部의 初代內務部長 자리가 되어 돌아온 것이 1947년의 일이었다. 이때부터 시작된 尹徵夏氏의 일은 朝總聯과의 투쟁 바로 이것이었다. 民團에 組織이라는 개념을 처음으로 導入 구성하여 組織을 궤도에 올렸다. 그후 地方組織을 만들기 위하여 栃木團長에 취임, 그후 中央本部 副團長 또 地方中央과 地方의 조직적 질서 成立에 공헌한 점 지대한 바가 크며 民團의 理論家로써 尹徵夏의 이메지와 오늘날 民團의 산표

본이 되고 있다.
學歷及經歷事項
    1951.3. 明治大學 政經學部 卒業

功績調書

本籍 **********
住所 東京都臺東區淺草2-27-12
姓名 李壽成
生年月日 1914年7月24日
職業 製造業
民團登錄 □21927
永住權許可 219360
表彰事項
功績(組織) 事項
    荒川支部團長 東京本部 初期 副團長 二回
    東京本部 監察委員長 八回
    本國 動亂時 非常對策委員會 委員長
    民族金融機關創立時 對策委員會 首席代表
    北送反對運動全國總責任者
    中央本部 副團長 一回
    中央本部 監察委員長 二回
特記(功績)事項
    民團 創團으로부터 시작된 李壽成氏 발걸음은 바로 民團의 역사라고 말해도 過言이 아닐만큼 李壽成氏의 입김은 오늘의 民團을 받치고 있는 기둥 중의 하나가 되고 있다. 민족의 비극인 六·二五動亂때 非常對策委員會를 만들어 在日同胞의 精神的 방황을 막았으며 日本의 經濟成長과 함께 민족 金融기관의 창립에 앞장서서 오늘날의 금융기관의 터전을 만든 功績 等等 民團과 함께 살고 民團과 함께 成長한 李壽成氏의 행위는 모든 민단인의 모범이 되고 있다.
學歷及經歷事項
    明治大學 중퇴

3. 외무부공문(착신전보)—추천 인사 채택 요청

외무부
종별 긴급
번호 ARW-0924
일시 232010
수신 차관진전
발신: 주알젠틴대사

    대 WAR-0925
    1. 대호 유공 교포 모국 방문 초청에 관하여 동인은 그간 전체 교포사회에서 공로를 인정받고 축하를 받는 가운데 출발 준비 중이었음.
    2. 그는 반공 교포로서 전번에도 모국방문을 위한 유공교포로 추대된 바 있으나 실현을 보지 못하였으며 금번에는 자비로 부인을 동반코저 제반준비를 완료한 바 있음.
    3. 그의 방문은 북괴의 대교민 침투공작이 공개리에 진행되고 있는 당지 교민사회에 미칠 영향과 당관 입장도 고려 기필 초청하여 주실 것을 강력히 건의함.
    (교이)

4. 외무부 공문—해외교포 유공자 입국에 따른 협조 의뢰

외무부
교일 725- , 70-□235
일시 75.9.24.
발신 외무부 장관
수신 법무부 장관, 교통부 장관, 관세청장.
제목 해외교포 유공자 입국에 따른 협조 의뢰

    1. 당부 1975년도 해외교포 유공자 방한 초청 계획의 일환으로서 유공자 6명을 4박 5일(9.30-10.4) 예정으로 초청합니다.
    2. 동 유공자 일행은 다음과 같이 출 입국할 예정이오니 귀부처 소관 사항에

대해 편의 제공토록 협조 바랍니다.

　　　-다음-

　　가. 유공자 성명: 이천성 외 5명(별첨 명단)

　　나. 입국 예정일: 1975.9.27-9.30

　　다. 입국항: 김포 국제공항

　　라. 출발 예정일: 1975.10.4. 이후

　　첨부: 유공자 명단 1부. 끝.

4-1. 첨부-유공교포 국군의 날 행사 참관자 명단)

유공교포 국군의 날 행사 참관자 명단

영사교민국

	성명	생년월일	성별	직업및직책	주소	본적
1	이천성	1921.2.3	남	회사대표	東京都足立區關原1-6-201	제주
2	윤치하	1917.10.10	남	민단중앙본부 고문	東京都葛飾區龜有3-43-8	함남
3	이수성	1914.7.24	남	〃	東京都臺東區淺草2-27-12	경남
4	김성덕	1909.9.17	남	미국의소리 한국과 푸로듀서	1909 VENTURA AVE. □□ □ATON, AD 20902	평남
5	전호덕	1919/4/23	여	가정주부	34 RUW BE L'ABBE - GR□ □□□□□, □□RIS	서울
6	김동준	1934.11.15	남	미국 담보보험 회사 부회장	61-25, 95ST REGO PARK, N.Y. 11374	부산

5. 외무부 공문–재일 국민 유공자 포상 추천

외무부
번호 교일725-, 70-2345
일시 75.9.24.
발신 외무부 장관
수신 총무처 장관
제목 재일국민 유공자 포상 추천

  당부는 1975년도 재외국민 유공자 초청 계획의 일환으로 평소 투철한 애국심과 반공정신을 발휘하여 민단 조직 육성 강화 및 교민 사회 복지 증진에 헌신적으로 공헌한 유공자 3명을 방한 초청하였는 바, (경비 일체를 당부에서 부담) 이들에 대하여 대통령 표창장(또는 국무총리 표창장)을 수여하도록 추천 하오니 각별히 선처하여 주시기 바랍니다.
   - 하기 -
  1. 유공 표창 대상자

성명	직위	훈격
윤치하	민단중앙본부 고문	대통령 표창
이수성	〃	〃
이천성	민단 도오꾜 지방본부 고문	〃

  2. 방한 일정: 1975.9.30-10.4(4박5일)
 첨부: 유공자 공적 조서. 끝.

5-1. 첨부–유공자 공적 조서

공적조서
본적: 함남 고원군 상산면 지경리
주소: 東京都葛飾區龜有3-43-8
소속: 재일본 대한민국 거류민단
직위성명: 민단 중앙본부 고문
근무기간: 25년
수공기간: 1950년　월　일부터 1975년　월　일까지

과거수훈관계:

성명: 윤치하(尹致夏)

추천훈격: 대통령 표창장

사정훈격:

생년월일: 1917.10.10.

공적사항

　　1. 윤치하 고문은 투철한 애국심과 민족 이념의 소지자로서 확고한 사명감에서 민단 조직 강화 발전을 위해 교민사회에서 공헌하여 왔음.

　　2. 특히 대 조총련 투쟁에도 솔선수범하고 민족 진영 규합을 위하여 진□한 바 지대함.

　　3. 민단 중앙본부 감찰위원장으로 재임시 교민사회의 법적지위 향상은 물론 민족 교육 사업에도 적극 참여하여 크게 공헌하였음.

　　4. 1975년도 외무부 유공교포 초청 계획의 일환으로 해외교포 유공자로서 정부 초청을 받음.

이력서

　　1951.3. 명치대학 정경학부 졸업

　　1947. 민단 중앙본부 내무부장

　　1947.9 민단 중앙본부 사무차장

　　1954. 민단 "이바리기" 본부단장

　　1960. 민단 중앙본부 부단장

　　1965. 민단 중앙본부 감찰위원장

　　1974. 민단 중앙본부 고문

공적조서

본적: 경남 창원군 창원면 소답리

주소: 東京都臺東區淺草2-27-12

소속: 재일본 대한민국 거류민단

직위성명: 민단 중앙본부 고문

근무기간: 25년

수공기간: 1950년　월　일부터 1975년　월　일까지

과거수훈관계:

성명: 이수성(李壽成)

추천훈격: 대통령 표창장

사정훈격:

생년월일: 1914.7.24.

공적사항

    1. 이수성 고문은 투철한 반공사상으로 민족 진영의 규합과 민단 창설시부터 민단 육성 강화에 헌신적으로 진력함.

    2. 6.25 동란 당시 대한민국 구국 비상대책 위원회를 설치하여 재일교포 민족 진영의 반공 용사들을 규합, 참전케 한 바 있음.

    3. 특히 재일교포 북송 반대 투쟁에 솔선 진두 지휘하였을 뿐만 아니라 한·일 양국 국교 정상화 협정 체결 당시에도 본국 정부 시책에 적극 호응하였으며, 2기에 걸쳐 민단 중앙본부 감찰위원장으로 재임하면서 반민단 분열자들의 제거에 공헌함.

    4. 1975년도 외무부 유공교포 초청 계획의 일환으로 해외교포 유공자로서 정부 초청을 받음.

이력서

    명치 대학 중퇴

    민단 동경지방본부 부단장

    6.25 동란 비상대책위원회 위원장

    민족 금융 기관 창립 대책위원회 수석 대표

    북송 교포 반대 운동 전국 총책임 위원

    민단 중앙본부 부단장

    민단 중앙본부 감찰위원장 2회.

공적조서

본적: 제주도 제주시 이도리 **** ****

주소: 東京都足立區關原1-6-20

소속: 재일본 대한민국 거류민단

직위성명: 동경도 지방본부 고문

근무기간: 25년

수공기간:

과거수훈관계:

성명: 이천성(李千成)

추천훈격: 대통령 표창장

사정훈격:

생년월일: 1921.2.3.

공적사항

    1. 이천성 고문은 투철한 반공사상 소지자로서 민단 창설시부터 민단 하부 조직 육성에 진력하였음.

    2. 또한 이 고문은 상공인으로서 재일교포 사회의 복지 증진에 크게 이바지하여 왔을 뿐만 아니라, 민족 교육 육성에도 공헌한 바 지대함.

    3. 특히 교민사회에서도 모범된 공로자로서 존경을 받고 있음.

    4. 1975년도 외무부 유공교포 초청 계획의 일환으로 해외교포 유공자로서 정부 초청을 받음.

이력서

    1945. 센다이 상대 전문부 수려

    1947. 민단 창설에 참가

    1947. - 민단 조직 일선 분단장 및 "아다찌" 지부

    1974. 단장을 25년간 역임.

    1974. 민단 동경지방본부 고문

6. 전언통신–해외교포 유공자 모국방문단을 위한 산업 시찰 주선

전언통신

번호 교일725-89

발신 외무부 장관

수신 수신처 참조

제목 해외교포 유공자 모국방문단을 위한 산업 시찰 주선

    1. 당부는 해외교포 유공자 방한 초청 계획의 일환으로서 해외교포 유공자 6명을 4박 5일(75.9.30-10.4) 예정으로 초청합니다.

    2. 동 유공자 체한 기간 중 다음과 같이 귀 회사를 포함한 울산공업단지 등의 산업시찰을 하기와 같이 주선코저 하는 바, 동 시찰이 가능하도록 조치하여 주시고 그 결과를 당부로 지급 회보하여 주시기 바랍니다.

-하기-
가. 시찰일자: 75.10.2.
나. 인원: 약 7명
다. 시찰 공장: 현대 조선: 15:00-16:00
　　　　　　　울산 정유 공장: 16:00 - 17:00. 끝.

수신처:
　대한석유공사 사장(참조: 공보실장) 76-0051 371 강윤순
　현대조선소장(참조 기획부장) 24-3751 28-4963 정□□, 김재선

통화일시: 9.24. 16:15
송화자: 교민 1과 김봉□
수화자: 서무과 강윤순(석유공사) 김재선(현대조선)

7 전언통신–해외교포 유공자 모국방문단을 위한 산업 시찰 주선

전언통신
교일 725-8
일시 75.9.24.
발신 외무부 장관
수신 울산시장
제목 해외교포 유공자 모국방문단을 위한 산업시찰 주선

　당부에서 초청한 유공교포 6명의 체한 기간 중 다음과 같이 귀시를 방문 후 귀시 관하 공업단지를 시찰하고자 하는 바, 동 일행의 시찰이 가능하도록 조치하여 주시기 바랍니다.
　　-하기-
1. 시찰일자: 1975.10.2.
2. 방문 및 시찰 일정:
　　울산시 방문: 14:30
　　현대조선: 15:00-16:00

울산정유공장: 16:00-17:00. 끝.

통화일시 9.24. 16:15
송화자: 교민1과 김봉□
수화자: 부속실 박두리
울산시장 비서실 TEL 2720

8. 전언통신—국군의 날 행사 예행연습 실시

전언통신
번호 의전 170
발신 국방부 장관
수신 외무부 장관
제목 국군의 날 행사 예행연습 실시

    1. 국군의 날 행사 예행연습을 아래와 같이 실시하니 관계관은 전원 참석하기 바랍니다.
        가. 일시 75.9.27(토) 07:00까지 집결.
        나. 장소: 5.16 광장. 끝.

통화일시 1975. 9.25(목) 14:10
송화자: 국방부 의전실 중위 전운용
수화자: 외무부 교민1과

9. 교통부 공문— 해외교포 유공자 입국에 따른 협조의뢰에 대한 회신

교통부
번호 항정1554-1769
일시 1975.9.26.

발신 교통부 장관
수신 외무부 장관
제목 해외교포 유공자 입국에 따른 협조의뢰에 대한 회신

1. 교일725-34691(75.9.24)의 관련 사항입니다.
2. 귀부에서 협조 의뢰한 해외교포 유공자 입국에 따른 편의제공 사항은 당부 관하 서울지방 항공관리국장과 부산지방 항공관리국장에게 적극 협조토록 지시하였으니 세부사항(정확한 입출국 일시 등)은 실무자로 하여금 직접 지방 항공관리국장에게 협의토록 조치하시기 바랍니다. 끝.

10. 외무부 공문-유공자 표창장 송부

외무부
번호 교일725-
일시 75.10.15.
발신 외무부 장관
수신 주일대사
제목 유공자 표창장 송부

대: 일본(영)725-6150(75.9.18)
대호 1975년도 정부 초청 재일교포 유공자 "윤치하" 외 2명에 대한 국무총리 표창장을 별첨과 같이 송부하오니 귀관에서 수여하시고 결과보고 하시기 바랍니다.
첨부: 표창장 3매. 끝.

② 전향 재일본 한국인 모국 방문, 1975

○ ● ○

기능명칭:전향 재일본 한국인 모국 방문, 1975

분류번호: 791.76, 1975

등록번호: 9003(18444)

생산과: 교민1과

생산연도: 1975

필름번호: P-0016

파일번호: 08

프레임 번호: 0001-0024

1. 주오오사카 총영사관 공문–전향교포 본국 방문 조치 건의

주오오사카 총영사관
번호 오오사카(영)725-1167
일시 1975.4.1.
발신 주오오사카 총영사
수신 장관
참조 영사교민국장
제목 전향 교포 본국 방문 조치 건의

　　　당관하 오오사카 민단은 73년 이후 현재까지에 조련계로부터 전향한 자 중, 국민등록을 필하고 민단에 가입한 별첨 32명에 대한 본국 단체 방문 조치를 강력히 요청하여 왔는바, 그 방문 목적의 유의의성을 인정하여 건의하오니 선처하여 주시기 바랍니다.

　　　　　　　　　　　-기-

1. 목적
　　가. 조총련 선전의 허위성을 각성시킴
　　나. 조국 발전상을 보임으로서 완전한 전향을 촉구
　　다. 귀일 후 민단원으로서의 활약 기대
2. 단체 인원의 성분
　　대부분 조련계의 주요역직을 지낸 자는 없으며,(명단 26번 길원봉만이 68-70년까지 조총련 오오사카 후세지부 산하 분회 부분회장을 지냄) 최근까지 조선적을 가지고 있던 자와 자녀가 조련계 학교 출신자들로서 구성됨.
3. 국내 체재 계획
　　가. 오오사카 민단본부에서 체재 기간을 약 15일간으로 예정하고 있음.
　　나. 일정은 도착일부터 4일간 단체 행동 후 해산, 15일째에 부산에 집합, 귀일함.
4. 본 단체는 오오사카 민단본부 "김육구" 조직차장 외 1명이 인솔함.
5. 건의사항
　　가. 포항, 울산 등의 산업 시설 시찰 알선
　　나. 본 단체의 입국 승인 조속 회시
6. 본건은 당관 중정 영사로부터 별도 건의 보고되어 있으니 협조 바람.

첨부: 1. 명단 3부.(1) 명단, 2)가족구성. 3)본국연고자 각1부)
     2. 희망 일정(예정)표 1부. 끝.

2. 외무부공문(발신전보)—전향자 단체 14일 귀국

외무부
번호 WOS-0415
일시 081920
발신 장관
수신 주오오사카 총영사

대: OSW-0401
대호 전향자 단체 방문단을 청년 연수단 귀국일인 4.14. 귀국토록 조치바람.
(교일)

3. 외무부공문(착신전보)—전향자 단체 일정 보고

외무부
번호 OSW-0628
일시 210955
수신시간 75.6.21. 11:33
발신 주오사카 총영사
수신 장관

1. 당관하 거주 교포중 그동안 조련계에 속해있던 자들로서 전향한 양행수외
29명은 6.24. 칼-202편으로 귀국(김포도착 13:40)예정임(12박 후 7.6귀일)
2. 동 단체는 송태주(오오사카 민단본부 감찰위원) 및 김육구(조직차장)의 2명
이 인솔함.
3. 본건 귀국 및 본국 내 체류일정을 관계 파견관이 사전본부 승인을 얻은 바

있음을 첨언함.

4. 명단 등은 다음 파우치편에 송부위계임.(교일)

4. 주오오사카 총영사관 공문—전향 교포 귀국자(제2진) 명단 송부

주오오사카 총영사관

번호 오오사카(영)725-2237

일시 1975.6.24.

발신 주오오사카 총영사

수신 장관

참조 영사교민국장

제목 전향 교포 귀국자(제2진) 명단 송부

연: OSW-0628

연호 전문으로 보고한 바 있는 당관 하 전향 교포 귀국자(제2진) 명단과 일정표를 송부하오니 참고하시기 바랍니다.

첨부: 명단 및 일정표 각 1부. 끝.

4-1. 첨부—일정표

作成: 50年 6月 18日

一次	月	日	曜	發着地	現地時間	交通機關	摘要	宿泊地
第一日	6	24	火	大阪 - ソウル	10:30 12:10 13:40 17:30 18:30	KE203 専用バス	大阪 国際空港集合 出国手続 ソウル 金浦向出発 倒着後 入国手続 昼食(韓食) 国立 墓地参拝 陸女史墓参拝 ホテル 夕食	ソウル

第二日	6	25	水	ソウル	07:30	専用バス	朝食 ホテル	慶州
					08:30		市内 観光(景福宮 国立博物館)	
					12:00		昼食(古典舞踊を鑑賞しながら)	
				慶州	13:30		慶州 向出発	
					17:30		ホテル 着	
					18:30		夕食	
第三日	6	26	木	慶州	07:30	専用バス	朝食 ホテル	養山
					08:30		慶州 市内 観光	
							佛國寺 慶州 博物館 王陵	
					12:00		昼食	
				浦項			浦項工場視察	
					13:30		現在 造船所: 綜合製鉄所	
							蔚山工場視察後 養山へ	
				蔚山	17:30		ホテル	
				蔚山	18:30		夕食	
第四日	6	27	金	蔚山	08:00	専用バス	朝食 ホテル	
					09:00		市内観光 韓国 松島 竜頭山	
					11:00		工場視察 東明木材	
					12:30		昼食 市内 レストラン	
							自由行動	
	7	5			20:00		ホテル 集合	
	7	6			08:00	KE305	朝食 ホテル	
					10:40		大阪向出発	
					11:40		倒着 后 入国 手續 □□	

5. 신문자료

75.6.25. 동아일보 "祖國발전감명 北傀에 속았다"

③ 조총련계 재일본 한국인 모국 방문, 1975

○ ○ ○

기능명칭: 조총련계 재일본 한국인 모국 방문, 1975

분류번호: 791.76, 1975

등록번호: 9007(17997)

생산과: 교민1과

생산연도: 1975

필름번호: P-0016

파일번호: 12

프레임 번호: 0001-0123

1. 신문자료

1975.4.11. 서울신문
서울 가면 죽는줄로만… 朝總聯선전은 모두 거짓

2. 외무부 공문(착신전보)-모국방문단 구성 및 입국 보고

외무부
종별 지급
번호 YOW-0404
일시 141□1□
발신 주 요꼬하마 총영사
수신 외무부 장관

　　가니가와현 내 새민단 운동의 일환으로 가와사키지부 관내 조총련 간부 김
□석(총련 가나가 상공회 부회장)외 16명이 당관 조종에 의하여 모국 방문단
을 구성 4.14. 10시20분발 KE 702편으로 입국함을 보고함.
(요총-교일, 정보)

3. 외무부 공문-조련계 및 중립계 재일교포 모국방문 허용 계획

외무부
번호 교일725-
일시 75.5.23.
발신 외무부 장관
수신 중앙정보부장
참조 7국장
제목 조련계 및 중립계 재일교포 모국방문 허용 계획

　　조총련계 및 중립계 재일교포의 성묘를 위한 모국 방문 허용 계획(안)을 별
첨 송부하오니 이를 검토하시고, 귀견을 회시하여 주시기 바랍니다.　끝.
　　첨부: 조총련계 및 중립계 재일교포의 성묘를 위한 모국 방문 허용 계획(안)
　　　1부. 끝.

3-1. 첨부-조총련계 및 중립계 재일교포의 성묘를 위한 모국방문 허용 계획(안)

조총련계 및 중립계 재일교포의 성묘를 위한 모국 방문 허용 계획(안)

1975.5.   .
외무부 영사교민국

목차
Ⅰ. 목적
Ⅱ. 문제와 관련된 사항
Ⅲ. 문제점
Ⅳ. 계획 시행에 따르는 효과 분석
Ⅴ. 결론
Ⅵ. 건의

Ⅰ. 목적
재일교포로서 아직 모국을 방문하지 못한 조총련계 및 중립계 교포들에게 고향을 방문, 친척 상면 및 성묘할 수 있는 기회를 부여하므로서 다음과 같이 총력안보 체제의 공고화에 기여함.

1. 이산가족의 재회 및 성묘 및 기회 부여라는 정부의 인도적 조치를 널리 홍보함.
   북괴의 동 조치 반대가 명약관화하므로 북괴의 이같은 비인도적 처사를 규탄하여 국제여론을 아측에 유리하게 유도함.

2. 조국의 발전상을 직접 보게하여 조국에 대한 인식을 새롭게하고 조총련을 통한 북괴의 선전이 허위, 왜곡된 것임을 실감케하므로서 조총련의 세력을 약화시킴과 동시에 재일교포 사회의 단합을 기하여 조총련을 통한 북괴의 대남 파괴 활동을 분쇄함.

Ⅱ. 문제와 관련된 사항

1. 지난 3.18 주오오사카 총영사관 신구 총영사 환송 환영회 석상에서 신임 총영사가 조총련계 인원의 한국 방문을 제안한 바 있음.

2. 3.25-4.4일까지 11일간 모국을 방문하고 동경에 돌아간 조총련계의 유력한 상공인 지병열씨(50세)가 기자회견에서 조총련의 선전이 기만에 차있고 일본 "매스콤"이 한국에 관해 편향보도하고 있는 것을 깨달았다고 발표한 바 있음.

3. 일본 가나가와현 조총련 간부 16명이 75.4.14. 모국을 방문하고 4.17. 자청한 기자 회견을 통하여 조국의 발전상에 감명을 받은 점, 조총련의 허위 선전 폭로 및 앞으로 민단에 가입하여 조국에 충성을 다하겠다는 점 등을 밝힌 바 있음.

4. 75.4.15. 오오사카 지역 전향자 31명이 모국을 방문하고 한결같이 조총련의 허위 선전에 속았음을 토로하였음.

5. 재일교포 총수의 97% 이상이 남한 출신임.

6. 조총련 조직이 최근 수년간 다음과 같은 이유로 동요와 혼란이 계속되고 있음.
   가. 지난1971-72년에 있었던 김병식(전 조총련 제1부의장) 사건 이후 조총련 조직내에서 종래의 독선적, 관료주의적 체질에 대한 반발이 증대하고 있음.
   나. 북괴의 조총련을 통한 "대남 폭력 혁명"의 주장 및 "김일성 개인 숭배"의 강요로 조총련계 인원이 조총련을 반대하여 이탈하는 경향이 점증하고 있음.
   다. 조총련계 학교에의 입학자수가 최근 3-4년간 반수 정도로 격감함.
   라. 조총련계 상공인들의 기부금, 찬조금 등 헌납의 거부현상이 증대함.

7. 일부 조총련 간부들이 조총련을 이탈하여 "재일조선인 민주화 촉진연맹"을 결성, 조총련을 비난함과 동시에 김일성의 주체사상을 포함한 북괴의 대남 파괴 공작을 신랄하게 비판하고 있음.

Ⅲ. 문제점

1. 조총련계 인원에 대해 성묘를 위한 방한을 허용할 경우 조총련을 통한 북괴의 대남 공작원의 침투 및 이들의 국내 불순분자와의 접촉이 용이하게 되어 총력 안보 체제를 저해하는 요소가 될 것이므로 보안 유지를 위한 대책이 마련되어야 할 것임.

2. 성묘 후 일본에 돌아간 조총련계 인원에 대한 사후 관리 대책이 마련되어야 할 것임.

VI. 계획 시행에 따르는 효과 분석
  1. 정치적 측면
    가. 장점
      1) 1천만 이산가족의 재회, 재결합을 위한 아측 제의를 북괴가 거부하고
         있으므로 우선 남한 출신이 대부분인 재일동포 사회에 대하여만이라
         도 성묘를 위한 모국 방문을 허용하므로서 아국의 인도주의에 입각한
         일관된 정책을 내외에 홍보하여 국제여론을 아측에 유리하게 이끌어
         드릴 수 있음.
      2) 정부가 조총련계 인원에 대해 인도적 조치를 취하는 것은 다음과 같은
         점으로 보아 일본 언론의 대한국 편향 보도 자세를 시정시키는데 기여
         할 수 있을 것임.
        가) 대통령 영부인 저격사건이 조총련의 배후 조종을 받은 극렬분자의
           소행이었으며 조총련이 대남 파괴공작을 일삼고 있음에도 불구하
           고 정부가 조총련계 인원에 대해 성묘, 친족 상면 등 인도적 조치를
           취한다는 점.
        나) 정부가 동족이라는 차원에서 7.4. 남북 공동성명의 정신에 따라
           이념을 달리하는 조총련계 인원에 대하여 인도적 조치를 취한다는
           점은 일본으로서도 비상한 관심을 가질 것이라는 점.
        다) 일본이 항상 인도주의를 거론하고 있음에 비추어 일본언론도 본
           조치에 대해 호의적 입장을 취하게 될 것이며, 조총련이 성묘를 반
           대할 경우, 일본 언론이 북괴를 비판하지 않을 수 없는 궁지에 몰릴
           것임.
      3) 비 동맹국 외상회의, OAU각료회의 및 금후 유엔총회에 대비, 비 동맹
         제국에 다음과 같은 정부 입장을 이해시켜, 이들의 대한국 태도를 호전
         시키는데 기여할 수 있음.
        가) 1973.7.11. 아측의 성묘 허용 제의를 북괴가 거부.
        나) 아측은 조국의 평화적 통일을 위한 기반 조성 및 남북 대화 계속
           노력의 일환으로 우선 재일교포에 대하여 성묘를 허용.
      4) 북괴 및 조총련은 각종 방법으로 반대 내지 방해공작을 전개할 것이
         예상되는 바, 이와 같은 행위는 결국 북괴의 비인도적, 호전적 태도를
         공개하는 것이 되며, 따라서 북괴를 비난하는 국제적 여론을 조성할
         수 있을 것임.
      5) 보다 많은 조총련계 인원에게 조국의 발전하는 모습을 직접 보게하여

북괴와 조총련 선전의 허위성을 폭로하고 조국에의 충성심을 고취하여 조총련을 통한 북괴의 대남 파괴공작을 분쇄하는데 기여함.

6) 성묘차 방한하는 조총련계 인원의 다소에 관계없이 상기한 바와 같은 정치적 효과를 걷을 수 있을 것임.

나. 단점

1) 본 계획 시행으로 제반 정세가 아측에 유리하게 전개되어 북괴 및 조총련이 궁지에 몰리게 될 경우 북괴 및 조총련의 대한국 비방 선전 및 방해 공작을 격화할 것임.

2) 조총련은 그들의 프락치를 침투시켜, 이들로 하여금 방문후 국내사정을 허위, 날조하여 선전케 할 가능성이 있음.

2. 사회적 측면

가. 장점

1) 장기적으로 볼 때 재일동포 사회의 융화 단결을 촉진하는 계기가 됨.

2) 재일동포의 모국과의 유대강화 증진에 기여함.

3) 민단을 육성하고 조총련 세력을 약화시키는데 크게 도움이 될 것임.

V. 결론

이상과 같은 분석 결과에 따라 조총련계 인사의 성묘를 위한 모국 방문을 적극 권장하므로서 아국의 당면한 총력 안보에 대해 재일동포 사회의 지지를 확대 강화할 수 있을뿐더러 국제 여론을 아국에 유리하게 유도하므로서 북괴의 집요한 허위 공세를 분쇄하는데 기여할 수 있을 것임.

VI. 건의

1. 주일대사가 1천만 이산가족의 재회 및 재결합이라는 정부의 인도적 조치의 일환으로 조총련 및 중립계 인사들에게 성묘를 위한 모국방문의 기회를 부여한다는 성명을 발표함.

2. 성묘를 위한 모국방문자의 신변은 정부를 대표하여 주일대사가 책임질 것을 아울러 발표함.

3. 외국인 등록증상의 조선적 표시의 한국적으로의 변경 및 재외국민 등록을 조건으로 하지 않음.

4. 본 계획은 국내외 정세의 추이를 보아 가장 적절하다고 사료되는 시기에 시행함. 단, 성묘를 위한 방문을 준비, 홍보할 수 있는 충분한 시간적 여유를 부여하기 위하여 가급적 조속히 시행할 것이며 늦어도 "추석"(9.20) 2개월전에 시

행함.

5. 기타사항

　　가. 조총련계 인사의 모국방문을 위한 재입국 허가문제에 대하여 일본정부의
　　　　사전 양해를 득함.

　　나. 이들 방문자에 대하여는 여행증명서를 발급함.

　　다. 본 계획의 일부를 사전 "leak"시켜 계획 시행에 대한 반응을 측정한 후
　　　　시행함.

　　라. 본 계획 시행을 위한 세부 사항은 관계부처 실무자 회의를 소집하여 결정함.

4. 협조문–조련계 및 중립계 재일교포 모국방문 계획에 대한 회보

협조문
분류기호 및 문서번호 북일700-
발신일자 75.5.28.
발신명의 아주국장
수신 영사교민국장
제목 조련계 교민의 모국방문 계획에 대한 의견 회보

　　　　대: 교일725-123(75.5.22.)
　　　　대호 조련계 재일교민의 모국방문 계획안에 대한 당국의 의견을 별첨 내용
과 같이 회보하오니 참고하시기 바랍니다. 끝
　　　　첨부: 조총련 및 중립계 재일교포의 모국방문 계획에 대한 의견.

4-1. 첨부–조총련 및 중립계 재일교포의 모국방문 계획에 대한 의견

　　　　조총련 및 중립계 재일교포의 모국방문 계획에 대한 의견

　　　　　　　　　　　　　　　　　　　　　　　　　　　　　　　　(아주국)

1. 본 건에 대한 영사교민국의 의견 조회대상(4개지역국, 정보문화국, 방교국)을 감
　안하여 당국으로서는 본 계획이 시행되는 경우, 일·북괴간 인적, 경제적 교류와

조총련 규제에 관한 일본의 대한 공약 이행에 어떠한 영향을 미치게 될 것인지가 관심사임.

2. 일·북괴간의 교류는 당초 조총련계 인원에게 인도주의라는 명목으로 북괴 왕래를 허용하므로서 시작되었고, 그후 점차로 교류폭을 확대하여 "비정치적"인 것을 대체로 허용하기에 이르렀으며, 현재는 "정치적"인 것에 대하여도 교류를 허용하고 있는 실정임.

3. 이와 같은 교류확대는 일측이 남북대화를 지적, "남·북한 자신이 화해하고 있는데 일본이 북한과의 교류를 제지할 수 없다"는 것을 구실로 이루어졌었음과 본건 시행의 공개적, 대외적 명분은 인도주의에 두어야 할 것임에 비추어 본 건 시행은 일본정부 당국이나 또는 친북괴 세력에게 일·북괴 교류확대의 구실을 제공하게 될 것임.

4. 본건 시행결과 다수의 전향자가 발생하여 조총련 세력이 대폭적으로 약화되어 외부 압력에 대한 저항력이 감소된다면 조총련 규제이행에 도움이 되겠으나, 그렇지 않는 경우 일·북괴 교류확대와 조총련 분자의 아국 내왕 용이화로 조총련의 조직력과 활동이 강화되어 오히려 조총련 활동 저지에 난점을 제공하게 될 것임.

5. 협조문- 조련계 및 중립계 재일교포의 모국방문 계획(안)에 대한 의견 회신

협조문
분류기호 및 문서번호 구삼770-133
발신일자 75.5.30.
발신명의 구주국장
수신 영사교민국장
제목 조련계 및 중립계 재일교포의 모국 방문계획(안)에 대한 의견 회신

대: 교일725-123(75.5.22.)
대호 협조문3항 문제점(보안유지 및 사후관리)에 대한 효과적 대책 수립을 전제로 우선 남한 출신 조련계 및 중립계 재일동포에 한하여 성묘를 위한 모국 방문을 허용함이 유익할 것이라는 귀견에 동의합니다. 끝.

6. 협조문—조련계 교민의 모국방문 계획에 대한 의견 회보

협조문
분류기호 및 문서번호 북일700-56
발신일자 1975.6.4.
발신명의 아주국장
수신 영사교민국장
제목 조련계 교민의 모국 방문계획에 대한 의견 회보

　　당국으로서는 원칙적으로 좋은 구상인 것으로 사료되는 바, 운영의 기술적
인 면을 고려해서 외무부보다는 중정에서 주관하여 시행함이 좋을것으로 사료
됩니다.　끝.

7. 협조문— 조총련계 재일교포 성묘를 위한 모국방문 건

협조문
분류기호 및 문서번호 정이770-79
발신일자 1975.6.4.
발신명의 정보문화국장
수신 영사교민국장
제목 조총련계 재일교포 성묘를 위한 모국방문 건

1. 조총련계 재일동포에 대하여 성묘를 목적으로 모국방문의 기회를 허용하는
   대호 방안에 대하여 원칙적으로 이의없음을 통보합니다.
2. 성묘방문단 상호 교환문제는 남북대화 과정에서 남북 적십자회담을 추진하
   기 위한 방안의 일환으로 한적측에 의하여 제의, 주장된 바 있으며, 순순히
   인도주의적 입장에서 남한측이 제의한 현실적이고 합리적인 모든 제의를 북
   괴가 반대하고 있는 현시점에서 북괴에 대신하여 조총련계 동포에 대하여
   성묘방문단 입국을 허가하는 것은 아측의 일관된 정책 표현으로서, 국제적
   으로 많은 호응을 받을 것으로 예측됩니다.

3. 또한 북괴는 대남전략 수행을 위하여 조총련을 통한 우회 침투를 기도하고 있으며, 연초부터 각종 명목의 조총련 인사를 북괴에 대거 초청함과 동시에 대한 비난을 적극화하고 있는 바, 조총련계 동포들의 방한을 계기로 하여 북괴선전이 왜곡, 조작된것임을 사실로서 증명, 인식시키고 올바른 한국관을 갖도록 할 필요성이 증대되고 있읍니다.

4. 대호 방한의 실시 과정에서 파생하는 공작원 또는 파괴분자의 침투, 역선전 등의 문제점에 대하여는 사전대비책을 면밀히 강구하여야 할 것으로 판단됩니다.   끝.

8. 외무부 공문(착신전보)—신문기사 내용 상세 조사(민단 단장 성명)

외무부
번호 JAW-07047
일시 051210
수신시간 75.7.7. 7:49
발신 주일대사
수신 장관

대: WJA-0769
1. 대호 윤달용 거류민단 중앙본부단장은 7.4 남북 공동성명발표 3주년을 맞아 7.3 민단 중앙본부 회의실에서 재일한국신문협회 산하 각 신문사 기자 및 주일 아국신문사 특파원과 회견을 갖고 다음과 같은 성명을 발표하였음.
가. 조국이 분단되어 정치체제를 달리하고 있기 때문에 고향에 가보고 싶어도 가지못하는 조총련계 동포들의 비원을 풀어주고 이산가족의 재회와 고향에의 왕래를 실현시키기 위하여 우리는 노력하여 왔음.
나. 7.4 공동성명의 정신에 입각하여 조총련산하 동포들에게 인도적인 입장에서 모국을 방문하여 성묘를 하고 친척을 만날 수 있는 기회를 마련하겠음.
다. 본 민단은 조총련계 동포여러분의 과거 및 현재의 행적을 일체 불문에 붙이고 귀환할 때까지 신변의 안전과 자유행동을 보장하겠으며 추석 모국 방문단에 대하여 모든 편의와 협조를 제공하겠음.
2. 상기 성명은 7.4 남북공동성명이 정친을 북괴가 역용하고 있다는 사실을 널

리 선전하고 조총련의 역선전을 봉쇄하기 위하여 발표된 것인바 현재 동요되고 있는 조총련계 교포들의 전향유도에 도움이 될 것으로 판단됨.

3. 민단에서는 그간 관계기관과 협조하여 다음과 같이 조총련계 교포의 한국집단방문을 실현한 바 있음.

4.14 가와사끼 30명   4.15 오오사까 30명   4.26 후꾸오까 52명
6.23 호까이도 5명   6.24 오오사카(2진) 30명

4. 앞으로 조총련계의 전향 유도와 허위선전 폭로를 위하여 민단 중심을 동 조총련계 동포에 대한 모국 방문운동을 적극 추진할 예정임을 보고함.

5. 민단 중앙본부 단장의 성명서 전문은 다음 파우치 편으로 송부하겠음.

(일본영-교일)

9. 주일대사관 공문—민단 중앙본부 단장 성명서 송부

주일대사관
번호 일본(영)725-4585
일시 1975.7.8.
발신 주일대사
수신 장관
제목 민단 중앙본부 단장의 성명서 송부

　　대: WJA-0769
　　연: JAW-07149
　　연호로 보고한 윤달용 민단중앙본부 단장의 "조총련계 동포에 대한 모국 방문 권유" 성명서 사본을 별첨 송부하오니 참조하시기 바랍니다.
　　첨부: 성명서 사본 1부. 끝.

9-1. 첨부—조총련계 모국 방문 권유 성명서

　　七・四共同声明 三周年에 즈음하여
　　　朝總聯傘下 同胞여러분께 呼訴합니다.

朝總聯傘下 同胞여러분!

우리는 在日六十万同胞가 懇切히 所望하여 夢床에도 잊을수 없는 祖上의 省墓를 勸誘합니다.

解放된 後三十年동안 여러분은 한결같이 祖國땅을 바라보며 정다운 故鄕山川을 그리며 지내오셨읍니다.

우리同胞들은 事情상 日本에 居住하고는 있지만 우리는 어디까지나 外國人에 지나지 않음으로 三十年동안 가슴아프게 살아왔읍니다.

한번 찾아보고싶은 故鄕을 그리다가 드디어 老齡에 達하여 所願을 풀지 못하고 쓸쓸히 돌아가신 同胞들도 적지 않습니다.

이러한 슬픔은 두말할 것 없이 祖國이 分斷되어 政治体制의 差異로 말미아마 생긴 悲痛한 괴로움이 아니고 무엇이겠습니까?

南北으로 離散된 家族들이 血肉을 찾지못하여 애태우고 있는 情況은 참을 수 없는 民族의 悲劇이올습니다.

우리는 國土의 統一을 宿願하고 있습니다. 優先 離散家族의 相逢과 故鄕에의 往來가 實現될 수 있도록 꾸준히 努力하여 왔습니다.

아시는 바와 같이 七·四南北共同声明中에는 南北間의 同族이 相通相逢할 수 있는 可能한 念願부터 먼저 實現해 가면서 統一하자는데 目的이 있지 않습니까?

同聲名 三項에 明示된 「思想과 理念制度의 差異를 超越하여 優先 하나의 民族으로서 民族的 大團結을 圖謀하여야 한다」는 것은 우리가 서로 만나 杜絶된 同胞間의 問題와 父母兄弟의 因緣을 相通相符하자는 것입니다.

우리民族이 오래동안 이어 지켜온 名節인 秋夕이 닥아왔읍니다. 멀리 떨어져 있던 親族과 家族들이 한자리에 모여 祖上의 祭事와 省墓를 하는 民族의 慣習은 지금도 繼續지니고 있는 美風입니다.

오늘 제가 여러분께 提案하고자 하는 것은 今年의 秋夕만큼은 여러분들이 꿈에 그리던 故鄕山川을 찾아 一家親族들이 相逢하여 그리던 情을 풀고 祖上을 思慕하여 省墓하는 「秋夕母國訪問」을 勸誘하는 것입니다.

一九七三年七月十二日, 平壤에서 開催된 南北赤十字會談 第七次本會議에서 李範錫代表가 南北離散家族의 「省墓」를 하기 爲한 南北相互訪問을 提案했읍니다만 北韓側은 이 提案을 拒否하고 말았읍니다.

그러나 우리는 이 提案을 實現하고자 努力해 왔고 특히 在日同胞中 朝總聯傘下 同胞에 對해서도 人道的인 立場에서 母國을 訪問할 수 있는 機會를 드디어 마련하게 된 것입니다.

現在 日本各地의 朝總聯傘下 同胞들이 赤色分子들의 謀略과 彈壓을 무릅쓰고 속

속 韓國을 訪問하여 一家親戚을 만나 같이 祖上의 省墓를 마치고 돌아오고 있읍니다.

本團은 여러분들에 對한 過去現在의 行積을 一切 不問하고 異域에서 苦生해 온 同族의 一員으로 訪問을 歡迎하며 歸還하실때까지 絶對安全과 自由行動을 保障하고 있읍니다.

一部에서 事實과는 달리 恐怖心을 吹込하여 가면 잡아넣는다 또는 못돌아온다는 等의 惡意에 차고 事實과는 全然 다른 術策을 꾀하고 있으나 絶對로 安心하시고 이 좋은 機會에 여러분들이 그리워하던 故鄕山川을 부디 찾아주십시요. 보고싶은 一家親戚을 만나 맺힌 懷抱를 풀고 오랫동안 못해온 子孫으로서의 道理도 다해 주십시요.

우리 民團은 여러분의 「秋夕母國訪問」을 安心하고 意義깊게 할 수 있도록 온갖 奉仕와 協助를 다하겠읍니다.

여러분들의 賢明한 判斷과 果敢한 決斷과 行動이 있기를 바라마지 않습니다.

一九七五年 七月 四日

在日本大韓民國居留民團中央本部
團長 尹達鏞

10. 주일대사관 공문—조총련계 교포의 모국 방문운동 추진

주일대사관
번호 일본(영)725-5557
일시 1975.8.21.
발신 주일대사
수신 장관
제목 조총련계 교포의 모국 방문운동 추진

연: 일본(영)725-4782(75.7.16)
연호로 보고한 바와 같이 지난 7.15-16. 개최된 민단 지방본부 단장, 사무국장 및 중앙산하 단체장 합동회의의 결의에 따라 현재 각급 민단에서는 조총련계

교포의 모국방문 권유 운동을 적극 추진하고 있는 바, 당관에서는 동 운동을 효과적으로 추진하기 위하여 다음과 같이 각급 민단 간부들에게 권유 책임제를 실시하고 주일 각급 공관장이 동 활동 결과를 파악 매월5일까지 보고토록 조치 하였음을 보고합니다.

-다음-

1. 하기 각급 민단간부는 각자1명이상 책임지고 조총련계 교포를 포섭, 모국을 방문토록 권유함.
    가. 지방본부: 고문, 3기관 임원 및 부장급 이상 직원
    나. 지부: 고문, 3기관 임원 및 과장급 이상 직원
    다. 분단: 3기관 임원 및 반장
2. 상기1항 책임제에 의하여 약5천명의 조총련계 교포들이 모국을 방문토록 유도할 계획임.
3. 오는 9월 중순에 추석 성묘단을 구성하여 조총련계 교포들이 대거 모국을 방문하도록 각급 민단에서 권유운동을 전개하고 있음을 첨언함.
첨부: 민단 중앙본부의 신문광고 사본 1부. 끝.

10-1. 첨부-신문자료

75.8.18. サンケイ新聞 朝総連傘下同胞の皆さん、故郷を訪問しましょう

11. 외무부 공문(착신전보)—조총련계 교포 모국 방문 일정

외무부
번호 JAW-09300
일시 101730
수신시간 75.9.11. 10:55
발신 주일대사
수신 장관

　연: 일본(영) 725-5557
연호, 조총련계 교포 추석성묘단의 모국방문일정을 다음과 같이 보고하오니 관
계기관과 협조하여 환영대회 준비 등 제반 편의를 제공하여 주시기바람.
1. 성묘단 인원: 9.10. 현재771명(예정)
2. 일정:
9.15-16 각 지방별로 입국
9.16-18 산업시찰
9.19-22 성묘 고향 및 친척방문
9.23. 오전까지 상경
9.24. 국립극장에서의 환영시민대회 참석
3. 경비: 환영대회 경비는 관계기관에서 부담
여타 경비는 원칙적으로 자담　(일본 영-교일)

12. 협조문—첩보통보

협조문
분류기호 및 문서번호 정일770-140
발신일자 75.9.11.
발신명의 정보문화국장
수신 영사교민국장
제목 첩보 통보

　　중앙정보부로부터 별첨과 같은 첩보통보가 있으므로 송부하오니 업무에 참

고하시기 바랍니다.

첨부: 중정 첩보통보 사본1부.   끝.

12-1. 첨부-중앙정보부-첩보 통보

중앙정보부
번호 중대보400
일시 75.9.9.
발신 중앙정보부장
수신 외무부 장관
제목 첩보 통보

1. 당부에서 해외 여행자들로부터 입수한 다음 첩보를 통보하오니 업무수행에 참고하시기 바랍니다.
2. 첩보내용
　　가. 미국의 반정부 교포동향
　　　　일부 반정부 교포들은 인지 사태시에 미국 등 자유 우방국가들의 태도와 급변하는 국제정세 등을 감안하여 한국인의 장래를 위해서는 남북통일이 필요하니 현 국제정세 하에서 지유민주주의 방식으로 평화적인 통일이 불가능할 바에는 적화통일되는 것이 국력을 위해서 현 상태보다 낫다고 생각하는 사고방식이라 함.
　　나. 로스안젤리스 영사관 전화증설 요망
　　　　교포10여만명이 살고있는 로스안젤리스지역 한국영사관에 전화가 5대만 가설되어 있어 전화소통에 상당한 애로가 있다는 바 이에 대한 관계기관의 조정책이 요망됨.
　　다. 조총련계 인사 모국방문 성과
　　　　재일 민단간부(명 불상)언동에 의하면 한국방문을 마치고 돌아간 전 조총련 인사들의 대부분이 중립적인 입장을 지양하고 민단으로 전향하는 경향이 점차 많아지고 있다하는 바 그 직접적인 동기는 조총련에서만 듣던 한국을 직접 보고난 후 그들의 선전이 허위임을 깨닫기 때문이라 하므로 유동적인 재일교포들의 한국방문 개방정책을 과감히 시행토록 추진하면 상당한 성과가 있을 것으로 기대된다 함.   끝.

13. 조총련 추석 성묘단 일정

조총련 추석 성묘단 일정

75.9.16.	오전	현충사 견학
	〃	신탄진 연초 제작창 견학
	〃	연초 제작창에서 오찬
	오후	포항 제철 견학
	〃	경주 도착(경주에서 1박)
75.9.17.	오전	울산 공업단지 견학
	〃	현대 조선소 견학
	〃	현대 조선소에서 오찬
	오후	부산 향발
75.9.23	16:00-	부산시장 주최 리셉숀
	17:00	(동래 컨튜리 크럽에서)
		부산 역전에 집결
		(연고자와 상봉 후 개별 활동)
75.9.23.		귀경
75.9.24.		서울시 주최 환영대회(국립극장)
75.9.25-9.29.		일본 거주지(각 현)별로 귀일.

14. 조총련계 교포 추석성묘단 입국 현황

조총련계 교포 추석 성묘단 입국 현황

(75.9.18. 현재)

공관	민단	남자	단원수	인솔자수	계
오오사카		9.15	38	16	104
		9.16	116	1	117
	계				221

후쿠오카	후쿠오카현	9.15			51
	사가현	〃			14
	나가사키현	〃			4
	구마모토현	〃			6
	미야사끼현	〃			1
	오오이다현	9.16			7
	가고시마현	9.16			5
	계				88
나고야		9.16	77	28	105

1. 성묘단 참관자 명단 53명
2. 재일재향군인회 53명
3. 알헨틴 추가 2명
3. 미국 PHILLIPIN 2명
  省墓團 53名單(朝總聯)

15. 면담자료-조총련 모국 방문 방해공작

면담 자료

제목 조총련의 재일한국인 모국방문 방해 공작

1. 보도내용
    가. "가나가와"현에서는 조총련이 모국방문 예정인 교포집에 4명씩을 보내 출발
        을 방해하여 한 교포는 변소 창문으로 보따리를 들고 빠져나와 공항으로 달려
        갔다함. (동경발 합동)
    나. "니이가다"에서는 조총련계 청년들이 방한 예정자4명을 납치해가 아직 행방
        불명이라 함. (동경발 합동)
    다. 동경에서는 부인을 시켜 한국에 가면 이혼하겠다는 협박을 하게 하였으나
        이혼 약속을 하고 모국 방문한 교포도 있음. (동경발 합동)
    라. "오오사까"에서는 약40분명의 조총련 청년 맹원들이 공항에 나와 "가면 못
        돌아온다"는 방해 공작을 벌였음. (서울신문)

마. "오오사까"이꾸노구(生野区)"의 "이"모씨는 조총련으로부터 "남한에 가면 죽인다"는 협박 전화를 받고 공항에 나오지 못하였다함. (서울신문)

2. 요청 사항

가. 신문 보고에 의하면 일본 내의 조총련이 우리나라에 성묘차 방문하려는 재일한국인(조총련계)에 대하여 협박, 납치, 폭언 등 방법으로 모국 방문을 방해하고 있다는 바, 이에 대하여 우리 정부로서는 깊은 관심을 갖는 바임.

나. 조총련을 규제한다는 일본 정부의 공약에 비추어 이러한 행위는 조속히 배제되어야 할 것임.

다. 조총련의 이러한 방해공작에 관하여 귀측에서 아는바 있으면 알려주기 바람.

라. 아측도 주일대사관에 훈령하여 가능한 경우 일본의 관계 당국에 고발 조치토록 하였으니 이 경우 성의있게 처리하여 주기 바람.

16. 면담요록

1. 일시: 1975년9월19일(금요일) 17:35시~18:05시
2. 장소: 외무부 정무차관보실
3. 면담자: 김정태 외무부 정무차관보, 마에다 주한 일본대사관 공사
4. 내용:

차관보: 수고가 많았을 것으로 안다.

마에다: 덕분으로 무사히 각료회의를 마쳤다. 노고에 대하여 감사를 드리는 바이다.

차관보:

1. 금일 귀하를 초청한 것은 우리 정부가 조총련계 교민의 성묘를 위한 모국방문을 허가한 후 약 1,000명에 달하는 교민이 성묘차 방문하였는 바, 조총련은 동 교민들이 일본을 출발하기전 또는 출발시에 여러가지 방해를 하고 있다.

2. 신문에 보도된 것을 예를 들면 이런 것이 있다.

1) "가나가와"현에서는 방한 예정자 집마다 4명씩 배치되어 출발을 방해함으로 뒷문 등 도망갈 수 있는 곳을 이용하여 나왔고,

2) "니이가다"에서는 조총련 청년들이 방한 예정자 4명을 납치했는지(납치를 할 수 없을 것으로 생각하지만), 어디로 데려가 버렸다고

한다.

　　3) 동경에서는 부인을 꼬여 방한코저 하는 남편에게 한국을 가면 이혼한다고 협박을 하게하였으나 남편은 이를 짤라버리고 방한했다고 하며,

　　4) "오오사까"에서는 40여명의 조총련 청년들이 공항에 나와 "한국에 가면 못 돌아온다"등의 "야지"를 하였다고 하고,

　　5) 또한 오오사까에서는 "한국에 가면 죽인다"는 협박전화로 인하여 방한치 못한자도 있다고 한다.

　3. 우리 정부가 이러한 성묘를 위한 방한을 허가하는 것은 방한을 통하여 확실히 우리의 현실을 보고 가라는 취지에서 하고 있다.

　여기 온 사람들은 북한에 갔다온 사람 또는 고향 떠난후 처음오는 자들로서 북괴나 조총련이 말하는 것과는 전혀 다르다는 이야기를 실토하고 있어, 우리는 많은 성과를 거두고 있다고 생각한다.

　이러한 성과가 많을수록 조총련의 방해공작은 더 심해진 것으로 아는 바, 민단·대사관 등을 통해서 일본 당국에 알리면 신중히 처리해 주기 바란다.

마에다: 구체적인 case가 민단·대사관에 통보되는가?

차관보: 그렇다. 통보가 되면 단순한 민단 조총련의 다툼이라고만 보지말고 신중히 처리해 주는 것이 조총련 규제란 면에서 협조하는 것이 되며, 또 일본내에서 위법한 행위를 해서 안된다는 것을 신중히 처리함으로서 가르쳐 주게 될 것이다.

　그리고 구체적인 개인신고가 있으면 알려주기 바라며, 우리도 대사관에 훈령을 보냈다. 우리는 힘을 기우려 시도하는 project이니 협력해 주기 바란다.

마에다: 잘 알겠다. "가나가와", "니이가다", 동경, "오오사까" 등 많은 예 가운데 오오사까 공항 사건에 관해서는 경찰을 통해 알 수 있을 것으로 생각하나 기타의 것은 조사하기가 힘들 것 같다.

차관보: 신문보도가 구체적인 것이 아니어서 구체적으로 말할 수는 없으나 이러한 조총련의 방해공작이 진행되고 있는 것은 사실임으로 꼬리를 잡도록 해달라.

　전화협박 등, 녹음하지 않는 한 곤란하지만, 이러한 사실이 있음을 일본 당국이 알고 주의깊게 대처해 주기 바라며, 참고로 일본에 보도된 것은 우리에게 연락해 주기 바란다.

마에다: 오늘 이러한 말씀이 있었다는 것을 동경에 보고하겠다. 끝.

17. 외무부 공문(발신전보)–조총련 방해 공작 대처 지시

외무부
번호 WJA-09333
일시 191710
발신 장관
수신 주일대사

　　연: WJA-09332
　1. 조총련계 교포의 성묘를 위한 모국 방문에 대하여 조총련은 연호와 같이 협박, 폭언, 납치 등 방법으로 방해하고 있다함.
　2. 본부는 9.19. 17:30 주한 "마에다" 공사를 초치, 이에 대한 깊은 관심을 표명하고 아래 사항을 요청하였음.
　　가. 조총련을 규제한다는 일본 정부의 공약에 비추어 이러한 행위는 조속히 배제되어야 할 것임.
　　나. 아측도 주일대사관에 훈령하여 일본 관계당국에 고발 조치토록 하였으니 이 경우 성의있게 처리하여 주기 바람.
　3. 귀하는 민단을 통하여 조총련의 방해 공작사태를 구체적으로 조사, 관계 민단으로 하여금 관계당국에 고발 조치토록 하고, 그 결과를 수시 보고바람.

18. 외무부 공문(발신전보)–신문 내용 통지

외무부
번호 WJA-09332
일시 191710
발신 장관
수신 주일대사

국내신문 보도에 의하면 성묘차 모국 방문하는 조총련계 교민에 대하여 협박, 폭언, 납치 등 방법으로 모국 방문을 방해한다고 하는 바, 보도 내용을 아래와 같이 알리오니 참고바람.

1. "가나가와"현에서는 조총련이 모국 방문 예정인 교포집에 4명씩을 보내 출발을 방해하여 한 교포는 변소 창문으로 보따리를 들고 빠져나와 공항으로 달려갔다함. (동경발 합동)

2. "니이가다"에서는 조총련계 청년들이 방한 예정자 4명을 납치해가 아직 행방불명이라 함.

3. 동경에서는 부인을 시켜 한국에 가면 이혼하겠다는 협박을 하게 하였으나 이혼 약속을 하고 모국 방문한 교포도 있음. (동경발 합동)

4. "오오사까"에서는 약40명의 조총련 청년 맹원들이 공항에 나와 "가면 못 돌아온다"는 방해 공작을 벌였음. (서울신문)

5. "오오사까""이꾸노구"의 "이"모씨는 조총련으로부터 "남한에 가면 죽인다"는 협박 전화를 받고 공항에 나오지 못하였다함. (서울신문)

(북일-)

19. 재일 조총련계 교민 모국 방문에 따른 조치사항

재일 조총련계 교민 모국 방문

조총련계 재일교포의 성묘 및 가족상봉을 위한 모국방문에 대하여 조총련은 모국방문 예정자에게 협박, 폭언, 납치, 출발 저지 등 방법으로 이를 방해하고 있는 바, 이에 대하여 당부가 취한 조치는 아래와 같음.

1. 당부의 조치사항

    가. 75.9.19. 김정태 정무차관보는 주한 일본대사관 "마에다" 공사를 초치하여 조총련의 방해공작을 설명하고, 이를 규제하여 줄 것을 아래와 같이 요청하였음.

        1) 대사관, 민단 등을 통해서 구체적인 사례가 밝혀지는대로 철저히 조사 처벌해 줄 것.

        2) 조총련의 방해활동을 철저히 조사, 적발하여 처벌하는 것이 조총련 규제에 관한 일측의 약속을 이행하는 것이 되고, 또 일본내에서 위법 행위를 하면 안된다는 것을 그들에게 가르쳐 주는 것이 됨.

3) 방한한 조총련계 교민들이 우리의 현실을 관찰하고, 북괴와 조총련의 선전과는 전혀 다르다는 점을 깨닫게 되어 많은 성과를 올리고 있으며, 정부로서는 힘을 기우려 시도하는 project이니 신중을 기해 처리해 주기 바람.

나. 75.9.19. 주일대사에게 훈령하여, 민단을 통하여 조총련의 방해 공작 사례를 구체적으로 조사케하고, 일본 관계당국에 고발 조치토록 하고 결과를 수시 보고토록 함.

2. 앞으로의 대책

가. 조총련의 방해 공작에 대하여 각급 민단 및 공관에서 구체적인 사항에 관한 증거를 수집, 고발 조치케 함.

나. 일 당국으로 하여금, 조총련 규제에 관한 공약을 이수토록 촉구하는 동시에 이들에 대한 철저 조사 및 처벌을 촉구

다. 방한후 귀일한 조총련계 인사에 대한 조총련의 보복 조치가 예상됨으로 민단을 통하여 사후 보호조치, 민단으로 전향 권유 등의 대책 강구

20. 외무부 공문(발신전보)—75년 모국방문 현황보고 지시

외무부
번호 WJAM-0907
일시 241565
발신 장관
수신 각급공관장

75년중 조총련계 교포 및 전향 교포의 모국방문 현황을 아래 사항에 따라 보고하시기 바람.
1. 지역별, 날자별, 성별 인원수.
2. 여권 신청자수, 여권 발급수, 실제 방한자.
3. 기타 특기 사항.
　　　　　(교일)

21. 조총련 전향 및 방한 현황

조총련 전향 및 방한 현황

1. 전향자

    가. 75.1.-8. 말까지 재일조총련계 동포의 전향 실적은 218명임.

    나. 상기218명 중 102명을 국내에 유치, 조정하여 전향시킨 바 있음.

2. 추석성묘단이 9.13-9.29 기간 중: 총722명이 방한하였음.

    조총련계: 615명

    민단 인솔자 및 동반자: 107명

3. 75.1-8. 말까지 조선적 소지자가 한국적으로 변경한 수는 3,145명이며, 상기1항 "가"의 218명을 포함하면 결국 민단계로 전향한 자의 수는 3,363명이 됨.

22. 내무부 공문—행정 상담위원 건의사항 이첩

내무부

번호 외사2068-7915

일자 1975.10.18.

발신 내무부 장관

수신 수신처 참조(가.3.20.25)

제목 행정 상담위원 건의사항 이첩

    1. 정부 민원상담실장으로부터 이첩하여온 재일조총련계 교포의 모국방문에 대한 대정부 건의사항임.

    2. 동 대정부 건의사항을 검토한 바, 그 중 제1, 2항을 중앙정보부와 외무부, 제3항은 문교부등의 소관 사항으로 사료되어 이첩하오니 검토 처리하시고 그 결과를 당해 행정상담 위원에게 회신하여 주시기 바랍니다.

    첨부: 주민여론 및 건의서(사본)1부.　끝.

22-1. 첨부-주민 여론 및 건의서

주민여론 및 건의서
발신 전라북도 장수군 행정상담위원 이희석
수신 정부민원상담실장

① 제목	② 내용	③ 비고
1. 조총련계 재일교포의 모국방문에 대한 대책 건의	1. 조총련계 재일교포들의 모국방문을 온 국민이 환영하는 바이며 일찍이 이 같은 조치가 이루어지지 못하였든 것이 아쉽기도하며 국내외적으로 얻은 바 클 뿐만 아니라 계속적인 시책으로 받아드리는 일방 다음 사항등에 대한 대책이 요망되옵기 건의합니다. 　1) 모국방문 교포를 가장하여 침투우려되는 북괴마수를 예방하는 대책 　2) 모국방문을 마치고 도라가는 조련계 교포들에 대하여 조총련으로부터 위협, 공갈, 협박등 또는 그 이상의 악날한 수법의 보복도 우려되는 바 이들의 보호책을 강구하여 앞으로 모국방문을 희망하는 조련계 재일교포들이 조총련의 위협과 보복에 공포 또는 위축되지 않고 계속적으로 모국을 방문케하여 북괴의 허위선전과 호전성 그리고 국가민족에 대한 반역자임을 폭로케하는 대책 　3) 재일교포의 제2세들에 대한 국적있는 교육지원으로 민족혼 및 주체성정립 등 대책이 요망됩니다. 끝.	

끝.

주소: 전북 장수군 계내면 장계리 316 이희석 귀하

23. 외무부 공문-대 정부 건의사항에 대한 회신

외무부
번호 교일725-
일시 75.10.23.
발신 외무부 장관
수신 이희석 귀하 전북 장수군 개내면 장계리316

제목 대 정부 건의사항에 대한 회신

  1. 귀하가 정부 민원상담실장에게 송부한 주민여론 및 건의서에 대한 회신입니다.
  2. 귀하가 건의한 제1,2항에 대하여 당부에서 이미 주일대사관으로 하여금 필요한 조치를 취하도록 지시하였음을 알리오니 양지하시기 바랍니다. 끝.

24. 사의 인사

1975.10.20.

謝儀人事 말씀

  省禮言 去般 本團引率로 朝總聯傘下同胞母國省墓訪問團一行의 本國滯留時에는 格別하신 配慮와 指導協調로서 所期 目的을 十分 達成케 함은 實로 貴下의 惠澤인바 衷心으로 感謝의 意를 表합니다.

  아시는 바와 같이 平和統一을 念願하는 한편 南北對話 및 離散家族과 交流相逢의 實踐을 目標로서 北傀傘下인 善良한 同胞들의 救出과 人道的 見地에서 政府 및 民團의 協調 아래 朝連系同胞들의 母國訪問을 勸獎하는 이 事業이 繼續推進될 것이며 그 成果와 意義가 大端히 깊다고 思料되는 바입니다.

  勿論 參加한 同胞들의 感激도 크다할 것이며 北傀의 欺瞞 政策에 빠졌음을 스사로 니우치면서 韓國政府와 民團의 好意指導案內에는 異口同聲으로 謝儀를 表하는 한편, 鄕愁를 풀고 마음속에 그리던 先祖의 省墓와 父母親戚親知를 오랫간만에 相逢한 感懷는 比할수 없다는 所感表示와 함께 自進 本團에 卽刻加入하는 者도 殆半以上이며 앞으로 그들의 善導에도 留意講究의 責任을 느끼는 바입니다.

  여기에 本團에서도 새 民團運動의 一環으로서 離散家族찾기 運動을 積極支援하여 連다라 朝連系同胞母國訪問을 勸獎 爲計하오니 될 수 있는 限 親히 指導로써 이 事業의 거둠이 많도록 支援 協調 鞭撻를 바라면서

  삼가 感謝人事 말씀으로 成하는 바입니다.

在日本大韓民國居留民團

兵庫縣地方本部團長 金基祿

外務部領事僑民局長
李敬燻 貴下

25. 주일대사관 공문―조총련계 교포 제2차 모국방문단 구성

주일대사관
번호 일본(영)725-6810
일시 1975.10.21.
발신 주일대사
수신 장관
제목 조총련계 교포 제2차 모국방문단 구성

    연: JAW-09300
    민단에서 조총련계 교포의 제2차 모국방문단을 다음과 같이 구성, 방한토록
추진하고 있음을 보고하오니 제반 편의를 제공하여 주시기 바랍니다.
  1. 방문단 목표 인원: 650명
    하기와 같이 각 지역별로 목표인원을 배정하고 100명 이상을 기준으로 하여
    각 지방본부 또는 지협단위로 단체 입국토록 함.

관동, 동부	150명
중북	100명
근기	200명
중국	100명
구주, 사국	100명

  2. 입국기간: 1975.11.1-15. 사이에 지역별로 입국함
  3. 일정
    가. 산업시찰, 관광 등 공식 일정은 4박 5일로 하되 구체적인 일정은 본국
       관계당국에서 작성토록 일임함.
    나. 제2차 방문단(추석 성묘단)과 같은 대대적인 시민환영 대회는 생략하되
       지역별로 환영회를 준비하여 주시기 바람.

다. 공식 일정 이외의 고향 방문, 성묘 등 개별 일정은 각 지방본부에 일임함.
끝.

26. 주 나고야 총영사관 공문–제3차 조총련 산하 동포 성묘단

주나고야 총영사관
번호 나총영: 999호
일시 1975.12.15.
발신 주 나고야 총영사
수신 장관, 주일대사
제목 제3차 조총련 산하 동포 성묘단

대: JAM-1201
상기 제목에 관하여 당관 관하 "애지현" 민단본부 주최 구정성묘단 실시를 위한 애지현 각급 연석회의를 개최하였기 다음과 같이 보고합니다.

- 기 -

1. 시일: 75.12.13(토)
2. 장소: 애지현 한국학교
3. 참가범위 및 인원: 애지현 민단 지방본부 3기관장 이하 각 역원 및 각 지부(18 지부) 5기관장 및 각 역원 약 200명
4. 토의사항: 공관직원 및 조직간부 전원이 제3차 성묘단을 위한 운동에 적극적인 참여와 1,2차의 경험을 충분히 살려 조총련의 방해공작을 배제하여 많은 성묘단 모집을 전개할 것을 결의하였음.
5. 활동의 구체적인 방법:
   가. 각급 임직원 전원이 앞장서서 행동과 실천에 옮기는 자세를 확립함.
   나. 성묘단원(1,2차)의 참여의식 고무와 활약
   다. 실태파악(자료수집)
   라. 호별 방문
   마. 추진위원회 결성. 끝.

27. 주 요코하마 총영사관 공문-조선적 교포성묘단 간담회 개최

주요꼬하마 총영사관
번호 요꼬하마 725-1357
일시 1975.12.16.
발신 주 요꼬하마 총영사
수신 장관
참조 정보문화국장, 영사교민국장
제목 조선적 교포성묘단 간담회 개최

　　　조총련계 교포 모국성묘단(4.14부터 11.21까지 총 73명)의 모국방문을 환영
하고 제3차 성묘단 구성을 격려하기 위하여 다음과 같이 간담회를 개최하였음
을 보고합니다.
　　　　　　　- 다 음 -
　　1. 일시 1975.12.13일 13:00-16:30
　　2. 장소: 요꼬하마 상은 4층 홀
　　3. 참석인원: 가나가와현 각 민단의 반장이상의 민단원 약 250명
　　4. 영화: 간담회전에 추석성묘단의 기록영화 "혈육의 정"을 상영
　　5. 간담회: 가. 가나가와현 지방본부 박성준 단장, 김계선 의장의 인사
　　　　　　　나. 총영사 환영사
　　　　　　　다. 성묘단 귀임후 조직한 상록회장의 답사
　　　　　　　라. 자수간첩 김정길의 귀일후의 소감발표
　　　　　　　마. 김대영 감찰위원장의 폐회사
　　6. 여흥: 간담회 제2부에는 한국무용과 노래를 관람.
　　첨부: 동 간담회 광경사진 장. 끝.

④ 조총련계 재일본 한국인 모국 방문, 1976.
전2권(V.1 1-6월)

○ ○ ○

기능명칭: 조총련계 재일본 한국인 모국 방문, 1976. 전2권

분류번호: 791.76

등록번호: 10041(17998)

생산과: 교민1과/동북아1과

생산연도: 1976-1976

필름번호: P-06-0020

파일번호: 08

프레임 번호: 0001-0186

1. 전언통신-회의 계획 통보

전언통신
번호 중동2전-19호
일시 76.1.17.
발신 중장정보부장
수신 외무부 장관
제목 회의 계획 통보

　　　1. 조총련계교포 구정 성묘단 국내유치에 따른 관계부처 실무과장 회의를
아래와 같이 개최코자 하오니 관계관을 참석시켜 주시기 바랍니다.
　　　　　가. 회의 일시: 76.1.21. 14:00-16:00
　　　　　나. 장소: 민단 서울 사무소
　　　　　다. 범위: 외무부 교민 1과장
　　　　　　　　　 출입국 심사과장
　　　　　　　　　 교통부 관광지도 과장
　　　　　　　　　 관세청 감사과장
　　　　　　　　　 중정 관계과장 2
　　　　　라. 내용: 조총련계 교포 구정 성묘단 입국에 따른 출입국 관계 문제점
　　　　　　　협의
　　　2. 참고 사항
　　　　　연락처 94-9062 이서기관, 김서기관

　　통화일시: 76.1.17 12:00
　　통화자: 중정 7국
　　수화자: 교민 1과

2. 외무부 공문(착신전보)-북해도 성묘단 성과 보고

외무부
번호 SAW-0110
일시 211030

수신시간 76.1.21. 16:44
발신 주삿포로총영사
수신 장관

　　구정월 총련계 동표들의 성묘단 보내기 운동은 당관의 최선의 노력으로 거류민
단 북해도 지방본부 ***부단장이 인솔자로 "기다미" 지부단장 ***이 부인솔자로
된 43명의 성묘단을 보내기로 되었음. 관내 동포 불과 7200명중 총련계 3400명
으로 볼시는 큰 성과로 봄.

(삿총-교일)

3. 주일대사관 공문─조총련 산하 동포 성묘단에 관한 보고

주일대사관
번호 일본(영)725-419
일시 1976.1.22.
발신 주일대사
수신 장관
참조 영사교민국장
제목 조총련 산하 동포 성묘단에 관한 보고

　　연: 일본(영)725-7439
　　1. 연호, 작년도 조총련계 교포 성묘단의 모국방문 상황과 지난 년초에 입국
한 신정 성묘단의 명단을 별첨 송부하오니 참조하시기 바랍니다.
　　2. 오늘 1.24.-27. 간에 각 지역별로 입국예정인 구정 성묘단의 지역별 입국
예정표, 각지역별 추진현황 및 지난 1.19. 민단 중앙본부 단장이 신문기자 회견
시 발표한 호소문을 별첨 송부합니다.
　　첨부: 1. 신정 성묘단 입국자 명단 1부.
　　　　　2. 조총련 산하 동포 성묘단 방한 상황표 1부.
　　　　　3. 구정 성묘단 지역별 입국 예정표 1부.
　　　　　4. 구정 성묘단 추진현황 1부.
　　　　　5. 민단 중앙본부 단장의 호소문 1부.

4. 외무부 공문(발신전보)-신문보고

외무부
종별 긴급
번호 WJA-01393
일시 241400
발신 장관
수신 주일대사

금 1.24.자 국내 석간은 조총련계 교포 모국 방문에 관하여 다음과 같이 보도하고 있으니 참고하시앞

-다음-

조총련은 민단이 주동이 돼 추진하고 있는 조총련계 교포의 모국 방문을 갖가지 방법을 동원, 방해하고 있다.

조총련 본부는 각급 조직에 조총련계 교포의 모국 방문을 저지하도록 지시했는데, 특히 구정 성묘단의 모국 방문 저지를 위해 지난 10일 열린 열성자대회에선 "조직 방위"란 명목아래 모국 방문을 망국적 책동이라고 규정, 이를 방해하도록 지시했다.

또한 사실상 북괴의 공작선인 만경봉호가 지난 17일 "요꼬하마"에 입항, 당초 20일로 예정됐던 출발날짜를 늦추고 선장 등이 조총련 신하 조직을 찾아다니며 모국 방문 저지 공작을 펴도록 강력히 지시하고 있다고 민단 소식통은 전했다.

고위 공작원인 선장 등 일행은 21일엔 조총련 "가나가와"현 본부, "요꼬하마" 신용조합, 조총련계 학교 등에서 이같은 지시를 내렸다고 이 소식통은 말했다.

조총련 의장 ***는 지난 19일 전 조직에 20일부터 26일까지 다른 모든 활동을 중지하고 성묘단 저지에 총력을 기울일 것을 지시했다. 조총련은 또 중앙의 기구를 대폭 강화, 정치국의 부국장을 1명에서 3명으로 늘린 것을 비롯, 조직, 선전, 경제, 교육국 등의 부위원장을 1명에서 2명으로 늘리고 대한, 대민단 파괴 전담부서를 각국별로 새로 설치했다. 조선대학도 금주부터 학업을 중단하다시피하고 학생들을 각 지방에 내려보낸 것으로 알려지고 있다. (북일-   )

5. 외무부 공문(발신전보)-조총련의 모국방문저지에 대한 일정부 항의 지시 및 만경봉호 공작 사실 확인 지시

외무부
번호 WJA-01394
일시 241400
발신 장관
수신 주일대사

연: JAW-01393
1. 조총련계 교포의 성묘 모국 방문을 방해하기 위하여 만경봉호는 출항예정을 연기하면서 요꼬하마에 정박중이며, 승선한 북괴 공작원은 동경 등지에 체류하면서 현장 지휘를 하고 있다고, 동경발 기사로 보도되고 있음.
2. 정부는 조총련에 의한 방해 공작에 대하여 깊은 관심을 갖고 이의 단속을 일측에 요청하여 왔는바, 특히 만경봉호에 의한 방해공작에 대하여는 그것이 사실일 경우에는 중대한 관심을 갖는 바임.
3. 만경봉호 방해공작의 진부를 시급확인하고 일측에게 이를 묵인하고 있는데 대하여 항의함과 아울러 엄격한 단속을 하도록 요청하고, 결과 보고바람.

6. 외무부 공문(발신전보)-일정부 항의시 강조 사항 지시

외무부
종별 긴급
번호 WJA-01399
일시 241610
발신 장관
수신 주일대사

연: WJA-01394
연호 3항, 일본 외무성에 항의시에는, 재일 교포 북송문제에 있어서 일본정부는 언필칭 자유의사 존중 운운하였는데 자유의사로 모국방문하겠다는 조총련

계 교포에 대하여도 일본정부로서 당연히 같은 원칙을 적용해야 할 것이며, 북
괴 공작원이나 조총련의 방해공작을 묵인하는 일이 결코 있어서는 안될 것임을,
아울러 지적 바람. (북일-)

7. 외무부 공문(발신전보)–조총련 모국 귀성 방해공작 사례 조사 지시 및 민단 지시 내용 통고

외무부
종별 지급
번호 WJA-01410
일시 261530
발신 장관
수신 주일대사

　　연: WJA-01393, 01394, 01399
　1. 재일 동포 모국 귀성에 대한 연호 만경봉호 공직원의 방해공작 이외에도,
　　조총련 등에 의한 방해공작 사례가 있는 것으로 보도되고있는바.
　　　　가. 구체적인 방해 사례를 조사 보고하고
　　　　나. 동 조사 결과에 따라, 일본 정부에 필요한 협조내지 시정을 요청하며,
　　　　다. 방해 사례가 위법적인 것에 관하여는 일본 정부에 의법 처리하도록
　　　　　촉구바람.
　2. 또한 민단 등으로 하여금 상기 사례를 북괴 및 조총련의 비인도적 책동을
　　내외에 폭로, 규탄하는 자료를 적절히 활용토록 하시고 □□ 바람.

8. 외무부 공문(발신전보)–구정 성묘단 지역별 책임제 지시

외무부
종별 지급
번호 WJAM-0103

일시 261850
발신 장관
수신 주일 각급 공관장

연: □AM-1207

　　연호로 통보한바와 같이 현재 추진중인 구정 성묘단의 모국 방문은 그의의와 성과가 중요하며 적극적으로 추진하는 사업임에 비추어 동 방문을 최대한 촉진하기 위하여 전 공관직원은 물론 국영 기업체 및 상사 주제원등 동원가능한 전 인원을 동원하여 지역별 책임제로 방문단 유치에 전력을 다하시기 바람.(교일)

9. 외무부 공문(착신전보)−조총련계 구정성묘단 방해공작 관련 보고

외무부
번호 JAW-01592
일시 262015
발신 주일대사
수신 장관

　　대 WJA-01394 01399

1. 대호 만경봉호는 1.17. 1230 경 요꼬하마에 입항 항만 관계당국에 1.20 경 출항 예정으로 신고하였으나 일정을 바꾸어 1.23. 1530 경 출항하였음.

2. 동선은 화물을 싫지 않고 있었으며 동선 지도선장 *** 등 북괴 간부급 지도원 20명이 1.20 조총련 중앙본부, 1.21 조총련 나가가와 현본부, 요구하마 조선은행 신용조합 및 강와사기 조선학교등을 방문 간담회를 통해 조총련계 교포의 성묘단 참가를 저지하도록 강력히 지시한 것으로 알려지나 저지운동을 구체적으로 전개한 사례는 상금 표면화되지 않고있음.

3. 당관은 구체적인 방해공작행위 유무를 계속조사중이며 그 결과에 따라 뚜렸한 방해공작 및 행위가 있는경우 일본정부에 대한 필요한 조치를 취하고저함.

4. 일반적으로 성묘단 모국방문에 대하여 조총련과의 폭력등 방법에 의한 뚜렸한 방해공작가능성에 대하여 관계 일본 치안당국에 거듭주의를 환기위계임 (일본영 북일)

10. 외무부 공문(발신전보)–조총련계 구정 성묘단 인원수 보고 지시

외무부
번호 WJAM-0104
일시 271500
발신 장관
수신 주일 각급 공관장

   1. 조총련계 교포 성묘단의 모국 방문에 관하여 출발일자, 수송편, 성묘인원,
     인솔인원수를 명단 확정시 및 출발직후에 정확하게 보고 하시기 바람.
   2. 이미 입국한 구정 성묘단에 관하여도 1항에 의거 보고하시기 바람.
(교일)

11. 구정 성묘단 방한 현황

구정 성묘단 방한 현황

날자 공관	24		25		26		계		예정
	성묘단	인솔자	성묘단	인솔자	성묘단	인솔자	성묘단	인솔자	
동경			375	94			375	94	
오사카	485	42	164	18	362	17	1,011	77	
후쿠오카					182	24	182	24	
요코하마			60	11			60	11	
삿포로									43
코오베					146	34	146	34	
계	485	72	599	123	690	75	1774	240	43

*75년 조총련계 보조 방한 실적

1. 성묘 방한: 977
2. 기타 방한: 110
      계: 1,087명

12. 제3차 조총련계동포 성묘단

제3차 조총련계동포 성묘단
1. 인원
    7개 지역 1,631명
2. 일정
    1.24-1.26.   입국
    1.27-2.3.   귀향
    2.4.-2.6   서울 관광·환영 대회
    2.7.   귀일
    기타. 국립묘지 참배, 불국사 및 용산 공업단지 견학등이 있음.
3. 성묘 방한 추진 방침
    가. 민단 산하 간부에 대한 책임제
    나. 혈연, 지연 활용
    다. 모국 방문 기사를 통한 대중 홍보
    라. 조총련의 저지 선전에 대한 조직적인 반박
    마. 행정절차에 대한 신속 및 편의 제공
    바. 방문후 민단 전향자들의 효과적인 활용
4. 1,2차 성묘 방한 현황
    1차 성묘 단원 952명
        기타방문 109명
    2차 성묘 단원 267명
5. 자급 지원
    75.10.21.
        새민단 운동 촉진 활동 1,500
    75.12.9.
        성묘 촉진 및 새민단 운동 독려 3,910
6. 앞으로의 계획 인원
    76년 추석때까지: 10,000명

13. 제3차 조총련 산하동포 성묘단

지구	本部名	활당수	목표수	예정수	지역수	출발지
關東	東京	330	200	165		
	神奈川	130	80	65		
	千葉	40	25	20		
	山梨	10	6	5		
	栃木	10	6	5		
	茨城	13	8	7		
	埼玉	37	22	20		
	三多摩	50	30	25		
	群馬	10	6	5		
	静岡	40	24	20		
	長野	23	14	12		
	新潟	13	8	7	356	
東北	宮城	17	10	8		
	北海道	33	20	17		
	青森	10	6	5		
	山形	5	3	3		
	岩手	7	5	4		
	秋田	7	5	4		
	福島	7	5	4	45	
中北	愛知	210	160	105		
	岐阜	40	15	20		
	三重	43	26	22		
	石川	13	8	7		
	福井	17	10	8		
	富山	7	5	4	166	
近畿	大阪	1,000	600	500		
	兵庫	300	180	150		
	京都	235	140	117		
	奈良	30	18	30		
	滋賀	27	16	14		
	和歌山	30	18	15	826	

中国	広島	85	50	43		
	岡山	37	22	18		
	鳥取	7	5	4		
	島根	7	5	4		
	山口	70	45	35	104	
九州	福岡	170	100	85		
	長崎	17	10	8		
	佐賀	8	5	4		
	大分	17	10	8		
	宮崎	7	4	4		
	熊本	10	6	5		
	鹿児島	5	3	3		
	対馬島	3	3	3	120	
西国	愛媛	10	6	5		
	徳島	3	3	3		
	高知	5	3	3		
	香川	5	3	3	14	
	沖縄					
	합계	3,210	1,962	1,631	1,631	

14. 외무부 공문(착신전보)–신문보도에 대한 조총련 항의 관련 보고

외무부

번호 JAW-01638

일시 □□□□□□

수신시간 1.28. AM10:57

발신 주일대사

수신 장관

    1. 조련계 재일교포 모국방문단 보도에 대한 조총련측 움직임에 대한 보고임.

    2. 기신문 보고한 대로 주재국 매스콤은 동모국방문단 동향을 보도하고 있는바 조총련측은 1.26자 조간에 게재된 모국방문단 제2진 도착에 관한 서울방송을

인용한 신아통신(*** 통신 □교 지국장) 보도를 계기로 주재국 매스콤에 대해 1.26부터 맹렬히 반발공작을 벌이고있음.

2. 조총련 중앙본부, 재일 조선인 상공연합회, 조선대학교 대표 3명이 일행이 되어 각매스콤을 순방, 신아 통신 보고(쿄오도 통신 배금)과관련하여 항의하고 있는 대목은 다음과 같음.

가. 김일성 훈장(훈격)을 받은 재일 조선인은 *** 등 4명 뿐이며 ***는 받은 바 없다.

나. ***는 상공연합회 회장이 아니며, 동회장은 ***이고, 현재 일본에 있다.

다. 조선대학교수가 모국방문단에 참가한바 없다.

4. 아사히 신문은 동항의를 반영, 1.27.자 조간 3면 1단으로 조총련계 조선인 방한보도로 조총련이 반본 제하의 기사를 싫었으나 기타신문과 쿄오도 통신은 해명보도 요구를 묵살했음(신아 통신은 1.26 조선대학 교수는 전교수의 잘못이 라는 정정기사를냈음).

5. 1.27 하오 동항의 그룹일행은 쿄오도 통신에 대해 집중적으로 항의항의에 못이긴 쿄오도 통신측은 동일저녁에 이르러 아사히 신문 해명기사와 비슷한 해 명기사를 내게되었음.

15. 외무부 공문(발신전보)—조총련 방해공작 사례 및 일정부에 대한 조치 및 결과 보고 지시

외무부
종별 지급
번호 WJA-01451
일시 281700
발신 장관
수신 주일대사

    연: WJA-01410
    대: JAW-01592
    1. 재일동포 귀성에 대한 조총련의 방해공작의 유무와 그 실태 이하는 정부 중대한 관심사인바, 방해공작의 구체적인 사례를 조속 파악 보고바람.
    2. 대호 4항과 관련하여, 귀관이 주재국 관계당국에 대하여 주의 환기 및 조치 요청한 바 있으면, 그 내용, 일시, 일측의 반응 등을 구체적으로 보고 바람.

16. 외무부 공문(착신전보)–조총련 항의에 대한 언론 대응 보고

외무부
번호 JAW-01661
일시 281642
발신 주일대사
수신 장관

 JAW-016□□의 관련
 1. 연: JAW-01638
 2. (1)항과 관련 교오도 통신이 76.1.27 1:55 배급한 조총련계 재일교포 성묘단
 과 관계해명기사는 1.28 조간 도오꾜신문 14면 □보란에 1단으로 취급되었을□
 □지는 묵살했으며 마이니찌 신문은 독자적으로 한국방문단 보도로 조총련이
 의견제시 제하로 18면 1단으로 다루었음.
 3. 특기사항
 교오도통신이 부장 라인에서 작성한 해명기사는 도오꾜 신문에 □□되 사실위
 주 기사에 뒤이어 다음 귀절이 추가되어 있었으나 편집국장라인 검토에서 삭제
 되었으며 이는 교오도 통신측과 긴밀한 협조관계를 유지하고 있는 *** 합동□시
 지국장의 영향이 작용한것으로 평가됨.
 "동 보도로 조선민주주의 인민공화국의 권위와 조총련 및 관계□□의 명예가
 훼손되 것을 유감이라고 (항의그룹 일행은) 말하였다" (삭제부분)
 4. 상께이 신문은 서울주재 아가사끼 특파원을 부산에 파견 김일성으로부터 훈
 장을 4개 받은 사가현 조선 신용조합부이사장 ***의 인터뷰를 포함한 총괄적
 기사를 작성케 하여 1.28 조간 4면에 "감출수 없는 흥분-조총련계 제2차 성묘단
 30년만에 조국땅 밟아" 제하(3단 표제 7단특)로 보도했음.
 5. 조총련의 항의공작은 중앙전국지에 관한 별다른 효과를 올리지는 못한 것으
 로 분석됨 (수석공보관 문공부)

17. 구정성묘단 방한 현황

구정 성묘단 방한 현황

76.1.31. 현재

날짜 공관	24		25		26		27		30		계		예정
	성묘단	인솔자	성묘단	인솔자	성묘단	인솔자	성묘단	인솔자	성묘단	인솔자	성묘단	인솔자	
동경			294	73							294	73	43
오사카	400	13	164	18	362	17	3	1	15	10	944	59	184
나고야	83	25									83	25	
요꼬하마			60	11							60	11	10
센다이			21	10							21	10	3
코오베					146	34					146	34	52
후쿠오카					214	28					214	28	45
삿포로		-											44
시모노세끼													30
총계	483	38	539	112	722	79	3	1	15	10	1,762	240	331

18. 외무부 공문(착신전보)−주벨지움 대사관 홍보용 자료 요청

외무부

번호 □□W-0201

일시 021700

발신 주 벨지움 대사

수신 장관

1. 재일 조총련 모국 방문과 관련 당관 언론대책위 결정에 따라 주□신문을 대상으로 최근의 남북문제 및 북괴규탄 홍보를 전개하고저하는바 관계 자료를 송부바람.

가. □식 KFS 피□로리

나. 내용. 1) 조총련 모국 방문의 배경 (30차 유엔총회 2기결의안, 북괴의 남북대화불응, 조총련 모국 방문 추진동기)

2) 모국방문실적 (75년 모국방문, 76년 구정계기 모국방문의 정확한 수자)

3) 모국방문의 효과 (친척상봉 성묘)

4) 결과 (독□한 사례)

5) 모국방문에대한 조총련 방해공작

2. 동해설기사에는 재일한국인 (민단 조총련수)의 실태 및 과거 북괴에 의한 북송실태 및 북송후의 부작용

3. 상기 기사를 가능한한 자료 중심으로 송부 바랍니다. (해공)

19. 구정성묘단 방한현황

구정 성묘단 방한 현황

76.2.4일 현재

지역		東京	大阪	名古屋	横浜	仙台	神戸	福岡	札幌	계
날짜	구분									
1.24	성묘		400	83						483
	인솔		13	25						38
1.25	성묘	294	164		60	21			42	581
	인솔	73	18		11	10			2	114
1.26	성묘		362				146	214		722
	인솔		17				34	28		79
1.27	성묘		3							3
	인솔		1							1
1.30	성묘		18							18
	인솔		10							10
1.31	성묘		2							2
	인솔		1							1
2.1	성묘		18							18
	인솔		8							8
2.2	성묘						5			5
	인솔						2			2
2.3	성묘	107	160		40	7	85	90	4	493
	인솔		20		13	1	21	14	1	70

2.4	성묘			40						40
	인솔			5						5
총계	성묘	401	1,127	123	100	28	236	304	46	2,365
	인솔	73	88	30	24	11	57	42	3	328

귀성단 입국 현황
가. 입국 현황

차수	1차(추석 성묘단 포함 75년 입국 75.1.-75.12.31)			차수	2차(76년 구정성묘단 76.1.23-76.2.6)		
구분	조총련	민단	계	구분	조총련	민단	계
소규모 집단유치	55	33	88	제1진	486	46	532
추석성묘단	642	108	750	제2진	539	118	657
추계모국 방문단	335	72	407	제3진	680	141	821
				제4진	41	15	56
개별전향 유치	55	10	65	제5진	586	120	706
소계	1,087	223	1,310	소계	2,332	440	2,772
총계 4,082명							

나. 공관별 재일동포 귀성단 입국 현황

	1차	2차	계
주일 대사관	160	363	523
주오오사카 총영사관	291	1,022	1,313
주코오베 총영사관	112	283	395
주후쿠오카 총영사관	135	254	389
주나고야 총영사관	131	132	263
주요코하마 총영사관	85	120	205
주삿포로 총영사관	29	47	76
주센다이 영사관	24	30	54
주시모노세끼 영사관	120	81	201
계	1,310	2,772	4,082

20. 외무부 공문(착신전보)-조총련 방해 활동실태 기조사 사실 보고

외무부
번호 JAW-02158
일시 061005
발신 주일대사
수신 장관

대: WJA-01410, 01451
연: JAW-01592
대호 구정성묘단에 대한 조총련의 방해 활동실태를 2.5.파편(일본영725-39) 송부함 (일본영-교일, 북일)

21. 외무부 공문(발신전보)-조총련계 방해활동에 대한 지시

외무부
번호 WJA-02107
일시 061800
발신 장관
수신 주일대사

연: WJA-01410
대: JAW-02158
대호 성묘 방한단에 대한 조총련의 방해 활동 실태 보고는 접수되는 대로 본부에서 검토할 것이나, 우선 귀관에서 사태조사 결과를 검토하고, 필요하다고 판단될 경우에는 일본 정부에 대하여 연호에 따라 협조, 시정 또는 의법 처리 등을 지체없이 촉구하고 결과 보고바람. (북일-)

22. 주일대사관 공문—구정성묘단 모국방문에 대한 조총련의 방해 활동실태

주일대사관
번호 일본(영)725-39
일시 1976.2.5.
발신 주일대사관
수신 장관
참조 아주국장, 영사교민국장
제목 구정성묘단 모국방문에 대한 조총련의 방해 활동실태

　　대: WJA-01410, 01451
　　연: JAW-01592
　　조총련 중앙본부는 1976.1.14일경 예하 각급조직에 지령, 구정 성묘단의 모
국방문을 저지하도록 총동원령을 발동하였다는 바 그 간에 방해 활동실태를 별
첨과 같이 보고합니다.
　　첨부: 조총련의 방해활동 실태 2부. 끝.

22-1. 첨부—조총련의 방해실태

조총련의 방해활동 실태

지역	일자	방해활동실태
일본 전역	76.1.15.	·76.1.15.부터 조총련은 각급조직의 평상학습을 중지했으며, 1.20-26. 간은 평상조직 업무도 중단, 조선대학 휴강등으로 전조직 간부를 동원하여 구정성묘단의 방한 저지활동을 전개함
	1.17.	·76.1.17-23. 간 북괴 만경봉호가 "요꼬하마"항에 정박, 선원을 가장한 정치공작원 20명이 상륙, 조총련 중앙본부 "가나가와"현 조선은행 신용조합, "가와사끼" 조선 초중고등학교를 각각 방문, 조총련의 조직 활동을 독려함

동경	1.21.	· 76.1.21. 북괴는 "교육문화 직업동맹 대표단"명문의 공작원 10명 (대표: ***)을 일본에 파견, 조총련의 교육문화사업 실태를 점검, 지도하는 동시 조총련의 전반활동을 독려함.
		· 일반적인 방해활동 형태
		  1. 학생들을 이용, 부모형제의 방한 저지
		  2. 연고자를 통한 회유, 강요, 생활자금 제공 유혹
		  3. 조은 융자 및 재산 차압등 위협
		  4. 구약소, 입관 주변에서 출입방해, 납치, 여권탈취등 위협
		  5. 민단 활동원 및 공관원 미행, 위협, 방해
		  6. 방한 결심자 집에 떼를 지어 들어와 강제적으로 방한 포기 강요, 위협, 유혹
		  7. 허위선전 활동(가면 죽는다, 방한은 민족분열 책동이다 는 등)

	76.1.23.	· 11:00경 조총련 "아라가와"지부 간부 5명이 민단 "아라가와"지부 사무실에 출현, "조총련 동포의 성묘단 방한 책동"은 민족을 분열하는 것이라고 민단의 활동 방해
	1.24.	· 11:00경 "아라가와"구 거주 *** 여인(70세)가 모국방문을 위하여 민단 사무실에서 수속중, 그의 아들과 조총련계 3명이 출현, 수속서류등을 빼앗고 송여인을 강제로 데리고 나가 방한 못함.
	1.26.	· 13:30 "하네다"발 칼-704편으로 입국하려던 *** 여인(49세)은 공항 입구에서 조총련의 위협으로 임시 피신하므로서 입국하지 못한 사실이 있음 (1.27. 민단 간부 동행하에 입국)
가나가와현	1.25.	· 조총련이 성묘단원 ***, *** 모자를 납치, "오사까"로 도피하여 방한하지 못함. · ***을 조총련이 집에 납치하여 방한하지 못함.
오사까	1.23.	· 17:00 조총련 "오사까"본부 간부 6-7명이 성묘단원 ************집을 찾아가 방한하지 않도록 강요, 이에 불응시는 결코 집에서 나갈수 없다고 협박하여 경찰에 연락하여 사태를 수습한 사실이 있음.
	1.24. 및 2.3.	· 12:00경 "오사까" 공항에 조총련 3명이 출현, 사진 촬영등으로 심리적인 위협을 가해 사진촬영을 하지말라고 하자 행패를 부려, 경찰에 연락하여 사태를 수습함.
삿뽀로	76.1.25.	· 08:30-09:30간 조총련 북해도 본부 역원 3명이 "지도세" 공항에 나타나 동경행 비행기 탑승 수속중인 성묘단원 ***과 *** 등에게 "방한하지 말라, 갔다오면 좋지 않다"는등 공갈 협박한 사실이 있음.

후꾸오까	1.26.	·10:30 경 조총련 "후꾸오까"본부 교육부 ***(35세)등 간부 5명이 출현, 성묘단원에 대하여 사진 촬영등 심리적인 위협을 가함.
미해	1.23.	·성묘단 방한저지를 기하여 동명의 아들을 통하여 무담보 500만엥의 융자지원, 유혹
기후	1.23.	·"교포" 조총련 본부 간부가 "기후"현 거주 장인에게 방한하면 딸을 돌려 보내겠다고 엄포.
이시가와	1.23.	·조총련 본부 부위원장이 자기 친형부부의 방한저지를 위해 심한 공□과 농성으로 위협을 가함.

23. 중앙정보부 공문—민단 지도육성사업의 조정통제를 위한 협조 요청

중앙정보부
번호 중동삼400
일시 1976.2.12.
발신 중앙정보부장
수신 배부처 참조
제목 민단 지도육성사업의 조정통제를 위한 협조 요청

　　1. 재일대한민국 거류민단은 당부의 지원과 조정하에 조총련계 동포 모국방문사업에 총역량을 경주하여 강력히 추진하고 있으며, 이사업은 앞으로도 상당기간 계속될 것입니다.
　　2. 동사업의 중요성에 비추어 정부 각부처에서 민단 및 재일동포 지도 육성의 일환책으로 실시되는 정부각부처 주관 각종사업도 이사업을 촉진하는데 기여하도록 일원적인 조정 통제하에 실시되어야 하겠습니다.
　　3. 이에 따라 향후 정부 각부처에서 실시코져 하는 민단 및 재일동포에 대한 중요사업, 특히 민단간부급의 본국 초청, 재일동포에 대한 포상 등은 그것이 모국방문 사업 추진에 차질을 초래하는 결과가 되지 않도록 사전에 당부와 사전협의하여 시행하도록 협조하여 주시기 바랍니다. 끝.

24. 협조문-조총련의 재일동포 모국 방문 방해 공작에 대한 조치

협조문
분류기호 및 문서번호 북일700-23
발신일자 1976.2.13.
발신 아주국장
수신 영사교민국장
제목 조총련의 재일동포 모국 방문 방해 공작에 대한 조치

1. 일본(영) 725-39(76.2.5.)로 주일대사관이 송부해온 재일동포 모국 방문에 대한 조총련의 방해 공작 실태 보고서를 검토한 결과, 아래와 같은 방해공작 사례에 대하여는 일본 형사 법률의 적용이 이론상으로는 가능할 것으로 사료됩니다.
   - 조은 융자 회수, 재산 차압, 여권 탈취 등 위협(형법상 협박죄)
   - 관청 출입 방해(경범죄)
   - 납치(형법상 약취죄, 체포 감금죄)
   - 민단원, 공관원 등 미행, 위협, 방해(경범죄)
   - 민단 또는 방한자 방문, 방한포기 강요, 위협(형법상 주거 침입죄, 협박죄), (경범죄)
   - 수속 서류 탈취(형법상 강도죄)
   - 강제 동행(경범죄)(형법상 협박죄)
   - 사진 촬영 등 심리적 위협(형법상 협박죄) (경범죄)
2. 그러나 여사한 사례를 시정하기 위하여는 소송, 고발 등을 통한 법적 투쟁 방법은 증거 확보 곤란 등으로 실효를 거두기 어려울 것으로 판단되므로, 상기 사례는 법률적 측면보다, 조총련의 비인도적 책동에 대한 일본내의 여론의 비판을 유도하는 자료로 활용함이 가할 것으로 사료됩니다. 다만 일본 정부에 대하여는 아국 대사관원 또는 영사관원이 본건 사례를 조사했다는 의혹을 주지 않도록 유의할 필요가 있을 것입니다.
3. 따라서 본건에 관하여는 아래와 같은 조치가 바람직할 것으로 사료되오니 귀국에서 검토 처리하여 주시기 바랍니다.
   가. 당사자로 하여금 일본 정부에 대하여 직접 진정토록 하고 진정서 사본을 주일대사관에 송부토록 함.
   나. 민단을 통한 항의 및 시정 요구
   다. 상기 진정, 항의 등을 국내외 언론에 반영

라. 당사자 및 민단의 진정을 종합하여, 외교 찬넬을 통해 일본 정부에 대하여 조사 및 시정 요구

25. 외무부 공문(착신전보)–조총련계 여권 재발급시 주의 사항 지시

외무부
번호 JAW-03618
일시 241608
수신시간 MAR.24. PM5:35
발신 주일대사
수신 장관
참조(사본) 중정부장

당관 및 당지의 각급 공관에서는 모국을 방문한바 있는 성묘단원 또는 조총련으로부터 전향하여 임시여권으로 입국한바 있는 자가 소정의 수속절차(국적변경과 국민등록 필증)를 완료하고 새로이 본여권 또는 임시여권을 발급 신청시, 그 타당성을 검토한후 본여권 및 임시여권상에 보안상 다음과 같은 인식표를 할 것임을 보고함.
1. 본여권 발급시는 여권 8페이지 "발급인" 하단에 가로 5.5센티, 세로 0.8센티 크기의 직사각형 고무인 안에 "○○에서 본여권으로 교부"라는 글자를 각인하여 압인하되, ○○에는 임시여권 번호를 적색으로 기입함.
2. 임시여권 발급시는 임시여권의 영수인 하단에 전기규격의 고무인안에 "○○으로부터 재발급"라는 글자를 각인하여 압인하되 ○○에는 최초발급된 임시여권 번호를 적색으로 기입함.
3. 국적에 관계없이 조총련으로부터 전향, 입국하는 초행자에 대하여는 임시여권 발급을 원칙으로함. (일본영-여권1, 2과, 교일, 내무부, 법무부)

26. 주일대사관 공문–제3차 조총련 산하 교포 구정성묘단 명단 송부

주일대사관

번호 일본(영)725-1905
일시 1975.3.30.
발신 주일대사
수신 장관
참조 영사교민국장
제목 제3차 조총련 산하 교포 구정성묘단 명단 송부

연: JAW-01687
    1. 연호, 조총련 산하 교포 구정성묘단으로 입국한 명단을 별첨 송부하오니 참조하시기 바랍니다.
    2. 또한 오는 4.2.부터 각 지역별로 입국예정인 제4차 성묘단의 지역별 입국 예정표를 별첨 송부합니다.
첨부: 1. 구정성묘단 입국자 명단 1부.
      2. 한식 성묘단 지역별 입국예정표 1부. 끝.

26-1. 첨부-한식 성묘단 지역별 입국 예정표

한식 성묘단 지역별 입국 예정표

공관별		입국예정자수		입국 일자
삿포로		39		4.2. 13:30 발
센다이		5		〃
대사관	동경	60	100	〃
	관동	40		〃
요꼬하마		63		미정
나고야		175		4.7.
오오사카		260		4.12., 15.
후쿠오카		200		4.3., 4.28.
코오베		95		4.6.
시모노세키		84		4.
계: 1,021				

27. 한식성묘단 방한 현황

한식성묘단 방한현황

지역	일자	조총련계	인솔	계	비고
요꼬하마	76.4.6.	60	60	129	
후쿠오카	4.3	26	7	33	
코오베	4.1	33	28	61	
코오베	4.6	55	21	76	
시즈오카	4.2	8		8	관동지역과 합류
삿포로	4.2	34	10	44	
소계		216	135	351	
동경	76.4.2	91	35	126	
사이따마	4.2	18	15	33	
시모노세키	4.3	41	5	46	
총계		366	190	556	

한식성묘단 방한현황

민단본국사무소 통계

지역	조총련계교포	동반자	계	입국일자	비고
코오베	33	9	42	76.4.1	(오까야마)
도오꾜	91	35	126	76.4.2	
북해도	34	11	45	76.4.2	
사아따마	18	15	33	76.4.2.	
시모노세끼	41	5	46	76.4.3	(야마구찌)
후쿠오카	25	14	39	76.4.3	
요꼬하마	49	19	68	76.4.6	
코오베	55	14	69	76.4.6	(병고)
계	346	122	468		

법무부 통계

입국 일자	입국자 수	출국자
76.4.1	61	
76.4.2	215	
76.4.3	85	
76.4.6	195	5
계	556	5

28. 외무부 공문(발신전보)—신문보도 내용 경위 파악과 처리 결과 보고 지시 및 일정부에 대한 항의 지시

외무부

번호 WJA-04159

일시 101030

발신 장관

수신 주일대사

1. 국내 신문 보도에 의하면 지난4.2일 하네다 공항을 출발 귀국하려던 조총련계 교포 *** 씨 등 4명이 조총련 행동대원들의 공항내 폭력행위로 인하여 그중 2명이 귀국하지 못하였는바 사건의 경위와 일본경찰당국의 사후 처리 현황을 지급조사, 보고 바람.
2. 조총련의 폭력행위는 시이나 메모에 의거 일본측이 규제하도록 되어 있음에 비추어 상기 사실에 대해 적절한 기회에 귀관이 적의 판단, 주재국 외무성에 representation 하시기 바람.   (교일)

29. 조총련계 동표 모국 성묘 방문자의 국민등록현황

조총련계 동표 모국 성묘 방문자의 국민등록현황

76.4.15. 현재

성묘 방문자 총수	방문자중 국민등록자수	방문자중 국민등록 미등록자수
3,938명	2,472명	1,466명

76.11까지 모국방문 교포수: 9,122명

30. 주오오사까 총영사관 공문—조총련계 모국방문자에 대한 계몽 및 안내 실시

주오오사까 총영사관

번호 오오사까관1703
일시 76.□
발신 주오오사까 총영사
수신 외무부 장관
참조 관세청장(감시국장)
제목 조총련계 모국방문자에 대한 계몽 및 안내 실시

　　76년 4월 12일 및 15일 양일에 걸쳐 모국을 방문하게 되는 조총련계 동포에 대하여 휴대품 통관 안내 및 "선물 안사가기" 계몽을 실시하였기에 보고 합니다.
　　1. 실시일시 76.4.9(금) 13:00-14:00
　　2. 실시장소: 오오사까 민단지부 강당
　　3. 대상자: 오오사까 민단지부 산하에서 모국을 방문하는 조총련계 동포(약 170명)
　　4. 계몽내용:
　　　　휴대품의 통관 제도와 과세, 면세의 기준.
　　　　과세물품 및 과세액
　　　　통관불허물품
　　　　국산품의 우수성 및 해외에의 수출현황과 일본기업(제조업자)과의 경쟁관계
　　　　선물 안 사가기 계몽(새마을 운동과 관련) 끝

(관세담당 부영사 ***)

31. 외무부 공문–멧세지 사본 송부

외무부
번호 교일725-
일시 76.4.22.
발신 외무부 장관
수신 주후쿠오카 총영사
제목 멧시지 사본 송부

1. 귀관할 "재구주 조선인 모국방문 추진회"가 동회 결성에 즈음하여 대통령 각하께 보내온 멧시지 사본을 별첨 송부 하오니 업무에 참고 하시기 바랍니다.

2. 상기 "재구주 조선인 모국방문추진회" 결성에 관하여 아래 요령에 따라 보고 하시기 바랍니다.

-아래-

가. 결성일자

나. 결성 경위

다. 역원 명단 및 인적사항

라. 기타 참고 사항

첨부: 멧시지 사본 1부. 끝.

31-1. 첨부-메시지 사본

朴 大統領閣下께 보내는 메씨지

尊敬하는 朴正熙 大統領閣下

第 一・二・三次에 걸친 母國省墓團參加者인 저희들 一同은 오늘 여기 福岡韓國會舘에서 在九州朝鮮人母國訪問推進会를 結成함에 즈음하여 閣下께 메씨지를 드리게 됨을 無限한 榮光으로 생각합니다.

돌아보건데 저희들이 本意아니게도 日本이라는 異域땅에서 살아온지 어언 三十年余星霜, 夢寐에도 그리던 祖國山川과 父母兄弟들이었건만, 朝總連의 欺瞞宣傳과 本人들의 無自覺인 탓으로 母國을 訪問치도 못하고, 人間으로서의 道理와 國民으로서의 責務를 못다하여 어두운 나날을 보내왔읍니다. 그런데 今般 閣下의 慈愛로우신 配慮와 全國民의 同胞爱의 發露와 그리고 在日本大韓民國居留民團의 情誠어린 努力으로 三十年余의 宿顧을 成就하게 되어 저희들의 기쁨과 感激은 比할바 없이 컸읍니다.

尊敬하는 朴正熙大統領閣下!

저희들은 今番의 母國訪問을 通하여 피는 물보다 진하다는 眞理를 痛感하였으며, 七・四 南北共同聲明精神에 立脚하여 平和的인 祖國統一의 聖業完遂에 一路邁進하고 있는 母國의 참모습을 보았으며 閣下의 領導下에 눈부시게 發展하는 祖國의 躍進像을 如實히 感得하였고 全國民의 넘치는듯한 民族愛를 滿喫하였으며 지금까지의

不孝했음을 先祖의 靈前에 謝罪하였고 아름다운 내 江山, 人情스런 내 故鄕, 泰山같이 쌓였던 그리운 追憶들의 실마리를 풀면서 限없는 기쁨을 맛보았고 뜨거운 눈물을 흘렸읍니다.

尊敬하는 朴正熙大統領 閣下!

이 모든 것은 오직 閣下의 偉大하신 領導力의 結實이오며 熱情的인 愛國心으로 閣下를 모시고 維新事業의 完遂에 總進軍하는 全國民의 總和團結의 結晶이라고 굳게 믿는 바입니다. 이에 저희들 一同은 어리석었던 지난 날의 過誤를 개끗이 淸算하고, 새 마음 새 뜻으로 大韓民國의 떳떳한 國民이란 自覺心을 굳혀, 앞서가는 民團々員과 母國의 同胞들을 본받아 自身의 生의 充實을 期함은 勿論, 後世들에게 韓民族으로서의 適切한 敎育의 実施 居留民團의 組織强化에 盡力하며 祖國의 維新事業完遂와 平和的인 南北統一에 微力이나마 寄與할 것을 굳게 盟誓를 드리는 바입니다. 特히 첫奉仕로서 저희들과 같이 祖國의 發展과 民族의 자랑을 저버리고, 閣下의 溫情에 젖지 못하고 있는 朝總聯傘下同胞의 母國訪問推進事業에 最善을 다할 것을 아울러 確約드리는 바입니다.

끝으로 閣下의 健勝과 祖國의 無窮한 發展을 衷心으로 祈願하면서 저희들 一同의 衷情을 살펴주시기를, 懇切히 바랍니다.

一九七六年 三月十四日

在九州朝鮮人母國訪問推進會
結成大会
代表 ***

32. 외무부 공문(발신전보)—조련계 동포 모국방문단 출발 저지 사례 보고

외무부
번호 JAW-04671
일시 231714
수신시간 '76.4.24. 7:45
발신 주일대사
수신 장관

1. 사이다마현 조련계 동포 모국방문단 18명이 4.2. 1730발 KE-001편으로 출발하려던 차 동일 1708경 하네다 공항 국제선 출발 로비에 사이다마현 조선 청년동맹원 약 50명(조총련 사이다마현 북부지부 정치부장 오공달 지휘) 몰려들어 *** 할머니의 장남 ***. 차남 *** 및 차남***의 처가 할머니 ***의 출국을 저지하려 하였음.

2. 이를 저지하려던 민단원과의 충돌로 로비는 대혼란을 일으켠는바, 정복 경찰관 6명 및 사복 경찰관 수명이 출두, 충돌사태를 진압했으며 본인 및 가족의 의사를 확인한 끝에 장녀 *** 차녀 ***및 손자는 출국했으나 및 삼녀 ***은 출국하지 못하였음.

(*** 및 ***은 차후 모국방문단에 참가할 의사를 재차 표시한바 있음.)

3. 본건을 포함한 모국방문단에 대한 조총련의 방해에 대하여는 JAW-04492로 보고한바와 같이 일본 정부의 주의를 환기시킨바 있음.

(일본영-교일)

33. 외무부 공문(발신전보)–모국방문단 홍보 활용 지시

외무부

번호 JAM-0503

일시 121810

발신 장관

수신 전 재외 공관장

연: AM-1207(75.12.18)

1. 정부의 인도주의 정신에 입각한 이산가족 재결합 정책의 일환으로 75.7.4. 우선 재일 조총련계 동포들에 대하여 성묘 방문을 권유한 이래 현재까지 6,500명에 달하는 재일동포들이 방문 하였음.

2. 이들은 본국에 와서 혈육의 정을 나누고 조상에 성묘하는 한편 산업시찰 등을 통하여 조국의 눈부신 발전상을 직접보고 한결같이 놀라면서 지금까지 무력 남침 야욕을 달성하기 위한 북괴와 조총련의 허위 선전에 속아 왔음을 뉘우치고 이들 대부분이 조국의 품으로 돌아옴으로서 조총련 조직이 그 기저부터 흔들리고 있음.

3. 이와 같은 사실은 남북 대화를 통한 평화적 통일 달성이라는 정부의 일관된
   정책 수행을 입증한 것임에 유념하여 주재국 정부 또는 국민에 대한 홍보
   활동에 있어 동 사실을 적극 활용 하시기 바람.
(교일)

34. 주후쿠오카 총영사관 공문―재구주 조선인 모국방문 추진회 보고

주후쿠오카 총영사관
번호 후쿠오카 제516호
일시 76.5.10.
발신 주후쿠오카총영사
수신 장관
참조 영사교민국장
제목 재구주 조선인 모국방문 추진회 보고

　　　대: 교일725-6458(76.4.22)
　　　연: 후쿠오카 제289호(76.3.18)
　　　대호로 송부하신 멧세지 사본을 수령하고 "재구주 조선인 모국방문 추진회"
결성에 대하여 다음과 같이 보고 합니다.
　　　　　　　다음
1. 결성 일자: 76.3.14. 13:00-16:00
2. 장소: 후쿠오카 한국 회관
3. 참가인원: 구주 지역 성묘 귀일자 200명, 민단 간부 30명
4. 결성경위:
　　가. 75.12.6. 성묘 귀일자 대표자 간담회(*** 외 5명)
　　나. 75.12.13. 구주지역 각급 조직간부 합동 연수회 및 성묘 귀일자 간담회
　　　　(150명 참가)
　　다. 76.1.8. 재구주 조선인 모국방문 추진회 결성 준비회 개최(준비 위원 20
　　　　명 참가)
　　라. 76.3.14. 재구주 조선인 모국방문 추진회 결성 대회
5. 목적

가. 전 구주 지역의 성묘단 귀일자의 조직화

나. 자체적으로 성묘단 사업의 추진(회칙 별첨)

6. 역원 명단 및 인적 사항: 역원 명단 별첨

첨부: 1. 재구주 조선인 모국방문 추진회 역원 명단 1부.

　　　2. 　　　　〃　　　　〃　　　회칙 사본 1부 (끝)

35. 외무부 공문(착신전보)-단오절성묘단 보고

외무부

번호 JAW-05728

일시 271136

수신시간 76.5.27. 14:08

발신 주일대사

수신 장관

대: WJA-05442

1. 대호 단오를 전후하여 다음과 같이 각 지역별로 265명의 조총련계 교포들이 모국을 방문할 예정임을 보고함(공식일정 3박 4일)

지역별	방문자수(예정)	입국일자
도꾜	40	6.9.
오사카	31	5.26.
오사카	69	6.6.
센다이	35	6.2.
후꾸오카	40	6.15.
고오베	50	6.9.

2. 한편 7.4. 남북공동성명 발표 제4주년에 즈음하여 다음과 같이 민단계 빈곤자 및 조총련계 교포의 모국방문을 추진할 예정임을 보고함.

가. 민단계 빈곤자

대상: 민단 단원으로서 한·일 국교정상화이후 경제적 사정이 곤란하여 모국을 방문하지못한 빈곤자

예정인원: 300명

방문기간: 76.6.26-30

　　나: 조총련계 교포

대상: 조총련계 교포로서 경제사정이 곤란하여 모국을 방문치못한 빈곤자

예정인원: 700명

방문기간: 76.7.1.-7.4.

　　다. 여비: 왕복여비 및 체재비 일체를 재일교포 모국방문 돕기 성금에서 지급 (대상자 추천마감 76.6.20.)

3. 민단에서는 또한 조총련계 교포의 모국방문 운동에 협조하고 성묘단 참가자 상호간의 친목과 결속을 도모하기 위하여 각 지역별로 "모국방문 추진위원회"를 결성토록 추진하고있음. (일본영-교일)

36. 단오절 성묘단 현황

1. 단오절 성묘단 현황

(3박4일)

지역별	조총련계 교포 방문자수(예정)	입국 일자	인솔 및 동반자수	비고
오오사카	31	76.5.26	8	39
센다이	35	76.6.2		
오오사카	69	76.6.6		
동경	40	76.6.9		
코오베	50	76.6.9		
후쿠오카	40	76.6.10		
계	265			

2. 7.4 남북 공동성명 제4주년 빈곤자 모국 방문

　　가. 민단계 빈곤자 방문자 예정수: 300명

　　　방문 기간: 76.6.26-6.30

　　나. 조총련계 교포 빈곤자 방문 예정수: 700명

　　　방문 기간: 76.7.1-7.4

　　다. 여비 및 체제비 일체를 재일교포 모국방문 돕기 성금에서 지급함.

37. 주일대사관 공문—모국방문 추진위원회 결성에 대하여

주일대사관
번호 일본(영)725-3150
일시 1976.5.27.
발신 주일대사
수신 장관
참조 영사교민국장
제목 모국방문 추진위원회 결성에 대하여

연: JAW-05728
　　1. 연호 7.4. 남북 공동성명 발표 제4주년에 즈음하여 추진할 예정인 민단계 및 조총련계 빈곤자의 모국방문 계획에 관한자료를 별첨 송부합니다.
　　2. 또한 모국방문 추진위원회 결성을 촉구하는 민단 중앙본부의 시달 내용을 별첨하오니, 현재 동 추진위원회의 결성 상환을 다음과 같이 보고합니다.

	추진 위원회 명칭	결성일자	대표자 성명
후꾸오까	: 구주 조선인 모국방문 추진회	76.3.14.	***
동경	: 모국방문 추진위원회	76.4.25.	***
가와사끼	: 상록회	76.2.8.	***
오오사까	: 정토회	76.5.16.	***
니이가다	: 조총련 동포 성묘단 추진대책 위원회	76.5.15.	***

　　첨부: 제5차 모국방문 사업 추진에 관한 민단 중앙본부 지시문 사본 1부. 끝.

37-1. 첨부—민단 중앙본부 지시문

在日本大韓民國居留民団中央本部
번호 韓居中組發第38-15號
일시 1976.5.21.
발신 조직국장 ***
수신 각지방본부단장
참조 사무부장
제목 제오차귀성단사업실시에 따른지시

七・四 南北共同聲明記念 四周年을 期하여, 本國政府의 特別한 配慮措置의 一環으로서 韓告中祖發 第36-238号 1976.3.23(在日同胞 母國訪問 돕기 誠金運用方針)에 依拠 아래와 같은 要領으로서 實施하오니 所期의 目的을 達成토록 強力히 推進하여 주시기 바랍니다.

記

一. 區分

1. 誠金代象者 歸省團

　가. 本團團員으로서 韓日國交正常化 以後 經濟 事情이 許諾치 않아 單한 번도 母國을 訪問치 못한 貧困者

　나. 1976年6月26日~30日 사이에 入國한다.

2. 夏期省墓團

　가. 朝總連傘下同胞로서 經濟事情이 許諾치 않아 母國을 訪問치 못한 不遇한 貧困者

　나. 1976年 7月 1日~4日사이에 入國한다.

二. 日程

公式日程(3泊4日)

三. 費用

本國政府에서 負担한다.

四. 磨勘

1976年6月20日까지

中央本部組織局에 名單(別添樣式)을 期日 嚴守 必着토록 한다.

但 中央本部에서 発送한 推薦書 및 報告書 樣式에 限한다.

五. 人員割当

貴地方本部는 誠金對象者歸省團　　名

　　　　　夏期省墓團(朝總連同胞)　　名

六. 嚴守(主意事項)

이번 帰省團은 貧困者로서 本國政府招請이므로 過重한 物品携帶는 制限토록 主意시킬 것

1. 課税品(特히 電氣裂品, □□, 寶石等) 持参 禁止

2. 荷物 20kg를 超過하지 않토록 積極善導할것

3. 名札付着

　가. 引率者는 白色

　나. 歸省團員(朝總連同胞) 靑色

　다. 詰金對象者(本團々員) 黃色

라. 同行者 黃色

七. 特記事項

1. 母國訪問推進委員会 結成促求

省墓團事業을 加一層 增進시키기 爲하여 5月31日까지 各地方本部는 母國訪問推進委員会를 結成토록 한다. 이는 1次~4次까지의 歸省團員으로서 構成토록한다.

가. 目的

① 省墓團事業을 擴大시키고 歸省團相互間의 親睦과 結束을 企하여 朝總連組織을 弱化시키며

② 省墓團事業을 後援하는 非政治團体로 育成하여 이 事業을 阻害하는 朝総連의 虛僞煽動을 暴露 糾彈케 하며

③ 歸省團員에 對한 弘報活動 擔當케한다.

나. 機構

① 委員長 1名, 常任委員 6~15名

② 事務處理는 民團 組織局(部, 課)에서 執行토록 한다.

다. 結果報告

結成이 끝난 地方本部는 名單을 비롯하여 会則, 趣旨書를 同封하여 結果報告 바람

2. 省墓團(歸省團) 輸送計劃

各地方本部의 省墓團(誠金對象者 團員 包含)의 輸送은 東京, 大阪, 福岡, 三個空港으로 分割하여 入國토록 中央本部가 措置할것이며 航空便과 日時는 次后 示達한다.

以上

組織局長 ***

省墓團人員 割当表

* 本表는 公文□□이 아니고 中央本部用임.

地區	本部名	□對象者 (□□□員)	朝總聯傘下 同胞□□者	計	備考
關東	東京	25	66	91	
	神奈川	15	34	49	〈貧困団員〉
	千葉	3	8	11	東京出発 72名

	山梨	1	1	2	大阪　〃　166〃
	栃木	1	3	4	福岡　〃　62〃
	茨城	1	2	3	合計　300名
	埼玉	4	8	12	〈朝総連傘下〉
	□□□	2	5	7	東京出発 163名
	群馬	2	3	5	大阪　〃　396〃
	静岡	2	4	6	福岡　〃　141〃
	長野	1	2	3	合計　700名
	新潟	1	1	2	〈2次合計〉
東北	宮城	2	3	5	東京出発 235名
	北海道	7	16	23	大阪　〃　562〃
	青森	1	1	2	福岡　〃　203〃
	山形	1	1	2	合計 1000名
	岩手	1	2	3	
	秋田	1	1	2	
	福島	1	2	3	
中北	愛知	20	42	62	
	岐阜	3	7	10	
	三重	3	6	9	
	石川	2	4	6	
	福井	2	5	7	
	富山	1	3	4	
近畿	大阪	80	204	284	
	兵庫	20	51	71	
	京都	19	45	64	
	奈良	2	4	6	
	滋賀	6	12	18	
	和歌山	3	7	10	
中国	広島	6	13	19	
	岡山	7	14	21	
	鳥取	1	2	3	
	島根	1	1	2	
	山口	11	22	33	

九州	福岡	22	60	82	
	長崎	3	6	9	
	佐賀	3	6	9	
	大分	2	5	7	
	宮崎	1	2	3	
	熊本	2	5	7	
	鹿児島	1	2	3	
	対馬島	1	2	3	
西国	愛媛	1	2	3	
	徳島	1	1	2	
	高知	1	3	4	
	香川	1	1	2	
	沖縄	1	1	2	
		300	700	1,000	

38. 신문기사

1976.6.5. 조선일보 朝總聯도 內紛 심각_北傀, 調查團 파견…介入

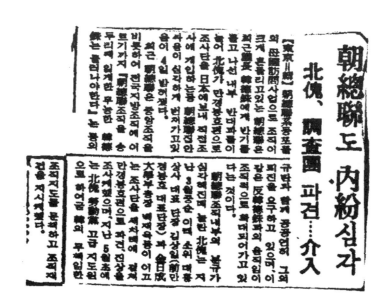

39. 주 나고야총영사관–모국방문 추진위원회 결성 보고

주나고야 총영사
번호 나총영725-414호
일시 1976.6.5.
발신 주나고야총영사
수신 장관
참조 영사교민국장
제목 모국방문 추진위원회 결성 보고

　　　　1. 당관거주 조총련계 교포 성묘단으로 모국을 방문한바 있는 각지역대표
14명은 다음과같이 회의를 개최하고 "모국방문 추진위원회"를 결성하였으므로
보고합니다.
일시 76.6.3. 14:00-16:30
장소: "아이찌"현 민단본부회의실
참가인원: 14명
진행: 가. 방한소감(5명) 피력(한국의 발전상 찬양)
　　　나. 기 방한자의 가족 또는 친척부터 방한시키고 다음에 친지와 지인까지
　　　　　점차적으로 확대 권유함.
　　　다. 모국방문 추진위원회를 구성하여 적극적인 활동을 전개함
　　　라. 결의문 채택
　　　2. 모국방문 추진위원회 역원 명단 및 겸의문을 별첨 송부하오니 참고 하시
기 바랍니다.
첨부: 1. 모국방문 추진위원회 명단 1부
　　　2. 결의문 1부. 끝.

39-1. 첨부–모국방문 추진위원회 결의문

決議文(案)

　　祖國이 日本帝國主義의 쇠사슬에서 벗어나 解放의 感激을 體驗한 後 三十余生間
우리는 朝總連의 虛僞와 欺瞞에 속여 祖國의 땅을 밟지도 못했으며 꿈에도 그립던

父母 親戚을 만나보지도 못해다.

今般 民團의 幅넓은 方針과 大韓民國政府의 恩情어린 政策의 結果 祖國을 訪問할수있었던 우리들은 其間 우리들이 얼마나 어리석었으며 正邪에 對한 判斷力이 不足했었다는것을 새삼 自覺했으며 부끄러움을 禁치못했다.

祖國同胞들의 따뜻한 歡迎에 接했을때 우리는 오로지 過去를 後悔할수밖에없었으며 『피는 물 보다 짙다』는 哲理를 다시금 뼈저리게 느끼지않을수 없었다.

暗夜를 헤메는 사람이 마치 光明을 만났듯 祖國의 活氣있는 建設狀에 우리는 벅찬 感激과 希望을 담뿍 가슴에 안았다.

貧困과 退敗가 充滿하다고만 宣傳 當했던 祖國은 建設과 前進의 망치소리가 높기만 하였으나 우리는 三十余年間이나 속여온 朝總連의 虛僞手作을 憎惡하지않을수 없다! 억울했다! 속여온 歲月이 너무나 길었으니 오로지 後悔할 수밖에 없었다.

우리는 또 北傀의 戰爭行爲와 挑發이 얼마나 民族의 財産과 生命을 不幸하게 했는가를 알았다.

北傀와 朝總連의 宣傳과는 달리 戰爭을 始作한 者가 바로 그들이며 恒久的인 祖國의 分斷을 企圖하는 者가 바로 그들임을 똑똑히 알았다.

비록 속았다고하나 三十年間이나 反逆한 祖國이 우리를 그렇게 따뜻하게 맞이하여준 同胞들에게 우리는 지금부터라도 報答해야겠다.

이러한 우리의 決意를 다음과 같이 表明하며 여기에 母國訪問 『推進委員会』를 桔成하여 부끄러웠던 過去를 挽回하고 다음과 같이 決議한다.

一. 우리는 속아온 過去를 後悔하며 우리들로 하여금 祖國과 民族으로부터 遊離시키고 온갖 虛僞手作을다한 朝總連의 陰謀와 訣別하며

一. 아직도 이러한 眞實을 깨닫지못하고 呻吟하고있는 朝總連傘下同胞들에게 祖國과 民族의 따뜻한 情을 傳하여 우리와함께 感激과 希望을 담뿍 안을 수있도록 온갖 努力을 다한다.

一. 우리는 祖國과 民族의 平和的統一을 希求하며 이러한 念願에 武力挑發을 企圖하는 勢力을 糾彈한다.

一九七六年六月三日

母國訪問推進委員會

40. 외무부 공문(착신전보)-단오성묘단 입국현황 보고

외무부
번호 JAW-06241
일시 101558
수신시간 76.6.10. 16:19
발신 주일대사
수신 장관

연: JAW-05728

연호, 단오 성묘단 입국현황 (6.10. 현재)를 다음과같이 보고함.

관할	일시	항공편	성묘단 수	인솔 및 동반수	합계
대사관	6.9. 10:30	KE-704	20	9	29
오사카 총영사관	5.26. 14:20	KE-504	28	4	32
상동	6.6. 11:20	KE-202	55	3	58
후쿠오카	6.10. 11:20	KE-304	41	2	43
고오베	6.9. 11:20	KE-202	52	7	59
센다이 영사관	6.2. 11:00	KE-702	29	4	33
총계			225	29	254

(일본 영-교일)

41. 주일대사관 공문-조총련계 동포 모국성묘 방문자 국민 등록 현황

주일대사관
번호 일본(영)725-3583
일시 1976.6.16.
발신 주일대사
수신 외무부 장관
참조 영사교민국장
제목 조총련계 동포 모국성묘 방문자 국민 등록 현황

연: 일본(영)725-3503(76.6.15)

연호로 기보고한 조련계 동포 모국성묘 방문자의 국민등록 현황에 이어 미파악된 관동지역 현황을 추가로 파악, 별첨과 같이 완결 보고 합니다.

첨부: 조련계 동포 모국 성묘 방문자의 국민 등록 현황 1부. 끝.

41-1. 첨부–첨부–조련계 동포 모국 성묘방문자의 국민등록 현황

조련계 동포 모국 성묘방문자의 국민등록 현황

1976.4.15. 현재

구분 지역	성묘 방문자 총수	방문자 중 국민 등록자 수		한국적인 자로서 국민등록을 필한자	모국방문후 국민등록을 필한 한국적인자	조선적이었던자가 방문후 한국적으로 변경 등록한자
		외국인 등록증 상 한국적인자와 조선적인자				
대사관 관할지역	671	한국적	155	13	13	149
		조선적	348			
		일본적	9			
삿포로 총영사관 관할지역	97	한국적	60	20	15	16
		조선적	37			
센다이 영사관 관할지역	57	한국적	22	2	20	13
		조선적	33			
		일본적	2			
요꼬하마 총영사관 관할지역	243	한국적	101	53	30	84
		조선적	142			
나고야 총영사관 관할지역	417	한국적	157	66	19	66
		조선적	260			
코오베 총영사관 관할지역	346	한국적	83	77	4	17
		조선적	263			
오오사까 총영사관 관할지역	1,514	한국적	553	98	492	857
		조선적	961			
후꾸오카 총영사관 관할지역	438	한국적	122	77	45	67
		조선적	316			

시모노세끼 영사관 관할지역	209	한국적	58	0	12	15
		조선적	151			
나하 영사관 관할지역	0	한국적	0	0	0	0
		조선적	0			
합계	3,938	한국적	1,416	406	772	1,284
		조선적	2,511			
		일본적	11			

42. 주 코오베 총영사관 공문-7.4. 공동성명을 계기로한 모국방문

주코오베 총영사관
번호 코총영736
일시 1976.6.22.
발신 코오베 총영사
수신 장관
제목 7.4.공동성명을 계기로한 모국방문

　　대: JAM-0503
　　당관관할 7.4. 공동성명을 계기로 한 민단계 빈곤자 및 조총련계 동포의 모국방문은 다음예정으로 추진중임. 대상자 명단은 결정되는대로 보고하겠음.
　　　　　다음
　1. 인원: 민단계 빈곤자: 33명
　　　　조총련계: 73명
　　　　계: 106명
　2. 귀국일자: 민단계: 76.7.9.
　　　　　조총련계: 76.7.12. 끝.

⑤ 조총련계 재일본 한국인 모국 방문, 1976. 전2권(V.2 7-12월)

○ ○ ○

기능명칭: 조총련계 재일본 한국인 모국 방문, 1976. 전2권

분류번호: 791.76

등록번호: 10042(17999)

생산과: 교민1과/동북아1과

생산연도: 1976-1976

필름번호: P-06-0020

파일번호: 09

프레임 번호: 0001-0269

1. 외무부 공문(착신전보)–조총련계 동포 모국방문 추진 중앙연합회 결성 및 전국 궐기 대회 개최 보고

외무부
번호 JAW-07122
일시 051630
수신시간 76.7.5. 17:18
발신 주일대사
수신 장관

　　1. 각지방별로 결성된 모국방문 추진위원회가 주최하는 "조총련계 동포 모국방문 추진 중앙연합회 결성 및 전국 궐기대회" (7.4. 남북 공동성명 발표 제4주년을 계기로 거행)가 76.7.4. 14:00 "도죠회관"에서 개최되었음.
　　2. 동 대회는 기결성된 8개 지방추진위원회 및 결성준비중인 6개 지방대표 및 민단중앙본부, 관동지역 민단 지방본부 간부 다수가 참석하였는바 중앙기구 설치에 대한 경과보고, 임원선출, 결의문 및 성명문을 채택하고 앞으로 보다 많은 조총련계 동포가 모국을 방문하도록 적극적인 운동을 전개한다는 결의를 새롭게 하였음.
　　3. 채택된 중앙연합회 규약, 결의문, 성명문등은 다음 파편 송부함.
　　(일본영-교일)

2. 주일대사관 공문–모국방문 추진 중앙연합회 결성 보고

주일대사관
번호 일본(영)725-3968
일시 1976.7.5.
발신 주일대사
수신 장관
제목 모국방문 추진 중앙연합회 결성 보고

　　　　연: JAW-07122

1. 연호, 7.4. 조총련계 교포 모국방문 추진위원회 중앙연합회 결성 대회에서 채택된 규약, 결의문 및 성명서를 별첨 송부하오니 참조하시기 바랍니다.

2. 동 결성 대회에서 만장일치로 선출된 중앙연합회 회장단의 명단을 다음과 같이 보고합니다.

-다음-

중앙연합회 회장: ***(재구주 조선인 모국방문 추진위원회 회장)

부회장: *** (오오사까, 정로회 대표)

*** (가나가와, 상록회 회장)

*** (도오꾜오, 추진위 위원장)

*** (효오고 추진위 위원장)

*** (교오도 추진위 위원장)

*** (아이찌 추진위 위원장)

간사: *** (도오꾜오 추진위 간사)

첨부: 1. 모국방문 추진위 중앙연합회 규약, 회장단 명단 각 1부.

2. 모국방문 추진위 중앙연합회 결성대회 결의문, 성명서 각 1부. 끝.

2-1. 첨부-모국방문 추진위 중앙연합회 성명서, 결의서

聲明書

七, 西 南北共同聲明 4周年을 맞이하여 省墓團으로 母國을 訪問하였던 우리 全國各地의 代表者가 한자리에 모여 朝總聯의 虛像宣傳과 煽動에 얽매인 同胞들의 苦痛을 덜어주고 至今도 朝總聯 傘下에서 속고 시달리며 金日成 思想의 注入과 個人崇拜의 学習을 強要 當하며 祖國의 名譽와 傳統을 저버리는 내兄弟들을 그대로 傍觀할수없는데서 그릇된 祖國觀과 民族觀을 바로하며 民族中興을 爲한 우리의 意思를 結集시켜 祖國發展과 民族繁榮의 隊列에 같이서기 爲해 全國母國訪問推進委員會 中央連合會를 結成 發足케 된것이다.

至今 祖國 大韓民國은 激動하는 內外情勢下에서도 能動的인 自衛로 諸般事態에 對處하며 國民總和로 國家安保를 優先한 体制로 北傀 金日成 徒党의 南侵挑発을 阻止하는 平和統一의 基盤을 構築하여 平和와 安定을 定着시키면서 繁榮一路에 邁進하고 있는것입니다.

우리는 지난날의 故鄕하늘을 쳐다보며 괴롭고 서러웠던 悔恨이 사모치는 것을 經驗했으므로 金日成과 그追從者 韓德銖一派의 虛僞에 가득찬 反國家的 모든 策動과 殺

人的인 反民族的인 甘言利說로 속여온것을 實地로 母國各地를 訪問하고 나서 얼마나 朝總聯이 民族을 저버린 罪惡을 犯하고 있다는것을 痛切히 깨달았으며 金日成과 韓德銖 一派가 얼마나 亡國的이고 非人道的인 卑劣한 手段方法으로 在日同胞을 欺瞞하는 狂的인 蠻行을 恣行하고 있다는것을 切實히 느꼈던것이다.

人生一代에 該當하는 30年間 朝總聯의 賣國賣族的인 革命幻想으로 民族을 팔고 우리들을 愚弄하여 民族魂을 喪失케 했던 悲劇을 또다시 再現 시키지 않기 爲해 잃었던 祖國과 民族魂을 다시찾은 우리들의 가슴에 躍動하는 祖國과 民族에 對한 사랑이 지금도 朝鮮連에서 韓德銖一派의 꼭두각시 노릇을 当하면서도 이를 모르는 同胞들에게 우리들이 體驗한 벅찬 感激과 자랑스러운 祖國大韓의 矜持를 안겨주어야 할 責任이 있는것이다.

우리는 또다시 金日成과 韓德銖 무리들의 꾀임에 속지 않을것이며 다시는 祖國과 民族을 등지지 않을것이다.

우리는 이제부터 第二의 人生誕生의 기쁜 感激을 在日同胞全体가 맛볼수있도록 朝總連傘下同胞들을 우리들처럼 참다운 祖國이 어디이며 우리의 나갈 人生의 길이 어디에 있는가를 明示하는데 앞장설것을 分明히 聲明한다.

1976年 7月 4日
朝總連同胞母國訪問推進中央連合會 結成
全国蹶起大會

決議文

省墓團 母國訪問推進妻食會 全國代表者一同은 지난 30年間 欺瞞과 虛僞宣傳에 가득찬 惡辣한 兇策만을 恣行해온 北傀金日成徒党의 走狗인 朝總聯에 依하여 시달려온 지난날의 몸서리치는 蠻行을 더以上 默過할수없으며 더구나 正義와 人道主義에 立脚한 省墓團 母國訪問事業을 卑劣하고 非人道的 妄動으로 血肉의 情마저 끊어 버리려는 妖惡한 行爲에 對하여 祖國의 名譽의 民族의 傳統을 바로 認識한 省墓團 參加者一同의 이름으로 다음과 같이 決議한다.

記

1. 우리는 七·四 南北共同聲明精神과 人道主長에 立脚하여 實施하고 있는 省墓團事

業에 積極 앞장선다.

1. 우리는 朝總連의 虛僞宣傳과 惡辣한 妨害 策動을 阻止하는데 果敢히 앞장선다.

1. 우리는 朝總連에 依하여 省墓團員들에 對한 人身攻擊, 脅迫, 恐喝等々 斷乎히 排擊하며 身邊保護에 率先 앞장선다.

1. 우리는 朝總連傘下同胞省墓團 母國訪問事業에 日本國赤十字社가 人道主義에 立脚하여 積極參與하여 줄것을 呼訴한다.

1976年 7月 4日
全國省墓團母國訪問推進中央聯合會
全國蹶起大會

3. 주일대사관 공문-빈곤자 성묘단 입국일정표 송부

주일대사관
번호 일본(영)725-4170
일시 1976.7.14.
발신 주일대사
수신 장관
참조 영사교민국장
제목 빈곤자 성묘단 입국일정표 송부

연: 일본(영)725-3986

연호, 빈곤자(성금 대상자) 성묘단 입국자수 및 입국일정을 다음과 같이 보고하오며, 각지역별 입국자수 및 입국 일정을 별첨 송부하오니 참조하시기 바랍니다.

-다음-

1. 민단원 빈곤자:
   가. 입국기간: 76.7.15.-7.18.
   나. 입국자수: 성금대상자 99명, 자비 1명, 인솔자 3명, 합계 103명
2, 조총련계 빈곤자:
   가. 입국기간: 76.7.20.-7.22.

나. 입국자수: 성금대상자 131명, 자비 11명, 인솔자 6명, 합계 148명.
　첨부: 제5차(성금대상자) 성묘단 입국 예정표 1부. 끝.

4. 주일대사관 공문—추석성묘단 모국방문 계획에 관하여

주일대사관
번호 일본(영)725-4362
일시 1976.7.27.
발신 주일대사
수신 장관
참조 영사교민국장
제목 추석성묘단 모국방문 계획에 관하여

　　민단중앙본부는 오는 9.8. 추석절을 기하여 조총련산하 동포 모국방문 성묘
단을(76.8.23.—9.2.) 각 지역별로 입국시킬 예정이며, 입국자 예정수를 별첨과
같이 송부하오니 업무에 참고하시기 바랍니다.
　첨부: 제 6차 성묘단 사업에 따르는 지시 1부.
　　　　〃　　　　〃　　　　일정표 1부.
　　　　〃　　　　〃　　　　운송계획표 1부.
　　　　〃　　　　〃　　　　지역별 할당표 1부. 끝.

4-1. 첨부—성묘단 사업에 따르는 지시

在日本人大韓民國居留民團中央本部

1976年7月22日

韓居中組發第38-33号
受信 各地坊本部團長貴下
參照 事務奇長
題目 第文次省墓團事業에 따르는 指示

本團이 擧團的으로 推進하고 있는 行事인 朝總連 傘下同胞의 母國訪問 省墓團 事業을 秋夕節을 期하여 下記와 같이 實施할것을 指示하니 萬難을 排除하고 積極推進하여주시기 務望합니다.

記

実施要頌

9月8日 秋夕節을 期하여 實施하되 第一次~第五次까지의 要領에 準하여 行하도록한다.

1. 名稱: 第五次 省墓團
2. 対象:
   朝總連 傘下同胞로서 朝鮮籍을 가진 者.
   韓國籍을 가진者로서 國民登錄을 畢하지않은 非團員
   但 民團々員으로서 初行者는 取扱치 않으며 同行者도 制限한다.
3. 日程: 公式日程 4泊 5日로서 日程表 作成 및 宿泊處의 選定은 各地方 本部가 本國 旅行社를 通하여 選定 決定한다.
   歡迎大會는 9月13日 "서울市民歡迎大會"가 있을 予定
4. 入國日字: 1976年 8月23日~9月2日까지 (輸送計画參照)
5. 經費: 個人負擔을 原則으로 한다. (誠金對象者는 없음)
   ◎ 政府負擔範圍
      서울 到着后 2日째부터 2泊3日間의 日程인 國內産業施設見學 및 觀光에 必要한 뻐스 費用과 市民歡迎大會當日 호텔에서 會場까지의 往復뻐스費
   ◎ 經費 算出
      아직도 經費 算出이 一元化를 期하지 못하고 各地方本部의 經費가 다르므로 物議가 있으니 이를 勘案하여 公文 韓居中總發 第38-16호('76.6.17)에 依據하여 最小限으로 徵收토록 한다.
6. 磨勘: 본국 入國日字 10日前까지 名單은 組織局에 必着토록 한다. (期日嚴守)
7. 割當人員: 이미 通報하였음.

嚴守事項

1. 持參物에 對하여
   아직도 持參物에 對한 認識이 不足하여 지나친 課稅品의 持參과 物量超過가 許多하므로 徹底하게 主意시킨다.
      가. 引率者는 內衣와 洗面道具만을 持參 入國한다.
      나. 省墓團員은 制限量인 20kg을 絶對超過해서는 안된다.

(從前까지는 大韓航空에서 便利를 提供해주었으나 今后에는 1kg當 450 円씩 徵收하게되며 그 手續도 複雜하게되므로 이를 徹底히 注意시킨다.)

다. 課稅品 持參도 極度로 制限시켜 持參치 않도록 한다.

2. 名札 付着에 對하여

　가. 省墓團員은 靑色名札

　나. 引率者는 白色名札

3. 健康管理 및 事故防止에 対하여 氣候 및 飮食物이 달라지면 本意아닌 疾患으로 모처럼 訪問하는 母國에서의 苦痛스러운 日程을 보내야 하므로 事前에 徹底히 防止하도록 指示할 것

留意事項

1. 事前敎育実施

　가. 組織幹部는 勿論 引率者와 그리고 可及的이면 省墓團員까지도 이 事業에 趣旨및 行動上에 必要한 敎育 即 出發부터 日本에 再入國까지의 全般的인 諸般事項에 対하여 細心한 主意을 喚起토록한다.

　나. 引率者는 始終 省墓團圓을 보살피고 指導할 責任이 있으므로 公式日程까지는 같이 行動할 것을 原則으로한다.

　이는 引率者가 本國에 到着하면 省墓團一行을 旅行社에 一任放置하는데서 物議가 惹起되고 있으므로 앞으로는 이러한 事態가 일어나지않도록 徹底하게 指導한다.

2. 省墓團員이 30名以內인 地方本部는 地協事務奇 또는 隣接地方本部와 橫的連絡下에 組織의 秩序를 確立한다는 立場에서 合流하여 實施토록 最善의 努力을 다할 것.

中央本部더 이 方針에 準하여 努力하게 指導하겠음. 但, 引率者는 30名 單位로 1名 둔다.

3. 이 事業이(秋夕省墓團) 繼續되는 限 地方本部 또는 支部自体가 獨自的으로 組織 秩序를 無視하여 行하여지는 硏修(靑年硏修, 民団硏修(幹部), 團員母國訪問) 等 一切의 母國訪問 또는 本國硏修를 中止한다.

有添: 輸送計劃表 名單報告樣式, 日程表 끝.

組織局長 姜仁煥

4-1-1. 유첨─일정표, 수송계획표

日程表

日字	行事	宿泊地	備考
第1日	서울 倒着	서울 宿泊	
第2日	서울市內 觀光	서울 宿泊	
第3日	顯忠祠參拜 및 浦項製鐵見學	慶州 宿泊	
第4日	慶州古蹟, 蔚山精油		
	現代造船所 見學 後		
	下午 釜山驛廣場에 解散	各自 故卿집에서	
但	서울市民歡迎大會에 따른 再指示는 別途로 한다.		

輸送 計劃表

出發予定	出發地 (空港)	地方名	(各地方□採數) 人員	備考
8.27~9.2	大阪	大阪	1,500	
8.31	〃	中北地協	457	
9.1	東京羽田	神奈川, 静岡	200	
9.2	〃	東京	350	
9.3~4	〃	東北地協, 關東地協 (東京 神奈川 静岡 除外)	420	
9.3~4	大阪	兵庫, 岡山 鳥取 西國	364	
8.31~9.1	〃	東都, 奈良 滋賀, 和歌山	301	
9.3	福岡	九州, 廣島 山口, 島根	506	
	計		4,098	

5. 주일대사관 공문─단오 성묘단 입국자 명단 송부

주일대사관

번호 일본(영)725-4631

일시 1976.8.10.

발신 주일대사
수신 외무부 장관
참조 영사교민국장
제목 단오 성묘단 입국자 명단 송부

　　연: JAW-05727, 06241
　　연호, 단오 조총련계 모국 방문 성묘단(76.5.1-76.6.10.) 입국자(256명) 명단
을 별첨과 같이 송부하오니, 참조하시기 바랍니다.
　　첨부: 단오성묘단 입국자 명단 1부 끝

5-1. 첨부-재일 동포 귀성단 입국현황[1]

재일 동포 귀성단 입국현황

(75.1.4-76.6.10)

차수	구분	조총련계	민단계	계
1차(75.1.4-12.31)	소규모 집단 유치	55	33	88
	추석 성묘단	642	108	750
	추계 모국 성묘단	335	72	407
	소계	1,087	223	1,310
2차(76.1.13-2.6)	구정 성묘단	2,332	440	2,772
3차(76.4.1-4.28)	한식 성묘단	899	447	1,346
4차(76.5.26-6.10)	단오 성묘단	225	29	254
	총계	4,543	1,139	5,682

6. 주일대사관 공문-일본 적십자사에 보낸 민단 요망서 송부

주일대사관
번호 일본(영)725-5084
일시 1976.8.31.

---

1) 본문에는 입국자명단이라고 되어 있으나, 첨부된 문서는 현황만 나와있다.

발신 주일대사
수신 장관
참조 영사교민국장
제목 일본 적십자사에 보낸 민단 요망서 송부

　　　지난 8.24. 민단 중앙본부 조영주 단장 등 간부들이 일본 적십자사 "고이께"
부사장을 방문하여 조총련계 교포의 모국방문 사업에 대한 협조를 요청하였는
바, 동 요망서를 별첨 송부하오니 참조하시기 바랍니다.
　　　첨부: 요망서 1부. 끝.

6-1. 첨부-요망서

要望書

日本赤十字社社長
　　東竜太郎　貴下

　　盛夏の折貴社御清栄の段慶賀申し上げます.
　　御承知の通り当民団が昨年七月四日南北共同声明三周年を契機に推進してい
る、朝鮮総連傘下同胞の墓参団母国訪問事業は、人道的な民族の聖業として内外人
の歓迎のうちに既に六、九五二名が参加し、来る九月八日(旧盆)までにはさらに三
千余名の墓参団を母国に訪問させるべく、その準備を進めている現状であります.
　　それにつきましては、金日成の手先である朝鮮総連はこの赤十字精神に立脚し
た離散家族再会という純然たる人道的な事業に対し反対するのみからず、悪らつな
阻止訪害工作を敢えて行ない、すでに訪問した者に対しては物心両面にわたる迫害
をさえ加えるという非人道的な行為を現在も続けているのであります.
　　このような悪質な妨害策動があるにも拘らず、墓参団に参加した同胞たちは母
国訪問推進委員会を自発的に組織し去る七月四日には東京の東條会館におきまして
全国組織として中央連合会が結成されるに至つたのであります.
　　従つて、本団としましては、赤十字の博愛精神に則り、聖なる事業を推進する
にあたり貴社に対し次のごとく要請するものであります.
　　一、朝鮮総連による墓参団事業の妨害、特に訪問者に対する迫害行為を中止さ
　　　せること.

二、世界人権宣言でも保証されている離散家族の再会につながる墓参団事業を全世界の赤十字社に紹介して下さること。

三、貴社の調査団を現地(韓国)に派遣し、同事業の実情を把握させること。

四、同事業に対し適切な助言と具体的な協刀をして下さること。

五、北朝鮮赤十字社に対し真の赤十字精神を理解せしめ、離散家族再会運動に協力させること。

右五条目を要請致します故、何卒本団の墓参団事業の実情と意義を御賢察のうえ有効な御措置を願うと共に貴社の御方針を書面にて回答下さるようお願い致します。

一九七六年八月二十三日

在日本大韓民国居曹民団中央本部

団長　曺寧柱

7. 입국자 관련 자료

라. 年齢別 性別 統計

區分		第1次~第4次 (既訪韓者)			第5次 (76夏季省墓團)			合計		
	性別 年齢別	男	女	計	男	女	計	男	女	計(%)
朝總聯系	20歳以下	71	36	107	1	7	8	72	43	115(2.5)
	20~29歳	246	101	347	11	7	18	257	108	365(7.8)
	30~39歳	494	156	650	9	10	19	503	166	669(14.4)
	40~49歳	557	370	927	17	12	29	574	382	956(20.5)
	50~59歳	866	568	1,434	22	19	41	888	587	1,475(31.7)
	60歳以上	576	470	1,046	15	17	32	591	487	1,078(23.1)
	合計	2,810	1,701	4,511	75	72	147	2,885	1,773	115(2.5)
不遇民團員			62			87				149
民團引率者			968			20				988
總計			5,541			254				5,795

나. 省墓團 入國者 總數

區分		人員			
次別		朝總聯	不遇民團	民團引率者	計
旣訪韓者	1次 '75秋夕	1,087		223	1,310
	2次 '76舊正	2,332		440	2,772
	3次 '76寒食	924		275	1,199
	4次 '76端午	168	62	30	260
第5次 76夏季		147	87	20	254
總計		4,658	149	988	5,795

8. 외무부 공문(발신전보)–조총련계 성묘 사업에 대한 노력 강조

외무부
번호 WJAM-0902
일시 021940
발신 장관
수신 주일 각급 공관장

1. 조총련계 성묘 사업을 위하여 지금까지 귀관 전직원이 일치단결하여 노력하고 있음을 치하함.
2. 조총련 모국 방문 사업이 지니는 의의와 미치는 영향이 지극히 중대함에 감하여 계속 최대 성과를 올리도록 최선을 다해 주시기 바람. (교일)

9. 외무부 공문(착신전보)–NET방송관련 상세 계획 및 요청사항

외무부
번호 JAW-09202
일시 064455
수신시간 75.9.8. 8:09

발신 주일대사
수신 장관

1. 조총련계 재일 동포들의 추석성묘 입국상황을 취재 방송하기 위한 NET-TV의 특별취재 팀이 다음과 같이 구성되었음을 보고 함.
가. 명단:
이꼬마 마사노리(디렉터)
센본기준 (리포터)
와다나베 게이 (리포터 여)
하시모도 다다시 (카메라)
도오하라 도끼오(카메라) 이상 5명
나. 체재기간: 9.16부터 9.21까지
2. 동 취재팀은 NET의 인기푸로인 모닝쇼 팀이며 이들은 조총련계 동포들의 자유로운 여행 내용과 친척 가족들의 극적인 상봉장면, 한국을 방문한 감상등을 필림에 담아 9.26. 상오 8.30부터 시작되는 모닝쇼에 30분 내지 40분간의 특집으로 방송하기로 결정하였음.
3. 동 기획의 실행은 전재덕 공사와 사전 협의하게 추진, NET의 고위간부 및 모닝쇼 제작간부와 구체적인 협의를 거쳐 결정된 것이며 관계당국에서 다음사항을 지원비로 한것임으로 여기에 따른 협조를 앙망함.
가. 여비: 왕복항공표 및 한국내에서의 취재 교통비
나. 숙식: 5명에 대한 서울 및 지방에서의 숙박 및 식비
다. 취재지원: 지방 취재시의 차량동원 및 통역 안내
4. 동 취재팀은 입국하는 조총련계 동포중 극적이며 건실한 내용이 있는 팀 3개 정도를 선발(관계당국에서 선발중)하여 다음과 같은 기획으로 취재할 계획임.
가. 출발전 일본국내에서의 준비상황 및 감상
나. 하네다 출발 광경과 김포 도착광경
다. 김포공항에서의 극적인 가족 상면 광경
라. 모국 땅을 밟은 첫 소감 및 가족들의 감상
마. 고향을 찾아가는 길
바. 고향에서의 친지, 가족 상면
사. 고향 산천의 변화감상
아. 성묘광경과 감상
자. 서울구경과 이별

차. 모국방문에서 보고 느낀 것

5. 동 취재팀은 조총련계열 동포에 대한 이런한 인도적이며 대폭적인 조치로 펼쳐지는 극적인 인간드라마를 포착하여 만끽한 모국에서의 자유 여행을 한국 도시와 농촌의 발전을 배경으로 소개할 계획임.

6. 24일 서울에서 있을 예정인 환영대회와 기자회견은 현지 특파원으로 하여금 취재송부케 하여 삽입할것임.

7. 선정된 3개팀의 동포들을 9.26일 스타디오에 직접 출연시켜 여행소감을 인터뷰 방송할 계획임.

8. 이상 기획은 조총련동포들의 모국방문의 효과를 확산시키는데 적절한 조치로 판단되며 시청률이 높은 모닝쇼에 등장하게 된 것이 더욱 효과적이라고 사료됨으로 적극적인 협조를 앙망함.

9. NET는 동 취재의 독점방송을 희망하고 있으며 당관에서도 일단 독점조치를 내□□□고 추진한 것임으로 양해하시기 바람.

그러나 뉴스보도는 별도임으로 각사와 접촉중임.

(수석공보관-문공부)

10. 외무부 공문(착신전보)– 추석성묘단 모국방문일정 보고

외무부
번호 JAW-09300
일시 101730
수신시간 76.9.10. □:55
발신 주일대사
수신 장관

연: 일본(영)725-5557
연호, 조총련계 교포 추석 성묘단의 모국방문일정을 다음과 같이 보고하오니 관계기관과 협조하여 환영대회 준비 등 제반 편의를 제공하여 주시기바람.
1. 성묘단 인원: 9.10. 현재 77명(예정)
2. 일정:
9.15.—16. 각지방별로 입국

9.16.—18. 산업시찰

9.19.—22. 성묘 고향 및 친척방문

9.23. 오전까지 상경

9.24. 국립극장에서의 환영시민대회 참석

3. 경비: 환영대회 경비는 관계기관에서 부담.

여타 경비는 원칙적으로 자담   (일본영-교일)

11. 재일동포 귀성단 입국현황

재일 동포 귀성단 입국 현황

차수	구분	조총련계	민단계	계
1차 (76.1.4-12.31)	소규모 집단유치 추석성묘단	55	33	88
	추계 모국성묘단	642	108	750
	소계	1,087	223	1,310
2치 (76.1.13-2.6)	구정 성묘단	2,332	440	2,772
3차 (76.4.1-4.28)	한식 성묘단	899	447	1,346
4차 (76.5.26-6.10)	단오 성묘단	225	29	254
5차 (76.7.15-7.20)	빈곤자 성묘단	151	91	242
6차 (76.8.27-9.14)	추석 성묘단	2,800	479	3,279
	총계	7,494	1,709	9,203

12. 주일대사관 공문-조총련계 교포 성묘단 귀환 환영회 개최 보고

주일대사관

번호 일본(영)725-6105
일시 1976.10.25.
발신 주일대사
수신 장관
제목 조총련계 교포 성묘단 귀환 환영회 개최 보고

　　　관동지방 조총련계 교포 모국방문자 귀환 환영회를 다음과 같이 개최하였음
을 보고합니다.
　1. 개최 일시: 10.22. 14:00―10.23. 13:00
　2. 개최 장소: 아다미시내 "긴조간" 호텔 회의실
　3. 참석 인원: 270여명
　4. 참고사항: 별첨 회순과 같이 동 환영회는 연수회를 겸하여 2일간에 걸쳐서
　　　개최되었으며, 모국방문자중 "강기병"씨 (조총련에 피납되었던 강영자의 부
　　　친) 등이 모국방문 소감을 피력한바 있음.
　　첨부: 환영회 회순 1부. 끝.

13. 주요꼬하마 총영사관 공문－조총련계 동포 성묘단 축하회 개최

주요꼬하마 총영사관
번호 요꼬하마725-1248
일시 1976.11.1.
발신 주요꼬하마 총영사
수신 장관(사본: 주일대사)
참조 아주국장, 영사교민국장
제목 조총련계 동포 성묘단 축하회 개최

　　　1. 당관 관하 가나가와현 및 시즈오까현에 조총련 교포들의 여러 차례에 걸
친 모국 방문단을 위한 환영 축하회를 다음과 같이 1, 2부로 나누어 개최 하였기
로 보고 합니다.
　　　가. 일시: 76.10.30일 오후 2시―4시반

나. 장소: 당관 정원

다. 참석자: 조총련계 교포- 약120명

　　　　　　민단계 갑부- 약180명 계 300명

라. 축하회: 제1부- 환영회 및 추진 위원회 결성

　　　　　　제2부- 여흥 및 "가아든 파티"

2. 시즈오까현 내에는 76.8.8일 모국 방문 추진 위원회를 결성(회장-임재현)한 바 있으나 가나가와현에서는 지금까지 가와사기에서 "상록회"라는 친목 단체만을 결성하고 있어서 이번 모임을 기회로 모국방문 추진 위원회를 결성(회장-김쾌석, 상록회장)하였음.

3. 제2부에 들어가 여흥으로 한국 가무단이 춤과 노래를 흥겨웁게하는 가운데 정원에 준비해논 음식을 먹으면서 즐겁게 담소하고 산회함.

첨부: 1. 동 축하회 사진 4매

　　　2. 통일일보지의 보도 1매. 끝.

14. 주나고야 총영사관 공문―조총련계 모국방문 추진위원회 결성보고

주나고야 총영사관

번호 나총영725-844

일시 1976.10.27.

발신 주나고야 총영사

수신 장관

참조 영사교민국장

제목 조총련계 모국방문 추진위원회 결성보고

　　　관하 민단 "기후"현 지방본부는 다음과 같이 조총련계 모국 방문 추진위원회를 결성하였기 보고합니다.

-다음-

1. 일시 1976.10.24(일)

2. 장소: 기후현 한국회관

3. 참가인원:

가. 민단 기후현 지방본부 및 각지부 3기관장

나. 기타 민단 산하기관의 장

다. 성묘단에 참가한 자 동 65명

4. 명칭: 조총련계 모국방문 추진위원회 기후현본부

5. 역원:

회장………정봉응

부회장………윤병시, 최영열, 이성연

추진위원………정관모, 신달용, 정일성, 장성우. 끝.

15. 주일대사관 공문—조총련계 동포 모국방문자 국민등록 현황

주일대사관

번호 일본(영)725-6627

일시 1976.11.22.

발신 주일대사

수신 장관

참조 영사교민국장

제목 조총련계 동포 모국방문자 국민등록 현황

대: WJA-1056

재일 조총련계 동포 모국 방문자의 국민등록 현황을 별첨과 같이 보고합니다.

첨부: 조련계 동포 모국 성묘방문자의 국민등록 현황 1부. 끝.

15-1. 첨부-조련계동포 모국 성묘방문자의 국민등록 현황

조련계동포 모국 성묘방문자의 국민등록 현황

1976.9.30. 현재

구분 / 지역	성묘단 방문자 총수	방문자 중 국민등록자 수		한국적인자로서 국민등록을 필한자	모국방문후 국민등록을 필한 한국적인자	조선적이었던 자가 방문후 한국적으로 변경 등록한자
		외국인 등록증상 한국적인자와 조선적인자				
대사관	1,019	한국적	404	168	163	376
		조선적	615			
삿포로 총영사관	117	한국적	73	8	10	15
		조선적	36			
센다이 영사관	99	한국적	36	8	11	24
		조선적	61			
요꼬하마 총영사관	360	한국적	107	7	13	125
		조선적	253			
나고야 총영사관	759	한국적	308	103	44	105
		조선적	451			
코오베 총영사관	650	한국적	242	125	116	359
		조선적	608			
오오사까 총영사관	2,254	한국적	785	541	217	1,228
		조선적	1,469			
후꾸오까 총영사관	918	한국적	285	210	47	87
		조선적	633			
시모노세끼 영사관	451	한국적	231	0	8	29
		조선적	220			
나하 영사관	0	한국적		0	0	0
		조선적				
합계	6,627	한국적	2,471	1.170	629	2,348
	4,147	조선적	4,346			

16. 주시모노세끼 대한민국 영사관 공문-성묘단 환영회 개최 보고

주시모노세끼 대한민국 영사관
번호 시영:957
일시 1976.11.26
발신 주시모노세키 영사
수신 장관
참조 영사교민국장
제목 성묘단 환영회 개최 보고

　　　　야마구지현 및 히로시마현 성묘단 환영회를 아래와 같이 개최하였으므로 보
고합니다.
　　　　-다음-
　　1. 야마구치현
　　　　가. 행사명: 야마구찌현 성묘단 환영회
　　　　나. 일시:
　　　　　　1976년 11월 13일 13:30시―
　　　　　　　〃　　11월 14일 13:30시.
　　　　다. 장소: 시모노세키시 산요호텔
　　　　라. 참석인원:
　　　　　　조총련 성묘단 참석자 100명,
　　　　　　민단역원 50명, 계 150명.
　　　　마. 강사: 최용식 외 3명
　　　　바. 기타:
　　　　　　(1) 8.18 판문점 도끼 살인사건 영화상영
　　　　　　(2) 운경합창단 합창.
　　2. 히로시마현
　　　　가. 행사명: 히로시마현 성묘단 환영회.
　　　　나. 개최일시:
　　　　　　1976년 11월 15일 13:30시―
　　　　　　　〃　　11월 16일 13:30시.
　　　　다. 장소:
　　　　　　히로시마현 유끼 온천

히로덴 관광 호텔
라. 참석 인원:
　조총련계 성묘단 참석자 80명,
　민단역원 37명, 계 117명.
마. 강사: 최용식 외 5명
바. 기타:
　(1) 망향의 언덕 영화 상영
　(2) 운경합창단 합창. 끝.

17. 주일대사관 공문─성묘단 사업 평가 자료송부

주일대사관
번호 일본(영)725-7253
일시 1976.12.23.
발신 주일대사
수신 장관
참조 영사교민국장
제목 성묘단 사업 평가 자료송부

　　대: WJA-12146
　　연: JAW-12512
　　연호로 보고한 조총련계 교포 성묘단 사업의 평가자료(76.11.30. 현재)를 별
첨 송부하오니 참조하시기 바랍니다.
　첨부: 1. 성묘단 참가자의 자녀 전학 현황,
　　　　2. 성묘단 사업 지원자금 융자 현황,
　　　　3. 모국 방문 추진위원회 결성 현황, 각 1부. 끝.

17-1. 첨부–성묘단 참가자의 자녀 전학 현황

省墓団参加者의 子女 転学統計表 12月20日現在				
地域	地域木部名		地域	地域木部名
関東	東京	14名(日本示学校)	近農	大阪 30名(韓國学校)5名(建国学校)
	神奈川	0		兵庫 0
	千葉	0		京都 0
	山梨	0		奈良 0
	栃木	0		滋賀 0
	茨城	0		和歌山 0
	埼玉	3名(韓國学校)	中國	広島 3名(日本系学校)1名(退学)
	三多摩	0		岡山 3名(〃)
	群馬	1名(日本系学校)		鳥取 2名(〃)
	静岡	1名(〃)		島根 0
	長野	1名(退学)		山口 1名(日本系学校)
	新潟	0	九州	福岡 2名(日本系学校)
東北	宮城	0		長崎 0
	北海道	0		佐賀 0
	青森	0		大分 0
	山形	1名(日本系学校)		宮崎 0
	岩手	0		熊本 0
	秋田	0		鹿児島 0
	福島	2名(日本系学校)		對馬島 0
中北	愛知	0		沖縄 0
	岐阜	2名(日本系学校)	西國	香川 0
	三重	0		愛媛 0
	石川	0		高知 0
	福井	0		徳島 0
	富山	0		合計 韓國系学校 38名 日本系学校 32名 退学 2명 總計 72名

17-2. 첨부-모국 방문 추진위원회 결성 현황

母國訪問推進委員会						
地域	地域木部名	名稱	結成日字	会長	副会長	電話番号
関東	東京	母國訪問推進委員会	76.4.25	姜＊＊		03-69-0359, 5537
	神奈川	母國訪問推進委員会	75.6.8	金＊＊		0467-31-2353, 7434
	千葉	母國訪問推進委員会	76.8.7	鄭＊＊		0436-21-6681
	山梨					
	栃木					
	茨城					
	埼玉	母國訪問推進委員会	76.7.3	崔＊＊		0429-22-2944
	三多摩					
	群馬					
	静岡	母國訪問推進委員会	76.8.8	朴＊＊		0534-61-4331
	長野	母國訪問推進委員会	76.7.25	崔＊＊		02626-8-3116
	新潟	母國訪問推進委員会	76.5.15	曺＊＊		0252-44-2942
東北	宮城	母國訪問推進委員会	76.7.2	盧＊＊		02245-4-2004
	北海道					
	青森					
	山形	母國訪問推進委員会	76.8.4	金＊＊		0238-21-2336
	岩手	母國訪問推進委員会	76.10.20	郭＊＊		
	秋田					
	福島	母國訪問推進委員会	76.10.5	李＊＊		0249-44-4938
中北	愛知	母國訪問推進委員会	76.6.3	餘＊＊		052-751-7138
	岐阜	母國訪問推進委員会	76.10.24	鄭＊＊		0583-82-1777
	三重					
	石川	母國訪問推進委員会	76.6.14.	朴＊		0762-46-0971
	福井	母國訪問推進委員会	76.7.24	金＊＊		077-98-7-0301
	富山	母國訪問推進委員会	76.6.10	全＊＊		0765-52-3547
近農	大阪	母國訪問推進委員会	76.7.31	梁＊＊		06-969-0393, 0391
	兵庫	母國訪問推進委員会	76.6.26	閔＊＊		06-401-6586
	京都	母國訪問推進委員会	76.7.3	金＊＊		07715-2-0172
	奈良					

	滋賀					
	和歌山					
中國	広島	母國訪問推進委員会	76.7.10	金＊＊		08282-3-3767
	岡山	母國訪問推進委員会	76.6.16	金＊＊		0862-79-0252
	鳥取					
	島根					
	山口	母國訪問推進委員会	76.7.31	金＊＊		0833-7-1649
九州	福岡					
	長崎					
	佐賀	在九州朝鮮人				
	大分	母國訪問推進委員会	76.3.14	韓＊＊		092-581-4476
	宮崎					
	熊本					
	鹿児島					
	對馬島					
	沖縄	母國訪問推進委員会	76.6.28	朴＊＊		09893-7-7094
西國	香川					
	愛媛					
	高知					
	徳島					
中央		母國訪問推進委員会 中央連合会	76.3.14	韓＊＊		092-581-4476

17-3. 첨부—성묘단 사업 지원자금 융자 현황

韓信協発第 76-98号

1976年12月14日

駐日本國大韓民國特命全権大使 金永善 貴下

在日韓國人信用組合協会 会長 李熙健

特殊事業支援資金1000万弗(育C)融資状況報告의 件

標記의 件에 關하여 아래와 같이 報告하나이다.

아래

摘要 組合名	墓参の旅費及生活資金融資		事業資金으로서의 融資		手続中 또는 申請中의 件	
	件数	金額	件数	金額	件数	金額
大阪興銀	168	80,989	17	239,182		
大阪商銀	171	45,150	6	49,850	12	50,000
神戸商銀	20	6,000	17	52,208		
愛知商銀	34	20,481	7	53,700		
京都商銀	44	10,355	7	92,600	5	8,500
広島商銀	10	3,950	17	109,660		
福岡商銀	11	12,124	4	45,450		
山口商銀	17	5,610	2	32,390		
三重商銀	10	4,169	7	77,813	15	115,200
奈良商銀	13	8,250	8	65,850		
和歌山商銀		—	7	38,000		
岡山商銀	11	3,891	14	31,954		
滋賀商銀	5	1,513	8	94,035		
岐阜商銀		—	8	65,550		
熊本商銀	2	600	3	10,000		
福井商銀	5	2,060	8	43,100		
長崎商銀	9	5,460	1	2,800		
石川商銀	17	11,058	5	18,800	1	3,000
富山商銀	58	3,500	15	45,000		
島根商銀		—	6	2,651		
小計	605	225,160	167	1,170,593	33	176,700
東京商銀	45	18,521	9	94,045		
横浜商銀	1	342	8	58,600		
埼玉商銀	10	2,980	13	55,907	2	2,000
北海道商銀	44	34,200	27	49,800	4	9,800
千葉商銀	6	3,000	5	22,300	1	1,000
静岡商銀	11	8,000	7	102,000		
新潟商銀	2	700	6	11,210	4	70,000
宮城商銀			5	45,400		

岩手商銀	3	1,500	1	5,000	4	12,000
長野商銀			27	31,475		
群馬商銀	47	22,620	3	17,925	14	5,000
茨城商銀	3	1,300	3	29,450	2	5,000
青森商銀	3	700	1	3,000		
秋田商銀	8	18,370	1	8,000	4	2,000
小計	183	112,233	116	533,112	35	113,300
合計	788	337,393	283	1,703,705	68	290,000

(單位: 千円)

既貸出分	1,071	2,041,098
手續 또는 申請中	68	290,000
總計	1,139	2,331,098

18. 외무부 공문(발신전보)-조총련의 귀성 방해공작에 대한 대응 강구 지시

외무부
번호
일시
발신 장관
수신 주일대사

    연: WJA-01394, 01410

1. 8.15사건을 계기로 한 우리의 조총련 규제 요구에 대하여 일측은 언필층 일본 법규에 대한 위법은 처벌한다고 하면서 별다른 조치를 취하는 바 없이 금일에 이르고 있음.

2. 조총련은 재일교포 귀성 방해 공작의 하나로 연행, 감금 등의 방법도 병용하는 듯한바, 이는 분명히 일측이 말하는 위법 행위임.

3. 따라서 귀관은 귀성 사업에 대한 조총련의 방해 공작을 귀성사업 추진에 대한 장애요인으로 다루어 이를 극소화하는데에 최선을 다하기 바라며, 또 한편 일본 정부로 하여금 8.15 사건과 관련한 조총련 규제 약속을 실시 이행케 하는 하나의 계기가 되도록 극력 노력하시기 바람.

4. 문제는 공소가 유지되고 유죄 판결이 내려질 수 있는 조총련의 위법 행위를
   피해당사자가 사직 당국에 고발 및 증언하겠는지 여부에 있는 것으로 보이
   는바, 이를 실현시킬 수 있을 것인지 여부에 대한 귀관의 견해와, 가능하다
   고 보는 경우 그 방법, 소요경비 등 관계사항 보고바람.
   (북일-)

⑥ 조총련계 재일본교민 모국 방문, 1977

○ ○ ○

기능명칭: 조총련계 재일교민 모국 방문, 1977

분류번호: 791.76

등록번호: 11204*(18000)

생산과: 교민1과

생산연도: 1977-1977

필름번호: 2007-67

파일번호: 01

프레임 번호: 0001-0139

---

* 본 장 문서철의 청구번호는 표지와 외교사료관 홈페이지에는 11204로 되어 있으나, 문서정보(매 문서철 2페이지의 '정리보존문서목록'표에는 11203으로 되어 있다.

1. 메모

1. 구정 성묘단 입국 계획 인원
   가. 목표인원 800명
   나. 확보인원 609명
2. 재일동포 성묘단 입국현황 누계(77.1.4일 현재)
   9286명

성묘단 입국 현황
1. 신정 성묘단 입국인원: 83명
2. 구정 성묘단 입국 계획 인원: 609명
3. 재일동포 성묘단 입국현황 누계(77.1.4일 현재)
   조총련계: 7,558명
   민단계: 1,728명
       계: 9,286명

2. 외무부 공문(착신전보)–77년도 구정성묘단 입국 예정자 보고

외무부
번호 JAW-02229
일시 071645
수신시간 77.2.7. 1□:35
발신 주일대사
수신 장관

연: 일본영 725-50
연호 77년도 구정성묘단(2.12-16)의 입국예정자를 하기와같이 보고함.

공관별	입국 예정자수	일자	항공편
대사관	100	2.14.	KE-704
오오사카	146	2.12.	KE-202, 504
오오사카	80	2.16.	KE-306

후쿠오카	55	2.12.	KE-304
삿포로	20	2.14.	KE-704
센다이	10	2.14.	KE-704
요꼬하마	47	2.13.	KE-704
나고야	55	2.13.	KE-204
고오베	65	2.13.	KE-504
시모노세끼	31	2.13.	KE-304
계	609		

(일본영- 교일)

3. 재일동포 귀성단 입국 현황

재일동포 귀성단 입국 현황

차수	구분	조총련계	민단계	계
1차(75.1.4-12.31)	소규모 집단유치	55	33	88
	추석성묘단	642	108	750
	추계모국성묘단	335	72	407
	개별 전향 유치	55	10	65
	소계	1,087	223	1,310
2차(76.1.13-2.6)	구정 성묘단	2,332	440	2,772
3차(76.4.1-4.28)	한식 성묘단	899	447	1,346
4차(76.5.26-6.10)	단오 성묘단	225	29	254
5차(76.7.15-7.20)	빈곤자 성묘단	151	91	242
6차(76.8.27-9.14)	추석 성묘단	2,800	479	3,279
7차(76.12.27-77.1.4)	신정 성묘단	64	19	83
		7,558	1,728	9,286

4. 신문기사

77.3.31 한국일보 日이외地域 同胞도 초청_母國訪問推委 명칭바꿔

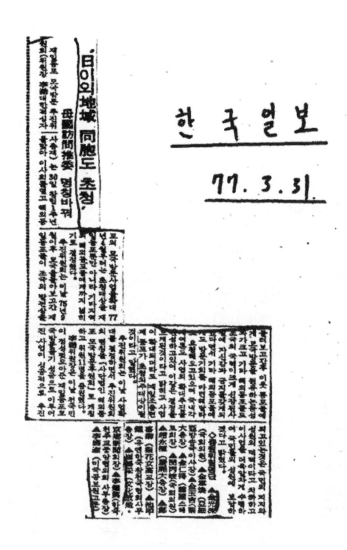

5. 외무부 공문(착신전보)–나고야 총영사관 관할 한식성묘단 방한 및 중도 포기자 보고

외무부
번호 NOW-0401
일시 011550
수신시간 1977.4.11. □:□□
발신 주나고야 총영사
수신 장관

　(7-C-J-2-3)
　1. 당관내 조총련계 한식 성묘단 173명(총 4명은 오사카발)은 당지(고□끼미총장) 14:30시발 칼-50□2 전세기편으로 방한하였음을 보고함.
　2. 하기 3명은 성묘단으로 수속을 종료한 자이나 조총련의 집요한 방해공작으로 방한을 중단하였아오니 참고바람.
　김무율(여) 조총련 쓰루기시 지부위원장 강기□의 정부
　강영기(남): 김무율의 장남
　정종걸(남): 강영기 친구이며 모친의 조총련 쓰루기 지부의 여성동맹 분회장임.
(교일, 정일)

6. 외무부 공문–해외동포 모국방문 사업 추진 지원

외무부
번호 교일725-
일시 77.5.27.
발신 외무부 장관
수신 주일 각급 공관장
제목 해외동포 모국방문 사업 추진 지원

　　해외동포 모국방문 후원회는 해외동포 모국방문 사업의 효과적인 운영을 기하기 위하여 별첨 내용과 같이 동 사업회 대상과 범위를 정하여 당부의 협조를 요청하여 왔는 바, 이를 송부하오니 이에 따라 동 사업 추진에 만전을 기하여 주시기 바랍니다.

첨부: 해외동포 모국방문 사업 추진 지원 요청 공문 1부. 끝.

6-1. 첨부-해외동포 모국방문 사업 추진 지원 요청 공문

海外同胞母國訪問後援會

77.5.23

母訪会 第7号

受信: 外務部長官

參照: 領事僑民局長

題目: 海外同胞母國訪問事業推進支援 依賴

1. 當 後援會에서는 7.4 南北共同聲明의 人道主義精神에 立脚한 朴大統領閣下의 英斷과 汎國民的 聲援으로 貴部의 積極的인 支援下에 75年 秋夕以來 在日朝總聯系 同胞 13,000餘名의 母國訪問을 誘致하여 30餘年間 끊겼던 血肉의 情을 이어주고 우리의 國力이 北傀를 凌駕하고 있다는 事実과 發展된 祖國의 참모습을 實証的으로 보여줌으로써 그들에게 올바른 祖國観을 심어주었습니다.

2. 이에 힘입어 當 後援會에서는 이 事實이야말로 우리 大韓民國이 民族의 文化 傳統과 얼을 올바로 繼承하고 民族의 宿願인 統一事業을 達成하려는 우리 모두의 意志와 努力을 가장 뚜렷하게 보여줄 수 있는 事業이라고 믿고 事業範圍를 在日同胞에서 全海外同胞에로 擴大하였으며 100万 海外同胞와 3,500万國民間에 總和가 이루어질때 統一을 위한 基般造成도 進展되리라고 自負하고 있읍니다.

3. 따라서 當後援會에서는 지난 4月總會를 거쳐 海外同胞母國訪問事業의 對象과 範圍를 다음과 같이 制定하여 이 事業을 發展시켜 나가고자 하오니 보다 많은 成果를 擧揚할 수 있도록 積極推進 支援하여 주시고 全海外公館에 對해 本趣旨를 周知시켜 本事業에 協調토록 措置하여 주시기 바랍니다.

가. 支援對象者

(1) 在日居留民團의 申請에 依하여 駐日公館의 長이 推薦하는 朝總聯系同胞 및 不遇民團系 同胞

(2) 日本地域을 除外한 駐在國公館의 長이 支援을 依賴하는 最近 10年以上 母國을 訪問한 事實이 없는 海外同胞(獨立有功者包含)

註, 但 母國訪問團은 30名以上으로 構成 組織되어야하며 其中 最近 10年以上 母國을 訪問한 事實이 없는者가 2/3以上 包含要

나. 支援範囲

(1) 4泊 5日以內의 日程으로
  ○ 一線視察
  ○ 産業視察
  ○ 古蹟觀光

(2) 歡迎晩, 午餐 또는 歡迎公演

(3) 記念品 贈呈

(4) 其他 期間中 車輛便宜 提供 等

다. 申請節次(日本地域 除外)

母國을 訪問하고자 하는 訪問團에 対하여는 駐在國公舘의 長이 다음과 같은 具備書類에다 推薦書를 添付, 現地 出發 30日前까지 外務部(領事僑民局長)에 提出한다.

外務部는 同訪問申請書是 當後援會에 即刻 通報하며 當後援會에서는 審議調整後 其 結果를 外務部에 回報한다.

(1) 訪問團構成 經緯

(2) 訪韓日程

(3) 滯韓中 希望事項
  ○ 視察 및 見學對象
  ○ 要路訪問 事項
  ○ 行事事項
  ○ 其他 尋人事項 等

(4) 母國訪問團 名單

一連番号	姓名	性別	年令	職業	居留年数	特記事項

라. 其他

國家利益을 위하여 顯著한 功績이 있거나 特別支援이 必要하다고 認定되는 個人 또는 團體에 對하여는 別途規定에 依하여 特別支援할 수 있다.

有添

1. 社団法人 海外同胞母国訪問後援会 沿革
2.   〃   機構
3.   〃   会員名単
끝.

社団法人 海外同胞母國訪問後援

會長 李澔

7. 조총련계 교포 모국성묘단 사업 실적(편: 75~76년 추석까지의 실적은 생략)

(77)

구분	년월일	지역별	조총련계교포	인솔인원	합계
신정	76.12.27~77.1.6	주일	27	1	28
	77.1.2-1.4	코오베	50	6	56
구정	77.2.12~2.16	〃	682	31	713
한식	3.31~4.10	〃	1,340	329	1,669

조총련계 교포 모국 성묘단 사업

-공관 전문 보고-

구분	년월일	지역별	조총련계교포	인솔인원	합계	비고
한식	77.4.5.	오오사카	13	11	24	
〃	4.10.	〃	187	57	244	
단오	77.5.30	오오사카	28	17	45	인솔책임자: 이꾸노 남지부 김유구 사무부장
〃	6.2.	〃	30	3	33	
〃	6.15.	〃	114	17	131	
〃	6.20.	요꼬하마	32	2	34	인솔 책임자: 가나가와 민단 김한덕 부단장
〃	6.30.	나고야	30	6	36	

추석	77.8.2.	오오사카	33	3	36	인솔책임자: 김재학
〃	9.17.	〃	169	32	201	
〃	9.18.	코오베	256	34	290	인솔 인원 속에 동반자 포함
〃	9.19.	오오사카	168	16	184	
〃	〃	코오베	12	1	13	
〃	〃	북해도	17	2	19	
〃	〃	관동	46	18	64	인솔인원속에 동반자 포함
〃	〃	〃	24	4	28	〃
〃	〃	후쿠오카	259	49	308	〃
추석	77.9.20	오오사카	333	28	361	
〃	〃	나고야	316	19	335	
〃	〃	시모노세끼	142	54	196	인솔인원속에 동반자 포함
〃	〃	요꼬하마	156		156	〃
〃	〃	동경, 센다이	186	32	218	〃
〃	9.21	동경	46	14	60	〃
〃	9.29	오오사카	70	14	84	〃
기타	11.29	시모노세끼	15	7	22	〃

⑦ 조총련계 재일본 동포 모국 방문, 1978

○ ○ ○

기능명칭: 조총련계 재일본 동포 모국 일본, 1978

분류번호: 791.76

등록번호: 18001(12513)

생산과: 교민1과

생산연도: 1978-1978

필름번호: 2008-82

파일번호: 10

프레임 번호: 0001-0193

1. 외무부 공문(착신전보)-78년도 성묘단 사업추진 계획 보고

외무부
종별 지급
번호 JAW-02182
일시 031727
수신시간 78.2.9. 9:44
발신 주일대사 대리
수신 장관
참조(사본) 주일대사

대: WJA-01342
78년도 성묘단 사업추진 계획을 다음과 같이 보고함.
1. 유치 목표: 1500명
2. 각 공관별 목표
대사관 245
요꼬하마 86
삿포로 16
센다이 22
나고야 200
오사까 582
고오베 194
시모노세끼 74
후꾸오까 81
3. 시기별 추진목표(잠정)
가. 30-35명 단위로 매월 100명(8개월 800명)
나. 한식(3-4월) 300명
다. 추석(9-10월) 400명
4. 금년도 성묘단 사업은 수적인 면보다 질적 향상을 기하도록 할것인바, 조총련 상공인, 문화인, 청년학생 및 교직자동을 주요 대상으로 하여 추진하는 동시 사후 관리대책(민단과의 연대강화, 경제적 보호, 법적지위 향상등)을 철저히 함으로서 상기 사업에 효과를 확대 시키고저 함.
5. 상세는 아주지역 공관장 회의 자료 페이지 3-6, 7을 참조 바람.

(일본영-교일)

2. 주일대사관 공문-추석 모국 방문사업

주일대사관
번호 일본(영)725-4373
일시 78.8.18.
발신 주일대사
수신 외무부 장관
참조 영사교민국장
제목 추석 모국 방문사업

　　　재일 민단 중앙본부측에 의하면, 금년도 추석 모국 방문단으로서 약 3,500명
을 목표로 추진중에 있다는바, 동 계획서(민단 중앙본부가 각 지방본부에 하달
한 추진 계획서)를 참고로 별첨과 같이 송부 합니다.
　　　첨부: 상기 계획서 사본 1부. 끝.

2-1. 첨부-추진 계획서(민단중앙본부 공문)

在日本大韓民國居留民團中央本部
번호 韓居中組發 第38-146号
일시 1978年8月1日
발신 조직국장 강인환
수신 各地方本部團長
참조 事務局長
제목 秋夕母國訪問事業推進

　　　光復節을 期한 夏期母国訪問團事業과, 全國的으로 實施될 秋夕母國訪問團
事業推進要領을 下記와 같이 示達합니다.
記

(1) 夏期母國訪問團
　　1) 推進時期: 光復節 前·後
　　2) 對象: 朝鮮學校 學生을 主對象으로 靑年層 參與를 期한다.
　　3) 推進方法: 各地方本部 또는 地協單位로 30名團体 構成의 方法으로 推進

한다.

(2) 秋夕母國訪問團

　　　1) 實施時期: '78.9.4 부터

　　　　但, 諸般便宜를 爲하여 地方別 入國日字는 別添計劃으로 統一調整하였음. (公式日程 3泊4日).

　　　2) 對象 및 目標:

　　　　朝總聯傘下同胞 夏期母國訪問團 達成이 不足한 分은 秋夕目標에 包含시키며, 全國的 3500名 目標로 推進한다.

　　　3) 其他

　　　　① 物品搬入規制에 継続 留意한다.

　　　　② 別添計劃의 主管本部는 地方別推進에 主導的 役割을 擔當하도록 要望함.

　　有添: 秋夕母國訪問團事業推進計劃, "끝"

組織局長 姜仁煥

2-1-1. 유첨-추석모국방문단사업추진계획

秋夕母國訪問團事業推進計劃

主管本部	読当本部	空港	出発機便(日時)	予定人員
中央	関東, 東北, 北海道	東京	KE 704('78.9.7)	306
東京	東京	〃	KE 702('78.9.7)	320
神奈川	神奈川・静岡	〃	'78.9.11	169
愛知	中北	名古屋	'78.9.8	441
〃	〃	〃	'78.9.11	
大阪	大阪, 京都, 奈良, 滋賀	大阪	'78.9.9	1,259
〃	〃	〃	'78.9.12	
兵庫	兵庫, 岡山, 鳥取, 四国	〃	'78.9.6	396
〃	〃	〃	'78.9.8	
山口	山口, 島根	福岡	'78.9.9	97
広島	広島	〃	'78.9.12	103
福岡	九州	〃	'78.9.6	172

3. 주일대사관 공문-제1회 청년 모국방문단

주일대사관
번호 일본(영)725-5517
일시 1978.10.24
발신 주일대사
수신 장관
참조 영사교민국장
제목 제1회 청년 모국방문단

연: JAW-10457
연호, 78.10.23-10.26간 제1회 청년 모국방문단의 방한에 관한 참고자료(청년회 중앙
본부의 공문사본)및 명단을 별첨과 같이 송부합니다.
첨부: 상기자료 1부. 끝.

3-1. 첨부-청년회 중앙본부의 공문사본

在日本大韓民國靑年會中央本部
번호 韓靑中 組 發 第1-62號
일시 1978.10.11
발신 會長 尹隆島
수신 民團中央團長, 駐日大使館, 本國事務所 所是,
참조
제목 日字變更의 件.

　　　이번 計劃된 第一回靑年母國訪問團은 여러 事情으로 實施日字가 延期되었
으므로 諸關係 機關에 연락을 해주시고 事業實施가 支障없도록 配慮해 주시기
바랍니다.
(記)

1. 実施日字
　　1978年10月23日~10月26(3泊4日)
2. 其他의 事項은 變更이 없이 實施됩니다

3. 參加名單은 一部移動이 있으니 새로 調整하여 提出하겠읍니다.

3-2. 첨부—청년회 중앙본부의 공문사본

在日本大韓民國靑年會中央本部
번호 韓靑中 中 發 第1-58號
일시 1978.8.24
발신 會長 尹隆島
수신 靑年會各地方本部會長, 民團中央本部靑年局長, 民團中央本部組年局長, 駐日韓
   國大使 貴下
참조 民團各地方本部靑年部長 貴下
제목 第一回 靑年母國訪問團 実施의 件

1. 趣旨
   現在 民團은 人道的이며 民族的인 運動으로서 「母國訪問團事業」을 推進
하고 있읍니다. 祖國을 떠나서 몇십年만에 歸國을 이룩하여 祖上에 省墓하
는 모습은 眞實 人道的 事業이라고 말할 수 있읍니다.
   더군다나, 한民族이 分斷되어 日帝時代와 戰亂에 시달렸던 祖國밖에 모
르는 善良한 總連系同胞는 北韓은 天國, 韓國은 地獄이란 徹底的한 洗腦敎
育을 받았읍니다. 그러므로 韓國々民 모두가 獨裁体制下에서 신음하고 있는
것 같이 생각하고 있읍니다. 그러나 分斷体制下에서도 우리 韓國은 自由를
謳歌하고 있으며 發展을 거듭하고있는 그 모습을 보여주면서 한同胞로서 깊
은 相互理解와 信賴을 確立하며 南北分斷의 壁을 무너트려 團結을 쟁취하는
民族的 事業이라고 말할수 있읍니다.
   이번 靑年會中央本部가 實施하는 「靑年母國訪問團」은 上記 「母國訪問團」
의 基本的인 趣旨를 그대로 繼承하면서, 民族의 來日과 在日同胞社會의 來
日을 짊어저가는 靑年의 運動으로서 推進하는 것입니다.
   이 事業을 通하여 많은 總連靑年을 參加시키며, 새로운 民族靑年隊列을
構築하기 위하여 이 運動을 積極的的으로 展開합시다.
2. 實施期間
   1978年10月7日부터
   〃 10月10日까지(4泊5日)

3. 参加募集

150名(予定)

4. 参加資格

(ㄱ) 原則的으로 18才~35才까지의 總連系青年.

(ㄴ) 韓國籍이면서 實際는 總連系에 所属하고 있는 青年 및 지금까지 한번도 母國을 訪問하지 안했던 青年.

(ㄷ) 기타(問議는 中央本部까지 해주실 것)

5. 出発地 및 到着地

(ㄱ) 東京~서울

(ㄴ) 大阪~서울

(ㄷ) 福岡~서울

6. 解散地

釜山에서 解散한다.

7. 参加費 (코ー스別)

	(行)	(帰)		(金額)
(ㄱ)	東京~서울·	서울~東京	········	￥81500
(ㄴ)	大阪~서울·	山~大阪	········	￥72100
(ㄷ)	福岡~서울·	山~福岡	········	￥59500

(内訳) 臨時旅券印紙代, 再入国申請印紙代, 宿食費, 諸雑費와 航空料金을 포함한 金額임.

8. 参加費送金方法

参加費 속에서 臨時旅券印紙代 ￥1232 再入國申請 印紙代 ￥1000을 빼고 残金을 中央本部까지 보내주실 것.

9. 募集마감

1978年 9月 25日까지 参加者名單을 中央本部에 必히 到着하도록 할 것. (参加者名單様式은 8月31日까지 郵送한다)

10. 参加申請

参加申請者는 所属青年會支部, 支部가 없을 境遇는 青年會地方本部 및 民團支部로 申請할 것.

11. 各種手續

旅券作成, 入國 및 再入國手續, 豫防接種카ー드, 기타 必要한 모든 手續은 各地方本部가 責任을 지고 해주실 것.

12. 추후 通知하는 項目

(ㄱ) 集合時間 및 場所

(ㄴ) 服装

(ㄷ) 携帶品

(ㄹ) 宿舍

(ㅁ) 日程

(ㅂ) 기타

以上의 項目은 9月5日까지 通知하겠음.

4. 주니이가다총영사관 공문—재일동포등 입국자에 대한 조치사항 보고

주니이가다총영사관

번호 니총영725-49

일시 1978.11.17.

발신 주니이가다총영사

수신 장관(사본: 주일대사)

참조 영사교민국장

제목 재일동포등 입국자에 대한 조치사항 보고

대: 교일 725-24849 (78.10.30.)

대호 지시에 따라 당관은 각 민단본부 단장 또는 사무국장에게 최근 조총련
동향을 주지시키고 아래와 같이 조치하였음을 보고합니다.

-아래-

1. 재일동포 및 성묘단 입국자

가. 각 민단본부 및 지부 간부 또는 전향자로 하여금 입국자 주변상황,
최근 동태등을 세밀히 조사, 확인토록 하고,

나. 당관은 2차적으로 년령, 성별등 인적사항을 중심으로 검토, 확인함.

2. 유학생 입국자

원칙적으로 본인을 출두케하여 면담, 확인하고 거류지 민단본부 또는 지
부로 하여금 최근동태를 조사토록 하여 확인함.

3. 기항 선원

아국선원이 승선한 선박의 입항시에는 동선박의 선장을 공관에 출두케

하거나 혹은 영사가 현지에 출장하여 최근의 조총련 동향을 설명하고 상
륙 선원에게 주의를 환기시키도록 함.

끝.

5. 해외동포 모국방문사업 실적보고

해외동포 모국방문사업 실적보고
(78.1.1-76.12.31)

사단법인 해외동포모국방문후원회

1. 개요
   박대통령 각하의 영단과 온 국민의 성원하에 실시되고 있는 해외 동포 모국방문
   사업은 78년도 6,063명(재일동포 5,899명) 기타 해외동포 164명을 유치하므로서
   75년 추석이래 모국방문자수는 총 22,054명에 달하였으며 다음과 같은 성과를
   거양하였음.
   가. 남북대화의 계속사업으로서의 의의를 가지고 근 반세기 동안 끊겼던 혈육의
       정을 이어 주었으며 이산가족의 고통을 덜어주는 인도주의 사업 양달에 기여
   나. 북괴선전의 허구성을 백일하에 폭로하여 대한민국의 우월성과 조국의 평화
       통일에 대한 온 국민의 의지와 노력을 전 세계에 과시
   다. "조총련우세, 민단열세"에서 "민단우세, 조총련열세"에로 역전시켰고 기타 해
       외동포를 병행 유치하여 일부 반한단체에 의해 오도되었던 국제여론을 불식
       하고 외교정책을 유리하게 유도
   라. 모국방문 사업을 통해 발전된 조국의 참모습을 보여주므로서 전통적인 문화
       민족으로서의 금지와 애국심을 고취시키는데 기여하였음.
2. 사업개황
   가. 사업명: 해외동포 모국방문 사업
   나. 기간: 1978.1.1-12.31(1년간)
   다. 인원: 6,063명
   라. 사업내용

        (1) 입국 환영 행사

        (2) 산업시설 견학 및 고적관광

        (3) 전방시찰(조총련계 동포 제외)

        (4) 행사진행 및 귀향편의 제공

        (5) 행사준비 및 관계기관 협조

        (6) 국내 홍보 활동

        (7) 모방사업 관련 업무

        (8) 망향의동산 지원

3. 시행 및 실적

   가. 모국방문 인원(24회 6,063명)

      (1) 재일동포

구분	사업기간	인원
구정 모국방문단(2개진)	78.2.1-2.5.	351명
재일동포(조민련) 모국방문단	3.18-3.28	43
한식 모국방문단(5개진)	3.30-4.7	840
재일동포(가나가와) 모국방문단	5.1-5.4	28
단오절 모국방문단(6개진)	6.4-6.12	1,072
재일동포(조민련) 모국방문단	6.19-6.29	23
하계모국방문단 (동경, 요꼬하마, 나고야)	7.20-7.29	79
〃 (오사까 지역)	8.11-8.14	327
추석 성묘단(8개진)	9.6-9.16	2,331
청년 모국 방문단	10.6-10.10	29
제1차 추계모국방문단(조민련, 조총련)	10.18-10.28	71
제2차 〃 (청년회)	10.23-10.26	73
제3차 〃 (오사까)	10.26-10.29	103
제4차 〃 (요꼬하마)	10.30-11.2	83
제5차 〃 (고베)	11.2-11.3	221
제6차 〃 (동경)	11.7-11.10	45
제7차 추계 모국방문단(관동지방)	78.11.8-11.11	27명
제8차 〃 (후꾸오까)	11.10-11.13	60
제9차 〃 (시모노세끼)	11.11-11.14	48
제10차 〃 (히로시마)	11.14-11.17	21
제11차 〃 (나고야)	11.22-11.25	24
78.1.1-12.31간 총계	21회	5,899명
75.9-78.12.31 누계	39회	21,364명

(2) 기타 해외동포

구분	사업기간	인원
재독동포 모국 방문단	78.5.10-5.13	26명
재미동포(하와이, 라성지구) 모국방문단	5.17-5.20	71
재미동포 모국방문단(하와이)	9.20-9.23	67
78.1.1-12.31간 총계	3회	164명
77.4-78.12.31 누계	12회	690명

나. 입국 환영 행사

(1) 공항영접

모국방문단 입국시마다 유관단체 인사 및 가족, 친지 등이 출영하여 따뜻하게 맞아주는 한편 공항 각기관의 협조를 얻어 입국수속 및 통관에 따른 제반편의 제공

(출영단체)

- 해외동포 모국방문 후원회 임직원
- 민단 본국 사무소 직원
- 대한적십자 부녀봉사대원
- 기타 유관 부서
- 담당 여행사 직원
- 국내 연고자 및 친지

(환영 게시 및 영정)

- 대형 "프랑카드"게시
- 화환
- 환영 표찰
- 모국의 옛노래(아리랑) 및 안내방송(공항)
- 담배, "커피" 홍차, 인삼차, 각종 청량음료
- 안내 "팜플렛"

(2) 시내관광

공항영접후 입경 차중에서 수도서울의 발전상을 실감할수 있도록 입경경로로 선정하고 경찰 "칸보이"로서 선포하여 시내 중심가 및 주요 문화재를 관광

(입경경로)

공항-강변로-제1한강교-삼각지-서울역앞-시청앞-중앙청-호텔

(3) 환영 만찬회

모국방문단 입국당일 시내관광에 이어 모국방문 후원회 주최 환영만찬회를 주선하여 모국의 온정을 느낄수 있도록 국내인사 및 재야인사를 조청하여 만찬 및 공연을 통해 거국적인 환영행사로 유도

- 주최: 해외동포 모국방문 후원회
- 장소: "퍼시픽호텔(홀리데이인서울) 및 "앰버서더 호텔"(한국관)
- 행사내용
  - 환영인사
  - 기념품 증정(태극기, 음반, 국사책)
  - 만찬 및 공연

다. 산업시설 견학 및 고적관광

  (1) 일정

일정	내용
제1일	국립묘지 참배 망향의 동산 참배 현충사 참배 구미, 대구 투숙
제2일	포항제철 견학(중식) 경주 고적 관광(불국사, 통일전, 박물관, 천마총) 경주, 울산 투숙
제3일	현대 자동차 견학 현대 조선 견학(중식) 부산역전 해산, 귀향

  *전방시찰: 조총련계 동포를 제외한 기타 해외동포에게 실시

  *행사기간중 차량편의 및 음료수 제공

라. 귀향 편의 제공

  산업시찰을 마치고 부산역광장에 도착한 모국방문단에 대해 관계기관, 및 유관단체인사, 한적부녀봉사대원, 국내친척, 친지등이 출영

- 각종 음료수 제공
- 무연고자 숙박시설확보 및 편의 제공
- 귀향 고통편 예약 주선

마. 행사준비 및 관계기관 협조

  (1) 행사준비

구분	대상	내용
호텔업자 교육	호텔 간부	사업취지, 준비 및 유의사항
여행사간부, 가이드교육	간부, 가이드	〃
운전사, 안내양교육	운전사, 안내양	〃
인솔관 교육	인솔관	인솔제반에 관한 사항
인솔단 편성	인솔단	인솔관, 여행사직원, 운전사 안내양, 가이드, 기타인원
만찬 준비	대상업체	만찬 및 만찬장 점검
공연 준비	연예단체	공연프로조청 및 리허설
행사 차량 검사	운수회사	안전운행을 위한 차량검사

(2) 관계기관 협조

　　해외동포 모국방문단에 대한 국내행사 진행 및 국내서류 기간중 각종 편의 제공을 관계기관과 협조

마. 국내 동포 활동

(1) 국내 전보도기관을 통하여 모국방문단 입국시 일제히 집중 보도하여 재일동포 모국방문단에 대한 범국민적 환영분위기 조성

(2) 각진별로 대상인들을 물색하여 해당방송 및 기자회견을 할수 있도록 조정 홍보효과를 확대

(3) 재일동포 모국방문단 체류기간을 각 보도 기관에서는 "재일동포 모국방문단을 따뜻하게 맞이하자"는 표어를 게재 방송하여 환영분위기 조성

바. 모방사업 관련업무 사항

(1) 민단산하 모방사업 유공자(36명) 표창

　　*모방회 차형근 감사 일본출장 표창장 전달(1.9-1.16)

(2) 78년도 제1차 정기총회 및 이사회(1.27)

(3) 제3회 식목일 모방회 임직원(30명) 망향의동산 식목

(4) 재일청년 봉사단(93명) 위로 만찬 제공

(5) 재일동포 모방단 기념품(태국기, 음반 각 6,000개) 제작

(6) 국내 모방사업 유공자(15명) 표창 상신

(7) 모방회 회장 호주 언론인과 모방사업에 대한 대담

(8) 제2차 대전 태평양지역 한국인 희생자 위령제 참석 및 망향의 동산 운영대책협회(관리소장) 일본국출장지원주선(78.8.20-9.6)

(9) 망향의동산 분수대공사 지원 조정(9.30준공)

(10) 제3회 망향의동산 합동 위령제 행사 지원(10.2)

(11) 모방사업 국내유공자, 감사패 수여 35명(12.8)

(12) 모방사업 국내외 유관자 연하장 발송 400명(12.11)

(13) 모방회(78년도) 제2차 이사회 개최(12.19)

(14) 성금 및 기념품 기증

- 성금: 14,553,619원 접수

    (광주 조선대학 새마을 부인회 등)

- 기념품: 금일의한국 화보 1,000부(문교부 기증)

    국사책 6,900부(문교부 기증)

사. 망향의동산 지원

(1) 취지

- 1976년 100만 해외동포의 염원과
- 박정희 대통령 각하의 특별배려로 설치

(2) 개황

- 위치: 충남 진원군 성거면 오방리
- 규모: 105,230명(35.1ha)
- 조성공기: 76.6.10. 기공

    76.10.2. 준공

- 수용능력: 8,000기

(3) 안장현황

지역별		단기	합장	예약	계	누계
재일동포	(기)	13		17	30	338
	(위)	(13)			(13)	(5,564)
재미동포	(기)			2		2
	(위)					
월남동포	(기)	1			1	1
	(위)	(1)			(1)	(1)
계	(기)	14	□	17	31	
	(위)	(14)			(14)	
누계	(기)	274	3	64		341
	(위)	(274)	5,291			(5,565)

4. 반응 및 특이사항

　가. 반응

　　(1) 김고□(오사까, 전조총련 교육회장)

　　　77년도 입국후 모국동포들의 환대와 경제발전상에 감명을 받아 불우한 조총련계동포 3명을 대동 입국 공항 대합실에서 방송기자와의 대담을 통해

- 혈육의 정을 이어주신 박대통령 각하와 온 국민에게 감사
- 조총련 간부가 모국을 방문하면 체포 투옥된다는 것은 조총련의 허위 선전임을 폭로

　　(2) 성□경(후꾸오까, 조총련 지부 위원장)

- 모국동포들의 따뜻한 환영에 감사
- 73년 방북하였을시 심한 감시와 행동의 제약으로 북한에는 자유가 없음을 느꼈으며
- 물자부족으로 북한 주민들의 참혹한 생활상과 북송 가족들의 생활상은 말로 형용할수 없을 정도로 비참하였다
- 포항제철의 규모는 북괴가 자랑하는 흥남제련소와는 비교가 안되게 크며 조국의 발전상에 놀랬다
- 조총련 조직간부로 있으면서 대남허위선전을 한 것이 양심에 가책되며 귀일하면 민단에 전향 적극협조 하겠다.

　　(3) 홍수하(요꼬하마, 일본 법정대 교수)

- 조총련 학교에서는 김일성 우상화 교육만을 강요하고 있어 학생들의 실력이 형편 없다.
- 포항제철의 생산량이 2차 대전당시 일본의 전 생산량보다 많다는데 놀랬다.
- 일본의 기술자들은 대부분 50대인데 비해 한국은 30대의 젊은이들임으로 앞으로 일본을 능가할 것으로 생각된다.
- 현대조선의 450톤급 "크레인"을 보고 조국의 국력을 짐작할수 있었다.

　　(4) 신선길(교토)

- 조총련은 재정난 타계를 위해 부유한 교포들에게 북괴훈장을 난발하면서 기부금을 강요하고 있으나 조총련 간부들까지도 조직을 이탈하고 있다.

　　(5) 김창호(미에현, 전조총련 별동대원)

　　　76년 만경봉호 편으로 평양을 다녀왔다면서 북한 실정을 폭로

- 북한은 통제와 감시가 심하며 자유가 없다
- 북한주민들은 노동에 혹사당하고 식량난으로 고생
- 북송교포에 대한 학대와 차별대우로 생지옥과 같다.

(6) 신희절(동경, 전조총련 지방본부 상임위원)
- 남원에 거주하고 있는 노모에게 그동안의 불효를 용서받기위해 38년만에 입국 했다
- 조총련에서 활동시 세계 어느 공산주의 국가보다 악랄한 북녁땅에 장녀(당시 16세)를 북송시킨 것이 원망스럽다
- 다시는 조총련에 속아 이용당하지 않겠으며 오직 여생을 조국을 위해 헌신하겠다.

(7) 김소부(현 조선대 이사)
- 박대통령 각하의 6.23 평화통일 외교정책 선언에 감명을 받고 모국방문을 결심했다.
- 각종 "메스콤"을 통해 남북한의 정책 및 경제성장을 비교해보고 한국이 월등히 잘 산다는 것을 알았다.
- 직접 목격한 조국의 발전상은 상상했던것보다 너무나도 발전되어 있었고 조총련의 선전이 허위사실임이 폭로 되었다.

(8) 송정현(고베, 현조총련 상공회 이사)
- 전 가족이 조총련 조직 간부이며 조총련의 방해와 감시의 눈을 피하느라 뒤늦게 몰래 모국을 방문 했다.
- 상공회 간부들이 이사회 석상에서 모국방문 저지를 결의한 바 있는데도 동 간부들이 몰래 모국을 방문하고 있는 실정이다.

나. 특이사항
(1) 대통령 각하께 바치는 충성의 휘호
김희준(교토, 61세, 남)
78.3.31. 구미 금오산 호텔에서 박대통령 각하께 드리는 충성의 휘호 작성
- 내용: 박대통령 각하의 장수를 기원 합니다.
- 본명은 구미시장에게 대통령각하께 상달되도록 부탁

(2) 북괴 공로훈장 제시하고 속죄
김순이(효고현, 46세, 여)
- 9.8. 입국시 김포공항에서 기자회견을 통해 북괴로부터 받은 공로훈장 2개를 제시하면서 조국을 배신했던 전죄를 용서받고 여생을 조국을 위해 살겠다.

- 입국당일 환영만찬장에서 모방단 전원이 참석한 가운데 동 훈장을 모방회(이항녕 모방위원)에게 전달

(3) "사할린" 방문 제일동포 공충군 입국

9월하순 소련령 "사할린"을 방문하여 형제를 만나고 온 조총련계 재일동포 공충군(동경) 마산에서 상경 출영한 전처와 장남을 상봉 너무 감격하여 순간적으로 졸도한바 있으나 취재 기자들의 질문에 다음과 같이 답변

- 9.24-9.30간 "사할린"을 방문하여 시종 소련당국의 감시하에 4명의 형제를 만났다.
- 생질은 소련군 장교였으며 생활정도는 비교적 좋은편
- 우리 교포들이 소련 사람들보다 우수하다는 평을 받고 있다.
- 조선적을 갖이고 있었던 것은 "사할린"을 방문하기 위해서였다.
- 조국에 돌아오니 감개무량하여 예상했던 것보다 너무나 발전되었다.
- 귀일후 민단으로 전향하여 조국을 위해 헌신하겠다.

다. 78년도 재일동포 방위성금 기탁 현황

일자	기탁자 및 단체	성금액
계		122,866,122원
2.8.	후꾸오까현 민단 지부	266,122원
7.27.	고태준(아오모리현)	1,000,000원
10.5.	김건수(오사까)	600,000원
11.16.	김종담(큐슈)	10,000,000원
11.23.	조성재(재일 상공인)	10,000,000원
11.28.	하성오(후꾸오까, 민단지부 단장)	100,000,000원
12.1.	이구열(도찌기현 민단지부 부단장)	1,000,000원

⑧ 조총련계 재일본 교민 모국 방문, 1979

○ ○ ○

기능명칭: 조총련계 재일본 교민 모국 방문, 1979

분류번호: 791.76

등록번호: 13937(18908)

생산과: 아주

생산연도: 1979-1979

필름번호: 2009-94

파일번호: 04

프레임 번호: 0001-0051

1. 신문기사

79.2.16. 중앙일보. 海外동포 母國방문후원회 汎國民기금 모금운동펴기로

2. 기안-홍보자료 발송에 대한 협조

문서기호 분류기호 교일725-
시행일자 79.3.14.
기안책임자 석희윤 교민1과

경유수신참조 주일대사
제목 홍보자료 발송에 대한 협조

1. 해외동포 모국방문 후원회는 대외 홍보활동의 일환으로 홍보 책자 "금일의 한국"을 제작 배포키로 하고 동경소재 아사히 뉴스센타로 하여금 인쇄토록 하였다고 합니다.

2. 동 홍보책자중 일본이외에 배포되는 영문판 8,000부에 대하여는 경비 및 시간의 절감을 위하여 동경에서 직접 해당지역에 발송한다고 하니 동 책자가 신속히 배포될 수 있도록 필요한 지원을 하시기 바랍니다.

3. 동 책자 발송을 위한 제반절차 및 운임지불은 전기.출판사 책임하에 처리하게됨을 참고바랍니다.
첨부: 모방회 제22호 사본 1부. 끝.

3. 해외동포 모국방문 후원회 공문—업무협조 의뢰

해외동포 모국방문 후원회
번호 모방회 제22호
일시 1979.3.5.
발신 사단법인 해외동포모국방문후원회 회장 이호
수신 외무부 장관
참조 교민1과장
제목 업무협조 의뢰

모국방문 사업을 항상 지도 육성하여 주시는 귀하의 존의에 충심으로 감사드립니다. 금반 당 후원회에서는 일본에서 발간하고 있는 일간화보 "금일의 한국"의 지면을 활용하여 성장하는 조국의 모습과 전통문화 등 모국 소식을 다양하게 수록한 특집호를 일문과 영문으로 각각 년 4계(3월, 6월, 9월, 12월)로 나누어 발간하여 해외 공관 및 교민단체와 모국을 다녀간 동포들에게 배부하므로서 사후관리와 사업홍보를 실시코저 하는 바 동 책자중 일문판 72,000부는 4회 나누어 발간하여 일본지역에는 직접 배부코저하며 여타지역에 배부할 영문판 8,000부에 대하여는 현지 공관 및 외교행랑 사용편등의 지원을 얻어 다음과 같이 배부코저 하오니 협조하여 주시기 바랍니다.

    1. 발송책자: "금일의 한국" 화보(영문특집판)

    2. 발송부수: 1,800부×4회=7,200부

    3. 발송시기: 년 4회(3월, 6월, 9월, 12월)

    4. 지역별 발송부수: 별첨과 같음.

    5. 발송방법

        가. 일본-해외공관: 주일대사관의 지원을 얻어 ********** 발송코저함.

    나. 해외공관- 교민단체: 공관의 지원을 얻어 교민단체에 배부코저함.

    다. 개인별배부: 교민단체에 배부를 의뢰코저함.

    6. 소요경비: 일본 현지에서의 발송업무는 아세아 뉴스 센타(대표 마학조)에서 전담할 것이며 대금도 동경에서 직불토록 할 계획임.

첨부: 고향소식 영문판 배부계획 1부. 끝.

3-1. 첨부-고향소식 영문판 배부계획(편: 총 8면 중 1면만 수록)

금일의 한국 공관별 배포량

		공관	교민단체	모방단	계
아주지역	대 상	17	9	22	
	배 포 량	143	40	22	205
미주지역	대 상	30	124	316	
	배 포 량	615	248	316	1,179
구주지역	대 상	22	17	22	
	배 포 량	160	86	22	268
중동아프리카 지역	대 상	25	5		
	배 포 량	110	66		176
총계	대 상	94	155	360	
	배 포 량	1,028	440	360	1,828

4. 신문기사

79.4.17. 동아일보. 在日 北傀거물 자수_鄭英焉씨, 母國訪問후 뉘우쳐

5. 외무부 공문(착신전보)–미야기현 모방위 총회보고

외무부
번호 SEW-0902
일시 041430
발신 주센다이 영사
수신 장관
참조(사본) 주일대사

미야기현 모방위 총회보고
1. 미야기현 모방위는 79.9.4. 13:00부터 민단 본부 회의실에서 회원, 민단간부,
내빈 등 약 25명 참석하에 제2회 정기 총회를 개최하였으며 활동보고후 임원
개선에서 현역원(부회장 □복만 제외)이 연임되었음.
2. 연임된 박필석 회장은 민단과 77 긴밀한 협조하에 모방사업 추진활동 강화를
기하겠다고 포부를 말하였으며 민단 미야기현 안병엽 단장은 인사에서 모방사
업 추진을 적극 지원하겠다고 말함.
3. 상기 총회 종료후 혈육의정을 상영함.

역대 외무부 장관과 주일대사 명단, 대사관 정보

해방이후 재일한인 외교문서 해제집

┃제7권┃(1975~1979)

1. 역대 외교부장관 명단

정부	대수	이름	임기
이승만 정부	초대	장택상(張澤相)	1948년 8월 15일 ~ 1948년 12월 24일
	2대	임병직(林炳稷)	1948년 12월 25일 ~ 1951년 4월 15일
	3대	변영태(卞榮泰)	1951년 4월 16일 ~ 1955년 7월 28일
	4대	조정환(曺正煥)	1956년 12월 31일 ~ 1959년 12월 21일
허정 과도내각	5대	허정(許政)	1960년 4월 25일 ~ 1960년 8월 19일
장면 내각	6대	정일형(鄭一亨)	1960년 8월 23일 ~ 1961년 5월 20일
국가재건최고회의	7대	김홍일(金弘壹)	1961년 5월 21일 ~ 1961년 7월 21일
	8대	송요찬(宋堯讚)	1961년 7월 22일 ~ 1961년 10월 10일
	9대	최덕신(崔德新)	1961년 10월 11일 ~ 1963년 3월 15일
	10대	김용식(金溶植)	1963년 3월 16일 ~ 1963년 12월 16일
제3공화국	11대	정일권(丁一權)	1963년 12월 17일 ~ 1964년 7월 24일
	12대	이동원(李東元)	1964년 7월 25일 ~ 1966년 12월 26일
	13대	정일권(丁一權)	1966년 12월 27일 ~ 1967년 6월 29일
	14대	최규하(崔圭夏)	1967년 6월 30일 ~ 1971년 6월 3일
제4공화국	15대	김용식(金溶植)	1971년 6월 4일 ~ 1973년 12월 3일
	16대	김동조(金東祚)	1973년 12월 4일 ~ 1975년 12월 18일
	17대	박동진(朴東鎭)	1975년 12월 19일 ~ 1980년 9월 1일
전두환 정부	18대	노신영(盧信永)	1980년 9월 2일 ~ 1982년 6월 1일
	19대	이범석(李範錫)	1982년 6월 2일 ~ 1983년 10월 9일
	20대	이원경(李源京)	1983년 10월 15일 ~ 1986년 8월 26일
노태우 정부	21대	최광수(崔侊洙)	1986년 8월 27일 ~ 1988년 12월 5일
	22대	최호중(崔浩中)	1988년 12월 5일 ~ 1990년 12월 27일
	23대	이상옥(李相玉)	1990년 12월 27일 ~ 1993년 2월 26일
김영삼 정부	24대	한승주(韓昇洲)	1993년 2월 26일 ~ 1994년 12월 24일
	25대	공로명(孔魯明)	1994년 12월 24일 ~ 1996년 11월 7일
	26대	유종하(柳宗夏)	1996년 11월 7일 ~ 1998년 3월 3일

	27대	박정수(朴定洙)	1998년 3월 3일 ~ 1998년 8월 4일
김대중 정부	28대	홍순영(洪淳瑛)	1998년 8월 4일 ~ 2000년 1월 14일
	29대	이정빈(李廷彬)	2000년 1월 14일 ~ 2001년 3월 26일
	30대	한승수(韓昇洙)	2001년 3월 26일 ~ 2002년 2월 4일
	31대	최성홍(崔成泓)	2002년 2월 4일 ~ 2003년 2월 27일
노무현 정부	32대	윤영관(尹永寬)	2003년 2월 27일 ~ 2004년 1월 16일
	33대	반기문(潘基文)	2004년 1월 17일 ~ 2006년 11월 9일
	34대	송민순(宋旻淳)	2006년 12월 1일 ~ 2008년 2월 29일
이명박 정부	35대	유명환(柳明桓)	2008년 2월 29일 ~ 2010년 9월 7일
	36대	김성환(金星煥)	2010년 10월 8일 ~ 2013년 2월 24일
박근혜 정부	37대	윤병세(尹炳世)	2013년 3월 13일 ~ 2017년 6월 18일
문재인 정부	38대	강경화(康京和)	2017년 6월 18일 ~ 2021년 2월 8일
	39대	정의용(鄭義溶)	2021년 2월 9일 ~ 2022년 5월 11일
윤석열 정부	40대	박진(朴振)	2022년 5월 12일 ~ 2024년 1월 10일
	41대	조태열(趙兌烈)	2024년 1월 10일 ~ 현재

2. 역대 주일대사 명단

정부	대수	이름	임기
제3공화국	초대	김동조(金東祚)	1966년 01월 07일 ~ 1967년 10월
	2대	엄민영(嚴敏永)	1967년 10월 30일 ~ 1969년 12월 10일
	3대	이후락(李厚洛)	1970년 02월 10일 ~ 1970년 12월
	4대	이호(李澔)	1971년 01월 21일 ~ 1973년 12월
제4공화국	5대	김영선(金永善)	1974년 02월 09일 ~ 1978년 12월
	6대	김정렴(金正濂)	1979년 02월 01일 ~ 1980년 08월
	7대	최경록(崔慶祿)	1980년 09월 26일 ~ 1985년 10월
제5공화국	8대	이규호(李奎浩)	1985년 11월 14일 ~ 1988년 04월
노태우 정부	9대	이원경(李源京)	1988년 04월 27일 ~ 1991년 02월
	10대	오재희(吳在熙)	1991년 02월 19일 ~ 1993년 04월
김영삼 정부	11대	공로명(孔魯明)	1993년 05월 25일 ~ 1994년 12월
	12대	김태지(金太智)	1995년 01월 20일 ~ 1998년 04월
김대중 정부	13대	김석규(金奭圭)	1998년 04월 28일 ~ 2000년 03월
	14대	최상용(崔相龍)	2000년 04월 17일 ~ 2002년 02월
	15대	조세형(趙世衡)	2002년 02월 06일 ~ 2004년 03월
노무현 정부	16대	라종일(羅鍾一)	2004년 03월 05일 ~ 2007년 03월 17일
	17대	유명환(柳明桓)	2007년 03월 23일 ~ 2008년 03월 15일
이명박 정부	18대	권철현(權哲賢)	2008년 04월 17일 ~ 2011년 06월 06일
	19대	신각수(申珏秀)	2011년 06월 10일 ~ 2013년 05월 31일
박근혜 정부	20대	이병기(李丙琪)	2013년 06월 04일 ~ 2014년 07월 16일
	21대	유흥수(柳興洙)	2014년 08월 23일 ~ 2016년 07월 01일
	22대	이준규(李俊揆)	2016년 07월 08일 ~ 2017년 10월 27일
문재인 정부	23대	이수훈(李洙勳)	2017년 10월 31일 ~ 2019년 05월 03일
	24대	남관표(南官杓)	2019년 05월 09일 ~ 2021년 01월 17일
	25대	강창일(姜昌一)	2021년 01월 22일 ~ 2022년 06월 23일
윤석열 정부	26대	윤덕민(尹德敏)	2022년 07월 16일 ~ 현재

3. 주일 대사관 및 총영사관 창설 시기

주일본 대한민국 대사관	1965년 도쿄에 창설
주고베 총영사관	1966년 5월 창설, 1974년 5월 7일 총영사관 승격
주나고야 총영사관	1966년 5월 창설, 1974년 5월 총영사관 승격
주니가타 총영사관	1978년 4월 창설
주삿포로 총영사관	1966년 6월 총영사관 창설
주센다이 총영사관	1966년 9월 창설, 1980년 5월 총영사관 승격
주오사카 총영사관	1949년 사무소 창설, 1966년 총영사관 승격/현재 임시 청사
주요코하마 총영사관	1966년 5월 25일 창설
주히로시마 총영사관	1966년 5월 시모노세키 총영사관 창설 및 폐관(1996년 12월), 1977년 1월 히로시마 총영사관 개관
주후쿠오카 총영사관	1946년 9월 사무소 개설, 1966년 1월 총영사관 승격

4. 주일 대사관 및 총영사관 소재지

주일본 대한민국 대사관	東京都 港区 南麻布 1-7-32 　(우-106-0047)
주고베 총영사관	兵庫県 神戸市 中央区 中山手通 2-21-5 　(우650-0004)
주나고야 총영사관	愛知県 名古屋市 中村区 名駅南 1-19-12 (우450-0003)
주니가타 총영사관	新潟市 中央区 万代島 5-1 万代島ビル 8階 (우950-0078)
주삿포로 총영사관	北海道 札幌市 中央区 北2条 西12丁目 1-4 (우060-0002)
주센다이 총영사관	宮城県 仙台市 青葉区 上杉 1丁目 4-3 (우980-0011)
주오사카 총영사관	大阪市 中央区 久太郎町 2-5-13 五味ビル (우541-0056)
주요코하마 총영사관	神奈川県 横浜市 中区 山手町 118番地 (우231-0862)
주히로시마 총영사관	広島市南区翠5丁目9-17 (우 734-0005)
주후쿠오카 총영사관	福岡市 中央区 地行浜 1-1-3 (우810-0065)

저 자 약 력

이경규	동의대학교 일본어학과 교수, 동아시아연구소 소장
임상민	동의대학교 일본어학과 조교수
이수경	도쿄가쿠게이대학 교육학부 교수
소명선	제주대학교 일어일문학과 교수
박희영	한밭대학교 일본어과 조교수
엄기권	한남대학교 일어일문학과 강사
이행화	동의대학교 동아시아연구소 연구교수
이재훈	동의대학교 동아시아연구소 연구교수
김선영	동의대학교 동아시아연구소 연구교수

이 저서는 2020년도 정부(교육부)의 재원으로 한국연구재단의 지원을 받아 수행된 연구임. (NRF-2020S1A5C2A02093140)

해방이후 재일한인 외교문서 해제집
▌제7권▐ (1975~1979)

초판인쇄	2024년 06월 20일
초판발행	2024년 06월 25일

편 자	동의대학교 동아시아연구소
저 자	이경규 임상민 이수경 소명선 박희영 엄기권 이행화 이재훈 김선영
발 행 인	윤석현
발 행 처	박문사
등록번호	제2009-11호
책임편집	최인노

우편주소	서울시 도봉구 우이천로 353 성주빌딩
대표전화	(02) 992-3253(대)
전 송	(02) 991-1285
전자우편	bakmunsa@hanmail.net

ⓒ 동의대학교 동아시아연구소 2024 Printed in KOREA

ISBN 979-11-92365-66-4   94340   정가 60,000원
     979-11-92365-14-5   (Set)